U0906945

辽宁 LIAONING STATISTICAL YEARBOOK

统计年鉴2021

辽　宁　省　统　计　局
国家统计局辽宁调查总队　编

图书在版编目（CIP）数据

辽宁统计年鉴 = Liaoning Statistical Yearbook
2021. 2021 / 辽宁省统计局, 国家统计局辽宁调查总队
编. -- 北京 : 中国统计出版社, 2021.12
ISBN 978-7-5037-9654-8

Ⅰ. ①辽… Ⅱ. ①辽… ②国… Ⅲ. ①统计资料－辽
宁－2021－年鉴 Ⅳ. ①C832.31-54

中国版本图书馆 CIP 数据核字(2021)第 185387 号

辽宁统计年鉴—2021

作　　者/辽宁省统计局　国家统计局辽宁调查总队
责任编辑/钟　钰
执行编辑/且淑芬
封面设计/李　静
出版发行/中国统计出版社有限公司
通信地址/北京市丰台区西三环南路甲 6 号　邮政编码/100073
发行电话/邮购（010）63376909　书店（010）68783171
网　　址/http://www.zgtjcbs.com/
印　　刷/河北鑫兆源印刷有限公司
经　　销/新华书店
开　　本/880×1230 毫米　1/16
字　　数/950 千字
印　　张/31.25
版　　别/2021 年 12 月第 1 版
版　　次/2021 年 12 月第 1 次印刷
定　　价/390.00 元

《辽宁统计年鉴—2021》编委会和编辑出版人员

编者说明

一、《辽宁统计年鉴—2021》是一部信息高度密集的大型资料性年刊。本书收录了全省和各市 2020 年经济、社会、科技等方面的统计数据，以及重要年份和改革开放以来的主要统计数据。

二、全书分为二十四个部分，即：1. 行政区划和自然资源；2. 综合；3. 国民经济核算；4. 人口；5. 就业人员和职工工资；6. 固定资产投资；7. 能源；8. 财政；9. 物价；10. 人民生活；11. 城市概况；12. 环境保护；13. 农业；14. 工业；15. 建筑业；16. 运输和邮电；17. 国内贸易；18. 对外经济贸易；19. 旅游；20. 金融业；21. 服务业. 22. 教育和科技；23. 文化. 体育. 卫生；24. 其他社会活动。另附辽宁省与有关省市经济指标对比及各市主要经济指标。

三、本年鉴中所使用的计量单位均采用国际统一标准计量单位。

四、本年鉴中的资料大部分来自年度统计报表。全国及分省资料来自国家统计局出版的有关统计资料。

五、本年鉴所涉及的全国性统计数据，除特殊注明外，均未包括香港、澳门特别行政区和台湾省数据。

六、本年鉴中部分数据的合计数或相对数由于单位取舍不同产生的计算误差均未作机械调整。

七、本年鉴中凡带续表的资料，如有注解均加在第一张表下面，请使用时注意。

八、本年鉴表中的符合使用说明：“空格”表示该项统计指标数据不足本表最小单位数、数据不详或无该项数据；“#”表示其中的主要项。

目 录

一、行政区划和自然资源
Chapter 1 Administrative Division and Natural Resources

二、综合
Chapter 2 General Survey

三、国民经济核算
Chapter 3 National Economy Accounting

四、人口
Chapter 4 Population

五、就业和工资
Chapter 5 Employment and Wages

六、固定资产投资
Chapter 6 Investment in Fixed Assets

七、能源

Chapter 7　Energy

八、财政
Chapter 8 Government Finance

九、价格
Chapter 9 Prices

十、人民生活
Chapter 10 People's Living Conditions

十一、城市建设
Chapter 11 Urban Construction

十二、环境保护
Chapter 12 Environment Protection

十三、农业
Chapter 13　Agriculture

十四、工业
Chapter 14 Industry

十五、建筑业
Chapter 15 Construction

十六、运输和邮电
Chapter 16　Transport, Post and Telecommunication Services

十七、国内贸易
Chapter 17 Domestic Trade

十八、对外经济贸易
Chapter 18 Foreign Trade and Economy Cooperation

十九、旅游
Chapter 19 Tourism

二十、金融业
Chapter 20 Financial Intermediation

二十一、服务业
Chapter 21 Service

二十二、教育和科技
Chapter 22 Education, Science and Technology

二十三、文化、体育和卫生
Chapter 23 Culture, Sports and Public Health

二十四、其他社会活动
Chapter 24 Others Social Activities

附录
Appendix

一、行政区划和自然资源

Chapter 1 Administrative Division and Natural Resources

1-1 行政区划

(2020年末)

地区	县级市	县	自治县	区	镇	乡	街道
全省	**16**	**17**	**8**	**59**	**640**	**201**	**514**
沈阳	1	2		10	53	16	112
大连	2	1		7	33	14	102
鞍山	1	1	1	4	52	3	40
抚顺		1	2	4	27	20	25
本溪			2	4	18	5	26
丹东	2		1	3	59	5	21
锦州	2	2		3	55	12	32
营口	2			4	35	3	27
阜新		1	1	5	60	5	17
辽阳	1	1		5	30	6	14
盘锦		1		3	21		27
铁岭	2	3		2	78	11	14
朝阳	2	2	1	2	82	46	28
葫芦岛	1	2		3	37	55	29

1-2 县区一览表

地区	县(市)	区
沈阳	新民市、康平县、法库县	和平、沈河、大东、皇姑、铁西、东陵、苏家屯、沈北新区、于洪、辽中区
大连	瓦房店市、庄河市、长海县	中山、西岗、沙河口、甘井子、旅顺口、金州、普兰店
鞍山	海城市、台安县、岫岩县(满)	铁东、铁西、立山、千山
抚顺	抚顺县、新宾县(满)、清原县(满)	新抚、东洲、望花、顺城
本溪	本溪县(满)、桓仁县(满)	平山、溪湖、明山、南芬
丹东	东港市、凤城市、宽甸县(满)	元宝、振兴、振安
锦州	凌海市、北镇市、义县、黑山县	古塔、凌河、太和
营口	大石桥市、盖州市	站前、西市、老边、鲅鱼圈
阜新	阜新县(蒙)、彰武县	海州、新邱、太平、细河、清河门
辽阳	辽阳县、灯塔市	白塔、文圣、宏伟、弓长岭、太子河
盘锦	盘山县	双台子、兴隆台、大洼
铁岭	调兵山市、开原市、铁岭县、西丰县、昌图县	银州、清河
朝阳	北票市、凌源市、朝阳县、建平县、喀左县(蒙)	双塔、龙城
葫芦岛	兴城市、绥中县、建昌县	连山、南票、龙港

1-3 自然状况及资源

指　　标	2020年
一、自 然 状 况	
1.经　　纬　　度	
东　　　　经	118°53′ ~125°46′
北　　　　纬	38°43′ ~43°26′
2.气　　　　候	
平均降水量	744.67毫米
平均气温	10.12摄氏度
二、土地资源	
土地总面积	14.86万平方公里
农业用地面积	1152.82万公顷
1.耕地面积	496.81万公顷
2.园地面积	46.73万公顷
3.林地面积	561.32万公顷
4.牧草地面积	0.32万公顷
5.其他农业用地	47.64万公顷
建设用地面积	165.07万公顷
1.城镇村及工矿用地面积	134.80万公顷
2.交通运输用地面积(不含农村道路)	16.46万公顷
3.水库水面、水工建筑工地面积	13.81万公顷
未利用地面积	167.79万公顷
三、海洋、水产资源	
大陆岸线长度	2110公里
海水养殖面积	693.19千公顷
滩 涂 面 积	123.07千公顷
海 上 面 积	479.39千公顷
其　　　他	90.73千公顷
内陆水域养殖面积	177.03千公顷
水 库 面 积	84.01千公顷
池 塘 面 积	37.21千公顷
其 他 面 积	55.81千公顷
四、水　资　源	
省内流域面积	14.55万平方公里
# 辽　　河	6.92万平方公里
鸭 绿 江	1.66万平方公里
沿海诸河	5.75万平方公里
第二松花江	0.05万平方公里
滦河及冀东沿海	0.17万平方公里
地 表 水:	
河川径流量	357.71亿立方米
# 辽　　河	112.97亿立方米
鸭 绿 江	115.30亿立方米
沿海诸河	125.93亿立方米
第二松花江	2.38亿立方米
滦河及冀东沿海	1.13亿立方米
地 下 水:	
资 源 量	115.21亿立方米
水资源总量	397.11亿立方米

注：第三次全国国土调查正在进行中，土地资源数据为2018年数据。

1-4　主要城市平均气温

(2020年)　　单位：摄氏度

城　市	1月	2月	3月	4月	5月	6月	7月	8月	9月	10月	11月	12月	年平均
沈　阳	-9.9	-4.5	3.9	10.1	17.0	23.3	25.2	24.5	18.0	9.2	2.1	-8.4	9.2
大　连	-1.1	0.2	6.0	11.1	15.2	21.6	23.1	24.6	21.3	14.8	7.6	-0.7	12.0
鞍　山	-5.2	-1.8	5.5	11.7	17.8	24.5	26.0	25.8	19.8	12.8	4.4	-5.1	11.4
抚　顺	-11.3	-6.3	2.3	8.4	16.1	21.8	24.5	23.7	17.1	7.6	0.7	-10.6	7.8
本　溪	-7.6	-3.8	3.6	9.6	16.4	22.7	24.7	24.6	17.9	9.5	2.5	-8.0	9.3
丹　东	-3.0	-1.6	4.0	9.2	15.3	21.0	23.4	24.1	19.3	10.8	4.4	-5.6	10.1
锦　州													
营　口	-5.6	-2.6	4.5	10.6	16.7	23.3	25.3	25.2	19.6	12.5	3.9	-5.5	10.7
阜　新													
辽　阳	-7.5	-3.1	4.8	11.2	17.5	23.9	25.9	25.5	18.9	10.5	3.0	-7.4	10.3
盘　锦	-6.9	-3.4	3.9	10.6	17.0	23.5	25.3	24.6	18.9	11.1	3.1	-7.0	10.1
铁　岭													
朝　阳	-7.4	-2.9	5.4	11.7	18.4	24.3	25.9	25.0	18.2	10.4	2.2	-8.3	10.2
葫芦岛	-6.1	-2.7	4.5	11.1	16.4	22.7	24.9	24.6	18.9	11.3	3.4	-6.8	10.2

1-5　主要城市平均相对湿度

(2020年)　　单位：%

城　市	1月	2月	3月	4月	5月	6月	7月	8月	9月	10月	11月	12月	年平均
沈　阳	70	65	51	41	65	62	68	81	78	65	59	55	63.3
大　连	59	68	50	43	72	69	77	85	69	55	58	55	63.3
鞍　山	56	56	44	34	58	53	63	73	67	48	51	44	53.9
抚　顺	74	72	60	49	69	71	76	89	86	74	69	67	71.3
本　溪	69	66	54	42	63	59	68	79	76	62	60	54	62.7
丹　东	55	67	60	55	79	80	83	94	82	71	62	56	70.3
锦　州	59	68	50	43	72	69	77	85	69	55	58	55	63.3
营　口	65	68	58	49	71	69	74	80	75	62	60	55	65.5
阜　新													
辽　阳	65	62	48	37	61	58	66	77	74	61	59	53	60.1
盘　锦	62	65	58	47	72	71	84	93	85	72	64	57	69.2
铁　岭													
朝　阳	56	51	39	30	50	53	63	73	71	47	47	48	52.3
葫芦岛	59	61	53	39	66	67	72	81	73	58	52	50	60.9

1-6 主要城市降水量

(2020年) 单位：毫米

城市	1月	2月	3月	4月	5月	6月	7月	8月	9月	10月	11月	12月	全年平均
沈阳	2.0	24.3	10.1	16.4	127.2	44.4	55.7	333.5	82.8	13.0	41.5		62.6
大连	4.4	20.6	3.3	19.8	197.3	48.6	102.6	276.7	67.7	34.0	66.4	10.3	71.0
鞍山	1.0	30.2	16.2	12.4	129.2	59.1	82.4	253.9	99.6	11.9	37.2		61.1
抚顺	2.1	30.4	11.4	16.9	130.4	72.0	137.4	336.6	156.1	22.0	45.1		80.0
本溪	2.4	32.3	15.5	11.6	102.7	50.8	99.1	266.0	178.4	12.4	34.1		67.1
丹东	0.8	43.1	5.4	51.5	152.9	123.2	205.8	449.2	123.8	53.5	101.5	0.7	109.3
锦州													
营口	0.7	20.2	14.6	21.5	124.0	30.2	22.9	232.9	94.8	4.2	36.2	0.1	50.2
阜新													
辽阳	0.9	28.0	12.0	12.0	113.6	25.3	59.3	322.7	114.5	15.4	32.9		61.4
盘锦	0.8	10.2	11.5	15.1	70.8	5.1	18.0	224.5	40.7	2.4	36.2		36.3
铁岭													
朝阳	3.5	5.1	13.2	14.8	56.2	35.2	67.0	154.5	69.1	3.8	35.6	0.7	38.2
葫芦岛	2.2	6.4	21.8	33.3	93.1	35.4	47.5	191.1	61.5	2.5	50.7	0.2	45.5

1-7 主要城市日照时数

(2020年) 单位：小时

城市	1月	2月	3月	4月	5月	6月	7月	8月	9月	10月	11月	12月	全年
沈阳	203.6	231.9	275.8	318.4	281.4	246.5	236.4	142.0	156.0	233.8	178.2	212.0	226.3
大连	164.5	148.9	245.4	294.7	181.2	236.8	203.7	153.9	212.9	216.7	172.5	176.2	200.6
鞍山	195.6	206.6	267.2	317.5	282.4	350.8	343.2	279.4	259.5	262.2	210.6	203.1	264.8
抚顺	244.5	238.1	269.9	321.1	304.0	356.5	357.1	279.8	256.1	264.3	211.9	215.2	276.5
本溪	227.0	227.3	225.1	237.6	185.0	239.7	207.1	137.9	154.4	240.0	176.2	202.0	204.9
丹东	235.9	203.7	285.1	325.2	283.5	319.7	336.6	226.2	278.9	271.8	220.9	201.6	265.8
锦州													
营口	192.6	167.8	228.4	345.0	317.1	372.6	365.8	282.7	288.6	285.2	232.4	226.2	275.4
阜新													
辽阳	174.0	168.2	202.2	248.6	187.6	224.8	192.4	143.0	171.7	240.2	182.4	200.1	194.6
盘锦	190.3	173.3	218.2	271.5	205.8	236.0	209.8	147.7	182.2	283.7	235.3	236.7	215.9
铁岭													
朝阳	249.5	245.2	313.5	341.6	329.3	363.3	360.6	324.9	277.4	281.9	223.3	232.0	295.2
葫芦岛	198.6	163.9	286.8	339.2	312.5	362.5	353.0	310.4	292.1	284.2	236.2	234.6	281.2

主要统计指标解释

森林面积 指生长着乔木和竹林，郁闭度在 0.3 以上(不包括 0.3)的林地面积，即有林地面积。它是反映森林资源总面积的重要指标。森林面积包括天然林面积和人工林面积。但不包括灌木林地和疏林面积。

森林覆盖率 通常是指森林面积占土地总面积之比，一般用百分数表示。但国家规定在计算森林覆盖率时，森林面积还包括灌木林面积、农田林网树占地面积以及四旁树木的覆盖面积。森林覆盖率，是反映一个国家或地区森林资源和绿化水平的重要指标。计算公式:

森林覆盖率(%)=（森林面积／土地总面积）×100%

本《年鉴》内所列森林覆盖率是按有林地面积计算的。

活立木总蓄积量 指全部土地上树木蓄积的总量。包括森林蓄积、疏林蓄积、散生木蓄积和四旁树蓄积。

森林蓄积量 指森林面积上生长着的林木树干材积总量。它是反映一个国家或地区森林资源总规模和水平的重要指标。

草地面积 指牧区和农区用于放牧牲畜或割草，植被盖度在 5%以上的草原、草坡、草山等面积。包括天然的和人工种植或改良的草地面积。

矿产保有储量 指探明的矿产储量(包括工业储量和远景储量)扣除已开采部分和地下损失量后的年底实有储量。它反映全省矿产资源的现状。

二、综　合

Chapter 2　General Survey

2-1 平均每天主要社会经济活动

指　标	单位	2012年	2013年	2014年	2015年	2016年	2017年	2018年	2019年	2020年
一、全省每天创造财富										
地区生产总值(现价)	亿元	48.9	52.6	54.9	55.4	55.9	59.4	64.4	68.2	68.8
农业总产值(现价)	亿元	10.1	10.6	10.8	11.1	10.3	10.6	11.1	12.0	12.6
一般公共预算收入	亿元	8.5	9.2	8.7	5.8	6.0	6.6	7.2	7.3	7.3
布	万米	126.4	112.3	186.3	95.9	43.8	35.6	29.4	24.7	21.9
机制纸及纸板	万吨	0.2	0.1	0.1	0.1	0.1	0.3	0.3	0.4	0.5
卷　烟	亿支	0.8	0.8	0.8	0.8	0.8	0.7	0.7	0.7	0.8
啤　酒	万升	723.6	745.2	745.2	663.0	638.4	602.7	584.4	567.1	468.5
发 电 量	亿千瓦小时	4.0	4.2	4.4	4.5	4.7	4.9	5.2	5.5	5.6
原　油	万吨	2.7	2.7	2.8	2.8	2.8	2.9	2.8	2.9	2.9
钢	万吨	14.2	17.4	17.8	16.1	16.5	17.6	18.8	20.2	20.8
水　泥	万吨	15.9	16.6	16.1	13.0	11.3	10.7	11.0	13.1	14.8
二、全省每天消费量										
城乡居民消费总额	亿元	17.6	19.7	21.6	22.9	23.6	23.8	25.0	26.5	24.6
每人平均消费额	元	41.5	46.4	51.0	54.1	55.7	56.5	59.5	63.2	58.9
三、其他经济活动量										
货物运输总量	万吨	583.4	590.1	634.9	571.4	591.8	615.1	629.3	506.7	491.0
旅客运输总量	万人	285.2	253.8	261.3	205.6	205.7	202.9	200.2	197.2	94.4
港口货物吞吐量	万吨	242.5	269.5	284.0	287.3	298.9	308.4	307.3	236.0	224.7
邮寄函件	万件	20.4	18.9	28.5	18.8	12.1	15.6	16.4	8.2	5.6
四、人口变动和婚姻										
出　生	人	942.0	882.4	1046.5	811.2	904.4	931.3	803.9	792.1	662.0
死　亡	人	1093.2	940.5	825.6	903.9	788.4	1828.1	838.4	826.6	1312.5
结　婚	对	1021.5	1012.7	945.5	868.4	856.3	799.6	769.2	700.2	614.5
离　婚	对	310.1	339.0	345.7	347.5	372.9	394.7	416.7	431.5	368.5

2-2 国民经济和社会发展总量与速度指标

指　　标	单位	2013年	2014年	2015年	2016年	2017年	2018年	2019年	2020年	2020年比上年增长(%)
人口与就业										
人　　口										
年底总人口	万人	4238.0	4244.2	4229.7	4232.0	4196.5	4191.9	4190.2	4165.9	-0.6
男性人口	万人	2131.4	2132.2	2122.7	2121.7	2100.1	2095.3	2092.1	2075.9	-0.8
女性人口	万人	2106.6	2112.0	2107.0	2110.3	2096.4	2096.6	2098.1	2090.0	-0.4
就　　业										
从业人员数	万人	2518.9	2562.2	2409.9	2301.2	2284.7	2260.6	2238.4	2231.0	-0.3
# 在岗职工人数	万人	648.1	626.9	583.5	526.6	488.7	469.4	465.8	446.7	-4.1
城镇登记失业人数	万人	39.6	41.0	46.2	47.3	42.7	44.4	45.6	50.7	11.2
宏观经济										
地区生产总值	**亿元**	**19208.8**	**20025.7**	**20210.3**	**20392.5**	**21693.0**	**23510.5**	**24909.5**	**25115.0**	**0.6**
第一产业	亿元	1973.4	2002.0	2053.7	1841.2	1902.3	2020.6	2177.8	2284.6	3.2
第二产业	亿元	9204.2	9038.8	8344.6	7865.7	8328.9	9049.0	9531.2	9400.9	1.8
第三产业	亿元	8031.2	8984.9	9811.9	10685.6	11461.8	12441.0	13200.4	13429.4	-0.7
人均地区生产总值	**元**	**43758**	**45608**	**46069**	**46557**	**49603**	**53872**	**57191**	**58872**	**1.1**
固定资产投资										
固定资产投资总额	%	15.1	-1.5	-27.8	-63.5	0.1	3.7	0.5	2.6	
第一产业	%	-15.2	6.4	-27.4	-66.6	-2.0	-3.9	11.1	79.9	
第二产业	%	9.3	0.6	-28.3	-70.4	2.0	12.2	-3.8	-5.1	
第三产业	%	21.2	-3.2	-27.4	-58.2	-0.8	-0.7	2.8	4.9	
财　　政										
一般公共预算收入	亿元	3343.8	3192.8	2127.4	2200.5	2392.8	2616.1	2652.4	2655.8	0.1
一般公共预算支出	亿元	5197.4	5080.5	4481.6	4457.5	4879.4	5337.7	5745.1	6014.2	4.7
物价总指数(上年=100)										
商品零售价格总指数	%	101.6	101.0	100.5	101.0	100.7	101.4	101.7	101.1	1.1
居民消费价格总指数	%	102.4	101.7	101.4	101.6	101.4	102.5	102.4	102.4	2.4
产　　业										
农　　业										
乡村从业人员	万人	1217.1	1222.0	1214.8	1218.6	1213.4	1210.4	1184.7	1147.1	-3.2
农林牧渔业总产值	亿元	3878.9	3949.4	4057.6	3764.1	3851.6	4061.9	4368.2	4582.6	4.9
主要农产品产量										
粮　食	万吨	2353.3	1873.2	2186.6	2315.6	2330.7	2192.4	2430.0	2338.8	-3.7
棉　花	吨	455.0	87.0	94.0	92.0	76.4	22.0	22.0	4.0	-81.8
油　料	万吨	68.3	57.8	58.7	79.4	81.5	78.1	97.7	99.7	2.0
甜　菜	万吨	17.1	10.1	5.2	9.4	10.7	11.8	14.6	9.1	-37.3
水　果	万吨	582.8	526.5	543.5	543.9	558.5	576.5	605.1	632.7	4.6
肉　类	万吨	363.4	364.1	358.3	352.4	385.4	377.1	367.8	378.3	2.9
水产品	万吨	504.9	515.7	523.7	479.9	479.4	450.8	455.0	462.3	1.6

注：1.本表总量指标中的价值量指标除邮电业务总量指标外均按当年价格计算。
2.本表速度指标中，地区生产总值和三次产业增加值及人均生产总值、农林牧渔业总产值等指标均按可比价格计算。
3.本表地区生产总值数据为调整后数据，具体调整办法见核算部分。
4.住房面积为新口径住户调查汇总指标，与2013年数据不可比。
5.2014年城镇居民和农村居民数据为实施城乡住户调查一体化改革之后发布的新口径数据，城乡居民收入均为人均可支配收入，相关指标定义与2013年及之前有所不同，数据不可比。2013年之前农村居民收入数据为农村居民人均纯收入。下同。
6.工业数据及社会消费品零售总额增速为可比口径。
7.固定资产投资数据为比上年增长速度。
8.2019年规上工业主营业务收入数据为营业收入。

2-2 续表 1

指 标	单位	2013年	2014年	2015年	2016年	2017年	2018年	2019年	2020年	20209年比上年增长(%)
工 业										
主要工业产品产量										
布	亿米	4.1	6.8	3.5	1.6	1.3	1.1	0.9	0.8	-11.1
机制纸及纸板	万吨	48.8	41.2	36.0	54.1	106.9	118.7	134.2	186.3	38.8
家用电冰箱	万台	84.8	157.0	147.1	145.7	146.0	132.7	178.2	156.9	-12.0
彩色电视机	万台	440.6	338.2	287.9	146.8	146.4	154.8	37.1	11.7	-68.5
原 油	万吨	1001.0	1021.9	1037.1	1017.3	1044.2	1036.9	1053.3	1049.4	-0.4
发电量	亿千瓦小时	1516.0	1607.0	1626.8	1731.5	1805.7	1898.0	1996.0	2051.1	2.8
钢	万吨	6356.5	6507.8	5894.1	6040.5	6424.6	6873.9	7357.6	7609.4	3.4
成品钢材	万吨	6863.0	6962.2	6337.6	5874.8	6395.8	6899.1	7328.6	7566.5	3.2
水 泥	万吨	6066.3	5875.6	4751.6	4134.9	3900.3	4021.2	4763.6	5387.9	13.1
全部规模以上工业企业主要指标										
主营收入	亿元	51533.4	48801.6	33243.3	22039.0	23476.4	26489.9	31506.0	30666.5	-2.7
利润总额	亿元	2976.2	2107.6	1069.7	575.4	1063.3	1460.3	1354.0	1341.2	-0.9
建 筑 业										
建筑业企业人数	万人	197.9	174.4	135.2	127.0	104.9	74.5	67.2	62.1	-7.6
建筑业总产值	亿元	8629.7	7851.1	5413.8	3927.0	3688.3	3528.4	3554.6	3816.2	7.4
施工房屋面积	万平方米	42289.0	47861.0	28937.1	20390.7	16506.0	13659.8	15312.8	16234.9	6.0
竣工房屋面积	万平方米	19786.4	16514.4	10399.3	6855.1	5317.6	4310.0	4396.2	4021.3	-8.5
交通运输										
货运量合计	万吨	215375	231743	208563	215989	224501	229696	184954	179200	-3.1
铁 路	万吨	20484	19103	14541	16222	17734	19686	21184	23957	13.1
公 路	万吨	172923	189174	172140	177371	184273	189737	144556	138569	-4.1
水 运	万吨	13379	13810	13439	13464	14122	13918	12498	4797	-61.6
空 运	万吨	9.6	12.0	13.5	14.0	14.4	14.7	15.0	9.6	-35.7
管 道	万吨	8579	9644	8429	8918	8357	6340	6701	11867	77.1
客运量合计	万人	92629	95364	75039	75077	74042	73083	71977	34440	-52.2
铁 路	万人	13012	12820	12911.8	14040	14266	14422	15137	7063	-53.3
公 路	万人	78168	80789	60269	59054	57665	56355	54599	26211	-52.0
水 运	万人	534	542	504	538	552	567	530	228	-57.0
空 运	万人	915	1213	1354	1445	1559	1739	1711	939	-45.1
沿海主要港口货物吞吐量	万吨	98354	103675	104859	109076	112558	112176	86124	82004	-4.8
邮电通信业										
函 件	亿件	0.70	1.00	0.69	0.44	0.57	0.60	0.30	0.21	-31.5
报刊期发数	万份	365.9	327.0	422.2	361.5	383.8	453.8	341.1	372.4	9.2
国内商业										
社会消费品零售总额	亿元	7186.7	7899.5	8364.8	8597.1	8696.4	9112.8	9670.6	8960.9	-7.3
对外贸易										
进出口总额	亿美元	1142.8	1139.6	960.9	865.2	994.2	1144.3	1052.6	944.6	-10.3
出口额	亿美元	645.4	587.6	508.4	430.7	448.8	488.0	454.4	383.3	-15.6
进口额	亿美元	497.4	552.0	452.5	434.6	545.5	656.3	598.2	561.3	-6.2
国际旅游										
接待旅游人数	万人	503.1	260.7	264.0	273.7	278.8	287.7	294.1	19.8	-93.3
旅游外汇收入	亿美元	34.8	16.2	16.8	17.4	17.8	17.4	17.4	1.2	-93.11
金 融										
金融机构各项存款余额	亿元	39418.0	42053.1	47758.2	51692.5	54249.0	59016.0	62697.4	67988.2	8.4
金融机构各项贷款余额	亿元	29722.0	33023.5	36282.8	38685.6	41278.7	44985.0	49582.6	52209.4	5.3

2-2 续表 2

指　　标	单位	2013年	2014年	2015年	2016年	2017年	2018年	2019年	2020年	2020年比上年增长(%)
教育、科技、文化										
教　　育										
专任教师数										
高等教育	万人	6.5	6.7	6.7	6.7	6.5	6.4	6.4	6.5	1.3
高中阶段教育	万人	6.9	7.8	7.0	7.1	7.2	7.2	7.2	7.1	-0.3
义务教育	万人	24.4	24.2	24.1	24.1	24.2	23.8	23.9	23.9	-0.1
在校学生数										
高等教育	万人	127.4	128.7	126.3	124.7	123.6	124.2	136.0	151.3	11.2
高中阶段教育	万人	103.1	105.1	96.0	94.4	94.4	89.5	86.7	85.1	-1.8
义务教育	万人	311.0	304.9	302.1	297.6	292.1	295.2	297.8	298.5	0.2
科　　技										
研究与发展经费支出	亿元	445.9	435.2	363.4	372.7	429.9	460.1	508.5	549.0	8.0
技术市场成交额	亿元	180.0	250.9	292.0	340.8	409.0	499.9	571.2	645.1	12.9
家庭、生活、环境										
家　　庭										
家庭总户数	万户	1505.5	1515.1	1512.1	1526.6	1520.3	1529.3	1540.4	1545.3	0.3
城镇居民平均每户家庭人口	人	2.5	2.5	2.5	2.6	2.6	2.5	2.5	2.4	-0.7
农村居民平均每户家庭人口	人	3.0	2.8	2.8	2.8	2.7	2.7	2.6	2.6	-1.7
婚　　姻										
结 婚 数	万对	37.0	34.5	31.7	31.3	29.2	28.1	25.6	22.4	-12.2
离 婚 数	万对	12.4	12.6	12.7	13.6	14.4	15.2	15.8	13.4	-14.6
居　　住										
城镇居民人均住宅建筑面积	平方米	28.8	29.0	29.0	29.0	29.3	31.2	31.3	31.5	0.5
农村居民人均住房面积	平方米	30.8	32.0	32.6	33.7	34.5	34.9	36.3	36.8	1.6
生　　活										
城镇常住居民人均可支配收入	元	25578	29082	31126	32876	34993	37342	39777	40376	1.5
农村常住居民人均可支配收入	元	10523	11192	12057	12881	13747	14656	16108	17450	8.3
储蓄存款余额	亿元	19857.9	21396.8	23995.8	25882.1	27768.1	31311.9	36133.6	42962.9	18.9
工资和福利										
职工工资总额	亿元	3078.3	3135.9	3179.0	3045.8	3081.1	3267.6	3530.3	3697.1	4.7
在岗职工平均工资	元	46310	49110	53458	57148	62545	69093	75264	82223	9.2
卫　　生										
卫生机构数	个	35546	35445	35247	36131	35768	36002	34238	34131	-0.3
医　　生	万人	10.3	10.2	10.5	11.0	11.5	12.0	12.4	12.6	1.7
医疗床位数	万张	24.2	25.6	26.7	28.4	29.8	31.4	31.4	31.5	0.4
市 政 建 设										
自来水供应量	亿吨	27.9	27.3	25.1	26.5	26.3	29.5	30.3	28.2	-7.0
排水管道长度	公里	16420	16783	17074	18275	22419	23810	25102	25938	3.3
城市煤气和天然气供气量	亿立方米	15.7	19.1	22.7	25.3	37.2	39.2	40.1	39.9	-0.5
道路长度	公里	16244	16692	16914	16394	18684.3	21088.8	21408.3	23415.9	9.4
园林绿地面积	公顷	120514	121982	124193	116601	128134	128772	133969	153811	14.8
环　　境										
工业固体废物综合利用量	万吨	11742.3	10719.2	10028.9	9363.2	11345.8	11674.1	11712.2	11477.8	-2.0

2-3 国民经济主要比例关系

单位：%

指标	2012年	2013年	2014年	2015年	2016年	2017年	2018年	2019年	2020年
地区生产总值产业比例									
第一产业	10.5	10.3	10.0	10.2	9.0	8.8	8.6	8.7	9.1
第二产业	49.8	47.9	45.1	41.3	38.6	38.4	38.5	38.3	37.4
第三产业	39.7	41.8	44.9	48.5	52.4	52.8	52.9	53.0	53.5
农业总产值中五业比例									
农　业	38.1	38.7	38.7	44.3	42.2	42.1	43.1	43.8	44.9
林　业	3.4	3.3	3.6	3.8	3.6	3.6	3.7	2.7	2.6
牧　业	38.9	37.3	36.8	31.9	33.9	33.5	33.1	33.9	35.0
渔　业	15.5	16.2	15.9	15.1	14.9	15.4	15.5	15.3	13.5
农林牧渔专业及辅助性活动	4.2	4.5	4.9	4.9	5.4	5.4	4.6	4.3	4.0
货运周转总量比例									
铁　路	12.0	11.1	9.6	7.6	7.4	8.5	10.9	13.4	23.3
公　路	23.0	23.2	24.9	24.2	24.0	23.9	28.9	29.0	45.9
水　运	64.4	65.2	64.6	67.5	67.7	67.1	58.0	54.7	28.4
民　航	0.1	0.1	0.02	0.02	0.02	0.02	0.02	0.03	0.03
管　道	0.5	0.4	0.9	0.7	0.9	0.5	2.2	2.8	2.4
客运周转总量比例									
铁　路	49.3	53.3	51.5	54.0	54.4	54.4	53.2	55.5	49.7
公　路	38.9	33.8	31.8	28.0	26.8	25.6	24.2	23.9	24.4
民　航	0.7	0.6	0.6	0.5	0.5	0.5	0.5	0.5	0.3
民　航	11.1	12.3	16.1	17.5	18.3	19.4	22.1	20.1	25.6

2-4 按总人口平均的国民经济主要指标

指　　标	单位	2012年	2013年	2014年	2015年	2016年	2017年	2018年	2019年	2020年
农业总产值(现价)	元／人	8658	9145	9312	9577	8897	9140	9685	10423	11000
一般公共预算收入	元／人	7307	7884	7528	5021	5201	5678	6237	6329	6375
一般公共预算支出	元／人	10726	12254	11979	10578	10819	11579	12726	13708	14437
粮食产量	公斤／人	511.8	554.8	441.7	516.1	547.3	553.1	522.7	579.8	561.4
油料产量	公斤／人	16.0	16.1	13.6	13.9	18.8	19.3	18.6	23.3	23.9
肉类产量	公斤／人	85.3	84.0	84.3	83.1	82.2	90.9	89.9	87.8	90.8
水产品产量	公斤／人	113.1	119.0	121.6	123.6	113.4	113.8	107.5	108.6	111.0
水果产量	公斤／人	130.4	137.4	124.1	128.3	128.6	132.5	137.5	144.4	151.9
布产量	米／人	10.8	9.7	16.0	8.3	3.8	3.1	2.6	2.1	1.9
纸及纸板产量	公斤／人	17.2	11.5	9.7	8.5	12.8	25.4	28.3	32.0	44.7
卷烟产量	支／人	650.4	657.6	684.7	686.1	659.2	638.6	640.8	647.1	658.4
钢产量	公斤／人	1218.5	1498.7	1534.5	1391.1	1427.7	1524.5	1638.9	1755.5	1826.6
发电量	千瓦小时／人	3419.2	3574.4	3789.2	3839.7	4092.6	4284.8	4525.3	4762.5	4923.5
原油产量	公斤／人	235.3	236.0	240.9	244.8	240.5	247.8	247.2	251.3	251.9
水泥产量	公斤／人	1366.8	1430.3	1385.4	1121.5	977.3	925.5	958.7	1136.6	1293.3
社会消费品零售总额	元／人	15153	16944	18626	19743	20320	20636	21727	23074	21510
出口总额	美元／人	1364	1522	1385	1200	954.2	1065.0	1163.5	1084.2	920.1
高等学校在校学生	人／万人	289.5	300.20	303.8	297.6	294.7	282.4	296.0	324.6	363.2
普通中学在校学生	人／万人	544.0	512.20	501.3	480.1	469.3	449.9	463.3	448.9	444.8
医院床位数	张／万人	52.8	57.1	60.3	60.9	65.0	68.3	72.1	72.1	75.6
卫生技术人员数	人／万人	57.9	60.1	60.4	62.4	65.6	68.9	72.3	73.8	75.9
医生	人／万人	23.7	24.4	24.0	24.7	25.1	26.4	27.6	28.5	30.2
储蓄存款余额	元／人	42277	46819	50451	56635	61175	65892	74655	86215	103130

主要统计指标解释

可比价格 指在不同时期的价值指标对比时，扣除了价格变动的因素，以确切反映物量的变化。按可比价格计算有两种方法：一种是直接用产品产量乘某一年的不变价格计算；另一种是用价格指数换算。

不变价格 指用同类产品的年平均价格作为固定价格，来计算各年产品价值。按不变价格计算的产品价值消除了价格变动因素，不同时期对比可以反映生产的发展速度。新中国成立后，随着工农业产品价格水平的变化，国家统计局先后五次制定了全国统一的工业产品不变价格和农业产品不变价格，从 1949 年到 1957 年使用 1952 年工(农)业产品不变价格，从 1957 年到 1971 年使用 1957 年不变价格，从 1971 年到 1981 年使用 1970 年不变价格，从 1981 年到 1990 年使用 1980 年不变价格，从 1990 年开始使用 1990 年不变价格。

平均每年增长速度 在我国计算平均增长速度有两种方法，一种是习惯上经常使用的“水平法”，又称几何平均法，是以间隔期最后一年的水平同基期水平对比来计算平均每年增长(或下降)速度。另一种是“累计法”，又称代数平均法或方程法，是以间隔期内各年水平的总和同基期水平对比来计算平均每年增长(或下降)速度。

在一般正常情况下，两种方法计算的平均每年增长速度比较接近，但在经济发展不平衡，出现大起大落时，两种方法计算的结果差别较大。

本《年鉴》内所列的平均每年增长速度均用“水平法”计算。从某年到某年平均增长速度的年份，均不包括基期年在内。如建国四十三年的平均增长速度是以 1949 年为基期计算的，则写为 1950—1992 年平均增长速度，余类推。

各个计划时期 表内所用各个“时期”代表的年份如下：恢复时期为 1950 年到 1952 年；第一个五年计划时期(简称一五时期)为 1953 年到 1957 年；第二个五年计划时期(简称二五时期)为 1958 年到 1962 年；第三个五年计划时期(简称三五时期)为 1966 年到 1970 年；第四个五年计划时期(简称四五时期)为 1971 年到 1975 年；第五个五年计划时期(简称五五时期)为 1976 年到 1980 年；第六个五年计划时期(简称六五时期)为 1981 年到 1985 年；第七个五年计划时期(简称七五时期)为 1986 年到 1990 年；第八个五年计划时期(简称八五时期)为 1991 到 1995 年；第九个五年计划时期(简称九五时期)为 1996 年到 2000 年。

企业(单位)登记注册类型 是以在工商行政管理机关登记注册的各类企业为划分对象，以工商行政管理部门对企业登记注册的类型为依据，将企业登记注册类型分为内资企业、港澳台商投资企业和外商投资企业三大类。内资企业包括国有企业、集体企业、股份合作企业、联营企业、有限责任公司、股份有限公司、私营公司和其他企业；港澳台商投资企业和外商投资企业分别包括合资经营企业、合作经营企业、独资经营企业和股份有限公司。对不在工商行政管理部门进行登记注册的行政机关、事业单位和社会团体，主要按其经费来源和管理方式进行划分。

国有企业 指企业全部资产归国家所有，并按《中华人民共和国企业法人登记管理条例》规定登记注册的非公司制的经济组织。不包括有限责任公司中的国有独资公司。

集体企业 指企业资产归集体所有，并按《中华人民共和国企业法人登记管理条例》规定登记注册的经济组织。

股份合作企业 指以合作制为基础，由企业职工共同出资入股，吸收一定比例的社会资产投资组建，实行自主经营，自负盈亏，共同劳动，民主管理，按劳分配与按股分红相结合的一种集体经济组织。

联营企业 指两个及两个以上相同或不同所有制性质的企业法人或事业单位法人，按自愿、平等、互利的原则，共同投资组成的经济组织。联营企业包括国有联营企业、集体联营企业、国有与集体联营企业和其他联营企业。

有限责任公司 指根据《中华人民共和国公司登记管理条例》规定登记注册，由两个以上、五十个以下的股东共同出资，每个股东以其所认缴的出资额对公司承担有限责任，公司以其全部资产对其债务承担责任的经济组织。有限责任公司包括国有独资公司以及其他有限责任公司。

(1)国有独资公司：指国家授权的投资机构或者国家授权的部门单独投资设立的有限责任公司。

(2)其他有限责任公司：指国有独资公司以外的有限责任公司。

股份有限公司 指根据《中华人民共和国公司登记管理条例》规定登记注册，其全部注册资本由等额股份构成并通过发行股票筹集资本，股东以其认购的股份对公司承担有限责任，公司以其全部资产对其债务承担责任的经济组织。

私营企业 指由自然人投资设立或由自然人控股，以雇佣劳动为基础的营利性经济组织。包括按照《公司法》、《合伙企业法》、《私营企业暂行条例》规定登记注册的私营有限责任公司、私营股份有限公司、私营合伙企业和私营独资企业。

(1)私营独资企业：指按《私营企业暂行条例》的规定，由一名自然人投资经营，以雇佣劳动为基础，投资者对企业债务承担无限责任的企业。

(2)私营合伙企业：指按《合伙企业法》或《私营企业暂行条例》的规定，由两个以上自然人按照协议共同投资、共同经营、共负盈亏，以雇佣劳动为基础，对债务承担无限责任的企业。

(3)私营有限责任公司：指按《公司法》、《私营企业暂行条例》的规定，由两个以上自然人投资或由单个自然人控股的有限责任公司。

(4)私营股份有限公司：指按《公司法》的规定，由五个以上自然人投资，或由单个自然人控股的股份有限公司。

其他内资企业 指上述企业之外的其他内资经济组织。

政府对生产单位的单方面收入转移，因此视为负生产税处理，包括政府亏损补贴、粮食系统价格补贴、外贸企业出口退税收入等。

固定资产折旧 固定资产折旧是指一定时期内为弥补固定资产损耗按照核定的固定资产折旧率提取的固定资产折旧，或按国民经济核算统一规定的折旧率虚拟计算的固定资产折旧。它反映了固定资产在当期生产中的转移价值。各种类型企业和企业化管理的事业单位的固定资产折旧指实际计提并计入成本费用中的折旧费；不计提折旧的单位，如政府机关、非企业化管理的事业单位和居民住房的固定资产折旧则是按照统一规定的折旧率和固定资产原值计算的虚拟折旧。原则上，固定资产折旧应按固定资产的重置价值来计算，但是我国目前尚不具备对全社会固定资产进行重估的基础，所以暂时只能采用上述方法来计算。

营业盈余 营业盈余是指常住单位创造的增加值扣除劳动者报酬、生产税净额和固定资产折旧后的余额。它相当于企业的营业利润加上生产补贴，但要扣除从利润中开支的工资和福利等。

三、国民经济核算

Chapter 3 National Economy Accounting

3-1 生产总值

单位：亿元

年 份	生产总值	第一产业	第二产业	第三产业	人均生产总值(元)
1978	229.2	32.1	162.4	34.7	680
1979	245.0	40.3	165.9	38.8	717
1980	281.0	45.7	191.7	43.6	811
1981	288.5	48.7	186.9	52.9	823
1982	315.1	54.2	199.1	61.8	884
1983	364.0	71.5	219.0	73.4	1012
1984	438.2	79.6	267.4	91.2	1203
1985	518.6	74.2	327.1	117.3	1413
1986	605.3	92.0	356.7	156.6	1633
1987	719.1	108.4	415.8	194.9	1917
1988	881.0	140.4	491.1	249.6	2285
1989	1003.9	140.3	543.5	320.1	2574
1990	1062.7	166.6	539.2	356.9	2698
1991	1200.1	178.6	588.4	433.2	3027
1992	1473.0	192.1	739.7	541.3	3693
1993	2010.8	257.3	1036.3	717.2	5015
1994	2461.8	314.5	1255.2	892.1	6103
1995	2793.4	386.2	1385.8	1021.4	6880
1996	3157.7	466.2	1532.9	1158.6	7730
1997	3582.5	465.7	1738.3	1378.5	8725
1998	3881.7	520.9	1849.2	1511.6	9415
1999	4171.7	509.6	1994.7	1667.4	10086
2000	4669.1	491.7	2336.1	1841.2	11177
2001	5033.1	530.7	2431.5	2070.9	12015
2002	5458.2	574.1	2599.7	2284.4	13000
2003	5906.3	598.1	2841.0	2467.3	14041
2004	6469.8	774.4	2957.8	2737.6	15355
2005	7260.8	854.4	3443.9	2962.5	17210
2006	8390.3	908.6	4060.7	3421.1	19760
2007	10292.2	1077.3	5060.2	4154.7	24022
2008	12137.7	1215.7	6273.1	4648.9	28185
2009	12815.7	1297.3	6539.3	4979.1	29611
2010	13896.3	1468.9	7181.8	5245.5	31888
2011	16354.9	1693.4	8478.7	6182.9	37353
2012	17848.6	1869.3	8886.9	7092.4	40778
2013	19208.8	1973.4	9204.2	8031.2	43956
2014	20025.7	2002.0	9038.8	8984.9	45915
2015	20210.3	2053.7	8344.6	9811.9	46482
2016	20392.5	1841.2	7865.7	10685.6	47069
2017	21693.0	1902.3	8328.9	11461.8	50221
2018	23510.5	2020.6	9049.0	12441.0	54657
2019	24855.3	2178.0	9475.9	13201.4	58019
2020	25115.0	2284.6	9400.9	13429.4	58872

注：1.三次产业分类依据国家统计局2018年修订的《三次产业划分规定》。第一产业是指农、林、牧、渔业(不含农、林、牧、渔专业及辅助性活动)；第二产业是指采矿业(不含开采专业及辅助性活动)，制造业(不含金属制品、机械和设备修理业)，电力、热力、燃气及水生产和供应业，建筑业；第三产业即服务业，是指除第一产业、第二产业以外的其他行业。

2.按照我国国内生产总值(GDP)数据修订制度和国际通行作法，在第四次全国经济普查后，对2018年及以前年度的GDP历史数据进行了系统修订。

3.2019年GDP为快报数据。

3-2 生产总值指数

(上年=100)

年　份	生产总值	第一产业	第二产业	第三产业	人均生产总值
1978	110.7	96.9	115.4	102.7	109.3
1979	104.9	106.9	103.3	111.2	103.6
1980	109.2	103.8	110.0	109.9	107.6
1981	98.4	98.1	94.0	118.3	97.2
1982	105.3	106.6	102.5	113.8	103.7
1983	113.3	128.3	108.8	115.2	112.3
1984	116.8	105.0	119.5	119.5	115.4
1985	113.3	84.0	118.7	120.5	112.4
1986	108.3	111.7	103.5	120.5	107.2
1987	114.1	106.0	111.4	124.9	112.7
1988	111.7	106.9	111.7	113.7	108.7
1989	103.1	95.7	101.6	109.3	101.9
1990	100.9	114.5	97.0	104.1	100.1
1991	106.1	104.2	104.0	110.2	105.4
1992	112.1	104.2	113.6	113.4	111.4
1993	114.9	110.7	116.6	114.3	114.3
1994	111.2	102.1	113.8	111.1	111.2
1995	107.1	104.9	107.1	107.8	106.4
1996	108.6	112.6	107.8	108.4	107.9
1997	108.9	101.3	110.5	109.2	108.7
1998	108.3	113.0	107.6	107.9	107.9
1999	108.2	105.1	108.5	108.9	107.9
2000	108.9	98.4	110.7	109.6	108.6
2001	109.0	106.7	107.5	111.5	108.7
2002	110.2	108.4	109.8	111.3	110.0
2003	108.9	107.2	109.4	108.8	108.7
2004	110.4	107.9	113.0	107.9	110.2
2005	110.5	107.9	111.8	109.5	110.4
2006	111.5	106.3	113.7	110.5	110.8
2007	112.9	104.0	115.5	112.3	111.9
2008	110.7	106.5	113.2	108.8	110.1
2009	110.4	103.3	112.7	109.2	109.8
2010	110.3	105.8	112.6	108.4	109.5
2011	110.2	106.0	112.1	108.8	109.7
2012	108.9	104.9	109.2	109.6	108.9
2013	108.7	104.0	107.0	112.2	108.9
2014	105.7	102.2	105.0	107.3	105.9
2015	102.8	104.0	99.4	107.1	103.2
2016	100.5	98.3	95.4	105.3	100.9
2017	104.2	103.6	103.2	105.0	104.5
2018	105.6	103.0	107.3	104.8	106.0
2019	105.4	103.9	106.0	105.3	105.9
2020	100.6	103.2	101.8	99.3	101.1

注：本表按不变价格计算。

3-3 生产总值指数

(1978年=100)

年 份	生产总值				人均生产总值
		第一产业	第二产业	第三产业	
1978	100.0	100.0	100.0	100.0	100.0
1979	104.9	106.9	103.3	111.2	103.6
1980	114.6	111.0	113.6	122.2	111.5
1981	112.8	108.9	106.8	144.6	108.4
1982	118.8	116.1	109.5	164.6	112.4
1983	134.6	148.9	119.1	189.7	126.2
1984	157.2	156.3	142.4	226.6	145.6
1985	178.0	131.3	169.0	273.0	163.7
1986	192.8	146.7	174.9	328.9	175.5
1987	219.9	155.5	194.8	410.8	197.7
1988	245.6	166.2	217.6	467.0	214.9
1989	253.1	159.1	221.1	510.6	219.0
1990	255.5	182.1	214.5	531.7	219.2
1991	271.1	189.8	223.1	585.7	231.1
1992	303.9	197.7	253.4	664.4	257.4
1993	349.3	218.9	295.5	759.4	294.2
1994	388.6	223.5	336.2	843.6	327.2
1995	416.0	234.5	360.1	909.3	348.2
1996	451.8	264.0	388.2	985.5	375.7
1997	491.8	267.4	429.0	1076.1	408.4
1998	532.8	302.2	461.6	1160.8	440.7
1999	576.5	317.6	500.8	1263.5	475.5
2000	627.5	312.5	554.5	1385.3	516.3
2001	684.0	333.5	596.1	1544.9	561.2
2002	754.1	361.5	654.5	1719.0	617.4
2003	821.2	387.5	715.7	1869.9	671.0
2004	906.7	418.1	808.8	2016.9	739.6
2005	1001.9	451.2	903.8	2209.5	816.2
2006	1117.1	479.6	1027.2	2441.5	904.2
2007	1261.2	498.8	1186.4	2740.9	1011.7
2008	1396.1	531.2	1342.4	2981.1	1114.2
2009	1541.3	548.7	1513.6	3254.8	1224.0
2010	1700.1	580.5	1703.5	3528.1	1340.8
2011	1873.5	615.4	1908.8	3840.1	1470.9
2012	2040.2	645.5	2084.4	4207.5	1602.4
2013	2217.7	671.3	2231.3	4722.8	1744.6
2014	2343.0	686.1	2344.0	5067.2	1846.7
2015	2409.8	713.6	2329.9	5427.4	1905.2
2016	2422.6	701.2	2223.7	5716.9	1922.2
2017	2523.7	726.5	2294.6	6005.1	2008.4
2018	2664.7	748.5	2461.3	6293.8	2129.5
2019	2809.6	777.7	2608.0	6628.8	2254.5
2020	2826.4	802.6	2653.8	6582.0	2278.5

注：本表按不变价格计算。

3-4 生产总值构成

单位：%

年 份	生产总值	第一产业	第二产业	第三产业
1978	100.0	14.0	70.9	15.1
1979	100.0	16.5	67.7	15.8
1980	100.0	16.3	68.2	15.5
1981	100.0	16.9	64.8	18.3
1982	100.0	17.2	63.2	19.6
1983	100.0	19.6	60.2	20.2
1984	100.0	18.2	61.0	20.8
1985	100.0	14.3	63.1	22.6
1986	100.0	15.2	58.9	25.9
1987	100.0	15.1	57.8	27.1
1988	100.0	15.9	55.7	28.3
1989	100.0	14.0	54.1	31.9
1990	100.0	15.7	50.7	33.6
1991	100.0	14.9	49.0	36.1
1992	100.0	13.0	50.2	36.7
1993	100.0	12.8	51.5	35.7
1994	100.0	12.8	51.0	36.2
1995	100.0	13.8	49.6	36.6
1996	100.0	14.8	48.5	36.7
1997	100.0	13.0	48.5	38.5
1998	100.0	13.4	47.6	38.9
1999	100.0	12.2	47.8	40.0
2000	100.0	10.5	50.0	39.4
2001	100.0	10.5	48.3	41.1
2002	100.0	10.5	47.6	41.9
2003	100.0	10.1	48.1	41.8
2004	100.0	12.0	45.7	42.3
2005	100.0	11.8	47.4	40.8
2006	100.0	10.8	48.4	40.8
2007	100.0	10.5	49.2	40.4
2008	100.0	10.0	51.7	38.3
2009	100.0	10.1	51.0	38.9
2010	100.0	10.6	51.7	37.7
2011	100.0	10.4	51.8	37.8
2012	100.0	10.5	49.8	39.7
2013	100.0	10.3	47.9	41.8
2014	100.0	10.0	45.1	44.9
2015	100.0	10.2	41.3	48.5
2016	100.0	9.0	38.6	52.4
2017	100.0	8.8	38.4	52.8
2018	100.0	8.6	38.5	52.9
2019	100.0	8.8	38.1	53.1
2020	100.0	9.1	37.4	53.5

3-5 分行业增加值

单位：亿元

行业	2010年	2011年	2012年	2013年	2014年	2015年	2016年	2017年	2018年	2019年
总 计	**13896.3**	**16354.9**	**17848.6**	**19208.8**	**20025.7**	**20210.3**	**20392.5**	**21693.0**	**23510.5**	**24855.3**
按产业分类										
第一产业	1468.9	1693.4	1869.3	1973.4	2002.0	2053.7	1841.2	1902.3	2020.6	2178.0
第二产业	7181.8	8478.7	8886.9	9204.2	9038.8	8344.6	7865.7	8328.9	9049.0	9475.9
第三产业	5245.5	6182.9	7092.4	8031.2	8984.9	9811.9	10685.6	11461.8	12441.0	13201.4
按行业分类										
农林牧渔业	1526.5	1763.3	1951.8	2067.4	2104.8	2158.0	1945.8	2000.4	2109.6	2266.9
工业	6371.4	7499.4	7816.2	8039.6	7811.3	7115.7	6617.5	7039.0	7728.7	8052.2
建筑业	866.4	1053.1	1156.6	1263.8	1297.2	1298.5	1338.0	1388.2	1433.9	1480.1
批发和零售业	1037.1	1219.0	1343.7	1459.3	1667.6	1819.8	1920.7	1988.1	2046.9	2147.9
交通运输、仓储和邮政业	654.5	778.0	848.0	884.5	953.7	1045.3	1200.0	1255.7	1304.4	1311.2
住宿和餐饮业	206.7	229.9	242.3	250.3	261.8	268.5	284.9	287.8	296.3	316.9
金融业	534.5	633.1	806.8	1028.7	1218.1	1553.7	1650.4	1755.9	1856.6	1988.1
房地产业	603.5	724.0	870.6	988.8	1026.6	1057.3	1145.8	1254.6	1368.6	1491.9
其他服务业	2095.7	2455.3	2812.7	3226.5	3684.5	3893.5	4289.3	4723.4	5365.5	5800.1

注：分业分类采用《国民经济行业分类(GB/T4754-2017)》。

3-6 三次产业贡献率

单位：%

年份	生产总值	第一产业	第二产业	第三产业
1991	100.0	10.8	33.3	55.9
1992	100.0	5.3	55.9	38.8
1993	100.0	10.3	56.0	33.7
1994	100.0	2.6	62.8	34.6
1995	100.0	8.8	52.6	38.6
1996	100.0	18.2	47.5	34.4
1997	100.0	1.9	61.6	36.6
1998	100.0	18.6	48.0	33.3
1999	100.0	7.8	54.3	38.0
2000	100.0	-2.2	63.7	38.5
2001	100.0	7.8	41.7	50.5
2002	100.0	8.4	47.2	44.4
2003	100.0	8.2	51.6	40.2
2004	100.0	7.6	61.7	30.7
2005	100.0	7.3	56.5	36.1
2006	100.0	6.4	56.3	37.3
2007	100.0	3.5	58.1	38.4
2008	100.0	6.3	60.8	32.9
2009	100.0	3.2	62.0	34.9
2010	100.0	5.2	62.9	31.9
2011	100.0	6.2	61.1	32.7
2012	100.0	5.6	54.3	40.1
2013	100.0	4.5	42.7	52.8
2014	100.0	3.6	46.4	50.0
2015	100.0	12.7	-10.9	98.1
2016	100.0	-33.3	-354.6	487.8
2017	100.0	8.6	30.0	61.5
2018	100.0	5.4	50.5	44.1
2019	100.0	6.9	43.2	49.8
2020	100.0	47.5	108.6	-56.1

注：产业贡献率指各产业增加值增量与GDP增量之比。

3-7 三次产业对生产总值增长的拉动

单位：百分点

年 份	生产总值	第一产业	第二产业	第三产业
1991	6.1	0.7	2.0	3.4
1992	12.1	0.6	6.8	4.7
1993	14.9	1.5	8.4	5.0
1994	11.2	0.3	7.1	3.9
1995	7.1	0.6	3.7	2.7
1996	8.6	1.6	4.1	3.0
1997	8.9	0.2	5.5	3.2
1998	8.3	1.6	4.0	2.8
1999	8.2	0.6	4.5	3.1
2000	8.9	-0.2	5.6	3.4
2001	9.0	0.7	3.8	4.5
2002	10.2	0.9	4.8	4.5
2003	8.9	0.7	4.6	3.6
2004	10.4	0.8	6.4	3.2
2005	10.5	0.8	5.9	3.8
2006	11.5	0.7	6.5	4.3
2007	12.9	0.4	7.5	5.0
2008	10.7	0.7	6.5	3.5
2009	10.4	0.3	6.4	3.6
2010	10.3	0.5	6.5	3.3
2011	10.2	0.6	6.2	3.3
2012	8.9	0.5	4.8	3.6
2013	8.7	0.4	3.7	4.6
2014	5.7	0.2	2.6	2.8
2015	2.8	0.4	-0.3	2.8
2016	0.5	-0.2	-1.9	2.6
2017	4.2	0.4	1.2	2.6
2018	5.6	0.3	2.8	2.5
2019	5.4	0.4	2.4	2.7
2020	0.6	0.3	0.7	-0.4

注：产业拉动指GDP增长速度与各产业贡献率之乘积。

3-8 各地区生产总值

(2020年)

地 区	生产总值(亿元)				人均生产总值(元)	构成(%)			指数(上年=100)			
		第一产业	第二产业	第三产业		第一产业	第二产业	第三产业	生产总值	第一产业	第二产业	第三产业
沈 阳	6571.6	303.6	2160.4	4107.6	72936	4.6	32.9	62.5	100.8	102.9	102.9	99.4
大 连	7030.4	459.2	2815.1	3756.0	94685	6.5	40.0	53.4	100.9	103.2	104.3	97.5
鞍 山	1738.8	110.5	706.2	922.0	52020	6.4	40.6	53.0	100.4	102.8	99.8	100.5
抚 顺	827.8	59.3	388.8	379.7	44137	7.2	47.0	45.9	97.0	102.0	95.3	98.2
本 溪	810.4	54.3	382.9	373.2	60210	6.7	47.2	46.1	102.5	102.0	103.3	101.5
丹 东	779.4	153.6	189.3	436.6	35389	19.7	24.3	56.0	100.4	104.0	103.0	97.8
锦 州	1072.2	208.5	268.3	595.4	39332	19.4	25.0	55.5	100.1	102.0	100.0	99.4
营 口	1325.5	107.3	584.4	633.8	56777	8.1	44.1	47.8	101.6	103.5	101.2	101.6
阜 新	504.6	115.0	129.7	259.9	30451	22.8	25.7	51.5	102.3	103.7	103.8	100.9
辽 阳	837.7	88.9	376.1	372.8	51793	10.6	44.9	44.5	100.7	103.7	99.5	101.2
盘 锦	1303.6	103.9	715.6	484.0	93512	8.0	54.9	37.1	103.1	102.1	106.6	98.1
铁 岭	663.1	167.1	177.0	318.9	27577	25.2	26.7	48.1	102.3	103.8	102.9	100.9
朝 阳	875.6	212.3	243.3	419.9	30371	24.2	27.8	48.0	102.8	103.9	103.2	101.8
葫 芦 岛	770.4	141.1	259.6	369.6	31514	18.3	33.7	48.0	95.2	103.0	89.0	97.7

主要统计指标解释

国内生产总值（GDP） 是按市场价格计算的国内生产总值的简称。它是一个国家(地区)所有常住单位在一定时期内生产活动的最终成果。国内生产总值有三种表现形态，既价值形态、收入形态和产品形态。从价值形态看，它是所有常住单位在一定时期内所生产的全部货物和服务价值超过同期投入的全部非固定资产货物和服务价值的差额，即所有常住单位的增加值之和；从收入形态看，它是所有常住单位在一定时期内所创造并分配给常住单位和非常住单位的初次分配收入之和；从产品形态看，它是最终使用的货物和服务减去进口货物和服务。在实际核算中，国内生产总值的三种表现形态表现为三种计算方法，即生产法、收入法和支出法。三种方法分别从不同的方面反映国内生产总值及构成。

三次产业 三次产业分类依据国家统计局2018年修订的《三次产业划分规定》。第一产业是指农、林、牧、渔业（不含农、林、牧、渔专业及辅助性活动）；第二产业是指采矿业（不含开采专业及辅助性活动），制造业（不含金属制品、机械和设备修理业），电力、热力、燃气及水生产和供应业，建筑业；第三产业即服务业，是指除第一产业、第二产业以外的其他行业。

四、人　口

Chapter 4　Population

4-1 人口数

单位：万人

年 份	年末总人口	按性别分	
		男	女
1978	3394.0	1735.3	1658.7
1980	3486.9	1779.2	1707.7
1981	3534.8	1803.2	1731.6
1982	3592.1	1832.0	1760.1
1983	3629.1	1852.9	1776.2
1984	3654.8	1866.6	1788.2
1985	3686.2	1883.2	1803.0
1986	3726.0	1904.1	1821.9
1987	3777.4	1930.4	1847.0
1988	3825.5	1955.5	1870.0
1989	3876.0	1979.5	1896.5
1990	3917.3	1999.1	1918.2
1991	3938.5	2009.8	1928.7
1992	3957.9	2018.9	1939.0
1993	3982.9	2031.6	1951.3
1994	4007.2	2043.6	1963.6
1995	4034.0	2056.9	1977.1
1996	4056.8	2067.5	1989.3
1997	4077.1	2076.9	2000.2
1998	4090.4	2083.1	2007.3
1999	4103.2	2088.4	2014.8
2000	4135.3	2103.3	2032.0
2001	4147.0	2109.1	2037.9
2002	4155.4	2111.6	2043.8
2003	4161.6	2113.2	2048.4
2004	4172.8	2117.3	2055.5
2005	4189.2	2123.4	2065.8
2006	4210.4	2132.5	2077.9
2007	4231.7	2141.5	2090.2
2008	4246.1	2146.9	2099.2
2009	4256.0	2149.9	2106.1
2010	4251.7	2144.7	2107.0
2011	4255.0	2143.6	2111.4
2012	4244.8	2136.5	2108.3
2013	4238.0	2131.4	2106.6
2014	4244.2	2132.2	2112.0
2015	4229.7	2122.7	2107.0
2016	4232.0	2121.7	2110.3
2017	4196.5	2100.1	2096.4
2018	4191.9	2095.3	2096.6
2019	4190.2	2092.1	2098.1
2020	4165.9	2075.9	2090.0

注：本表至4-6表为公安户籍统计数。

4-2 人口构成

单位：%

年 份	总人口	按性别分	
		男	女
1978	100	51.2	48.8
1980	100	51.0	49.0
1981	100	51.0	49.0
1982	100	51.0	49.0
1983	100	51.1	48.9
1984	100	51.1	48.9
1985	100	51.1	48.9
1986	100	51.1	48.9
1987	100	51.1	48.9
1988	100	51.1	48.9
1989	100	51.1	48.9
1990	100	51.0	49.0
1991	100	51.0	49.0
1992	100	51.0	49.0
1993	100	51.0	49.0
1994	100	51.0	49.0
1995	100	51.0	49.0
1996	100	51.0	49.0
1997	100	50.9	49.1
1998	100	50.9	49.1
1999	100	50.9	49.1
2000	100	50.9	49.1
2001	100	50.9	49.1
2002	100	50.8	49.2
2003	100	50.1	49.9
2004	100	50.7	49.3
2005	100	50.7	49.3
2006	100	50.6	49.4
2007	100	50.6	49.4
2008	100	50.6	49.4
2009	100	50.5	49.5
2010	100	50.4	49.6
2011	100	50.4	49.6
2012	100	50.3	49.7
2013	100	50.3	49.7
2014	100	50.2	49.8
2015	100	50.2	49.8
2016	100	50.1	49.9
2017	100	50.0	50.0
2018	100	50.0	50.0
2019	100	49.9	50.1
2020	100	49.8	50.2

4-3 人口出生率、死亡率、自然增长率

单位：‰

年 份	出生率	死亡率	自然增长率
1978	18.0	5.3	12.7
1980	14.1	5.4	8.7
1981	16.6	5.3	11.3
1982	18.9	5.4	13.5
1983	13.4	5.0	8.4
1984	10.8	5.0	5.8
1985	11.9	5.3	6.6
1986	14.8	5.2	9.6
1987	17.3	5.3	12.0
1988	15.4	5.2	10.2
1989	14.6	5.2	9.4
1990	14.5	5.7	8.8
1991	9.9	5.2	4.7
1992	10.2	5.4	4.8
1993	10.0	5.6	4.4
1994	10.7	5.8	4.9
1995	9.9	5.5	4.4
1996	9.5	5.8	3.7
1997	8.9	5.7	3.2
1998	7.9	5.8	2.1
1999	8.0	6.0	2.0
2000	10.7	6.7	4.0
2001	7.1	5.3	1.8
2002	7.5	5.4	2.1
2003	6.2	5.6	0.6
2004	7.7	6.5	1.2
2005	7.8	5.8	2.0
2006	7.8	5.5	2.3
2007	8.2	5.8	2.4
2008	7.9	6.5	1.4
2009	7.6	6.8	0.8
2010	8.8	10.9	-2.1
2011	7.4	7.1	0.3
2012	8.1	9.4	-1.3
2013	7.6	8.1	-0.5
2014	9.0	7.1	1.9
2015	7.0	7.8	-0.8
2016	7.8	6.8	1.0
2017	8.1	15.9	-7.8
2018	7.0	7.3	-0.3
2019	6.9	7.2	-0.3
2020	5.8	11.5	-5.7

4-4 各地区年末总户数及总人口

单位：万户、万人

地区	总户数					总人口				
	2016年	2017年	2018年	2019年	2020年	2016年	2017年	2018年	2019年	2020年
全省	**1526.6**	**1520.3**	**1529.3**	**1540.4**	**1545.3**	**4232.0**	**4196.5**	**4191.9**	**4190.2**	**4165.9**
沈阳	268.1	271.8	278.8	285.3	290.4	733.9	736.5	745.1	755.4	761.7
大连	213.9	214.3	215.3	218.4	222.6	595.6	594.9	595.2	598.7	601.6
鞍山	120.1	120.3	120.8	121.4	121.4	345.7	344.0	341.8	339.8	336.4
抚顺	85.1	84.3	84.3	84.2	83.5	214.8	210.7	208.9	206.7	202.4
本溪	56.5	56.1	56.1	56.0	55.8	150.0	147.6	146.2	144.5	142.4
丹东	84.3	83.8	83.9	83.9	83.7	237.9	235.2	234.1	232.9	230.7
锦州	103.5	102.5	102.6	102.8	102.5	302.2	296.3	295.0	293.4	289.3
营口	88.7	88.5	88.7	88.8	88.7	232.8	231.8	231.4	230.8	229.2
阜新	67.8	68.0	67.4	68.2	67.7	188.9	186.2	185.0	183.7	181.8
辽阳	68.5	68.2	68.2	68.1	67.8	178.6	176.5	175.4	174.4	172.5
盘锦	47.2	47.1	47.2	47.4	47.4	130.1	129.6	129.9	130.0	129.3
铁岭	111.1	105.0	104.8	104.5	103.8	299.9	293.7	291.6	289.2	285.3
朝阳	113.0	111.7	111.8	111.9	111.1	341.1	336.5	335.9	334.9	330.9
葫芦岛	98.8	98.7	99.4	99.5	98.9	280.5	277.0	276.4	275.8	272.4

4-4 续表

单位：万户、万人

地区	男性人口					女性人口				
	2016年	2017年	2018年	2019年	2020年	2016年	2017年	2018年	2019年	2020年
全省	**2121.7**	**2100.1**	**2095.3**	**2092.1**	**2075.9**	**2110.3**	**2096.4**	**2096.6**	**2098.1**	**2090.0**
沈阳	362.6	363.3	367.0	371.5	373.9	371.3	373.2	378.1	383.9	387.8
大连	296.0	295.2	295.0	296.2	296.8	299.6	299.7	300.2	302.5	304.8
鞍山	173.8	172.8	171.4	170.2	168.3	171.9	171.2	170.4	169.6	168.1
抚顺	106.9	104.7	103.8	102.6	100.2	107.9	106.0	105.1	104.1	102.2
本溪	74.9	73.5	72.7	71.8	70.7	75.1	74.1	73.5	72.7	71.7
丹东	119.1	117.5	116.9	116.1	114.8	118.8	117.7	117.2	116.8	115.9
锦州	151.4	148.1	147.3	146.5	144.1	150.8	148.2	147.7	146.9	145.2
营口	117.8	117.1	116.8	116.4	115.4	115.0	114.7	114.6	114.4	113.8
阜新	93.8	92.3	91.7	90.9	89.9	95.1	93.9	93.3	92.8	91.9
辽阳	90.1	88.8	88.1	87.5	86.4	88.5	87.7	87.3	86.9	86.1
盘锦	65.0	64.5	64.6	64.5	64.0	65.1	65.1	65.3	65.5	65.3
铁岭	151.7	148.3	147.1	145.8	143.6	148.2	145.4	144.5	143.4	141.7
朝阳	174.7	172.3	172.0	171.4	169.2	166.4	164.2	163.9	163.5	161.7
葫芦岛	143.9	141.7	140.9	140.7	138.6	136.6	135.3	135.5	135.1	133.8

4-5 各地区人口自然变动情况

地区	平均人口(万人)					人口出生率(‰)				
	2016年	2017年	2018年	2019年	2020年	2016年	2017年	2018年	2019年	2020年
全　省	**4230.8**	**4214.2**	**4194.2**	**4191.1**	**4178.1**	**7.8**	**8.1**	**7.0**	**6.9**	**5.8**
沈　阳	732.1	735.2	740.8	750.3	758.6	8.7	8.9	8.1	8.3	6.9
大　连	594.6	595.3	595.0	597.0	600.1	9.4	9.6	8.4	8.3	6.8
鞍　山	345.9	344.8	342.9	340.8	338.1	7.8	7.6	6.2	6.0	5.4
抚　顺	215.3	212.7	209.8	207.8	204.6	6.5	6.4	5.4	5.2	4.2
本　溪	150.6	148.8	146.9	145.3	143.4	6.5	6.2	5.2	5.2	4.2
丹　东	238.0	236.5	234.7	233.5	231.8	7.5	7.1	6.3	6.1	5.2
锦　州	302.4	299.3	295.6	294.2	291.4	6.0	6.6	5.8	5.7	4.6
营　口	232.7	232.3	231.6	231.1	230.0	8.3	7.6	6.9	7.0	6.1
阜　新	189.2	187.5	185.6	184.3	182.7	6.5	7.2	6.2	5.8	4.8
辽　阳	178.8	177.6	176.0	174.9	173.4	6.2	7.7	6.0	5.8	5.2
盘　锦	129.8	129.9	129.8	130.0	129.7	8.3	9.3	8.7	8.3	6.9
铁　岭	300.1	296.8	292.6	290.4	287.3	5.9	6.2	5.3	5.1	4.2
朝　阳	341.0	338.8	336.2	335.4	332.9	8.7	9.7	8.3	7.5	6.4
葫芦岛	280.3	278.7	276.7	276.1	274.1	8.7	9.1	7.3	6.6	6.3

4-5 续表

地区	人口死亡率(‰)					人口自然增长率(‰)				
	2016年	2017年	2018年	2019年	2020年	2016年	2017年	2018年	2019年	2020年
全　省	**6.8**	**15.9**	**7.3**	**7.2**	**11.5**	**1.0**	**-7.8**	**-0.3**	**-0.3**	**-5.7**
沈　阳	7.6	11.2	8.7	8.3	10.1	1.1	-2.3	-0.6		-3.2
大　连	6.7	11.8	8.1	7.4	9.8	2.7	-2.2	0.3	0.9	-3.0
鞍　山	7.7	11.2	8.4	8.3	11.3	0.1	-3.6	-2.2	-2.3	-5.9
抚　顺	6.9	20.1	6.6	7.3	17.5	-0.4	-13.7	-1.2	-2.1	-13.3
本　溪	10.7	17.7	8.0	8.7	12.0	-4.2	-11.5	-2.8	-3.5	-7.8
丹　东	7.6	16.4	8.3	8.0	11.4	-0.1	-9.3	-2.0	-1.9	-6.2
锦　州	5.4	23.1	6.0	6.4	13.9	0.6	-16.5	-0.2	-0.7	-9.3
营　口	6.3	11.0	6.5	6.7	10.4	2.0	-3.4	0.4	0.3	-4.3
阜　新	7.3	19.3	8.2	8.0	10.3	-0.8	-12.1	-2.0	-2.2	-5.5
辽　阳	6.1	16.6	6.8	6.5	10.7	0.1	-8.9	-0.8	-0.7	-5.5
盘　锦	4.8	12.8	5.1	4.8	10.7	3.5	-3.5	3.6	3.5	-3.8
铁　岭	5.4	22.6	5.9	6.5	11.2	0.5	-16.4	-0.6	-1.4	-7.0
朝　阳	5.9	20.1	5.3	5.5	12.9	2.8	-10.4	3.0	2.0	-6.5
葫芦岛	6.5	21.1	5.9	5.4	13.6	2.2	-12.0	1.4	1.2	-7.3

4-6 各地区分年龄人口数

(2020年)

单位：万人

地 区	总人口	0-17岁	18-34岁	35-59岁	60岁及以上
全 省	**4165.9**	**543.6**	**792.4**	**1724.3**	**1105.6**
沈 阳	761.7	103.5	142.4	314.5	201.3
大 连	601.6	82.1	108.9	245.0	165.6
鞍 山	336.4	42.3	63.4	139.0	91.7
抚 顺	202.4	21.3	34.0	86.9	60.2
本 溪	142.4	14.8	25.2	61.2	41.2
丹 东	230.7	26.5	42.3	97.0	64.9
锦 州	289.3	34.3	53.5	118.6	82.9
营 口	229.2	30.4	46.9	93.7	58.2
阜 新	181.8	21.9	35.1	78.3	46.5
辽 阳	172.5	19.8	32.0	72.8	47.9
盘 锦	129.3	17.9	26.1	55.0	30.3
铁 岭	285.3	33.8	55.5	123.5	72.5
朝 阳	330.9	53.1	69.7	131.9	76.2
葫芦岛	272.4	41.9	57.4	106.9	66.2

4-7 全省历年人口变动抽样调查推算数

年 份	总人口(万人)	出生率(‰)	死亡率(‰)	自然增长率(‰)	文盲率(%)	家庭户规模(人/户)
1990	3946	15.60	6.01	9.59	11.51	3.59
1991	3990	12.10	6.64	5.46		3.60
1992	4016	12.57	6.11	6.46		3.57
1993	4042	12.43	6.11	6.32		3.53
1994	4067	12.26	6.03	6.23	10.46	3.48
1995	4092	12.17	6.15	6.02	9.31	3.49
1996	4116	12.15	6.20	5.95	8.86	3.44
1997	4138	11.78	6.38	5.40	8.21	3.31
1998	4157	11.39	6.81	4.58	8.17	3.27
1999	4171	10.38	7.05	3.33	7.18	3.24
2000	4184	8.46	6.06	2.40	5.79	3.15
2001	4194	7.74	6.10	1.64	5.16	3.12
2002	4203	7.38	6.04	1.34	5.16	3.14
2003	4210	6.90	5.83	1.07	4.74	3.10
2004	4217	6.51	5.60	0.91	4.03	3.13
2005	4221	7.32	6.06	1.26	4.75	2.92
2006	4271	6.40	5.30	1.10	4.17	2.95
2007	4298	6.89	5.36	1.53	3.76	2.91
2008	4315	6.32	5.22	1.10	3.45	2.85
2009	4341	6.06	5.09	0.97	3.29	2.87
2010	4378	6.68	6.26	0.42	2.18	2.78
2011	4379	5.71	6.05	-0.34	2.37	2.72
2012	4375	6.15	6.54	-0.39	2.30	2.70
2013	4365	6.09	6.12	-0.03	1.99	2.70
2014	4358	6.49	6.23	0.26	1.92	2.64
2015	4338	6.17	6.59	-0.42	1.91	2.77
2016	4327	6.60	6.78	-0.18	1.96	2.70
2017	4312	6.49	6.93	-0.44	1.59	2.60
2018	4291	6.39	7.39	-1.00	1.65	2.49
2019	4277	6.45	7.25	-0.80	1.45	2.49
2020	4255	5.16	7.65	-2.49	1.01	2.29

注：文盲率是指15岁及15岁以上人口中，文盲和半文盲人口所占比例。

4-8 全省历年人口变动抽样调查年龄构成指数

单位：%

年 份	0-14岁占总人口比重	15-64岁占总人口比重	65岁及以上占总人口比重	总负担系数	负担少儿系数	负担老年系数
1990	23.22	71.10	5.68	40.65	32.66	7.99
1991	23.33	70.48	6.19	41.88	33.10	8.78
1992	22.78	70.62	6.60	41.60	32.25	9.35
1993	22.00	71.21	6.79	40.44	30.90	9.54
1994	22.26	71.20	6.54	40.45	31.27	9.18
1995	21.37	71.61	7.02	40.15	29.96	10.19
1996	20.61	72.47	6.92	37.98	28.44	9.54
1997	19.12	73.63	7.25	36.62	25.95	10.67
1998	18.51	73.94	7.55	35.24	25.03	10.21
1999	18.48	73.71	7.81	35.67	25.07	10.60
2000	17.68	74.44	7.88	34.34	23.75	10.59
2001	17.68	74.44	7.88	34.34	23.75	10.59
2002	15.70	76.20	8.10	31.23	20.60	10.63
2003	15.90	75.60	8.50	32.27	21.03	11.24
2004	14.50	76.60	8.90	30.55	18.93	11.62
2005	14.18	76.08	9.74	31.44	18.64	12.80
2006	12.61	76.85	10.54	30.13	16.41	13.72
2007	12.68	76.69	10.63	30.40	16.54	13.86
2008	12.03	76.56	11.41	30.62	15.72	14.90
2009	11.14	77.43	11.43	29.15	14.38	14.77
2010	11.42	78.27	10.31	27.76	14.59	13.17
2011	11.09	78.26	10.65	27.78	14.17	13.61
2012	10.80	78.04	11.16	28.15	13.84	14.31
2013	10.62	77.86	11.52	28.43	13.63	14.80
2014	10.53	77.37	12.10	29.26	13.62	15.64
2015	10.39	76.79	12.82	30.22	13.52	16.70
2016	10.39	76.10	13.51	31.40	13.65	17.75
2017	10.27	75.38	14.35	32.65	13.62	19.03
2018	10.31	74.52	15.17	34.19	13.83	20.36
2019	10.24	73.53	16.23	36.00	13.93	22.07
2020	11.12	71.46	17.42	39.94	15.57	24.37

主要统计指标解释

人口数 指一定时点、一定地区范围内的有生命的个人的总和。

年度统计的年末人口数是指每年 12 月 31 日 24 时的人口数。

出生率(又称粗出生率) 指在一定时期内(通常为一年)平均每千人所出生的人数的比率，一般用千分率表示。计算公式:

出生率=（年出生人数／年平均人数）×1000‰

出生人数是指活产婴儿，即胎儿脱离母体时(不管怀孕月数)，有过呼吸或其他生命现象。

年平均人数是指年初、年末人口数的平均数，也可用年中人口数代替。

死亡率(又称粗死亡率) 指在一定时期内(通常为一年)某地区的死亡人数与同期平均人数(或期中人数)之比，一般用千分率表示。计算公式:

死亡率=（年死亡人数／年平均人数）×1000‰

人口自然增长率 指在一定时期内(通常为一年)人口自然增加数(出生人数减死亡人数)与该时期内平均人数(或期中人数)之比，一般用千分率表示。计算公式:

人口自然增长率=（本年出生人数-本年死亡人数／年平均人数）×1000‰

人口自然增长率=人口出生率-人口死亡率

五、就业和工资

Chapter 5 Employment and Wages

5-1 就业基本情况

指　　标	单位	2010年	2011年	2012年	2013年	2014年	2015年	2016年	2017年	2018年	2019年	2020年
年 末 就 业 人 员	**万人**	**2317.5**	**2364.9**	**2423.8**	**2518.9**	**2562.2**	**2409.9**	**2301.2**	**2284.7**	**2260.6**	**2238.4**	**2231.0**
第一产业	万人	703.6	699.9	694.7	683.8	687.9	689.4	705.4	714.8	711.8		631.0
第二产业	万人	641.5	645.1	651.1	724.2	710.5	635.2	572.6	560.1	534.0		496.0
第三产业	万人	972.4	1019.9	1078.0	1110.9	1163.9	1085.3	1023.1	1009.8	1014.8		1104.0
按城乡分就业人员												
城镇就业人员	万人	1109	1141.8	1206.0	1301.8	1340.2	1195.1	1082.6	1071.2	1050.2	1053.7	1481.0
乡村就业人员	万人	1208.5	1223.1	1217.8	1217.1	1222.0	1214.8	1218.6	1213.4	1210.4	1184.7	750.0
城镇累计新就业人数	万人	115.6	105.4	103.7	102.2	101.7	83.9	81.3	81.8	91.5	84.3	79.9
城镇登记失业人数	万人	39.5	39.4	38.1	39.6	41.0	46.2	47.3	42.7	44.4	45.6	50.7
#失 业 女 性	万人	20.5	19.7	18.3	18.2	20.0	22.0	22.6	21.1	20.8	21.7	24.1
城镇登记失业率	%	3.7	3.7	3.6	3.4	3.4	3.4	3.8	3.8	4.0	4.2	4.6

5-2 按三次产业分的就业人员

(年末数)

年 份	就业人员合计(万人)				构成(%,以合计为100)		
		第一产业	第二产业	第三产业	第一产业	第二产业	第三产业
1978	1254.1	595.3	433.4	225.4	47.4	34.6	18.0
1980	1441.7	597.1	564.7	279.9	41.4	39.2	19.4
1985	1769.1	634.3	726.4	408.4	35.9	41.0	23.1
1986	1799.2	640.4	735.3	423.5	35.6	40.9	23.5
1987	1835.4	630.7	770.7	434.0	34.4	42.0	23.6
1988	1858.6	625.1	784.2	449.3	33.6	42.2	24.2
1989	1874.8	638.2	777.1	459.5	34.0	41.5	24.5
1990	1897.3	646.0	778.2	473.1	34.0	41.0	25.0
1991	1938.3	666.3	788.5	483.5	34.4	40.7	24.9
1992	1957.8	652.6	797.4	507.8	33.3	40.7	26.0
1993	2006.1	640.3	827.4	538.4	31.9	41.3	26.8
1994	2009.3	627.7	773.3	608.3	31.2	38.5	30.3
1995	2027.8	632.7	787.5	607.6	31.2	38.8	30.0
1996	2031.8	644.7	751.8	635.3	31.7	37.0	31.3
1997	1967.1	639.7	716.7	610.7	32.5	36.4	31.1
1998	1958.8	657.9	684.7	616.2	33.6	35.0	31.4
1999	1994.4	651.5	658.3	684.6	32.7	33.0	34.3
2000	2052.0	685.4	649.6	717.0	33.4	31.7	34.9
2001	2069.3	686.7	625.9	756.7	33.2	30.2	36.6
2002	2025.3	697.6	580.6	747.1	34.4	28.7	36.9
2003	2018.9	700.8	568.8	749.3	34.7	28.2	37.1
2004	2097.3	721.2	586.8	789.3	34.4	28.0	37.6
2005	2120.3	722.1	596.0	802.2	34.1	28.1	37.8
2006	2128.1	716.2	590.2	821.7	33.7	27.7	38.6
2007	2180.7	705.7	601.4	873.6	32.4	27.6	40.0
2008	2198.2	700.7	605.0	892.5	31.9	27.5	40.6
2009	2277.1	697.5	619.2	960.4	30.6	27.2	42.2
2010	2317.5	703.6	641.5	972.4	30.3	27.7	42.0
2011	2364.9	699.9	645.1	1019.9	29.6	27.3	43.1
2012	2423.8	694.7	651.1	1078.0	28.7	26.9	44.5
2013	2518.9	683.8	724.2	1110.9	27.1	28.8	44.1
2014	2562.2	687.9	710.5	1163.9	26.8	27.7	45.4
2015	2409.9	689.4	635.2	1085.3	28.6	26.4	45.0
2016	2301.2	705.4	572.6	1023.1	30.7	24.9	44.5
2017	2284.7	714.8	560.1	1009.8	31.3	24.5	44.2
2018	2260.6	711.8	534.0	1014.8	31.5	23.6	44.9
2019	2238.4						
2020	2231.0	631.0	496.0	1104.0	28.3	22.2	49.5

5-3 各地区分行业城镇非私营单位就业人数

(2020年末) 单位：人

行 业	沈阳	大连	鞍山	抚顺	本溪	丹东	锦州
总 计	**1184237**	**1047641**	**352784**	**201419**	**185262**	**170240**	**227042**
农、林、牧、渔业	890	4347	214	1618	401	680	1194
采 矿 业	12302	1446	11338	20613	10044	1423	901
制 造 业	209377	305866	133026	42287	59229	31545	32353
电力、燃气及水生产和供应业	63787	16207	6428	11141	7535	6172	7549
建 筑 业	84863	49902	33664	13240	12088	9118	15575
批发和零售业	65601	46879	12625	4917	5657	4988	5337
交通运输、仓储及邮政业	154452	58601	11834	8381	5947	9426	8965
住宿和餐饮业	20749	18400	1241	471	902	1613	519
信息转输、软件和信息技术服务业	25875	80511	3383	2016	2412	4226	2795
金 融 业	67393	84787	12435	9539	9575	8017	26093
房 地 产 业	36591	45943	4993	5176	1373	4258	3939
租赁和商务服务业	35276	38273	10252	3776	7308	7203	5494
科学研究和技术服务业	41197	23921	4975	3288	2892	2820	4990
水利、环境和公共设施管理业	24768	14160	3980	4268	1036	2884	4655
居民服务、修理和其他服务业	3459	5082	1047	454	263	552	1836
教育	117614	100304	33835	23544	15715	27212	34519
卫生和社会工作	86400	60072	22532	14170	10754	19919	18275
文化、体育和娱乐业	15969	8630	3907	1867	1436	2759	2472
公共管理、社会保障和社会组织	117674	84309	41073	30653	30694	25424	49581
国际组织							

5-3 续表 (2020年末) 单位：人

行 业	营口	阜新	辽阳	盘锦	铁岭	朝阳	葫芦岛
总 计	**194341**	**137047**	**175305**	**315996**	**182375**	**229292**	**164847**
农、林、牧、渔业	76	1015	7122	57675	524	665	535
采 矿 业	516	3804	5599	80798	34062	728	2466
制 造 业	47405	10539	47510	32981	14132	26068	31892
电力、燃气及水生产和供应业	5507	5361	2035	4980	6543	4425	5487
建 筑 业	5545	6589	10452	18600	9683	7443	6522
批发和零售业	4452	3041	2620	5981	3229	7539	3638
交通运输、仓储及邮政业	21847	2796	2977	7673	3811	4950	4835
住宿和餐饮业	1404	449	229	905	448	861	718
信息转输、软件和信息技术服务业	4089	2128	2173	1737	2168	3199	2605
金 融 业	20753	13709	14488	12331	15635	17046	9794
房 地 产 业	2409	1621	1115	5995	3061	1568	1875
租赁和商务服务业	2557	1787	3866	14531	2954	3787	7768
科学研究和技术服务业	1639	4163	2102	3808	2143	3604	2981
水利、环境和公共设施管理业	887	2439	3139	10567	1448	5179	3795
居民服务、修理和其他服务业	389	220	232	454	886	324	623
教育	22470	20418	17144	17831	26026	42438	27962
卫生和社会工作	14331	12528	13547	13698	13468	18513	14793
文化、体育和娱乐业	1563	852	733	954	1268	1255	314
公共管理、社会保障和社会组织	36503	43588	38220	24497	40887	79699	36246
国际组织							

5-4 分行业在岗职工人数(一)

单位：万人

行　业	2009年	2010年	2011年	2012年	2013年	2014年
总　计	**485.0**	**493.4**	**557.2**	**572.3**	**648.1**	**626.9**
农、林、牧、渔业	27.2	27.6	26.1	24.5	22.7	23.1
采　矿　业	35.3	35.0	32.8	31.6	33.2	30.6
制　造　业	139.2	140.0	164.6	165.6	175.9	163.6
电力、燃气及水生产和供应业	16.0	16.3	16.7	16.0	15.8	15.4
建　筑　业	28.2	29.1	44.2	55.1	94.5	87.0
批发和零售业	16.6	16.4	21.1	20.0	26.4	25.2
交通运输、仓储及邮政业	31.0	29.5	32.4	32.3	37.0	37.1
住宿和餐饮业	6.4	6.0	7.0	7.0	7.8	7.0
信息转输、计算机服务和软件业	5.9	6.7	8.2	8.8	12.2	12.6
金 融 业	15.0	15.3	17.3	18.3	18.7	19.2
房　地　产　业	7.0	8.4	11.0	11.8	13.3	13.9
租赁和商务服务业	8.3	10.4	12.3	9.2	12.7	11.9
科学研究和技术服务业	10.4	11.3	13.1	15.1	16.1	15.9
水利、环境和公共设施管理业	10.2	11.0	12.7	13.1	13.6	14.1
居民服务、修理和其他服务业	2.2	2.8	2.9	2.6	2.7	2.7
教育	49.4	50.7	53.3	55.8	56.8	57.8
卫生和社会工作	23.3	24.2	26.8	29.1	31.7	32.7
文化、体育和娱乐业	5.3	4.9	5.1	4.9	5.4	5.1
公共管理、社会保障和社会组织	48.1	47.7	49.2	51.3	51.8	52.1

5-4 续表

单位：万人

行　业	2015年	2016年	2017年	2018年	2019年	2020年
总　计	**583.5**	**526.6**	**488.7**	**469.4**	**465.8**	**446.7**
农、林、牧、渔业	22.1	22.2	21.0	18.7	16.5	7.1
采　矿　业	28.1	24.4	23.4	21.5	19.5	18.5
制　造　业	148.0	129.2	115.5	108.7	108.3	100.6
电力、燃气及水生产和供应业	14.2	14.3	13.7	16.1	15.4	15.0
建　筑　业	73.1	55.2	43.4	32.9	27.4	25.9
批发和零售业	24.0	21.0	19.3	19.3	18.0	17.1
交通运输、仓储及邮政业	35.5	34.5	35.0	32.4	32.5	30.2
住宿和餐饮业	6.5	5.9	5.6	5.3	4.5	3.9
信息转输、计算机服务和软件业	12.7	12.2	12.5	12.3	13.1	13.5
金 融 业	19.0	19.0	18.9	18.1	21.4	20.4
房　地　产　业	12.6	11.3	9.8	9.9	10.2	11.4
租赁和商务服务业	10.9	11.0	11.0	11.2	12.7	13.9
科学研究和技术服务业	15.2	13.2	11.6	10.0	9.3	9.8
水利、环境和公共设施管理业	14.1	12.8	11.5	8.6	6.0	7.1
居民服务、修理和其他服务业	2.5	2.4	2.2	3.1	2.2	1.5
教育	56.0	51.9	48.9	47.8	49.3	50.9
卫生和社会工作	31.7	29.4	28.8	29.3	29.7	30.9
文化、体育和娱乐业	4.9	4.9	4.5	3.9	4.3	4.2
公共管理、社会保障和社会组织	52.4	51.8	52.2	60.4	65.4	64.7

5-5 分行业在岗职工人数(二)

单位：万人

行业	2017年			2018年		
	在岗职工	#国有单位	#集体单位	在岗职工	#国有单位	#集体单位
总　计	**488.7**	**231.5**	**17.2**	**469.4**	**199.9**	**13.7**
农、林、牧、渔业	21.0	20.3	0.0	18.7	17.9	0.0
采　矿　业	23.4	4.6	0.4	21.5	0.1	0.3
制　造　业	115.5	11.8	5.4	108.7	4.3	4.3
电力、燃气及水生产和供应业	13.7	5.9	0.1	16.1	2.8	0.1
建　筑　业	43.4	7.0	5.0	32.9	2.5	4.0
批发和零售业	19.3	2.5	0.6	19.3	1.8	0.6
交通运输、仓储及邮政业	35.0	19.1	0.5	32.4	15.1	0.3
住宿和餐饮业	5.6	1.7	0.1	5.3	1.3	0.1
信息转输、软件和信息技术服务业	12.5	1.2	0.02	12.3	1.1	0.04
金融业	18.9	5.7	1.9	18.1	4.3	1.2
房地产业	9.8	1.2	0.1	9.9	1.0	0.1
租赁和商务服务业	11.0	3.6	0.8	11.2	2.7	0.7
科学研究和技术服务业	11.6	7.8	0.3	10.0	6.0	0.2
水利、环境和公共设施管理业	11.5	10.1	0.2	8.6	6.3	0.1
居民服务、修理和其他服务业	2.2	1.5	0.1	3.1	2.2	0.1
教育	48.9	46.9	0.2	47.8	43.1	0.6
卫生和社会工作	28.8	25.5	1.1	29.3	26.0	0.9
文化、体育和娱乐业	4.5	3.4	0.1	3.9	2.9	0.02
公共管理、社会保障和社会组织	52.2	51.5	0.1	60.4	58.4	0.02
国际组织						

5-5 续表

单位：万人

行业	2019年			2020年		
	在岗职工	#国有单位	#集体单位	在岗职工	#国有单位	#集体单位
总　计	**465.8**	**176.8**	**11.3068**	**446.7**	**170.2**	**8.4**
农、林、牧、渔业	16.5	14.6	0.3	7.1	6.1	0.3
采　矿　业	19.5	0.1	0.2	18.5	0.0	0.1
制　造　业	108.3	3.5	3.9	100.6	1.4	1.9
电力、燃气及水生产和供应业	15.4	2.5	0.0	15.0	1.6	0.0
建　筑　业	27.4	1.5	3.0	25.9	2.2	2.2
批发和零售业	18.0	1.3	0.5	17.1	1.3	0.3
交通运输、仓储及邮政业	32.5	3.6	0.3	30.2	3.3	0.3
住宿和餐饮业	4.5	0.5	0.1	3.9	0.5	0.0
信息转输、软件和信息技术服务业	13.1	0.7	0.0	13.5	1.2	0.0
金 融 业	21.4	4.3	0.5	20.4	3.5	0.3
房 地 产 业	10.2	0.4	0.2	11.4	0.9	0.2
租赁和商务服务业	12.7	2.4	0.8	13.9	2.3	1.0
科学研究和技术服务业	9.3	3.7	0.2	9.8	4.6	0.1
水利、环境和公共设施管理业	6.0	3.2	0.0	7.1	3.9	0.0
居民服务、修理和其他服务业	2.2	1.0	0.1	1.5	0.4	0.1
教育	49.3	41.9	0.5	50.9	44.0	0.8
卫生和社会工作	29.7	24.5	0.6	30.9	26.3	0.7
文化、体育和娱乐业	4.3	2.9	0.1	4.2	2.8	0.0
公共管理、社会保障和社会组织	65.4	64.1	0.0	64.7	63.9	0.0
国际组织						

5-6 各地区分行业在岗职工人数

(2020年末)

单位：人

行 业	沈阳	大连	鞍山	抚顺	本溪	丹东	锦州
总 计	**1114581**	**965800**	**340202**	**194994**	**176292**	**159811**	**211642**
农、林、牧、渔业	704	2939	140	1616	401	570	1194
采 矿 业	12300	1446	11317	20613	9898	1423	901
制 造 业	207159	299102	130283	41621	58794	29747	31792
电力、燃气及水生产和供应业	63442	15957	6272	10980	7059	5885	7547
建 筑 业	74150	45349	30379	13043	11521	7606	15128
批发和零售业	64166	44245	12523	4909	5648	4632	5287
交通运输、仓储及邮政业	153896	57152	10867	8030	5904	9240	8728
住宿和餐饮业	17565	11746	1241	445	867	1584	519
信息转输、软件和信息技术服务业	25492	80007	3383	2016	2166	4222	2777
金 融 业	41582	46216	12257	7635	7291	7224	16747
房 地 产 业	36357	43330	4894	5057	1084	4228	2901
租赁和商务服务业	31927	36752	9980	3690	7127	7174	5494
科学研究和技术服务业	38251	23128	4887	3211	2093	2633	4414
水利、环境和公共设施管理业	22053	12855	3860	4235	1012	2433	4599
居民服务、修理和其他服务业	3135	4767	1035	446	244	533	1836
教育	114009	92898	33805	22936	15645	26524	33670
卫生和社会工作	80558	57973	21365	13130	8405	16619	17557
文化、体育和娱乐业	14797	8283	3907	1793	1351	2748	2463
公共管理、社会保障和社会组织	113037	81657	37807	29588	29780	24787	48090
国际组织							

5-6 续表

(2020年末)

单位：人

行 业	营口	阜新	辽阳	盘锦	铁岭	朝阳	葫芦岛
总 计	**182726**	**122477**	**164285**	**293206**	**174338**	**214479**	**151757**
农、林、牧、渔业	72	810	7122	53693	489	665	526
采 矿 业	516	3804	5599	80366	34062	728	1894
制 造 业	47047	10308	46310	32641	13925	25953	31523
电力、燃气及水生产和供应业	5506	5313	2024	4902	6402	4383	4443
建 筑 业	5538	6494	10159	17388	9007	7031	5790
批发和零售业	4382	3014	2610	5824	2944	7539	3525
交通运输、仓储及邮政业	21802	2473	2959	7364	3621	4889	4584
住宿和餐饮业	1389	429	229	886	406	854	713
信息转输、软件和信息技术服务业	4083	1575	1622	1734	2168	2091	1838
金 融 业	10309	6814	8549	6551	13394	9918	9775
房 地 产 业	2387	1377	1086	5405	2873	1532	1836
租赁和商务服务业	2539	1787	3781	14529	2892	3774	7530
科学研究和技术服务业	1533	4123	2028	3555	2132	3495	2892
水利、环境和公共设施管理业	871	2422	3053	5095	1388	3606	3252
居民服务、修理和其他服务业	389	195	230	454	883	297	617
教育	22336	20366	16814	17191	25582	41098	26495
卫生和社会工作	13984	11224	11484	13010	12001	17791	14197
文化、体育和娱乐业	1563	852	617	909	1077	1244	296
公共管理、社会保障和社会组织	36479	39097	38009	21711	39090	77591	30031
国际组织							

5-7 分细行业从业人员人数

(2020年末) 单位：人

项 目	从业人员人数合计	国有经济单位	城镇集体经济单位	其他经济单位
全省总计	**4767829**	**1795292**	**91682**	**2880855**
按执行会计标准类别分组				
企业	3159788	277153	77781	2804855
政府	1549640	1502257	11146	36237
按国民经济行业分组				
(一)农、林、牧、渔业	**76956**	**65482**	**3036**	**8438**
农业	57986	54817	2497	672
林业	3731	3661	19	52
畜牧业	1235	110	23	1102
渔业	4095	486	485	3124
农、林、牧、渔专业及辅助性活动	9909	6408	12	3490
(二)采矿业	**186041**	**141**	**1278**	**184622**
煤炭开采和洗选业	69226	13		69213
石油和天然气开采业	39069			39069
黑色金属矿采选业	24686		856	23830
有色金属矿采选业	6805	107		6698
非金属矿采选业	3951	21	7	3923
开采专业及辅助性活动	42305		415	41890
其他采矿业				
(三)制造业	**1024211**	**14908**	**19937**	**989366**
农副食品加工业	43124	157	61	42906
食品制造业	16913	269	55	16589
酒、饮料和精制茶制造业	11778	8	28	11743
烟草制品业	2844	1660		1184
纺织业	5983	57	4	5922
纺织服装、服饰业	33085	673	666	31747
皮革、毛皮、羽毛及其制品和制鞋业	4976			4976
木材加工和木、竹、藤、棕、草制品业	5840	41	100	5699
家具制造业	10447		10	10437
造纸和纸制品业	6921	75	138	6707
印刷和记录媒介复制业	4791	421	422	3947
文教、工美、体育和娱乐用品制造业	3447	19	182	3246
石油、煤炭及其他燃料加工业	68400	37	424	67939
化学原料和化学制品制造业	50856	440	1062	49354
医药制造业	23548	20	51	23477
化学纤维制造业	1598			1598
橡胶和塑料制品业	29881	125	348	29409
非金属矿物制品业	37673	1444	1367	34861
黑色金属冶炼和压延加工业	159180	230	870	158080

5-7 续表 1 (2020年末) 单位：人

项目	从业人员人数合计	国有经济单位	城镇集体经济单位	其他经济单位
有色金属冶炼和压延加工业	24317	406	131	23781
金属制品业	57936	987	8373	48576
通用设备制造业	104700	1135	1434	102130
专用设备制造业	52342	2229	194	49919
汽车制造业	105361	277	66	105018
铁路、船舶、航空航天和其他运输设备制造业	37176	3380	1234	32562
电气机械和器材制造业	49110	239	239	48632
计算机、通信和其他电子设备制造业	47096	138	427	46531
仪器仪表制造业	12135		74	12061
其他制造业	2643	10	91	2542
废弃资源综合利用业	3623		138	3485
金属制品、机械和设备修理业	6486	431	1748	4307
(四)电力、热力、燃气及水生产和供应业	**153156**	**17122**	**525**	**135509**
电力、热力生产和供应业	109807	8370	243	101194
燃气生产和供应业	14537	222		14315
水的生产和供应业	28812	8530	282	20000
(五)建筑业	**283285**	**23159**	**23741**	**236384**
房屋建筑业	98118	6772	8398	82948
土木工程建筑业	115628	10498	8869	96260
建筑安装业	45813	5288	5892	34633
建筑装饰、装修和其他建筑业	23726	601	582	22543
(六)批发和零售业	**176505**	**13687**	**3202**	**159615**
批发业	63032	11433	1438	50161
零售业	113473	2254	1764	109454
(七)交通运输、仓储和邮政业	**306495**	**35258**	**2739**	**268498**
铁路运输业	106785			106785
道路运输业	112853	17815	946	94093
水上运输业	19206	4272		14934
航空运输业	12396	2061		10335
管道运输业	206			206
多式联运和运输代理业	11687	268	155	11265
装卸搬运和仓储业	26877	2985	1639	22252
邮政业	16486	7857		8629
(八)住宿和餐饮业	**48911**	**5056**	**445**	**43410**
住宿业	21761	4449	257	17056
餐饮业	27149	607	188	26354
(九)信息传输、软件和信息技术服务业	**139316**	**12181**	**58**	**127077**
电信、广播电视和卫星传输服务	53574	10078	38	43457
互联网和相关服务	3122	625		2497
软件和信息技术服务业	82620	1478	20	81123

5-7 续表 2 (2020年末) 单位：人

项　目	从业人员人数合计	国有经济单位	城镇集体经济单位	其他经济单位
(十)金融业	**321596**	**36331**	**3256**	**282009**
货币金融服务	159109	33636	3256	122217
资本市场服务	1370	571		799
保险业	159931	2083		157848
其他金融业	1186	41		1145
(十一)房地产业	**119916**	**9268**	**2077**	**108571**
房地产业	119916	9268	2077	108571
(十二)租赁和商务服务业	**144831**	**24030**	**11245**	**109556**
租赁业	2639	69	26	2544
商务服务业	142192	23961	11219	107012
(十三)科学研究和技术服务业	**104524**	**51154**	**1477**	**51893**
研究和试验发展	19302	13865	45	5391
专业技术服务业	75293	31235	1287	42771
科技推广和应用服务业	9929	6053	145	3730
(十四)水利、环境和公共设施管理业	**83207**	**44104**	**686**	**38416**
水利管理业	11885	9273	168	2444
生态保护和环境治理业	4685	2838		1847
公共设施管理业	65095	30734	518	33842
土地管理业	1542	1259		283
(十五)居民服务、修理和其他服务业	**15818**	**3858**	**1240**	**10720**
居民服务业	10830	3517	767	6546
机动车、电子产品和日用产品修理业	2506	145	198	2164
其他服务业	2481	196	275	2010
(十六)教育	**527033**	**455610**	**7979**	**63444**
教育	527033	455610	7979	63444
(十七)卫生和社会工作	**333000**	**283690**	**7829**	**41481**
卫生	318852	276439	7091	35321
社会工作	14148	7250	738	6160
(十八)文化、体育和娱乐业	**43979**	**29372**	**449**	**14159**
新闻和出版业	10841	7108	392	3341
广播、电视、电影和录音制作业	13118	9634	13	3471
文化艺术业	12168	10186	30	1952
体育	2331	514	11	1805
娱乐业	5522	1930	3	3589
(十九)公共管理、社会保障和社会组织	**679049**	**670880**	**482**	**7687**
其中：中国共产党机关	30192	30072	26	94
国家机构	631402	623670	435	7297
人民政协、民主党派	3550	3550		
社会保障	8147	8125	8	14
群众团体、社会团体和其他成员组织	5758	5464	13	282

5-8 分细行业在岗职工人数

(2020年末) 单位：人

项目	在岗职工人数合计	国有经济单位	城镇集体经济单位	其他经济单位
全省总计	**4466590**	**1702278**	**84359**	**2679953**
按执行会计标准类别分组				
企业	2941626	263855	71788	2605982
政府	1469158	1423809	10025	35325
按国民经济行业分组				
(一)农、林、牧、渔业	**70941**	**60920**	**2930**	**7091**
农业	53760	50687	2482	591
林业	3572	3503	19	50
畜牧业	1209	101	14	1094
渔业	2753	482	404	1867
农、林、牧、渔专业及辅助性活动	9648	6147	12	3490
(二)采矿业	**184869**	**141**	**1278**	**183450**
煤炭开采和洗选业	69226	13		69213
石油和天然气开采业	38816			38816
黑色金属矿采选业	24535		856	23679
有色金属矿采选业	6228	107		6121
非金属矿采选业	3935	21	7	3907
开采专业及辅助性活动	42129		415	41714
其他采矿业				
(三)制造业	**1006204**	**14172**	**18549**	**973483**
农副食品加工业	41343	135	61	41147
食品制造业	16623	118	55	16450
酒、饮料和精制茶制造业	11533	3	28	11502
烟草制品业	2523	1660		863
纺织业	5961	48	4	5909
纺织服装、服饰业	32530	673	609	31248
皮革、毛皮、羽毛及其制品和制鞋业	4959			4959
木材加工和木、竹、藤、棕、草制品业	5797	38	100	5659
家具制造业	10412		8	10404
造纸和纸制品业	6194	65	138	5990
印刷和记录媒介复制业	4665	390	384	3891
文教、工美、体育和娱乐用品制造业	3358		173	3185
石油、煤炭及其他燃料加工业	67855	37	424	67394
化学原料和化学制品制造业	49620	381	1062	48176
医药制造业	23328	20	51	23257
化学纤维制造业	1574			1574
橡胶和塑料制品业	29479	125	256	29098
非金属矿物制品业	37235	1281	1349	34605
黑色金属冶炼和压延加工业	158503	230	829	157444

5-8 续表 1　　(2020年末)　　单位：人

项　　目	在岗职工人数合计	国有经济单位	城镇集体经济单位	其他经济单位
有色金属冶炼和压延加工业	23868	406	131	23332
金属制品业	56176	980	7626	47570
通用设备制造业	102941	1001	1339	100600
专用设备制造业	50692	2218	194	48281
汽车制造业	104441	247	66	104128
铁路、船舶、航空航天和其他运输设备制造业	36073	3318	1165	31590
电气机械和器材制造业	47359	234	239	46885
计算机、通信和其他电子设备制造业	46815	138	427	46250
仪器仪表制造业	11983		74	11909
其他制造业	2598	10	59	2529
废弃资源综合利用业	3490		96	3394
金属制品、机械和设备修理业	6278	416	1603	4259
(四)电力、热力、燃气及水生产和供应业	**150113**	**16427**	**499**	**133187**
电力、热力生产和供应业	107421	8024	230	99167
燃气生产和供应业	14299	222		14077
水的生产和供应业	28393	8181	269	19943
(五)建筑业	**258582**	**22018**	**22254**	**214310**
房屋建筑业	81871	6403	7800	67668
土木工程建筑业	110719	10107	8534	92079
建筑安装业	44012	4993	5601	33418
建筑装饰、装修和其他建筑业	21980	516	319	21145
(六)批发和零售业	**171249**	**13337**	**3102**	**154810**
批发业	61526	11105	1416	49005
零售业	109723	2231	1686	105805
(七)交通运输、仓储和邮政业	**301509**	**33411**	**2521**	**265577**
铁路运输业	106758			106758
道路运输业	108769	16169	856	91745
水上运输业	19144	4248		14897
航空运输业	12396	2061		10335
管道运输业	206			206
多式联运和运输代理业	11506	255	152	11100
装卸搬运和仓储业	26620	2916	1514	22190
邮政业	16110	7763		8347
(八)住宿和餐饮业	**38874**	**4931**	**411**	**33532**
住宿业	21284	4375	257	16652
餐饮业	17590	556	154	16880
(九)信息传输、软件和信息技术服务业	**135172**	**12016**	**58**	**123098**
电信、广播电视和卫星传输服务	50144	9913	38	40193
互联网和相关服务	3035	625		2410
软件和信息技术服务业	81993	1478	20	80496

5-8 续表 2

(2020年末)

单位：人

项　目	在岗职工人数合计	国有经济单位	城镇集体经济单位	其他经济单位
(十)金融业	**204263**	**35050**	**3152**	**166060**
货币金融服务	156523	33503	3152	119868
资本市场服务	1275	567		708
保险业	45549	939		44610
其他金融业	915	41		874
(十一)房地产业	**114348**	**8541**	**1893**	**103914**
房地产业	114348	8541	1893	103914
(十二)租赁和商务服务业	**138974**	**22964**	**9606**	**106404**
租赁业	2636	69	26	2541
商务服务业	136338	22895	9580	103863
(十三)科学研究和技术服务业	**98374**	**46383**	**1416**	**50574**
研究和试验发展	18175	12827	45	5303
专业技术服务业	70414	27570	1226	41617
科技推广和应用服务业	9785	5986	145	3654
(十四)水利、环境和公共设施管理业	**70735**	**38620**	**379**	**31736**
水利管理业	10302	7701	168	2432
生态保护和环境治理业	4564	2750		1814
公共设施管理业	54406	26973	211	27222
土地管理业	1464	1196		268
(十五)居民服务、修理和其他服务业	**15061**	**3654**	**1016**	**10391**
居民服务业	10416	3313	731	6371
机动车、电子产品和日用产品修理业	2457	145	176	2137
其他服务业	2188	196	109	1883
(十六)教育	**509369**	**440456**	**7621**	**61292**
教育	509369	440456	7621	61292
(十七)卫生和社会工作	**309298**	**262684**	**6788**	**39826**
卫生	296152	255986	6191	33975
社会工作	13146	6698	597	5851
(十八)文化、体育和娱乐业	**41900**	**27812**	**449**	**13638**
新闻和出版业	10231	6555	392	3284
广播、电视、电影和录音制作业	12462	9192	13	3257
文化艺术业	11812	9895	30	1888
体育	2173	493	11	1668
娱乐业	5222	1677	3	3542
(十九)公共管理、社会保障和社会组织	**646754**	**638738**	**435**	**7581**
其中：中国共产党机关	29969	29849	26	94
国家机构	600219	592634	388	7197
人民政协、民主党派	3478	3478		
社会保障	7838	7816	8	14
群众团体、社会团体和其他成员组织	5250	4961	13	276

5-9 国有单位分行业在岗职工人数

单位：万人

行　　业	2009年	2010年	2011年	2012年	2013年	2014年
总　　计	**271.2**	**271.6**	**294.6**	**298.8**	**279.8**	**281.2**
农、林、牧、渔业	26.4	26.6	25.0	23.8	22.1	22.5
采　矿　业	8.2	8.3	14.6	13.4	6.7	5.9
制　造　业	30.7	29.4	31.0	30.1	21.5	20.7
电力、燃气及水生产和供应业	9.5	9.9	9.6	9.5	8.0	7.6
建　筑　业	9.2	10.1	13.4	14.8	11.3	13.2
批发和零售业	4.6	3.7	3.9	3.8	3.7	3.4
交通运输、仓储及邮政业	23.6	21.6	23.4	22.8	22.8	22.6
住宿和餐饮业	1.4	1.6	2.0	1.9	2.2	2.0
信息转输、软件和信息技术服务业	2.0	2.1	2.4	2.5	1.7	1.9
金 融 业	6.6	6.5	7.2	7.7	7.6	7.5
房 地 产 业	2.3	2.4	3.2	2.7	1.9	2.0
租赁和商务服务业	4.7	4.7	6.1	4.7	5.9	5.4
科学研究和技术服务业	8.7	9.2	10.4	12.0	11.4	11.4
水利、环境和公共设施管理业	9.6	10.3	11.7	12.0	12.3	12.8
居民服务、修理和其他服务业	1.4	2.0	2.0	1.7	1.5	1.7
教育	48.5	49.3	51.2	53.8	55.0	55.6
卫生和社会工作	21.0	21.9	24.2	26.4	28.8	29.7
文化、体育和娱乐业	4.9	4.5	4.6	4.5	4.3	4.0
公共管理、社会保障和社会组织	47.9	47.5	48.8	50.9	51.3	51.6
国际组织						

5-9 续表

单位：万人

行　　业	2015年	2016年	2017年	2018年	2019年	2020年
总　　计	**268.9**	**250.2**	**231.5**	**199.9**	**176.8**	**170.2**
农、林、牧、渔业	21.6	21.6	20.3	17.9	14.6	6.1
采　矿　业	5.6	7.2	4.6	0.1	0.1	0.0
制　造　业	19.0	14.6	11.8	4.3	3.5	1.4
电力、燃气及水生产和供应业	7.0	6.9	5.9	2.8	2.5	1.6
建　筑　业	10.9	8.6	7.0	2.5	1.5	2.2
批发和零售业	3.1	2.8	2.5	1.8	1.3	1.3
交通运输、仓储及邮政业	20.5	18.6	19.1	15.1	3.6	3.3
住宿和餐饮业	1.8	1.7	1.7	1.3	0.5	0.5
信息转输、软件和信息技术服务业	1.8	1.4	1.2	1.1	0.7	1.2
金 融 业	7.3	7.0	5.7	4.3	4.3	3.5
房 地 产 业	1.7	1.7	1.2	1.0	0.4	0.9
租赁和商务服务业	4.8	4.6	3.6	2.7	2.4	2.3
科学研究和技术服务业	10.9	9.3	7.8	6.0	3.7	4.6
水利、环境和公共设施管理业	12.8	11.3	10.1	6.3	3.2	3.9
居民服务、修理和其他服务业	1.6	1.6	1.5	2.2	1.0	0.4
教育	53.8	49.7	46.9	43.1	41.9	44.0
卫生和社会工作	28.8	26.4	25.5	26.0	24.5	26.3
文化、体育和娱乐业	3.9	3.8	3.4	2.9	2.9	2.8
公共管理、社会保障和社会组织	51.9	51.3	51.5	58.4	64.1	63.9
国际组织						

5-10 城镇集体单位分行业在岗职工人数

单位：万人

行　业	2009年	2010年	2011年	2012年	2013年	2014年
总　计	**30.3**	**29.6**	**32.1**	**33.0**	**34.6**	**31.5**
农、林、牧、渔业	0.2	0.1	0.1	0.1	0.1	0.1
采　矿　业	1.2	1.2	1.4	1.4	0.8	1.3
制　造　业	12.7	11.9	12.5	12.5	12.0	10.8
电力、燃气及水生产和供应业	0.3	0.2	0.4	0.4	0.2	0.2
建　筑　业	5.9	6.0	7.6	8.9	10.6	9.2
批发和零售业	1.5	1.8	1.8	1.3	1.2	1.1
交通运输、仓储及邮政业	0.9	0.8	0.7	0.6	1.6	1.3
住宿和餐饮业	0.3	0.3	0.3	0.4	0.4	0.3
信息转输、软件和信息技术服务业						
金 融 业	2.3	2.3	2.4	2.4	2.3	2.3
房　地　产　业	0.2	0.2	0.2	0.3	0.2	0.2
租赁和商务服务业	1.9	2.0	1.6	1.5	2.1	2.0
科学研究和技术服务业	0.4	0.3	0.3	0.3	0.6	0.4
水利、环境和公共设施管理业	0.2	0.2	0.3	0.3	0.4	0.3
居民服务、修理和其他服务业	0.3	0.3	0.4	0.3	0.2	0.2
教育	0.2	0.2	0.5	0.4	0.4	0.3
卫生和社会工作	1.5	1.4	1.4	1.6	1.4	1.4
文化、体育和娱乐业					0.1	0.1
公共管理、社会保障和社会组织	0.1	0.1	0.1	0.1	0.1	0.1
国际组织						

5-10 续表

单位：万人

行　业	2015年	2016年	2017年	2018年	2019年	2020年
总　计	**26.9**	**22.9**	**17.2**	**13.7**	**11.3**	**8.4**
农、林、牧、渔业	0.0	0.0	0.0	0.0	0.3	0.3
采　矿　业	0.9	0.7	0.4	0.3	0.2	0.1
制　造　业	9.2	7.0	5.4	4.3	3.9	1.9
电力、燃气及水生产和供应业	0.1	0.2	0.1	0.1	0.05	0.05
建　筑　业	7.4	5.9	5.0	4.0	3.0	2.2
批发和零售业	0.9	0.8	0.6	0.6	0.5	0.3
交通运输、仓储及邮政业	1.2	1.0	0.5	0.3	0.3	0.3
住宿和餐饮业	0.3	0.2	0.1	0.1	0.1	0.0
信息转输、软件和信息技术服务业						0.0
金 融 业	2.5	2.8	1.9	1.2	0.5	0.3
房　地　产　业	0.2	0.2	0.1	0.1	0.2	0.2
租赁和商务服务业	1.6	1.7	0.8	0.7	0.8	1.0
科学研究和技术服务业	0.4	0.4	0.3	0.2	0.2	0.1
水利、环境和公共设施管理业	0.2	0.2	0.2	0.1	0.0	0.0
居民服务、修理和其他服务业	0.2	0.2	0.1	0.1	0.1	0.1
教育	0.3	0.3	0.2	0.6	0.5	0.8
卫生和社会工作	1.2	1.3	1.1	0.9	0.6	0.7
文化、体育和娱乐业	0.1	0.1	0.1	0.02	0.1	0.04
公共管理、社会保障和社会组织	0.1	0.1	0.1	0.02	0.001	0.04
国际组织						

5-11 其他经济单位分行业在岗职工人数

单位：万人

行　业	2009年	2010年	2011年	2012年	2013年	2014年
总　计	**183.5**	**192.3**	**230.5**	**240.6**	**333.7**	**314.2**
农、林、牧、渔业	0.6	0.9	1.0	0.6	0.5	0.5
采　矿　业	25.9	25.5	16.8	16.7	25.6	23.5
制　造　业	95.8	98.7	121.1	123.0	142.5	132.1
电力、燃气及水生产和供应业	6.2	6.1	6.7	6.2	7.7	7.6
建　筑　业	13.0	13.0	23.3	31.4	72.6	64.7
批发和零售业	10.6	10.9	15.5	14.9	21.6	20.8
交通运输、仓储及邮政业	6.4	7.2	8.3	8.9	12.6	13.1
住宿和餐饮业	4.7	4.1	4.8	4.7	5.2	4.7
信息转输、软件和信息技术服务业	3.9	4.6	5.8	6.3	10.5	10.6
金 融 业	6.1	6.5	7.7	8.3	8.8	9.4
房 地 产 业	4.6	5.8	7.6	8.8	11.2	11.7
租赁和商务服务业	1.7	3.7	4.6	3.0	4.6	4.5
科学研究和技术服务业	1.4	1.8	2.4	2.8	4.1	4.2
水利、环境和公共设施管理业	0.4	0.4	0.7	0.8	1.0	1.0
居民服务、修理和其他服务业	0.4	0.5	0.6	0.6	1.0	0.9
教育	0.6	1.2	1.7	1.5	1.5	1.9
卫生和社会工作	0.8	0.9	1.2	1.2	1.4	1.6
文化、体育和娱乐业	0.3	0.4	0.4	0.4	1.0	1.0
公共管理、社会保障和社会组织	0.1	0.1	0.3	0.3	0.3	0.4
国际组织						

5-11 续表

单位：万人

行　业	2015年	2016年	2017年	2018年	2019年	2020年
总　计	**287.8**	**253.5**	**240.0**	**255.9**	**277.7**	**268.0**
农、林、牧、渔业	0.4	0.6	0.6	0.8	1.7	0.7
采　矿　业	21.5	16.6	18.4	21.1	19.2	18.3
制　造　业	119.7	107.5	98.2	100.1	100.9	97.3
电力、燃气及水生产和供应业	7.1	7.2	7.7	13.1	12.9	13.3
建　筑　业	54.8	40.8	31.4	26.5	22.9	21.4
批发和零售业	20.0	17.4	16.3	16.8	16.1	15.5
交通运输、仓储及邮政业	13.8	14.9	15.3	17.0	28.5	26.6
住宿和餐饮业	4.4	4.1	3.7	3.9	3.9	3.4
信息转输、软件和信息技术服务业	10.9	10.7	11.2	11.2	12.4	12.3
金 融 业	9.2	9.2	11.3	12.6	16.6	16.6
房 地 产 业	10.6	9.5	8.4	8.8	9.5	10.4
租赁和商务服务业	4.5	4.7	6.6	7.7	9.5	10.6
科学研究和技术服务业	4.0	3.5	3.5	3.8	5.5	5.1
水利、环境和公共设施管理业	1.2	1.2	1.2	2.2	2.7	3.2
居民服务、修理和其他服务业	0.7	0.6	0.6	0.8	1.0	1.0
教育	1.9	1.8	1.7	4.1	6.8	6.1
卫生和社会工作	1.6	1.7	2.2	2.5	4.7	4.0
文化、体育和娱乐业	0.9	1.0	1.0	1.0	1.3	1.4
公共管理、社会保障和社会组织	0.4	0.5	0.6	2.0	1.3	0.8
国际组织						

5-12 城镇登记失业人数及失业率

(年末数)

年 份	城镇登记失业人数(万人)	#女性	女性占城镇登记失业人数(%)	失业率(%)
1980	44.7			
1985	19.7			1.9
1986	20.2			2.0
1987	25.4			2.4
1988	25.8			2.4
1989	28.3			3.3
1990	23.7			2.7
1991	24.9			2.2
1992	26.7			2.4
1993	28.5			2.6
1994	30.0			2.5
1995	30.4			2.6
1996	40.8	22.5	55.1	3.6
1997	43.5	23.4	53.8	3.7
1998	40.0	21.0	52.5	3.4
1999	39.8	21.5	54.0	3.5
2000	40.8	21.6	52.9	3.7
2001	55.5	29.2	52.6	4.8
2002	75.5	39.1	51.8	6.8
2003	72.0	46.0	63.9	6.7
2004	68.2	44.2	64.8	6.3
2005	60.4	35.3	58.4	5.7
2006	53.9	28.1	52.1	5.1
2007	44.5	23.4	52.6	4.4
2008	39.0	18.6	47.7	3.8
2009	41.6	19.4	46.6	3.9
2010	39.5	20.5	51.9	3.7
2011	39.4	19.7	50.0	3.7
2012	38.1	18.3	48.0	3.6
2013	39.6	18.2	46.0	3.4
2014	41.0	20.0	48.8	3.4
2015	46.2	22.0	47.6	3.4
2016	47.3	22.6	47.8	3.8
2017	42.7	21.1	49.4	3.8
2018	44.4	20.8	46.8	4.0
2019	45.6	21.7	47.6	4.2
2020	50.7	24.1	47.6	4.6

5-13 各地区城镇登记失业人数及失业率

地　区	年末城镇登记失业人数(万人)					
	2015年	2016年	2017年	2018年	2019年	2020年
全　省	**46.2**	**47.3**	**42.7**	**44.4**	**45.6**	**50.7**
沈　阳	10.4	10.2	10.2	9.6	9.6	10.2
大　连	9.6	10.0	6.1	6.7	6.4	8.3
鞍　山	3.1	3.0	3.1	3.7	3.8	4.4
抚　顺	2.8	2.8	2.1	2.2	2.6	2.7
本　溪	2.7	2.2	2.3	2.1	2.1	2.4
丹　东	2.1	2.1	2.0	2.3	2.2	2.5
锦　州	2.8	2.6	2.6	2.7	2.8	3.0
营　口	1.7	1.8	1.9	2.0	2.5	2.8
阜　新	1.7	2.2	1.9	1.9	1.9	2.4
辽　阳	1.6	1.5	1.7	1.6	1.8	1.9
盘　锦	1.7	1.9	1.7	1.7	1.7	1.7
铁　岭	1.5	2.1	2.2	2.6	2.7	3.0
朝　阳	1.8	2.1	2.2	2.2	2.2	2.3
葫芦岛	2.1	2.8	2.8	3.0	3.2	3.2

注：2016、2017年铁岭含昌图、葫芦岛含绥中。

5-13 续表

地　区	城镇登记失业率(%)					
	2015年	2016年	2017年	2018年	2019年	2020年
全　省	**3.4**	**3.8**	**3.8**	**4.0**	**4.2**	**4.6**
沈　阳	3.2	3.1	3.1	3.1	2.9	3.1
大　连	2.8	2.9	2.4	2.6	2.7	3.4
鞍　山	2.9	2.9	3.0	3.6	3.8	4.3
抚　顺	4.1	4.1	3.2	3.5	4.3	4.5
本　溪	4.0	3.3	3.8	4.0	4.0	4.5
丹　东	4.0	3.9	3.7	4.7	4.5	4.9
锦　州	4.3	3.9	3.9	4.3	4.5	4.8
营　口	2.7	2.9	3.0	2.5	3.4	3.8
阜　新	3.5	4.5	4.4	4.8	4.7	5.7
辽　阳	3.3	3.0	3.2	3.2	3.5	3.7
盘　锦	2.6	2.9	2.5	2.9	2.6	2.6
铁　岭	3.5	4.2	4.3	4.2	4.8	5.2
朝　阳	3.7	3.8	3.9	4.0	4.0	4.2
葫芦岛	4.0	4.7	4.8	4.8	4.9	4.9

5-14 职工工资总额及指数

年份、地区	绝对数(亿元)				指数(上年=100)			
	合计	国有经济单位	城镇集体经济单位	其他经济单位	合计	国有经济单位	城镇集体经济单位	其他经济单位
1990	217.8	158.1	55.3	4.4	112.3	113.6	108.2	122.2
1991	242.1	174.8	61.6	5.7	111.2	110.6	111.4	129.5
1992	282.0	204.1	70.1	7.8	116.5	116.8	113.8	136.8
1993	342.5	248.5	79.1	14.9	121.5	121.8	112.8	191.0
1994	439.7	319.4	90.4	29.9	128.4	128.5	114.3	200.7
1995	496.9	368.1	97.2	31.6	113.0	115.2	107.5	105.7
1996	525.3	394.2	94.6	36.5	105.7	107.1	97.3	115.4
1997	544.5	408.1	92.4	44.0	103.6	103.5	97.6	120.6
1998	521.3	384.9	71.7	64.7	95.7	94.3	197.6	147.0
1999	529.6	388.9	62.1	78.6	101.6	101.0	86.6	121.5
2000	553.1	404.2	57.1	91.8	104.4	103.9	91.9	116.8
2001	595.9	425.3	51.9	118.7	107.7	105.2	90.9	129.3
2002	635.9	437.8	43.7	154.4	106.7	102.9	84.1	130.1
2003	680.6	455.6	41.3	183.7	107.0	104.1	94.5	118.9
2004	759.8	501.0	40.8	218.1	111.6	110.0	98.8	118.7
2005	862.9	566.4	39.7	256.8	113.6	113.1	97.3	117.7
2006	973.0	631.9	44.0	297.1	112.8	111.6	110.8	115.7
2007	1143.0	745.1	46.4	351.5	117.5	117.9	105.5	118.3
2008	1396.4	892.0	53.7	450.7	122.2	119.7	115.8	128.2
2009	1552.5	912.5	56.4	583.6	111.2	102.3	105.0	129.5
2010	1771.8	1013.0	63.4	695.5	114.1	111.0	112.3	119.2
2011	2171.6	1186.5	83.5	901.6	122.6	117.1	131.7	129.6
2012	2466.9	1320.7	99.3	1046.9	113.6	111.3	119.0	116.1
2013	3078.3	1303.4	118.9	1656.0	124.8	98.7	119.7	158.2
2014	3135.9	1362.2	110.9	1662.9	101.9	104.5	93.2	100.4
2015	3179.0	1470.6	98.9	1609.5	101.4	108.0	89.2	96.8
2016	3045.8	1470.3	88.0	1487.4	95.8	100.0	89.0	92.4
2017	3081.1	1468.5	67.2	1545.5	101.2	99.9	76.3	103.9
2018	3267.6	1387.4	57.3	1822.9	106.1	94.5	85.3	117.9
2019	3530.3	1315.9	49.7	2164.7	108.0	94.8	86.9	118.8
2020	3697.1	1467.1	41.5	2188.4	104.7	111.5	83.5	101.1

注：2011年起为在岗职工工资总额及指数。

5-15 在岗职工平均工资及指数

年份、地区	在岗职工平均工资(元)				指数(上年=100)			
	合计	国有经济单位	城镇集体经济单位	其他经济单位	合计	国有经济单位	城镇集体经济单位	其他经济单位
1990	2180	2388	1740	2300	111.0	111.7	108.6	108.6
1991	2371	2582	1904	2741	108.8	108.1	109.4	119.2
1992	2715	2975	2134	3265	114.5	115.2	112.1	119.1
1993	3305	3593	2568	4071	121.7	120.8	120.3	124.7
1994	4269	4766	2940	5717	129.2	132.6	114.5	140.4
1995	4877	5434	3333	6349	114.2	114.0	113.4	111.1
1996	5269	5894	3462	6648	108.0	108.5	103.9	104.7
1997	5591	6226	3583	7266	106.1	105.6	103.5	109.3
1998	7161	7604	4972	8285	128.1	122.1	138.8	114.0
1999	7895	8370	5161	9122	110.2	110.1	103.8	110.1
2000	8811	9221	5721	10196	111.6	110.2	110.9	111.8
2001	10145	10609	6354	11258	115.1	115.1	111.1	110.4
2002	11659	12239	7094	12214	114.9	115.4	111.6	108.5
2003	13008	13603	7629	13665	111.6	111.1	107.5	111.9
2004	14922	15716	8466	15301	114.7	115.5	111.0	112.0
2005	17331	18360	9161	17550	116.1	116.8	108.2	114.7
2006	19624	20681	10888	19797	113.2	112.6	118.9	112.8
2007	23202	24748	12242	22834	118.2	119.7	112.4	115.3
2008	27729	29456	15365	27163	119.5	119.0	125.5	119.0
2009	31104	32572	17369	31266	112.2	110.6	113.0	115.1
2010	35057	36371	20237	35527	112.7	111.7	116.5	113.6
2011	38713	40553	24591	38462	110.4	111.5	121.5	108.3
2012	42503	44062	28634	42559	109.8	108.7	116.4	110.7
2013	46310	46890	32417	47305	109.0	106.4	113.2	111.2
2014	49110	48701	33418	51061	106.0	103.9	103.1	107.9
2015	53458	54738	35208	54024	108.9	112.4	105.4	105.8
2016	57148	58515	38248	57502	106.9	106.9	108.6	106.4
2017	62545	63404	39202	63370	109.4	108.4	102.5	110.2
2018	69093	69367	42502	70264	110.5	109.4	108.4	110.9
2019	75264	74539	44007	76976	108.9	107.5	103.5	109.6
2020	82223	86187	46830	80889	109.2	115.6	106.4	105.1

注：1990—1997年为全部职工平均工资。

5-16 按登记注册类型分在岗职工平均工资

单位：元

年份、地区	合计	国有经济单位	城镇集体经济单位	股份合作单位	联营单位	有限责任公司	股份有限公司	其他经济单位	港澳台商投资单位	外商投资单位
1995	4877	5434	3333							
1996	5269	5894	3462							
1997	5591	6226	3583							
1998	7161	7604	4972	5381	5547	7875	7946	5684	9133	9951
1999	7895	8370	5161	5817	6578	8534	8517	6380	10060	11487
2000	8811	9221	5721	6422	6460	9816	10003	4828	10539	12109
2001	10145	10609	6354	6584	8877	10826	11441	5643	12505	12766
2002	11659	12239	7094	8122	9173	11206	13960	9186	12805	14277
2003	13008	13603	7629	8685	8810	12839	16165	8422	13846	15060
2004	14922	15716	8466	10132	10439	14489	19009	9828	15902	15821
2005	17331	18360	9161	11364	10646	17148	21874	10163	17164	17448
2006	19624	20681	10888	13261	11843	19056	25312	10053	18959	19556
2007	23202	24748	12242	14640	15471	22074	29851	12089	21520	21826
2008	27729	29456	15365	18305	19166	26826	34466	17202	25307	26388
2009	31104	32572	17369	19927	20288	29670	39677	19546	29123	29626
2010	35057	36371	20237	23099	22486	33368	46281	23092	31241	34121
2011	38713	40553	24591	27409	27636	36064	51237	25964	36018	38513
2012	42503	44062	28634	32169	30429	39161	56226	30671	40261	44633
2013	46310	46890	32417	35876	41436	42822	59752	33430	46243	53836
2014	49110	48701	33418	38997	46224	45288	63899	34136	51234	60607
2015	53458	54738	35208	37630	51042	47358	67494	36212	54301	65640
2016	57148	58515	38248	39886	49509	49187	70908	40518	57220	72883
2017	62545	63404	39202	44551	56125	54026	79964	41825	65918	77409
2018	69093	69367	42502	46952	36103	63093	85689	51571	67750	85312
2019	75264	74539	44007	61417	44615	70431	95573	60009	69941	88963
2020	82223	86187	46830	74779	60741	74653	97941	64390	71679	92704

注：1995—1997年为全部职工平均工资。

5-17 分细行业从业人员平均工资

(2020年) 单位：元

项　　目	从业人员合计	国有经济单位	城镇集体经济单位	其他经济单位
全省总计	**79472**	**83417**	**45309**	**78176**
按执行会计标准类别分组				
企业	76783	69692	42983	78462
政府	86252	86132	65405	97710
按国民经济行业分组				
(一)农、林、牧、渔业	**20492**	**17949**	**18501**	**41430**
农业	13965	13629	14614	36453
林业	49436	49364	81550	42656
畜牧业	34480	49626	32478	32696
渔业	52802	60893	36895	53703
农、林、牧、渔专业及辅助性活动	33165	32831	20971	33831
(二)采矿业	**83482**	**46933**	**46707**	**83753**
煤炭开采和洗选业	70717	39462		70723
石油和天然气开采业	116190			116190
黑色金属矿采选业	81570		50643	82663
有色金属矿采选业	51519	49232		51551
非金属矿采选业	66818	41000	59571	66970
开采专业及辅助性活动	80537		38142	80936
其他采矿业				
(三)制造业	**77241**	**98446**	**42742**	**77621**
农副食品加工业	59548	59943	49220	59562
食品制造业	60898	55050	44127	61054
酒、饮料和精制茶制造业	71274	31154	40101	71393
烟草制品业	194050	225196		150952
纺织业	42258	37053	10750	42328
纺织服装、服饰业	46016	61063	35212	45913
皮革、毛皮、羽毛及其制品和制鞋业	59914			59914
木材加工和木、竹、藤、棕、草制品业	56316	30100	36010	56858
家具制造业	62650		33000	62681
造纸和纸制品业	55553	71449	31167	55865
印刷和记录媒介复制业	52039	44444	47238	53354
文教、工美、体育和娱乐用品制造业	49614	12364	49626	49737
石油、煤炭及其他燃料加工业	109333	35919	50332	109703
化学原料和化学制品制造业	71132	56463	35696	72029
医药制造业	99590	21600	40824	99782
化学纤维制造业	47464			47464
橡胶和塑料制品业	66337	22088	27863	66982
非金属矿物制品业	56905	72168	34645	57111
黑色金属冶炼和压延加工业	84283	62565	36974	84565

5-17 续表 1　(2020年)　单位：元

项目	从业人员合计	国有经济单位	城镇集体经济单位	其他经济单位
有色金属冶炼和压延加工业	56677	73781	37379	56513
金属制品业	59096	97633	39469	61637
通用设备制造业	73322	56851	40149	73967
专用设备制造业	76559	55761	33783	77659
汽车制造业	99476	65101	61794	99588
铁路、船舶、航空航天和其他运输设备制造业	95481	135375	82576	91929
电气机械和器材制造业	66387	40185	27006	66775
计算机、通信和其他电子设备制造业	77228	89757	51317	77429
仪器仪表制造业	70516		30054	70768
其他制造业	50443	25100	26276	51446
废弃资源综合利用业	62968		44051	63695
金属制品、机械和设备修理业	84089	116610	51242	95118
(四)电力、热力、燃气及水生产和供应业	**85886**	**61016**	**26025**	**89197**
电力、热力生产和供应业	94196	79151	27677	95521
燃气生产和供应业	70925	70162		70937
水的生产和供应业	62128	44382	24663	70417
(五)建筑业	**63625**	**64135**	**41729**	**66048**
房屋建筑业	57255	73626	44143	57452
土木工程建筑业	71573	59835	44179	75612
建筑安装业	61240	59458	35621	66586
建筑装饰、装修和其他建筑业	58614	64873	28416	59234
(六)批发和零售业	**64316**	**108020**	**38879**	**61109**
批发业	86921	119056	40904	80942
零售业	51788	52081	37291	52014
(七)交通运输、仓储和邮政业	**90193**	**76636**	**52484**	**92479**
铁路运输业	121595			121595
道路运输业	56246	47048	55929	57995
水上运输业	119887	138774		113735
航空运输业	114982	170425		103799
管道运输业	154054			154054
多式联运和运输代理业	98768	81509	49350	99783
装卸搬运和仓储业	75894	72699	51162	78957
邮政业	82812	86531		79337
(八)住宿和餐饮业	**39227**	**50733**	**39398**	**37910**
住宿业	44939	50218	43796	43621
餐饮业	34591	54486	32969	34148
(九)信息传输、软件和信息技术服务业	**113412**	**121559**	**39504**	**112632**
电信、广播电视和卫星传输服务	100398	117894	37711	96232
互联网和相关服务	100961	132764		93580
软件和信息技术服务业	122505	142384	43000	122151

5-17 续表 2 (2020年) 单位：元

项目	从业人员合计	国有经济单位	城镇集体经济单位	其他经济单位
(十)金融业	**89811**	**104513**	**76809**	**88113**
货币金融服务	127937	106607	76809	135219
资本市场服务	144654	176256		121761
保险业	53514	48838		53570
其他金融业	75278	80463		75094
(十一)房地产业	**65509**	**60411**	**39555**	**66433**
房地产业	65509	60411	39555	66433
(十二)租赁和商务服务业	**54198**	**62936**	**40137**	**53707**
租赁业	88736	37304	47952	90419
商务服务业	53516	63008	40119	52777
(十三)科学研究和技术服务业	**102297**	**100645**	**81304**	**104564**
研究和试验发展	138874	141444	46356	133114
专业技术服务业	96318	87135	77775	103696
科技推广和应用服务业	77436	78685	130122	73565
(十四)水利、环境和公共设施管理业	**47146**	**49770**	**29862**	**44517**
水利管理业	62958	55013	25429	95663
生态保护和环境治理业	75923	68476		87070
公共设施管理业	41897	45948	31217	38479
土地管理业	64674	63824		68655
(十五)居民服务、修理和其他服务业	**52911**	**60890**	**37478**	**51834**
居民服务业	55491	57368	41481	56142
机动车、电子产品和日用产品修理业	46108	74493	40939	44638
其他服务业	48235	114314	23633	45155
(十六)教育	**94041**	**98915**	**58974**	**62941**
教育	94041	98915	58974	62941
(十七)卫生和社会工作	**84506**	**88909**	**51842**	**60506**
卫生	86305	90028	53375	63693
社会工作	44045	46192	37494	42328
(十八)文化、体育和娱乐业	**87366**	**76294**	**42208**	**111342**
新闻和出版业	82546	72721	41355	109099
广播、电视、电影和录音制作业	74456	80529	57462	57395
文化艺术业	70144	72592	53133	57432
体育				
娱乐业	63717	98545	24500	47905
(十九)公共管理、社会保障和社会组织	**78852**	**78663**	**66696**	**95863**
其中：中国共产党机关	88190	88055	133308	118468
国家机构	78498	78294	62550	96673
人民政协、民主党派	100545	100545		
社会保障	62809	62811	79250	52143
群众团体、社会团体和其他成员组织	78509	79023	79462	68176

5-18 分细行业在岗职工平均工资

(2020年) 单位：元

项 目	在岗职工合计	国有经济单位	城镇集体经济单位	其他经济单位
全省总计	**82223**	**86187**	**46830**	**80889**
按执行会计标准类别分组				
企业	79447	71738	44386	81238
政府	89173	89065	68805	99385
按国民经济行业分组				
(一)农、林、牧、渔业	**20951**	**18826**	**18429**	**40973**
农业	14577	14301	14580	39238
林业	51399	51342	81550	43808
畜牧业	34572	51558	25071	32819
渔业	56586	62624	39370	58539
农、林、牧、渔专业及辅助性活动	33604	33501	20971	33831
(二)采矿业	**83771**	**46933**	**46707**	**84046**
煤炭开采和洗选业	70717	39462		70723
石油和天然气开采业	116613			116613
黑色金属矿采选业	81946		50643	83061
有色金属矿采选业	52311	49232		52359
非金属矿采选业	66881	41000	59571	67034
开采专业及辅助性活动	80795		38142	81198
其他采矿业				
(三)制造业	**77380**	**100860**	**43630**	**77688**
农副食品加工业	59651	63563	49220	59654
食品制造业	61148	72705	44127	61119
酒、饮料和精制茶制造业	72193	32333	40101	72281
烟草制品业	214606	225196		194463
纺织业	42034	39146	10750	42078
纺织服装、服饰业	46049	61063	36444	45902
皮革、毛皮、羽毛及其制品和制鞋业	57402			57402
木材加工和木、竹、藤、棕、草制品业	56470	29622	36010	57008
家具制造业	62780		32500	62805
造纸和纸制品业	56647	77833	31167	56993
印刷和记录媒介复制业	52654	45240	50834	53567
文教、工美、体育和娱乐用品制造业	49628	32000	49012	49666
石油、煤炭及其他燃料加工业	109848	35919	50332	110225
化学原料和化学制品制造业	71538	63000	35696	72402
医药制造业	99656	21600	40824	99850
化学纤维制造业	47970			47970
橡胶和塑料制品业	65333	22088	28239	65850
非金属矿物制品业	56892	71889	34754	57169
黑色金属冶炼和压延加工业	84356	62565	37859	84624

5-18 续表 1 (2020年) 单位：元

项目	在岗职工合计	国有经济单位	城镇集体经济单位	其他经济单位
有色金属冶炼和压延加工业	56912	73781	37379	56750
金属制品业	59734	97718	39605	62142
通用设备制造业	72763	62439	40873	73289
专用设备制造业	76959	55861	33783	78106
汽车制造业	99535	67785	61794	99628
铁路、船舶、航空航天和其他运输设备制造业	96085	134529	86291	92507
电气机械和器材制造业	66313	40113	27006	66713
计算机、通信和其他电子设备制造业	75778	90188	51317	75961
仪器仪表制造业	70421		30054	70676
其他制造业	49460	25100	33559	49915
废弃资源综合利用业	64011		54396	64275
金属制品、机械和设备修理业	85658	118244	54250	95136
(四)电力、热力、燃气及水生产和供应业	**86617**	**62416**	**26062**	**89780**
电力、热力生产和供应业	95073	81047	27684	96303
燃气生产和供应业	71154	70162		71170
水的生产和供应业	62680	45171	24717	70559
(五)建筑业	**64987**	**66439**	**42702**	**67413**
房屋建筑业	57899	79009	44171	57840
土木工程建筑业	72760	60799	44407	76928
建筑安装业	62770	61079	38226	67587
建筑装饰、装修和其他建筑业	59661	68885	35042	59858
(六)批发和零售业	**64914**	**107161**	**39540**	**61791**
批发业	86734	118200	41471	80923
零售业	52619	52288	37987	52859
(七)交通运输、仓储和邮政业	**91104**	**79643**	**54241**	**93017**
铁路运输业	121604			121604
道路运输业	57412	50027	61071	58679
水上运输业	119843	138896		113649
航空运输业	114982	170425		103799
管道运输业	154054			154054
多式联运和运输代理业	98771	85244	49931	99688
装卸搬运和仓储业	76088	73625	51681	78928
邮政业	83042	86763		79578
(八)住宿和餐饮业	**47093**	**50921**	**40196**	**46623**
住宿业	45289	50310	43796	44026
餐饮业	49309	55726	33742	49236
(九)信息传输、软件和信息技术服务业	**114574**	**122920**	**39504**	**113762**
电信、广播电视和卫星传输服务	103561	119472	37711	99543
互联网和相关服务	102001	132764		94767
软件和信息技术服务业	121938	142384	43000	121570

5-18 续表 2 (2020年) 单位：元

项目	在岗职工合计	国有经济单位	城镇集体经济单位	其他经济单位
(十)金融业	**120003**	**107223**	**77092**	**123528**
货币金融服务	129053	106800	77092	136690
资本市场服务	154407	177554		135587
保险业	88801	81057		88964
其他金融业	89849	80463		90296
(十一)房地产业	**66800**	**63531**	**41285**	**67532**
房地产业	66800	63531	41285	67532
(十二)租赁和商务服务业	**55190**	**64287**	**43913**	**54234**
租赁业	88582	37304	47952	90261
商务服务业	54502	64368	43902	53294
(十三)科学研究和技术服务业	**106131**	**107382**	**83707**	**105638**
研究和试验发展	144207	148734	46356	134172
专业技术服务业	100317	94622	80338	104773
科技推广和应用服务业	78065	79131	130122	74463
(十四)水利、环境和公共设施管理业	**51278**	**53965**	**33707**	**48313**
水利管理业	69165	61635	25429	96005
生态保护和环境治理业	77176	69719		88323
公共设施管理业	45460	49695	39433	41440
土地管理业	66206	65796		68093
(十五)居民服务、修理和其他服务业	**54151**	**62060**	**42080**	**52553**
居民服务业	56252	58444	42455	56714
机动车、电子产品和日用产品修理业	46465	74493	42023	44885
其他服务业	52453	114314	39606	46746
(十六)教育	**96094**	**101129**	**60046**	**63752**
教育	96094	101129	60046	63752
(十七)卫生和社会工作	**86964**	**91730**	**53876**	**61114**
卫生	88826	92879	55256	64329
社会工作	45100	47829	39921	42520
(十八)文化、体育和娱乐业	**89649**	**78262**	**42208**	**114035**
新闻和出版业	84570	75125	41355	109387
广播、电视、电影和录音制作业	76832	83032	57462	59319
文化艺术业	71155	73657	53133	58109
体育				
娱乐业	64338	102508	24500	48047
(十九)公共管理、社会保障和社会组织	**81586**	**81409**	**72634**	**96783**
其中：中国共产党机关	88673	88539	133308	118468
国家机构	81328	81136	68520	97590
人民政协、民主党派	102018	102018		
社会保障	64347	64353	79250	52143
群众团体、社会团体和其他成员组织	83485	84263	79462	69217

5-19 分行业在岗职工工资总额

单位：万元

行业	2017年				2018年			
	合计	国有单位	集体单位	其他单位	合计	国有单位	集体单位	其他单位
总　计	**30810984**	**14684535**	**671610**	**15454838**	**32675646**	**13874026**	**572800**	**18228819**
农、林、牧、渔业	359063	324278	1579	33206	326981	293540	1271	32169
采　矿　业	1516353	303325	9948	1203080	1618462	4418	9984	1604060
制　造　业	7198550	777170	186217	6235163	7604286	342082	159883	7102322
电力、燃气及水生产和供应业	958326	445893	4366	508068	1233664	201666	3061	1028937
建　筑　业	2192635	365801	154974	1671859	1922535	160999	130124	1631413
批发和零售业	1010669	184481	20305	805883	1101749	155719	18146	927884
交通运输、仓储及邮政业	2582719	1509814	22445	1050459	2587035	1415400	13801	1157833
住宿和餐饮业	241226	95134	4067	142025	251550	71309	3134	177107
信息转输、软件和信息技术服务业	1138565	98185	1285	1039096	1232839	106796	1006	1125037
金 融 业	1999196	562704	140043	1296449	2025218	488229	102147	1434842
房　地　产　业	567904	61941	5665	500298	632481	57301	5224	569957
租赁和商务服务业	532605	172652	32301	327652	573264	151602	28237	393424
科学研究和技术服务业	875923	558917	14179	302827	883837	486506	10512	386819
水利、环境和公共设施管理业	449165	386523	6768	55874	383815	266092	2892	114831
居民服务、修理和其他服务业	91793	70234	3927	17631	162653	124481	3480	34691
教育	3620570	3520315	13268	86987	3684832	3398360	34766	251706
卫生和社会工作	2019963	1871143	44086	104735	2149087	1981641	44127	123319
文化、体育和娱乐业	256420	194355	4178	57886	261284	202409	339	58536
公共管理、社会保障和社会组织	3199341	3181671	2009	15662	4040076	3965477	667	73932

5-19 续表

单位：万元

行业	2019年				2020年			
	合计	国有单位	集体单位	其他单位	合计	国有单位	集体单位	其他单位
总　计	**35303469.4**	**13158911.2**	**497490**	**21647068.3**	**36970965**	**14671345**	**415404**	**21884216**
农、林、牧、渔业	285104	227683	5708	51713	149083	115523	5364	28195
采　矿　业	1612648	4489	6060	1602099	1609332	629	5992	1602711
制　造　业	8015098	310211	163812	7541075	7841387	141398	81662	7618327
电力、燃气及水生产和供应业	1229855	147818	1468	1080570	1292852	100543	1282	1191027
建　筑　业	1780430	75638	111488	1593304	1751311	149850	109156	1492306
批发和零售业	1124099	134778	19751	969570	1121151	143525	12126	965500
交通运输、仓储及邮政业	2845979	239280	17820	2588879	2764218	267870	18270	2478077
住宿和餐饮业	202294	23712	1866	176717	185807	25143	1684	158979
信息转输、软件和信息技术服务业	1407104	59087	191	1347826	1553496	153559	227	1399709
金 融 业	2513058	491011	44637	1977410	2461644	378892	24415	2058337
房　地　产　业	657924	24617	8025	625283	765926	53360	7902	704664
租赁和商务服务业	668561	129933	38929	499699	776500	149307	42109	585084
科学研究和技术服务业	918101	359591	12945	545566	1039310	497288	12406	529616
水利、环境和公共设施管理业	286324	152801	1150	132372	369732	209840	1385	158507
居民服务、修理和其他服务业	100942	47050	5096	48797	81738	22784	4331	54624
教育	4167084	3709005	27919	430161	4864594	4437370	45307	381917
卫生和社会工作	2411263	2095458	27138	288667	2679847	2401353	36516	241977
文化、体育和娱乐业	305851	207472	3472	94906	382587	220634	1891	160063
公共管理、社会保障和社会组织	4771749	4719280	15	52455	5280450	5202475	3377	74598

5-20 分行业在岗职工平均工资

单位：元

行业	2017年				2018年			
	合计	国有单位	集体单位	其他单位	合计	国有单位	集体单位	其他单位
总　计	**62545**	**63404**	**39202**	**63370**	**69093**	**69367**	**42502**	**70264**
农、林、牧、渔业	17152	15968	46173	56063	17599	16493	28635	43619
采　矿　业	63600	69476	24758	63073	71634	35921	34631	72313
制　造　业	61978	64100	33737	63300	69565	79231	36924	70554
电力、燃气及水生产和供应业	70380	75261	30003	67327	76189	70431	26970	77860
建　筑　业	47941	51497	32334	49405	56196	59782	35132	58654
批发和零售业	51787	74713	34404	48970	57089	83531	31178	55059
交通运输、仓储及邮政业	71873	78344	41388	65163	77594	93197	40177	65010
住宿和餐饮业	43374	55378	38918	37983	48005	56983	35456	45409
信息转输、软件和信息技术服务业	92621	79169	32938	94347	101038	100524	43163	101209
金 融 业	105622	98099	72768	115063	111850	111984	85615	114296
房 地 产 业	57845	49430	45726	59272	63655	57335	41228	64694
租赁和商务服务业	48501	48528	38399	49778	51577	56045	38755	51219
科学研究和技术服务业	75516	71437	52303	86421	88529	81727	53743	100860
水利、环境和公共设施管理业	39110	38251	36944	46698	45166	41931	39672	55234
居民服务、修理和其他服务业	42157	46711	34330	31518	52707	55859	35155	45736
教育	74268	75154	55820	52066	77237	78869	56383	62884
卫生和社会工作	70589	73599	41795	48996	73590	76652	49282	50213
文化、体育和娱乐业	56687	57777	28975	57014	66924	69813	20293	59235
公共管理、社会保障和社会组织	61336	61816	30025	25087	66879	67882	44480	37398

5-20 续表

单位：元

行业	2019年				2020年			
	合计	国有单位	集体单位	其他单位	合计	国有单位	集体单位	其他单位
总　计	**75264**	**74539**	**44007**	**76976**	**82223**	**86187**	**46830**	**80889**
农、林、牧、渔业	17237	15614	22714	30293	20951	18826	18429	40973
采　矿　业	79513	35127	34451	80194	83771	46933	46707	84046
制　造　业	73407	87194	41274	74179	77380	100860	43630	77688
电力、燃气及水生产和供应业	79640	60718	22544	83486	86617	62416	26062	89780
建　筑　业	61211	49160	38316	64667	64987	66439	42702	67413
批发和零售业	62007	99482	37506	59676	64914	107161	39540	61791
交通运输、仓储及邮政业	86645	65608	50741	89742	91104	79643	54241	93017
住宿和餐饮业	44269	48039	37087	43896	47093	50921	40196	46623
信息转输、软件和信息技术服务业	108575	87458	45524	109759	114574	122920	39504	113762
金 融 业	117214	115274	83543	118791	120003	107223	77092	123528
房 地 产 业	65111	56421	39767	66052	66800	63531	41285	67532
租赁和商务服务业	52541	54069	49472	52409	55190	64287	43913	54234
科学研究和技术服务业	99162	98775	76190	100137	106131	107382	83707	105638
水利、环境和公共设施管理业	48221	46918	29724	50099	51278	53965	33707	48313
居民服务、修理和其他服务业	46970	47405	40539	47334	54151	62060	42080	52553
教育	84836	88675	56368	63284	96094	101129	60046	63752
卫生和社会工作	81481	85888	47345	62452	86964	91730	53876	61114
文化、体育和娱乐业	70188	71732	46114	68278	89649	78262	42208	114035
公共管理、社会保障和社会组织	73039	73717	30000	39978	81586	81409	72634	96783

5-21 各地区分行业从业人员平均工资

(2020年)

单位：元

行　业	沈阳	大连	鞍山	抚顺	本溪	丹东	锦州
总　计	**92870**	**94887**	**69619**	**70621**	**62295**	**60512**	**68621**
农、林、牧、渔业	40403	61970	30527	45110	46688	51810	43064
采　矿　业	68794	74923	82817	69213	64579	54803	45112
制　造　业	93951	81333	73819	80430	59899	44889	66829
电力、燃气及水生产和供应业	97694	103847	49278	70947	86261	69145	54675
建　筑　业	73829	73486	54628	60733	46035	40231	59189
批发和零售业	67172	71510	48911	51854	51416	56612	55042
交通运输、仓储及邮政业	104704	100879	52601	52738	43322	47186	67864
住宿和餐饮业	46522	33236	38550	31336	31638	36419	29733
信息转输、软件和信息技术服务业	100294	128033	85874	95442	85900	83065	97316
金 融 业	109273	102199	100306	84850	49228	102791	72707
房　地　产　业	85130	68162	52993	40405	47894	38069	34490
租赁和商务服务业	56842	65945	63521	42433	52923	32040	31637
科学研究和技术服务业	115326	133333	96703	71291	45160	67864	66275
水利、环境和公共设施管理业	46359	69389	45384	32308	38936	49514	35105
居民服务、修理和其他服务业	53819	58953	56745	41984	25003	38077	59783
教育	103835	118322	74415	82630	79337	79653	88302
卫生和社会工作	102970	116481	68848	63435	61026	61896	64967
文化、体育和娱乐业	96453	153179	47241	48914	49094	56316	50716
公共管理、社会保障和社会组织	99848	114855	71558	75648	73745	65757	73361

5-21 续表

(2020年)

单位：元

行　业	营口	阜新	辽阳	盘锦	铁岭	朝阳	葫芦岛
总　计	**70772**	**59313**	**70749**	**65710**	**69734**	**64908**	**65267**
农、林、牧、渔业	30162	35108	11364	15386	22514	58031	57478
采　矿　业	44656	52226	96612	98401	74166	78682	41655
制　造　业	63721	50066	71448	82808	43635	68457	68268
电力、燃气及水生产和供应业	91006	69056	47197	59599	85311	77450	82367
建　筑　业	44273	48187	71479	59474	50865	47231	50524
批发和零售业	63064	60077	62360	54360	76944	56050	60524
交通运输、仓储及邮政业	71938	47292	51268	60767	56080	67141	53304
住宿和餐饮业	37487	32543	38249	34092	40460	34509	33527
信息转输、软件和信息技术服务业	73371	91245	94948	95897	89611	90573	91466
金 融 业	78782	53305	74581	73056	78996	66631	92919
房　地　产　业	57974	28148	54574	41733	32808	37356	37293
租赁和商务服务业	39649	34103	68964	49085	48396	43019	35571
科学研究和技术服务业	64908	62704	68898	90538	67466	67065	56270
水利、环境和公共设施管理业	43392	55064	56653	37818	55870	30217	31796
居民服务、修理和其他服务业	39195	41496	42797	46137	51861	30894	39641
教育	88615	82577	83293	79791	93385	85192	70727
卫生和社会工作	62327	60495	91865	69870	59571	61791	63170
文化、体育和娱乐业	54073	62261	46088	53866	46764	54954	38040
公共管理、社会保障和社会组织	76779	55759	66687	64958	68675	58529	67485

5-22 各地区分行业在岗职工平均工资

(2020年) 单位：元

行　业	沈阳	大连	鞍山	抚顺	本溪	丹东	锦州
总　计	**95908**	**98812**	**70993**	**71830**	**63763**	**61537**	**71400**
农、林、牧、渔业	51339	70097	39890	45140	46688	57362	43064
采　矿　业	68797	74923	83025	69226	65076	54803	45112
制　造　业	94152	80657	74529	81100	60190	46181	67354
电力、燃气及水生产和供应业	97995	103860	50172	71340	87876	70759	54682
建　筑　业	75583	75906	55905	60462	46388	40685	59830
批发和零售业	67430	74023	48661	51779	51458	54931	55366
交通运输、仓储及邮政业	105017	102001	54669	54790	42584	48062	68772
住宿和餐饮业	52820	48078	38561	30460	32302	36556	29733
信息转输、软件和信息技术服务业	100955	127403	85874	95442	90895	83129	97991
金 融 业	153104	147422	100765	94386	56312	107935	96794
房 地 产 业	84893	69779	53284	40880	53722	38034	40062
租赁和商务服务业	60367	66677	64958	42550	53675	32003	31637
科学研究和技术服务业	120757	135673	97713	72259	55071	70991	70205
水利、环境和公共设施管理业	48728	73427	45868	32361	39307	55262	35121
居民服务、修理和其他服务业	56793	60889	57140	42176	24242	38039	59783
教育	105821	125180	74455	84006	79551	80656	89637
卫生和社会工作	105616	118661	71096	66324	65976	60747	65383
文化、体育和娱乐业	100586	156709	47246	50029	50634	56501	50823
公共管理、社会保障和社会组织	102840	117163	75806	77713	75308	66814	75087

5-22 续表 (2020年) 单位：元

行　业	营口	阜新	辽阳	盘锦	铁岭	朝阳	葫芦岛
总　计	**72505**	**63670**	**73390**	**68858**	**71582**	**67895**	**68269**
农、林、牧、渔业	31397	40158	11364	16161	23005	58031	59635
采　矿　业	44656	52226	96612	98731	74166	78682	41393
制　造　业	63725	50837	72060	83331	43745	68590	68527
电力、燃气及水生产和供应业	90947	69302	47369	59840	85886	77632	91805
建　筑　业	44267	47884	74315	61741	52645	47780	51630
批发和零售业	63496	60394	62392	53894	81418	56077	59121
交通运输、仓储及邮政业	72024	47344	51464	63237	58261	67648	54832
住宿和餐饮业	37571	32667	38249	34127	40165	34264	33440
信息转输、软件和信息技术服务业	73455	98162	111064	96040	89611	108189	108456
金 融 业	113199	91068	112570	105488	87723	103990	93010
房 地 产 业	58191	29313	55136	42174	32481	37657	37330
租赁和商务服务业	39558	34103	69567	49085	49031	43040	35677
科学研究和技术服务业	67642	63028	69228	93594	67799	67765	57481
水利、环境和公共设施管理业	43755	55303	57388	54368	56745	35871	33887
居民服务、修理和其他服务业	39195	42450	43092	46137	51985	29901	39848
教育	89011	82794	84184	81842	94134	86964	73231
卫生和社会工作	63155	62176	98386	71858	63296	62677	64048
文化、体育和娱乐业	54073	62261	46377	56175	51895	55378	37283
公共管理、社会保障和社会组织	76815	59817	66974	70818	70447	59699	76656

5-23 国有单位分行业在岗职工工资总额

单位：万元

行　业	2011年	2012年	2013年	2014年	2015年
总　计	**11865251**	**13206768**	**13034309**	**13621500**	**14706366**
农、林、牧、渔业	265099	270911	270620	271213	292135
采　矿　业	703659	716153	425472	415244	376610
制　造　业	1317555	1282840	1077873	1176399	1083784
电力、燃气及水生产和供应业	479497	511155	460117	474773	487492
建　筑　业	544472	703373	500314	595180	492684
批发和零售业	150366	164424	201097	206215	200076
交通运输、仓储及邮政业	1025582	1197445	1323104	1411434	1413056
住宿和餐饮业	54609	67680	83439	84241	80405
信息转输、软件和信息技术服务业	124866	137158	103508	120405	119055
金 融 业	555412	631795	664268	690192	832248
房 地 产 业	95389	102396	67084	74851	74766
租赁和商务服务业	162509	162716	194072	190032	191947
科学研究和技术服务业	556603	653892	621211	635974	677000
水利、环境和公共设施管理业	332004	361484	375441	391228	431270
居民服务、修理和其他服务业	61949	64342	59478	62041	67871
教育	2293052	2626435	2766091	2835573	3320257
卫生和社会工作	1009339	1217798	1437424	1522005	1705284
文化、体育和娱乐业	193796	198953	204423	188670	192996
公共管理、社会保障和社会组织	1939494	2135821	2199274	2275829	2667432

5-23 续表

单位：万元

行　业	2016年	2017年	2018年	2019年	2020年
总　计	**14703452**	**14684535**	**13874026.2**	**13158911**	**14671345**
农、林、牧、渔业	307853	324278	293540	227683	115523
采　矿　业	450456	303325	4418	4489	629
制　造　业	900623	777170	342082	310211	141398
电力、燃气及水生产和供应业	528246	445893	201666	147818	100543
建　筑　业	413258	365801	160999	75638	149850
批发和零售业	194839	184481	155719	134778	143525
交通运输、仓储及邮政业	1381109	1509814	1415400	239280	267870
住宿和餐饮业	81144	95134	71309	23712	25143
信息转输、软件和信息技术服务业	95685	98185	106796	59087	153559
金 融 业	723471	562704	488229	491011	378892
房 地 产 业	78138	61941	57301	24617	53360
租赁和商务服务业	206344	172652	151602	129933	149307
科学研究和技术服务业	620223	558917	486506	359591	497288
水利、环境和公共设施管理业	404934	386523	266092	152801	209840
居民服务、修理和其他服务业	68240	70234	124481	47050	22784
教育	3403922	3520315	3398360	3709005	4437370
卫生和社会工作	1731126	1871143	1981641	2095458	2401353
文化、体育和娱乐业	200450	194355	202409	207472	220634
公共管理、社会保障和社会组织	2913391	3181671	3965477	4719280	5202475

5-24 城镇集体单位分行业在岗职工工资总额

单位：万元

行　业	2011年	2012年	2013年	2014年	2015年
总　计	**834721**	**993036**	**1189056**	**1108534**	**988784**
农、林、牧、渔业	3237	2551	2050	1667	1396
采　矿　业	33614	35417	19196	33033	25449
制　造　业	257035	301397	340693	310478	275927
电力、燃气及水生产和供应业	9066	10292	4443	4283	4161
建　筑　业	252843	334392	433762	382296	294681
批发和零售业	38938	28005	27132	28393	27774
交通运输、仓储及邮政业	12483	13117	61587	53013	48675
住宿和餐饮业	5937	9694	10033	10216	9486
信息转输、软件和信息技术服务业	575	865	935	699	742
金 融 业	90799	110906	114233	123063	141054
房 地 产 业	5530	6869	6546	6990	9333
租赁和商务服务业	35922	39721	56838	56791	49662
科学研究和技术服务业	14838	17656	28836	23030	24597
水利、环境和公共设施管理业	5230	7844	8701	7298	6828
居民服务、修理和其他服务业	8886	8842	6148	5509	5719
教育	14192	13706	12221	11148	12353
卫生和社会工作	42084	48334	50541	45695	45462
文化、体育和娱乐业	603	893	1873	1909	1959
公共管理、社会保障和社会组织	2912	2536	3290	3023	3527

5-24 续表

单位：万元

行　业	2016年	2017年	2018年	2019年	2020年
总　计	**879960**	**671610**	**572800.1**	**497490**	**415404**
农、林、牧、渔业	1343	1579	1271	5708	5364
采　矿　业	19725	9948	9984	6060	5992
制　造　业	231108	186217	159883	163812	81662
电力、燃气及水生产和供应业	6669	4366	3061	1468	1282
建　筑　业	199320	154974	130124	111488	109156
批发和零售业	25475	20305	18146	19751	12126
交通运输、仓储及邮政业	42394	22445	13801	17820	18270
住宿和餐饮业	7081	4067	3134	1866	1684
信息转输、软件和信息技术服务业	829	1285	1006	191	227
金 融 业	174170	140043	102147	44637	24415
房 地 产 业	7547	5665	5224	8025	7902
租赁和商务服务业	62424	32301	28237	38929	42109
科学研究和技术服务业	21929	14179	10512	12945	12406
水利、环境和公共设施管理业	7048	6768	2892	1150	1385
居民服务、修理和其他服务业	6036	3927	3480	5096	4331
教育	12875	13268	34766	27919	45307
卫生和社会工作	49583	44086	44127	27138	36516
文化、体育和娱乐业	2368	4178	339	3472	1891
公共管理、社会保障和社会组织	2038	2009	667	15	3377

5-25 其它单位分行业在岗职工工资总额

单位：万元

行　业	2011年	2012年	2013年	2014年	2015年
总　计	**9015665**	**10469070**	**16559729**	**16629194**	**16095121**
农、林、牧、渔业	32984	26609	23733	26561	22604
采　矿　业	869541	962226	1466476	1375433	1226909
制　造　业	4417126	4982464	6626852	6664658	6467911
电力、燃气及水生产和供应业	283178	318466	399824	419331	442335
建　筑　业	842378	1189550	3543103	3164492	2752558
批发和零售业	482880	529776	855991	891501	905377
交通运输、仓储及邮政业	380884	442178	683184	769552	886239
住宿和餐饮业	121626	135490	163472	171374	154593
信息转输、软件和信息技术服务业	355104	440455	789238	885420	940566
金 融 业	537980	683486	753826	871571	935469
房 地 产 业	248888	332886	529719	582535	559815
租赁和商务服务业	161614	99597	200354	211339	224539
科学研究和技术服务业	135564	157761	290447	328729	304550
水利、环境和公共设施管理业	17553	22733	30178	37081	43507
居民服务、修理和其他服务业	15090	16721	28977	28097	19157
教育	54637	62234	63766	79196	80953
卫生和社会工作	39900	43976	56388	64059	65135
文化、体育和娱乐业	14117	16254	48035	49930	53234
公共管理、社会保障和社会组织	4624	6209	6166	8336	9671

5-25 续表

单位：万元

行　业	2016年	2017年	2018年	2019年	2020年
总　计	**14874496**	**15454838**	**18228819.2**	**21647068**	**21884216**
农、林、牧、渔业	32648	33206	32169	51713	28195
采　矿　业	982123	1203080	1604060	1602099	1602711
制　造　业	6281408	6235163	7102322	7541075	7618327
电力、燃气及水生产和供应业	453411	508068	1028937	1080570	1191027
建　筑　业	1945694	1671859	1631413	1593304	1492306
批发和零售业	813618	805883	927884	969570	965500
交通运输、仓储及邮政业	958054	1050459	1157833	2588879	2478077
住宿和餐饮业	147932	142025	177107	176717	158979
信息转输、软件和信息技术服务业	985595	1039096	1125037	1347826	1399709
金 融 业	919370	1296449	1434842	1977410	2058337
房 地 产 业	529130	500298	569957	625283	704664
租赁和商务服务业	235963	327652	393424	499699	585084
科学研究和技术服务业	289390	302827	386819	545566	529616
水利、环境和公共设施管理业	48455	55874	114831	132372	158507
居民服务、修理和其他服务业	19196	17631	34691	48797	54624
教育	84549	86987	251706	430161	381917
卫生和社会工作	79357	104735	123319	288667	241977
文化、体育和娱乐业	56036	57886	58536	94906	160063
公共管理、社会保障和社会组织	12566	15662	73932	52455	74598

5-26 农民工基本情况

单位：%

指 标	2009年	2010年	2011年	2012年	2013年	2014年	2015年	2016年	2017年	2018年	2019年	2020年
(一).性别												
1.男性	68.6	68.6	70.2	69.8	68.0	68.7	68.9	66.0	65.0	67.4	67.5	69.5
2.女性	31.4	31.4	29.8	30.2	32.0	31.3	31.1	34.0	35.0	32.6	32.5	30.5
(二).年龄												
1.16-18岁	1.5	1.5	2.5	1.4	4.3	2.0	1.5	1.4	0.8	0.6	0.7	0.5
2.19-22岁	12.0	9.1	9.6	7.8	10.6	6.5	6.4	7.6	6.4	4.6	3.7	3.7
3.23-25岁	10.7	12.6	11.6	10.7	11.5	9.0	9.7	7.2	7.5	5.0	5.6	6.2
4.26-30岁	13.7	12.6	9.6	10.5	9.9	10.9	11.8	11.8	11.6	8.1	6.4	6.4
5.31-40岁	21.4	21.4	22.3	21.8	13.1	21.7	17.6	15.4	16.4	21.0	20.3	19.7
6.41-50岁	22.7	23.7	26.9	29.1	29.6	28.5	30.0	32.3	30.6	29.9	29.9	27.4
7.51-60岁	15.5	16.1	14.8	15.4	16.4	16.8	18.5	19.6	21.4	23.2	25.8	27.7
8.61-65岁	1.8	2.2	1.7	1.9	3.1	3.2	3.2	3.5	3.9	5.1	5.2	5.0
9.66岁及以上	0.8	0.8	1.1	1.1	1.4	1.3	1.3	1.2	1.4	2.5	2.3	3.4
(三).婚姻状况												
1.已婚	71.9	71.5	72.7	74.1	74.2	73.5	73.4	74.3	75.2	78.0	79.8	76.9
2.未婚	26.3	26.5	25.3	24.2	22.3	23.3	24.2	23.3	22.5	17.2	16.3	18.0
3.离异	1.2	1.3	1.2	0.9	2.3	2.4	1.4	1.3	1.4	3.4	2.6	3.8
4.丧偶	0.5	0.6	0.8	0.6	1.2	0.9	0.7	1.1	0.9	1.5	1.2	1.3
5.其他	0.1		0.1	0.1			0.2					
(四).文化程度												
1.不识字或识字很少	0.5	0.4	0.1	0.2	0.4	0.4	0.4	0.4	0.7	0.7	0.6	0.5
2.小学	9.6	9.4	12.6	13.0	12.7	12.1	12.4	12.3	11.0	13.5	13.7	13.2
3.初中	69.1	68.8	73.8	72.2	71.5	70.6	69.7	68.9	68.6	66.9	67.6	66.4
4.高中及中专	14.4	14.5	9.1	9.2	9.8	10.2	10.1	9.8	10.3	10.0	10.7	10.2
5.大专及以上	6.5	6.9	4.4	5.4	5.7	6.8	7.4	8.5	9.4	8.8	7.4	9.8
(五).参加医疗保险情况												
1.农村新型农村合作医疗	86.0	86.9	88.6	88.7	86.5	86.5	83.9	83.7	81.9	79.1	72.0	62.8
2.城镇医疗保险	5.7	5.7	5.9	6.0	9.6	10.0	11.1	12.5	12.8	16.3		
3.商业医疗保险	1.1	0.7	1.7	1.9	0.7	0.9	1.0	1.2	0.8	1.5	1.6	1.7
4.其他医疗保险	0.9	0.9	0.3	0.7	0.7	0.8	1.0	0.9	1.0	0.3	0.3	0.3
5.没有参加任何医疗保险	6.5	6.4	4.9	4.5	3.4	3.4	4.0	2.9	4.3	4.0	3.1	2.6
(六).参加养老保险情况												
1.农村社会养老保险	5.0	9.9	35.2	38.6	54.9	53.6	51.5	49.2	46.9	52.5		
2.城镇基本养老保险	10.6	11.2	8.3	9.1	14.6	15.3	17.7	20.8	21.0	21.9		
3.商业养老保险	2.5	2.7	2.2	2.4	1.2	1.1	1.7	1.4	1.6	2.2	2.3	2.2
4.其他养老保险	2.6	2.9	2.7	2.6	2.4	2.6	2.1	2.6	2.7	1.7	3.2	2.9
5.没有参加任何养老保险	79.5	73.7	52.3	48.0	27.0	27.8	27.4	26.3	28.3	22.1	24.3	22.7

5-27 农民工从业情况

指　　标	单位	2009年	2010年	2011年	2012年	2013年	2014年
(一)农民工	—						
其中：1.整劳动力	%	78.5	77.5	78.1	77.0	73.2	73.6
2.半劳动力	%	21.5	22.5	21.9	23.0	26.8	26.4
(二)从业地区	—						
1.乡内	%	51.3	51.1	56.4	57.5	56.0	54.4
2.县内乡外	%	12.5	14.0	11.5	11.6	15.5	13.6
3.省内县外	%	29.5	28.8	25.9	24.6	23.2	25.3
4.国内省外	%	5.4	4.5	5.9	5.8	4.8	6.5
5.国外	%	1.3	1.5	0.3	0.5	0.5	0.3
(三)从事的行业	—						
1.第一产业	%	0.9	1.0	0.8	0.7	0.9	0.7
(1)农、林、牧、渔业	%	0.9	1.0	0.8	0.7	0.9	0.7
2.第二产业	%	43.3	42.8	56.4	54.7	49.3	49.0
(2)采矿业	%	5.1	5.4	5.4	5.8	4.1	3.8
(3)制造业	%	22.1	19.7	30.9	29.6	25.5	25.8
(4)电力、燃气及水生产和供应业	%	1.1	1.5	1.6	1.8	1.9	2.4
(5)建筑业	%	15.0	16.2	18.4	17.5	17.8	17.0
3.第三产业	%	55.8	56.2	42.8	44.5	49.8	50.3
(6)批发和零售业	%	13.7	14.2	13.7	12.0	14.2	15.0
(7)交通运输、仓储和邮政业	%	9.6	9.9	8.9	9.9	9.8	9.6
(8)住宿和餐饮业	%	6.7	6.6	5.9	5.9	8.1	7.7
(9)信息传输、软件和信息技术服务业	%	2.1	1.6	0.7	1.2	1.3	1.5
(10)金融业	%	0.3	0.3	0.1	0.3	0.5	0.4
(11)房地产业	%	0.2	0.5	0.2	0.3	0.4	0.3
(12)租赁和商务服务业	%	0.6	0.5	0.6	0.7	0.2	0.3
(13)科学研究、技术服务和地质勘察业	%			0.3	0.2		0.2
(14)水利、环境和公共设施管理业	%	0.3	0.3	0.3	0.3	0.3	0.4
(15)居民服务和其他服务业	%	15.1	15.8	8.8	9.6	10.7	10.0
(16)教育	%	2.0	1.8	0.4	1.1	1.4	1.5
(17)卫生、社会保障和社会福利业	%	1.5	1.4	1.5	1.5	1.8	1.9
(18)文化、体育和娱乐业	%	0.7	0.7	0.9	1.0	0.4	0.4
(19)公共管理和社会组织	%	3.0	2.6	0.3	0.5	0.7	1.2
(20)国际组织	%						
(四)工作种类	—						
1.国家机关、党群组织、企业、事业单位负责人	%	1.8	1.6	1.2	1.3	0.8	0.6
2.专业技术人员	%	5.5	7.6	10.7	12.3	11.5	11.8
3.办事人员和有关人员	%	3.5	4.2	2.2	3.1	5.8	8.2
4.商业、服务业人员	%	35.0	34.0	30.9	29.9	26.8	26.7
5.农、林、牧、渔、水利业生产人员	%	1.8	0.8	0.9	0.6	1.8	0.9
6.生产、运输设备操作人员及有关人员	%	33.2	33.6	43.0	41.4	39.3	39.1
7.不便分类的其他从业人员	%	19.2	18.1	11.0	11.3	13.9	12.6
(五)从业时间	—						
1.本地非农自营	月	10.7	10.2	10.3	10.4	9.3	9.3
2.本地非农务工	月	12.1	11.7	10.8	10.2	9.0	8.8
3.外出从业	月	11.6	11.1	10.9	10.7	9.0	9.2
(六)从业收入	—						
1.本地非农自营	元	14443	16109	29245	32434	35949	39944
2.本地非农务工	元	15300	16890	21080	23297	19976	22489
3.外出从业	元	19729	22160	27069	30624	29547	31115
其中：寄回带回	元	11091	12098	13424	15374	17996	18305

5-27 续表

指　　标	单位	2015年	2016年	2017年	2018年	2019年	2020年
(一)农民工	—						
其中: 1.整劳动力	%	71.4	70.0	67.6	62.8	60.1	57.9
2.半劳动力	%	28.6	30.0	32.4	37.2	39.9	42.1
(二)从业地区	—						
1.乡内	%	52.3	54.4	55.9	55.8	53.8	51.7
2.县内乡外	%	14.4	13.2	13.2	12.7	14.0	15.7
3.省内县外	%	25.9	25.5	23.5	22.4	20.6	22.6
4.国内省外	%	7.2	6.6	7.1	8.5	11.1	9.4
5.国外	%	0.2	0.3	0.4	0.5	0.5	0.7
(三)从事的行业	—						
1.第一产业	%	0.8	1.3	1.2	0.6	1.0	1.2
(1)农、林、牧、渔业	%	0.8	1.3	1.2	0.6	1.0	1.2
2.第二产业	%	46.5	41.6	40.2	41.0	39.6	40.7
(2)采矿业	%	3.4	3.5	3.8	3.4	3.9	4.0
(3)制造业	%	24.6	20.9	20.8	20.4	19.4	20.0
(4)电力、燃气及水生产和供应业	%	2.9	2.0	1.8	2.6	1.8	2.3
(5)建筑业	%	15.6	15.2	13.9	14.7	14.4	14.5
3.第三产业	%	52.7	57.1	58.6	58.3	59.4	58.1
(6)批发和零售业	%	13.7	15.8	16.3	13.7	14.1	14.2
(7)交通运输、仓储和邮政业	%	10.2	9.1	10.3	8.8	9.3	9.4
(8)住宿和餐饮业	%	7.1	5.9	6.2	8.4	9.1	7.1
(9)信息传输、软件和信息技术服务业	%	1.8	1.5	1.8	2.4	2.1	2.9
(10)金融业	%	0.7	0.8	1.0	0.4	0.5	0.5
(11)房地产业	%	0.4	0.4	0.3	0.9	1.1	1.1
(12)租赁和商务服务业	%	0.4	0.5	0.5	0.6	0.3	0.5
(13)科学研究、技术服务和地质勘察业	%	0.3	0.1	0.1	0.3	0.3	0.5
(14)水利、环境和公共设施管理业	%	1.0	1.5	0.9	0.8	0.8	0.7
(15)居民服务和其他服务业	%	11.5	14.5	13.9	14.6	15.0	15.0
(16)教育	%	1.9	2.2	2.2	2.3	1.5	1.2
(17)卫生、社会保障和社会福利业	%	2.0	2.4	2.4	2.1	2.2	2.0
(18)文化、体育和娱乐业	%	0.3	0.6	0.5	0.7	0.5	0.6
(19)公共管理和社会组织	%	1.6	1.8	2.0	2.4	2.6	2.4
(20)国际组织	%						
(四)工作种类	—						
1.国家机关、党群组织、企业、事业单位负责人	%	0.7	0.7	0.5	0.3	0.3	0.2
2.专业技术人员	%	10.8	11.0	10.9	9.2	9.3	9.0
3.办事人员和有关人员	%	7.3	9.1	8.6	6.8	8.4	10.0
4.商业、服务业人员	%	25.8	26.8	29.6	28.4	30.4	35.8
5.农、林、牧、渔、水利业生产人员	%	1.0	1.7	1.4	1.2	1.6	1.4
6.生产、运输设备操作人员及有关人员	%	36.6	30.7	30.1	28.8	26.3	30.3
7.不便分类的其他从业人员	%	17.7	20.1	18.9	25.3	23.8	13.3
(五)从业时间	—						
1.本地非农自营	月	9.5	10.0	9.6	10.0	9.5	9.0
2.本地非农务工	月	9.3	9.4	9.7	9.3	9.3	8.9
3.外出从业	月	9.4	9.4	9.6	9.1	9.4	9.0
(六)从业收入	—						
1.本地非农自营	元	37099	32308	33686	37733	39997	42397
2.本地非农务工	元	24877	24550	27260	24778	27812	29019
3.外出从业	元	35201	35579	37210	37475	39978	41353
其中: 寄回带回	元	20716	20439	21349	22648	25883	27555

5-28 本地农民工基本情况

单位: %

指 标	2009年	2010年	2011年	2012年	2013年	2014年	2015年	2016年	2017年	2018年	2019年	2020年
(一).性别												
1.男性	66.5	65.4	68.8	69.4	65.2	66.3	65.3	61.2	60.3	63.2	61.8	63.2
2.女性	33.5	34.6	31.2	30.6	34.8	33.7	34.7	38.8	39.7	36.8	38.2	36.8
(二).年龄												
1.16-18岁	0.3	0.6	1.2	0.6	1.3	1.0	0.0	0.1	0.3	0.1	0.1	0.1
2.19-22岁	3.6	1.9	3.1	2.5	3.5	1.3	1.9	2.0	1.9	1.6	0.7	0.7
3.23-25岁	3.6	7.0	3.4	3.3	7.4	2.5	2.3	1.7	2.9	1.4	1.7	2.3
4.26-30岁	9.0	6.7	7.3	7.1	7.8	7.6	6.8	7.1	7.2	4.8	3.8	3.5
5.31-40岁	23.3	22.8	27.3	24.5	15.5	23.4	19.3	16.7	16.1	18.2	16.7	15.9
6.41-50岁	32.3	32.0	33.8	36.8	35.9	35.4	37.4	40.4	37.5	34.7	33.6	31.6
7.51-60岁	23.8	23.7	20.1	20.7	21.4	21.8	25.4	25.4	26.7	28.7	32.2	32.5
8.61-65岁	2.6	3.7	1.8	2.8	4.8	4.7	4.4	4.8	5.4	6.6	7.4	7.5
9.66岁及以上	1.6	1.5	1.9	1.9	2.4	2.4	2.3	1.8	2.0	3.9	3.8	6.0
(三).婚姻状况												
1.已婚	91.9	89.8	90.9	91.1	87.8	89.8	91.9	91.7	90.6	90.7	91.6	89.1
2.未婚	6.7	8.4	6.5	6.9	7.8	6.6	6.2	6.8	7.7	4.9	4.9	6.3
3.离异	0.6	0.8	1.5	1.2	2.7	2.4	0.9	0.6	0.9	2.8	2.1	3.2
4.丧偶	0.8	1.1	0.9	0.7	1.8	1.2	1.0	0.9	0.7	1.6	1.5	1.3
5.其他			0.1	0.1								
(四).文化程度												
1.不识字或识字很少	0.5	0.1	0.1	0.4	0.5	0.6	0.4	0.6	0.7	0.8	0.8	0.3
2.小学	11.5	10.9	15.3	16.6	15.1	14.7	15.1	14.0	12.5	16.6	17.4	15.8
3.初中	71.0	70.1	77.2	75.0	72.9	71.8	72.1	72.9	72.9	69.1	69.6	69.7
4.高中及中专	9.2	9.6	4.7	4.6	8.7	9.2	9.4	9.1	9.7	10.2	9.2	10.1
5.大专及以上	7.9	9.3	2.7	3.5	2.9	3.7	3.0	3.5	4.2	3.3	3.0	4.1
(五).参加医疗保险情况												
1.农村新型农村合作医疗	85.8	87.3	89.5	89.8	84.0	85.1	83.3	83.4	83.2	80.1	70.3	58.7
2.城镇医疗保险	7.5	8.2	6.0	5.7	13.2	12.5	13.0	13.6	12.9	16.4		
3.商业医疗保险	0.9	0.4	0.9	0.8	0.8	1.2	1.1	1.5	1.0	1.8	1.7	1.8
4.其他医疗保险	0.5	0.6		0.4	0.3	0.1	0.5	0.6	0.6	0.1	0.2	0.3
5.没有参加任何医疗保险	6.6	6.5	4.7	4.3	2.7	2.3	2.9	2.3	3.0	3.0	3.0	2.0
(六).参加养老保险情况												
1.农村社会养老保险	5.1	9.0	36.9	41.1	52.7	52.9	52.6	49.3	47.6	57.5		
2.城镇基本养老保险	13.2	14.8	8.3	7.8	18.9	17.5	21.1	24.3	21.7	21.1		
3.商业养老保险	1.6	2.1	1.7	2.2	1.3	1.1	2.1	1.8	2.2	1.5	1.6	2.0
4.其他养老保险	2.3	2.4	2.5	2.5	1.7	2.9	2.6	3.7	3.7	2.3	4.3	4.0
5.没有参加任何养老保险	78.1	72.3	51.2	47.0	25.7	26.2	22.3	21.4	25.4	17.9	19.7	21.1

5-29 本地农民工从业情况

单位：%

指 标	2009年	2010年	2011年	2012年	2013年	2014年
(一)从事的行业						
1.第一产业						
(1)农、林、牧、渔业						
2.第二产业	38.4	36.2	55.4	54.1	48.1	47.5
(2)采矿业	7.6	9.0	7.7	8.5	5.4	6.1
(3)制造业	21.6	18.3	33.7	32.9	29.6	27.8
(4)电力、燃气及水生产和供应业	1.2	1.9	1.5	1.6	1.9	2.9
(5)建筑业	7.9	7.0	12.4	11.1	11.1	10.6
3.第三产业	61.6	63.8	44.6	45.9	51.9	52.5
(6)批发和零售业	17.4	18.7	17.5	14.7	18.9	19.8
(7)交通运输、仓储和邮政业	10.2	10.9	10.7	13.0	11.8	12.0
(8)住宿和餐饮业	4.3	2.7	3.3	2.8	5.3	4.8
(9)信息传输、软件和信息技术服务业	0.3	0.1		0.2	0.1	0.1
(10)金融业	0.2	0.3	0.1	0.1	0.5	0.1
(11)房地产业		0.1			0.1	
(12)租赁和商务服务业	0.3	0.3	0.2	0.4	0.1	0.3
(13)科学研究、技术服务和地质勘察业						0.3
(14)水利、环境和公共设施管理业	0.5	0.4	0.6	0.4	0.3	0.4
(15)居民服务和其他服务业	17.7	20.2	8.6	9.7	9.7	8.7
(16)教育	2.6	2.7	0.5	1.3	1.9	2.1
(17)卫生、社会保障和社会福利业	2.3	1.9	2.4	2.2	1.6	1.9
(18)文化、体育和娱乐业	0.8	0.9	0.5	0.7	0.2	0.3
(19)公共管理和社会组织	5.0	4.3	0.2	0.5	1.3	1.9
(20)国际组织						
(二)工作种类						
1.国家机关、党群组织、企业、事业单位负责人	2.0	2.2	1.0	0.4	1.1	0.9
2.专业技术人员	3.3	4.6	5.4	7.7	7.5	8.2
3.办事人员和有关人员	3.4	4.6	2.0	2.8	7.0	10.9
4.商业、服务业人员	40.7	40.7	34.2	35.6	29.0	28.0
5.农、林、牧、渔、水利业生产人员	2.2		0.2	0.1	1.5	0.4
6.生产、运输设备操作人员及有关人员	28.0	27.4	40.3	38.6	42.4	40.8
7.不便分类的其他从业人员	20.5	20.4	16.9	14.8	11.5	10.8

5-29 续表

单位：%

指 标	2015年	2016年	2017年	2018年	2019年	2020年
(一)从事的行业						
1.第一产业						
(1)农、林、牧、渔业						
2.第二产业	44.5	39.0	38.4	38.4	35.6	38.3
(2)采矿业	5.7	5.6	5.9	4.3	5.2	5.0
(3)制造业	27.6	24.0	23.1	24.1	22.7	25.3
(4)电力、燃气及水生产和供应业	3.4	2.1	1.9	1.8	1.2	1.2
(5)建筑业	7.8	7.4	7.5	8.3	6.5	6.8
3.第三产业	55.5	61.0	61.6	61.6	64.4	61.7
(6)批发和零售业	17.7	20.5	20.8	16.3	18.4	19.2
(7)交通运输、仓储和邮政业	12.2	9.8	10.3	9.8	10.5	9.8
(8)住宿和餐饮业	5.4	4.3	4.8	7.6	7.9	6.3
(9)信息传输、软件和信息技术服务业	0.2	0.3	0.7	1.2	1.0	1.7
(10)金融业	0.5	0.7	0.6	0.0	0.0	0.2
(11)房地产业	0.0	0.0	0.0	0.5	0.4	0.8
(12)租赁和商务服务业	0.4	0.2	0.3	0.8	0.2	0.2
(13)科学研究、技术服务和地质勘察业	0.2					
(14)水利、环境和公共设施管理业	0.5	1.2	1.0	0.3	0.6	0.6
(15)居民服务和其他服务业	10.4	15.1	14.0	16.4	16.3	16.2
(16)教育	2.3	2.5	2.2	2.9	1.6	0.7
(17)卫生、社会保障和社会福利业	2.6	3.0	3.2	1.7	2.1	1.2
(18)文化、体育和娱乐业	0.4	0.3	0.5	0.9	0.6	0.4
(19)公共管理和社会组织	2.7	3.0	3.4	3.2	4.7	4.2
(20)国际组织						
(二)工作种类						
1.国家机关、党群组织、企业、事业单位负责人	1.2	1.2	0.9	0.4	0.3	0.3
2.专业技术人员	8.1	8.4	8.1	6.5	5.3	4.2
3.办事人员和有关人员	7.4	8.1	8.0	5.8	8.7	11.2
4.商业、服务业人员	27.7	28.5	31.3	29.8	29.8	34.9
5.农、林、牧、渔、水利业生产人员	0.3	0.3	0.2	0.9	1.5	0.9
6.生产、运输设备操作人员及有关人员	39.5	33.9	32.3	29.5	27.8	33.2
7.不便分类的其他从业人员	15.8	19.6	19.1	27.0	26.6	15.3

5-30 外出农民工基本情况

单位: %

指 标	2009年	2010年	2011年	2012年	2013年	2014年	2015年	2016年	2017年	2018年	2019年	2020年
(一).性别												
1.男性	70.9	71.9	72.1	70.3	71.5	71.5	72.8	71.6	70.8	72.7	74.1	76.3
2.女性	29.1	28.1	27.9	29.7	28.5	28.5	27.2	28.4	29.2	27.3	25.9	23.7
(二).年龄												
1.16-18岁	2.8	2.4	4.1	2.5	8.2	3.3	3.1	3.0	1.4	1.3	1.4	0.9
2.19-22岁	20.9	16.6	17.9	15.0	19.7	12.9	11.2	14.3	12.1	8.3	7.2	6.9
3.23-25岁	18.2	18.3	22.1	20.9	16.8	16.8	17.8	13.6	13.2	9.5	10.2	10.4
4.26-30岁	18.7	18.8	12.7	15.2	12.5	14.9	17.3	17.3	17.2	12.4	9.4	9.5
5.31-40岁	19.4	19.9	15.8	18.2	10.0	19.7	15.8	13.9	16.8	24.7	24.4	23.8
6.41-50岁	12.5	15.0	17.9	18.8	21.4	20.2	21.9	22.7	21.9	23.7	25.7	22.9
7.51-60岁	6.7	8.2	7.8	8.4	10.0	10.8	10.9	12.8	14.7	16.1	18.5	22.6
8.61-65岁	0.8	0.6	1.5	0.9	1.0	1.4	1.8	1.9	1.9	3.2	2.7	2.3
9.66岁及以上		0.2		0.2	0.2		0.2	0.5	0.7	0.7	0.6	0.6
(三).婚姻状况												
1.已婚	50.6	52.3	48.9	51.0	56.8	53.9	53.2	53.7	55.7	61.8	66.3	63.8
2.未婚	47.3	45.6	49.7	47.7	40.8	43.3	44.0	42.9	41.2	32.9	29.6	30.5
3.离异	1.8	1.9	0.8	0.6	1.9	2.4	2.0	2.1	1.9	4.1	3.2	4.3
4.丧偶	0.2	0.2	0.6	0.5	0.5	0.4	0.4	1.3	1.2	1.2	1.0	1.3
5.其他	0.2			0.2			0.4					
(四).文化程度												
1.不识字或识字很少	0.5	0.6	0.2		0.2	0.2	0.3	0.2	0.7	0.5	0.4	0.6
2.小学	7.6	7.8	9.2	8.2	9.7	9.0	9.3	10.3	9.1	9.6	9.4	10.4
3.初中	67.2	67.4	69.3	68.2	69.7	69.0	67.1	64.3	63.2	64.3	65.2	63.0
4.高中及中专	8.0	14.9	12.3	8.1	11.2	11.3	11.0	10.7	10.9	9.8	12.4	10.3
5.大专及以上	16.7	9.2	9.0	15.5	9.3	10.4	12.3	14.5	16.0	15.8	12.6	15.7
(五).参加医疗保险情况												
1.农村新型农村合作医疗	86.4	86.6	87.4	87.0	89.6	88.2	84.5	84.0	80.2	77.8	73.9	67.2
2.城镇医疗保险	4.9	5.1	5.8	6.5	4.9	7.0	9.0	11.2	12.7	16.1		
3.商业医疗保险	1.3	0.9	2.8	3.3	0.5	0.7	0.9	0.8	0.5	1.0	1.6	1.6
4.其他医疗保险	1.3	1.3	0.8	1.3	1.2	1.7	1.5	1.2	1.5	0.5	0.5	0.4
5.没有参加任何医疗保险	6.4	6.2	5.2	4.7	4.3	4.7	5.3	3.6	5.9	5.3	3.2	3.3
(六).参加养老保险情况												
1.农村社会养老保险	4.9	10.8	32.8	35.4	57.8	54.6	50.3	49.2	46.1	46.1		
2.城镇基本养老保险	7.9	7.4	8.3	10.7	9.1	12.7	14.0	16.6	20.0	23.0		
3.商业养老保险	3.4	3.3	2.9	2.5	1.1	1.2	1.3	1.0	0.8	3.1	3.0	2.4
4.其他养老保险	3.0	3.4	2.9	2.8	3.3	2.2	1.6	1.2	1.5	0.9	1.6	1.7
5.没有参加任何养老保险	81.0	75.1	53.7	49.3	28.8	29.8	33.0	32.3	32.1	27.5	27.7	24.3

5-31 外出农民工从业情况

指　　标	单位	2009年	2010年	2011年	2012年	2013年	2014年
(一)外出从业人员	--						
其中: 1.整劳动力	%	91.0	89.5	88.0	88.5	85.0	84.5
2.半劳动力	%	9.0	10.5	12.0	11.5	15.0	15.5
其中: 1.本年新外出的人数	%	16.4	14.1	20.7	12.8	22.1	11.7
2.上年外出从业过的人数	%	83.6	85.9	79.3	87.2	77.9	88.3
(二)外出地区	--						
1.本省	%	86.2	87.6	85.7	85.0	88.1	85.1
(1)乡外县内	%	25.6	28.7	26.5	27.2	34.9	29.7
(2)县外省内	%	60.6	58.9	59.2	57.8	53.2	55.4
2.省外	%	13.8	12.4	14.3	15.0	11.9	14.9
(三)输入地区	--						
(1)东部地区	%	93.6	93.7	93.4	92.6	94.6	94.8
北　京	%	1.8	2.0	2.5	2.2	2.8	3.5
天　津	%	1.0	0.5	0.5	0.6	0.2	0.7
河　北	%	0.8	0.8	1.2	2.4	1.5	2.7
辽　宁	%	86.2	87.6	85.7	85.0	88.1	85.1
上　海	%	0.5	0.5	0.5	0.3	0.6	0.8
江　苏	%	0.7	0.5	0.8	0.8	0.2	0.2
浙　江	%	0.5	0.5	0.5	0.3	0.3	0.3
福　建	%		0.2	0.2	0.2	0.3	0.2
山　东	%	1.1	0.6	1.5	0.5	0.5	0.6
广　东	%	1.0	0.6	0.2	0.3	0.2	0.6
海　南	%						
(2)中部地区	%	2.6	1.9	2.9	3.2	2.2	2.7
山　西	%	0.3	0.3			0.3	0.6
吉　林	%	1.3	0.5	2.3	2.1	0.6	1.5
黑龙江	%	0.5	0.6	0.3	0.9	1.1	0.2
安　徽	%	0.3					
江　西	%						0.2
河　南	%	0.2	0.3		0.2	0.2	
湖　北	%			0.2			0.2
湖　南	%		0.2	0.2			
(3)西部地区	%	1.1	1.3	3.1	3.0	2.0	1.9
内蒙古	%	1.0	0.5	1.7	1.7	1.9	1.5
广　西	%			0.2			0.2
重　庆	%					0.2	0.1
四　川	%		0.2	0.3	0.3		
贵　州	%		0.2				
云　南	%						
西　藏	%			0.2			
陕　西	%		0.2	0.3	0.3		
甘　肃	%			0.3	0.3		

5-31 续表 1

指　　标	单位	2009年	2010年	2011年	2012年	2013年	2014年
青　海	%						
宁　夏	%						
新　疆	%	0.2	0.3	0.2	0.3		0.2
(4)其他地区	%	2.6	3.1	0.6	1.3	1.2	0.6
(四)外出地区类型	--						
1.直辖市	%	3.6	3.1	4.8	3.9	4.5	5.8
2.省会城市	%	21.2	21.8	21.2	20.2	20.6	18.5
3.地级市	%	38.4	38.1	38.8	38.1	32.6	35.1
4.县级市	%	19.2	20.4	23.9	23.1	33.2	30.8
5.建制镇	%	8.9	8.6	9.2	10.4	4.9	7.0
6.其他地区	%	8.7	8.0	2.1	4.3	4.1	2.7
(五)外出方式	--						
1.政府(单位)组织	%	2.3	1.3	2.0	1.6	0.8	0.5
2.中介组织介绍	%	4.8	4.2	2.6	2.4	2.9	2.4
3.亲朋好友介绍	%	53.2	52.5	47.2	45.7	42.5	40.6
4.自发	%	36.3	36.4	43.1	47.2	51.6	49.6
5.其他	%	3.4	5.6	5.1	3.2	2.2	7.0
(六)外出从事行业	--						
1.第一产业	%	1.8	2.0	1.8	1.7	2.2	1.5
(1)农、林、牧、渔业	%	1.8	2.0	1.8	1.7	2.2	1.5
2.第二产业	%	47.5	49.7	57.4	55.5	50.6	50.8
(2)采矿业	%	1.6	1.7	2.5	2.1	2.5	1.1
(3)制造业	%	22.7	21.2	27.1	25.3	20.2	23.5
(4)电力、燃气及水生产和供应业	%	0.7	1.1	1.7	2.1	2.0	1.9
(5)建筑业	%	22.5	25.7	26.1	26.1	26.0	24.3
3.第三产业	%	50.7	48.3	40.8	42.8	47.2	47.8
(6)批发和零售业	%	9.7	9.4	9.5	8.4	8.3	9.2
(7)交通运输、仓储和邮政业	%	9.2	8.8	6.6	5.7	7.3	6.8
(8)住宿和餐饮业	%	10.2	10.7	8.9	10.3	12.0	11.3
(9)信息传输、软件和信息技术服务业	%	3.8	3.1	1.7	2.5	2.8	3.2
(10)金融业	%	0.3	0.3	0.2	0.5	0.4	0.7
(11)房地产业	%	0.7	0.8	0.6	0.6	0.5	0.7
(12)租赁和商务服务业	%	0.8	0.8	1.1	1.3	0.3	0.3
(13)科学研究和技术服务	%			0.8	0.5		
(14)水利、环境和公共设施管理业	%	0.2	0.2		0.2	0.4	0.3
(15)居民服务、修理和其他服务业	%	12.2	11.3	8.9	9.5	11.7	11.6
(16)教育	%	1.5	0.9	0.3	0.8	0.7	0.8
(17)卫生、社会工作	%	0.7	0.8	0.5	0.6	2.0	1.9
(18)文化、体育和娱乐业	%	0.7	0.5	1.4	1.4	0.8	0.6
(19)公共管理、社会保障和社会组织	%	1.0	0.8	0.5	0.6	0.0	0.3
(20)国际组织	%						
(七)外出从事的工作种类	--						

5-31 续表 2

指　标	单位	2009年	2010年	2011年	2012年	2013年	2014年
1.国家机关、党群组织、企业、事业单位负责人	%	1.1	0.9	1.2	1.3	0.4	0.3
2.专业技术人员	%	8.5	10.7	15.0	16.3	16.5	15.8
3.办事人员和有关人员	%	4.4	3.8	2.5	3.5	4.2	5.1
4.商业、服务业人员	%	28.7	27.0	27.0	25.6	24.3	25.2
5.农、林、牧、渔、水利业生产人员	%	1.3	1.7	1.8	1.4	2.3	1.6
6.生产、运输设备操作人员及有关人员	%	37.8	40.1	40.6	38.5	35.4	37.3
7.不便分类的其他从业人员	%	18.1	15.8	11.8	13.4	16.8	14.7
(八)外出从业住所类型	--						
1.单位宿舍	%	32.3	32.8	37.1	34.3	26.7	32.2
2.工地工棚	%	14.0	13.3	13.7	14.5	15.5	9.7
3.生产经营场所	%	6.9	6.7	6.1	6.2	4.1	2.4
4.与人合租住房	%	12.5	12.2	10.6	10.6	12.0	11.2
5.独立租赁住房	%	10.2	10.5	6.3	7.0	7.7	5.9
6.务工地自购房	%	2.3	3.4	2.1	1.4	0.2	1.2
7.乡外从业但回家居住(老家)	%	16.3	15.8	19.2	21.6	31.1	35.2
8.其他	%	5.6	5.2	4.9	4.4	2.7	2.3
(九)外出从业时间	--						
1.从事这份工作的时间	月/人	32.5	35.1	28.6	29.4	40.4	41.1
其中：1年以下	%	33.5	23.0	34.7	28.6	28.0	23.1
1-2年	%	19.5	40.6	30.1	25.4	21.3	24.0
2-5年	%	34.2	25.2	24.2	36.5	29.2	31.6
5年及以上	%	12.8	11.1	11.0	9.5	21.6	21.3
2.每月平均工作的天数	天/人	26.9	26.8	26.3	25.9	25.7	25.8
3.每天平均工作的小时数	小时/人	9.1	9.2	8.9	8.9	8.9	8.8
其中：6小时以下	%		0.2	0.8	0.8	0.7	0.7
6-8小时	%	1.3	0.5	0.8	0.9	1.6	1.3
8-10小时	%	57.8	56.1	58.6	60.2	59.9	65.8
其中：8小时	%	54.0	49.8	53.2	57.8	50.8	58.2
10-12小时	%	31.2	33.4	36.2	32.5	32.6	28.0
12小时及以上	%	9.7	9.9	3.7	5.5	5.1	4.1
(十)外出收支情况	--						
1.总收入	元/人	16327.4	19316.3	23713.8	27240.4	30432.7	31459.2
2.月收入	元/人	1719.8	2127.6	2494.2	2779.7	3069.7	3132.0
其中：800元以下	%	5.7	1.6	0.9	0.8	0.6	0.9
800-1200元	%	25.9	16.6	7.1	3.3	1.1	0.8
1200-1600元	%	27.6	22.9	19.6	13.9	6.0	3.2
1600-2400元	%	23.8	28.4	28.1	28.4	12.3	11.2
2400-3000元	%	6.4	11.1	11.2	13.7	31.9	31.3
3000元及以上	%	10.5	19.4	33.1	39.8	48.0	52.6
3.生活消费总支出	元/人	4160.2	5117.0	5893.1	7310.6	7006.2	7847.3
4.每月平均居住支出	元/人	156.4	146.2	95.2	127.4	178.8	162.4

5-31 续表 3

指　　标	单位	2015年	2016年	2017年	2018年	2019年	2020年
(一)外出从业人员	--						
其中：1.整劳动力	%	84.0	81.9	79.4	76.4	74.1	70.9
2.半劳动力	%	16.0	18.1	20.6	23.6	25.9	29.1
其中：1.本年新外出的人数	%	9.5	12.8	10.6	82.4	86.1	89.7
2.上年外出从业过的人数	%	90.5	87.2	89.4	17.6	13.9	10.3
(二)外出地区	--						
1.本省	%	84.2	84.4	83.2	78.9	74.6	79.1
(1)乡外县内	%	29.9	29.0	29.7	28.2	29.3	32.2
(2)县外省内	%	54.3	55.4	53.5	50.7	45.2	46.9
2.省外	%	15.8	15.6	16.8	21.1	25.4	20.9
(三)输入地区	--						
(1)东部地区	%	94.5	92.8	93.1	89.4	87.5	93.1
北　京	%	4.0	3.2	4.4	2.3	2.1	2.9
天　津	%	0.5	1.1	1.2	1.5	2.0	0.9
河　北	%	2.2	1.9	2.1	2.1	2.4	1.7
辽　宁	%	84.2	84.4	83.2	78.9	74.6	79.1
上　海	%	1.3	0.6	0.6	0.5	0.2	0.4
江　苏	%	0.3	0.3	0.2	0.3	1.2	0.9
浙　江	%	0.8	0.2	0.2	0.6	0.4	0.6
福　建	%			0.1	0.1	0.4	0.4
山　东	%	0.6	0.6	0.4	1.9	3.4	3.9
广　东	%	0.6	0.5	0.4	1.1	0.8	2.0
海　南	%		0.2	0.2	0.2	0.1	0.2
(2)中部地区	%	3.1	3.7	3.9	3.3	4.8	2.3
山　西	%	0.3	0.3	0.2		0.6	0.6
吉　林	%	2.3	2.7	2.3	2.1	2.4	0.8
黑龙江	%	0.4	0.3	0.6	0.8	0.5	0.2
安　徽	%		0.1			0.3	
江　西	%				0.1		0.2
河　南	%		0.2	0.5		0.4	
湖　北	%	0.2	0.2	0.2	0.1	0.5	0.1
湖　南	%			0.1	0.1	0.1	0.4
(3)西部地区	%	1.8	2.6	2.1	6.0	6.7	3.4
内蒙古	%	1.2	1.6	1.2	2.3	4.2	2.3
广　西	%	0.2	0.1		0.6	0.2	
重　庆	%	0.1					
四　川	%	0.1			0.1	0.3	
贵　州	%			0.2	0.1	0.1	
云　南	%		0.1		0.3	0.1	0.2
西　藏	%				0.3	0.6	
陕　西	%	0.3	0.3	0.4	1.6	0.7	0.4
甘　肃	%		0.3	0.2			

5-31 续表 4

指 标	单位	2015年	2016年	2017年	2018年	2019年	2020年
青 海	%				0.1	0.1	
宁 夏	%		0.2	0.1	0.2	0.2	
新 疆	%				0.3	0.1	0.4
(4)其他地区	%	0.5	0.8	0.9	1.2	1.1	1.2
(四)外出地区类型	--						
1.直辖市	%	6.8	4.5	5.4	5.4	4.9	4.5
2.省会城市	%	22.6	21.9	22.1	23.0	25.3	23.9
3.地级市	%	37.4	37.0	37.2	40.9	37.3	39.8
4.县级市	%	24.6	26.3	24.4	23.1	23.6	23.0
5.建制镇	%	7.5	8.4	8.8	5.4	7.0	6.9
6.其他地区	%	1.2	1.8	2.1	2.1	2.0	1.9
(五)外出方式	--						
1.政府(单位)组织	%	0.6	1.0	1.4	0.6	1.1	1.0
2.中介组织介绍	%	3.1	1.8	2.1	2.6	1.9	1.5
3.亲朋好友介绍	%	40.1	35.7	30.8	26.4	25.1	25.1
4.自发	%	53.9	54.4	58.0	65.4	66.3	65.1
5.其他	%	2.3	7.1	7.7	5.0	5.5	7.5
(六)外出从事行业	--						
1.第一产业	%	1.7	2.9	2.6	1.4	2.0	2.6
(1)农、林、牧、渔业	%	1.7	2.9	2.6	1.4	2.0	2.6
2.第二产业	%	48.5	44.5	42.5	44.3	43.9	43.2
(2)采矿业	%	0.9	0.9	1.1	2.2	2.4	2.9
(3)制造业	%	21.0	17.1	17.9	15.6	15.6	14.2
(4)电力、燃气及水生产和供应业	%	2.4	1.9	1.6	3.7	2.4	3.5
(5)建筑业	%	24.1	24.6	22.0	22.9	23.4	22.6
3.第三产业	%	49.9	52.6	54.9	54.2	54.1	54.3
(6)批发和零售业	%	9.3	10.1	10.7	10.5	9.2	8.9
(7)交通运输、仓储和邮政业	%	8.1	8.2	10.3	7.4	8.2	8.9
(8)住宿和餐饮业	%	8.9	7.7	8.0	9.8	10.4	7.8
(9)信息传输、软件和信息技术服务业	%	3.5	3.0	3.3	4.0	3.4	4.1
(10)金融业	%	0.9	0.9	1.6	0.9	1.1	1.0
(11)房地产业	%	0.7	0.8	0.7	1.4	1.8	1.5
(12)租赁和商务服务业	%	0.4	0.9	0.9	0.3	0.3	0.7
(13)科学研究和技术服务	%	0.4	0.3	0.3	0.6	0.7	0.9
(14)水利、环境和公共设施管理业	%	1.5	1.6	0.8	1.4	1.0	0.8
(15)居民服务、修理和其他服务业	%	12.9	13.9	13.9	12.2	13.5	13.7
(16)教育	%	1.3	2.1	2.3	1.6	1.4	1.5
(17)卫生、社会工作	%	1.3	1.8	1.3	2.6	2.3	2.9
(18)文化、体育和娱乐业	%	0.2	1.0	0.6	0.5	0.5	0.8
(19)公共管理、社会保障和社会组织	%	0.4	0.3	0.4	1.0	0.3	0.5
(20)国际组织	%						
(七)外出从事的工作种类	--						

5-31 续表 5

指　标	单位	2015年	2016年	2017年	2018年	2019年	2020年
1.国家机关、党群组织、企业、事业单位负责人	%		0.0		0.2	0.4	0.2
2.专业技术人员	%	13.7	14.1	14.4	12.8	13.9	13.7
3.办事人员和有关人员	%	7.4	10.3	9.3	7.6	8.1	9.0
4.商业、服务业人员	%	23.7	24.7	27.5	27.0	31.0	37.8
5.农、林、牧、渔、水利业生产人员	%	1.6	3.3	3.0	1.6	1.4	2.0
6.生产、运输设备操作人员及有关人员	%	33.7	27.1	27.3	27.7	24.6	27.3
7.不便分类的其他从业人员	%	19.8	20.5	18.6	23.2	20.6	10.0
(八)外出从业住所类型	--						
1.单位宿舍	%	31.0	25.8	25.2	30.2	30.5	32.3
2.工地工棚	%	12.0	10.8	9.8	14.2	13.8	10.8
3.生产经营场所	%	1.8	3.3	4.2	4.0	4.5	5.7
4.与人合租住房	%	10.4	13.3	13.6	5.5	4.4	4.4
5.独立租赁住房	%	6.8	10.0	9.0	6.8	9.3	8.3
6.务工地自购房	%	1.6	1.1	1.1	1.4	1.6	1.7
7.乡外从业但回家居住(老家)	%	33.5	32.3	33.0	33.7	31.7	33.0
8.其他	%	2.8	3.4	4.2	4.1	4.1	3.9
(九)外出从业时间	--						
1.从事这份工作的时间	月/人	45.0	44.4	48.5	49.2	48.1	53.6
其中：1年以下	%	19.4	23.4	18.4	30.0	26.0	20.1
1-2年	%	23.8	20.4	20.1	17.5	20.7	17.4
2-5年	%	31.3	32.5	36.8	29.5	29.5	37.7
5年及以上	%	25.6	23.7	24.7	23.0	23.7	24.8
2.每月平均工作的天数	天/人	25.9	26.1	26.2	25.9	25.8	25.8
3.每天平均工作的小时数	小时/人	9.0	8.9	8.9	9.0	9.0	8.8
其中：6小时以下	%	0.6	0.6	0.6		0.6	0.9
6-8小时	%	1.0	0.9	0.3	0.9	1.7	1.1
8-10小时	%	57.6	59.9	62.2	60.0	61.3	64.7
其中：8小时	%	52.6	54.6	56.2	55.1	53.5	58.7
10-12小时	%	34.8	32.0	32.1	30.7	27.8	27.4
12小时及以上	%	6.0	6.6	4.7	8.4	8.6	5.9
(十)外出收支情况	--						
1.总收入	元/人	35200.8	36111.0	37581.8	38914.9	41074.9	41920.0
2.月收入	元/人	3323.0	3429.7	3637.8	3804.8	4030.8	4310.9
其中：800元以下	%	0.5	0.5	0.1	0.3	0.1	0.1
800-1200元	%	1.8	0.4	0.2	0.6	1.0	1.0
1200-1600元	%	5.0	3.6	3.9	5.3	5.3	2.7
1600-2400元	%	20.3	7.5	7.0	15.5	12.3	12.6
2400-3000元	%	12.9	29.6	24.5	10.9	9.6	9.9
3000元及以上	%	59.5	58.4	64.4	67.4	71.7	73.6
3.生活消费总支出	元/人	8791.5	9250.9	9478.5	8957.9	9996.8	9610.7
4.每月平均居住支出	元/人	183.4	284.2	269.7			

主要统计指标解释

劳动力资源总数 指在劳动年龄内，具有劳动能力，在正常情况下，可能或实际参加社会劳动的人口数。

从业人员 指从事一定社会劳动并取得劳动报酬或经营收入的全部劳动力。包括:

(1)全部职工

(2)城镇私营企业从业人员

(3)城镇个体劳动者

(4)农村社会劳动者

(5)其他社会劳动者

这一指标反映了一定时期内全部劳动力资源的实际利用情况，是研究国情国力的重要指标。

各单位的从业人员是指在各级国家机关、政党机关、社会团体及企业、事业单位中工作，并取得劳动报酬的全部人员。包括职工、再就业的离退休人员、民办教师以及在各单位中工作的外方人员和港、澳、台方人员。

各单位的从业人员反映了各单位实际参加生产或工作的全部劳动力。

在岗职工 是指在本单位工作并由单位支付劳动报酬的在岗职工。

在岗职工可分为在岗长期职工和在岗临时职工。包括由单位派出学习、劳务及病伤产假并由单位支付劳动报酬的人员。

使用的农村劳动力 指国有经济、城镇集体经济、联营经济、股份制经济、外商和港、澳、台投资经济、其他经济单位的职工中，现仍保留农村户籍关系的人员。

在岗长期职工 指用工期限在一年以上(含一年)的职工。包括原固定职工、合同制职工、长期临时工以及国有单位使用的城镇集体所有制单位的人员和其他使用期限在一年以上的原计划外用工。

在岗临时职工 指用工期限不超过一年的职工。包括各单位根据国家有关规定招用的，签订一年以内的劳动合同或使用期不超过一年的临时性、季节性用工。

其他从业人员 指劳动统计制度规定不作职工统计，但实际参加社会劳动并取得劳动报酬的人员。

各单位的其他从业人员是指单位中除职工以外的全部参加本单位生产或工作并取得劳动报酬的人员。包括再就业的离退休人员、民办教师以及在各单位中工作的外方人员和港、澳、台方人员。

离岗职工(离开本单位仍保留劳动关系的职工) 指由于各种原因已离开本人的生产或工作岗位，并已不在本单位从事其他工作，但仍与用人单位保留劳动关系的职工。

城镇集体经济单位职工 指在城镇集体经济单位及其管理部门工作，并由其支付工资的各类人员。

其他经济单位职工 指在联营经济、股份制经济、外商投资经济、港、澳、台投资经济单位工作，并由其支付工资的各类人员。

城镇个体劳动者 指经工商行政管理部门核准登记，领取营业执照，参加生产经营活动，户口在城镇的全部人员。

农村社会劳动者 指农村人口中经常参加合作经济组织〔包括乡(镇)办企业事业单位〕和家庭副业生产劳动的劳动力。凡是由合作经济组织分配劳动任务或承包各种生产任务，并从中直接取得实物、现金收入和从承包的生产任务中获得实物、现金收入的劳动力，不管从事何种劳动，都要统计为农村社会劳动者。国家从乡(村)调用的建勤民工；由集体经费支付工资或补贴的乡(村)脱产管理干部；乡(村)劳动力到国有经济单位或城镇集体经济单位工作，其收入交给合作经济组织，并从中取得实物或现金收入的合同工、临时工、亦工亦农人员；自行外出，但户口没有转出的劳动力，都应包括在内。

城镇登记失业人员 指有非农业户口，在一定的劳动年龄内(16 岁以上及男 50 岁以下、女 45 岁以下)，有劳动能力，无业而要求就业，并在当地就业服务机构进行求职登记的人员。

城镇登记失业率 是城镇登记失业人数与城镇从业人数与城镇失业人数之和的比。计算公式为:

城镇登记失业率=（城镇登记失业人数／城镇从业人数+城镇登记失业人数）×100%

从业人员劳动报酬 指各单位在一定时期内直接支付给本单位全部从业人员的劳动报酬总额。包括职工工资总额和本单位其他从业人员劳动报酬两部分。

在岗职工工资总额 指各单位在一定时期内直接支付给本单位全部在岗职工的劳动报酬总额。

在岗工资总额的计算原则应以直接支付给在岗职工的全部劳动报酬为根据。各单位支付给在岗职工的劳动报酬以及其他根据有关规定支付的工资，不论是计入成本的还是不计入成本的，不论是按国家规定列入计征奖金税项目的，还是未列入计征奖金税项目的，不论是以货币形式支付的还是以实物形式支付的，均包括在在岗职工工资总额内。

计时工资 指按计时工资标准(包括地区生活费补贴)和工作时间支付给个人的劳动报酬，以及根据国家法律、法规和政策规定，因病、工伤、产假、计划生育假、婚丧假、事假、探亲假、定期休假、停工学习、执行国家或社会义务等原因按计时工资标准或计时工资标准的一定比例支付的工资。

计件标准工资 是指实行计件工资制的单位按照批准的计件单价和规定的劳动定额或工作量应支付给计件工人的劳动报酬。

计件超额工资 是计件工资的一部分，指计件工人超额完成定额任务后所得的工资。即计件工人实得的全部计件工资减去应得的计件标准工资后的数额。某些企业的工人由于从事生产的工作物等级高于本人工资等级，因而其计件标准工资高于本人标准工资，其计件超额工资也应是全部工资减去应得的计件标准工资后的数额。

奖金 指支付给职工的超额劳动报酬和增收节支的劳动报酬。

津贴和补贴 指为了补偿职工特殊或额外的劳动消耗和因其他特殊原因支付给职工的津贴，以及为了保证职工工资水平不受物价影响支付给职工的物价补贴。

离岗生活费(离开本单位仍保留劳动关系的职工生活费) 指离开本单位仍保留劳动关系的职工，在离开本单位仍保留劳动关系期间从单位领取的生活费。

其他从业人员劳动报酬 指各单位在一定时期内直接支付给本单位其他从业人员的全部劳动报酬。

在岗职工平均工资 指企业、事业、机关单位的在岗职工在一定时期内平均每人所得的货币工资额。它表明一定时期在岗职工工资收入的高低程度，是反映在岗职工工资水平的主要指标。计算公式为:

在岗职工平均工资=（报告期实际支付的全部在岗职工工资总额／报告期全部在岗职工平均人数）

在岗职工平均实际工资 指扣除物价变动因素后的在岗职工平均工资。计算公式为:

在岗职工平均实际工资=（报告期在岗职工平均工资／报告期在岗职工生活费价格指数）

六、固定资产投资

Chapter 6 Investment in Fixed Assets

6-1 全社会固定资产投资增长速度

单位:%

指 标	2012年	2013年	2014年	2015年	2016年	2017年	2018年	2019年	2020年
投资总额	**23.2**	**15.0**	**-1.5**	**-27.5**	**-62.7**	**-0.2**	**3.2**	**0.7**	**2.4**
1.按经济类型分									
国有经济	20.8	14.9	-4.2	-32.9	-67.2	15.6	-12.2	-9.8	4.0
集体经济	10.4	-28.1	-20.0	-15.2	-87.2	-36.4	11.2	-4.1	-28.5
私营个体经济	26.6	21.6	3.9	-22.8	-68.0	-12.3	19.8	2.1	-1.0
其他经济	22.0	11.1	-5.1	-30.6	-52.1	5.0	-2.9	3.3	5.1
2.按投资渠道分									
建设项目投资	21.3	13.4	16.6	-26.4	-69.2	-4.3	-1.7	-4.9	0.8
房地产开发投资	21.6	18.2	-17.8	-32.9	-41.1	9.3	13.5	9.0	5.1
农户个人投资	2.1	5.1	-3.9	-8.7	-7.8	-9.3	-11.3	7.4	-5.6
3.按资金来源分									
国家预算内资金	-3.2	18.4	-1.5	-38.2	-56.6	1.3	-23.6	-7.3	31.5
国内贷款	17.9	8.4	-0.8	-31.5	-61.6	-12.2	21.0	-6.2	-9.8
利用外资	12.4	-20.0	-36.7	-38.8	260.0	-51.5	32.8	-91.5	233.1
自筹投资	26.6	17.9	0.6	-31.7	-66.8	-11.8	-10.8	11.0	2.8
其他投资	23.0	7.3	-16.7	30.8	-57.1	78.2	25.8	-0.9	1.8
4.按构成分									
建筑安装工程	20.8	23.2	3.2	-25.3	-63.0	-4.6	-11.5	0.6	6.2
设备、工具、器具购置	32.4	10.4	-7.8	-33.3	-69.5	16.7	11.6	-15.9	-7.5
其他费用	20.4	-17.4	-21.2	-33.3	-40.5	5.3	78.3	17.0	-0.6
5.按建设性质分									
# 新建	30.0	17.1	6.7	-29.5	-68.2	-3.3	-2.3	-4.7	-2.0
扩建	10.0	5.9	-0.6	-23.5	-73.1	-7.2	6.0	-43.7	19.4
改建	7.3	-2.7	-7.9	-3.3	-76.6	40.2	-3.3	38.7	9.5
6.按产业分									
第一产业	12.0	-12.4	7.5	-22.9	-47.5	-4.5	-4.1	25.2	41.9
第二产业	26.2	9.3	0.6	-28.2	-70.4	2.0	12.2	-3.6	-5.2
第三产业	21.5	20.9	-3.3	-27.2	-57.5	-1.1	-1.2	2.0	4.3
7.按主要行业分									
# 农业	12.0	-4.3	15.1	-22.9	-51.9	-5.7	-1.4	20.6	43.7
工业	24.0	12.9	1.5	-27.2	-70.7	1.5	12.3	-2.7	-5.5
# 能源工业	52.9	4.1	-10.2	-29.2	-36.5	65.9	-2.6	23.1	-9.3
运输邮电业	17.8	50.0	12.8	-30.1	-47.7	-9.0	-18.8	-19.5	0.5
房屋建筑面积(万平方米)									
施工面积	68320.24	71452.53	68646.23	50479.72	31664.06	29721.80	27772.29	26508.13	
# 住宅	34069.72	35972.25	32316.75	24045.64	20117.38	19728.38	18635.75	18000.65	
竣工面积	16867.60	18807.63	16930.97	13225.08	4819.93	4527.79	3880.27	3053.92	
# 住宅	9103.75	8902.90	8176.66	4971.79	3141.39	3103.39	2572.82	1902.95	

注：1.从2011年开始统计范围为500万元的建设项目投资。
2.6-1、6-2表为全社会固定资产投资，其他表为固定资产投资。

6-2　按主要行业分全社会固定资产投资增长速度

单位：%

指　　标	2012	2013	2014	2015	2016	2017	2018	2019	2020
合　计	**23.2**	**15.0**	**-1.5**	**-27.5**	**-62.7**	**-0.2**	**3.2**	**0.7**	**2.4**
农林牧渔业	12.0	-4.3	15.1	-22.9	-51.9	-5.7	-1.4	20.6	43.7
采矿业	25.0	-5.0	-5.1	-38.0	-67.5	16.9	-2.5	18.1	0.5
制造业	25.4	15.2	2.7	-25.9	-73.1	-13.4	20.7	-7.3	-7.0
电力、燃气及水生产和供应业	11.2	6.1	-6.3	-32.6	-43.0	83.3	-7.3	8.5	-2.6
建筑业	89.6	-46.1	-41.1	-84.7	-33.7	74.3	1.2	-84.8	146.5
批发和零售业	43.4	33.6	3.9	-19.9	-74.4	-47.8	-40.7	-2.7	-23.7
交通运输仓储和邮政业	17.7	50.0	12.8	-30.1	-47.7	-9.0	-17.9	-20.4	3.6
住宿和餐饮业	32.3	16.3	-18.4	-27.1	-75.0	-1.8	-43.3	-25.1	-21.2
信息传输、计算机服务和软件业	26.2	-8.0	73.9	-4.9	-68.9	-11.3	-24.0	76.3	29.9
金融业	12.7	149.7	-33.6	-32.4	-81.9	-0.5	-46.3	33.5	-12.8
房地产业	19.3	18.6	-16.2	-34.4	-40.6	7.4	11.8	8.1	4.7
租赁和商务服务业	33.5	-26.9	39.3	-38.4	-72.9	2.2	-36.2	45.2	-15.2
科学研究、技术服务和地质勘查业	49.6	20.9	33.9	-5.5	-82.2	-31.4	-30.3	44.6	-16.7
水利、环境和公共设施管理业	12.6	33.1	10.1	-15.3	-75.7	-11.0	-7.0	-11.2	6.9
居民服务和其他服务业	34.2	-0.9	1.8	-34.4	-64.7	-39.2	-23.7	-9.7	-19.0
教育	10.2	20.4	7.7	-29.9	-67.6	38.1	-2.7	-9.0	27.5
卫生、社会保障和社会福利业	74.1	-10.6	-12.1	-1.5	-47.4	39.0	-15.0	-9.0	-9.9
文化、体育和娱乐业	53.4	-0.7	-9.5	-28.5	-54.0	14.8	-33.2	-24.1	-11.5
公共管理和社会组织	-1.1	-44.0	-6.1	-9.9	-54.0	-20.3	-16.9	-22.7	17.6

6-3 固定资产投资增长速度

单位：%

指　标	2012年	2013年	2014年	2015年	2016年	2017年	2018年	2019年	2020年
投资总额	**23.5**	**15.1**	**-1.5**	**-27.8**	**-63.5**	**0.1**	**3.7**	**0.5**	**2.6**
1.按投资渠道分									
建设项目	24.2	14.1	4.3	-26.4	-69.2	-4.3	-1.7	-4.9	0.8
房地产开发	21.6	18.2	-17.8	-32.9	-41.1	9.3	13.5	9.0	5.1
2.按产业分									
第一产业	12.4	-15.2	6.4	-27.4	-66.6	-2.0	-3.9	11.1	79.9
第二产业	26.3	9.3	0.6	-28.3	-70.4	2.0	12.2	-3.8	-5.1
第三产业	22.0	21.2	-3.2	-27.4	-58.2	-0.8	-0.7	2.8	4.9
3.按隶属关系分									
中央项目	-1.0	1.4	-7.9	-30.5	-31.2	51.9	-14.5	41.5	-2.6
地方项目	24.7	15.6	-1.3	-27.7	-64.5	-2.9	5.4	-2.5	3.2
4.按经济类型分									
国有经济	20.8	14.9	-4.2	-32.9	-67.2	15.6	-12.2	-9.8	4.0
非国有经济	24.3	15.2	-0.8	-26.5	-62.7	-3.0	7.6	2.5	2.4
5.按构成分									
建筑安装工程	21.1	23.5	3.2	-25.5	-63.7	-4.4	-11.4	1.1	6.8
设备工器购置	32.6	10.1	-7.6	-33.6	-70.7	18.0	12.5	-17.2	-7.4
其它费用	21.0	-17.2	-21.2	-33.8	-41.6	5.9	81.8	15.4	-1.4
6.按建设性质分									
#新建	30.0	17.1	6.7	-29.5	-68.2	-3.3	-2.3	-4.7	-2.0
扩建	10.0	5.9	-0.6	-23.5	-73.1	-7.2	6.0	-43.7	19.4
改建和技术改造	7.3	-2.7	-7.9	-3.3	-76.6	40.2	-3.3	38.7	9.5
房屋建筑面积(万平方米)									
房屋施工面积	63822.1	66871.5	64532.5	47369.5	30260.7	28465.1	26650.7	25768.0	
#住宅	30107.7	31953.6	28953.2	21779.8	19145.6	18829.2	17877.3	17482.6	
房屋竣工面积	12691.5	14548.6	13246.9	10341.5	3510.4	3328.2	2795.0	2316.2	
#住宅	5413.5	5155.7	5070.2	2675.2	2215.8	2247.1	1836.2	1386.6	
房屋面积竣工率(%)	19.9	21.8	20.5	21.8	11.6	11.7	10.5	9.0	
#住宅(%)	18.0	16.1	17.5	12.3	11.6	11.9	10.3	7.9	
项目个数(个)									
施工项目	18448	16281	16642	16235	7003	6689	7200	8674	9875
#新开工项目	12058	11369	11624	12401	4213	3822	3672	4494	5049
投产项目	12128	10459	12190	13693	3070	3237	2751	3366	3002
项目投产率(%)	65.7	64.2	73.2	84.3	43.8	48.4	38.2	38.8	30.4

注：统计范围为500万元的建设项目投资,项目个数为建设项目。

6-4 按构成和建设性质分固定资产投资增长速度

单位：%

年份、地区	投资额	按构成分			按建设性质分	
		建筑安装工程	设备、工器具购置	其他费用	#新建	#改、扩建
2012	21.4	18.5	31.2	20.3	27.0	4.7
2013	14.7	23.9	8.5	-18.7	16.4	2.3
2014	6.9	11.0	3.5	-15.8	19.3	9.3
2015	-27.8	-25.5	-33.6	-33.8	-29.5	-16.2
2016	-63.5	-63.7	-70.7	-41.6	-68.2	-74.5
2017	0.1	-4.4	18.0	5.9	-3.3	11.1
2018	3.7	-11.4	12.5	81.7	-2.3	1.5
2019	0.5	1.1	-17.2	15.4	-4.7	-5.5
2020	2.6	6.8	-7.4	-1.4	-2.0	12.7
沈　阳	4.1	7.5	-9.3	1.6	-7.5	34.4
大　连	0.1	14.1	-10.5	-12.6	-13.4	51.4
鞍　山	4.4	5.0	-3.4	11.8	-2.8	5.9
抚　顺	0.4	3.9	6.0	-17.1	13.4	-16.8
本　溪	-18.2	-12.4	-29.6	-23.2	-25.4	-18.2
丹　东	14.4	0.7	13.5	137.3	0.1	48.2
锦　州	0.4	9.2	-22.5	-10.3	10.7	-13.4
营　口	2.4	15.6	-14.4	-20.8	-2.1	1.6
阜　新	21.4	23.5	29.9	0.6	26.0	2.3
辽　阳	3.4	10.2	-21.1	7.4	11.3	-28.6
盘　锦	-7.0	-12.5	-2.0	56.3	-12.8	71.3
铁　岭	10.1	17.1	28.7	-32.8	36.6	4.8
朝　阳	14.9	13.3	18.7	18.5	34.0	-17.8
葫芦岛	4.3	1.0	-5.2	19.1	-6.3	23.4

注：2013年之前的年度数据为城镇口径。

6-5 按行业分固定资产投资增长速度

(2020年) 单位：%

行业	投资额	建筑安装工程投资	设备工器具购置	其他费用
全省合计	**2.6**	**6.8**	**-7.4**	**-1.4**
农、林、牧、渔业	**80.1**	**84.3**	**53.8**	**96.1**
农业	24.2	33.5	-36.3	12.1
林业	137.1	72.4	-29.6	273.8
畜牧业	123.1	135.7	89.1	72.3
渔业	26.5	-2.1	89.1	-40.7
农、林、牧、渔专业及辅助性活动	82.5	80.9	46.2	224.1
采矿业	**0.5**	**3.5**	**-15.2**	**7.7**
煤炭开采和洗选业	-36.8	-23.0	-48.4	-82.8
石油和天然气开采业	8.2	9.1	18.9	
黑色金属矿采选业	-6.1	-7.4	-16.5	16.1
有色金属矿采选业	-29.8	-35.1	-22.6	0.9
非金属矿采选业	21.6	16.0	25.8	185.4
开采辅助活动	-68.9	-81.8	1012.1	-89.3
其他采矿业	-35.2			
制造业	**-7.0**	**-4.5**	**-4.1**	**-28.9**
农副食品加工业	6.6	17.1	-16.5	16.0
食品制造业	67.4	109.1	-4.8	177.3
酒、饮料和精制茶制造业	-26.0	-31.4	-11.1	-22.3
烟草制品业				
纺织业	2.7	1.6	15.0	-49.6
纺织服装、服饰业	-13.8	-22.1	7.7	2.9
皮革、毛皮、羽毛及其制品和制鞋业	-72.7	-69.7	-78.5	-67.4
木材加工和木、竹、藤、棕、草制品业	55.8	26.0	63.9	686.4
家具制造业	12.2	-29.6	280.3	364.4
造纸和纸制品业	-20.5	-26.7	-18.1	210.3
印刷和记录媒介复制业	-27.4	-9.9	-5.5	-69.1
文教、工美、体育和娱乐用品制造业	185.4	759.4	-36.6	-81.0
石油加工、炼焦和核燃料加工业	-24.1	-19.0	-24.3	-36.3
化学原料和化学制品制造业	6.2	27.6	-10.8	1.8
医药制造业	-3.4	-17.1	14.2	27.7
化学纤维制造业	-95.0	-93.9	-91.3	-99.1
橡胶和塑料制品业	26.3	21.7	35.6	-20.8
非金属矿物制品业	6.6	6.4	14.0	-24.9
黑色金属冶炼和压延加工业	-4.2	4.1	-10.7	3.6
有色金属冶炼和压延加工业	-21.0	-28.4	-8.9	-41.0
金属制品业	5.9	1.1	7.4	62.6
通用设备制造业	5.6	-3.0	5.1	81.3

6-5 续表 1 (2020年) 单位：%

行 业	投资额			
		建筑安装工程投资	设备工器具购置	其他费用
专用设备制造业	29.7	26.9	19.1	188.0
汽车制造业	-11.6	16.6	-17.5	-51.1
铁路、船舶、航空航天和其他运输设备制造业	-26.5	-24.5	-22.0	-86.5
电气机械和器材制造业	-20.9	-10.8	-32.5	-0.4
计算机、通信和其他电子设备制造业	113.2	-30.3	193.9	64.6
仪器仪表制造业	88.2	110.8	45.9	122.3
其他制造业	-74.5	-79.9	-82.9	35.1
废弃资源综合利用业	11.9	21.5	-14.5	80.1
金属制品、机械和设备修理业	-80.2	-79.3	-90.7	
电力、热力、燃气及水生产和供应业	**-2.6**	**-12.4**	**-13.8**	**79.5**
电力、热力生产和供应业	-7.8	-23.0	-15.8	85.9
燃气生产和供应业	-18.3	-17.9	-51.7	0.0
水的生产和供应业	32.3	24.1	64.3	193.1
建筑业	**687.6**	**314.5**	**4314.4**	
房屋建筑业	1488.1	256.9	-96.3	
土木工程建筑业	1404.0	787.0		
建筑安装业	-8.5			
建筑装饰和其他建筑业				
批发和零售业	**-23.5**	**-42.6**	**-2.6**	**228.0**
批发业	-45.0	-60.3	-5.4	157.6
零售业	-5.9	-28.2	1.2	266.7
交通运输、仓储和邮政业	**3.0**	**12.8**	**-41.6**	**-3.5**
铁路运输业	-36.6	-48.3	-46.6	6.5
道路运输业	13.9	35.0	-42.0	-34.1
水上运输业	29.0	107.6	-80.4	-31.0
航空运输业	-28.8	31.1	-99.6	-0.8
管道运输业	-85.8	-89.6	1.7	-85.6
装卸搬运和运输代理业	99.9	51.2	424.0	3969.4
仓储业	32.4	20.8	57.3	79.9
邮政业	-14.2	17.8	-33.9	-76.9
住宿和餐饮业	**-21.4**	**-21.0**	**9.4**	**-47.2**
住宿业	-25.5	-24.1	19.1	-59.0
餐饮业	-9.0	-11.7	-3.1	55.9
信息传输、软件和信息技术服务业	**29.9**	**33.7**	**10.4**	**42.7**
电信、广播电视和卫星传输服务	52.5	60.9	17.0	32.8
互联网和相关服务	-52.4	-65.9	-68.7	186.4
软件和信息技术服务业	-46.8	-67.3	40.0	17.1
金融业	**-12.8**	**-31.5**		**-70.5**
货币金融服务	6.0	-14.2		

6-5 续表 2 (2020年) 单位：%

行业	投资额	建筑安装工程投资	设备工器具购置	其他费用
资本市场服务				
保险业				
其他金融业	-75.8	-85.1		
房地产业	**5.8**	**13.6**	**-33.5**	**-3.8**
租赁和商务服务业	**-17.4**	**-9.7**	**0.9**	**-66.1**
租赁业				
商务服务业	-17.9	-10.1	-2.4	-66.1
科学研究和技术服务业	**-16.7**	**-18.4**	**-6.9**	**-20.2**
研究和试验发展	-25.2	-40.5	67.9	-34.8
专业技术服务业	-35.3	-40.0	-14.6	-34.1
科技推广和应用服务业	1.7	8.6	-31.6	36.3
水利、环境和公共设施管理业	**6.9**	**2.3**	**9.7**	**54.1**
水利管理业	3.1	4.1	42.9	-29.5
生态保护和环境治理业	48.0	23.7	33.0	552.2
公共设施管理业	3.3	-0.1	-21.2	38.3
土地管理业	8.6	9.0		
居民服务、修理和其他服务业	**-19.1**	**-24.5**	**13.7**	**0.4**
居民服务业	-44.1	-53.2	-23.7	-5.1
机动车、电子产品和日用产品修理业	401.1			
其他服务业	359.9	445.0	-20.8	112.1
教育	**27.5**	**24.1**	**-22.9**	**191.8**
卫生和社会工作	**-9.9**	**-10.9**	**-17.0**	**35.0**
卫生	2.5	3.2	-14.1	391.8
社会工作	-46.2	-46.8	-70.6	-37.0
文化、体育和娱乐业	**-1.4**	**3.9**	**110.2**	**-72.3**
新闻和出版业				
广播、电视、电影和影视录音制作业	-25.8	-21.3	-24.3	-50.7
文化艺术业	-2.5	47.7	617.3	-95.4
体育	130.5	107.9	455.9	12.1
娱乐业	-29.2	-25.1	-29.1	-74.8
公共管理、社会保障和社会组织	**17.6**	**30.4**	**-70.6**	**155.1**
中国共产党机关	548.9			
国家机构	18.4	24.6	-61.1	155.1
人民政协、民主党派				
社会保障				
群众团体、社会团体和其他成员组织	2.6	140.8		
基层群众自治组织				

6-6 按行业、隶属关系和注册类型分固定资产投资增长速度

(2020年) 单位：%

行业	投资额	中央	地方	内资	港澳台商投资	外商投资	个体经营
全省合计	**2.6**	**-2.6**	**3.2**	**2.7**	**-9.2**	**13.6**	**-34.8**
农、林、牧、渔业	**80.1**	**89.0**	**80.1**	**91.1**		**-60.8**	**-7.9**
农业	24.2	1208.1	22.8	30.4			-50.2
林业	137.1		126.4	147.9			
畜牧业	123.1		123.5	132.4			24.7
渔业	26.5		26.5	93.8			-2.7
农、林、牧、渔专业及辅助性活动	82.5	-22.2	89.8	87.4			
采矿业	**0.5**	**4.2**	**-5.4**	**-0.4**	**128.8**	**140.5**	**-99.3**
煤炭开采和洗选业	-36.8	-44.6	-33.4	-55.9	128.8		
石油和天然气开采业	8.2	6.6	212.6	8.2			
黑色金属矿采选业	-6.1	-1.1	-7.7	-6.1			
有色金属矿采选业	-29.8	-57.9	-29.1	-38.5		118.8	
非金属矿采选业	21.6		21.6	25.3		464.2	
开采辅助活动	-68.9		-68.9	-68.9			
其他采矿业	-35.2		-35.2	-35.2			
制造业	**-7.0**	**-21.8**	**-6.1**	**-9.5**	**26.7**	**10.5**	**-43.4**
农副食品加工业	6.6	312.8	5.7	14.7	19.6	-59.5	-64.1
食品制造业	67.4		67.4	67.1	534.0	-2.8	
酒、饮料和精制茶制造业	-26.0		-26.1	-29.9		-96.6	
烟草制品业							
纺织业	2.7		2.7	1.2			-8.3
纺织服装、服饰业	-13.8		-13.8	1.4		-27.1	-97.1
皮革、毛皮、羽毛及其制品和制鞋业	-72.7		-72.7	-77.9		-54.8	
木材加工和木、竹、藤、棕、草制品业	55.8		55.8	60.1			
家具制造业	12.2		12.2	4.9		320.5	
造纸和纸制品业	-20.5		-20.5	-15.4	-31.6	-13.8	
印刷和记录媒介复制业	-27.4		-27.4	-31.3	-12.5		
文教、工美、体育和娱乐用品制造业	185.4		185.4	198.5			
石油加工、炼焦和核燃料加工业	-24.1	-26.8	-23.4	-24.0		-82.0	198.6
化学原料和化学制品制造业	6.2	-20.3	6.9	3.3	794.7	27.8	
医药制造业	-3.4		-3.8	-9.7	311.9	-10.7	
化学纤维制造业	-95.0		-95.0	-95.0			
橡胶和塑料制品业	26.3		26.3	45.5		-50.8	-64.4
非金属矿物制品业	6.6	93.2	6.3	7.3	118.8	-62.1	91.6
黑色金属冶炼和压延加工业	-4.2	-26.5	-0.8	-4.3			
有色金属冶炼和压延加工业	-21.0	156.8	-23.5	-23.5	190.4	994.1	
金属制品业	5.9		5.7	7.9	361.6	-64.0	-94.4
通用设备制造业	5.6	164.2	2.5	4.1	-5.4	28.9	

6-6 续表 1 (2020年) 单位：%

行业	投资额						
		中央	地方	内资	港澳台商投资	外商投资	个体经营
专用设备制造业	29.7	-31.3	33.6	38.4	-46.6	37.3	
汽车制造业	-11.6	-66.3	-11.2	-15.3	25.7	-10.5	
铁路、船舶、航空航天和其他运输设备制造业	-26.5	-46.2	-23.3	-27.3		18.1	
电气机械和器材制造业	-20.9		-20.6	-19.0	-64.0	-2.7	
计算机、通信和其他电子设备制造业	113.2		114.3	-15.7	40.7	249.6	
仪器仪表制造业	88.2	-40.0	89.5	89.5		78.3	
其他制造业	-74.5		-74.5	-74.5			
废弃资源综合利用业	11.9	-67.3	20.2	11.9			
金属制品、机械和设备修理业	-80.2		-80.2	-80.2			
电力、热力、燃气及水生产和供应业	**-2.6**	**-4.4**	**-1.4**	**-1.6**	**2.6**	**-49.8**	
电力、热力生产和供应业	-7.8	-2.1	-12.1	-7.4	11.5	-48.0	
燃气生产和供应业	-18.3	-24.7	-11.3	-20.7	1.1	1033.3	
水的生产和供应业	32.3	-22.1	39.9	36.6	-50.4		
建筑业	**687.6**		**436.8**	**687.6**			
房屋建筑业	1488.1		-98.2	1488.1			
土木工程建筑业	1404.0		1186.6	1404.0			
建筑安装业	-8.5		-8.5	-8.5			
建筑装饰和其他建筑业							
批发和零售业	**-23.5**	**-50.8**	**-22.7**	**-23.6**			**-53.4**
批发业	-45.0	-30.8	-45.5	-45.8			
零售业	-5.9	-67.4	-4.0	-5.2			-53.4
交通运输、仓储和邮政业	**3.0**	**-24.0**	**14.9**	**5.7**	**-75.1**	**-59.2**	**-71.1**
铁路运输业	-36.6	-36.7	-36.2	-36.8			
道路运输业	13.9	17.6	13.3	13.9			
水上运输业	29.0	-33.7	34.0	29.0			
航空运输业	-28.8		-36.6	10.3			
管道运输业	-85.8		-87.0	-85.8			
装卸搬运和运输代理业	99.9	40.0	106.9	50.2			
仓储业	32.4	-74.1	35.2	55.1	-74.9	-56.7	-70.9
邮政业	-14.2	-69.1	2.5	-14.2			
住宿和餐饮业	**-21.4**		**-21.4**	**-19.2**	**-56.7**		**-99.4**
住宿业	-25.5		-25.5	-24.4			-98.6
餐饮业	-9.0		-9.0	-2.5	-56.7		
信息传输、软件和信息技术服务业	**29.9**	**114.1**	**-14.3**	**22.6**	**-17.3**	**81.3**	
电信、广播电视和卫星传输服务	52.5	114.1	3.4	49.1	-9.6	78.1	
互联网和相关服务	-52.4		-52.4	-52.9			
软件和信息技术服务业	-46.8		-46.8	-48.7			
金融业	**-12.8**		**-17.0**	**-12.8**			
货币金融服务	6.0		0.5	6.0			

6-6 续表 2 (2020年) 单位：%

行　业	投资额						
		中央	地方	内资	港澳台商投资	外商投资	个体经营
资本市场服务							
保险业							
其他金融业	-75.8		-75.8	-75.8			
房地产业	**5.8**	**74.1**	**4.8**	**6.5**	**-11.9**	**23.6**	
租赁和商务服务业	**-17.4**	**141.0**	**-17.6**	**-16.8**	**-39.2**		
租赁业							
商务服务业	-17.9	141.0	-18.0	-17.2	-39.2		
科学研究和技术服务业	**-16.7**	**-36.4**	**-12.5**	**-17.0**			
研究和试验发展	-25.2	63.5	-45.5	-25.8			
专业技术服务业	-35.3	-97.7	8.7	-35.3			
科技推广和应用服务业	1.7		-5.4	1.2			
水利、环境和公共设施管理业	**6.9**	**-66.6**	**15.1**	**7.2**	**-14.3**		
水利管理业	3.1	-31.4	5.5	2.7			
生态保护和环境治理业	48.0	152.1	46.9	53.8	-14.3		
公共设施管理业	3.3	-72.0	13.3	3.6			
土地管理业	8.6		8.6	8.6			
居民服务、修理和其他服务业	**-19.1**	**568.6**	**-22.0**	**-18.4**			**-38.5**
居民服务业	-44.1	382.5	-45.6	-43.3			-67.6
机动车、电子产品和日用产品修理业	401.1		401.1	382.6			614.3
其他服务业	359.9	972.7	337.1	359.9			
教育	**27.5**	**-52.5**	**37.4**	**28.6**	**-53.5**		
卫生和社会工作	**-9.9**	**37.6**	**-10.3**	**-14.5**		**3074.1**	**450.0**
卫生	2.5	37.6	2.0	-3.8		6068.5	450.0
社会工作	-46.2		-46.2	-46.1			
文化、体育和娱乐业	**-1.4**	**10415.0**	**-11.5**	**0.4**		**-100.0**	**-87.7**
新闻和出版业							
广播、电视、电影和影视录音制作业	-25.8		-25.8	-25.5			-37.5
文化艺术业	-2.5		-2.0	-2.5			
体育	130.5		59.0	154.6			
娱乐业	-29.2		-29.2	-28.7			
公共管理、社会保障和社会组织	**17.6**	**21.2**	**17.3**	**17.6**			
中国共产党机关	548.9		548.9	548.9			
国家机构	18.4	21.2	18.1	18.4			
人民政协、民主党派							
社会保障							
群众团体、社会团体和其他成员组织	2.6		2.6	2.6			
基层群众自治组织							

6-7 各地区按主要行业分固定资产投资增长速度

单位：%

年份、地区	合计	农林牧渔业	采矿业	制造业	电力、燃气及水的生产和供应业	建筑业	批发和零售业	交通运输仓储和邮政业	住宿和餐饮业	信息传输、计算机服务和软件业
2012	21.4	-3.8	22.9	21.5	5.2	92.3	47.0	16.4	28.4	23.9
2013	14.7	-11.4	-8.1	13.2	8.1	-45.8	33.6	48.1	22.9	-6.7
2014	6.9	152.9	13.3	17.9	1.8	-38.7	7.3	21.4	-13.2	76.1
2015	-27.8	-26.7	-38.0	-26.0	-32.6	-91.5	-20.3	-30.3	-27.1	-4.9
2016	-63.5	-68.7	-67.5	-73.1	-43.0	29.8	-76.2	-48.0	-75.1	-68.9
2017	0.1	-4.6	16.9	-13.4	83.3	74.3	-51.5	-8.7	-1.9	-11.3
2018	3.7	1.0	-2.5	20.7	-7.3	1.2	-40.9	-18.0	-43.4	-24.0
2019	0.5	4.8	18.1	-7.3	8.2	-96.4	-1.3	-21.5	-25.3	76.3
2020	2.6	80.1	0.5	-7.0	-2.6	687.6	-23.5	3.0	-21.4	29.9
沈 阳	4.1	33.4	-7.8	10.0	-16.5		-46.5	12.6	-61.0	24.7
大 连	0.1	0.0	-57.4	-26.1	-2.6	1396.1	350.9	-2.9	-12.7	74.3
鞍 山	4.4	161.0	-8.4	4.4	-31.4		7.4	1.9	17.7	-22.2
抚 顺	0.4	115.3	-32.1	-6.0	13.4		-67.6	-17.6		85.7
本 溪	-18.2	128.4	24.5	-26.2	-37.7		-96.6	-35.2	106.6	-2.0
丹 东	14.4	76.2	-30.8	7.0	1.7		55.0	22.8	35.8	
锦 州	0.4	64.4	78.9	-15.5	69.2		29.4	-16.1	-79.6	49.9
营 口	2.4	-40.9	-79.0	-3.9	66.2		-34.2	43.4	-38.2	51.5
阜 新	21.4	225.8	-68.2	18.3	18.8		-38.5	47.7	24.7	676.3
辽 阳	3.4	191.0	148.0	-27.0	62.0	288.2	-9.3	-53.9		1906.0
盘 锦	-7.0	88.9	6.7	-10.0	-65.2	126.3	-30.9	92.8	-95.2	-89.0
铁 岭	10.1	140.8	-45.8	58.5	-3.2		-23.4	-37.8		38.3
朝 阳	14.9	135.5	62.2	37.6	-2.1		28.2	-1.9	15.2	47.5
葫芦岛	4.3	75.5	-55.8	-13.5	27.5		7.6	-41.4		1.5

注：2013年之前的年度数据为城镇口径。

6-7 续表

单位：%

年份、地区	金融业	房地产业	租赁和商务服务业	科学研究、技术服务和地质勘查业	水利、环境和公共设施管理业	居民服务和其他服务业	教育	卫生、社会保障和社会福利业	文化、体育和娱乐业	公共管理和社会组织
2012	11.2	23.6	-10.0	51.1	12.5	37.2	2.9	77.5	53.2	-4.1
2013	149.2	15.6	9.3	16.1	33.7	-2.6	10.6	-13.2	-4.0	-45.6
2014	-32.5	-16.3	41.0	41.6	14.6	5.2	27.1	-7.6	-3.5	4.2
2015	-32.4	-34.9	-38.4	-5.5	-15.3	-36.1	-29.9	-1.5	-28.5	-9.9
2016	-81.9	-41.5	-72.9	-82.2	-75.7	-62.4	-67.6	-47.4	-53.9	-54.0
2017	-0.5	8.3	2.2	-31.4	-11.0	-39.3	38.1	39.0	14.8	-20.3
2018	-46.3	12.9	-36.2	-30.3	-7.0	-23.9	-2.7	-15.0	-33.2	-16.9
2019	33.5	9.7	45.2	44.6	-11.2	-9.8	-9.0	-9.0	-24.1	-22.7
2020	-12.8	5.8	-17.4	-16.7	6.9	-19.1	27.5	-9.9	-1.4	17.6
沈　阳	-19.3	5.0	-48.2	-36.4	-6.7	17.3	27.3	43.8	-6.1	18.4
大　连	85.5	6.9	37.5	-6.0	61.5	-73.9	81.5	-5.1	402.9	46.5
鞍　山	323.4	5.8	596.5	-34.7	17.8	10.7	-40.1	-3.8	66.4	-13.1
抚　顺		-6.3	-50.8	188.3	43.5	116.4	1.8	49.5	-33.1	-90.9
本　溪		-3.5	-82.8	-73.9	7.3	-72.6	-38.1	-2.2	-31.9	-24.5
丹　东		25.2	45.4		-13.5	-69.1	-5.1	-44.3	-95.5	-61.5
锦　州		-9.2	-7.1	-6.5	12.0	56.2	132.2	15.8	-17.9	40.5
营　口	-73.9	21.1	-54.4	229.7	7.1	117.6	-49.5	-34.0	-90.6	150.7
阜　新		15.8	-21.7	-81.7	-16.3	808.3	72.7	-47.3	-6.6	-36.6
辽　阳		23.4	104.7	-44.4	-4.9	407.2	-31.3	-1.1	125.0	150.9
盘　锦		3.5	-32.7	253.7	-47.0		80.2	-28.2	-59.4	507.1
铁　岭		-17.9	284.9		24.1		255.8	-61.2		420.7
朝　阳		-13.4	78.2	-68.9	-8.0	-89.4	123.2	-11.2	-7.1	226.5
葫芦岛		10.5	-38.1	-52.4	38.6	52.9	-79.6	-73.5	-65.9	51.7

6-8 按构成和建设性质分建设项目投资增长速度

单位：%

年份、地区	投资额	按构成分			按建设性质分	
		建筑安装工程	设备、工器具购置	其他费用	#新建	#改、扩建
2012	21.3	18.7	32.6	9.0	27.0	4.7
2013	13.4	23.6	8.3	-27.0	16.4	2.3
2014	16.6	24.0	4.1	-0.1	19.3	9.3
2015	-26.4	-23.5	-33.0	-30.7	-29.5	-16.2
2016	-69.2	-69.7	-71.6	-53.5	-68.2	-74.5
2017	-4.3	-11.8	19.5	-2.2	-3.3	11.1
2018	-1.7	-7.6	13.2	-3.6	-2.3	1.5
2019	-4.9	-0.7	-18.2	12.0	-4.7	-5.5
2020	0.8	3.1	-6.3	5.6	-2.0	12.7
沈　阳	2.4	-1.2	-8.5	79.4	-7.5	34.4
大　连	-5.4	5.8	-9.5	-25.1	-13.4	51.4
鞍　山	3.6	6.0	0.7	-2.8	-2.8	5.9
抚　顺	5.0	10.4	14.8	-35.7	13.4	-16.8
本　溪	-21.6	-16.4	-30.7	-26.9	-25.4	-18.2
丹　东	8.2	0.8	24.8	65.7	0.1	48.2
锦　州	4.3	16.1	-23.5	-8.0	10.7	-13.4
营　口	-2.6	3.4	-14.3	33.8	-2.1	1.6
阜　新	21.8	22.1	31.6	0.8	26.0	2.3
辽　阳	-4.3	6.4	-20.5	-28.1	11.3	-28.6
盘　锦	-8.7	-14.5	-1.5	70.3	-12.8	71.3
铁　岭	30.8	35.7	28.4	7.6	36.6	4.8
朝　阳	24.9	20.3	18.3	89.5	34.0	-17.8
葫芦岛	-1.7	-4.4	-1.8	6.1	-6.3	23.4

6-9 按行业和构成分建设项目投资增长速度

(2020年) 单位：%

行　业	投资额	#新建	#扩建	#改建	建筑安装工程投资	设备工器具购置	其他费用
全省合计	**0.8**	**-2.0**	**19.4**	**9.5**	**3.1**	**-6.3**	**5.6**
农、林、牧、渔业	**80.1**	**81.6**	**-4.6**	**115.4**	**84.3**	**53.8**	**96.1**
农业	24.2	28.1	-62.1	90.0	33.5	-36.3	12.1
林业	137.1	216.4	13.5		72.4	-29.6	273.8
畜牧业	123.1	124.6	68.1	210.5	135.7	89.1	72.3
渔业	26.5	-10.9	-80.8		-2.1	89.1	-40.7
农、林、牧、渔专业及辅助性活动	82.5	90.2	-48.6	-100.0	80.9	46.2	224.1
采矿业	**0.5**	**11.2**	**0.1**	**-54.2**	**3.5**	**-15.2**	**7.7**
煤炭开采和洗选业	-36.8	-17.0		-53.0	-23.0	-48.4	-82.8
石油和天然气开采业	8.2	8.2			9.1	18.9	
黑色金属矿采选业	-6.1	35.7	-18.7	-59.3	-7.4	-16.5	16.1
有色金属矿采选业	-29.8	41.1	-64.2	-84.3	-35.1	-22.6	0.9
非金属矿采选业	21.6	7.7	211.4	23.2	16.0	25.8	185.4
开采辅助活动	-68.9	-72.5			-81.8	1012.1	-89.3
其他采矿业	-35.2						
制造业	**-7.0**	**-16.3**	**40.5**	**9.7**	**-4.5**	**-4.1**	**-28.9**
农副食品加工业	6.6	11.6	46.3	-62.4	17.1	-16.5	16.0
食品制造业	67.4	82.4	-61.6	235.3	109.1	-4.8	177.3
酒、饮料和精制茶制造业	-26.0	-50.5	-11.0	134.7	-31.4	-11.1	-22.3
烟草制品业							
纺织业	2.7	-9.9	394.6	-1.8	1.6	15.0	-49.6
纺织服装、服饰业	-13.8	-10.2	22.7	-62.0	-22.1	7.7	2.9
皮革、毛皮、羽毛及其制品和制鞋业	-72.7	-98.2	327.4	327900.0	-69.7	-78.5	-67.4
木材加工和木、竹、藤、棕、草制品业	55.8	76.4	-97.6	7.4	26.0	63.9	686.4
家具制造业	12.2	-10.9		254.8	-29.6	280.3	364.4
造纸和纸制品业	-20.5	-59.9	27.9	14.2	-26.7	-18.1	210.3
印刷和记录媒介复制业	-27.4	135.6	-93.3	-54.2	-9.9	-5.5	-69.1
文教、工美、体育和娱乐用品制造业	185.4	257.2	-65.4		759.4	-36.6	-81.0
石油加工、炼焦和核燃料加工业	-24.1	-29.6	334.1	-5.0	-19.0	-24.3	-36.3
化学原料和化学制品制造业	6.2	1.4	23.7	83.4	27.6	-10.8	1.8
医药制造业	-3.4	10.2	37.4	30.6	-17.1	14.2	27.7
化学纤维制造业	-95.0	-95.6		-92.8	-93.9	-91.3	-99.1
橡胶和塑料制品业	26.3	24.8	54.9	-43.2	21.7	35.6	-20.8
非金属矿物制品业	6.6	17.5	8.0	-33.8	6.4	14.0	-24.9
黑色金属冶炼和压延加工业	-4.2	-34.4	0.5	4.7	4.1	-10.7	3.6
有色金属冶炼和压延加工业	-21.0	-19.6	9.4	-47.0	-28.4	-8.9	-41.0
金属制品业	5.9	8.6	94.7	-23.6	1.1	7.4	62.6
通用设备制造业	5.6	-6.7	85.4	35.0	-3.0	5.1	81.3

6-9 续表 1 (2020年) 单位：%

行　　业	投资额	#新建	#扩建	#改建	建筑安装工程投资	设备工器具购置	其他费用
专用设备制造业	29.7	15.6	141.6	10.4	26.9	19.1	188.0
汽车制造业	-11.6	-45.5	-61.7	56.4	16.6	-17.5	-51.1
铁路、船舶、航空航天和其他运输设备制造业	-26.5	-36.0	1118.1	44.7	-24.5	-22.0	-86.5
电气机械和器材制造业	-20.9	-29.6	5.2	-3.5	-10.8	-32.5	-0.4
计算机、通信和其他电子设备制造业	113.2	-34.5	259.4	91.2	-30.3	193.9	64.6
仪器仪表制造业	88.2	39.7	539.7	1397.5	110.8	45.9	122.3
其他制造业	-74.5	-77.0			-79.9	-82.9	35.1
废弃资源综合利用业	11.9	19.1	-0.2	-42.2	21.5	-14.5	80.1
金属制品、机械和设备修理业	-80.2	-99.6		-47.0	-79.3	-90.7	
电力、热力、燃气及水生产和供应业	**-2.6**	**-6.8**	**28.3**	**8.4**	**-12.4**	**-13.8**	**79.5**
电力、热力生产和供应业	-7.8	-14.0	55.3	12.8	-23.0	-15.8	85.9
燃气生产和供应业	-18.3	-15.2		-17.4	-17.9	-51.7	0.0
水的生产和供应业	32.3	48.7	-12.2	0.5	24.1	64.3	193.1
建筑业	**687.6**	**600.9**		**449.2**	**314.5**	**4314.4**	
房屋建筑业	1488.1	1488.1			256.9	-96.3	
土木工程建筑业	1404.0	1290.6		449.2	787.0		
建筑安装业	-8.5	-8.5					
建筑装饰和其他建筑业							
批发和零售业	**-23.5**	**-17.8**	**-65.5**	**-19.9**	**-42.6**	**-2.6**	**228.0**
批发业	-45.0	-49.8	-44.3	56.2	-60.3	-5.4	157.6
零售业	-5.9	17.7	-74.8	-32.5	-28.2	1.2	266.7
交通运输、仓储和邮政业	**3.0**	**19.1**	**-65.5**	**-26.7**	**12.8**	**-41.6**	**-3.5**
铁路运输业	-36.6	-1.3	-90.7	-74.0	-48.3	-46.6	6.5
道路运输业	13.9	17.8	-36.7	25.2	35.0	-42.0	-34.1
水上运输业	29.0	120.2	-91.5	-22.1	107.6	-80.4	-31.0
航空运输业	-28.8	18.8		-34.5	31.1	-99.6	-0.8
管道运输业	-85.8	-86.3		-83.4	-89.6	1.7	-85.6
装卸搬运和运输代理业	99.9	89.7			51.2	424.0	3969.4
仓储业	32.4	30.7	199.3	-29.5	20.8	57.3	79.9
邮政业	-14.2	-12.8	-35.7		17.8	-33.9	-76.9
住宿和餐饮业	**-21.4**	**-23.8**	**7.3**	**-22.9**	**-21.0**	**9.4**	**-47.2**
住宿业	-25.5	-26.9	-6.1	-27.8	-24.1	19.1	-59.0
餐饮业	-9.0	-13.3	44.8	-13.5	-11.7	-3.1	55.9
信息传输、软件和信息技术服务业	**29.9**	**28.9**	**123.6**	**122.4**	**33.7**	**10.4**	**42.7**
电信、广播电视和卫星传输服务	52.5	50.3	74.9		60.9	17.0	32.8
互联网和相关服务	-52.4	-51.0		-65.3	-65.9	-68.7	186.4
软件和信息技术服务业	-46.8	-53.4	587.6	37.7	-67.3	40.0	17.1
金融业	**-12.8**	**-22.3**		**525.1**	**-31.5**		**-70.5**
货币金融服务	6.0	-3.0		410.0	-14.2		

6-9 续表 2　　(2020年)　　单位：%

行　业	投资额	#新建	#扩建	#改建	建筑安装工程投资	设备工器具购置	其他费用
资本市场服务							
保险业							
其他金融业	-75.8	-85.1			-85.1		
房地产业	**51.3**	**11.6**	**883.1**	**144.6**	**56.1**	**26.0**	**10.1**
租赁和商务服务业	**-17.4**	**-30.2**	**204.7**	**248.4**	**-9.7**	**0.9**	**-66.1**
租赁业							
商务服务业	-17.9	-30.5	204.7	243.7	-10.1	-2.4	-66.1
科学研究和技术服务业	**-16.7**	**-30.2**	**2420.6**	**17.4**	**-18.4**	**-6.9**	**-20.2**
研究和试验发展	-25.2	-29.9		-60.8	-40.5	67.9	-34.8
专业技术服务业	-35.3	-45.3		30.9	-40.0	-14.6	-34.1
科技推广和应用服务业	1.7	-19.4	2169.0	14.8	8.6	-31.6	36.3
水利、环境和公共设施管理业	**6.9**	**4.0**	**-41.4**	**55.5**	**2.3**	**9.7**	**54.1**
水利管理业	3.1	-14.0	-30.4	401.7	4.1	42.9	-29.5
生态保护和环境治理业	48.0	38.3	110.3	176.5	23.7	33.0	552.2
公共设施管理业	3.3	3.5	-54.3	20.6	-0.1	-21.2	38.3
土地管理业	8.6	8.6			9.0		
居民服务、修理和其他服务业	**-19.1**	**-14.4**	**-28.0**	**-37.0**	**-24.5**	**13.7**	**0.4**
居民服务业	-44.1	-44.3	-28.0	-44.9	-53.2	-23.7	-5.1
机动车、电子产品和日用产品修理业	401.1	401.1					
其他服务业	359.9	322.1			445.0	-20.8	112.1
教育	**27.5**	**38.3**	**-34.9**	**-44.1**	**24.1**	**-22.9**	**191.8**
卫生和社会工作	**-9.9**	**-4.2**	**16.8**	**-42.1**	**-10.9**	**-17.0**	**35.0**
卫生	2.5	14.9	47.4	-47.5	3.2	-14.1	391.8
社会工作	-46.2	-46.3	-69.1	30.4	-46.8	-70.6	-37.0
文化、体育和娱乐业	**-1.4**	**-26.6**	**21.2**	**58.2**	**3.9**	**110.2**	**-72.3**
新闻和出版业							
广播、电视、电影和影视录音制作业	-25.8	-51.6		-2.9	-21.3	-24.3	-50.7
文化艺术业	-2.5	-55.0	31.7	260.1	47.7	617.3	-95.4
体育	130.5	-11.7	-32.5	573.2	107.9	455.9	12.1
娱乐业	-29.2	-19.7	21.8	-90.3	-25.1	-29.1	-74.8
公共管理、社会保障和社会组织	**17.6**	**2.9**	**127.3**	**17.3**	**30.4**	**-70.6**	**155.1**
中国共产党机关	548.9	800.0		42.4			
国家机构	18.4	3.0	224.7	32.7	24.6	-61.1	155.1
人民政协、民主党派							
社会保障							
群众团体、社会团体和其他成员组织	2.6	-32.9	17.8		140.8		
基层群众自治组织							

6-10 按行业、隶属关系和注册类型分建设项目投资增长速度

(2020年) 单位：%

行　　业	投资额	中央	地方	内资	港澳台商投资	外商投资	个体经营
全省合计	**0.8**	**-7.6**	**2.4**	**0.5**	**0.6**	**9.4**	**-34.8**
农、林、牧、渔业	**80.1**	**89.0**	**80.1**	**91.1**		**-60.8**	**-7.9**
农业	24.2	1208.1	22.8	30.4			-50.2
林业	137.1		126.4	147.9			
畜牧业	123.1		123.5	132.4			24.7
渔业	26.5		26.5	93.8			-2.7
农、林、牧、渔专业及辅助性活动	82.5	-22.2	89.8	87.4			
采矿业	**0.5**	**4.2**	**-5.4**	**-0.4**	**128.8**	**140.5**	**-99.3**
煤炭开采和洗选业	-36.8	-44.6	-33.4	-55.9	128.8		
石油和天然气开采业	8.2	6.6	212.6	8.2			
黑色金属矿采选业	-6.1	-1.1	-7.7	-6.1			
有色金属矿采选业	-29.8	-57.9	-29.1	-38.5		118.8	
非金属矿采选业	21.6		21.6	25.3		464.2	
开采辅助活动	-68.9		-68.9	-68.9			
其他采矿业	-35.2		-35.2	-35.2			
制造业	**-7.0**	**-21.8**	**-6.1**	**-9.5**	**26.7**	**10.5**	**-43.4**
农副食品加工业	6.6	312.8	5.7	14.7	19.6	-59.5	-64.1
食品制造业	67.4		67.4	67.1	534.0	-2.8	
酒、饮料和精制茶制造业	-26.0		-26.1	-29.9		-96.6	
烟草制品业							
纺织业	2.7		2.7	1.2			-8.3
纺织服装、服饰业	-13.8		-13.8	1.4		-27.1	-97.1
皮革、毛皮、羽毛及其制品和制鞋业	-72.7		-72.7	-77.9		-54.8	
木材加工和木、竹、藤、棕、草制品业	55.8		55.8	60.1			
家具制造业	12.2		12.2	4.9		320.5	
造纸和纸制品业	-20.5		-20.5	-15.4	-31.6	-13.8	
印刷和记录媒介复制业	-27.4		-27.4	-31.3	-12.5		
文教、工美、体育和娱乐用品制造业	185.4		185.4	198.5			
石油加工、炼焦和核燃料加工业	-24.1	-26.8	-23.4	-24.0		-82.0	198.6
化学原料和化学制品制造业	6.2	-20.3	6.9	3.3	794.7	27.8	
医药制造业	-3.4		-3.8	-9.7	311.9	-10.7	
化学纤维制造业	-95.0		-95.0	-95.0			
橡胶和塑料制品业	26.3		26.3	45.5		-50.8	-64.4
非金属矿物制品业	6.6	93.2	6.3	7.3	118.8	-62.1	91.6
黑色金属冶炼和压延加工业	-4.2	-26.5	-0.8	-4.3			
有色金属冶炼和压延加工业	-21.0	156.8	-23.5	-23.5	190.4	994.1	
金属制品业	5.9		5.7	7.9	361.6	-64.0	-94.4
通用设备制造业	5.6	164.2	2.5	4.1	-5.4	28.9	

6-10 续表 1 (2020年) 单位：%

行业	投资额						
		中央	地方	内资	港澳台商投资	外商投资	个体经营
专用设备制造业	29.7	-31.3	33.6	38.4	-46.6	37.3	
汽车制造业	-11.6	-66.3	-11.2	-15.3	25.7	-10.5	
铁路、船舶、航空航天和其他运输设备制造业	-26.5	-46.2	-23.3	-27.3		18.1	
电气机械和器材制造业	-20.9		-20.6	-19.0	-64.0	-2.7	
计算机、通信和其他电子设备制造业	113.2		114.3	-15.7	40.7	249.6	
仪器仪表制造业	88.2	-40.0	89.5	89.5		78.3	
其他制造业	-74.5		-74.5	-74.5			
废弃资源综合利用业	11.9	-67.3	20.2	11.9			
金属制品、机械和设备修理业	-80.2		-80.2	-80.2			
电力、热力、燃气及水生产和供应业	**-2.6**	**-4.4**	**-1.4**	**-1.6**	**2.6**	**-49.8**	
电力、热力生产和供应业	-7.8	-2.1	-12.1	-7.4	11.5	-48.0	
燃气生产和供应业	-18.3	-24.7	-11.3	-20.7	1.1	1033.3	
水的生产和供应业	32.3	-22.1	39.9	36.6	-50.4		
建筑业	**687.6**		**436.8**	**687.6**			
房屋建筑业	1488.1		-98.2	1488.1			
土木工程建筑业	1404.0		1186.6	1404.0			
建筑安装业	-8.5		-8.5	-8.5			
建筑装饰和其他建筑业							
批发和零售业	**-23.5**	**-50.8**	**-22.7**	**-23.6**			**-53.4**
批发业	-45.0	-30.8	-45.5	-45.8			
零售业	-5.9	-67.4	-4.0	-5.2			-53.4
交通运输、仓储和邮政业	**3.0**	**-24.0**	**14.9**	**5.7**	**-75.1**	**-59.2**	**-71.1**
铁路运输业	-36.6	-36.7	-36.2	-36.8			
道路运输业	13.9	17.6	13.3	13.9			
水上运输业	29.0	-33.7	34.0	29.0			
航空运输业	-28.8		-36.6	10.3			
管道运输业	-85.8		-87.0	-85.8			
装卸搬运和运输代理业	99.9	40.0	106.9	50.2			
仓储业	32.4	-74.1	35.2	55.1	-74.9	-56.7	-70.9
邮政业	-14.2	-69.1	2.5	-14.2			
住宿和餐饮业	**-21.4**		**-21.4**	**-19.2**	**-56.7**		**-99.4**
住宿业	-25.5		-25.5	-24.4			-98.6
餐饮业	-9.0		-9.0	-2.5	-56.7		
信息传输、软件和信息技术服务业	**29.9**	**114.1**	**-14.3**	**22.6**	**-17.3**	**81.3**	
电信、广播电视和卫星传输服务	52.5	114.1	3.4	49.1	-9.6	78.1	
互联网和相关服务	-52.4		-52.4	-52.9			
软件和信息技术服务业	-46.8		-46.8	-48.7			
金融业	**-12.8**		**-17.0**	**-12.8**			
货币金融服务	6.0		0.5	6.0			

6-10 续表 2 (2020年) 单位：%

行业	投资额	中央	地方	内资	港澳台商投资	外商投资	个体经营
资本市场服务							
保险业							
其他金融业	-75.8		-75.8	-75.8			
房地产业	**51.3**	**2.7**	**53.5**	**48.9**		**291.1**	
租赁和商务服务业	**-17.4**	**141.0**	**-17.6**	**-16.8**	**-39.2**		
租赁业							
商务服务业	-17.9	141.0	-18.0	-17.2	-39.2		
科学研究和技术服务业	**-16.7**	**-36.4**	**-12.5**	**-17.0**			
研究和试验发展	-25.2	63.5	-45.5	-25.8			
专业技术服务业	-35.3	-97.7	8.7	-35.3			
科技推广和应用服务业	1.7		-5.4	1.2			
水利、环境和公共设施管理业	**6.9**	**-66.6**	**15.1**	**7.2**	**-14.3**		
水利管理业	3.1	-31.4	5.5	2.7			
生态保护和环境治理业	48.0	152.1	46.9	53.8	-14.3		
公共设施管理业	3.3	-72.0	13.3	3.6			
土地管理业	8.6		8.6	8.6			
居民服务、修理和其他服务业	**-19.1**	**568.6**	**-22.0**	**-18.4**			**-38.5**
居民服务业	-44.1	382.5	-45.6	-43.3			-67.6
机动车、电子产品和日用产品修理业	401.1		401.1	382.6			614.3
其他服务业	359.9	972.7	337.1	359.9			
教育	**27.5**	**-52.5**	**37.4**	**28.6**	**-53.5**		
卫生和社会工作	**-9.9**	**37.6**	**-10.3**	**-14.5**		**3074.1**	**450.0**
卫生	2.5	37.6	2.0	-3.8		6068.5	450.0
社会工作	-46.2		-46.2	-46.1			
文化、体育和娱乐业	**-1.4**	**10415.0**	**-11.5**	**0.4**			**-87.7**
新闻和出版业							
广播、电视、电影和影视录音制作业	-25.8		-25.8	-25.5			-37.5
文化艺术业	-2.5		-2.0	-2.5			
体育	130.5		59.0	154.6			
娱乐业	-29.2		-29.2	-28.7			
公共管理、社会保障和社会组织	**17.6**	**21.2**	**17.3**	**17.6**			
中国共产党机关	548.9		548.9	548.9			
国家机构	18.4	21.2	18.1	18.4			
人民政协、民主党派							
社会保障							
群众团体、社会团体和其他成员组织	2.6		2.6	2.6			
基层群众自治组织							

6-11 各地区按主要行业分建设项目投资增长速度

单位：%

年份、地区	合计	农林牧渔业	采矿业	制造业	电力、燃气及水生产和供应业	建筑业	批发和零售业	交通运输仓储和邮政业	住宿和餐饮业	信息传输、计算机服务和软件业
2012	21.3	-3.8	22.9	21.5	5.2	92.3	47.0	16.4	28.4	23.9
2013	13.4	-11.4	-8.1	13.2	8.1	-45.8	33.6	48.1	22.9	-6.7
2014	16.6	152.9	13.3	17.9	1.8	-38.7	7.3	21.4	-13.2	76.1
2015	-26.4	-26.7	-38.0	-26.0	-32.6	-91.5	-20.3	-30.3	-27.1	-4.9
2016	-69.2	-68.7	-67.5	-73.1	-43.0	29.8	-76.2	-48.0	-75.1	-68.9
2017	-4.3	-4.6	16.9	-13.4	83.3	74.3	-51.5	-8.7	-1.9	-11.3
2018	-1.7	1.0	-2.5	20.7	-7.3	1.2	-40.9	-18.0	-43.4	-24.0
2019	-4.9	4.8	18.1	-7.3	8.2	-96.4	-1.3	-21.5	-25.3	76.3
2020	0.8	80.1	0.5	-7.0	-2.6	687.6	-23.5	3.0	-21.4	29.9
沈　阳	2.4	33.4	-7.8	10.0	-16.5		-46.5	12.6	-61.0	24.7
大　连	-5.4	0.0	-57.4	-26.1	-2.6		350.9	-2.9	-12.7	74.3
鞍　山	3.6	161.0	-8.4	4.4	-31.4		7.4	1.9	17.7	-22.2
抚　顺	5.0	115.3	-32.1	-6.0	13.4		-67.6	-17.6	-100.0	85.7
本　溪	-21.6	128.4	24.5	-26.2	-37.7		-96.6	-35.2	106.6	-2.0
丹　东	8.2	76.2	-30.8	7.0	1.7		55.0	22.8	35.8	
锦　州	4.3	64.4	78.9	-15.5	69.2		29.4	-16.1	-79.6	49.9
营　口	-2.6	-40.9	-79.0	-3.9	66.2		-34.2	43.4	-38.2	51.5
阜　新	21.8	225.8	-68.2	18.3	18.8		-38.5	47.7	24.7	676.3
辽　阳	-4.3	191.0	148.0	-27.0	62.0	288.2	-9.3	-53.9		1906.0
盘　锦	-8.7	88.9	6.7	-10.0	-65.2	126.3	-30.9	92.8	-95.2	-89.0
铁　岭	30.8	140.8	-45.8	58.5	-3.2		-23.4	-37.8		38.3
朝　阳	24.9	135.5	62.2	37.6	-2.1		28.2	-1.9	15.2	47.5
葫芦岛	-1.7	75.5	-55.8	-13.5	27.5		7.6	-41.4	-100.0	1.5

6-11 续表

单位：%

年份、地区	金融业	房地产业	租赁和商务服务业	科学研究、技术服务和地质勘查业	水利、环境和公共设施管理业	居民服务和其他服务业	教育	卫生、社会保障和社会福利业	文化、体育和娱乐业	公共管理和社会组织
2012	11.2	65.2	-10.0	51.1	12.5	37.2	2.9	77.5	53.2	-4.1
2013	149.2	-24.4	9.3	16.1	33.7	-2.6	10.6	-13.2	-4.0	-45.6
2014	-32.5	21.2	41.0	41.6	14.6	5.2	27.1	-7.6	-3.5	4.2
2015	-32.4	-68.0	-38.4	-5.5	-15.3	-36.1	-29.9	-1.5	-28.5	-9.9
2016	-81.9	-54.0	-72.9	-82.2	-75.7	-62.4	-67.6	-47.4	-53.9	-54.0
2017	-0.5	-36.5	2.2	-31.4	-11.0	-39.3	38.1	39.0	14.8	-20.3
2018	-46.3	-31.1	-36.2	-30.3	-7.0	-23.9	-2.7	-15.0	-33.2	-16.9
2019	33.5	90.4	45.2	44.6	-11.2	-9.8	-9.0	-9.0	-24.1	-22.7
2020	-12.8	51.3	-17.4	-16.7	6.9	-19.1	27.5	-9.9	-1.4	17.6
沈　阳	-19.3	-20.2	-48.2	-36.4	-6.7	17.3	27.3	43.8	-6.1	18.4
大　连	85.5	313.6	37.5	-6.0	61.5	-73.9	81.5	-5.1	402.9	46.5
鞍　山	323.4	5.6	596.5	-34.7	17.8	10.7	-40.1	-3.8	66.4	-13.1
抚　顺		43.9	-50.8	188.3	43.5	116.4	1.8	49.5	-33.1	-90.9
本　溪		-32.6	-82.8	-73.9	7.3	-72.6	-38.1	-2.2	-31.9	-24.5
丹　东		598.0	45.4		-13.5	-69.1	-5.1	-44.3	-95.5	-61.5
锦　州		48.4	-7.1	-6.5	12.0	56.2	132.2	15.8	-17.9	40.5
营　口	-73.9	881.7	-54.4	229.7	7.1	117.6	-49.5	-34.0	-90.6	150.7
阜　新		-17.7	-21.7	-81.7	-16.3	808.3	72.7	-47.3	-6.6	-36.6
辽　阳		-6.7	104.7	-44.4	-4.9	407.2	-31.3	-1.1	125.0	150.9
盘　锦		378.5	-32.7	253.7	-47.0		80.2	-28.2	-59.4	507.1
铁　岭			284.9		24.1		255.8	-61.2		420.7
朝　阳		-15.0	78.2	-68.9	-8.0	-89.4	123.2	-11.2	-7.1	226.5
葫芦岛		53.5	-38.1	-52.4	38.6	52.9	-79.6	-73.5	-65.9	51.7

6-12 各地区建设项目500万元以上施工、投产项目个数

年份、地区	施工项目(个)	新开工项目(个)	全部建成投产项目(个)	项目建成投产率(%)
2003	8200	6809	5420	66.1
2004	10485	8632	6244	59.6
2005	14339	10535	10068	70.2
2006	13477	10904	9670	71.8
2007	13193	10413	9157	69.4
2008	14749	12544	11710	79.4
2009	19388	16998	14519	74.9
2010	10263	8053	6684	65.1
2011	14690	10624	9063	61.7
2012	14698	9336	9485	64.5
2013	13000	8900	8308	63.9
2014	16642	11624	12190	73.3
2015	16235	12401	13693	84.3
2016	7003	4213	3070	43.8
2017	6689	3822	3237	48.4
2018	7200	3672	2751	38.2
2019	8674	4494	3366	38.8
2020	9875	5049	3002	30.4
沈　阳	1683	777	474	28.2
大　连	994	455	256	25.8
鞍　山	963	489	294	30.5
抚　顺	484	182	111	22.9
本　溪	552	369	129	23.4
丹　东	540	381	305	56.5
锦　州	697	442	322	46.2
营　口	636	329	197	31.0
阜　新	541	242	217	40.1
辽　阳	366	176	81	22.1
盘　锦	401	230	165	41.2
铁　岭	487	232	166	34.1
朝　阳	1126	539	189	16.8
葫芦岛	405	206	96	23.7

6-13 按行业分建设项目500万元以上施工、投产项目个数

(2020年)

行 业	施工项目(个)	#新开工	全部建成投产项目(个)	项目建成投产率(%)
全省合计	**9875**	**5049**	**3002**	**30.4**
农、林、牧、渔业	**1065**	**810**	**508**	**47.7**
农业	338	257	183	54.1
林业	34	25	15	44.1
畜牧业	544	439	258	47.4
渔业	36	23	12	33.3
农、林、牧、渔专业及辅助性活动	113	66	40	35.4
采矿业	**233**	**124**	**78**	**33.5**
煤炭开采和洗选业	12	4	8	66.7
石油和天然气开采业	6	3	3	50.0
黑色金属矿采选业	80	37	23	28.8
有色金属矿采选业	34	21	6	17.7
非金属矿采选业	97	57	36	37.1
开采辅助活动	3	1	1	33.3
其他采矿业	1	1	1	100.0
制造业	**3775**	**1750**	**946**	**25.1**
农副食品加工业	284	152	80	28.2
食品制造业	100	50	28	28.0
酒、饮料和精制茶制造业	51	29	15	29.4
烟草制品业				
纺织业	61	40	25	41.0
纺织服装、服饰业	52	28	19	36.5
皮革、毛皮、羽毛及其制品和制鞋业	7	3	1	14.3
木材加工和木、竹、藤、棕、草制品业	49	25	14	28.6
家具制造业	31	12	4	12.9
造纸和纸制品业	32	12	12	37.5
印刷和记录媒介复制业	8	3	2	25.0
文教、工美、体育和娱乐用品制造业	13	5	1	7.7
石油加工、炼焦和核燃料加工业	286	102	59	20.6
化学原料和化学制品制造业	329	150	76	23.1
医药制造业	136	66	33	24.3
化学纤维制造业	13	8	3	23.1
橡胶和塑料制品业	140	70	41	29.3
非金属矿物制品业	519	297	178	34.3
黑色金属冶炼和压延加工业	237	106	37	15.6
有色金属冶炼和压延加工业	95	32	29	30.5
金属制品业	224	109	54	24.1
通用设备制造业	261	95	61	23.4

6-13 续表 1 (2020年)

行业	施工项目(个)	#新开工	全部建成投产项目(个)	项目建成投产率(%)
专用设备制造业	223	122	52	23.3
汽车制造业	230	77	47	20.4
铁路、船舶、航空航天和其他运输设备制造业	55	19	10	18.2
电气机械和器材制造业	127	46	27	21.3
计算机、通信和其他电子设备制造业	63	23	9	14.3
仪器仪表制造业	39	26	10	25.6
其他制造业	11	5	1	9.1
废弃资源综合利用业	94	35	15	16.0
金属制品、机械和设备修理业	5	3	3	60.0
电力、热力、燃气及水生产和供应业	**1009**	**437**	**341**	**33.8**
电力、热力生产和供应业	718	328	244	34.0
燃气生产和供应业	53	16	12	22.6
水的生产和供应业	238	93	85	35.7
建筑业	**15**	**11**		
房屋建筑业	2	1		
土木工程建筑业	12	9		
建筑安装业	1	1		
建筑装饰和其他建筑业				
批发和零售业	**185**	**88**	**65**	**35.1**
批发业	85	39	34	40.0
零售业	100	49	31	31.0
交通运输、仓储和邮政业	**640**	**304**	**213**	**33.3**
铁路运输业	23	7	6	26.1
道路运输业	344	176	132	38.4
水上运输业	46	6	4	8.7
航空运输业	6	3	2	33.3
管道运输业	6	2	1	16.7
装卸搬运和运输代理业	8	4	1	12.5
仓储业	196	103	65	33.2
邮政业	11	3	2	18.2
住宿和餐饮业	**100**	**40**	**30**	**30.0**
住宿业	71	23	18	25.4
餐饮业	29	17	12	41.4
信息传输、软件和信息技术服务业	**145**	**77**	**29**	**20.0**
电信、广播电视和卫星传输服务	82	59	16	19.5
互联网和相关服务	18	5	4	22.2
软件和信息技术服务业	45	13	9	20.0
金融业	**11**	**5**	**2**	**18.2**
货币金融服务	7	4	2	28.6

6-13 续表 2 (2020年)

行业	施工项目(个)	#新开工	全部建成投产项目(个)	项目建成投产率(%)
资本市场服务	1			
保险业				
其他金融业	3	1		
房地产业	**213**	**147**	**66**	**31.0**
租赁和商务服务业	**167**	**63**	**19**	**11.4**
租赁业	3	3	1	33.3
商务服务业	164	60	18	11.0
科学研究和技术服务业	**113**	**62**	**20**	**17.7**
研究和试验发展	32	11	2	6.3
专业技术服务业	41	24	10	24.4
科技推广和应用服务业	40	27	8	20.0
水利、环境和公共设施管理业	**1305**	**727**	**457**	**35.0**
水利管理业	214	106	93	43.5
生态保护和环境治理业	131	73	35	26.7
公共设施管理业	942	535	323	34.3
土地管理业	18	13	6	33.3
居民服务、修理和其他服务业	**60**	**27**	**19**	**31.7**
居民服务业	39	13	11	28.2
机动车、电子产品和日用产品修理业	7	6	3	42.9
其他服务业	14	8	5	35.7
教育	**312**	**126**	**71**	**22.8**
卫生和社会工作	**223**	**104**	**62**	**27.8**
卫生	171	86	43	25.2
社会工作	52	18	19	36.5
文化、体育和娱乐业	**175**	**70**	**44**	**25.1**
新闻和出版业				
广播、电视、电影和影视录音制作业	12	4	5	41.7
文化艺术业	53	23	15	28.3
体育	34	17	8	23.5
娱乐业	76	26	16	21.1
公共管理、社会保障和社会组织	**129**	**77**	**32**	**24.8**
中国共产党机关	3	2		
国家机构	122	74	32	26.2
人民政协、民主党派				
社会保障				
群众团体、社会团体和其他成员组织	4	1		
基层群众自治组织				

6-14 各地区按经济类型分建设项目投资增长速度

(2020年)

单位：%

地　区	总计	国有经济	集体经济	私营个体	联营经济	股份制经济	外商投资经济	港澳台商投资经济	其他经济
全　省	**0.8**	**6.7**	**-28.5**	**-3.7**	**-71.2**	**-2.6**	**9.4**	**0.6**	**59.0**
沈　阳	2.4	6.8	115.3	-4.3		-0.4	6.2	-29.7	143.3
大　连	-5.4	39.6	-34.7	-34.8		2.9	42.2	-1.3	220.5
鞍　山	3.6	-2.7	39.8	17.7		-11.5	318.4	71.8	-21.2
抚　顺	5.0	22.0	-23.6	-23.0		18.1	-49.0	44.3	61.7
本　溪	-21.6	-47.9	224.9	-16.6		-13.7	851.0	-61.4	132.9
丹　东	8.2	2.7	-75.8	13.1		-7.5	-2.4		38.8
锦　州	4.3	17.2	32.7	9.8		-30.8	-37.4	204.9	57.8
营　口	-2.6	83.1	-53.4	-1.2		-15.4	-30.3	-64.3	116.9
阜　新	21.8	26.1		32.8		7.0	-28.5	20893.4	139.7
辽　阳	-4.3	-3.1		-9.8		-5.1	406.4	146.9	-53.2
盘　锦	-8.7	-31.9		-6.7		-1.7	-26.8	-24.9	103.5
铁　岭	30.8	31.9		87.5		20.5	-37.4	-54.0	27.4
朝　阳	24.9	-10.6	-7.6	65.0		-0.6	-72.2	28.2	341.9
葫芦岛	-1.7	-20.9	-57.7	-27.1		17.9			-1.8

6-15 房地产开发主要指标

指　标	单位	2009年	2010年	2011年	2012年	2013年	2014年
土地购置							
本年土地购置面积	万平方米	2086.8	3134.6	3446.3	3199.5	2502.3	1670.8
本年完成投资额	**万元**	**26405639**	**34657562**	**44875610**	**54558196**	**64507513**	**53013051**
#住　宅	万元	19339201	24813478	34104876	39619482	46649928	38442622
本年资金来源小计	**万元**	**32684449**	**50708103**	**55650848**	**63287555**	**74489873**	**58909738**
#国内贷款	万元	4737260	6483457	7671009	8507560	8476357	7207044
利用外资	万元	1149245	1742831	1920617	1178814	619242	706300
自筹资金	万元	15800648	27857536	27758717	33105096	40901661	33685015
房屋建筑面积							
施工面积	万平方米	18579.1	26831.1	34364.3	38502.0	41625.6	38616.9
竣工面积	万平方米	4031.7	4497.4	6322.8	6438.2	6152.0	6147.0
本年新开工面积	万平方米	8305.4	12647.9	12444.3	13828.9	13444.5	8192.2
#住　宅	万平方米	6639.9	9870.4	9910	10644.0	10141.7	6137.7
商品房屋销售额	**万元**	**21685950**	**30633172**	**35691155**	**43627815**	**47592106**	**30920972**
#住　宅	万元	18834702	25876571	30092300	36112089	39418642	25188711
商品房屋销售面积	**万平方米**	**5375.5**	**6800.5**	**7541.5**	**8827.9**	**9292.3**	**5754.8**
#住　宅	万平方米	4864.2	6013.5	6624.1	7655.4	8014.8	4932.1

6-15 续表

指　标	单位	2015年	2016年	2017年	2018年	2019年	2020年
土地购置							
本年土地购置面积	万平方米	957.0	654.5	510.6	809.9	825.5	718.7
本年完成投资额	**万元**	**35586421**	**20948451**	**22896691**	**25992713**	**28339503**	**29788629**
#住　宅	万元	26033152	15054217	16739105	19444588	21883502	23032331
本年资金来源小计	**万元**	**42317830**	**30808110**	**32851243**	**33733149**	**36897320**	**38338725**
#国内贷款	万元	5514326	4513913	3813325	2739910	3599515	3828488
利用外资	万元	376069	27100	40200	2777	58132	80431
自筹资金	万元	22693216	13511401	11163652	11291945	13754252	13717563
房屋建筑面积							
施工面积	万平方米	29283.2	26364.1	25906.9	24216.8	23787.5	24002.8
竣工面积	万平方米	3237.5	2709.3	2788.3	2273.9	1817.6	1848.2
本年新开工面积	万平方米	4699.4	3733.6	3806.9	3961.7	4142.5	4404.1
#住　宅	万平方米	3604.7	2800.8	2942.0	3118.6	3191.0	3396.9
商品房屋销售额	**万元**	**22549726**	**22569067**	**27716944**	**29673101**	**30490567**	**33662811**
#住　宅	万元	19076264	19880253	24522296	26157528	28148583	31141104
商品房屋销售面积	**万平方米**	**3916.2**	**3711.9**	**4148.5**	**3934.6**	**3696.3**	**3743.2**
#住　宅	万平方米	3477.3	3383.1	3797.0	3554.8	3412.5	3447.3

6-16 房地产开发企业(单位)的土地购置

年份、地区	本年购置土地面积 (万平方米)	本年土地成交价款 (万元)
2000	1019.3	
2001	1107.1	
2002	1384.7	
2003	1668.7	1395759
2004	2256.9	1779227
2005	2432.8	2034432
2006	2316.9	2065722
2007	3323.6	2899565
2008	2953.8	3080834
2009	2086.9	2936827
2010	3134.6	4878841
2011	3446.3	5312808
2012	3199.5	4918076
2013	2502.3	5668331
2014	1670.8	4112281
2015	957.0	2460688
2016	654.5	1275173
2017	510.6	1170972
2018	809.9	2947261
2019	825.5	3470259
2020	718.7	3521892
沈　阳	280.3	2243759
大　连	58.3	305918
鞍　山	16.9	23565
抚　顺	63.3	100864
本　溪	10.0	26215
丹　东	55.2	258158
锦　州	36.7	158581
营　口	17.6	50609
阜　新	11.6	20932
辽　阳	45.6	105321
盘　锦	3.5	5749
铁　岭	15.7	28558
朝　阳	67.0	113064
葫芦岛	37.0	80599

6-17 按用途分房地产开发建设投资

单位：万元

年份、地区	本年完成投资额	住宅	办公楼	商业营业用房	其他
2000	2649062	1812920	155384	445326	235432
2001	3230692	2275667	155329	511287	288409
2002	3883147	2758906	182161	632742	309338
2003	4863947	3434716	131670	866730	430831
2004	7207433	4942767	221662	1253815	789189
2005	8742525	6145405	258764	1502775	835581
2006	11421948	8388987	376442	1539711	1116808
2007	14975793	11658892	391338	1946253	979310
2008	20607952	15792147	668581	3006798	1140426
2009	26405639	19339201	867569	4321470	1877399
2010	34657562	24813478	1029344	5886469	2928271
2011	44875610	34104876	929622	6753253	3087859
2012	54558196	39619482	1633776	8627741	4677197
2013	64507513	46649928	1557668	10979210	5320707
2014	53013051	38442622	1792155	9507965	3270309
2015	35586421	26033152	1166064	6086438	2300767
2016	20948451	15054217	652536	3587950	1653748
2017	22896691	16739105	703978	3645296	1808312
2018	25992713	19444588	377866	3383677	2786582
2019	28339503	21883502	494867	3255188	2705946
2020	29788629	23032331	406327	3151523	3198448
沈阳	12358866	9898263	146423	1120467	1193713
大连	7530643	5634373	146454	838785	911031
鞍山	1370782	1070753	1089	149413	149527
抚顺	606566	493731	2237	67129	43469
本溪	467904	328947	1850	65657	71450
丹东	1224928	859645	36750	179055	149478
锦州	684337	453587	14006	78474	138270
营口	1349916	1044205	5820	192876	107015
阜新	332805	232303	359	52416	47727
辽阳	492238	392506	6945	36917	55870
盘锦	740513	565006	2990	70439	102078
铁岭	375469	326983	2005	26612	19869
朝阳	713333	592908	5267	77398	37760
葫芦岛	1540329	1139121	34132	195885	171191

6-18 按构成分房地产开发建设投资

单位：万元

年份、地区	建筑安装工程	设备、工具器具购置	其他费用	#土地购置费
2000	1966063	65137	617862	347314
2001	2351326	52831	826535	516854
2002	2724912	79696	1078539	581343
2003	3198149	68635	1597163	1024229
2004	4918594	89875	2198964	1267595
2005	5912043	139201	2691281	1682273
2006	7657084	113123	3651741	2021204
2007	11662016	170600	3143177	1971841
2008	15705901	351522	4550529	3002435
2009	20848847	358489	5198303	3606763
2010	26754213	543356	7359993	5080384
2011	36067442	1199549	7608619	5225988
2012	42611906	1127517	10818773	7405576
2013	53075712	1311337	10120464	5695472
2014	45249782	1103095	6660174	5351452
2015	31097914	441082	4047425	3081600
2016	17199915	411201	3337335	2580991
2017	18712988	344207	3839496	3043357
2018	15532807	313131	10146775	9508556
2019	16121837	390115	11827551	11048315
2020	18154274	257511	11376844	10517440
沈　阳	6824845	71604	5462417	5314944
大　连	4028256	35949	3466438	3009066
鞍　山	995695	20718	354369	309963
抚　顺	434253	7688	164625	144416
本　溪	330663	15088	122153	96643
丹　东	826947	14540	383441	355273
锦　州	473599	15131	195607	170731
营　口	1115503	13681	220732	200692
阜　新	253008	3066	76731	71610
辽　阳	344108	7633	140497	129302
盘　锦	596461	5140	138912	123096
铁　岭	304951	6067	64451	50363
朝　阳	568120	17013	128200	124373
葫芦岛	1057865	24193	458271	416968

6-19 房地产开发企业(单位)的资金来源

单位：万元

年份、地区	本年资金来源小计	国内贷款	利用外资	自筹资金	其他资金	定金及预收款
2000	2837089	645522	55167	971842	1159178	910460
2001	3532286	689515	54351	124710	1545785	1179279
2002	4180547	800959	63316	1658685	1644787	1234539
2003	5582992	1332891	55561	2273464	1917688	1578904
2004	8490919	1366702	82619	3496051	3544047	2740905
2005	9372018	1267527	89308	4586225	3428958	2531636
2006	13002851	1728346	242602	5924162	5107741	3266026
2007	18703917	2598871	924053	8429379	6751614	4520319
2008	22029829	2769112	1140114	11475416	6645187	4543873
2009	32684449	4737260	1149245	15800648	10997296	7506860
2010	50708103	6483457	1742831	27857536	14624279	9666914
2011	55650848	7671009	1920617	27758717	18300505	10950702
2012	63287555	8507560	1178814	33105096	20496085	13905878
2013	74489873	8476357	619242	40901661	24492613	15809722
2014	58909738	7207044	706300	33685015	17311379	10962875
2015	42317830	5514326	376069	22693216	13734219	9089005
2016	30808110	4513913	27100	13511401	12755696	8673266
2017	32851243	3813325	40200	11163652	17834066	11941284
2018	33733149	2739910	2777	11291945	1528036	12597626
2019	36897320	3599515	58132	13754252	1196825	12678606
2020	38338725	3828488	80431	13717563	744239	14066826
沈　阳	16101170	1478281	73713	5643054	230211	5944318
大　连	11685802	1816232		3104898	216319	4749339
鞍　山	1394800	61775		601671	41052	515140
抚　顺	734616	58649	860	198212	19202	262776
本　溪	412890	51000		182732	3446	118669
丹　东	1352465	154985		607153	30546	397159
锦　州	649429	3572		373693	29574	192353
营　口	1275423	40877		634732	24458	425983
阜　新	316591	5700		242901	16917	39893
辽　阳	597953	41271	5858	305214	41830	148180
盘　锦	731264	4200		226654	14501	343224
铁　岭	466661	2000		286959	13153	105197
朝　阳	882816	1000		512124	8260	238639
葫芦岛	1736845	108946		797566	54770	585956

6-20 房地产开发建设房屋建筑面积和竣工率

年份、地区	施工房屋面积（万平方米）	竣工房屋面积（万平方米）	房屋建筑面积竣工率（%）	竣工房屋价值（万元）
2000	3301.8	1618.9	49.0	1507495
2001	3971.2	1842.7	46.4	1818229
2002	4754.1	1984.3	41.7	2061219
2003	5314.1	2139.7	40.3	2301203
2004	6294.6	2303.6	36.6	2805817
2005	7058.9	2443.9	34.6	2931979
2006	8615.5	2907.8	33.8	3885888
2007	11615.1	3129.9	26.9	4453006
2008	14904.6	3826.1	25.7	6399392
2009	18579.1	4031.7	21.7	7524878
2010	26831.1	4497.4	16.8	9711392
2011	34364.3	6322.8	18.4	15176420
2012	38502.0	6438.2	16.7	15937814
2013	41625.6	6152.0	14.0	14908128
2014	38616.9	6147.0	15.9	15484701
2015	29278.2	3237.5	11.1	9101806
2016	26364.1	2709.3	10.3	7881953
2017	25906.9	2788.3	10.8	8468007
2018	24216.8	2273.9	9.4	5851669
2019	23787.5	1817.6	7.6	6229841
2020	24002.8	1848.2	7.7	6285700
沈　阳	7111.8	649.5	9.1	2855849
大　连	3711.9	167.3	4.5	775766
鞍　山	1586.4	91.6	5.8	273532
抚　顺	1407.4	57.6	4.1	149758
本　溪	472.7	61.4	13.0	218374
丹　东	1171.0	185.2	15.8	459908
锦　州	854.6	25.4	3.0	68603
营　口	1424.4	153.3	10.8	394376
阜　新	704.0	70.1	10.0	123367
辽　阳	710.3	4.1	0.6	7206
盘　锦	794.7	111.2	14.0	283008
铁　岭	873.8	48.5	5.5	130490
朝　阳	1334.2	95.8	7.2	214234
葫芦岛	1845.5	127.3	6.9	331229

6-21 各地区房地产开发企业基本情况

年份、地区	开发公司个数(个)	#国有经济	#集体经济	#外商投资经济	#港澳台投资经济	年末从业人员人数(人)
2000	1417	293	161	73	109	42098
2001	1545	209	106	79	103	44612
2002	1635	158	81	70	94	47284
2003	1800	127	61	78	93	49497
2004	2303	121	65	105	126	53579
2005	2744	134	77	136	157	51692
2006	2771	113	56	150	165	56411
2007	2981	104	50	163	184	57032
2008	4841	142	96	261	254	70435
2009	3920	130	59	203	226	73829
2010	4181	126	57	211	245	79346
2011	3647	97	39	155	229	76248
2012	3961	105	39	142	256	92574
2013	4082	73	14	143	268	90809
2014	4021	66	12	141	263	97510
2015	3513	64	9	115	233	79235
2016	3256	63	6	100	222	73457
2017	3119	68	3	87	213	60468
2018	2998	56	3	68	180	56456
2019	2848	50	3	61	171	52406
2020	2865	61	4	62	174	49528
沈　阳	565	13		27	54	14669
大　连	547	20		17	53	10745
鞍　山	247	9		9	22	3359
抚　顺	147	2	3	1	7	1647
本　溪	60	2				1324
丹　东	189	2	1	4	6	2754
锦　州	98	1			4	1702
营　口	235	2		3	3	2869
阜　新	136	4			2	992
辽　阳	87	1			3	1414
盘　锦	90	2			8	1832
铁　岭	128	3			7	1338
朝　阳	107					1301
葫芦岛	229			1	5	3582

6-22 各地区房地产开发经营情况

单位：万元

年份、地区	主营业务收入					利润总额
		土地转让收入	商品房屋销售收入	房屋出租收入	其他收入	
2000	2339911	33981	2156412	10251	139267	3473
2001	2573462	15737	2408399	13501	135825	-10552
2002	2882505	27624	2763036	13909	77936	-22649
2003	3675534	43475	3518507	15173	98379	-32804
2004	5347879	91369	5075229	76381	104900	88536
2005	6144218	20145	6025782	31680	66611	198983
2006	7223740	41758	7036720	42193	103069	282916
2007	8761740	68877	8575020	20793	97050	488180
2008	11731198	102669	11439215	52501	136813	1087841
2009	15404024	25404	15193794	44263	140563	1269888
2010	20597959	73968	20159693	135406	228891	1865672
2011	22947376	190599	22177928	204193	374656	2753903
2012	24747923	122510	24038626	169517	417271	2336588
2013	27519657	27437	26830178	240002	422040	3042733
2014	23276385	17870	22442900	362048	453567	1542985
2015	21030246	29793	20209384	432443	358625	415876
2016	20877138	64232	20025825	334776	452306	-543978
2017	22411088	70495	21799212	191964	294373	-8634
2018	24937659	596186	23513269	174482	528129	420321
2019	24925668	209590	23879442	184884	445574	1576904
2020	28600361	269086	27730880	156139	387000	2425176
沈　阳	13609280	1567	13355327	52695	187588	2140802
大　连	8158825	235700	7705583	68186	120336	660713
鞍　山	1170009	2	1123453	1937	40556	49129
抚　顺	629427		622016	2664	2206	-39072
本　溪	194696	2473	189986	271	1900	-25582
丹　东	560876	2697	549315	4896	2649	-19709
锦　州	718918	1	708522	9262	1133	-188706
营　口	878612		874526	2550	1319	-40387
阜　新	346345	9	341873	321	2499	-8583
辽　阳	352715		349781	2628	307	-36534
盘　锦	362322	18111	329258	4328	5067	-18012
铁　岭	247283		241750	1878	3652	-25758
朝　阳	466634		465354	756	460	4015
葫芦岛	904418	8526	874137	3768	17329	-27142

6-23 按用途分商品房屋实际销售面积

单位：万平方米

年份、地区	商品房销售面积	住宅	办公楼	商业营业用房	其他
2000	948.7	804.4	20.3	114.3	9.7
2001	1165.7	994.7	27.1	128.4	15.5
2002	1277.5	1120.4	20.7	127.7	8.7
2003	1499.1	1320.3	25.9	133.6	19.3
2004	2013.5	1798.4	17.2	164.0	33.9
2005	2564.5	2340.4	16.1	182.6	25.3
2006	3026.4	2749.9	24.1	201.6	50.8
2007	3830.4	3545.6	19.1	220.4	45.3
2008	4091.2	3731.2	35.9	268.0	56.1
2009	5375.5	4864.2	30.1	394.0	87.2
2010	6800.5	6013.5	64.7	510.0	212.2
2011	7541.5	6624.1	52.4	583.5	281.5
2012	8827.9	7655.4	79.1	775.9	317.5
2013	9292.3	8014.8	53.6	859.0	364.9
2014	5754.8	4932.1	71.2	522.8	228.7
2015	3916.2	3477.3	37.5	311.6	89.8
2016	3711.9	3383.1	34.6	216.7	77.5
2017	4148.5	3797.0	36.5	227.3	87.6
2018	3934.6	3554.8	18.7	257.6	103.4
2019	3696.3	3412.5	16.2	191.3	76.2
2020	3743.2	3447.3	22.9	171.1	101.9
沈　阳	1381.3	1285.5	7.3	43.5	44.9
大　连	714.8	629.1	11.9	41.6	32.2
鞍　山	246.3	224.9		15.0	6.4
抚　顺	138.6	131.4	0.1	6.1	1.1
本　溪	51.9	48.7		2.2	1.0
丹　东	184.3	173.9	0.9	8.7	0.8
锦　州	88.4	87.1		0.6	0.7
营　口	208.4	183.9	0.5	21.1	3.0
阜　新	84.3	76.9		3.1	4.3
辽　阳	69.3	66.4		2.9	0.0
盘　锦	110.2	100.5	1.6	6.1	2.1
铁　岭	66.9	64.1		2.4	0.3
朝　阳	140.2	133.7	0.1	3.5	2.9
葫芦岛	258.1	241.2	0.5	14.3	2.1

6-24 按用途分商品房屋实际销售额

单位：万元

年份、地区	商品房销售额	住宅	办公楼	商业营业用房	其他
2000	1969468	1514151	81327	350835	23155
2001	2478449	1988320	78822	387466	23841
2002	2732993	2231000	83089	398162	20742
2003	3434521	2813999	87307	488483	44732
2004	4866124	4165674	50524	564718	85208
2005	7174340	6205959	61993	829475	76913
2006	9278590	7909896	131269	1073899	163526
2007	13368797	11893975	90342	1208087	176393
2008	15376463	13338922	171558	1647920	218063
2009	21685950	18834702	187058	2356123	308067
2010	30633172	25876571	524527	3328874	903200
2011	35691155	30092300	307547	4078586	1212722
2012	43627815	36112089	763539	5464026	1288161
2013	47592106	39418642	363416	6365457	1444591
2014	30920972	25188711	414546	4173247	1144468
2015	22549726	19076264	334753	2656383	482326
2016	22569067	19880253	596740	1749358	342716
2017	27716944	24522296	399941	2224201	570506
2018	29673101	26157528	191322	2709306	614945
2019	30490567	28148583	149132	1794157	398695
2020	33662811	31141104	280015	1819139	422553
沈　阳	15714198	14933923	70920	525871	183484
大　连	9509129	8492958	188685	685809	141677
鞍　山	1292003	1173040		94993	23970
抚　顺	731864	684745	330	40694	6095
本　溪	285023	263276		14921	6826
丹　东	1086295	1014813	6108	61266	4108
锦　州	513577	504075		5379	4123
营　口	1021789	875793	2315	132545	11136
阜　新	311020	275859		22118	13043
辽　阳	352580	331171		21337	72
盘　锦	533221	455485	7919	59106	10711
铁　岭	292869	278484		12952	1433
朝　阳	638318	597580	411	30688	9639
葫芦岛	1380925	1259902	3327	111460	6236

6-25 房地产开发企业(单位)施工、销售情况

(2020年)

指　标	单位	合计	住宅	#90平米以下住房	144平米以上住房	办公楼	商业营业用房	其他
房屋施工面积	万平方米	24002.8	17800.3	6750.0	2753.7	468.6	3342.0	2391.9
#新开工面积	万平方米	4404.1	3396.9	851.3	443.7	39.2	447.8	520.3
房屋竣工面积	万平方米	1848.2	1440.8	566.3	221.2	31.7	216.9	158.8
#不可销售面积	万平方米	65.5	21.7	15.6	1.4	1.0	9.6	33.2
竣工房屋价值	亿元	628.6	481.9	160.6	90.0	10.4	92.8	43.5
出租房屋面积	万平方米	23.8	11.4	11.4		2.8	9.1	0.6
商品房销售面积	万平方米	3743.2	3447.3	906.6	410.0	22.9	171.1	101.9
#现房销售面积	万平方米	676.8	551.1	243.4	103.5	14.5	77.5	33.6
期房销售面积	万平方米	3066.4	2896.2	663.2	306.6	8.4	93.6	68.3
商品房销售额	亿元	3366.3	3114.1	670.0	524.4	28.0	181.9	42.3
#现房销售额	亿元	474.7	376.6	134.5	108.8	20.7	63.6	13.9
期房销售额	亿元	2891.5	2737.5	535.5	415.6	7.3	118.3	28.4

6-26 房地产开发企业(单位)投资、资金和土地情况

单位：万元

指　标	2010年	2011年	2012年	2013年	2014年	2015年	2016年	2017年	2018年	2019年	2020年
计划总投资	144692113	184107428	227292321	258901273	260882757	231204544	216561483	216449974	215244814	222771855	235800271
自开始建设累计完成投资	83464409	113205599	145384135	178526342	193134053	174022996	157922755	162424015	159293975	158767210	162800518
本年完成投资	34657562	44875610	54558196	64507513	53013051	35586421	20948451	22896691	25992713	28339503	29788629
按构成分:											
建筑工程	24417347	32471278	38281458	47339656	39678415	27625346	15044629	16425849	13525517	14856783	17073374
安装工程	2336866	3596164	4330448	5736056	5571367	3472568	2155286	2287139	2007290	1265054	1080900
设备工器具购置	543356	1199549	1127517	1311337	1103095	441082	411201	344207	313131	390115	257511
其他费用	7359993	7608619	10818773	10120464	6660174	4047425	3337335	3839496	10146775	11827551	11376844
#旧建筑物购置费	296701	252364	313691	407444	71755	34195	25078	27721	23791	8026	39318
土地购置费	5080384	5225988	7405576	5695472	5351452	3081600	2580991	3043357	9508556	11048315	10517440
按工程用途分:											
住　宅	24813478	34104876	39619482	46649928	38442622	26033152	15054217	16739105	19444588	21883502	23032331
办公楼	1029344	929622	1633776	1557668	1792155	1166064	652536	703978	377866	494867	406327
商业营业用房	5886469	6753253	8627741	10979210	9507965	6086438	3587950	3645296	3383677	3255188	3151523
其　他	2928271	3087859	4677197	5320707	3270309	2300767	1653748	1808312	2786582	2705946	3198448
本年新增固定资产	12692617	21388327	23154604	22124010	24549766	13119328	10472044	10395378	7492971	8692115	8096996
本年购置土地面积(万平米)	3134.6	3446.3	3199.5	2502.3	1670.848	957.0	654.5	510.6	809.9	825.5	718.7
本年土地成交价款	4878841	5312808	4918076	5668331	4112281	2460688	1275173	1170972	2947261	3470259	3521892

主要统计指标解释

全社会固定资产投资 固定资产投资是社会固定资产再生产的主要手段。通过建造和购置固定资产的活动，国民经济不断采用先进技术装备，建立新兴部门，进一步调整经济结构和生产力的地区分布，增强经济实力，为改善人民物质文化生活创造物质条件。这对我国的社会主义现代化建设具有重要意义。

固定资产投资额是以货币表现的建造和购置固定资产活动的工作量，它是反映固定资产投资规模、速度、比例关系和使用方向的综合性指标。全社会固定资产投资包括国有经济单位投资、城乡集体经济单位投资、各种经济类型的单位投资和城乡居民个人投资。按照我国现行计划管理体制，国有经济单位固定资产投资总额分为基本建设、更新改造、商品房屋建设投资和其他固定资产投资四个部分；城乡集体经济单位投资包括城镇集体所有制单位投资和农村集体所有制单位投资；各种经济类型的单位投资包括联营经济、股份制经济、中外合资经营、中外合作经营、外资、与大陆合资经营、与大陆合作经营、港澳台独资及其他经济类型的单位投资。城镇居民个人投资包括城市、县城、镇、工矿区所辖范围内的个人建房和农村个人建房及购买生产性固定资产的投资。

基本建设投资 基本建设是国有企业、事业单位以扩大生产能力或工程效益为主要目的的新建、扩建工程及有关工作。包括工厂、矿山、铁路、桥梁、港口、农田水利、商店、住宅、学校、医院等工程的建造和机器设备、车辆、船舶、飞机等的购置。

基本建设投资额是以货币表现的基本建设完成的工作量，是反映一定时期内基本建设规模和建设进度的综合性指标。它是根据工程的实际进度按预算价格(预算价格是编制施工图预算时所用的价格)计算的工作量，没有形成工程实体的建筑材料和没有开始安装的设备，都不计算投资完成额。

更新改造投资 更新改造是指国有企业、事业单位对原有设施进行固定资产更新和技术改造，以及相应配套的工程和有关工作(不包括大修理和维护工程)。更新改造投资是以货币表现的更新改造完成的工作量。根据我国现行统计制度，基本建设和更新改造的划分是：(1)列入基本建设计划的项目作为基本建设投资，列入更新改造计划的项目作为更新改造投资；(2)更新改造计划与基本建设计划结合安排的项目及未列入计划的项目，根据工程性质分别作为基本建设投资或更新改造投资。属于对企业、事业单位原有设施进行技术改造或更新的项目和增建主要生产车间、分厂等，其新增生产能力或效益尚未达到大中型标准的项目，以及由于城市环境保护和安全生产的需要而进行的迁建工程，作为更新改造投资。

其他固定资产投资 是指按照国家规定不纳入基本建设和更新改造计划管理，其总投资在五万元以上的固定资产投资。具体包括：国有经济单位用油田维护费和石油开发基金进行的油田维护和开发工程；煤炭、铁矿、森林工业等采掘采伐业用维检费进行的开拓延伸工程；交通部门用公路养路费对原有公路、桥梁进行改建的工程；商业部门用简易建筑费建造的仓库工程。

固定资产投资的资金来源 根据固定资产投资的资金来源不同，分为上年末结余资金、本年资金来源小计和各项应付款。其中本年资金来源小计又分为国家预算内资金、国内贷款、股票、债券、利用外资、自筹资金和其他资金来源七种:

(1)国家预算内资金指国家预算、地方财政、主管部门和国家专业投资公司拨给或委托银行贷给建设单位的基本建设拨款和中央基本建设基金，拨给企业单位的更新改造拨款，以及中央财政安排的专项拨款中用于基本建设的资金。

(2)国内贷款指报告期企、事业单位向银行及非银行金融机构借入的用于固定资产投资的各种国内借款。国内贷款包括：银行利用自有资金及吸收的存款发放的贷款、上级主管部门拨入的国内贷款、国家专项贷款(包括煤代油贷款、劳改煤矿专项贷款等)，地方财政专项资金安排的贷款、国内储备贷款、周转贷款等。

(3)股票是股份制企业通过发行股票筹集到的，用于固定资产投资的资金。

(4)债券是企业(公司)或金融机构通过发行各种债券筹集到的用于固定资产投资的资金，包括由银行代理国家专业投资公司发行的重点企业债券和重点建设债券。

(5)利用外资指报告期收到的用于固定资产投资的国外资金，包括统借统还、自借自还的国外贷款，中外合资项目中的外资，以及无偿捐赠等。其中，国家统借统还的外资，是指由我国政府出面同外国政府、团体或金融组织签订贷款协议、并负责偿还本息的国外贷款。

(6)自筹资金指建设单位报告期收到的，用于进行固定资产投资的上级主管部门、地方和本单位自筹资金。

(7)其他资金来源指报告期收到的除以上各种拨款、借款、自筹资金之外，其他用于固定资产投资的资金。

固定资产投资按国民经济行业分 建设项目归哪个行业，按其建成投产后的主要产品或主要用途及社会经济活动性质来确定。基本建设按建设项目划分国民经济行业，更新改造、国有经济单位其他固定资产投资及城镇集体投资根据整个企业、事业单位所属的行业来划分。一般情况下，一个建设项目或一个企业、事业单位只能属于一种国民经济行业。为了更准确地反映国民经济各行业之间的比例关系，联合企业(总厂)所属分厂属于不同行业的，原则上按分厂划分行业。

固定资产投资按建设性质分 建设项目的性质一般分为新建、扩建、改建、迁建、恢复。基本建设按建设项目划分建设性质，更新改造、国有经济单位其他固定资产投资及城镇集体投资按整个企业、事业单位的建设情况确定建设性质。目前基本建设和更新改造是根据我国现行的计划管理体制区分的，所以基本建设和更新改造都可以分别按新建、扩建等划分。

(1)新建一般是指从无到有、“平地起家”新开始建设单位。有的单位原有的基础很小，经过建设后其新增加的固定资产价值超过原有固定资产价值(原值)三倍以上的也算新建。

(2)扩建一般是指为扩大原有产品的生产能力，在厂内或其他地点增建主要生产车间(或主要工程)、独立的生产线或总厂之下的分厂的企业；事业单位和行政单位在原单位增建业务用房(如学校增建教学用房、医院增建门诊部或病床用房、行政机关增建办公楼等)也作为扩建。

(3)改建一般是指现有企业、事业单位为了技术进步，提高产品质量，增加花色品种，促进产品升级换代、降低消耗和成本，加强资源综合利用和三废治理、劳保安全等，采用新技术、新工艺、新设备、新材料等对现有设施、工艺条件进行技术改造或更新(包括相应配套的辅助性生产、生活福利设施)。有的企业为充分发挥现有生产能力，进行填平补齐而增建不增加本单位主要产品生产能力的车间等，也属于改建。

固定资产投资按用途分 固定资产投资按工程的经济用途分为用于第一产业、第二产业、第三产业和住宅四部分的建设，是研究不同用途的固定资产投资之间比例关系的重要指标。基本建设投资、国有经济单位其他固定资产投资及城镇集体投资的用途按单项工程确定，现有企业、事业单位更新改造投资的用途按更新改造项目确定。

固定资产投资按构成分 固定资产投资活动按其工作内容和实现方式分为建筑安装工程，设备、工具、器具购置，其他费用三个部分。

(1)建筑安装工程(建筑工作量)指各种房屋、建筑物的建造工程和各种设备、装置的安装工程。包括各种房屋建造工程，各种用途设备基础和各种工业窑炉的砌筑工程；为施工而进行的各种准备工作和临时工程以及完工后的清理工作等；铁路、道路的铺设，矿井的开凿及石油管道的架设等；水利工程；防空地下建筑等特殊工程；以及各种机械设备的安装工程；为测定安装工程质量，对设备进行的试行工作。在安装工程中，不包括被安装设备本身的价值。

(2)设备、工具、器具购置指购置或自制达到固定资产标准的设备、工具、器具的价值，固定资产的标准按财务部门规定。新建单位、扩建单位的新建车间按照设计和计划要求购置或自制的全部设备、工具、器具，不论是否达到固定资产标准均计入“设备、工具、器具购置中”。

(3)其他费用指除建筑安装工程和设备、工具、器具购置以外的投资完成额。它包括两种性质的费用，一种是属于增加固定资产的费用，主要有：建设单位管理费，土地、青苗等补偿费和安置补助费、勘察设计费，研究实验费、农林单位牲畜购置费、各种经济林木的营造费、办公和生活家具、器具购置费、引进技术和进口设备项目的其他费用、联合试运转费等；一种是属于不增加固定资产的费用，主要有：施工机械转移费、生产职工培训费、农业开荒费用及报废工程损失费等。

基本建设项目按大中小型划分 基本建设划分大中小型项目原则上应按照上级批准的设计任务书或初步设计所确定的总规模或总投资划分，没有正式批准设计任务书或初步设计的，按国家或省、自治区、直辖市年度基本建设投资计划中所列的总规模或总投资划分。上述两条均不具备的，按本年计划施工工程的建设总规模或总投资划分。生产单一产品的工业项目，按产品的设计能力划分的；生产多种产品的工业项目，按其主要产品的设计能力划分。品种繁多，难以按生产能力划分的，按全部计划投资额划分。划分标准以国家颁发的《大中小型建设项目划分标准》依据。国家曾在 1958 年、1962 年、1977 年和 1979 年先后五次修订《大中小型建设项目划分标准》，因此各历史时期的大中型项目数不完全可比。

施工项目 指报告期内曾进行建筑或安装工程施工活动的建设项目。包括报告期内新开工项目、报告期以前开工跨入报告期继续施工的项目以及报告期施过工并在报告期内全部建设投产或停缓建的项目。

全部建成投产项目 工业项目是指设计文件规定形成生产能力的主体工程及其相应配套的辅助设施全部建成，经负荷试运转，证明具备生产设计规定合格产品的条件，并经过验收鉴定合格或达到竣工验收标准，与生产性工程配套的生产福利设施可以满足近期正常生产的需要，正式移交生产的建设项目。非工业项目是指设计文件规定的主体工程和相应的配套工程全部建成，能够发挥设计规定的全部效益，经验收鉴定合格或达到竣工验收标准，正式移交使用的建设项目。

新增生产能力 指通过固定资产投资活动而增加的设计能力或工程效益，它是用实物形态表示的固定资产投资的成果。新增生产能力的计算，是以能独立发挥生产能力或效益的单项工程(或项目)为对象，当单项工程(或项目)建成，经有关部门鉴定合格，正式移交投入生产，即可计算新增生产能力。

新增生产能力或工程效益有以下几种表现形式:

(1)以建设项目或单项工程建成后的年产能力表示。如煤炭开采、石油开采等。

(2)以建设项目或单项工程建成后处理原料的能力表示。如选矿工程的年处理矿石能力，洗煤厂年洗原煤能力等。

(3)以新增的主要设备数量或容量表示。如棉纺绽数枚、发电机组容量等。

(4)以建筑物容积、容量、面积或长度表示。如水库容量、铁路公路里程等。

新增生产能力的数量一般按设计能力计算。设计能力是指设计文件中规定的在正常情况下能够达到的生产能力，而不论投产后的实际产量如何。以设备数量、建筑物容积、面积、长度等表示的新增生产能力(或效益)，则按建成的实际数量计算。

施工和竣工房屋建筑面积 房屋建筑面积是从房屋外墙线算起的各层平面面积的总和，包括房屋结构(如柱、墙)占用的面积和地下室面积。多层建筑按各自然层面积总和计算，包括房屋内的楼隔层，突出墙面的眺望间、门斗、有柱雨罩的面积。不包括突出墙面结构的构件、艺术装饰等所占的面积，如台阶等。凹阳台、挑阳台按其水平投影面积一半计算建筑面积。

竣工面积 指在报告期内房屋建筑按照设计要求已全部完工，达到住人和使用条件，经验收鉴定合格，正式移交使用单位的建筑面积。

房屋建筑面积竣工率 指一定时间内房屋竣工面积占同期房屋施工面积的比率。它是从房屋建筑施工速度的角度反映投资效果和建筑业经济效益的指标。

新增固定资产 指通过投资活动所形成的新的固定资产价值。包括已经建成投入生产或交付使用的工程价值和达到固定资产标准的设备、工具、器具的价值及有关应摊入的费用。它是以价值形式表示的固定资产投资成果的综合性指标，可以综合反映不同时期、不同部门、不同地区的固定资产投资成果。

建设项目投资率 指一定时期内全部建成投入生产项目个数占同期正式施工项目个数的比率。它是从项目建设速度的角度反映投资效果的指标。

固定资产交付使用率 指一定时期新增固定资产与同期完成投资额的比率。它是反映各个时期固定资产动用速度，衡量建设过程中投资效果的一个综合性指标。

未完工程占用率 指年末未完工程累计完成投资额占全年实际完成投资额的比率。它反映未完工程的相对规模，并可从资金占用的角度反映固定资产投资效果。由于未完工程是指已经开工，但尚未建成交付使用的工程，有个跨年度问题，因此未完工程占用率会出现大于1的情况。

七、能　源

Chapter 7　Energy

7-1 能源生产总量及构成

年 份	能源生产总量(万吨标准煤)	占能源生产总量的%			
		原煤	原油	天然气	水电、核电、其他能发电
1978	3890.7	78.9	14.0	5.6	1.5
1980	3765.8	70.8	20.2	6.3	2.7
1985	4953.2	66.2	26.6	4.1	3.1
1986	5011.4	63.4	29.1	4.0	3.5
1987	5094.9	60.5	32.1	4.1	3.3
1988	5410.9	60.6	33.5	4.0	2.0
1989	5766.6	61.7	33.3	4.0	2.0
1990	5958.9	61.1	32.8	3.9	2.2
1991	6082.4	61.4	32.3	3.9	2.4
1992	6233.4	61.8	31.8	4.5	1.9
1993	6327.2	62.8	32.1	4.6	0.5
1994	6384.8	61.6	33.6	4.4	0.4
1995	6239.3	59.5	35.6	4.1	0.8
1996	6610.8	63.0	32.5	3.6	0.9
1997	6638.7	63.3	32.4	3.8	0.5
1998	6422.5	64.3	32.3	2.9	0.5
1999	5649.5	60.4	36.2	3.0	0.4
2000	5380.5	59.1	37.2	3.3	0.3
2001	5376.8	59.4	36.8	3.3	0.5
2002	5809.8	63.6	33.2	2.8	0.4
2003	6288.3	66.7	30.3	2.6	0.4
2004	6749.9	70.3	27.1	1.9	0.7
2005	6219.8	67.4	29.0	2.5	1.1
2006	6513.4	69.8	26.9	2.4	0.9
2007	6311.2	69.2	28.0	1.9	0.9
2008	6257.5	69.7	27.4	1.8	1.1
2009	6037.8	73.3	23.7	1.8	1.2
2010	6769.5	73.9	22.2	1.6	1.9
2011	6890.0	75.5	20.7	1.4	1.9
2012	6393.3	72.8	22.4	1.5	2.8
2013	5521.1	65.7	25.9	2.0	5.4
2014	5147.7	62.1	28.4	2.1	6.4
2015	5071.5	60.8	29.2	1.7	7.0
2016	4640.9	57.1	31.3	1.6	10.0
2017	4369.1	52.5	34.1	1.6	11.8
2018	4333.7	48.7	34.3	1.8	15.2
2019	4441.1	47.8	33.9	1.9	16.5
2020	4414.8	46.3	34.0	2.2	17.5

注：1.本表中2015年、2016年、2017年是第四次经济普查调整后数据，以前年度未进行调整。
2.能源生产总量按照电热当量计算法计算。

7-2 能源消费总量及构成

年 份	能源消费总量(万吨标准煤)	占能源消费总量的%			
		煤炭	石油	天然气	水电、核电、其他能发电
1978	5261.5	64.6	30.2	4.2	1.0
1980	5272.1	67.8	25.8	4.5	1.9
1985	6325.1	78.7	15.2	3.7	2.4
1986	6360.3	79.4	14.6	3.2	2.8
1987	6475.8	81.5	12.7	3.2	2.6
1988	6824.6	83.0	12.3	3.1	1.6
1989	7000.1	83.1	12.8	3.3	0.8
1990	7170.8	82.2	12.8	3.3	1.7
1991	7218.0	83.0	11.7	3.3	2.0
1992	7191.6	83.7	10.7	3.9	1.7
1993	8695.5	74.6	21.8	3.3	0.3
1994	9204.6	76.0	20.9	2.9	0.2
1995	9381.7	77.1	19.6	2.7	0.6
1996	9417.6	79.6	17.3	2.5	0.6
1997	9191.6	82.0	14.9	2.7	0.4
1998	8873.7	82.5	14.6	2.6	0.3
1999	8869.9	80.5	16.7	2.6	0.2
2000	9877.2	77.5	19.8	2.5	0.2
2001	10356.9	73.8	23.7	2.2	0.3
2002	10333.5	77.8	19.8	2.2	0.2
2003	11430.7	78.6	18.8	2.3	0.3
2004	12454.0	79.2	19.0	1.5	0.3
2005	12883.3	71.3	24.1	1.5	0.6
2006	14228.0	71.4	24.3	1.2	0.4
2007	15757.9	73.2	22.6	1.2	0.4
2008	16925.7	73.1	22.7	1.3	0.4
2009	18172.5	73.0	22.5	1.2	0.4
2010	19856.4	67.9	27.3	1.3	0.6
2011	21492.1	65.3	29.0	2.4	0.6
2012	22313.9	61.3	31.6	3.8	0.8
2013	20499.6	62.5	28.2	5.0	1.5
2014	20585.7	62.1	28.2	5.4	1.6
2015	20217.3	60.6	31.4	3.6	1.8
2016	19677.0	60.5	31.4	3.4	2.4
2017	20060.9	59.1	31.7	4.1	2.6
2018	20779.0	58.2	31.5	4.7	3.2
2019	22103.0	57.9	31.7	4.5	3.3
2020	23199.5	57.5	32.4	4.2	3.3

注：1.本表中2015年、2016年、2017年是第四次经济普查调整后数据，以前年度未进行调整。
2.能源消费总量按照电热当量计算法计算。

7-3 能源生产弹性系数

年 份	能源生产比上年增长 %	电力生产比上年增长 %	生产总值比上年增长 %	能源生产弹性系数	电力生产弹性系数
1985	10.3	8.8	13.3	0.8	0.7
1990	3.3	3.6	1.1	3.3	3.6
1991	2.1	3.0	6.1	0.5	0.7
1992	0.5	9.5	12.1	0.4	0.8
1993	11.0	5.2	14.9	0.8	0.4
1994	0.9	-2.2	11.2	0.1	
1995	-2.1	1.3	7.1		0.2
1996	6.0	8.4	8.6	0.7	1.0
1997	0.4	8.9	8.9	0.5	1.0
1998	-3.3	-8.5	8.3		
1999	-12.0	-3.5	8.2		
2000	-4.8	5.3	8.9		0.6
2001	-0.1	2.5	9.0		0.3
2002	8.1	14.5	10.2	0.8	1.4
2003	8.2	10.7	11.5	0.7	0.9
2004	7.3	4.2	12.8	0.6	0.3
2005	0.3	4.0	12.3	0.0	0.3
2006	1.9	10.8	13.8	0.1	0.8
2007	-5.6	10.2	14.5		0.7
2008	-0.9	2.4	13.4		0.2
2009	-3.5	4.9	13.1		0.4
2010	12.1	12.2	14.2	0.9	0.9
2011	1.8	6.2	12.2	0.2	0.5
2012	-7.2	4.5	9.5		0.5
2013	-12.1	5.7	8.7		
2014	-6.8	2.8	5.8		
2015	-1.5	0.1	2.8		0.0
2016	-8.5	9.8	0.5		19.6
2017	-5.9	2.8	4.2		0.7
2018	-0.8	10.3	5.6		1.8
2019	2.5	2.7	5.5	0.5	0.5
2020	-0.6	3.0	0.6		5.0

注：1.本表中2015年、2016年、2017年是第四次经济普查调整后数据，以前年度未进行调整。
2.能源消费按照电热当量计算法计算。

7-4 能源消费弹性系数

年 份	能源消费比上年增长 %	电力消费比上年增长 %	生产总值比上年增长 %	能源消费弹性系数	电力消费弹性系数
1985	6.8	7.6	13.3	0.55	0.62
1990	1.4	2.6	1.1	1.40	2.60
1991	0.6	6.0	6.1	0.10	1.30
1992	1.0	10.0	12.1	0.10	0.90
1993	11.0	10.6	14.9	0.75	0.72
1994	8.2	-1.8	11.2	0.73	
1995	2.5	4.8	7.1	0.35	0.68
1996	0.4	8.4	8.6	0.04	0.98
1997	-2.5	7.6	8.9		0.85
1998	-3.5	-5.2	8.3		
1999	0.1	12.1	8.2	0.14	1.47
2000	14.1	4.8	8.9	1.58	0.54
2001	1.3	2.0	9.0	0.14	0.22
2002	-0.2	6.0	10.2		0.59
2003	7.2	5.5	11.5	0.63	0.48
2004	12.4	16.5	12.8	0.96	1.28
2005	12.0	5.0	12.3	0.97	0.40
2006	10.8	10.6	13.8	0.78	0.77
2007	9.9	10.7	14.5	0.68	0.74
2008	7.6	3.9	13.1	0.58	0.30
2009	7.4	5.4	13.1	0.56	0.41
2010	9.6	15.3	14.2	0.68	1.08
2011	8.4	8.5	12.2	0.69	0.70
2012	3.6	2.1	9.5	0.38	0.22
2013	3.7	5.7	8.7	0.43	0.66
2014	0.4	1.5	5.76	0.07	0.26
2015	-1.8	-2.6	2.8		
2016	-2.7	4.9	0.5		9.80
2017	2.0	4.3	4.2	0.48	1.02
2018	3.6	10.1	5.6	0.64	1.80
2019	6.4	3.8	5.5	1.16	0.69
2020	5.0	1.5	0.6	8.33	2.50

注：本表中2015年、2016年、2017年是第四次经济普查调整后数据，以前年度未进行调整。

7-5 分行业主要能源品种消费量

(2020年)

行　业	煤炭消费量(万吨)	焦炭消费量(万吨)	原油消费量(万吨)	汽油消费量(万吨)	煤油消费量(万吨)	柴油消费量(万吨)	燃料油消费量(万吨)	天然气消费量(亿立方米)	电力消费量(亿千瓦小时)
消费总量	**19068.00**	**3496.78**	**10289.53**	**797.39**	**33.51**	**1007.10**	**212.76**	**73.74**	**2520.10**
农、林、牧、渔业	**20.70**			**59.16**		**82.98**			**53.85**
采矿业	**871.72**	**5.12**	**11.69**	**2.17**		**32.67**	**0.77**	**17.33**	**148.35**
煤炭开采和洗选业	743.79		0.08	0.10		1.79		0.03	17.50
石油和天然气开采业			11.60	0.35		0.64		16.79	27.24
黑色金属矿采选业	38.59	5.10		0.12		11.71		0.01	78.11
有色金属矿采选业	67.29	0.01		0.08		2.03	0.77	0.17	9.85
非金属矿采选业	19.62			0.05		3.11		0.23	13.76
开采辅助活动	2.43			1.47		13.40		0.10	0.25
其他采矿业									1.65
制造业	**7992.87**	**3490.80**	**10277.81**	**10.05**	**9.36**	**39.37**	**101.53**	**38.40**	**1270.89**
农副食品加工业	99.01	0.23		0.35		2.63	0.31	0.50	35.75
食品制造业	3.91	0.08		0.10		0.19		0.64	11.49
酒、饮料和精制茶制造业	11.26			0.05		0.10		0.19	3.95
烟草制品业	0.08							0.04	0.36
纺织业	8.47			0.03		0.01	0.03	0.20	5.98
纺织服装、服饰业	1.62	0.04		0.12		0.07		0.04	4.76
皮革、毛皮、羽毛及其制品和制鞋业	0.03			0.01		0.01			1.23
木材加工及木、竹、藤、棕、草制品业	0.46			0.08		0.12		0.00	6.86
家具制造业	0.03			0.02		0.04		0.02	3.57
造纸及纸制品业	94.00			0.04		0.37	0.12	0.25	15.65
印刷和记录媒介复制业	0.06			0.03		0.04	0.01	0.03	1.42
文教、工美、体育和娱乐用品制造业	0.24			0.03		0.01		0.01	0.92
石油加工、炼焦和核燃料加工业	2184.80		10277.81	0.96	0.09	0.76	82.97	13.31	144.78
化学原料和化学制品制造业	326.94	2.86		0.98	0.72	1.60	0.10	5.88	85.99
医药制造业	32.05	0.07		0.13		0.20	0.22	0.45	8.19
化学纤维制造业	5.69			0.00		0.02		0.01	2.92
橡胶和塑料制品业	9.82	0.03		1.17		0.17		0.25	34.05
非金属矿物制品业	967.36	11.64		1.78	0.00	14.04	17.09	8.17	173.80
黑色金属冶炼和压延加工业	4159.11	3357.68		0.19		13.34	0.23	2.72	441.70
有色金属冶炼和压延加工业	36.25	18.84		0.12		1.33		2.54	103.11
金属制品业	38.12	94.11		0.38	0.00	0.85	0.01	1.16	52.96
通用设备制造业	1.91	4.12		1.12	0.03	0.47	0.01	0.38	45.10
专用设备制造业	0.23	0.20		0.42		0.44	0.00	0.16	11.68
汽车制造业	1.91	0.88		1.21		0.47	0.01	0.92	21.29
铁路、船舶、航空航天和其他运输设备制造业	1.34	0.00		0.11	8.52	0.56	0.37	0.07	11.70
电气机械和器材制造业	0.30	0.01		0.36	0.01	0.21	0.02	0.37	12.63
通信设备、计算机和其他电子设备制造业	0.09			0.11		0.05		0.08	17.73
仪器仪表制造业	0.27			0.12		0.03		0.01	1.19
其他制造业				0.01		0.02		0.002	6.41
废弃资源综合利用业	7.52			0.02		0.35		0.002	2.35
金属制品、机械和设备修理业	0.00			0.02		0.91	0.04	0.01	1.35
电力、燃气及水的生产和供应业	**9708.06**	**0.86**	**0.03**	**1.07**		**1.40**	**0.16**	**0.99**	**370.25**
电力、热力的生产和供应业	9707.74			0.76		1.21	0.13	0.31	338.24
燃气生产和供应业	0.01	0.86		0.11		0.03		0.67	4.08
水的生产和供应业	0.31		0.03	0.20		0.16	0.03	0.01	27.93
建筑业	**0.33**			**1.03**		**5.00**	**0.97**	**0.02**	**22.48**
房屋和土木工程建筑业				0.05		0.51			12.67
建筑安装业	0.33			0.96		4.43	0.97	0.02	5.55
建筑装饰业									0.65
其它建筑业				0.02		0.06		0.003	3.61
交通运输储运业和邮政业	**8.73**	**0.00**		**223.96**	**24.15**	**674.54**	**109.34**	**7.86**	**63.28**
铁路运输业	0.95	0.00		0.18		12.95	0.02	0.07	33.75
道路运输业	0.12			223.11		645.92		5.20	8.79
水上运输业	5.81			0.44		4.77	89.96	2.59	3.60
航空运输业				0.14	24.15	0.12	19.36		1.21
管道运输业	1.85								3.62
装卸搬运及其他运输服务业									3.11
仓储业				0.09		10.77			8.34
邮政业									0.86
批发、零售业和住宿、餐饮业	**0.03**			**15.20**		**8.15**		**0.02**	**105.68**
其他行业	**90.59**			**142.64**		**160.85**			**172.53**
城乡居民生活	**374.97**			**342.12**		**2.15**		**9.12**	**312.79**

7-6 能源加工转换效率

单位：%

年 份	总效率	发电及电站供热	炼焦	炼油
1985	79.1	37.2	94.5	98.6
1990	82.7	48.1	97.1	98.0
1991	82.2	49.1	98.5	98.9
1992	81.0	48.3	97.5	86.3
1993	80.6	48.1	83.0	99.0
1994	75.2	46.0	72.6	97.0
1995	80.2	50.3	98.6	97.4
1996	77.6	46.0	90.6	98.0
1997	75.9	43.8	91.7	97.8
1998	76.9	44.9	96.0	99.6
1999	76.0	44.8	97.1	95.6
2000	75.3	41.9	93.2	96.7
2001	73.5	43.8	92.8	89.9
2002	76.8	42.8	98.1	98.0
2003	73.3	39.9	98.1	96.2
2004	72.4	38.2	92.3	96.6
2005	74.7	42.1	98.9	92.4
2006	74.1	43.0	96.7	93.6
2007	75.4	43.3	97.3	95.5
2008	75.9	43.5	97.8	95.0
2009	75.6	43.4	98.1	94.4
2010	77.4	46.2	97.3	95.2
2011	76.9	46.5	97.5	94.7
2012	78.6	47.5	97.4	95.7
2013	80.9	52.7	95.8	95.1
2014	81.9	52.8	96.5	97.0
2015	81.2	53.4	96.8	96.2
2016	82.6	54.4	96.6	96.0
2017	83.4	55.1	96.2	95.9
2018	83.7	55.9	96.8	94.0
2019	85.0	57.9	93.9	94.6
2020	86.7	58.5	96.9	96.3

注：本表中2015年、2016年、2017年是第四次经济普查调整后数据，以前年度未进行调整。

7-7 平均每天能源消费量

能源品种	单位	2010年	2011年	2012年	2013年	2014年	2015年	2016年	2017年	2018年	2019年	2020年
煤 炭	万吨	46.32	49.46	49.91	49.67	49.32	46.65	46.29	48.18	49.05	51.26	52.10
焦 炭	万吨	8.67	9.28	9.43	8.77	9.03	8.73	8.18	8.46	8.99	9.17	9.55
原 油	万吨	17.97	18.37	19.18	17.75	17.44	17.64	19.28	19.54	22.47	27.11	28.11
燃料油	万吨	0.98	1.04	1.16	0.99	0.99	0.67	0.83	0.84	0.59	0.61	0.58
汽 油	万吨	1.63	1.94	2.14	1.81	1.93	2.26	2.23	2.17	2.35	2.41	2.18
煤 油	万吨	0.06	0.04	0.09	0.08	0.08	0.08	0.11	0.12	0.14	0.14	0.09
柴 油	万吨	2.64	3.02	3.35	2.80	2.90	3.04	2.76	2.83	2.85	2.86	2.75
天然气	亿立方米	0.05	0.11	0.17	0.14	0.15	0.15	0.13	0.17	0.2	0.20	0.20
电 力	亿千瓦小时	4.70	5.10	5.21	5.50	5.59	5.44	5.69	5.95	6.55	6.80	6.89

注：本表中2015年、2016年、2017年是第四次经济普查调整后数据，以前年度未进行调整。

7-8 综合能源平衡表

单位：万吨标准煤

指 标	2009年	2010年	2011年	2012年	2013年	2014年
一、可供本地区消费的能源量	**18172.45**	**19856.39**	**21492.07**	**22313.93**	**20499.56**	**20585.67**
1.年初库存量	1572.40	1474.50	1670.64	1907.08	1725.08	1778.87
2.一次能源生产量	6037.79	6769.52	6889.99	6393.34	5521.10	5147.66
3.外省(区、市)调入量	12946.55	14076.39	17776.98	17124.83	15284.65	18102.45
4.进口量	2947.55	3099.70	2665.47	3485.17	6342.11	4454.40
5.境内轮船和飞机在境外加油量	47.80	59.43	75.80	82.09	59.53	56.49
6.本省(区、市)调出量(-)	-4336.85	-3933.12	-4884.43	-4264.85	-5821.08	-6861.03
7.出口量(-)	-795.18	-974.54	-726.50	-571.30	-785.01	-923.19
8.境外轮船和飞机在境内加油量(-)	-93.91	-92.16	-84.07	-76.76	-46.09	-45.09
9.年末库存量(-)	-1516.50	-1638.51	-1891.80	-1765.67	-1780.73	-1124.89
二、加工转换投入(-)产出(+)量	**-4661.20**	**-4496.71**	**-4450.23**	**-4277.36**	**-2906.01**	**-2507.35**
1.火力发电	-2916.90	-2813.32	-2941.65	-2938.61	-2391.30	-2392.16
2.供热	-521.81	-475.59	-483.23	-452.82	-439.18	-433.50
3.煤炭洗选	-698.50	-700.73	-799.94	-721.06	-530.41	-469.41
4.炼焦	-43.22	-61.70	-62.58	-68.38	-114.03	-96.49
5.炼油	-447.83	-233.92	-297.45	-298.89	214.87	442.60
6.制气	363.66	-2.01	-1.53	-5.64	-23.31	-30.12
7.天然气液化						-0.70
8.煤制品加工			-2.79	-1.78	-0.01	-0.30
9.回收能			340.18	351.24	1079.00	1214.93
三、损失量	**103.73**	**203.89**	**201.80**	**202.01**	**209.36**	**192.24**
#运输和输配损失	103.73	203.89	201.80	202.01	209.36	192.24
四、终端消费量	**13407.52**	**15155.78**	**16840.05**	**17834.56**	**17384.18**	**17886.08**
1.农、林、牧、渔业	249.85	266.73	284.55	287.59	283.99	287.54
2.工业	9708.30	10966.99	12217.15	12835.51	12344.40	12494.22
3.建筑业	124.99	145.26	161.70	178.75	279.72	290.24
4.交通运输、仓储及邮电通讯业	1445.64	1597.03	1746.40	1879.08	1775.40	1919.24
5.批发和零售业、贸易和餐饮业	154.11	170.34	203.95	216.58	237.15	249.48
6.其他	488.99	581.15	664.28	724.06	759.88	826.25
7.生活消费	1235.64	1428.30	1562.02	1713.00	1703.64	1819.12
城镇	1023.37	1175.58	1276.00	1393.40	1412.93	1508.33
乡村	212.27	252.72	286.02	319.60	290.71	310.79
五、平衡差额						

注：1.本表中2015年、2016年、2017年是第四次经济普查调整后数据，以前年度未进行调整。
2.能源消费量按照电热当量计算法计算。

7-8 续表

单位：万吨标准煤

指标	2015年	2016年	2017年	2018年	2019年	2020年
一、可供本地区消费的能源量	**20217.34**	**19677.04**	**20060.91**	**20778.98**	**22102.98**	**23199.52**
1.年初库存量	1124.47	1596.38	2723.92	3219.04	3522.70	3580.49
2.一次能源生产量	5071.45	4640.95	4369.06	4333.74	4441.08	4414.82
3.外省(区、市)调入量	18081.16	21226.25	23416.13	21684.63	27247.90	25842.24
4.进口量	5510.26	6189.82	6123.27	6227.09	5267.54	7695.64
5.境内轮船和飞机在境外加油量	47.79	42.78	21.33	22.52		63.87
6.本省(区、市)调出量(－)	-6710.40	-10000.16	-12128.23	-10935.62	-14695.82	-14466.49
7.出口量(-)	-1275.64	-1214.53	-1200.00	-207.90	-125.43	-18.81
8.境外轮船和飞机在境内加油量(-)	-45.59	-46.89	-38.74	-42.10	-57.12	-101.34
9.年末库存量(-)	-1586.14	-2757.55	-3225.84	-3522.42	-3497.86	-3810.90
二、加工转换投入(-)产出(+)量	**-2497.87**	**-2300.13**	**-2178.85**	**-2389.98**	**-2593.52**	**-2142.54**
1.火力发电	-2321.01	-2395.61	-2404.13	-2515.52	-2416.48	-2453.71
2.供热	-496.35	-452.99	-492.31	-496.08	-503.44	-568.65
3.煤炭洗选	-477.82	-258.18	-167.51	-95.72	-101.80	-111.55
4.炼焦	-84.13	-90.57	-106.46	-89.89	-180.79	-88.66
5.炼油	-63.64	5.81	993.32	1787.48	2356.02	3574.46
6.制气	-11.69	-8.19	-10.51	-5.31	-148.68	-128.56
7.天然气液化	-1.32	-1.11	-1.26	-1.46	-0.64	-0.11
8.煤制品加工	-1.62	-0.51		-3.86	-9.41	-1.34
9.回收能	1259.52	1328.77	1476.83	1673.13	1719.90	1901.56
三、损失量	**155.01**	**148.23**	**149.39**	**157.93**	**155.60**	**125.92**
#运输和输配损失	155.01	144.30	149.39	157.93	155.60	125.92
四、终端消费量	**17564.47**	**17228.69**	**17732.67**	**18231.07**	**19353.86**	**20931.05**
1.农、林、牧、渔业	288.08	285.70	291.68	292.53	302.12	292.71
2.工业	12065.61	11515.73	11897.72	12360.13	13452.83	15263.58
3.建筑业	252.32	251.41	247.49	233.91	219.21	219.69
4.交通运输、仓储及邮电通讯业	1847.67	1966.59	2049.35	2072.04	2069.91	1863.46
5.批发和零售业、贸易和餐饮业	245.94	261.18	256.61	247.34	231.67	199.04
6.其他	799.46	814.19	800.97	808.95	818.13	814.40
7.生活消费	2065.39	2133.89	2188.85	2216.16	2260.00	2278.18
城镇	1654.07	1695.07	1735.58	1746.22	1768.36	1798.61
乡村	411.32	438.83	453.27	469.94	491.64	479.57
五、平衡差额						

主要统计指标解释

能源生产总量 指一定时期内全省一次能源生产量的总和，是观察全省能源生产水平、规模、构成和发展速度的总量指标。一次能源生产量包括原煤、原油、天然气、水电及其他动力能(如风能、地热能等)发电量。不包括低热值燃料生产量、生物质能、太阳能等的利用和由一次能源加工转换而成的二次能源产量。

能源消费总量 指一定时期内全省物质生产部门、非物质生产部门和生活消费的各种能源的总和，是观察能源消费水平、构成和增长速度的总量指标，能源消费总量包括原煤和原油及其制品、天然气、电力。不包括低热值燃料、生物质能和太阳能等的利用。能源消费总量分为三部分，即终端能源消费量、能源加工转换损失量和损失量。

(1)终端能源消费量指一定时期内全省物质生产部门、非物质生产部门和生活消费的各种能源在扣除了用于加工转换二次能源消费量和损失量以后的数量。

(2)能源加工转换损失量指一定时期内全省投入加工转换的各种能源数量之和与产出各种能源产品之和的差额。它是观察能源在加工转换过程中损失量变化的指标。

(3)能源损失量指一定时期内能源在输送、分配、储存过程中发生的损失和由客观原因造成的各种损失量。不包括各种气体能源放空、放散量。

能源生产弹性系数 是研究能源生产量的增长与国民经济增长之间关系的指标。计算公式:

能源生产弹性系数=（能源生产总量年平均增长速度／国民经济年平均增长速度）

国民经济年平均增长速度，可根据不同的目的或需要，用国内生产总值等指标来计算，本资料是采用国内生产总值指标计算的。

电力生产弹性系数 是研究电力生产量的增长与国民经济增长之间关系的指标。一般来说，电力的发展应当快于国民经济的发展，也就是说电力应超前发展。计算公式:

电力生产弹性系数=（电力生产量年平均增长速度／国民经济年平均增长速度）

能源消费弹性系数 是反映能源消费增长速度与国民经济增长速度之间的比例关系的指标。计算公式:

能源消费弹性系数=（能源消费量年平均增长速度／国民经济年平均增长速度）

电力消费弹性系数 是反映电力消费增长速度与国民经济增长速度之间比例关系的指标。计算公式:

电力消费弹性系数=（电力消费量年平均增长速度／国民经济年平均增长速度）

能源加工转换效率 指一定时期内能源经过加工转换后，产出的各种能源产品的数量与同期内投入加工转换的各种能源数量的比率。它是观察能源加工转换装置和生产工艺先进与落后、管理水平高低等的重要指标。计算公式:

能源加工转换效率=（加工转换产出量／加工转换投入量）×100%

八、财　政

Chapter 8　Government Finance

8-1 历年地方财政一般公共预算收入

单位：亿元

年 份	公共财政预算收入	各项税收	国有资本经营收入	国有企业计划亏补	其他各项收入
1980	86.9	41.6	43.3		2.0
1985	85.2	102.3	1.4	-20.2	1.7
1986	98.9	107.1	1.4	-13.3	3.7
1987	108.0	115.5	1.4	-14.8	5.9
1988	115.9	128.4	1.7	-24.9	10.7
1989	133.9	145.6	1.6	-29.7	16.4
1990	129.3	140.3	2.0	-31.0	18.0
1991	161.5	155.7	1.6	-30.2	34.4
1992	151.6	158.6	1.5	-24.5	16.0
1993	213.7	220.0	1.9	-24.8	16.6
1994	153.7	147.5	0.8	-17.3	22.7
1995	184.4	174.0	0.6	-18.0	27.8
1996	211.7	195.8	0.7	-17.1	32.3
1997	228.2	215.1	1.0	-16.6	28.7
1998	264.6	233.5	2.6	-13.1	41.6
1999	279.6	247.5	2.5	-11.2	40.8
2000	295.6	266.4	3.7	-9.7	35.2
2001	370.4	320.0	3.5	-4.7	51.6
2002	399.7	333.0	6.7	-3.5	63.5
2003	447.0	361.4	9.1	-3.3	79.8
2004	529.6	411.5	13.0	-2.9	108.0
2005	675.3	528.4	24.5	-3.0	125.4
2006	817.7	626.2	40.9	-3.0	153.6
2007	1082.7	815.7	57.8		209.2
2008	1356.1	1017.1	92.9		246.1
2009	1591.2	1184.0	145.7		261.5
2010	2004.8	1516.7	131.2		356.9
2011	2643.2	1974.9	142.8		525.5
2012	3105.4	2317.2	157.4		630.8
2013	3343.8	2521.6	180.9		641.3
2014	3192.8	2330.6	199.7		662.5
2015	2127.4	1650.4	23.0		453.9
2016	2200.5	1687.5	19.0		494.0
2017	2392.8	1812.4	5.1		575.3
2018	2616.1	1976.1	8.6		631.4
2019	2652.4	1929.5	10.5		712.4
2020	2655.8	1879.1	46.8		729.9

注：1.本表财政收入为当年财政决算数据。
2.各项税收1983年利改税以后含企业所得税，1994年以后为新税制收入。
3.国有资产经营收益1998年以前指国企上缴利润，1983年前含企业上缴的基本折旧。
4.其他各项收入指行政性收费、罚没收入、海域场地矿区使用费收入、专项收入和其他各项收入。
5.国有资本经营收入2007年以前为“国有资产经营收益”。

8-2 地方财政一般公共预算收入

单位：亿元

项目	2010年	2011年	2012年	2013年	2014年	2015年	2016年	2017年	2018年	2019年	2020年
合计	**2004.8**	**2643.2**	**3105.4**	**3343.8**	**3192.8**	**2127.4**	**2200.5**	**2392.8**	**2616.1**	**2652.4**	**2655.8**
一、各项税收小计	**1516.7**	**1974.9**	**2317.2**	**2521.6**	**2330.6**	**1650.4**	**1687.5**	**1812.4**	**1976.1**	**1929.5**	**1879.1**
增值税	188.8	218.3	216.7	248.4	291.3	286.2	534.6	785.8	836.3	783.3	726.9
营业税	453.8	556.2	606.5	657.0	562.2	471.3	238.9				
企业所得税	174.1	227.2	242.4	250.7	252.2	235.3	238.7	278.4	316.7	330.2	328.7
个人所得税	64.2	76.9	60.9	64.1	70.3	72.4	76.7	90.4	99.2	65.5	64.4
资源税	46.5	68.1	109.3	142.0	102.1	37.6	29.8	42.3	41.3	42.5	41.0
城市维护建设税	71.6	102.8	108.4	119.2	118.2	117.6	124.3	129.8	144.7	134.1	126.2
房产税	45.9	55.9	64.2	72.4	82.2	82.4	84.1	95.2	101.8	97.2	95.1
印花税	22.8	27.7	28.2	30.3	30.5	26.0	27.5	31.4	34.1	37.4	37.1
城镇土地使用税	108.1	145.7	221.9	246.3	248.1	125.4	125.2	139.1	142.6	132.9	135.7
土地增值税	77.6	128.8	190.4	190.2	177.6	46.1	60.1	65.7	76.4	90.1	92.1
车船税	12.3	15.0	19.9	23.6	26.3	28.8	31.3	34.3	37.1	41.1	44.9
耕地占用税	96.4	140.4	225.2	239.9	203.9	15.1	15.0	13.3	10.1	14.6	15.5
契税	152.9	209.8	217.5	235.6	163.8	105.0	100.3	105.4	130.6	153.6	163.6
烟叶税	0.5	0.8	1.1	1.4	1.5	1.1	0.9	1.3	0.7	0.5	0.8
其他税收收入	1.2	1.1	4.7	0.5	0.3	0.2	0.2		4.5	6.6	7.0
二、非税收入小计	**488.2**	**668.3**	**788.2**	**822.2**	**862.2**	**476.9**	**513.0**	**580.3**	**639.9**	**722.9**	**776.7**
专项收入	55.0	99.3	110.5	107.1	105.5	161.0	152.9	149.2	156.4	138.5	136.1
行政事业性收费收入	131.9	158.6	194.6	198.0	182.5	112.8	131.8	120.7	112.6	118.7	87.0
罚没收入	60.1	70.0	88.1	78.9	69.6	76.6	77.9	106.8	157.0	183.6	152.2
国有资本经营收入	131.2	142.8	157.4	180.9	199.7	23.0	19.0	5.1	8.6	10.5	46.8
国有资源有偿使用收入	97.8	171.4	206.3	225.6	257.5	87.5	85.2	153.5	151.2	194.4	298.2
其他收入	12.1	26.2	31.3	31.7	47.4	16.0	46.2	45.1	54.1	77.2	56.3

8-3 各项税收及附加收入

单位：亿元

税种分类	2010年	2011年	2012年	2013年	2014年	2015年	2016年	2017年	2018年	2019年	2020年
收入合计	**3504.6**	**4216.1**	**4749.4**	**4963.7**	**4822.6**	**3914.7**	**3961.1**	**4175.3**	**4850.1**	**4959.6**	**4635.3**
一、税收合计	**3445.4**	**4125.0**	**4646.5**	**4856.0**	**4717.1**	**3812.0**	**3858.4**	**4069.2**	**4730.6**	**4845.1**	**4476.4**
1.增值税	1091.6	1208.2	1308.0	1353.1	1430.9	1143.3	1448.3	1884.5	2327.3	2275.4	2074.9
#国内增值税	821.3	914.4	919.7	977.7	988.9	953.7	1183.4	1547.1	1661.0	1557.3	1454.8
2.消费税	495.0	493.8	557.5	525.6	525.0	652.5	537.8	493.9	541.1	734.1	565.0
#国内消费税	443.3	435.8	532.5	478.1	480.1	613.7	556.0	522.6	518.4	692.2	528.1
3.营业税	453.8	556.3	606.7	655.9	562.4	471.4	265.3	9.6	4.0		
4.个人所得税	160.5	192.4	152.3	159.8	174.2	180.1	190.9	224.7	248.0	163.8	163.3
5.外商外国企业所得税	128.2	158.0	167.2	183.8	199.5	184.4	194.2	223.4			
6.企业所得税	303.7	407.0	432.1	432.2	424.5	380.4	396.4	466.1	782.3	810.8	795.9
7.资源税	46.4	68.1	109.2	141.9	102.0	37.5	29.8	42.1	41.0	42.2	40.8
8.投资方向调节税			0.0								
9.城市维护建设税	95.1	125.0	136.1	141.7	141.2	139.0	140.4	144.3	158.0	154.3	138.5
10.房产税	45.9	55.9	64.2	72.4	82.2	82.4	84.1	95.2	101.8	97.2	95.1
11.印花税	22.8	27.7	28.2	30.3	30.5	25.9	27.5	31.4	34.1	37.4	37.1
12.城镇土地使用税	108.1	145.7	221.9	246.3	248.1	125.4	125.2	139.1	142.6	132.9	135.7
13.土地增值税	77.6	128.8	190.4	190.2	177.6	46.1	60.1	65.7	76.4	90.1	92.1
14.车船使用税	12.3	15.0	19.9	23.6	26.3	28.8	31.3	34.3	37.1	41.1	44.9
15.耕地占用税	96.4	140.4	225.2	239.9	203.7	15.1	15.0	13.3	10.1	14.6	15.5
16.契税	152.9	209.8	217.5	235.6	163.8	105.0	100.3	105.4	130.6	153.6	163.6
17.车辆购置税	66.5	78.4	80.4	91.2	94.2	84.2	81.9	95.1	90.9	90.0	105.1
18.烟叶税	0.5	0.8	1.1	1.4	1.5	1.1	0.9	1.3	0.7	0.5	
19.关税	86.8	112.8	125.7	129.2	129.2	109.1	129.2				
20.其他税收	1.2	0.9	3.1	2.0	0.4	0.2			4.5	7.3	8.8
二、非税收入合计	**59.2**	**91.1**	**103.0**	**107.6**	**105.5**	**102.7**	**102.6**	**106.1**	**119.5**	**114.5**	**158.9**
1.教育费附加	43.0	55.9	60.8	63.3	63.1	61.4	61.5	63.7	70.4	68.1	61.6
2.文化事业建设费	1.5	1.9	2.0	1.5	0.2	0.2	0.1		1.4	1.1	0.2
3.地方教育费收入	13.2	32.6	39.8	42.6	41.8	40.8	40.9	42.2	47.0	45.3	41.0
4.矿区使用费											
5.罚没收入	0.9	0.5	0.3	0.3	0.3	0.2	0.1	0.2			0.1
6.其他收入	0.7	0.3	0.1	0.1	0.1	0.0	0.0		0.8	0.0	55.9

注：1.本表按1994年新税制改革以来的地区实际税收收入整理。
2.增值税和消费税含海关代征，不含出口退税绝对值；国内增值税和国内消费税不含海关代征，含出口退税绝对值。
3.由于国地税合并，2018年数据来自国家税务总局辽宁省税务局，与往年不可比。
4.由于税务部门口径发生变化，从2020年起将收入合计中其他收入变更为非税收入合计，与往年不可比。

8-4 各地区地方财政一般公共预算收入

(2020年)

单位：万元

项　　目	沈阳	大连	鞍山	抚顺	本溪	丹东	锦州
合　　计	**7360802**	**7026822**	**1572696**	**766870**	**696616**	**776069**	**1041364**
一、各项税收小计	**6011289**	**4715077**	**1134597**	**533731**	**514492**	**479577**	**666126**
增值税	2128121	1910255	489157	245826	264072	195135	225752
企业所得税	1199303	961727	127844	60486	36802	61431	75759
个人所得税	212954	233808	30811	15879	14838	11144	16011
资源税	19661	5992	92309	17242	41535	16333	12976
城市维护建设税	399163	340674	64270	44694	30012	28273	45776
耕地占用税	26982	3755	73	14229	10685	1092	39866
契税	697398	402769	41611	25615	19819	48157	47817
其他税收收入	1327707	856097	288522	109760	96729	118012	202169
二、非税收入小计	**1349513**	**2311745**	**438099**	**233139**	**182124**	**296492**	**375238**
专项收入	406176	355779	53691	41068	24195	24091	41885
行政事业性收费收入	168433	157587	40600	23393	16024	31663	32394
罚没收入	116262	464744	130939	64552	61862	25128	83098
国有资本经营收入		323043	118410	1155	6576	-1685	55
国有资源有偿使用收入	553225	902840	81791	76760	64071	202629	199720
其他收入	105417	107752	12668	26211	9396	14666	18086

8-4 续表

(2020年)

单位：万元

项　　目	营口	阜新	辽阳	盘锦	铁岭	朝阳	葫芦岛
合　　计	**1357775**	**444117**	**981946**	**1583723**	**504085**	**777734**	**695178**
一、各项税收小计	**1061361**	**259634**	**662271**	**1174083**	**339265**	**529981**	**452686**
增值税	454910	95116	249459	511180	141524	205629	154293
企业所得税	153783	32301	98172	195496	24044	48531	39410
个人所得税	22544	5717	15447	22790	8222	14555	12585
资源税	5947	4372	70276	57774	9188	50368	6268
城市维护建设税	71279	14458	58978	77573	21718	27245	28961
耕地占用税	2923	10358	7845	916	13844	11689	10261
契税	57816	19863	43582	54655	23965	51171	83148
其他税收收入	292159	77449	118512	253699	96760	120793	117760
二、非税收入小计	**296414**	**184483**	**319675**	**409640**	**164820**	**247753**	**242492**
专项收入	57533	13955	55544	70424	18694	36787	31541
行政事业性收费收入	19627	27163	35151	22948	29967	37363	22759
罚没收入	42450	24545	18168	263604	30601	36129	70163
国有资本经营收入	450		1110			3438	13119
国有资源有偿使用收入	123505	110250	184543	20865	79174	79506	86611
其他收入	52849	8570	25159	31799	6384	54530	18299

8-5 地方财政一般公共预算支出

单位：亿元

行　业	2009年	2010年	2011年	2012年	2013年	2014年	2015年	2016年	2017年	2018年	2019年	2020年
合　计	**2682.4**	**3195.8**	**3905.9**	**4558.6**	**5197.4**	**5080.5**	**4481.6**	**4577.5**	**4879.4**	**5337.7**	**5745.1**	**6014.2**
一般公共服务	329.2	352.4	415.2	485.7	501.3	436.3	356.5	370.9	386.0	423.0	451.1	452.3
国　防	7.5	7.6	11.4	13.8	12.0	12.0	7.9	8.2	6.1	5.7	4.9	4.5
公共安全	154.2	191.3	210.3	228.8	244.6	235.7	256.7	297.1	301.7	354.5	390.0	382.9
教　育	346.7	405.4	544.1	728.8	669.5	604.5	610.2	634.0	648.1	653.9	702.4	741.2
科学技术	57.5	68.9	87.2	101.2	119.0	108.8	68.9	61.6	57.4	75.0	74.0	72.7
文化体育与传媒	76.3	56.8	68.6	79.3	95.3	92.6	88.6	84.7	86.4	71.6	86.0	89.7
社会保障和就业	518.1	579.8	657.4	727.7	824.0	895.9	995.1	1145.5	1340.5	1463.6	1441.3	1658.6
医疗卫生	163.3	151.4	182.1	200.2	229.5	273.6	282.0	307.3	336.6	350.6	364.5	413.5
节能环保	55.7	77.4	74.2	93.3	108.6	106.1	116.8	87.2	106.5	94.2	129.7	97.9
城乡社区事务	289.7	360.3	442.6	595.2	807.3	849.5	494.3	392.7	409.6	462.5	546.4	558.7
农林水事务	240.7	289.0	329.2	405.0	466.5	443.9	446.1	480.7	459.2	461.7	502.6	504.8
交通运输	106.6	140.3	220.5	256.1	302.5	310.9	270.0	188.4	215.2	211.9	188.5	190.0
工业商业金融等事务	211.6	441.9	298.8	315.9	366.6	288.6	172.5	155.7	139.8	202.5	245.1	218.6
其他支出	125.4	73.4	364.3	327.6	450.7	422.2	315.9	363.4	386.1	507.0	618.5	628.7

注：由于口径调整，2018年工业商业金融等事务为资源勘探信息等支出、商业服务业等支出、金融支出之和。

8-6 各地区地方财政一般公共预算支出

(2020年) 单位：万元

行　业	沈阳	大连	鞍山	抚顺	本溪	丹东	锦州
合　计	**10740503**	**10019838**	**3480341**	**2050813**	**1715273**	**2456243**	**3010513**
一般公共服务	851432	705528	321869	180065	152550	218148	216831
国　防	8312	5831	1686	1147	558	3431	531
公共安全	784540	672678	175943	111374	123506	124858	129019
教　育	1204395	1193103	444295	219680	183333	355311	364449
科学技术	225712	230244	11788	4774	1447	3228	9482
文化体育与传媒	190189	111914	34912	22923	26856	29970	42701
社会保障和就业	2662316	2314449	894581	750107	523638	543284	722701
医疗卫生(卫生健康)	821562	729232	259681	154475	107329	192301	216750
环境保护(节能环保)	176093	143242	73133	47202	46126	43273	50110
城乡社区事务	1233113	1760755	302294	96319	148993	195261	393221
农林水事务	648798	421548	255840	220443	120198	319874	422183
交通运输	228551	263631	87985	45479	33383	79510	96766
商业服务业等支出	196319	75852	7938	5891	7457	8151	7220
其他支出	1509171	1391831	608396	190934	239899	339643	338549

8-6 续表 (2020年) 单位：万元

行　业	营口	阜新	辽阳	盘锦	铁岭	朝阳	葫芦岛
合　计	**2725868**	**1889007**	**2011815**	**2441591**	**2368979**	**3252423**	**2537409**
一般公共服务	231687	184038	219250	175835	217167	252357	233361
国　防	1359	623	1773	789	869	1451	295
公共安全	123518	85947	79948	83037	97193	109739	107851
教　育	281287	251463	229910	213372	328739	495846	366593
科学技术	7709	4435	9102	19797	9230	4063	1442
文化体育与传媒	33840	17750	19287	31281	23709	46630	22682
社会保障和就业	655444	481143	522129	455794	576401	696140	628807
医疗卫生(卫生健康)	173738	127248	163140	141608	211274	280565	221873
环境保护(节能环保)	69467	39749	50113	50598	35140	68003	48116
城乡社区事务	282161	93211	148645	397975	130957	219716	144285
农林水事务	213999	348448	216594	248198	436877	611557	326483
交通运输	87035	58905	64492	95757	71937	125506	70526
商业服务业等支出	7063	7238	6283	5180	11776	14914	8425
其他支出	557561	188809	281149	522370	217710	325936	356670

主要统计指标解释

财政总收入 指国家财政参与社会产品分配所取得的收入，是实现国家职能的财力保证。财政收入所包括的内容几经变化，目前主要包括：

（1）税收收入 包括增值税、营业税、企业所得税、个人所得税、资源税、固定资产投资方向调节税、城市维护建设税、房产税、印花税、城镇土地使用税、土地增值税、车船税、耕地占用税、契税、烟叶税、其他税收收入。

（2）非税收入 包括专项收入、行政事业性收费收入、罚没收入、国有资本经营收入、国有资源有偿使用收入、其他收入。

财政总支出 国家财政将筹集起来的资金进行分配使用，以满足经济建设和各项事业的需要，主要包括以下各项支出：

（1）一般公共服务 反映政府提供一般公共服务的支出。

（2）公共安全 反映政府维护社会公共安全方面的支出，有关事务包括武装警察、公安、国家安全、检察、法院、司法行政、监狱、劳教、国家保密、缉私警察等。

（3）教育支出 反映政府教育事务支出。有关具体教育事务包括教育行政管理、学前教育、小学教育、初中教育、普通高中教育、普通高等教育、初等职业教育、中专教育、技校教育、职业高中教育、高等职业教育、广播电视教育、留学生教育、特殊教育、干部继续教育、教育机关服务等。

（4）科学技术 反映政府用于科学技术方面的支出。

（5）文化体育与传媒 反映政府在文化、文物、体育、广播电视、新闻出版等方面的支出。

（6）社会保障和就业 反映政府在社会保障与就业方面的支出。有关事项包括社会保障与就业管理事务、民政管理事务、财政对社会保险基金的补助、补充全国社会保障基金、行政事业单位离退休、企业改革补助、就业补助、抚恤、退役安置、社会福利、残疾人事业、城市居民最低生活保障、其他城镇社会救济、农村社会救济、自然灾害生活补助、红十字事务等。

（7）医疗卫生 反映政府医疗卫生方面的支出。具体包括医疗卫生管理事务支出、医疗服务支出、医疗保障支出、疾病预防控制支出、卫生监督支出、妇幼保健支出、农村卫生支出等。

（8）环境保护 反映政府环境保护支出。具体包括：环境保护管理事务支出、环境监测与监察支出、污染治理支出、自然生态保护支出、天然林保护工程支出、退耕还林支出、风沙荒漠治理支出、退牧还草支出、已垦草原退耕还草支出。

（9）城乡社区事务 反映政府城乡社区事务支出。具体包括：城乡社区管理事务支出、城乡社区规划与管理支出、城乡社区公共设施支出、城乡社区住宅支出、城乡社区环境卫生支出、建设市场管理与监督支出等

（10）农林水事务 反映政府农林水事务方面的支出。具体包括农业、林业、水利、扶贫支出、农业综合开发支出等。

（11）交通运输 反映政府交通运输方面的支出。包括公路运输支出、水路运输支出、铁路运输支出、民用航空运输支出等。

（12）工业商业金融等事务 反映政府工业、商业、金融等事务支出。具体包括：采掘业支出、制造业支出、电力支出、信息产业支出、旅游业支出、涉外发展支出、粮油事务支出、商业流通事务支出、物资储备支出、金融保险支出、烟草事务支出、安全生产支出、国有资产监督支出、中小企业发展支出、清洁生产支出等。

（13）其他支出　反映不能划分到上述功能科目的其他政府支出。包括预备费、年初预留、住房改革支出以及其他支出。

中央财政和地方财政　财政是国家为了实现其职能，凭借政治权力，对一部分社会产品进行分配和再分配的经济活动。中央财政和地方财政，是指财政体制上划分中央政府和地方政府以及地方各级政府之间财政管理权限的一项根本制度，它是经济管理体制的重要组成部分，它在财政管理体制中居于主导地位。它具体规定了各级政府筹集资金、支配使用资金的权力、范围和责任，使各级政府在财政管理上有责有权。这对于正确处理中央和地方之间，以及地方各级之间的分配关系，充分发挥各级政府的积极性，更好地完成国家财政收支任务，促进社会主义建设的发展有着极其重要的意义。中央财政收入和地方财政收入，是指中央和地方各级负责组织征收的收入，不是按财政体制计算的收入分成数。其收入中还包括了国外借款。

预算外资金　是指不纳入国家财政预算，由各地方、各部门、各企业、事业、行政单位，按国家规定范围自行筹集和使用的资金。它是国家财政预算内资金的补充财力。

九、价　格

Chapter 9　Prices

9-1 各种价格指数

(上年=100)

年份	居民消费价格指数	城市居民消费价格指数	农村居民消费价格指数	商品零售价格指数	工业生产者出厂价格指数	工业生产者购进价格指数	固定资产投资指数
1980		104.4		105.9			
1985	110.7	111.4	106.7	110.0			
1986	106.7	107.0	105.0	106.0			
1987	108.6	109.8	105.6	109.0			
1988	119.3	119.6	115.9	119.3	122.4	133.9	
1989	118.2	117.2	120.1	118.4	121.2	133.3	
1990	103.3	103.1	104.1	102.7	103.8	117.6	105.9
1991	105.6	106.0	104.2	104.1	119.2	108.1	108.2
1992	106.7	108.1	102.3	106.0	112.1	116.6	120.9
1993	115.2	116.7	110.9	113.5	138.4	149.9	136.4
1994	124.3	126.1	120.9	120.6	119.9	118.2	117.4
1995	116.1	116.1	116.0	114.0	109.9	114.2	104.9
1996	107.9	108.2	106.8	105.4	102.8	103.7	102.2
1997	103.1	103.8	102.1	101.0	100.1	103.1	102.3
1998	99.3	99.8	98.7	97.6	95.8	99.3	99.8
1999	98.6	98.7	98.3	96.1	102.0	99.0	100.0
2000	99.9	100.0	99.7	98.4	108.8	103.9	101.1
2001	100.0	99.9	100.2	99.4	98.6	100.0	100.4
2002	98.9	98.9	98.7	97.4	97.8	98.3	100.7
2003	101.7	101.2	103.7	98.9	103.6	105.1	102.5
2004	103.5	102.8	106.3	101.9	107.1	112.1	104.8
2005	101.4	100.8	104.0	100.1	105.1	108.1	102.8
2006	101.2	101.1	101.6	101.3	104.1	104.2	102.1
2007	105.1	104.6	107.0	104.4	104.4	104.8	104.3
2008	104.6	104.4	105.5	105.3	110.9	111.5	109.1
2009	100.0	100.0	100.3	99.8	94.0	93.3	97.0
2010	103.0	102.8	104.0	103.2	107.4	108.6	103.3
2011	105.2	105.1	105.5	105.0	106.5	108.3	106.6
2012	102.8	102.9	102.5	102.2	99.9	99.0	101.0
2013	102.4	102.4	102.4	101.6	99.0	98.5	100.0
2014	101.7	101.8	101.4	101.0	98.2	98.0	99.7
2015	101.4	101.4	101.4	100.5	93.9	93.5	97.9
2016	101.6	101.5	101.8	101.0	98.8	97.9	99.2
2017	101.4	101.4	101.1	100.7	108.1	108.0	104.0
2018	102.5	102.6	102.0	101.4	104.8	104.5	103.5
2019	102.4	102.3	102.6	101.7	99.5	100.8	103.1
2020	102.4	102.2	103.4	101.1	97.0	98.2	

9-2 各种价格定基指数

年 份	居民消费价格指数(1984=100)	城市居民消费价格指数(1978=100)	农村居民消费价格指数(1984=100)	商品零售价格总指数(1978=100)	工业生产者出厂价格指数(1988=100)	工业生产者购进价格指数(1988=100)	固定资产投资指数(1990=100)
1979		101.7		101.4			
1980		106.2		105.4			
1981		112.3		108.8			
1982		113.9		110.1			
1983		115.8		111.8			
1984		120.0		116.2			
1985	110.7	133.7	106.7	127.8			
1986	118.1	143.1	112.0	135.5			
1987	128.3	157.1	118.3	147.7			
1988	153.0	187.9	137.1	176.2			
1989	180.9	220.2	164.7	208.6	121.2	133.3	
1990	186.8	227.0	171.4	214.3	125.8	156.8	
1991	197.3	240.6	178.6	223.0	150.0	169.5	108.2
1992	210.5	260.1	182.7	236.4	168.1	197.6	130.9
1993	242.5	303.6	202.7	268.3	232.7	296.2	178.6
1994	301.4	382.8	245.0	323.6	279.0	350.1	209.6
1995	350.0	444.4	284.2	368.9	306.6	399.8	219.9
1996	377.6	480.8	303.5	388.8	315.2	414.6	224.7
1997	389.3	499.1	309.9	392.7	315.5	427.4	229.9
1998	386.6	498.1	305.9	383.3	302.2	424.5	229.4
1999	381.2	491.6	305.0	368.4	308.3	420.2	229.4
2000	380.8	491.6	304.1	362.5	335.4	436.6	231.9
2001	380.8	491.1	304.7	360.3	330.7	436.6	232.9
2002	376.6	485.7	300.7	350.9	323.4	429.2	234.5
2003	383.0	494.0	311.9	347.0	335.1	451.1	240.6
2004	396.4	507.8	331.5	353.6	358.9	505.7	252.1
2005	401.9	511.9	344.8	354.0	377.2	546.7	259.2
2006	406.7	517.5	350.3	358.6	392.7	569.7	264.6
2007	427.4	541.3	374.8	374.4	409.9	596.9	275.9
2008	447.2	565.0	395.5	394.4	454.6	665.5	301.0
2009	447.2	565.0	396.7	393.6	427.3	621.0	291.9
2010	460.6	580.8	412.6	406.2	458.9	674.4	301.6
2011	484.6	610.4	435.3	426.5	488.7	730.3	321.5
2012	498.2	628.1	446.2	435.9	488.2	723.0	324.7
2013	510.2	643.2	456.9	442.9	483.3	712.2	324.7
2014	518.9	654.8	463.3	447.3	474.6	698.0	323.7
2015	526.2	664.0	469.8	449.5	445.6	652.6	316.9
2016	534.6	674.0	478.3	454.0	440.3	638.9	314.4
2017	542.1	683.4	483.6	457.2	476.0	690.0	327.0
2018	555.6	701.0	493.4	463.8	496.8	724.4	338.4
2019	568.7	717.3	506.1	471.5	494.3	730.2	348.9
2020	582.4	733.3	523.4	476.9	479.5	717.1	

9-3 居民消费价格分类指数

(2020年，上年=100)

项　　目	全省	城市	农村
居民消费价格总指数	**102.4**	**102.2**	**103.4**
一、食品烟酒	**107.4**	**107.2**	**108.3**
1.食品	108.9	108.7	109.9
(1)粮食	101.7	101.9	101.2
大　米	101.0	100.9	101.1
面　粉	101.6	101.9	101.0
(2)薯类	104.9	105.2	103.7
(3)豆类	106.7	106.8	106.1
(4)食用油	102.3	102.2	102.5
(5)菜	108.7	108.8	107.9
鲜　菜	109.5	109.6	108.3
(6)畜肉类	134.7	133.6	140.3
猪　肉	149.5	149.6	149.0
(7)禽肉类	100.2	99.1	107.0
(8)水产品	102.1	102.1	102.1
(9)蛋类	89.5	89.6	88.6
鸡　蛋	88.0	88.1	87.5
(10)奶类	101.6	101.7	101.3
(11)干鲜瓜果类	95.8	96.1	94.3
鲜 瓜 果	94.4	94.6	93.0
(12)糖果糕点类	100.8	100.8	100.4
(13)调味品	100.7	100.7	100.4
(14)其他食品类	100.9	100.9	100.8
2.茶及饮料	99.8	99.8	100.0
3.烟酒	100.6	100.8	100.1
(1)烟草	100.3	100.4	100.0
(2)酒类	101.1	101.5	100.3
4.在外餐饮	105.0	104.7	107.8
二、衣着	**99.6**	**99.4**	**100.8**
1.服装	99.3	99.1	100.9
2.服装材料	100.2	100.1	101.1
3.其他衣着及配件	99.4	99.3	100.1
4.衣着加工服务费	101.3	100.8	104.3
5.鞋类	100.2	100.2	100.4
(1)鞋	100.2	100.1	100.4
(2)鞋类加工服务	101.9	102.1	100.0
三、居住	**100.2**	**100.2**	**100.3**
1.租赁房房租	100.2	100.2	99.8

9-3 续表 1 (2020年，上年=100)

项　目	全省	城市	农村
2.住房保养维修及管理	100.0	100.0	100.0
(1)住房装潢材料	99.7	99.7	99.9
(2)物业管理费	101.0	101.0	100.1
(3)住房装潢维修	100.1	100.1	100.1
3.水电燃料	100.0	100.0	100.0
(1)水	100.9	100.8	102.8
(2)电	100.0	100.0	100.0
(3)燃气	99.7	100.2	96.7
(4)取暖费	100.0	100.0	100.1
(5)其他燃料	99.9	99.3	100.9
4.自有住房	100.3	100.3	100.6
四、生活用品及服务	**99.5**	**99.4**	**100.1**
1.家具及室内装饰品	99.2	99.1	99.8
(1)家具	99.1	99.1	99.6
(2)室内装饰品	99.6	99.4	101.7
2.家用器具	97.1	96.8	99.1
(1)大型家用器具	97.1	96.8	99.0
(2)小家电	97.0	96.7	99.7
3.家用纺织品	100.0	100.0	100.1
(1)床上用品	100.1	100.1	100.0
(2)窗帘门帘	99.5	99.2	100.6
(3)其他家用纺织品	100.0	99.9	100.3
4.家庭日用杂品	100.1	100.0	100.7
(1)洗涤卫生用品	100.6	100.5	101.0
(2)厨具餐具茶具	99.7	99.5	100.3
(3)家用手工工具	100.3	100.1	101.5
(4)其他家庭日用杂品	99.6	99.4	100.4
5.个人护理用品	101.3	101.3	100.6
(1)化妆品	101.3	101.4	100.4
(2)其他护理用品类	101.1	101.1	100.8
6.家庭服务	99.5	99.4	100.5
五、交通和通信	**96.7**	**96.7**	**96.8**
1.交通	95.4	95.4	95.5
(1)交通工具	97.2	97.0	98.6
(2)交通工具用燃料	85.9	85.8	86.2
(3)交通工具使用和维修	100.4	100.5	100.4
(4)交通费	98.2	98.0	99.8
2.通信	99.3	99.3	99.6
(1)通信工具	97.9	98.0	97.9
(2)通信服务	99.8	99.8	100.1
(3)邮递服务	98.8	98.7	100.4

9-3 续表 2 (2020年，上年=100)

项　　目	全省	城市	农村
六、教育文化和娱乐	**100.8**	**100.8**	**100.6**
1.教育	100.9	100.8	101.0
(1)教育用品	101.4	101.2	102.4
(2)教育服务	100.8	100.8	100.9
2.文化娱乐	100.6	100.7	98.7
(1)文娱耐用消费品	95.3	95.2	95.5
(2)其他文娱用品	99.5	99.4	101.0
(3)文化娱乐服务	98.0	97.9	99.8
(4)旅游	105.4	105.4	103.3
七、医疗保健	**103.4**	**102.5**	**107.1**
1.药品及医疗器具	100.7	100.6	101.0
(1)中药	101.0	101.1	100.9
(2)西药	100.6	100.6	100.5
(3)滋补保健品	100.2	100.0	101.2
(4)医疗卫生器具	101.6	100.9	105.7
(5)保健器具	100.0	99.9	101.7
2.医疗服务	105.2	103.8	110.6
(1)综合医疗类	105.4	104.8	108.3
(2)诊断类	104.6	101.7	114.6
(3)治疗类	106.8	105.4	111.4
(4)康复类	103.5	102.1	111.5
(5)中医医疗服务类	100.8	100.8	100.7
(6)其他医疗服务	100.8	100.7	100.8
八、其他用品和服务	**103.6**	**103.6**	**103.6**
1.其他用品类	108.5	108.6	107.9
(1)首饰手表	113.9	113.7	115.1
(2)其他杂项用品	99.4	99.3	99.8
2.其他服务类	99.8	99.7	100.7
(1)旅馆住宿	94.0	93.5	101.9
宾馆住宿	96.4	96.1	102.0
其他住宿	90.6	89.8	101.8
(2)美容美发洗浴	100.7	100.7	101.1
(3)养老服务	100.9	100.9	100.6
(4)金融保险	100.1	100.0	100.4
(5)其他服务类	100.3	100.0	101.5

9-4 商品零售价格分类指数

(2020年，上年=100)

项　　目	全省	城市	农村
商品零售价格指数	**101.1**	**101.0**	**102.0**
一、食品	**108.6**	**108.4**	**110.3**
1.粮食	101.8	101.9	101.4
2.薯类	105.5	105.8	102.7
3.豆类	106.5	106.5	106.2
4.食用油	102.3	102.3	101.8
5.菜	108.6	108.7	107.8
6.畜肉类	135.3	134.8	139.1
7.禽肉类	99.4	98.8	108.1
8.水产品	102.2	102.1	102.3
9.蛋类	89.6	89.8	88.3
10.奶类	101.5	101.5	101.2
11.干鲜瓜果类	96.1	96.2	95.1
12.糖果糕点类	100.8	100.9	100.5
13.调味品	100.6	100.6	100.5
14.其他食品类	101.0	101.0	100.8
15.在外餐饮	104.9	104.7	108.0
二、饮料、烟酒	**100.8**	**100.8**	**100.1**
1.茶及饮料	99.8	99.8	99.8
2.烟草	100.7	100.7	100.0
3.酒类	101.6	101.7	100.3
三、服装、鞋帽	**99.6**	**99.5**	**100.5**
1.服装	99.4	99.2	100.6
2.鞋帽袜	100.4	100.4	100.4
3.其他衣着配件	98.7	98.6	99.5
四、纺织品	**99.9**	**99.9**	**100.1**
1.服装材料	100.3	100.1	101.6
2.床上用品	99.8	99.9	99.8
五、家用电器及音像器材	**96.3**	**96.1**	**98.4**
1.家庭设备	96.5	96.2	98.8
2.文娱用耐用消费品	95.1	94.9	97.3
3.专业音像器材	100.4	100.4	100.2
六、文化办公用品	**96.9**	**97.0**	**96.6**
七、日用品	**100.0**	**99.9**	**100.7**
1.日用百货	101.5	101.6	100.4
2.厨具餐具茶具	99.6	99.5	100.4
3.清洗用品	98.7	98.4	101.6
4.其他日用品	99.1	98.9	100.6
八、体育娱乐用品	**98.9**	**98.6**	**101.1**
1.体育户外用品	100.6	100.5	101.1
2.娱乐用品	98.6	98.3	101.0
九、交通、通信用品	**98.0**	**98.0**	**98.1**
1.交通运输机械	97.9	97.9	98.0
2.通信器材	98.2	98.2	98.3
十、家具	**98.8**	**98.7**	**99.8**
十一、化妆品	**101.1**	**101.2**	**100.5**
十二、金银饰品	**116.0**	**116.0**	**116.4**
十三、中西药品及医疗保健用品	**100.6**	**100.6**	**100.8**
1.医疗卫生器具	101.1	100.6	107.0
2.中药	101.0	101.0	100.9
3.西药	100.4	100.4	100.5
4.保健器具及用品	100.9	100.8	101.8
十四、书报杂志及电子出版物	**100.8**	**100.7**	**101.4**
1.教材及参考书	101.4	101.3	102.2
2.书报杂志	100.6	100.5	101.0
3.计算机办公软件	99.4	99.4	98.7
十五、燃料	**92.2**	**92.1**	**92.4**
1.煤炭及制品	99.1	98.8	101.4
2.石油及制品	90.3	90.4	88.3
十六、建筑材料及五金电料	**100.2**	**100.1**	**100.4**
1.建筑装璜材料	99.8	99.8	99.9
2.五金水暖	101.2	101.1	101.9

9-5 各市居民消费价格分类指数

(2020年，上年=100)

市名称	居民消费价格指数	食品烟酒	#粮食	#食用油	#菜类	#畜肉类	#水产品	#蛋类	#奶类	#干鲜瓜果类
全　省	**102.4**	**107.4**	**101.7**	**102.3**	**108.7**	**134.7**	**102.1**	**89.5**	**101.6**	**95.8**
沈　阳	102.3	107.9	103.7	101.7	107.9	133.3	100.4	91.0	101.6	99.1
大　连	102.1	106.7	100.7	103.3	111.5	134.2	104.5	86.8	101.1	95.1
鞍　山	101.7	105.6	100.4	104.2	105.4	133.4	101.9	92.2	101.2	85.4
抚　顺	102.7	106.4	100.6	102.0	108.7	135.1	97.8	92.1	101.6	93.0
本　溪	102.5	108.5	102.4	103.3	105.6	135.9	102.2	88.9	111.3	100.4
丹　东	102.6	108.8	101.2	103.8	113.4	132.9	108.1	93.1	99.3	100.9
锦　州	102.5	108.2	102.9	100.2	104.7	135.6	102.2	89.9	104.1	95.1
营　口	102.1	106.9	101.8	103.7	109.4	133.0	99.4	93.1	101.0	93.7
阜　新	102.0	107.2	101.1	100.7	107.0	127.1	102.0	91.2	102.2	105.0
辽　阳	102.2	107.3	99.6	100.4	109.5	135.1	105.2	90.5	100.6	99.4
盘　锦	101.9	107.0	102.0	101.1	108.2	137.5	94.6	79.2	96.3	98.8
铁　岭	102.3	107.1	102.7	102.2	109.6	136.4	101.8	93.2	104.1	93.5
朝　阳	102.6	107.8	100.7	102.9	116.3	136.5	102.5	87.3	100.0	90.1
葫芦岛	102.1	107.8	101.3	102.0	108.2	136.2	96.8	87.3	100.8	94.7

9-5 续表

(2020年，上年=100)

市名称	茶及饮料	烟酒	衣着	居住	生活用品及服务	交通和通信	教育文化和娱乐	医疗保健	其他用品和服务
全　省	**99.8**	**100.6**	**99.6**	**100.2**	**99.5**	**96.7**	**100.8**	**103.4**	**103.6**
沈　阳	100.6	102.4	98.8	100.3	97.9	96.8	100.5	103.2	102.9
大　连	98.7	100.2	100.0	100.5	100.8	95.8	100.6	102.3	105.0
鞍　山	98.4	101.4	103.2	99.8	98.6	97.1	101.2	99.4	103.3
抚　顺	100.3	99.9	99.5	100.8	100.2	97.2	103.2	104.5	104.4
本　溪	97.1	100.9	97.7	100.1	99.7	97.0	100.8	101.9	102.3
丹　东	98.8	101.5	100.4	100.2	99.6	96.2	101.0	101.7	103.5
锦　州	98.4	99.9	95.3	100.3	99.7	97.8	99.8	105.3	105.5
营　口	101.3	98.1	100.9	99.6	98.6	97.0	99.5	102.8	103.3
阜　新	100.1	99.1	100.6	99.1	100.4	96.5	99.9	100.7	104.6
辽　阳	101.9	100.0	103.7	97.0	100.5	97.1	102.9	101.0	101.9
盘　锦	99.3	101.5	96.8	101.6	98.1	95.4	100.2	103.8	101.9
铁　岭	102.3	100.5	99.9	100.0	99.6	96.6	100.7	101.8	105.2
朝　阳	104.7	99.6	99.4	99.4	100.6	96.3	101.7	101.5	104.6
葫芦岛	98.8	100.2	95.7	100.0	99.6	96.2	100.7	101.7	103.0

9-6 农业生产资料价格指数

(上年=100)

项 目	2010年	2011年	2012年	2013年	2014年	2015年	2016年	2017年	2018年	2019年	2020年
农业生产资料价格指数	**103.7**	**112.8**	**106.9**	**99.9**	**98.9**	**99.5**	**100.4**	**100.3**	**101.8**	**103.6**	**104.9**
1.农用手工工具	104.9	105.0	106.8	101.8	103.1	100.3	100.1	100.9	99.7	100.0	99.6
2.饲　　料	112.8	108.1	106.4	103.8	100.7	99.7	97.5	98.5	103.0	101.2	103.8
3.仔畜幼畜及产品畜	99.6	135.5	104.2	91.6	97.9	106.5	131.2	100.1	77.3	141.9	158.4
4.半机械化农具	102.9	102.2	101.3	100.1	100.1	99.2	99.4	100.0	100.3	100.5	100.5
5.机械化农具	103.4	103.3	102.0	100.3	101.4	99.0	99.6	100.8	100.8	101.1	101.3
6.化 学 肥 料	95.3	116.4	108.5	98.0	96.1	99.4	95.8	97.5	105.7	103.3	99.6
7.农药及农药械	99.0	102.9	102.9	102.0	101.0	100.8	99.4	99.6	102.0	100.0	99.7
8.农 机 用 油	112.5	111.7	104.4	99.8	97.6	84.9	98.5	109.7	113.8	94.5	86.0
9.其他农业生产资料	103.6	108.2	111.6	104.2	101.8	100.4	101.6	100.4	100.9	101.0	100.7
10.农业生产服务	108.4	108.2	106.6	104.0	102.9	101.3	99.8	102.0	102.9	101.8	101.0

9-7 各地区农村消费价格分类指数

(2020年，上年=100)

项 目	辽中	瓦房店	海城	新宾	凤城	昌图	建平	北票	绥中
总 指 数	**101.9**	**103.6**	**105.0**	**102.3**	**103.0**	**103.1**	**102.9**	**102.9**	**103.1**
一、食品烟酒	108.6	109.1	108.3	107.8	109.6	108.8	108.4	106.9	106.8
二、衣着	89.9	101.5	103.5	98.4	101.1	101.9	99.4	99.9	100.2
三、居住	99.0	101.2	99.9	99.6	99.8	100.3	100.3	100.0	102.4
四、生活用品及服务	98.3	100.9	100.4	100.1	100.2	99.7	99.9	100.0	99.8
五、交通和通信	96.7	96.8	97.0	97.7	97.1	96.9	96.6	96.7	97.3
六、教育文化和娱乐	99.2	100.3	100.0	102.0	101.2	99.9	101.5	101.0	101.9
七、医疗保健	104.0	106.0	118.6	100.0	99.9	102.2	102.4	105.5	103.1
八、其他用品和服务	103.3	104.7	104.3	103.3	106.1	103.6	102.5	103.5	101.6

9-8 工业生产者出厂价格分类指数

(上年=100)

类　别	2010年	2011年	2012年	2013年	2014年	2015年	2016年	2017年	2018年	2019年	2020年
全部工业产品出厂价格总指数	**107.4**	**106.5**	**99.9**	**99.0**	**98.2**	**93.9**	**98.8**	**108.1**	**104.8**	**99.5**	**97.0**
一、按轻重工业分											
1.轻　工　业	102.9	104.7	101.4	100.0	99.2	98.8	100.2	100.8	101.2	102.3	101.1
以农产品为原料	103.8	105.5	102.0	100.3	99.2	98.7	100.1	100.5	101.3	102.8	101.2
以非农产品为原料	102.0	101.7	99.1	98.9	99.0	99.1	100.6	102.1	100.6	100.2	100.5
2.重　工　业	109.2	106.9	99.6	98.8	97.9	92.9	98.4	109.8	105.6	98.9	96.1
采掘工业	120.3	110.2	95.5	97.3	96.5	88.2	102.4	119.0	110.6	105.1	96.0
原料工业	115.2	111.7	101.9	99.0	97.4	87.1	96.5	113.0	109.2	97.2	90.3
加工工业	103.5	104.6	99.2	98.8	98.3	95.7	98.8	107.6	103.6	98.9	98.4
二、按两大部类分											
1.生产资料	108.2	107.0	99.7	98.8	98.0	92.9	98.5	110.0	105.8	98.7	96.1
采掘工业	119.1	110.2	95.5	97.3	96.5	88.2	102.4	119.0	110.6	105.1	96.0
原料工业	115.8	111.9	101.8	98.9	97.3	87.0	96.2	112.9	109.3	97.1	90.0
加工工业	103.2	104.7	99.3	99.0	98.4	95.7	98.9	107.9	103.8	98.7	98.5
2.生活资料	103.0	104.1	101.2	99.8	99.2	98.9	100.0	100.7	100.8	102.9	100.9
食　品	104.3	106.8	101.9	100.0	99.3	99.3	100.3	99.6	102.0	104.4	101.1
衣　着	100.8	102.3	102.1	100.7	98.6	97.7	99.0	100.6	100.2	100.7	100.1
一般日用品	101.5	102.1	99.8	99.6	99.2	97.9	101.1	105.1	101.3	102.5	99.9
耐用消费品	102.4	100.6	100.1	99.1	99.4	99.3	99.1	100.5	98.5	101.0	101.1
三、按工业部门分											
1.冶金工业	109.4	108.3	94.6	97.4	95.7	88.8	101.7	122.5	108.1	98.7	99.4
2.电力工业	102.2	100.8	103.6	100.0	99.4	98.5	98.5	100.1	100.1	99.8	94.9
3.煤炭及炼焦工业	112.8	109.6	100.1	94.9	94.5	94.2	99.8	121.9	104.5	98.7	97.6
4.石油工业	125.1	119.4	105.4	99.4	96.7	77.8	92.5	116.1	116.3	96.3	83.4
5.化学工业	108.4	106.0	98.0	98.4	98.6	94.5	98.0	106.7	103.4	98.6	95.0
6.机械工业	99.3	102.5	100.1	99.4	99.3	98.9	98.6	100.2	100.3	100.9	99.6
7.建筑材料工业	102.8	104.4	103.5	100.0	99.4	98.2	98.2	106.9	104.2	97.7	93.3
8.森林工业	104.1	104.6	103.1	99.5	100.0	98.9	100.4	100.7	99.1	96.1	96.1
9.食品工业	103.9	106.6	102.1	100.5	99.3	98.8	100.0	99.7	101.5	103.9	101.7
10.纺织工业	111.2	106.9	98.4	99.9	99.1	98.4	99.4	102.9	99.5	101.3	97.2
11.缝纫工业	100.5	102.3	102.1	100.7	98.4	97.2	99.1	100.6	100.4	100.9	100.5
12.皮革工业	103.3	99.2	101.1	100.7	101.2	103.4	98.5	100.1	99.1	99.6	97.5
13.造纸工业	103.5	103.2	100.4	98.8	98.8	98.4	99.7	106.3	105.3	98.0	99.0
14.文教艺术用品工业	102.1	99.3	100.1	96.8	98.6	99.0	99.9	99.8	102.7	100.8	98.5
15.其他工业	103.0	104.3	99.7	96.8	100.9	98.2	98.4	124.0	120.4	95.2	102.2

9-9 工业生产者购进价格分类指数

(上年=100)

类　别	2010年	2011年	2012年	2013年	2014年	2015年	2016年	2017年	2018年	2019年	2020年
全部原材料、燃料、动力购进总指数	**108.6**	**108.3**	**99.0**	**98.5**	**98.0**	**93.5**	**97.9**	**108.0**	**104.5**	**100.8**	**98.2**
1.燃料、动力类	112.4	109.6	101.1	97.0	98.1	86.8	94.2	113.8	109.7	98.2	91.5
2.黑色金属材料类	106.8	108.7	95.9	97.0	96.1	90.0	98.0	116.6	104.7	101.0	100.0
3.有色金属材料和电线类	111.1	108.9	97.4	95.0	97.1	96.3	99.9	112.2	105.2	100.3	102.6
4.化工原料类	108.1	107.3	96.5	97.8	98.9	96.1	97.1	106.1	104.6	97.6	95.1
5.木材及纸浆类	101.2	104.6	101.8	100.5	100.7	100.1	99.7	103.6	104.2	99.2	98.2
6.建筑材料类	105.3	109.4	103.3	99.8	99.5	98.1	98.4	108.3	112.1	102.8	99.0
7.其它工业原料及半成品类	104.4	103.0	99.7	100.5	97.9	94.5	99.1	101.3	100.4	99.7	99.9
8.农副产品类	110.8	114.6	99.3	100.6	98.8	96.6	100.3	101.1	100.1	110.2	104.6
9.纺织原料类	105.2	106.3	99.7	99.8	99.3	98.9	100.3	100.6	100.9	100.3	98.9

主要统计指标解释

商品零售价格指数 商品零售价格，是指工业、商业、餐饮业和其他零售企业向城乡居民、机关团体出售生活消费品和办公用品的价格。商品零售价格指数，是反映一定时期内商品零售价格变动趋势和变动程度的相对数，利用商品零售价格指数，可以全面掌握市场商品零售价格的变动状况，为国家制定经济政策提供参考依据，同时还可在此基础上编制出其他各种派生价格指数，为研究市场流通、进行国民经济核算提供科学依据。

商品零售价格指数的汇总计算公式为加权算术平均公式，权数资料来源于社会消费品销售额统计和重点调查资料。所选商品为十四个大类，必报商品为 304 种。

居民消费价格指数 居民消费价格，是指城乡居民支付生活消费品和服务项目消费的价格，是社会产品和服务项目的最终价格。居民消费价格指数，是反映一定时期内居民消费价格变动趋势和变动程度的相对数，利用居民消费价格指数，可以全面观察居民消费价格变动对居民生活的影响，为党政领导和决策部门掌握消费价格状况，研究和制定居民消费政策、价格政策、工资政策、货币政策以及进行国民经济核算提供科学依据。

居民消费价格指数还是反映通货膨胀程度的重要指标。

农产品收购价格指数 农产品收购价格，是指各种经济类型的工商企业和其他单位以及个人直接从农民个人和国有农业生产单位收购农产品的价格。农产品收购价格指数，是反映一定时期内农产品收购价格变动趋势和变动程度的相对数，利用这一指数，可以反映农产品收购价格的变动情况及其对农产品生产者、收购者货币收支的影响，为国家制定、检查农产品收购政策，研究收购价格水平，差价政策和比价政策提供科学依据。

农产品收购价格指数的计算公式为加权倒数平均公式，权数资料来源于农村住户主要农村产品出售量、农村住户出售畜禽及渔业产品情况、国家和社会其他农产品收购部门的收购金额或收购量资料、历年农产品收购金额资料等。所选商品为十一个大类，250 种商品。

农业生产资料价格指数 农业生产资料价格，是指工商企业、供销合作社和其他单位及个人向农民出售农业生产资料的价格，也是农业生产资料在流通领域中最后一个环节的价格。农业生产资料价格指数，是反映一定时期内农业生产资料价格变动趋势和变动程度的相对数。利用这一指数可以掌握农业生产资料价格的变动情况，为国家制定有关政策，保障农民利益，促进农业发展提供决策参考依据；同时，也为研究市场流通和新国民经济核算体系提供科学依据。1994 年以前，农业生产资料价格指数仅仅是商品零售价格指数的一个类别，此后，从商品零售价格指数中单列出来，独立编制。

农业生产资料价格指数的计算公式为加权算术平均公式。权数资料来源于供销合作社等部门的销售统计资料和农村住户调查资料中的农业生产资料购买数量和金额资料。所选商品为十个大类，49 种主要商品。

工业品出厂价格指数 是反映工业产品出厂价格水平变动趋势及变动程度的相对数，一般用百分数(%)表示。

原材料、燃料和动力购进价格指数 是反映工业企业作为生产投入，而从物资交易市场和能源、原材料生产企业购买原材料、燃料和动力产品时，所支付的价格水平变动趋势和程度的统计指标，是扣除工业企业物质消耗成本中的价格变动影响的重要依据。

十、人民生活

Chapter 10 People's Living Conditions

10-1 人民物质文化生活提高情况

项　　目	单位	2010年	2011年	2012年	2013年	2014年	2015年	2016年	2017年	2018年	2019年	2020年
就　　业												
每一农村劳动力负担人数	人	1.30	1.30	1.30	1.38	1.34	1.32	1.29	1.28	1.29	1.28	1.26
每一城镇就业者负担人数	人	1.95	2.03	1.99	1.84				1.26	1.29	1.29	1.25
收　　入												
农村常住居民人均可支配收入	元	6908	8297	9384	10523	11192	12057	12881	13747	14656	16108	17450
城镇常住居民人均可支配收入	元	17713	20467	23223	25578	29082	31126	32876	34993	37342	39777	40376
在岗职工平均工资	元	35057	38713	42503	46310	49110	53458	57148	62545	69093	75264	82223
储　　蓄												
城乡居民年底储蓄存款余额	亿元	13690	15530	17967	19858	21397	23996	25882	27768	31312	36134	42963
平均每人储蓄存款余额	元	32184	36512	42277	46819	50451	56635	61175	65892	74655	86215	103130
住　　房												
农村平均每人住房面积	平方米	27.3	29.0	29.5	30.8	32.0	32.6	33.7	34.5	34.9	36.3	36.8
城市平均每人建筑面积	平方米	26.9	27.3	27.3	28.8	29.0	29.0	29.0	29.3	31.2	31.3	31.5
交通、邮电												
每人每年函件交寄	件	2.0	2.1	1.7	1.7	2.5	1.6	1.0	1.4	1.4	0.7	0.5
城市公用事业												
自来水普及率	%	97.4	98.4	98.5	98.8	98.7	98.8	99.0	97.7	98.4	98.6	99.5
燃气普及率	%	94.2	95.5	96.0	96.2	96.2	94.8	96.1	95.1	95.7	96.2	97.62
文　　化												
每百户拥有彩色电视机												
城　　镇	台	123.1	115.7	114.7	106.9	107.5	108.0	108.5	109.2	104.7	111.7	105.4
农　　村	台	111.7	112.1	112.2	109.5	109.8	111.0	112.0	112.4	108.8	108.7	108.3
教　　育												
学龄儿童入学率	%	99.9	99.9	99.9	99.9	99.9	99.9	99.9	99.9	99.9	99.9	
每万人口有大学生	人	206.8	279.0	289.5	300.2	303.8	297.6	294.7	282.4	296.0	324.6	363.2
卫　　生												
每万人拥有医院病床	张	48.0	51.0	52.8	57.1	60.3	60.9	65.0	68.3	72.1	72.1	75.5
每万人拥有医生	人	22.0	23.3	23.7	24.4	24.0	24.7	25.1	26.4	27.6	28.5	30.4

注：1.表中2014-2016年住房面积为新口径住户调查汇总指标，与2013年数据不可比。

2.2014-2016年城镇居民和农村居民数据为实施城乡住户调查一体化改革之后发布的新口径数据，城乡居民收入均为人均可支配收入，相关指标定义与2013年及之前有所不同，数据不可比。2013年之前农村居民收入数据为农村居民人均纯收入。下同。

10-2 城乡居民家庭人均收入及恩格尔系数

年 份	城镇常住居民人均可支配收入(元)	指数(1978=100)	农村常住居民人均可支配收入(元)	指数(1978=100)	城镇居民家庭恩格尔系数(%)	农村居民家庭恩格尔系数(%)
1978	363.3	100.0	185.2	100.0		63.8
1979			235.0	126.9		60.5
1980	493.9	136.0	273.0	147.4		56.3
1981	508.1	139.9	306.6	165.6		53.8
1982	529.4	145.7	334.3	180.5		54.7
1983	548.7	151.0	452.5	244.3		53.0
1984	636.1	175.1	477.4	257.8		54.9
1985	704.3	193.9	485.7	262.3	54.7	51.6
1986	881.9	242.8	533.2	287.9	53.6	51.0
1987	992.4	273.2	599.3	323.6	53.6	50.7
1988	1204.0	331.4	699.6	377.8	50.7	48.5
1989	1417.3	390.1	740.2	399.7	54.3	49.5
1990	1551.0	426.9	836.2	419.2	55.3	54.1
1991	1705.6	469.5	896.7	484.2	55.9	52.6
1992	1936.0	532.9	995.1	537.3	54.4	51.7
1993	2299.5	633.0	1161.0	626.9	50.5	55.1
1994	3047.0	838.7	1423.5	768.6	51.5	58.0
1995	3691.4	1016.1	1756.5	948.4	51.9	60.3
1996	4207.2	1158.1	2150.0	1160.9	50.1	56.5
1997	4518.1	1243.6	2301.5	1242.7	48.1	55.4
1998	4617.2	1270.9	2579.8	1393.0	44.6	52.8
1999	4898.6	1348.4	2501.0	1350.4	43.4	50.6
2000	5357.8	1474.8	2355.6	1271.9	40.7	46.5
2001	5797.0	1595.7	2557.9	1381.2	39.7	45.6
2002	6524.6	1795.9	2751.3	1485.6	38.8	45.0
2003	7240.6	1993.0	2934.2	1584.3	39.4	43.2
2004	8007.6	2204.1	3307.1	1785.7	40.4	46.4
2005	9107.6	2506.9	3690.2	1992.6	38.8	41.6
2006	10369.6	2854.3	4090.4	2208.6	38.8	41.2
2007	12300.4	3385.7	4773.4	2577.4	37.8	39.6
2008	14392.7	3961.7	5576.5	3011.0	39.0	40.6
2009	15761.4	4338.4	5958.0	3217.1	38.0	36.7
2010	17712.6	4875.5	6908.0	3730.0	35.1	38.2
2011	20466.8	5633.6	8297.5	4480.3	35.5	39.1
2012	23222.7	6392.2	9383.7	5066.8	35.0	38.4
2013	25578.2	7040.5	10522.7	5681.8	32.2	32.9
2014	29081.7		11191.5		28.3	28.3
2015	31125.7		12056.9		28.3	28.2
2016	32876.1		12880.7		27.6	26.9
2017	34993.4		13746.8		27.5	26.7
2018	37341.9		14656.3		26.8	26.7
2019	39777.2		16108.3		26.9	26.6
2020	40375.9		17450.3		29.5	29.7

注：1.1978年可支配收入为推算数。
　　2.1978—1984年为全省城市数。

10-3 城镇居民家庭基本情况

单位：人、元

指　　标	2010年	2011年	2012年	2013年	2014年	2015年	2016年	2017年	2018年	2019年	2020年
一、平均每户家庭人口	**2.71**	**2.64**	**2.67**	**2.51**	**2.52**	**2.55**	**2.59**	**2.57**	**2.48**	**2.47**	**2.45**
二、平均每人全部年收入											
#可支配收入	17712.6	20466.8	23222.7	25578.2	29081.7	31125.7	32876.1	34993.4	37341.9	39777.2	40375.9
(一)工资性收入	11712.7	13093.9	14846.1	15882.0	16239.6	17126.7	18315.8	19256.7	20626.2	22120.5	22801.1
(二)经营净收入	1797.8	2285.4	2710.3	3009.6	3421.9	3611.9	3950.8	4405.8	4638.9	4461.3	3666.7
(三)财产性收入	249.6	333.6	493.0	674.2	2147.7	2149.3	1832.6	1874.1	1845.7	2094.3	2144.8
(四)转移性收入	6254.5	7167.0	7866.4	8339.1	7272.5	8237.8	8776.9	9456.8	10231.1	11101.1	11763.3
三、平均每人消费性支出	**13280.0**	**14789.6**	**16593.6**	**18029.7**	**20519.6**	**21556.7**	**24995.9**	**25379.4**	**26447.9**	**27355.0**	**24849.1**
1.食品支出	4658.0	5255.0	5809.4	5803.9	5816.9	6092.5	6901.6	6988.3	7081.1	7355.7	7334.0
2.衣着支出	1586.8	1854.6	2042.4	2100.7	1987.2	2065.6	2321.3	2167.9	2121.7	2029.8	1717.8
3.家庭设备用品及服务	785.7	929.4	1069.7	1145.6	1234.8	1359.5	1558.2	1536.8	1610.2	1621.0	1372.7
4.医疗保健支出	1079.8	1208.3	1309.6	1343.0	1630.8	1761.9	2313.6	2380.1	2626.9	2827.8	2595.2
5.交通和通信支出	1773.3	1899.1	2323.3	2589.2	2434.3	2768.9	3447.0	3770.7	3551.2	3394.5	3016.5
6.教育和文化娱乐服务支出	1495.9	1614.5	1843.9	2258.5	2275.9	2418.7	3018.5	3164.3	3410.2	3691.9	2371.4
7.居住支出	1314.8	1385.6	1433.3	1936.1	4428.2	4416.1	4632.8	4510.6	5146.1	5445.9	5503.6
8.其它商品和服务支出	585.8	643.2	762.1	852.7	711.4	673.6	802.8	860.6	900.4	988.4	937.9

注：表中2013年后数据为新口径住户调查汇总指标，与2013年数据不可比，下同。

10-4 城镇居民家庭平均每人可支配收入

(2020年) 单位：元

指　标	合计	低收入户	中低收入户	中等收入户	中高收入户	高收入户
可支配收入	**40375.9**	**14536.3**	**26059.0**	**35556.6**	**46663.8**	**88151.4**
一、工资性收入	**22801.1**	**9403.1**	**15290.2**	**18172.2**	**20213.5**	**55889.5**
(一)工资	21240.7	9180.1	14601.3	17153.6	18615.1	51100.6
(二)实物福利	185.4	59.1	134.1	108.8	184.4	485.5
(三)其他	1375.1	163.8	554.9	909.8	1414.0	4303.4
二、经营净收入	**3666.7**	**1651.1**	**2324.7**	**1772.0**	**2813.5**	**10636.0**
(一)第一产业经营净收入	422.9	281.3	321.6	205.8	147.1	1229.6
1.农业	250.4	241.7	231.4	135.2	124.7	533.5
2.林业	5.5	11.7	14.4	1.0	-7.7	5.5
3.牧业	143.6	19.1	75.7	69.6	1.2	602.3
4.渔业	23.4	8.8	0.1		28.80	88.3
(二)第二产业经营净收入	725.9	140.9	113.2	135.2	327.4	3206.9
(三)第三产业经营净收入	2517.9	1228.9	1889.9	1431.1	2339.1	6199.5
三、财产净收入	**2144.8**	**662.3**	**1087.3**	**1541.7**	**2178.2**	**5841.7**
(一)利息净收入	17.0	-143.6	-165.5	-177.4	-115.3	772.3
(二)红利收入	143.6	2.7	1.4	90.7		688.7
(三)储蓄性保险净收益	0.5	0.1	0.7	1.5		
(四)转让承包土地经营权租金净收入	24.2	20.3	34.9	20.8	15.1	29.2
(五)出租房屋财产性收入	303.6	74.3	116.4	180.0	312.6	931.1
(六)出租机械、专利、版权等资产的收入	5.0	14.3	7.5	0.8	0.0	
(七)其他财产净收入	22.3	-1.3	21.8	-0.3	-0.3	99.4
(八)房屋虚拟租金	1628.6	695.5	1069.9	1425.6	1966.0	3321.1
四、转移净收入	**11763.3**	**2819.8**	**7356.7**	**14070.7**	**21458.6**	**15784.1**
(一)转移性收入	14470.5	4496.1	9232.9	16188.2	23668.8	21884.5
1.养老金或离退休金	12840.1	3261.7	8226.8	15017.0	22099.9	18479.0
2.社会救济和补助	151.5	211.9	85.5	88.9	54.5	318.4
3.政策性生活补贴	32.4	7.4	17.0	18.2	26.2	102.9
4.报销医疗费	559.4	101.9	216.8	326.7	694.2	1641.9
5.家庭外出从业人员寄回带回收入	212.3	223.8	183.3	184.7	188.8	285.1
6.赡养收入	489.6	445.3	266.2	365.6	515.7	911.1
7.其他经常转移收入	153.6	206.0	205.9	158.2	62.9	114.1
8.从政府和组织得到的实物产品和服务折价	16.3	8.6	13.7	18.6	19.5	23.2
9.现金政策性惠农补贴	15.4	29.4	17.7	10.2	7.1	9.0
(二)转移性支出	2707.2	1676.3	1876.1	2117.5	2210.3	6100.4

10-5 各地区城镇常住居民人均可支配收入

单位：元

地区	2010年	2011年	2012年	2013年	2014年	2015年	2016年	2017年	2018年	2019年	2020年
全省	**17713**	**20467**	**23223**	**25578**	**29082**	**31126**	**32876**	**34993**	**37342**	**39777**	**40376**
沈阳	20541	23326	26431	29074	34233	36643	38995	41359	44054	46786	47413
大连	21293	24276	27539	30238	33591	35889	38050	40587	43550	46468	47380
鞍山	18423	21297	24194	26662	27846	29943	31443	33320	35619	37756	37980
抚顺	15303	18069	20545	22702	25035	26818	28467	30346	32470	34581	35058
本溪	16775	19752	22466	24960	25972	27720	29137	31001	32955	35130	36048
丹东	14536	17123	19625	21745	22931	24724	26111	27944	29873	31994	32346
锦州	17375	20171	22995	25340	25214	27040	28484	30412	32490	34699	35216
营口	18055	20894	23986	26600	28222	30458	32318	34419	37035	39405	39793
阜新	12711	14994	17123	19058	21195	22662	23980	25707	27609	29514	30438
辽阳	16570	19469	22259	24619	24382	26389	28133	30198	32222	34574	34814
盘锦	21035	24266	27533	30148	30857	32465	34322	36484	39111	41575	42788
铁岭	13730	16203	18587	20576	19276	20689	21788	23337	24994	26743	27634
朝阳	12961	14958	17112	18891	19634	21211	22381	23926	25462	27015	27997
葫芦岛	17371	20159	22941	25304	23010	24768	26338	27969	29879	32031	32756

10-6 城镇居民家庭平均每人总支出

(2020年)

单位：元

指标	合计	低收入户	中低收入户	中等收入户	中高收入户	高收入户
家庭总支出	**35253.8**	**21071.0**	**24236.9**	**28380.1**	**37904.9**	**70472.7**
(一)消费支出	24849.1	13805.1	18701.9	21950.3	27701.8	46023.3
1.食品烟酒	7334.0	4519.8	6077.7	7445.5	8905.8	10604.6
2.衣着	1717.8	888.7	1334.5	1523.2	1907.8	3215.9
3.居住	5503.6	3053.8	4060.3	4812.9	6085.2	10396.8
4.生活用品及服务	1372.7	701.2	1028.5	1211.7	1667.0	2486.3
5.交通通信	3016.5	1511.2	2044.8	2239.9	3009.8	6866.6
6.教育文化娱乐	2371.4	1701.3	1928.7	1892.4	2204.9	4404.8
7.医疗保健	2595.2	1138.9	1768.7	2309.4	3138.1	5133.9
8.其他用品和服务	937.9	290.1	458.7	515.4	783.3	2914.5
(二)财产性支出	327.4	185.9	242.5	307.8	366.3	584.7
1.生活贷款利息支出	325.9	184.4	241.9	307.6	365.3	580.4
2.其他财产性支出	1.5	1.5	0.6		1.0	4.3
(三)转移性支出	2707.2	1676.3	1876.1	2117.5	2210.3	6100.4
1.个人所得税	241.0	2.3	13.0	30.4	54.6	1219.8
2.社会保障支出	2191.3	1558.4	1732.0	1825.7	1891.1	4213.8
其中：个人缴纳的养老保险	1537.1	1127.8	1216.1	1241.7	1315.5	2963.6
个人缴纳的医疗保险	515.2	401.7	427.7	472.4	436.1	885.5
个人缴纳的失业保险	70.8	17.1	55.7	54.0	64.9	179.3
其他社会保障支出	68.2	11.8	32.5	57.6	74.6	185.5
3.外来从业人员寄给家人的支出	8.6			15.8	2.2	28.3
4.赡养支出	152.1	68.3	83.3	152.5	141.2	348.2
5.其他转移性支出	114.1	47.2	47.9	93.2	121.1	290.2
(四)购置资产及非经常性转移支出	3872.5	1315.6	1845.9	2588.3	3584.5	11096.7
1.购置资产支出	1267.8	109.2	130.1	215.6	468.6	5977.5
2.非经常性转移支出	2604.7	1206.4	1715.8	2372.8	3115.9	5119.2

10-7 各地区城市居民平均每人全年消费支出

单位：元

地　区	2010年	2011年	2012年	2013年	2014年	2015年	2016年	2017年	2018年	2019年	2020年
全　省	**13280.0**	**14789.6**	**16593.6**	**18029.7**	**20519.6**	**21556.7**	**24995.9**	**25379.4**	**26447.9**	**27355.0**	**24849.1**
沈　阳	16961.4	18146.9	20002.9	24633.7	22519.8	26531.7	27655.0	29958.0	32235.0	34137.4	31562.4
大　连	16579.7	18846.4	20417.5	23071.2	24781.6	25824.4	27118.7	27191.2	29928.4	31485.3	30158.4
鞍　山	13709.7	14909.1	16388.9	17456.2	16975.1	18537.0	21384.3	21837.6	22656.5	23363.4	21160.3
抚　顺	10006.5	12440.2	13767.5	15342.7	17352.6	18060.5	20631.9	22119.1	23635.0	24799.0	22929.0
本　溪	12119.4	13982.0	16064.5	17863.3	20134.1	21293.9	22763.3	23533.2	24893.0	25858.5	23840.8
丹　东	11322.7	12725.2	14490.4	13773.4	15219.0	16315.2	17903.7	19568.7	20644.9	21491.6	20108.0
锦　州	11801.5	13651.8	16967.6	14279.1	15118.3	17629.6	19202.5	20277.8	21183.8	21860.1	20019.0
营　口	12223.3	12994.4	16453.2	16467.4	16674.3	18215.4	20478.1	21404.0	23143.0	23925.0	21488.0
阜　新	9047.4	11127.0	12796.6	14914.1	15849.2	16574.8	17763.2	18585.6	19511.0	20598.0	18991.4
辽　阳	11070.6	12651.2	15090.3	15258.6	15908.2	17319.3	20041.6	21465.8	22582.0	23598.2	20966.6
盘　锦	13923.0	15213.0	18152.6	18883.3	18882.0	20322.6	21897.0	23364.0	25735.0	26872.0	24534.0
铁　岭	10322.6	12039.1	14385.7	11590.3	12817.0	13820.0	14816.0	15927.0	17083.0	18052.0	17122.0
朝　阳	9318.1	10334.1	11375.6	12008.6	12586.0	13219.0	16114.3	17146.2	18052.6	18640.4	17348.8
葫芦岛	10969.4	12132.3	12990.6	13344.8	14181.5	15103.3	16055.7	17003.0	18006.2	19104.5	18244.9

注：由于居民收支调查一体化改革，2013年后消费数据为全省城镇常住居民新口径数据，与2012年以前的老口径数据不匹配。

10-8 城镇居民家庭平均每人消费支出

(2020年)

单位：元

指　标	合计	低收入户	中低收入户	中等收入户	中高收入户	高收入户
消费支出	**24849.1**	**13805.1**	**18701.9**	**21950.3**	**27701.8**	**46023.3**
一、食　品	**7334.0**	**4519.8**	**6077.7**	**7445.5**	**8905.8**	**10604.6**
1.食品	5357.2	3422.4	4479.7	5483.1	6663.1	7340.4
2.烟酒	530.6	339.9	499.7	573.4	618.2	670.7
3.饮料	148.2	85.3	113.8	140.0	177.6	246.1
4.饮食服务	1297.9	672.3	984.5	1248.9	1446.9	2347.5
二、衣　着	**1717.8**	**888.7**	**1334.5**	**1523.2**	**1907.8**	**3215.9**
1.衣类	1366.6	688.5	1035.0	1183.1	1505.2	2656.1
2.鞋类	351.2	200.2	299.5	340.1	402.5	559.8
三、生活用品及服务	**1372.7**	**701.2**	**1028.5**	**1211.7**	**1667.0**	**2486.3**
1.家具及室内装饰品	147.4	82.2	135.4	111.0	181.8	246.8
2.家用器具	301.1	131.2	224.3	254.8	389.0	562.8
3.家用纺织品	104.9	55.2	90.7	99.4	127.0	167.1
4.家庭日用杂品	354.6	215.0	266.2	318.2	452.8	571.0
5.个人用品	365.3	198.3	284.7	335.3	393.5	671.4
6.家庭服务	99.5	19.4	27.2	93.0	122.9	267.1
四、医疗保健	**2595.2**	**1138.9**	**1768.7**	**2309.4**	**3138.1**	**5133.9**
1.医疗器具及药品	1026.6	486.8	750.3	988.8	1389.5	1695.2
2.医疗服务	1568.7	652.1	1018.4	1320.6	1748.7	3438.7
五、交通通信	**3016.5**	**1511.2**	**2044.8**	**2239.9**	**3009.8**	**6866.6**
交　通	2172.9	950.7	1298.9	1429.6	2105.7	5580.6
通　信	843.7	560.5	745.9	810.3	904.1	1286.0
六、教育文化娱乐	**2371.4**	**1701.3**	**1928.7**	**1892.4**	**2204.9**	**4404.8**
1.教育	1628.9	1401.6	1472.0	1229.9	1195.9	2960.9
2.文化娱乐	742.4	299.7	456.7	662.4	1009.0	1443.9
七、居　住	**5503.6**	**3053.8**	**4060.3**	**4812.9**	**6085.2**	**10396.8**
1.租赁房房租	151.9	105.6	159.6	170.7	122.0	211.2
2.住房维修及管理	579.1	292.0	385.3	403.6	482.8	1449.3
3.水电燃料及其他	1317.3	925.1	1142.4	1267.7	1478.5	1901.1
八、其它商品和服务	**937.9**	**290.1**	**458.7**	**515.4**	**783.3**	**2914.5**
1.其他用品	281.3	107.9	195.4	206.6	336.5	622.0
2.其他服务	656.6	182.2	263.3	308.9	446.8	2292.5

10-9 城镇居民家庭平均每人消费支出构成

(2020年) 单位：%

指　　标	合计	低收入户	中低收入户	中等收入户	中高收入户	高收入户
消费支出	**100.0**	**100.0**	**100.0**	**100.0**	**100.0**	**100.0**
一、食　　品	**29.5**	**32.7**	**32.5**	**33.9**	**32.1**	**23.0**
1.食品	21.6	24.8	24.0	25.0	24.1	15.9
2.烟酒	2.1	2.5	2.7	2.6	2.2	1.5
3.饮料	0.6	0.6	0.6	0.6	0.6	0.5
4.饮食服务	5.2	4.9	5.3	5.7	5.2	5.1
二、衣　　着	**6.9**	**6.4**	**7.1**	**6.9**	**6.9**	**7.0**
1.衣类	5.5	5.0	5.5	5.4	5.4	5.8
2.鞋类	1.4	1.5	1.6	1.5	1.5	1.2
三、生活用品及服务	**5.5**	**5.1**	**5.5**	**5.5**	**6.0**	**5.4**
1.家具及室内装饰品	0.6	0.6	0.7	0.5	0.7	0.5
2.家用器具	1.2	1.0	1.2	1.2	1.4	1.2
3.家用纺织品	0.4	0.4	0.5	0.5	0.5	0.4
4.家庭日用杂品	1.4	1.6	1.4	1.4	1.6	1.2
5.个人用品	1.5	1.4	1.5	1.5	1.4	1.5
6.家庭服务	0.4	0.1	0.1	0.4	0.4	0.6
四、医疗保健	**10.4**	**8.2**	**9.5**	**10.5**	**11.3**	**11.2**
1.医疗器具及药品	4.1	3.5	4.0	4.5	5.0	3.7
2.医疗服务	6.3	4.7	5.4	6.0	6.3	7.5
五、交通通信	**12.1**	**10.9**	**10.9**	**10.2**	**10.9**	**14.9**
交　　通	8.7	6.9	6.9	6.5	7.6	12.1
通　　信	3.4	4.1	4.0	3.7	3.3	2.8
六、教育文化娱乐	**9.5**	**12.3**	**10.3**	**8.6**	**8.0**	**9.6**
1.教育	6.6	10.2	7.9	5.6	4.3	6.4
2.文化娱乐	3.0	2.2	2.4	3.0	3.6	3.1
七、居　　住	**22.1**	**22.1**	**21.7**	**21.9**	**22.0**	**22.6**
1.租赁房房租	0.6	0.8	0.9	0.8	0.4	0.5
2.住房维修及管理	2.3	2.1	2.1	1.8	1.7	3.1
3.水电燃料及其他	5.3	6.7	6.1	5.8	5.3	4.1
八、其它商品和服务	**3.8**	**2.1**	**2.5**	**2.3**	**2.8**	**6.3**
1.其他用品	1.1	0.8	1.0	0.9	1.2	1.4
2.其他服务	2.6	1.3	1.4	1.4	1.6	5.0

10-10 城镇居民家庭平均每人食品消费情况(含自产自用)

(2020年) 单位：千克

品　　名	合计	低收入户	中低收入户	中等收入户	中高收入户	高收入户
小　　麦	51.4	46.2	50.0	54.1	56.5	51.4
稻　　谷	50.7	56.2	51.9	53.9	49.7	39.7
猪　　肉	16.7	13.4	16.5	18.4	19.4	16.6
牛　　肉	4.0	2.5	3.6	4.8	5.1	4.7
羊　　肉	1.8	1.0	1.7	2.0	2.3	2.1
鸡	5.2	4.6	5.1	6.0	5.9	4.6
鲜　　蛋	17.0	14.6	15.4	19.3	20.1	16.6
鱼　　类	10.0	7.1	8.8	11.5	13.1	10.2
虾贝蟹类	6.0	3.2	5.1	6.7	7.9	7.9
藻　　类	0.5	0.4	0.5	0.6	0.6	0.5
鲜　　菜	118.4	97.3	110.9	135.5	141.5	112.0
白　　酒	2.3	2.0	2.4	2.8	3.1	1.4
啤　　酒	12.7	8.3	13.8	13.0	16.4	12.7
果　　酒	0.1	0.1	0.1	0.1	0.2	0.2
茶　　叶	0.2	0.1	0.1	0.2	0.2	0.2
鲜 瓜 果	75.0	56.6	69.9	81.1	90.3	82.2
糕　　点	5.5	4.2	5.0	5.5	6.5	7.0
鲜　　奶	16.1	9.8	13.0	17.7	22.5	19.2
酸　　奶	6.1	3.4	4.4	7.0	7.7	9.1
奶　　粉	0.4	0.3	0.3	0.5	0.5	0.7

10-11 城镇居民家庭平均每百户年末耐用品拥有量

(2020年)

品　　名	单位	合计	低收入户	中低收入户	中等收入户	中高收入户	高收入户
1.家用汽车	辆	33.3	23.3	29.5	28.9	30.2	54.9
2.摩托车	辆	5.4	10.3	8.1	4.1	2.7	2.0
3.助力车	台	16.5	29.7	16.4	16.0	12.6	7.6
4.洗衣机	台	96.5	93.4	95.3	95.4	98.1	100.3
5.电冰箱(柜)	台	101.4	97.0	100.2	100.1	103.4	106.2
6.微波炉	台	58.9	41.0	54.5	56.7	68.7	73.4
7.彩色电视机	台	105.4	100.3	102.7	104.5	107.8	111.8
8.其中：接入有线电视	台						
9.空调	台	58.4	35.8	47.9	53.3	68.0	87.2
10.热水器	台	89.4	74.9	85.1	91.9	94.4	100.6
11.其中：太阳能热水器	台						
12.消毒碗柜	台						
13.洗碗机	台	2.1	1.1	1.2	1.0	2.6	4.8
14.排油烟机	台	88.0	76.8	84.1	90.3	91.9	96.9
15.固定电话	线	15.5	12.3	12.7	12.1	18.6	22.0
16.移动电话	部	208.1	215.5	216.9	206.2	200.0	202.1
17.其中：接入互联网	部	188.4	190.5	195.9	183.7	180.2	191.5
18.计算机	台	59.0	46.8	53.8	53.4	63.6	77.2
19.其中：接入互联网	台	50.4	39.3	45.7	46.0	54.6	66.2
20.摄像机	台						
21.照相机	台	22.0	7.0	14.9	17.4	25.8	45.0
22.中高档乐器	架	10.6	4.5	8.6	6.7	11.8	21.5
23.健身器材	台	7.9	2.6	4.5	6.9	7.1	18.5
24.空气净化器	台	7.7	1.9	4.4	6.7	6.9	18.8

10-12 农民家庭基本情况

单位：人、元

指标	2010年	2011年	2012年	2013年	2014年	2015年
调查户人口						
1.平均每户常住人口	3.18	3.20	3.15	3.04	2.80	2.80
2.平均每户整、半劳动力	2.45	2.47	2.42	2.20	2.09	2.12
3.平均每个劳动力负担人口(含本人)	1.30	1.30	1.30	1.38	1.34	1.32
平均每人全年收入						
1.总收入	10902.5	13898.1	15274.6	17280.1	20135.6	21755.8
2.可支配收入	6907.9	8296.5	9383.7	10522.7	11191.5	12056.9
3.现金收入	9907.7	12855.2	14171.2	16924.8	19266.9	20612.0
平均每人全年支出	**9604.7**	**12241.4**	**13327.0**	**16054.7**	**20783.3**	**22126.8**
家庭经营费用支出	3618.8	4834.0	5175.8	6266.4	7840.6	8521.9
购置生产性固定资产支出	403.5	609.3	571.2	448.3	865.9	894.4
税费支出	1.8	9.4	9.6	0.5		
生活消费支出	4489.5	5406.4	5998.4	7159.0	7800.7	8872.8
财产性支出	79.8	0.7	22.8	4.3	10.9	27.3
转移性支出	1003.4	1371.3	1538.0	2172.2	500.0	568.8

10-12 续表

单位：人、元

指标	2016年	2017年	2018年	2019年	2020年
调查户人口					
1.平均每户常住人口	2.80	2.74	2.68	2.60	2.55
2.平均每户整、半劳动力	2.16	2.14	2.09	2.03	2.03
3.平均每个劳动力负担人口(含本人)	1.29	1.28	1.29	1.28	1.26
平均每人全年收入					
1.总收入	24246.4	24335.2	24367.7	28000.4	29139.1
2.可支配收入	12880.7	13746.8	14656.3	16108.3	17450.3
3.现金收入	22858.0	23094.1	23256.9	26593.3	27812.0
平均每人全年支出	**26681.9**	**25845.5**	**25291.1**	**28847.0**	**27186.1**
家庭经营费用支出	9948.7	9224.0	8280.4	10143.7	9947.8
购置生产性固定资产支出	1766.5	1327.0	1190.3	2180.9	1122.8
税费支出					
生活消费支出	9953.1	10787.3	11455.0	12030.2	12311.2
财产性支出	13.7	16.3	18.2	24.8	32.2
转移性支出	619.8	535.8	688.7	786.1	805.1

10-13 农民家庭人均总收入与常住居民人均可支配收入

单位：元

指标	2010年	2011年	2012年	2013年	2014年	2015年	2016年	2017年	2018年	2019年	2020年
一、人均总收入	**10902.5**	**13898.1**	**15274.6**	**17280.1**	**20135.6**	**21755.8**	**24246.4**	**24335.2**	**24367.7**	**28000.4**	**29139.1**
(一)工资性收入	2650.0	3179.7	3630.2	4209.4	4362.3	4730.1	5071.2	5423.1	5644.8	6223.6	6511.3
(二)家庭经营收入	7383.6	9632.2	10497.2	11873.8	13681.3	14676.4	16367.6	15855.3	15268.4	18093.9	18726.2
(三)财产性收入	234.2	244.6	246.2	283.2	249.9	259.1	271.3	313.2	352.6	309.3	329.1
(四)转移性收入	634.8	841.6	901.0	913.7	1842.1	2090.2	2536.3	2743.5	3101.9	3373.6	3572.6
二、人均可支配收入	**6907.9**	**8296.5**	**9383.7**	**10522.7**	**11191.5**	**12056.9**	**12880.7**	**13746.8**	**14656.3**	**16108.3**	**17450.3**
(一)工资性收入	2650.0	3179.7	3630.2	4209.4	4362.3	4730.1	5071.2	5423.1	5644.8	6223.6	6511.3
(二)家庭经营净收入	3486.1	4271.0	4783.4	5160.2	5252.4	5573.7	5635.5	5819.1	6263.8	7012.7	7874.7
1.农业	2188.9	2708.0	3219.4	3407.7	3025.4	3166.9	3033.7	2960.3	3135.0	3400.5	3656.5
2.林业	18.2	23.8	32.1	67.3	154.7	148.2	147.6	184.3	142.7	171.1	186.4
3.牧业	665.0	825.7	710.7	758.5	795.4	886.4	1049.7	1159.2	1214.5	1339.4	1799.7
4.渔业	52.2	15.1	20.3	59.9	88.8	87.2	101.8	116.1	131.0	170.9	177.4
(三)财产性净收入	234.2	244.6	246.2	283.2	234.7	231.7	257.6	296.9	334.5	284.5	296.9
(四)转移性净收入	537.7	601.2	724.0	870.0	1342.1	1521.3	1916.4	2207.7	2413.2	2587.5	2767.5

10-13 续表

单位：元

指标	构成(%)										
	2010年	2011年	2012年	2013年	2014年	2015年	2016年	2017年	2018年	2019年	2020年
一、人均总收入	**100.0**	**100.0**	**100.0**	**100.0**	**100.0**	**100.0**	**100.0**	**100.0**	**100.0**	**100.0**	**100.0**
(一)工资性收入	24.4	22.9	23.8	24.4	21.7	21.7	20.9	22.3	23.2	22.2	22.3
(二)家庭经营收入	67.7	69.3	68.7	68.7	67.9	67.5	67.5	65.2	62.7	64.6	64.3
(三)财产性收入	2.1	1.8	1.6	1.6	1.2	1.2	1.1	1.3	1.4	1.1	1.1
(四)转移性收入	5.8	6.0	5.9	5.3	9.1	9.6	10.5	11.3	12.7	12.0	12.3
二、人均可支配收入	**100.0**	**100.0**	**100.0**	**100.0**	**100.0**	**100.0**	**100.0**	**100.0**	**100.0**	**100.0**	**100.0**
(一)工资性收入	38.4	38.3	38.7	40.0	39.0	39.2	39.4	39.4	38.5	38.6	37.3
(二)家庭经营净收入	50.5	51.5	51.0	49.0	46.9	46.2	43.8	42.3	42.7	43.5	45.1
1.农业	31.7	32.6	34.3	32.4	27.0	26.3	23.6	21.5	21.4	21.1	21.0
2.林业	0.3	.3	0.3	.6	1.4	1.2	1.1	1.3	1.0	1.1	1.1
3.牧业	9.6	10.0	7.6	7.2	7.1	7.4	8.1	8.4	8.3	8.3	10.3
4.渔业	0.8	.2	0.2	.6	0.8	0.7	0.8	0.8	0.9	1.1	1.0
(三)财产性净收入	3.3	3.0	2.6	2.7	2.1	1.9	2.0	2.2	2.3	1.8	1.7
(四)转移性净收入	7.8	7.2	7.7	8.3	12.0	12.6	14.9	16.1	16.5	16.1	15.9

10-14 各地区农村常住居民人均可支配收入

单位：元

地区	2010年	2011年	2012年	2013年	2014年	2015年	2016年	2017年	2018年	2019年	2020年
全省	**6908**	**8297**	**9384**	**10523**	**11191**	**12057**	**12881**	**13747**	**14656**	**16108**	**17450**
沈阳	10022	11575	13045	14467	12521	13486	14385	15461	16530	18124	19598
大连	12317	14213	15990	17717	13547	14667	15664	16865	18103	19974	21558
鞍山	9250	11146	12617	14207	12093	13117	14161	15075	16137	17759	19065
抚顺	7203	8780	10062	11310	10971	11766	12545	13379	14249	15596	16813
本溪	7845	9524	10800	12204	11726	12667	13574	14540	15463	16970	18336
丹东	8340	10033	11428	12822	11528	12493	13450	14469	15439	16954	18439
锦州	7756	9447	10788	12137	11723	12599	13539	14493	15384	16817	18188
营口	8863	10662	12080	13675	12609	13631	14587	15594	16748	18494	20202
阜新	6372	7615	8772	9939	10566	11109	11812	12548	13443	14849	16183
辽阳	8095	9844	11183	12379	11156	12036	12969	13921	14873	16247	17666
盘锦	9750	11437	12935	14462	12723	13763	14845	15938	17136	18890	20579
铁岭	7739	9271	10569	11869	10888	11683	12531	13377	14208	15552	17001
朝阳	6142	7536	8689	9949	9754	10514	11193	11893	12681	13953	15159
葫芦岛	6597	7901	8983	9927	9556	10233	10986	11727	12483	13721	14862

10-15 农民家庭人均总支出

单位：元

指标	2010年	2011年	2012年	2013年	2014年	2015年	2016年	2017年	2018年	2019年	2020年
总支出	**9604.7**	**12241.4**	**13327.0**	**16054.7**	**20783.3**	**22126.8**	**26681.9**	**25845.5**	**25291.1**	**28847.0**	**27186.1**
(一)家庭经营费用支出	3618.8	4834.0	5175.8	6266.4	7840.6	8521.9	9948.7	9224.0	8280.4	10143.7	9947.8
(二)购置生产性固定资产支出	403.5	609.3	571.2	448.3	865.9	894.4	1766.5	1327.0	1190.3	2180.9	1122.8
(三)税费支出	1.8	9.4	9.6	0.5							
(四)生活消费支出	4489.5	5406.4	5998.4	7159.0	7800.7	8872.8	9953.1	10787.3	11455.0	12030.2	12311.2
1.食品	1714.2	2116.3	2300.0	2518.9	2210.9	2498.8	2678.6	2883.4	3063.0	3194.1	3660.3
2.衣着	369.2	446.1	517.9	584.2	531.7	598.6	636.7	694.7	656.2	710.0	698.6
3.居住	745.0	860.2	979.8	1279.3	1491.7	1666.4	1906.5	2200.9	2246.3	2385.5	2412.5
4.家庭设备、用品及服务	185.2	225.4	250.5	299.4	331.7	396.5	459.2	512.6	568.5	592.7	529.6
5.医疗保健	413.8	482.9	548.8	789.5	1026.4	1064.5	1139.2	1251.4	1529.1	1657.1	1946.4
6.交通和通讯	449.0	577.7	668.7	850.3	1049.7	1351.2	1663.9	1745.5	1820.1	1770.3	1109.1
7.文教娱乐用品及服务	500.3	550.0	556.6	632.9	1014.5	1122.0	1274.2	1295.0	1325.2	1423.5	1718.7
8.其他商品和服务	112.9	147.8	176.2	204.4	144.2	174.8	194.9	203.8	246.5	297.1	236.1
(五)财产性支出	79.8	0.7	22.8	4.3	10.9	27.3	13.7	16.3	18.2	24.8	32.2
(六)转移性支出	1003.4	1371.3	1538.0	2172.2	500.0	568.8	619.8	535.8	688.7	786.1	805.1

10-15 续表

单位：元

指　　标	构成%										
	2010年	2011年	2012年	2013年	2014年	2015年	2016年	2017年	2018年	2019年	2020年
总支出	**100.0**	**100.0**	**100.0**	**100.0**	**100.0**	**100.0**	**100.0**	**100.0**	**100.0**	**100.0**	**100.0**
(一)家庭经营费用支出	37.7	39.5	38.8	39.0	37.7	38.5	37.3	35.7	32.7	35.2	36.6
(二)购置生产性固定资产支出	4.2	5.0	4.3	2.8	4.2	4.0	6.6	5.1	4.7	7.6	4.1
(三)税费支出		0.1	0.1	0.003							
(四)生活消费支出	46.7	44.2	45.0	44.6	37.5	40.1	37.3	41.7	45.3	41.7	45.3
1.食品	17.8	17.3	17.3	15.7	10.6	11.3	10.0	11.2	12.1	11.1	13.5
2.衣着	3.8	3.7	3.9	3.6	2.6	2.7	2.4	2.7	2.6	2.5	2.6
3.居住	7.8	7.0	7.4	8.0	7.2	7.5	7.1	8.5	8.9	8.3	8.9
4.家庭设备、用品及服务	1.9	1.8	1.9	1.9	1.6	1.8	1.7	2.0	2.2	2.1	1.9
5.医疗保健	4.3	4.0	4.1	4.9	4.9	4.8	4.3	4.8	6.0	5.7	7.2
6.交通和通讯	4.7	4.7	5.0	5.3	5.1	6.1	6.2	6.8	7.2	6.1	4.1
7.文教娱乐用品及服务	5.2	4.5	4.2	3.9	4.9	5.1	4.8	5.0	5.2	4.9	6.3
8.其他商品和服务	1.2	1.2	1.3	1.3	0.7	0.8	0.7	0.8	1.0	1.0	0.9
(五)财产性支出	0.8	0.0	0.2	0.0	0.1	0.1	0.1	0.1	0.1	0.1	0.1
(六)转移性支出	10.4	11.2	11.5	13.5	2.4	2.6	2.3	2.1	2.7	2.7	3.0

10-16 农村居民人均食品消费情况

单位：公斤

指　　标	2010年	2011年	2012年	2013年	2014年	2015年	2016年	2017年	2018年	2019年	2020年
一、谷物和薯类	**171.5**	**169.7**	**158.5**	**130.7**	**138.2**	**143.0**	**140.5**	**135.6**	**135.4**	**138.5**	**166.1**
#小麦	36.9	38.3	36.1	31.7	41.2	42.3	44.4	42.0	43.4	43.6	51.5
稻谷	92.6	103.6	98.4	79.0	80.9	82.5	79.2	74.1	71.9	72.6	84.2
玉米	26.7	15.8	16.1	11.6	8.7	9.4	7.4	8.9	8.4	11.4	19.3
薯类	1.7	1.0	0.7	2.4	2.3	3.2	3.1	3.5	3.6	3.6	3.9
二、豆类及豆制品	**11.1**	**7.0**	**6.2**	**11.5**	**7.0**	**7.4**	**10.4**	**10.0**	**10.2**	**11.2**	**12.4**
大豆	6.2	2.7	1.9	1.8	1.8	1.6	2.9	2.3	2.9	3.2	2.8
三、蔬菜及菜制品	**150.3**	**111.8**	**103.1**	**95.4**	**102.0**	**120.1**	**110.9**	**96.4**	**91.7**	**92.2**	**101.5**
四、油脂类	**7.6**	**9.0**	**9.3**	**9.6**	**10.0**	**10.5**	**11.2**	**11.3**	**10.4**	**10.2**	**11.3**
植物油	7.0	8.6	8.8	9.3	9.6	10.2	10.9	10.9	10.1	10.0	11.1
动物油	0.6	0.4	0.5	0.3	0.4	0.3	0.3	0.4	0.3	0.3	0.3
五、肉禽及其制品	**20.5**	**18.6**	**19.6**	**20.7**	**21.3**	**22.4**	**24.9**	**25.7**	**27.7**	**22.8**	**25.4**
#猪肉	15.8	14.2	15.2	15.6	16.9	16.9	17.8	18.4	21.1	19.2	16.1
牛肉	0.4	0.5	0.5	0.5	0.4	0.5	0.7	0.7	0.9	1.0	1.3
羊肉	0.3	0.2	0.2	0.2	0.2	0.5	0.8	0.6	0.6	0.5	0.6
家禽	2.0	1.5	1.5	2.3	2.1	2.7	3.4	3.4	3.1	3.7	4.9
肉禽制品	2.0	2.2	2.2	2.1	-	-	-				
六、蛋类及蛋制品	**8.7**	**8.3**	**8.5**	**7.3**	**7.2**	**9.2**	**10.2**	**10.3**	**8.7**	**9.6**	**14.1**
七、奶及奶制品	**2.8**	**3.7**	**3.5**	**4.7**	**4.4**	**4.8**	**5.1**	**4.9**	**5.2**	**5.7**	**6.1**
八、水产品	**4.9**	**5.2**	**5.2**	**6.2**	**5.4**	**6.0**	**7.1**	**7.0**	**6.8**	**7.7**	**8.2**
鱼类	3.5	3.9	3.8	4.3	3.9	4.1	4.8	4.5	4.8	5.2	6.0
虾、贝、蟹类	0.9	0.8	0.9	1.2	0.9	1.2	1.4	1.6	1.2	1.6	1.4
藻类	0.2	0.1	0.2	0.2	0.2	0.2	0.2	0.2	0.2	0.3	0.3
其他	0.3	0.3	0.3	0.5	0.4	0.5	0.6	0.6	0.5	0.6	0.7
九、食糖	**0.9**	**0.6**	**0.7**	**0.8**	**0.8**	**0.9**	**1.1**	**1.1**	**1.0**	**1.1**	**1.2**
十、酒	**12.8**	**15.1**	**15.3**	**14.6**	**15.5**	**17.2**	**19.8**	**19.6**	**16.8**	**17.1**	**17.1**
#白酒	3.6	4.2	4.0	4.2	4.3	4.8	5.0	5.1	4.6	4.4	4.8
啤酒	9.2	10.8	11.2	10.4	11.2	12.4	14.7	14.5	12.2	12.7	12.2
果酒	0.04	0.04	0.03	0.03	0.03	0.03	0.03	0.04	0.02	0.02	0.04
十一、糖果					**0.2**	**0.3**	**0.3**	**0.3**	**0.3**	**0.3**	**0.3**
十二、水果及水果制品	**21.6**	**21.0**	**25.9**	**13.9**	**28.8**	**31.2**	**36.9**	**35.9**	**32.3**	**36.3**	**39.6**
十三、坚果及果仁制品	**0.5**	**0.6**	**0.9**	**1.3**	**1.3**	**1.7**	**2.4**	**2.6**	**2.5**	**2.8**	**3.1**

10-17 农民家庭平均每百户年末耐用消费品拥有量

品　名	单位	2010年	2011年	2012年	2013年	2014年	2015年	2016年	2017年	2018年	2019年	2020年
洗衣机	台	76.2	79.0	80.7	76.5	76.5	80.1	85.9	87.9	89.2	90.1	90.7
电冰箱	台	58.7	77.9	82.0	77.1	79.9	86.0	97.3	99.2	99.0	100.3	100.5
空调机	台	1.0	2.3	2.2	1.7	1.7	2.1	3.5	4.6	8.3	13.9	14.1
抽油烟机	台	10.7	10.1	11.3	12.1	9.6	12.5	16.6	19.3	24.3	25.1	25.9
吸尘器	台	1.6	1.0	1.0					0.3	1.7	1.4	1.5
微波炉	台	7.3	7.1	7.8	8.4	7.1	8.7	11.7	12.5	12.4	12.9	12.5
热水器	台	10.3	14.1	15.9	13.7	12.0	16.3	21.1	23.0	26.9	30.6	31.5
自行车	辆	101.6	79.7	81.8	23.3							
摩托车	辆	59.2	63.2	64.0	53.5	60.0	63.9	63.2	62.1	58.3	55.9	54.5
汽车（生活用）	台	1.4	3.0	3.9	8.0	8.9	11.6	16.6	17.5	18.3	20.4	21.7
电话机	部	92.5	80.8	80.7	64.6	71.5	63.7	58.2	54.1	36.2	29.8	25.5
移动电话	部	117.7	150.6	158.1	161.8	174.7	191.2	208.8	213.4	216.6	220.9	219.6
彩色电视机	台	111.7	112.1	112.2	109.5	109.8	111.0	112.0	112.4	108.8	108.7	108.3
摄像机	台	1.2	1.0	1.4	0.7	0.5	0.8	0.8				
照相机	架	7.3	5.6	6.0	4.9	3.8	4.1	3.9	3.7	2.2	2.2	2.1
家用计算机	台	10.0	16.7	20.2	20.1	22.1	28.9	34.5	36.2	25.6	25.5	26.3
中高档乐器	件	0.7	0.1	0.1	0.2	0.4	0.4	0.6	0.6	1.1	1.1	0.9

主要统计指标解释

可支配收入 指调查户在调查期内获得的、可用于最终消费支出和储蓄的总和，即调查户可以用来自由支配的收入。可支配收入既包括现金，也包括实物收入。按照收入的来源，可支配收入包含四项，分别为：工资性收入、经营净收入、财产净收入和转移净收入。计算公式为：

可支配收入=工资性收入+经营净收入+财产净收入+转移净收入

工资性收入 指就业人员通过各种途径得到的全部劳动报酬和各种福利，包括受雇于单位或个人、从事各种自由职业、兼职和零星劳动得到的全部劳动报酬和福利。

经营净收入 指住户或住户成员从事生产经营活动所获得的净收入，是全部经营收入中扣除经营费用、生产性固定资产折旧和生产税之后得到的净收入。计算公式具体为：

经营净收入=经营收入－经营费用－生产性固定资产折旧－生产税

财产净收入 指住户或住户成员将其所拥有的金融资产、住房等非金融资产和自然资源交由其他机构单位、住户或个人支配而获得的回报并扣除相关的费用之后得到的净收入。财产净收入包括利息净收入、红利收入、储蓄性保险净收益、转让承包土地经营权租金净收入、出租房屋净收入、出租其他资产净收入和自有住房折算净租金等。

转移净收入 计算公式为：转移净收入=转移性收入－转移性支出

转移性收入 指国家、单位、社会团体对住户的各种经常性转移支付和住户之间的经常性收入转移。包括养老金或退休金、社会救济和补助、政策性生产补贴、政策性生活补贴、救灾款、经常性捐赠和赔偿、报销医疗费、住户之间的赡养收入，以及本住户非常住成员寄回带回的收入等。

转移性支出 指调查户对国家、单位、住户或个人的经常性或义务性转移支付。包括缴纳的税款、各项社会保障支出、赡养支出、经常性捐赠和赔偿支出以及其他经常转移支出等。

消费支出 指住户用于满足家庭日常生活消费需要的全部支出，包括用于消费品的支出和用于服务性消费的支出。根据用途不同，消费支出可划分为食品烟酒、衣着、居住、生活用品及服务、交通通信、教育文化娱乐、医疗保健、其他用品及服务八大类。根据来源不同，消费支出可划分为现金消费支出、实物消费支出（含自产自用、来自单位、来自政府和其他社会组织）。

城镇居民家庭就业人口 指城镇居民从事社会劳动并取得劳动报酬或经营收入的人口。就业人口包括通过国家统筹规划和指导由劳动部门介绍就业，自愿组织起来就业和自谋职业等方式，在国有制、集体所有制、中外合资、中外合作、外资在华独资的企事业单位和私营企业单位工作或从事个体劳动的有固定性职业或临时性职业的人口。被聘用和留用的离退休人员也计入就业人口。本指标可以反映城镇居民的就业情况，是计算就业面、负担系数的重要资料。

农村居民家庭整半劳动力 指农村常住居民家庭成员中有劳动能力并经常参加实际劳动的人员。是生产的基本要素指标之一，是发展生产增加农民家庭收入的重要源泉。按规定，农村男 18 周岁至 50 周岁、女 18 周岁至 45 周岁为整劳动力；男 16 周岁至 17 周岁、51 周岁至 60 周岁、女 16 周岁至 17 周岁、46 周岁至 55 周岁为半劳动力。农民家庭整半劳动力，既包括在上述规定劳动年龄内和在劳动年龄以外有劳动能力并经常参加实际劳动的男女整半劳动力；也包括农民家庭常住人员中属于职工的劳动力。但不包括在劳动年龄内已丧失劳动能力的人员。

城乡储蓄存款余额 城乡储蓄存款，包括城镇居民储蓄存款和农民个人储蓄存款两部分。不包括居民的手存现金和工矿企业、部队、机关团体等集团存款。储蓄存款余额，是指城乡居民存入银行及农村信用社储蓄的时点数(存入数扣除取出数的余额)，如月末、季末或年末数额。

十一、城市建设

Chapter 11 Urban Construction

11-1 城市公用事业基本情况

指　　标	单位	2010年	2011年	2012年	2013年	2014年	2015年	2016年	2017年	2018年	2019年	2020年
自来水全年供水总量	亿吨	26.2	26.6	27.5	27.9	27.3	25.1	26.5	26.3	29.5	30.3	28.2
#生活用水量	亿吨	9.1	9.9	10.4	10.8	10.7	11.1	11.9	8.0	8.5	8.6	9.2
人均日生活用水量	升	121.0	126.0	128.1	128.7	131.8	135.5	146.3	136.0	148.1	145.2	146.8
用水普及率	%	97.4	98.4	98.5	98.8	98.7	98.8	99.0	97.7	98.4	98.6	99.5
道路长度	公里	14238	14468	15513	16244	16692	16914	16394	18684	21089	21408	23416
道路面积	万平米	23658	24727	26200	28091	28997	30585	29277	33748	37427	38362	39887
排水管道长度	公里	14070	14906	15945	16420	16783	17074	18275	22419	23810	25102	25938
公用煤气、液化气												
人工煤气全年供气总量	亿立米	5.5	5.7	6.0	5.9	6.4	5.7	4.9	4.4	4.4	3.5	3.2
#家庭用量	亿立米	3.8	3.8	4.0	4.0	4.1	3.8	3.5	3.1	3.0	2.7	2.5
煤气管道长度	公里	5476	5580	5465	5567	5835	5428	5661	4767	5260	4708	3818
天然气全年供气总量	亿立米	6.6	7.7	8.6	9.8	12.7	17.0	20.4	32.9	34.8	36.7	36.7
液化气家庭用量	亿立米	23.6	23.8	25.0	23.1	22.5	21.0	21.5	19.3	20.5	18.8	14.3
燃气普及率	%	94.2	95.5	96.0	96.2	96.2	94.8	96.1	95.1	95.7	96.2	97.6
城市绿化												
园林绿地面积	公顷	92751	95968	118297	120514	121982	124193	116601	128134	128772	133969	153811
公园个数	个	316	322	338	347	374	379	439	564	530	582	685
公园面积	公顷	11005	11693	12222	12877	13829	13629	14595	18062	18700	20167	22895
清洁卫生												
生活垃圾清运量	万吨	837.3	876.0	929.9	927.1	917.1	933.2	933.1	988.8	990.0	1105.2	1108.5
生活垃圾无害化处理量	万吨								975.1	976.6	1071.4	1092.8

注：人均指标按全部城镇人口计算，2000年以前是按城镇人口中的非农人口计算。

11-2 各地区城市设施水平

年份、城市	城市用水普及率 (%)	城市燃气普及率 (%)	人均城市道路面积 (平方米)	人均公园绿地面积 (平方米)
2000	98.20	89.30	6.47	5.72
2001	86.92	76.79	6.91	5.01
2002	87.08	81.96	7.08	5.68
2003	87.88	85.55	7.35	6.25
2004	92.99	87.16	7.67	7.12
2005	93.83	88.11	7.95	7.49
2006	96.74	92.34	8.93	8.32
2007	96.94	91.99	9.61	9.03
2008	96.90	92.40	10.00	9.40
2009	97.23	93.74	10.41	9.76
2010	97.44	94.19	11.19	10.21
2011	98.36	95.46	11.27	10.56
2012	98.45	96.02	11.55	10.89
2013	98.77	96.15	12.09	11.06
2014	98.72	96.19	12.75	11.61
2015	98.84	94.76	13.43	11.52
2016	98.96	96.07	13.01	11.33
2017	97.72	95.07	13.52	11.87
2018	98.44	95.73	14.81	11.95
2019	98.57	96.23	14.97	11.83
2020	99.50	97.62	16.11	13.22
沈　阳	99.92	99.18	15.30	13.59
大　连	99.99	99.34	15.86	13.52
鞍　山	99.54	99.03	21.10	13.03
抚　顺	99.73	97.28	14.14	13.83
本　溪	99.23	95.41	13.69	12.77
丹　东	97.73	98.75	14.84	12.70
锦　州	99.15	98.96	11.76	13.49
营　口	99.81	98.39	21.07	11.66
阜　新	99.39	89.36	12.62	11.54
辽　阳	99.80	96.10	17.66	11.24
盘　锦	100.00	100.00	25.16	15.72
铁　岭	97.83	92.03	13.73	10.67
朝　阳	97.83	88.55	12.93	13.97
葫芦岛	99.72	99.65	18.84	15.39

11-3 各地区城市建设情况

年份、城市	建成区面积 (平方公里)	征用土地面积 (平方公里)	城市人口密度 (人/平方公里)
2000	1558.6	22.6	1174
2001	1612.4	11.2	1236
2002	1660.4	21.2	1246
2003	1694.6	36.6	1244
2004	1737.3	38.7	1256
2005	1779.9	71.9	1243
2006	1859.6	77.2	2163
2007	1917.6	72.0	1945
2008	1955.5	226.7	1916
2009	2030.7	83.8	1922
2010	2220.5	128.2	1814
2011	2276.5	185.7	1712
2012	2329.1	194.8	1624
2013	2386.5	105.4	1663
2014	2422.0	70.0	1615
2015	2462.0	67.9	1590
2016	2798.2	28.2	1485
2017	2970.0	25.6	1763
2018	3027.1	71.5	1767
2019	3091.2	29.6	1787
2020	3105.5	35.8	1775
沈 阳	648.7	17.9	3545
大 连	528.1	3.5	2325
鞍 山	242.4	3.0	2100
抚 顺	168.5	0.8	1732
本 溪	136.5	0.3	622
丹 东	132.1	2.1	1446
锦 州	146.0		2046
营 口	254.3	0.7	1650
阜 新	110.2		1679
辽 阳	139.7	2.3	1099
盘 锦	124.8	3.1	2768
铁 岭	154.3	0.9	1692
朝 阳	166.3	0.6	748
葫 芦 岛	153.7	0.7	1245

11-4 各地区城市市政设施情况

年份、城市	年末实有道路长度(公里)	年末实有道路面积(万平方米)	城市桥梁(座)	道路照明灯(千盏)	城市排水管道长度(公里)	城市污水日处理能力(万立方米)
2000	9249	10152	1253	298	8354	110.7
2001	9462	13793	1260	372	8394	122.9
2002	9875	14270	1247	482	8880	200.4
2003	10204	14885	1326	635	9120	249.0
2004	10407	15635	1300	664	9308	306.1
2005	10556	16337	1232	786	10519	347.1
2006	11096	17623	1314	804	10860	365.6
2007	11530	19452	1395	947	11655	385.6
2008	12111	20546	1406	1270	12192	416.8
2009	12866	21857	1462	1337	13350	444.8
2010	14238	23658	1514	1380	14070	503.1
2011	14468	24727	1549	1446	14906	547.2
2012	15513	26200	1612	1487	15945	606.0
2013	16244	28091	1682	1558	16420	748.2
2014	16692	28997	1663	1562	16783	767.7
2015	16914	30585	1637	1581	17074	787.1
2016	16394	29277	1862	1283	18275	831.4
2017	18684	33748	1970	1421	22419	880.9
2018	21089	37427	1930	1347	23810	1090.0
2019	21408	38362	2078	1464	25102	1014.9
2020	23416	39887	2119	1484	25938	1102.6
沈　阳	6467	9626	539	247	7317	315.3
大　连	3898	7232	527	412	4343	210.6
鞍　山	2021	4030	87	88	1392	76.5
抚　顺	1004	1629	160	45	1091	77.2
本　溪	951	1390	120	61	781	73.0
丹　东	770	1690	78	40	910	24.5
锦　州	996	1676	44	64	1099	48.0
营　口	1785	2915	98	102	2254	47.2
阜　新	557	1117	41	33	804	28.5
辽　阳	1422	1811	109	84	1410	49.1
盘　锦	1049	2171	97	116	1400	32.4
铁　岭	731	1439	91	81	1067	47.5
朝　阳	822	1555	69	66	1122	37.3
葫芦岛	944	1606	59	45	947	35.6

11-5 各地区城市供水情况

年份、城市	年末供水综合生产能力（万立方米/日）	年末供水管道长度（公里）	全年供水总量（万立方米）			用水人口（万人）	人均日生活用水量（升）
				#生产用水	#生活用水		
2000	1393	20627	308500	163667	103812	1751	162.4
2001	1351	21708	297247	164091	101406	1734	160.2
2002	1338	21602	279644	136908	95501	1755	149.1
2003	1347	21999	280510	131973	94322	1780	145.2
2004	1357	23636	281080	126676	101877	1896	147.2
2005	1339	23211	282618	130232	103683	1929	147.3
2006	889	22093	193825	45301	73794	1736	134.1
2007	1333	25422	283174	121342	91560	1963	127.9
2008	1384	26850	294792	121806	91717	2001	125.8
2009	1386	27735	288732	120376	92470	2042	124.2
2010	1391	29123	261879	92543	90763	2060	121.0
2011	1355	31487	266033	87156	99151	2158	126.0
2012	1339	32062	274953	97403	104179	2233	128.1
2013	1320	33118	278710	98206	107547	2295	128.7
2014	1338	36706	272641	93146	107482	2246	131.8
2015	1289	38265	251064	87408	110770	2251	135.5
2016	1238	39313	265148	77677	118880	2227	146.3
2017	1059	37437	245093	42383	79196	2399	136.0
2018	2018	41126	294762	64714	84856	2488	148.1
2019	1345	41307	302873	70682	85868	2526	145.2
2020	1294	44703	281675	64454	92012	2463	146.8
沈　阳	293	5554	75082	10871	30157	629	193.6
大　连	237	8481	59635	10973	16631	456	141.1
鞍　山	71	4136	18908	5385	6027	190	124.9
抚　顺	113	2727	21335	9441	3909	115	151.9
本　溪	52	1491	8563	1824	2990	101	111.8
丹　东	66	2354	10849	3000	4076	111	118.4
锦　州	67	2560	12154	2926	4386	141	121.8
营　口	62	4779	15131	3770	4629	138	122.2
阜　新	36	2376	7973	1697	1675	88	86.5
辽　阳	43	1455	10470	1091	4820	102	158.4
盘　锦	90	2137	13336	5815	2521	86	150.9
铁　岭	41	2128	8117	1725	2900	103	109.1
朝　阳	80	2186	10431	2764	3123	118	126.5
葫芦岛	44	2340	9691	3172	4167	85	150.5

11-6 各地区城市燃气情况

年份、城市	人工煤气生产能力(万立米/日)	管道长度(公里)			全年供气总量			用气人口(万人)		
		人工煤气	液化石油气	天然气	人工煤气(万立米)	液化石油气(吨)	天然气(万立米)	人工煤气	液化石油气	天然气
2000	163.1	4470	195	2950	81957	379194	24923	422.1	568.8	409.9
2001	201.5	4595	217	3169	58642	387530	30764	458.5	645.8	427.6
2002	218.7	4718	254	3355	61430	377990	30701	511.6	698.5	441.5
2003	230.5	4871	290	4286	69121	432358	30338	541.6	734.4	456.5
2004	214.4	4535	198	5214	61112	456355	37698	474.7	726.8	575.9
2005	190.8	4897	437	4979	63614	402659	36817	531.5	713.1	566.6
2006	168.9	4702	478	5610	54347	487296	53495	474.1	718.5	629.5
2007	273.9	4828	550	5940	55785	456504	54085	486.6	718.7	657.3
2008	293.9	5033	589	6364	61958	396282	57736	503.3	693.7	710.5
2009	293.9	5081	626	6941	54441	398309	60035	523.7	693.6	751.1
2010	321.2	5476	644	7405	55177	395058	66173	542.4	652.1	797.0
2011	313.2	5580	656	9059	56625	504938	76601	573.6	665.9	852.4
2012	254.6	5465	690	10160	59736	516426	85701	556.7	665.7	955.9
2013	335.6	5567	670	12426	59264	495244	97745	573.6	639.4	1021.2
2014	338.0	5835	679	13468	63604	492406	126814	591.3	601.1	995.7
2015	317.0	5428	666	15018	57394	468889	170434	530.9	558.9	1068.0
2016	317.0	5661	641	15979	48835	492499	204093	506.3	500.7	1154.7
2017	271.7	4767	564	26633	43621	687206	328632	401.3	472.3	1499.3
2018	213.2	5260	557	29030	44139	715285	347682	399.3	441.3	1578.5
2019	212.8	4708	513	30030	34685	711074	366514	360.9	436.5	1668.2
2020	178.1	3818	327	31786	31917	579654	366866	288.9	376.9	1750.7
沈　阳			31	10414		57274	73074		45.2	578.7
大　连	80.0	1284	177	4887	14250	342847	54416	110.4	52.0	290.6
鞍　山	36.4	1970		469	13281	26168	20862	130.0	40.9	18.3
抚　顺				1148		28938	50237		15.6	96.5
本　溪				1093		5747	11152		9.9	87.0
丹　东	61.4	553	4	552	4288	13165	3795	47.1	30.9	34.5
锦　州			52	1931		12610	17980		25.6	115.5
营　口				2083		17739	42307		38.7	97.4
阜　新				588		5551	7187		23.1	56.1
辽　阳			3	1566		13909	22798		22.7	75.8
盘　锦				1698		13080	13358		5.3	81.0
铁　岭				1920		5682	22280		16.9	79.5
朝　阳	0.3	11	61	814	98	10008	5019	1.5	46.1	58.9
葫芦岛				2623		26936	22402		4.0	80.9

11-7 各地区城市集中供热情况

年份、城市	供热能力		供热总量		管道长度(公里)		供热面积(万平方米)
	蒸汽(吨/小时)	热水(兆瓦)	蒸汽(万吉焦)	热水(万吉焦)	一级管网	二级管网	
2000	11569	19154	2201	11388			20030
2001	11435	20564	2747	12888			22048
2002	10911	29269	3437	19616			24963
2003	10975	30874	3999	19719			29669
2004	11844	30488	5269	18729			38150
2005	12583	36051	6435	22508			47621
2006	10967	43765	5936	26157			46773
2007	11718	39717	5886	28036			54118
2008	11612	46395	6253	31218			60990
2009	12013	51183	6479	35643			68464
2010	13186	55770	6521	39613			74526
2011	11544	59855	6599	41926			81581
2012	13038	62826	6320	42748			87108
2013	12787	68631	6521	43494			92109
2014	12776	69158	7505	44083			96587
2015	12933	71834	7208	49005			104543
2016	12915	74373	7340	51245			108760
2017	18396	75906	12103	51441	13289	39845	125698
2018	19519	75893	12966	53540	14831	44277	134650
2019	17607	80350	11340	51235	15123	43879	129564
2020	18306	85344	12125	56277	15366	48388	142098
沈 阳	774	24088	247	17706	3200	10414	36572
大 连	7028	13260	3952	8927	3325	6099	28497
鞍 山	105	6089	55	5381	1058	4412	10908
抚 顺	120	5876	90	3300	1809	2920	7257
本 溪	100	3680	54	1983	561	2276	4507
丹 东	2838	1678	1967	1114	342	2308	5983
锦 州	85	4485	77	3232	906	2307	7714
营 口	2389	1904	2198	1170	876	3021	6533
阜 新	784	2306	865	1836	432	3807	5360
辽 阳	1075	2038	638	2339	442	1848	5110
盘 锦	1215	1430	1248	1274	557	1786	5734
铁 岭	700	3017	326	2026	595	2170	6525
朝 阳	653	11180	262	3387	618	1769	6356
葫芦岛	440	4313	146	2603	646	3251	5041

11-8 各地区城市园林绿化情况

年份、城市	城市园林绿地面积（公顷）	#公园绿地	公园（个）	公园面积（公顷）
2000	61432	8977	197	4751
2001	65394	10002	206	5852
2002	61519	11451	212	6083
2003	65211	12654	225	6946
2004	71797	14513	247	7862
2005	74583	15387	259	8300
2006	63535	16426	260	9814
2007	76888	18291	270	10287
2008	78841	19351	283	9959
2009	84145	20501	294	10263
2010	92751	21593	316	11005
2011	95968	23174	322	11693
2012	118297	24710	338	12222
2013	120514	25708	347	12877
2014	121982	26406	374	13829
2015	124193	26233	379	13629
2016	116601	25500	439	14595
2017	128134	29630	564	18062
2018	128772	30200	530	18700
2019	133969	30308	582	20167
2020	153811	32714	685	22895
沈　阳	25523	8547	153	5562
大　连	41370	6164	180	5416
鞍　山	8839	2487	27	1321
抚　顺	5829	1594	26	950
本　溪	24258	1297	24	669
丹　东	4865	1447	19	958
锦　州	5549	1924	48	735
营　口	8891	1613	39	1913
阜　新	3575	1022	20	670
辽　阳	5167	1152	16	483
盘　锦	4713	1357	35	856
铁　岭	4628	1119	38	982
朝　阳	5145	1680	35	1597
葫芦岛	5460	1312	25	784

11-9 各地区城市环境卫生情况

年份、城市	清扫保洁面积(万平方米)	生活垃圾清运量(万吨)	生活垃圾无害化处理量(万吨)	市容环卫专用车辆总数(台)	公共厕所(座)	
						#三类以上
2000	16588	838		3009	10523	
2001	16574	768		2997	9211	
2002	17772	774		3017	10352	
2003	18590	791		2920	9529	
2004	18931	779		2883	10077	
2005	19588	769		3313	9661	
2006	21864	756		3381	8321	753
2007	24282	771		4058	7889	851
2008	25620	797		4134	7868	1041
2009	27546	813		4457	6948	1337
2010	28122	837		4998	6322	1493
2011	132135	876		5200	5863	1653
2012	33403	930		5323	5582	1713
2013	35713	927		5743	5500	1810
2014	33721	917		6097	5353	1896
2015	36637	933		6535	5056	1839
2016	38296	933		7005	5393	2004
2017	42686	989	975	8677	5531	2211
2018	48292	990	977	11300	5482	2613
2019	45707	1105	1071	12074	5962	3021
2020	51451	1108	1093	12279	5838	3640
沈阳	16542	284	284	4668	1005	892
大连	8886	231	231	1860	916	745
鞍山	3813	74	74	493	374	165
抚顺	2148	48	45	518	172	121
本溪	1647	31	31	295	147	117
丹东	1303	53	45	613	470	199
锦州	2430	57	52	670	477	209
营口	3487	65	65	842	410	264
阜新	877	26	26	439	332	242
辽阳	1870	60	60	375	266	48
盘锦	2263	38	38	378	185	146
铁岭	1583	38	38	325	280	148
朝阳	3293	60	60	496	364	248
葫芦岛	1309	45	45	307	440	96

主要统计指标解释

年底自来水生产能力 指年底城建部门管理的自来水厂和自备水源的社会单位取水、净化、送水、出厂输水干管等环节的实际生产能力。

年底供水管道长度 指从送水泵到用户水表之间所有管道的长度。

全年供水总量 指公用自来水厂和自备水源的社会单位全年的供水总量，包括有效供水量及损失水量。

生活用水量 指居民日常生活与公共福利设施的用水量。包括居民、饮食店、旅馆、医院、理发店、浴池、洗衣店、游泳池、商店、学校、机关、部队等单位的用水量。

城市人口用水普及率 指城市用水的非农业人口数(不包括临时人口和流动人口)与城市非农业人口总数之比。计算公式:

用水普及率=（城市用水的非农业人口数／城市非农业人口数）×100%

人工煤气生产能力 指城市煤气厂制气、净化、输送等环节的综合实际生产能力。

全年供气总量 指全年售给各类用户的全部煤气量。包括工业用量、家庭用量和其他用量。

城市用气普及率 指使用煤气(包括人工煤气、液化石油气、天然气)的城市非农业人口数(不包括临时人口和流动人口)与城市非农业人口总数之比。计算公式:

城市煤气普及率=（城市用气的非农业人口数／城市非农业人口总数）×100%

城市供热能力 指热电厂、热力公司和达到标准的集中采暖锅炉房向城市输送的供热源的设计能力。每小时向城市输送的蒸汽、热水能力。

城市供热总量 指热电厂、热力公司和达到标准的集中采暖锅炉房全年向城市输送的全部蒸汽、热水量。

城市供热管道长度 指热电厂、热力公司 和达到标准的集中采暖锅炉房管理的集中供热热源到用户之间的全部供气、供热水的管道长度。

年底实有铺装道路长度 指除土路外，路面经过铺装宽度在3.5米以上的道路，包括高级、次高级道路和普通道路。

城市桥梁 指城市范围内，修建在河道上的桥梁和道路与道路立交、道路跨越铁路的立交桥，以及人行天桥，包括永久性桥和半永久性桥，不包括临时性桥、铁路桥、涵洞。

城市下水道总长度 指所有排水总管、干管、支管及暗渠、检查井、连接井进出口等长度之和。

城市污水日处理能力 指污水处理厂每昼夜处理污水量的设计能力。

年末实有公共汽(电)车 指年底可参加营运的全部车辆数，包括年底营运车辆数和库存查封未参加营运的车辆，不包括非营运车辆，如架线车、油罐车、工程车、货车及其他专用车辆和借人的客运车辆。

营运线路长度 指设置的固定营运线路长度，包括郊区营运线路长度。不包括临时行驶的线路长度。

城市园林绿地面积 指城市公共绿地、专用绿地、生产绿地、防护绿地、郊区风景名胜区的全部面积。

公共绿地 指供游览休息的各种公园、动物园、植物园、陵园以及花园、游园和供游览休息用的林荫道绿地、广场绿地。不包括一般栽植的行道树及林荫道的面积。

十二、环境保护

Chapter 12 Environment Protection

12-1 环境保护基本情况

指 标	单位	2010年	2011年	2012年	2013年	2014年	2015年
废水排放总量	万吨	215868.5	232247.0	238786.4	234508.2	262879.0	260044.6
#工业废水排放量	万吨	71284.4	90457.1	87167.5	78285.6	90630.8	83140.3
生活污水排放量	万吨	144584.1	141699.0	151495.1	156106.5	172114.9	176707.2
工业废气排放量	亿标立方米	27088.7	31700.8	31917.0	29443.5	34527.5	34016.5
二氧化硫排放量	万吨	91.4	112.6	105.9	102.7	99.5	96.9
#工业	万吨	78.5	104.9	97.9	94.7	92.6	86.9
生活	万吨	12.9	7.7	8.0	8.0	6.8	9.9
烟粉尘排放量	万吨	61.9	69.3	72.6	67.1	112.1	100.0
#工业	万吨	39.8	59.1	62.6	57.3	95.8	83.7
生活	万吨	22.1	7.0	7.0	7.1	13.7	13.9
一般工业固体废物产生量	万吨	17419.6	28269.6	27279.7	26759.4	28666.3	32434.4
危险废物产生量	万吨	106.0	78.5	73.2	104.6	98.1	72.3
工业固体废物综合利用量	万吨	8417.5	10747.8	11861.8	11742.3	10719.2	10028.9
工业固体废物综合利用率	%	47.7	37.9	43.4	43.8	37.1	30.7
工业固体废物排放量	万吨	2.9	8.2	10.4	9.1	5.9	7.5

12-1 续表

指 标	单位	2016年	2017年(初步数据)	2018年(初步数据)	2019年(初步数据)	2020年(初步数据)
废水排放总量	万吨	228221.6	237971.0	235181.1	235374.7	179453.4
#工业废水排放量	万吨	57639.2	51284.1	39554.7	32799.6	29029.5
生活污水排放量	万吨	170438.4	186557.2	195427.5	202429.9	150192.4
工业废气排放量	亿标立方米	32804.3	50501.9	42666.9	43162.9	55096.3
二氧化硫排放量	万吨	50.8	39.0	30.0	25.6	20.6
#工业	万吨	40.2	28.9	20.1	16.2	14.4
生活	万吨	10.6	10.1	10.0	9.4	6.2
烟粉尘排放量	万吨	64.9	55.7	49.6	41.8	28.9
#工业	万吨	50.9	42.1	36.1	31.5	12.8
生活	万吨	11.7	11.2	11.5	10.0	15.5
一般工业固体废物产生量	万吨	22821.8	27465.6	26525.8	25808.1	25526.0
危险废物产生量	万吨	75.4	106.2	133.3	141.8	137.5
工业固体废物综合利用量	万吨	9363.2	11345.8	11674.1	11712.2	11477.8
工业固体废物综合利用率	%	40.9	39.1	43.6	45.3	45.0
工业固体废物排放量	万吨	6.0	1.5	0.2	4.5	10.5

12-2 各地区废水排放及处理情况

(2020年初步数据)

地　区	工业企业数(个)	废水治理设施数(套)	工业废水排放总量(万吨)	生活污水排放量(万吨)
全　省	**6687**	**2420**	**29029.5**	**150192.4**
沈　阳	1098	432	4629.7	46138.1
大　连	1187	547	6828.8	28321.7
鞍　山	530	151	1344.8	16990.3
抚　顺	279	71	2322.4	5289.7
本　溪	231	143	1772.6	2464.7
丹　东	343	164	585.6	6127.9
锦　州	334	109	1492.1	13312.5
营　口	853	201	1504.3	5006.9
阜　新	250	94	475.1	3189.8
辽　阳	277	107	1878.7	5371.2
盘　锦	273	80	2664.3	2092.0
铁　岭	201	99	1307.3	6436.1
朝　阳	560	121	329.6	3078.4
葫芦岛	271	101	1894.2	6372.9

12-3 各地区工业废气排放及处理情况

(2020年初步数据)

地　区	废气治理设施数(套)	工业废气排放总量(亿标立方米)	工业二氧化硫排放量(吨)	工业烟粉尘排放量(吨)
全　省	**13154**	**55096.3**	**144429.1**	**128320.6**
沈　阳	2110	2461.2	9670.8	4178.5
大　连	2193	4930.6	10245.8	10890.7
鞍　山	1581	6940.5	44044.8	11038.6
抚　顺	413	2432.3	6958.5	7542.2
本　溪	578	5742.1	11922.0	14278.2
丹　东	437	607.6	4970.6	3835.6
锦　州	688	914.2	8536.1	7683.8
营　口	1833	6435.7	15239.2	15054.9
阜　新	382	900.1	6881.0	2901.4
辽　阳	625	16111.1	3815.2	16270.8
盘　锦	440	1130.7	3124.7	2217.1
铁　岭	412	1307.8	6481.7	4155.9
朝　阳	936	3798.7	8864.3	25879.4
葫芦岛	526	1383.5	3674.5	2393.6

12-4 各地区工业固体废物产生及处理利用情况

(2020年初步数据)

地 区	一般工业固体废物产生量(万吨)	一般工业固体废物综合利用量(万吨)	一般工业固体废物贮存量(万吨)	一般工业固体废物处置量(万吨)	一般工业固体废物倾倒丢弃量(万吨)	危险废物产生量(万吨)	危险废物处置量(万吨)	危险废物贮存量(万吨)
全 省	**25526.04**	**11477.79**	**6410.37**	**7941.96**	**10.51**	**137.53**	**134.81**	**21.61**
沈 阳	1064.39	845.80	75.36	177.99		7.97	8.08	1.19
大 连	609.40	586.50	0.07	26.11		20.71	20.91	0.10
鞍 山	5064.40	2210.88	2295.67	559.49	0.003	3.20	3.21	0.25
抚 顺	2332.13	654.72	249.08	1428.37		9.23	9.23	1.90
本 溪	3105.51	1350.85	361.98	1551.16	10.5	30.08	30.17	0.68
丹 东	1262.20	63.84	1132.37	66.25		4.19	0.17	6.10
锦 州	226.16	166.97	2.51	59.37		10.63	12.90	2.52
营 口	1003.47	998.60	5.05	7.06		3.00	2.26	1.25
阜 新	328.34	235.63	37.60	56.24		2.67	2.63	0.18
辽 阳	7061.26	2184.83	1289.69	3587.91	0.001	10.36	10.38	0.24
盘 锦	181.21	175.50	3.37	2.61		24.35	22.92	6.40
铁 岭	869.65	601.82	303.06	8.27	0.01	0.13	0.10	0.04
朝 阳	1990.44	1201.02	560.59	277.71		4.91	4.91	0.005
葫芦岛	427.48	200.83	93.99	133.44		6.10	6.94	0.79

主要统计指标解释

工业废水排放量 指经过企业厂区所有排放口排到企业外部的工业废水量。包括生产废水、外排的直接冷却水、超标排放的矿井地下水和与工业废水混排的厂区生活污水，不包括外排的间接冷却水(清污不分流的间接冷却水应计算在内)。

工业废水排放达标量 指报告期内废水中各项污染物指标都达到国家或地方排放标准的外排工业废水量，包括未经处理外排达标的，经废水处理设施处理后达标排放的，以及经污水处理厂处理后达标排放的。

工业废水排放达标率 指工业废水排放达标量占工业废水排放量的百分率，计算公式为:

工业废水排放达标率=工业废水排放达标量/工业废水排放量 × 100%

城镇生活污水排放量 指城镇居民每年排放的生活污水。用人均系数法测算。测算公式为:

城镇生活污水排放量=城镇生活污水排放系数 × 市镇非农业人口 × 365

城镇生活污水中化学需氧量（COD)产生量 指城镇居民每年排放的生活污水中的 COD 的产生量。用人均系数法测算。测算公式为:

城镇生活污水中 COD 产生量=城镇生活污水中 COD 产生系数 × 市镇非农业人口 × 365

化学需氧量(COD) 测量有机和无机物质化学所消耗氧的质量浓度的水污染指数。

工业废气排放量 指报告期内企业厂区内燃料燃烧和生产工艺过程中产生的各种排入大气的含有污染物的气体的总量，以标准状态(273K，101325Pa)计算。测算公式为:

工业废气排放量=燃料燃烧过程中废气排放量+生产工艺过程中废气排放量

生活及其他 SO_2 排放量 以生活及其他煤炭消费量和其含硫量为基础，根据以下公式计算:

生活及其他 SO_2 排放量=生活及其他煤炭消费量 × 含硫量 × 0.8 × 2

工业排放量 指报告期内企业在燃料燃烧和生产工艺过程中排入大气的 SO_2 总量，计算公式为:

工业 SO_2 排放量=燃料燃烧过程中 SO_2 排放量+生产工艺过程中 SO_2 排放量

工业烟尘排放量 指企业厂区内燃料燃烧过程中产生的烟气中夹带的颗粒物排放量。

生活及其他烟尘排放量 指除工业生产活动以外的所有社会、经济活动及公共设施的经营活动中燃烧所排放的烟尘纯重量。以生活及其他煤炭消费量为基础进行测算。

工业粉尘排放量 指企业在生产工艺过程中排放的能在空气中悬浮一定时间的固体颗粒物排放量。如钢铁企业的耐火材料粉尘、焦化企业的筛焦系统粉尘、烧结机的粉尘、石灰窑的粉尘、建材企业的水泥粉尘等。不包括电厂排入大气的烟尘。

工业固体废物产生量 指报告期内企业在生产过程中产生的固体状、半固体状和高浓度液体状废弃物的总量，包括危险废物、冶炼废渣、粉煤灰、炉渣、煤矸石、尾矿、放射性废物和其他废物等；不包括矿山开采的剥离废石和掘进废石(煤矸石和呈酸性或碱性的废石除外)。酸性或碱性废石指采掘的废石其流经水、雨淋水的 pH 值小于 4 或 pH 值大于 10.5 者。

危险废物 指列入国家危险废物名录或根据国家规定的危险废物鉴别标准和鉴别方法认定的，具有爆炸性、易燃性、易氧化性、毒性、腐蚀性、易传染疾病等危险特性之一的废物。

工业固体废物综合利用量 指报告期内企业通过回收、加工、循环、交换等方式，从固体废物中提取或者使其转化为可以利用的资源、能源和其他原材料的固体废物量(包括当年利用往年的工业固体废物贮存量)，如用作农业肥料、生产建筑材料、筑路等。综合利用量由原产生固体废物的单位统计。

工业固体废物综合利用率 指工业固体废物综合利用量占工业固体废物产生量(包括综合利用往年贮存量)的百分率。计算公式为:

工业固体废物综合利用率=工业固体废物综合利用量/(工业固体废物产生量+综合利用往年贮存量) × 100%

工业固体废物贮存量 指报告期内企业以综合利用或处置为目的，将固体废物暂时贮存或堆存在专设的贮存设施或专设的集中堆存场所内的数量。专设的固体废物贮存场所或贮存设施必须有防扩散、防流失、防渗漏、防止污染大气、水体的措施。

工业固体废物处置量 指报告期内企业将固体废物焚烧或者最终置于符合环境保护规定要求的场所，并不再回取的工业固体废物量(包括当年处置往年的工业固体废物贮存量)。处置方式有填埋(其中危险废物应安全填埋)、焚烧、专业贮存场(库)封场处理、深层灌注、回填矿井及海洋处置(经海洋管理部门同意投海处置)等。

工业固体废物排放量 指报告期内企业将所产生的固体废物排到固体废物污染防治设施、场所以外的数量，不包括矿山开采的剥离废石和掘进废石(煤矸石和呈酸性或碱性的废石除外)。

“三废”综合利用产品产值 指报告期内利用“三废”作为主要原料生产的产品价值(现行价)；已经销售或准备销售的应计算产品价值，留作生产自用的不应计算产品价值。

十三、农　业

Chapter 13　Agriculture

13-1 农村基层组织和农业基本情况

指 标	单位	2012年	2013年	2014年	2015年	2016年	2017年	2018年	2019年	2020年
乡村户数	万户	720.1	719.2	721.9	718.9	717.4	714.8	714.1	708.3	705.3
乡村从业人员	万人	1217.8	1217.1	1222.0	1214.8	1218.6	1213.4	1210.4	1184.7	1147.1
其中:										
农林牧渔业	万人	660.0	652.0	655.5	659.7	675.3	684.5	685.6	705.2	695.9
年末常用耕地面积	千公顷					4974.5	4971.6	4968.0		
水田	千公顷					673.4	673.0	672.5		
水浇地	千公顷							173.5		
旱田	千公顷					4301.2	4298.6	4122.0		
农业机械总动力	万千瓦	2678.0	2788.5	2886.9	2983.6	2325.6	2377.3	2243.0	2353.8	2471.3
农用大中型拖拉机	台	190581	208000	223374	231500	242600	250658	171282	176753	191889.0
农用大中型拖拉机	万千瓦	510.3	564.2	612.4	655.3	694.2	731.7	655.6	796.8	839.8
小型拖拉机	台	308368	322500	332527	340100	327600	327634	407713	402153	394466.0
小型拖拉机	万千瓦	304.8	314.2	322.9	326.3	314.2	307.6	483.0	526.7	535.8
渔用机动船	艘	45770	43343	40902	40095	37000	36521	34585	33432	29607
渔用机动船	万千瓦	151.1	155.6	156.7	169.7	157.2	153.0	160.0	157.6	158.7
化肥施用量(折纯)	万吨	146.9	151.8	151.6	152.1	148.1	145.5	145.0	139.9	137.6
农作物总播种面积	千公顷	4095.5	4154.4	4219.8	4335.5	4242.7	4172.3	4207.1	4217.0967	4287.8
粮食	千公顷	3359.5	3412.4	3480.3	3605.2	3515.0	3467.5	3484.0	3488.7	3527.2
谷物	千公顷	3195.9	3262.9	3342.7	3477.8	3356.8	3291.8	3311.2	3303.2	3344.1
#稻谷	千公顷	599.0	577.9	492.1	469.2	476.4	492.7	488.4	507.1	520.4
小麦	千公顷	4.5	3.4	3.3	3.0	2.9	3.6	2.4	2.4	3.1
玉米	千公顷	2504.6	2603.1	2758.7	2922.4	2789.8	2692.0	2713.0	2675.0	2699.3
豆类	千公顷	95.2	85.6	70.1	64.3	79.2	85.3	82.8	93.4	116.2
薯类	千公顷	68.4	63.9	67.4	63.1	79.0	90.4	90.0	92.1	66.9
油料	千公顷	243.6	243.8	249.5	254.9	278.1	278.4	290.9	293.5	309.6
棉花	千公顷	0.2	0.2	0.1		0.1	0.1	0.0	0.01	0.0
糖料	千公顷	1.9	3.2	2.0	1.7	1.8	2.0	2.0	2.4	1.5
烟叶	千公顷	11.3	11.4	11.2	9.8	9.5	8.0	6.4	5.0	5.2
蔬菜	千公顷	388.4	379.3	368.2	358.4	332.1	308.6	313.4	312.1	325.6
果园面积	千公顷	389.9	391.8	402.8	413.2	359.1	350.7	352.1	352.7	358.4

注：1.2007-2017年粮食作物和经济作物数据为第三次全国农业普查核定数据。
2.2016年和2017年棉花数据为抽样调查数据。

13-2 主要农牧渔业生产情况

指　　标	单位	2014年	2015年	2016年	2017年	2018年	2019年	2020年
农产品产量								
粮　　食	万吨	1873.2	2186.6	2315.6	2330.7	2192.4	2430.0	2338.8
谷　　物	万吨	1815.7	2134.7	2260.0	2261.3	2131.6	2375.7	2283.5
#稻谷	万吨	395.3	402.7	410.4	422.0	418.0	434.8	446.5
小麦	万吨	1.6	1.4	1.1	1.3	1.4	1.4	1.7
玉米	万吨	1385.8	1697.1	1810.1	1789.4	1662.8	1884.4	1793.9
豆　　类	万吨	15.4	15.3	16.2	21.0	20.0	22.8	25.6
薯　　类	万吨	42.1	36.7	39.4	48.4	40.8	31.4	29.7
油　　料	万吨	57.8	58.7	79.4	81.5	78.1	97.7	99.7
#花　　生	万吨	55.4	55.4	75.9	80.0	76.8	96.4	98.7
油菜籽	吨	1653.3	1978.6	1335.6	1302.0	1404.0	1446.3	1167.4
棉　　花	吨	87.0	94.0	92.0	76.4	22.0	22.0	4.0
麻　　类	吨	6512.8	7326.9	8141.0	423.0	51.0	8.0	
甜　　菜	吨	100842.4	51831.2	93526.0	106986.0	118110.0	145845.0	91493.0
烟　　叶	吨	30852.3	25818.7	30471.8	26255.0	17660.0	13548.0	15619.1
#烤　　烟	吨	29411.1	24249.9	28985.8	24853.0	14883.4	12447.0	13334.1
柞蚕茧	吨	50774.5	52631.6	44160.6	46162.8	45058.0	41149.2	35683.1
园林水果	万吨	526.5	543.5	543.9	558.5	576.5	605.1	632.7
农产品单位面积产量								
谷　　物	公斤/公顷	5431.7	6138.1	6732.6	6869.5	6437.6	7192.0	6828.4
花生	公斤/公顷	2303.6	2240.1	2814.5	2945.5	2685.2	3335.3	3224.6
甜菜	公斤/公顷	49591.9	29957.5	51135.0	52663.5	59203.0	60291.4	61404.7
烤烟	公斤/公顷	2802.1	2651.4	3238.2	3366.8	2750.7	2736.3	2934.4
大牲畜年末头数	万头	350.1	323.3	264.4	290.8	306.0	314.6	323.9
#牛	万头	209.7	208.2	202.0	227.8	248.3	264.4	279.7
马	万头	20.5	17.0	7.3	6.9	6.2	5.5	5.1
驴	万头	105.5	86.3	48.3	49.9	46.4	40.1	35.6
骡	万头	14.5	11.8	6.8	6.2	5.2	4.5	3.5
肉猪出栏头数	万头	2434.0	2249.9	2151.8	2627.2	2495.8	2240.2	2175.2
猪年底头数	万头	1336.2	1225.6	1160.1	1308.0	1262.2	1055.2	1284.2
羊年底只数	万只	623.5	692.9	658.1	792.6	772.8	783.6	809.5
山羊	万只	335.8	368.6	349.0	418.8	407.9	398.7	404.2
绵羊	万只	287.7	324.3	309.1	373.8	364.9	384.9	405.3
肉类产量	万吨	364.1	358.3	352.4	385.4	377.1	367.8	378.3
#猪牛羊肉	万吨	357.4	352.1	347.8	253.0	244.2	225.8	221.4
猪肉	万吨	206.0	191.0	180.8	220.9	210.1	189.4	183.5
牛肉	万吨	27.3	24.3	23.7	25.1	27.5	29.6	31.0
羊肉	万吨	7.0	6.5	6.4	7.0	6.6	6.8	6.9
奶类	万吨	115.4	122.1	123.4	120.7	132.6	134.7	137.1
#牛奶	万吨	112.1	119.8	122.2	119.7	131.8	133.9	136.7
禽蛋	万吨	250.5	244.6	251.0	270.4	297.2	307.9	331.9
水产品总产量	万吨	515.7	523.7	479.9	479.4	450.8	455.0	462.3
海水产品	万吨	419.7	424.4	392.3	391.8	367.0	343.4	377.9
淡水产品	万吨	96.0	99.3	87.6	87.6	83.8	85.1	84.5

注：1.各类农产品产量为第三次全国农业普查结果核定数据。
2.粮食和畜牧数据为抽样调查数据，其他品种产量为全面调查报表数。
3.2010-2015年水产品产量为部门核定数据，2016—2017年水产品产量为依据农业普查结果修订的部门核定数据。

13-3 农村基层组织情况

年份、地区	乡村户数 (万户)	乡村人口数 (万人)	乡村从业人员 (万人)
1990	631.4	2337.5	869.4
1991	641.4	2345.5	888.1
1992	645.0	2342.9	891.3
1993	646.9	2320.0	892.9
1994	651.6	2311.7	894.2
1995	655.5	2311.1	903.0
1996	656.1	2302.9	907.5
1997	660.4	2298.8	921.4
1998	663.8	2289.9	933.2
1999	674.6	2315.5	938.8
2000	680.1	2311.5	966.0
2001	685.3	2318.6	977.5
2002	685.9	2314.5	993.5
2003	692.1	2325.6	1016.3
2004	696.2	2338.9	1083.8
2005	695.6	2331.4	1113.5
2006	689.2	2289.3	1132.9
2007	701.1	2323.5	1153.6
2008	703.8	2320.4	1164.7
2009	710.7	2327.6	1180.5
2010	722.9	2328.2	1208.5
2011	722.5	2322.9	1223.1
2012	720.1	2310.5	1217.8
2013	719.2	2301.7	1217.1
2014	721.9	2305.4	1222.0
2015	718.9	2289.6	1214.8
2016	717.4	2292.4	1218.6
2017	714.8	2276.3	1213.4
2018	714.1	2269.5	1210.4
2019	708.3	2235.5	1184.7
2020	705.3	2162.4	1147.1
沈阳	85.0	258.1	129.7
大连	83.2	248.5	118.7
鞍山	51.6	173.7	91.7
抚顺	25.8	75.6	42.3
本溪	16.8	55.0	28.8
丹东	44.7	142.1	77.5
锦州	59.7	187.8	103.7
营口	51.4	134.5	75.7
阜新	34.2	103.5	61.5
辽阳	34.7	100.8	54.2
盘锦	16.3	44.9	26.3
铁岭	60.7	189.5	98.7
朝阳	79.8	255.6	140.6
葫芦岛	61.6	192.7	97.5

13-4 农林牧渔业总产值

单位：亿元

年 份	农林牧渔业总产值	农业	林业	牧业	渔业	农、林、牧、渔专业及辅助性活动
1978	49.2	38.9	1.1	7.1	2.1	
1979	59.9	45.8	1.4	10.6	2.1	
1980	73.5	55.6	2.5	13.2	2.2	
1985	118.1	74.6	4.2	31.3	8.0	
1986	142.0	95.0	4.2	32.3	10.5	
1987	169.2	108.3	4.9	39.6	16.4	
1988	227.4	131.8	5.0	67.7	22.9	
1989	222.8	125.4	4.8	69.8	22.8	
1990	273.8	163.5	6.6	75.5	28.2	
1991	295.9	175.3	6.9	80.6	33.1	
1992	330.1	193.8	7.5	88.6	40.2	
1993	425.7	245.7	9.4	117.4	53.3	
1994	546.8	294.2	11.0	171.9	69.7	
1995	691.8	382.7	12.9	206.0	90.2	
1996	804.7	449.5	13.9	224.7	116.6	
1997	834.7	433.8	15.1	247.1	138.6	
1998	969.8	534.7	17.4	269.6	148.1	
1999	977.1	510.9	18.5	282.4	165.2	
2000	967.4	463.5	19.7	304.2	180.0	
2001	1045.7	503.1	21.8	332.3	188.5	
2002	1132.5	540.1	27.9	361.3	203.2	
2003	1215.0	497.3	38.4	422.0	224.0	33.3
2004	1510.5	611.3	40.7	548.3	272.2	38.0
2005	1671.6	640.1	44.5	636.5	306.7	43.8
2006	1738.1	713.0	52.3	615.3	292.6	64.9
2007	2093.0	824.5	59.9	813.6	321.8	73.3
2008	2395.1	869.2	68.4	1009.2	364.6	83.7
2009	2572.4	871.6	68.5	1100.0	424.5	107.8
2010	2907.1	1071.0	80.2	1168.4	465.4	122.1
2011	3343.8	1208.7	103.7	1369.7	523.8	138.0
2012	3679.5	1401.5	123.4	1429.5	571.0	154.1
2013	3878.9	1500.0	129.9	1446.6	627.6	174.7
2014	3949.4	1529.8	144.1	1452.2	628.7	194.5
2015	4057.6	1796.5	155.9	1292.8	611.5	200.8
2016	3764.1	1589.9	134.0	1277.6	559.5	203.1
2017	3851.6	1620.5	140.3	1289.2	592.2	209.4
2018	4061.9	1749.4	149.5	1346.2	628.5	188.4
2019	4368.2	1912.0	117.4	1479.5	669.6	189.7
2020	4582.6	2056.8	121.0	1604.7	617.5	182.5

注：1.2007-2017年全省农、林、牧、渔业产值为第三次全国农业普查核定数据。
2.本表按当年价格计算。2003年以后数据按新的国民经济行业分类标准和新的产值计算方法计算。2016年以后数据按季度核算方法计算。

13-5 农林牧渔业总产值指数

(1952年=100)

年 份	农林牧渔业合计	农业	林业	牧业	渔业
1952	100	100	100	100	100
1978	200.0	197.4	489.6	189.7	298.3
1979	206.7	204.0	536.2	199.3	283.2
1980	222.2	206.9	564.9	209.1	279.9
1985	270.0	223.4	734.9	465.3	463.3
1986	288.6	250.0	659.1	444.2	524.0
1987	303.6	263.0	700.2	441.5	664.2
1988	337.0	274.8	627.6	591.3	748.9
1989	322.6	249.9	613.2	606.5	837.7
1990	371.9	309.4	738.0	603.3	885.4
1991	388.5	319.7	737.8	636.8	947.0
1992	419.7	340.3	795.3	699.0	1044.3
1993	474.4	386.3	866.4	827.1	1091.3
1994	473.8	335.1	939.8	1008.3	1126.1
1995	530.7	373.1	1001.3	1111.7	1327.5
1996	612.3	453.8	1065.4	1166.2	1595.9
1997	629.7	426.7	1137.1	1282.3	1802.0
1998	730.9	529.5	1263.6	1407.3	1979.1
1999	755.4	512.8	1319.5	1514.1	2212.7
2000	749.2	470.2	1349.4	1603.6	2302.3
2001	799.0	510.1	1474.7	1710.3	2373.3
2002	865.1	547.2	1856.1	1861.5	2547.0
2003	926.3	570.2	2120.4	2028.8	2726.9
2004	999.5	607.2	2250.0	2225.9	2933.0
2005	1074.5	630.3	2493.0	2473.0	3164.7
2006	1149.7	653.0	2744.8	2683.2	3436.9
2007	1195.3	682.4	2882.0	2764.0	3591.6
2008	1273.4	709.0	3040.6	2985.2	3932.8
2009	1315.4	695.4	3238.2	3152.3	4278.8
2010	1391.5	734.3	3451.9	3288.4	4663.9
2011	1475.5	815.1	3762.6	3327.9	4943.8
2012	1548.3	869.7	3969.5	3431.1	5162.9
2013	1613.1	918.5	4216.7	3455.1	5558.8
2014	1653.1	932.3	4436.5	3534.6	5724.9
2015	1715.3	1076.8	4485.3	3306.0	5724.9
2016	1679.3	1022.9	4144.4	3395.3	5576.1
2017	1729.7	1058.7	4235.6	3531.1	5782.4
2018	1774.7	1084.2	4417.7	3651.1	6002.1
2019	1827.9	1146.0	3768.3	3702.3	6272.2
2020	1882.7	1168.9	3971.8	3898.5	6491.7

注：1.2007—2017年全省农、林、牧、渔业产值为第三次全国农业普查核定数据。
2.本表按当年价格计算。2003年以后数据按新的国民经济行业分类标准和新的产值计算方法计算。2016年以后数据按季度核算方法计算。

13-6 农林牧渔业总产值指数

(上年=100)

年 份	农林牧渔业合计	农业	林业	牧业	渔业	农林牧渔服务业
1978	106.4	110.1	84.3	94.0	103.5	
1979	103.4	103.3	109.5	105.0	94.9	
1980	101.9	101.4	105.4	104.9	98.8	
1985	90.8	80.3	92.2	124.8	118.0	
1986	106.9	111.9	89.7	95.5	113.1	
1987	105.2	105.2	106.2	99.4	126.7	
1988	111.0	104.5	89.6	133.9	112.7	
1989	95.7	90.9	97.7	102.6	111.9	
1990	115.3	123.8	120.4	99.5	105.7	
1991	104.5	103.3	100.0	105.6	106.9	
1992	108.0	106.4	107.8	109.8	110.3	
1993	113.0	113.5	108.9	118.3	104.5	
1994	99.9	86.7	108.5	121.9	103.2	
1995	112.0	111.3	106.5	110.3	117.9	
1996	115.4	121.6	106.4	104.9	120.2	
1997	102.8	94.0	106.7	110.0	112.9	
1998	116.1	124.1	111.1	109.7	109.8	
1999	103.3	96.9	104.4	107.6	111.8	
2000	99.2	91.7	102.3	105.9	104.0	
2001	106.6	108.5	109.3	106.7	103.1	
2002	108.3	107.3	125.9	108.8	107.3	
2003	107.1	104.2	114.2	109.0	107.1	110.8
2004	107.9	106.5	106.1	109.7	107.6	110.3
2005	107.5	103.8	110.8	111.1	107.9	109.2
2006	107.0	103.6	110.1	108.5	108.6	119.7
2007	104.0	104.5	105.0	103.0	104.5	104.0
2008	106.5	103.9	105.5	108.0	109.5	107.6
2009	103.3	98.1	106.5	105.6	108.8	103.2
2010	105.8	105.6	106.6	104.3	109.0	109.0
2011	106.0	111.0	109.0	101.2	106.0	107.0
2012	104.9	106.7	105.5	103.1	104.4	109.2
2013	104.2	105.6	106.2	100.7	107.7	109.0
2014	102.5	101.5	105.2	102.3	103.0	108.5
2015	103.8	115.5	101.1	93.5	100.0	102.0
2016	97.9	95.0	92.4	102.7	97.4	100.0
2017	103.0	103.5	102.2	104.0	103.7	91.9
2018	102.6	102.4	104.3	103.4	103.8	94.5
2019	103.0	105.7	85.3	101.4	104.5	99.1
2020	103.0	102.0	105.4	105.3	103.5	92.3

注：1.2007-2017年全省农、林、牧、渔业产值为第三次全国农业普查核定数据。
2.本表按当年价格计算。2003年以后数据按新的国民经济行业分类标准和新的产值计算方法计算。2016年以后数据按季度核算方法计算。

13-7 各地区农林牧渔业总产值及指数

(2020年)

地 区	农林牧渔业总产值	农业	林业	牧业	渔业
一、绝对数(亿元)					
全 省	**4582.6**	**2056.8**	**121.0**	**1604.7**	**617.5**
沈 阳	609.8	287.0	9.6	259.4	26.7
大 连	916.6	279.7	1.8	216.9	342.4
鞍 山	195.9	94.4	0.7	90.6	5.4
抚 顺	111.6	65.6	5.4	36.2	0.2
本 溪	107.8	31.0	36.9	33.8	3.6
丹 东	270.8	92.8	5.6	74.5	86.3
锦 州	446.2	179.8	1.0	232.3	26.4
营 口	192.1	73.2	3.6	48.7	64.1
阜 新	280.3	103.7	9.9	161.1	0.3
辽 阳	170.3	109.0	0.9	45.1	10.8
盘 锦	181.3	77.6	0.1	48.9	50.2
铁 岭	354.0	161.9	3.2	182.8	3.9
朝 阳	449.4	204.1	20.9	215.8	0.4
葫芦岛	270.4	106.2	4.9	101.5	50.6
二、指数(以上年为100)					
全 省	**103.0**	**102.0**	**105.4**	**105.3**	**103.5**
沈 阳	102.8	102.5	104.1	103.1	102.6
大 连	102.8	102.6	29.5	112.9	100.1
鞍 山	102.8	100.3	91.9	105.7	102.0
抚 顺	100.0	136.3	40.7	115.2	13.9
本 溪	102.0	99.6	103.8	101.9	103.1
丹 东	104.0	100.3	100.7	110.3	102.9
锦 州	102.0	98.7	100.2	104.3	106.1
营 口	103.5	104.3	100.0	98.8	106.6
阜 新	103.6	90.0	100.3	115.7	103.8
辽 阳	103.7	102.3	67.8	107.6	107.1
盘 锦	102.0	101.2	56.0	107.3	100.1
铁 岭	103.8	103.5	77.8	105.1	103.8
朝 阳	103.8	100.9	120.3	106.2	93.6
葫芦岛	103.0	104.0	103.2	101.5	104.2

注：1.绝对数按当年价格计算。指数按可比价计算。
2.全省产值数据依据抽样调查数据与部门数据核算，各市产值数据依据抽样调查和全面调查数据核算。

13-8 农业机械和农产品加工机械拥有量

机械名称	单位	2012年	2013年	2014年	2015年	2016年
农业机械总动力	万千瓦	2678	2788.5	2886.9	2983.6	2325.6
农用大中型拖拉机	台	190581	208000	223374	231500	242600
小 型 拖 拉 机	台	308368	322500	332527	340100	327600
机 引 犁	万部	10.44	11.28	11.6	11.9	11.3
机 引 耙	万部	2.95	2.95	2.7	2.7	2.2
机 引 播 种 机	万部	20.13	21.28	20.9	21.2	21.8
机动水稻插秧机	台	26324	32896	34038	35500	35700
农 用 水 泵	万台	127.33	125.30	121.9	121.5	117.5
节 水 灌 溉 机 械	套	123306	125200	132176	133300	131600
联 合 收 割 机	台	10922	14500	18630	24500	26578
机 动 脱 粒 机	万台	13.77	14.72	14.9	14.8	14.6
谷 物 烘 干 机	台	545	751	1149	1302	1590
粮食加工机械	万台	14.72	14.94	14.9	15.0	14.9
棉花加工机械	万台	0.02	0.013	0.012	0.01	0.01
油料加工机械	万台	0.67	0.68	0.7	0.67	0.7
饲草料加工机械	万台	16.97	17.07	17.1	17.1	16.8

13-8 续表

机械名称	单位	2017年	2018年	2019年	2020年
农业机械总动力	万千瓦	2377.3	2243.0	2353.8	2471.3
农用大中型拖拉机	台	250658	171282	176753	191889
小 型 拖 拉 机	台	327634	407713	402153	394466
机 引 犁	万部	10.9	10.2	10.1	10.0
机 引 耙	万部	2.6	2.4	2.2	2.2
机 引 播 种 机	万部	22.0	17.6		
机动水稻插秧机	台	36167	38015	39254.0	40440.0
农 用 水 泵	万台	118.4	116.3	115.8	113.5
节 水 灌 溉 机 械	套	129954	125259	134891	136449
联 合 收 割 机	台	28598	30758	32928	32928
机 动 脱 粒 机	万台	14.2	14.2	13.4	13.4
谷 物 烘 干 机	台	1530	1629	1656.0	1671
粮食加工机械	万台	14.7	14.9	15.1	14.8
棉花加工机械	万台	0.01	0.01	0.01	0.01
油料加工机械	万台	0.7	0.7	0.7	0.8
饲草料加工机械	万台	15.9	16.0	15.9	16.0

13-9 机耕面积、化肥施用量

年 份	机耕面积 (万公顷)	化肥施用量(万吨)	
		实物量	折纯量
1978	204.5	205.8	
1980	208.4	298.4	
1985	187.7	273.4	70.9
1986	194.5	264.0	70.1
1987	207.8	265.2	67.3
1988	219.8	273.6	70.1
1989	219.2	281.8	74.6
1990	236.3	301.1	81.4
1991	251.8	313.4	85.1
1992	258.1	320.6	90.5
1993	256.7	320.7	95.1
1994	250.4	325.7	100.2
1995	246.3	334.9	103.1
1996	249.8	346.5	110.7
1997	260.9	344.2	113.0
1998	265.0	349.1	114.1
1999	278.8	353.8	116.7
2000	290.9	334.6	109.4
2001	277.2	329.2	109.8
2002	275.4	330.8	111.4
2003	272.1	329.3	112.6
2004	277.8	341.2	117.9
2005	297.9	354.2	119.9
2006	301.0	358.5	121.2
2007	301.2	370.1	127.5
2008	321.0	385.5	128.8
2009	328.9	392.8	133.6
2010	342.0	403.4	140.1
2011	373.3	418.3	144.6
2012	384.5	428.3	146.9
2013	388.8	432.6	151.8
2014	381.9	433.7	151.6
2015	388.7	432.9	152.1
2016	380.9	420.2	148.1
2017	383.9	410.8	145.5
2018	430.9	407.8	145.0
2019	397.5		139.9
2020	398.0		137.6

13-10 各地区化肥施用量

(2020年)

单位：万吨

地　区	合计	氮肥	磷肥	钾肥	复合肥
全　省	**137.6**	**47.2**	**9.2**	**10.8**	**70.4**
沈　阳	19.1	6.7	1.3	2.2	9.0
大　连	14.3	4.5	1.1	1.6	7.0
鞍　山	10.1	2.6	0.3	0.6	6.7
抚　顺	3.2	1.6	0.4	0.3	1.0
本　溪	1.1	0.7	0.1	0.1	0.3
丹　东	6.2	3.2	0.3	0.4	2.3
锦　州	16.4	6.7	0.7	1.1	7.8
营　口	4.9	2.4	0.7	0.7	1.1
阜　新	14.5	4.0	0.3	0.6	9.6
辽　阳	4.7	1.6	0.6	0.4	2.2
盘　锦	3.8	1.6	0.4	0.3	1.5
铁　岭	21.8	3.8	0.9	0.9	16.2
朝　阳	9.7	4.8	1.3	0.7	2.8
葫芦岛	7.7	2.9	0.9	0.9	3.0

注：本表数据为折纯量。

13-11 灌溉、水库和除涝、治水、治碱情况

指　标	单位	2012年	2013年	2014年	2015年	2016年	2017年	2018年	2019年	2020年
年底灌区数	处	73	221	220	220	220	219	208	183	179
#50万亩以上	处	4	6	6	6	6	6	5	5.0	5
30-50万亩	处	6	5	5	5	5	5	6	6.0	6
灌区耕地面积	万公顷	50.1			57.9	56.0	51.5	48.2	49.8	49.2
#50万亩以上	万公顷	17.4			21.0	21.0	21.0	20.3	20.1	20.1
30-50万亩	万公顷	14.9			10.1	7.9	7.9	8.9	10.2	10.2
水库座数	座	905	911	833	803	798	797	795	783	776
大型水库	座	33	33	34	35	35	35	35	34	34
中型水库	座	74	76	76	77	77	77	75	76	76
小型水库	座	798	802	723	691	686	685	685	673	666
水库总容量	亿立方米	358.1			364.0	366.6	366.8	371.4	370.2	370.1
大型水库	亿立方米	326.8			333.5	336.1	336.1	341.4	340.0	340.0
中型水库	亿立方米	20.9			20.0	21.2	21.3	20.6	20.9	20.9
小型水库	亿立方米	10.3			10.4	9.3	9.4	9.4	9.2	9.2
除涝面积	千公顷	993.1	911.2	911.0	911.5	931.2	931.6	931.6	931.7	931.7
本年新增除涝面积	千公顷	15.8	2.2	1.6	2.6	19.7	0.5	0.0	0.16	
治理水土流失面积	万平方公里	6.7	4.5	4.7	4.9	5.0	5.2	5.4	5.6	5.7
本年水土流失治理面积	千公顷	265.9	233.8	217.3	170.7	166.5	209.0	176.7	175.7	170.2
堤防长度	万公里	2.2	2.0	2.1	2.1	2.1	2.1	2.2	2.2	2.2
堤防保护耕地面积	千公顷	2046.6			1461.2	1469.2	1479.4	1495.7	1502.9	1514.9

注：1.大型水库为库容1亿立方米以上;中型水库为库容1千万至1亿立方米;小型水库为库容10万至1千万立方米。
2.年底灌区数中往年不包含万亩以下灌区，2013年以后包含。

13-12 各地区农田水利情况

地区	耕地灌溉面积(千公顷)					规模以上机电井数(眼)						
	2014年	2015年	2016年	2017年	2018年	2014年	2015年	2016年	2017年	2018年	2019年	2020年
全省	**1474.0**	**1520.3**	**1573.0**	**1610.6**	**1619.3**	**161388**	**165444**	**166365**	**172426**	**165015**	**165886**	**163262**
沈阳	255.9	261.7	262.5	264.6	267.1	26082	27558	27558	27409	27409	27409	24584
大连	72.5	73.6	74.7	75.8	74.1	19007	19298	18967	19118	10835	10835	10835
鞍山	74.4	74.4	74.4	74.5	74.5	4001	4001	4081	4082	4082	4051	4045
抚顺	37.1	40.4	43.5	37.3	34.2	1831	1835	1835	1835	1835	1835	1835
本溪	17.2	17.2	17.3	17.4	16.4	419	430	430	430	430	430	430
丹东	79.2	79.2	79.4	81.6	80.0	1408	1391	1391	1391	1393	1396	1396
锦州	169.3	181.9	188.9	198.0	201.3	16758	17865	18745	19634	19974	20031	20037
营口	73.7	73.7	74.1	75.1	75.1	12268	12268	12268	12283	12283	12286	12286
阜新	128.0	138.9	144.4	151.5	157.1	26561	26599	26611	27136	27210	27239	27262
辽阳	72.4	72.5	72.9	73.5	74.9	4062	3958	3958	3958	3958	3964	3965
盘锦	95.5	96.2	98.2	98.2	96.2	1081	1022	1022	1022	1022	1022	1022
铁岭	165.9	172.2	175.4	176.5	177.8	17450	17708	18102	18525	18645	18688	18691
朝阳	158.4	168.2	195.0	206.9	210.4	16392	17349	17376	17812	18106	18631	18815
葫芦岛	74.6	70.3	72.3	80.0	80.4	14068	14162	14021	17791	17833	18069	18059

13-13 各地区水利设施和除涝面积

(2020年)

地区	水库数(座)	水库总库容量(亿立方米)	除涝面积(千公顷)
全省	**776**	**370.1**	**931.7**
沈阳	30	6.9	324.4
大连	203	25.3	53.6
鞍山	17	0.9	97.7
抚顺	116	25.8	
本溪	26	57.5	
丹东	57	162.0	39.5
锦州	23	9.7	105.4
营口	33	2.7	48.1
阜新	50	5.3	30.1
辽阳	3	14.2	58.0
盘锦	6	1.4	84.2
铁岭	81	22.0	88.4
朝阳	66	20.9	0.4
葫芦岛	65	15.6	1.9

13-14 农作物播种面积

单位：千公顷

年 份	农作物总播种面积				占总播种面积比重(%)			粮食作物						
		粮食作物	经济作物	其他作物	粮食作物	经济作物	其他作物		水稻	小麦	玉米	高粱	谷子	薯类
1980	3914.8	3221.1	392.1	301.5	82.3	10.0	7.7	3221.1	385.7	40.9	1416.2	558.3	190.1	42.5
1985	3705.8	2889.5	532.3	283.9	78.0	14.4	7.6	2889.5	480.2	11.8	1198.0	416.7	210.1	72.3
1986	3663.7	3036.9	338.3	288.4	82.9	9.2	7.9	3036.9	510.1	20.5	1258.5	441.3	205.9	65.7
1987	3620.6	3130.8	199.3	290.5	86.5	5.5	8.0	3130.8	548.4	27.2	1341.1	448.4	188.7	64.0
1988	3603.2	3101.3	203.7	298.1	86.1	5.6	8.3	3101.3	553.7	34.4	1318.0	450.5	179.4	70.6
1989	3594.5	3083.5	211.8	299.2	85.8	5.9	8.3	3083.5	553.4	55.0	1313.2	420.3	177.3	73.6
1990	3618.9	3121.6	204.9	292.4	86.3	5.7	8.1	3121.6	543.3	112.8	1365.7	395.0	169.3	73.7
1991	3638.1	3089.9	257.5	290.7	84.9	7.1	8.0	3089.9	542.2	147.2	1372.4	367.5	147.2	78.8
1992	3633.1	3051.5	281.7	299.9	84.0	7.7	8.3	3051.5	556.6	165.7	1384.0	342.0	120.4	88.0
1993	3630.0	3049.2	224.6	356.2	84.0	6.1	9.9	3049.2	484.1	183.1	1416.2	326.0	120.1	99.9
1994	3623.5	3026.4	226.8	370.3	83.5	6.3	10.2	3026.4	458.7	162.4	1464.6	321.7	109.0	95.9
1995	3623.7	3030.9	210.4	382.4	83.6	5.8	10.6	3030.9	472.6	171.3	1517.5	308.3	102.8	102.5
1996	3627.8	3073.1	165.8	388.9	84.7	4.6	10.7	3073.1	478.1	177.9	1576.7	300.2	104.9	110.0
1997	3627.0	3037.1	181.1	408.8	83.7	5.0	11.3	3037.1	491.7	167.9	1573.4	257.6	106.1	105.6
1998	3630.2	3039.2	178.4	412.6	83.7	4.9	11.4	3039.2	496.0	150.2	1638.0	222.8	100.8	109.6
1999	3643.1	3055.3	163.3	424.5	83.9	4.5	11.7	3055.3	501.5	152.9	1677.8	202.5	89.6	130.5
2000	3622.0	2858.6	248.0	515.4	78.9	6.8	14.2	2858.6	489.7	117.5	1422.5	188.6	86.9	167.1
2001	3559.9	2758.1	279.9	522.0	77.5	7.9	14.7	2758.1	449.5	86.1	1366.3	163.0	130.5	151.1
2002	3577.0	2658.6	327.8	590.6	74.3	9.2	16.5	2658.6	457.1	47.2	1395.1	168.8	101.6	145.1
2003	3476.6	2563.6	344.6	568.4	73.7	9.9	16.3	2563.6	392.0	19.8	1401.4	125.3	111.2	138.8
2004	3666.5	2965.8	242.2	458.5	80.9	6.6	12.5	2965.8	492.1	19.9	1835.9	106.4	94.2	103.4
2005	3801.0	3179.7	199.4	421.9	83.7	5.2	11.1	3179.7	538.1	21.4	2076.7	107.8	86.6	93.2
2006	3627.2	3089.7	118.6	418.9	85.2	3.3	11.5	3089.7	624.9	8.0	1983.1	95.7	82.8	103.5
2007	3736.4	3135.4	185.2	415.7	83.9	5.0	11.1	3135.4	649.7	11.6	2041.2	80.8	78.0	93.4
2008	3725.9	3046.2	241.1	438.6	81.8	6.5	11.8	3046.2	637.2	9.0	1966.2	65.5	68.6	87.4
2009	3810.6	3147.2	229.8	433.6	82.6	6.0	11.4	3147.2	624.8	7.1	2092.5	81.4	74.7	83.9
2010	3950.1	3242.9	255.5	451.7	82.1	6.5	11.4	3242.9	633.9	5.7	2277.4	57.3	62.3	70.9
2011	3997.5	3269.2	268.6	459.8	81.8	6.7	11.5	3269.2	607.0	4.9	2372.2	45.4	48.9	71.4
2012	4095.5	3359.5	257.7	478.3	82.0	6.3	11.7	3359.5	599.0	4.5	2504.6	37.4	38.1	68.4
2013	4154.4	3412.4	259.4	482.6	82.1	6.2	11.6	3412.4	577.9	3.4	2603.1	32.7	36.0	63.9
2014	4219.8	3480.3	263.8	475.7	82.5	6.3	11.3	3480.3	492.1	3.3	2758.7	36.6	40.8	67.4
2015	4335.5	3605.2	267.6	462.6	83.2	6.2	10.7	3605.2	469.2	3.0	2922.4	33.3	38.2	63.1
2016	4242.7	3515.0	290.8	436.9	82.8	6.9	10.3	3515.0	476.4	2.9	2789.8	36.9	38.2	79.0
2017	4172.3	3467.5	288.6	416.3	83.1	6.9	10.0	3467.5	492.7	3.6	2692.0	36.1	54.0	90.4
2018	4207.1	3484.0	299.3	423.7	82.8	7.1	10.1	3484.0	488.4	2.4	2713.0	37.6	55.3	90.0
2019	4217.1	3488.7	301.0	427.4	82.8	7.1	10.1	3488.7	507.1	2.4	2675.0	41.1	62.3	92.1
2020	4287.8	3527.2	316.3	444.3	82.3	7.4	10.4	3527.2	520.4	3.1	2699.3	44.6	66.3	66.9

注：2007-2017粮食及经济作物播种面积均为第三次全国农业普查核定数据。

13-14 续表 单位：千公顷

年 份	大豆	其他杂粮	经济作物	棉花	油料	#花生	葵花籽	麻类	甜菜	烟叶	#烤烟	其他作物	#蔬菜
1980	472.9	114.7	392.1	38.5	303.2	97.5	169.6	25.5	11.1	9.6	8.7	301.5	202.1
1985	393.0	107.5	532.3	39.1	447.5	251.7	77.7	2.7	13.7	18.6	10.1	283.9	217.3
1986	410.3	124.6	338.3	17.9	280.6	161.6	81.5	2.7	12.9	15.7	7.2	288.4	230.6
1987	395.2	117.8	199.3	4.6	151.3	86.6	50.1	2.5	16.1	14.3	8.4	290.5	234.2
1988	381.5	113.3	203.7	10.3	135.4	83.8	42.9	2.5	25.9	18.6	12.4	298.1	241.5
1989	370.3	120.5	211.8	16.2	132.0	83.2	37.4	1.7	17.0	31.7	24.1	299.2	248.3
1990	349.0	112.8	204.9	19.1	125.1	78.0	37.7	1.8	22.5	26.0	20.3	292.4	253.3
1991	326.2	81.6	257.5	55.4	142.6	92.6	31.8	1.6	25.1	23.0	18.0	290.7	255.0
1992	302.3	74.8	281.7	74.9	142.7	90.4	25.5	1.5	20.8	24.3	19.6	299.9	267.8
1993	325.1	94.5	224.6	24.6	141.3	91.6	21.5	0.9	23.2	24.1	17.5	356.2	294.6
1994	318.6	95.4	226.8	25.7	144.4	102.9	22.2	0.7	28.8	18.7	13.5	370.3	318.3
1995	273.0	82.9	210.4	31.0	131.8	94.1	22.0	0.8	30.2	16.6	13.4	382.4	330.6
1996	239.2	86.1	162.4	12.4	95.1	67.1	20.4	0.4	27.2	27.3	24.8	388.9	342.2
1997	249.2	85.5	181.1	19.5	98.2	69.1	22.5	0.3	23.8	33.2	29.0	408.8	354.2
1998	249.6	72.2	178.4	20.5	122.4	91.0	21.9	0.2	17.1	15.2	13.0	412.6	353.2
1999	235.1	65.2	163.4	6.9	122.1	89.0	25.0	0.4	13.7	17.0	15.3	424.5	369.9
2000	301.9	84.5	248.0	7.3	199.5	142.8	28.2	0.7	16.5	18.4	16.7	515.4	413.2
2001	290.4	121.2	279.9	7.3	235.4	184.1	32.1	0.2	18.0	11.5	10.1	522.0	412.9
2002	266.6	77.1	327.8	2.9	286.1	227.9	37.5	0.1	13.1	13.0	11.8	590.6	467.3
2003	285.2	89.9	344.6	3.9	312.0	253.3	40.7	0.5	1.1	12.8	11.0	568.4	450.1
2004	244.4	69.6	242.2	4.4	205.2	173.3	19.8	0.2	0.9	11.6	10.4	458.5	378.4
2005	184.9	71.0	199.4	2.3	164.3	140.6	15.8	0.1	1.5	16.1	15.1	421.9	353.1
2006	128.9	41.8	118.6	1.5	106.6	96.1	7.4		0.8	8.3	7.5	418.9	354.0
2007	122.2	58.5	185.2	0.8	173.3	155.9	9.8	0.1	1.3	9.7	8.7	415.7	336.9
2008	159.1	53.3	241.1	0.8	226.8	208.8	9.8	0.3	2.0	11.2	10.7	438.6	353.6
2009	135.2	47.5	229.8	0.6	214.9	198.2	8.9	0.4	1.8	12.1	11.3	433.6	353.6
2010	95.3	40.0	255.5	0.3	243.0	227.5	8.1	0.5	1.1	10.6	9.6	451.7	363.3
2011	87.1	32.3	268.6	0.3	255.4	239.3	8.9	0.6	1.7	10.5	9.7	459.8	369.0
2012	78.6	29.0	257.7	0.2	243.6	232.1	5.6	0.8	1.9	11.3	10.5	478.3	388.4
2013	73.2	22.2	259.4	0.2	243.8	233.1	5.6	0.9	3.2	11.4	10.9	482.6	379.3
2014	63.5	17.7	263.8	0.1	249.5	240.3	4.6	1.0	2.0	11.2	10.5	475.7	368.2
2015	59.9	16.0	267.6		254.9	247.5	3.6	1.2	1.7	9.8	9.1	462.6	358.4
2016	69.5	22.3	290.8	0.1	278.1	269.8	4.2	1.3	1.8	9.5	9.0	436.9	332.1
2017	74.3	24.4	288.6	0.1	278.4	271.7	4.1	0.1	2.0	8.0	7.4	416.3	308.6
2018	73.5	24.0	299.3	0.01	290.9	286.1	3.4	0.01	2.0	6.4	5.4	423.7	313.4
2019	83.9	24.8	301.0	0.01	293.5	289.2	3.2	0.01	2.4	5.0	4.5	427.4	312.1
2020	103.2	23.4	316.3	0.00	309.6	306.2	2.6		1.5	5.2	4.5	444.3	325.6

13-15 各地区农作物播种面积

(2020年) 单位：千公顷

地　区	农作物总播种面积	粮食作物							
			水稻	小麦	玉米	高粱	谷子	薯类	大豆
全　省	**4287.8**	**3527.2**	**520.4**	**3.1**	**2699.3**	**44.6**	**66.3**	**66.9**	**103.2**
沈　阳	676.3	540.4	125.5	1.0	391.0	1.4	1.3	10.0	7.8
大　连	321.7	267.7	18.5	0.1	189.8	0.4	1.0	15.7	41.5
鞍　山	249.4	213.0	31.9	0.1	172.1	0.1	0.1	3.1	5.7
抚　顺	136.8	119.2	13.8		99.5	0.0	0.04	2.0	3.7
本　溪	59.9	50.3	6.7		40.4	0.1	0.1	1.5	1.4
丹　东	209.7	179.3	47.7	0.1	117.7	0.1	0.1	4.1	9.2
锦　州	471.4	363.1	35.6	0.11	313.3	1.6	0.6	6.1	4.5
营　口	111.5	93.3	41.3		47.9	0.1	0.3	1.4	2.1
阜　新	474.0	364.7	3.3	0.2	320.3	6.7	13.4	2.1	9.3
辽　阳	157.9	134.1	47.0	0.0	84.1	0.1	0.0	2.1	0.7
盘　锦	133.6	121.0	108.1	0.1	11.6	0.0		0.4	0.8
铁　岭	540.1	488.1	40.0	0.2	433.6	0.3	0.074	6.2	7.4
朝　阳	492.0	440.8	0.07	1.3	344.6	32.0	46.7	3.8	4.4
葫芦岛	253.6	152.1	1.0		133.4	1.7	2.7	8.4	4.5

注：1.本表数据为第三次全国农业普查核定数据。
2.因进位问题，全省数据与地区汇总数据略有差异。

13-15 续表 (2020年) 单位：千公顷

地　区		经济作物							其他作物
	其他杂粮	棉花	油料			甜菜	烟叶		蔬菜
				花生	向日葵(籽)			烤烟	
全　省	**23.4**	**0.02**	**309.6**	**306.2**	**2.6**	**1.5**	**5.2**	**4.5**	**325.6**
沈　阳	2.6		32.7	32.7	0.1				62.5
大　连	0.8		12.1	12.0					35.5
鞍　山	0.1		4.5	4.5			0.0		25.7
抚　顺	0.2		0.4	0.4			0.4		6.5
本　溪	0.07		0.3	0.2	0.004				4.0
丹　东	0.3		3.2	2.8			2.2	2.2	13.8
锦　州	1.2		63.0	62.9		0.1			38.3
营　口	0.1		0.1	0.1	0.00				12.4
阜　新	9.4		81.5	81.2	0.3	0.06	0.3	0.3	18.9
辽　阳	0.0		4.7	4.7					15.0
盘　锦	0.1		2.0	2.0		0.1			9.8
铁　岭	0.4		25.7	25.7			1.3	1.1	17.1
朝　阳	8.0	0.01	2.9	0.6	2.2	1.2	1.1	1.1	42.5
葫芦岛	0.3		76.5	76.3					23.6

13-16 主要农产品产量

年 份	粮食(万吨)								
		水稻	小麦	玉米	高粱	谷子	薯类	大豆	其他杂粮
1978	1117.2	206.8	9.4	560.0	225.2	30.0	18.5	53.5	13.8
1980	1221.6	235.3	5.5	653.6	226.8	23.3	10.5	53.6	13.0
1985	976.0	263.0	2.8	448.1	150.7	29.9	15.8	54.6	11.2
1986	1222.2	323.8	4.0	607.3	168.4	27.9	15.3	63.5	12.0
1987	1276.2	340.7	5.6	671.5	159.0	25.7	13.5	49.2	11.1
1988	1307.2	340.2	8.2	680.6	161.6	20.0	18.8	44.4	13.6
1989	1018.2	283.8	15.3	496.7	106.9	16.2	12.1	24.1	13.1
1990	1494.7	375.7	44.3	812.3	180.8	30.5	19.4	43.5	14.5
1991	1532.4	403.4	49.8	848.6	181.2	23.3	24.6	37.5	13.1
1992	1568.4	417.7	65.5	864.5	152.7	18.5	26.2	32.4	11.1
1993	1696.0	389.6	66.5	989.1	178.1	24.4	34.5	52.2	14.0
1994	1337.1	297.7	49.5	613.9	181.5	25.5	28.3	48.3	14.4
1995	1423.5	255.3	63.3	804.5	156.6	22.2	35.9	40.3	12.4
1996	1660.1	366.1	59.4	1047.3	183.0	29.1	42.5	43.6	15.8
1997	1313.5	389.4	56.5	674.7	100.3	18.7	39.5	35.1	11.3
1998	1828.9	407.5	61.4	1205.3	141.6	28.6	47.8	52.8	15.0
1999	1648.8	415.8	59.2	988.3	77.1	13.2	51.0	39.3	9.5
2000	1140.0	375.5	35.4	547.9	51.6	9.3	61.5	47.9	8.7
2001	1394.4	341.2	15.7	833.7	74.5	25.7	54.7	55.2	19.2
2002	1510.4	359.2	11.5	889.4	83.1	23.3	60.3	52.6	31.0
2003	1498.3	310.6	6.1	930.5	58.9	24.4	66.2	63.7	16.4
2004	1720.0	382.4	6.9	1352.1	62.0	26.9	50.6	59.2	15.6
2005	1745.8	414.5	8.9	1340.3	70.8	30.8	48.0	43.5	11.6
2006	1797.0	426.6	3.1	1211.5	41.0	17.9	48.2	38.0	8.6
2007	1843.9	496.7	5.0	1192.7	36.7	22.0	49.3	30.0	11.6
2008	1879.4	489.1	4.3	1240.3	28.7	18.4	44.8	42.8	11.0
2009	1613.0	481.4	3.7	1026.1	19.6	12.9	38.1	24.7	6.5
2010	1804.0	428.2	2.8	1251.9	28.6	20.1	39.5	26.3	6.7
2011	2103.9	461.3	2.6	1511.7	28.0	17.0	48.7	24.7	9.8
2012	2175.0	459.6	2.1	1615.7	22.3	12.1	36.3	21.2	5.8
2013	2353.3	451.2	1.7	1812.1	20.5	11.5	33.7	18.1	4.6
2014	1873.2	395.3	1.6	1385.8	18.4	11.5	42.1	13.3	5.1
2015	2186.6	402.7	1.4	1697.1	18.7	11.9	36.7	13.4	4.7
2016	2315.6	410.4	1.1	1810.1	21.5	13.5	39.4	14.8	4.8
2017	2330.7	422.0	1.3	1789.4	24.6	19.9	48.4	19.3	5.8
2018	2192.4	418.0	1.4	1662.8	28.2	18.6	40.8	18.0	4.6
2019	2430.0	434.8	1.4	1884.4	26.2	24.0	31.4	21.3	6.5
2020	2338.8	446.5	1.7	1793.9	20.6	18.7	29.7	23.9	3.9

注：2007-2017粮食及经济作物产量均为第三次全国农业普查核定数据。

13-16 续表

年 份	棉花 (吨)	油料 (吨)			麻类 (吨)	甜菜 (吨)	烟叶 (吨)		蔬菜及食用菌 (万吨)
			#花生	葵花籽				#烤烟	
1978	23372	105271	44811	41080	14994	63376	31280	29483	652.0
1980	21348.0	282529.0	137440.0	13142.0	9487.0	127239.0	23617.0	22361.0	548.7
1985	24166.0	540147.0	402737.0	76731.0	2446.0	226775.0	34143.0	18424.0	589.5
1986	11647.0	316211.0	221858.0	76336.0	2054.0	218267.0	27137.0	10370.0	700.9
1987	3337.0	192045.0	130062.0	54351.0	1660.0	283685.0	28869.0	15692.0	756.1
1988	6381.0	167916.0	133437.0	29448.0	2875.0	481603.0	36383.0	22094.0	784.8
1989	7808.0	70809.0	46084.0	20354.0	2334.0	233945.0	45378.0	31376.0	790.0
1990	13595.0	174537.0	133427.0	33939.0	2586.0	497538.0	44005.0	31575.0	861.3
1991	41987.0	202878.0	153230.0	38066.0	2011.0	585929.0	39022.0	28525.0	893.5
1992	27949.0	176256.0	129402.0	29663.0	2494.0	523226.0	44297.0	32283.0	1003.2
1993	19439.0	218478.0	168448.0	27973.0	1234.0	538234.0	49878.0	31591.0	1162.7
1994	16727.0	244305.0	200079.0	29192.0	1050.0	392366.0	35721.0	23534.0	1130.6
1995	23666.0	197717.0	162764.0	22518.0	1039.0	504147.0	31959.0	21913.0	1268.1
1996	10813.0	170003.0	134450.0	28367.0	396.0	585516.0	56091.0	50344.0	1438.6
1997	15067.0	160745.0	134136.0	21826.0	294.0	400727.0	60890.0	51527.0	1492.2
1998	17876.0	233611.0	198115.0	28422.0	210.0	416120.0	31319.0	26182.0	1588.1
1999	4574.0	197797.0	166326.0	24736.0	355.0	263581.0	32487.0	29938.0	1650.8
2000	5604.0	295527.0	256249.0	12685.0	883.0	286894.0	31507.0	28589.0	1757.0
2001	7508.0	462553.0	420504.0	22994.0	245.0	355910.0	23548.0	19787.0	1826.6
2002	2983.0	564529.0	507904.0	34245.0	155.0	397226.0	28679.0	25987.0	2098.6
2003	3481.0	614049.0	548406.0	40844.0	611.0	33964.0	26487.0	22945.0	2148.2
2004	4742.0	459299.0	419110.0	24153.0	606.0	27427.0	26932.0	24243.0	2034.6
2005	2685.0	368411.0	330103.0	27337.0	114.0	62379.0	34234.0	31742.0	1954.8
2006	2000.0	257100.0	245000.0	9064.0	12.0	30000.0	26900.0	24200.0	2129.8
2007	1209.0	448918.1	421977.8	13648.0	823.1	50471.3	27080.1	21564.6	2066.4
2008	1175.0	623150.9	591090.6	14799.5	1646.2	73295.4	30732.3	29149.4	2102.7
2009	594.0	446733.2	423017.9	7088.8	2449.3	60779.2	30342.7	28439.9	2328.9
2010	545.0	636911.5	605492.8	15857.4	3256.4	48928.5	26257.1	23104.7	2188.2
2011	570.0	711268.9	675259.2	19527.9	4070.5	77353.4	29117.0	26695.3	2292.5
2012	464.0	682089.3	651066.4	14582.5	4884.6	97300.9	32083.2	29628.7	2362.1
2013	455.0	683260.1	650937.6	14791.2	5698.7	170652.5	32507.0	31234.0	2463.0
2014	87.0	578378.6	553619.5	8372.8	6512.8	100842.4	30852.3	29411.1	2331.5
2015	94.0	587310.2	554328.8	7787.2	7326.9	51831.2	25818.7	24249.9	2184.5
2016	92	793958.3	759264.5	10393.3	8141.0	93526.0	30471.8	28985.8	1849.9
2017	76.4	814563.4	800159.4	9430.5	423.0	106986.0	26255.0	24853.0	1797.8
2018	22.0	781256.0	768191.5	10167.3	51.0	118110.0	17660.0	14883.4	1852.3
2019	22.0	976734.7	964441.6	10310.2	8.0	145845.0	13548.0	12447.0	1885.4
2020	4.0	996593.0	987414.5	7809.3		91493.0	15619.1	13334.1	1960.0

13-17 各地区主要农产品产量

(2020年)

地　区	粮食(万吨)							
		水稻	小麦	玉米	高粱	谷子	薯类	大豆	其他杂粮
全　省	**2338.8**	**446.5**	**1.7**	**1793.9**	**20.6**	**18.7**	**29.7**	**23.9**	**3.9**
沈　阳	409.4	102.3	0.6	298.3	0.7	0.4	5.0	1.7	0.4
大　连	128.5	12.1	0.1	100.0	0.2	0.3	5.5	10.2	0.1
鞍　山	136.1	25.9	0.0	107.6	0.0	0.0	1.1	1.3	0.01
抚　顺	82.1	8.2		72.2	0.0	0.0	0.9	0.8	0.03
本　溪	33.4	4.9		27.7	0.0	0.0	0.5	0.3	0.014
丹　东	114.2	37.5	0.02	71.1	0.1	0.0	3.1	2.2	0.08
锦　州	224.5	26.5	0.064	192.9	0.6	0.2	2.9	0.9	0.4
营　口	75.6	43.8		30.1	0.1	0.1	0.9	0.5	0.06
阜　新	218.3	2.3	0.1	203.3	3.9	3.8	0.9	2.8	1.3
辽　阳	108.4	41.1	0.0	66.0	0.1	0.026	1.1	0.2	0.0
盘　锦	**117.0**	106.4	0.0	10.1	0.0		0.2	0.2	0.0
铁　岭	390.6	34.8	0.10	351.9	0.1	0.019	1.8	1.8	0.1
朝　阳	232.9	0.0	0.7	202.0	14.1	13.2	1.3	0.3	1.2
葫芦岛	67.8	0.8		60.4	0.6	0.5	4.7	0.7	0.1

注：1.本表数据为第三次全国农业普查核定数据。
　　2.因进位问题，全省数据与地区汇总数据略有差异。

13-17　续表

(2020年)

地　区	棉花(吨)	油料(吨)			麻类(吨)	甜菜(吨)	烟叶(吨)		蔬菜及食用菌(万吨)
			#花生	#葵花籽				#烤烟	
全　省	**4.0**	**996593.0**	**987414.5**	**7809.3**		**91493.0**	**15619.1**	**13334.1**	**1960.0**
沈　阳		120574.6	120414.0	157.0					384.3
大　连		47129.0	47031.0						174.6
鞍　山		13409.0	13409.0				10.0		195.5
抚　顺		1395.4	1395.4				842.0		33.3
本　溪		842.0	826.0	16.0					17.6
丹　东		13307.3	12782.5				5109.4	5043.9	64.1
锦　州		197803.0	197586.0			7224.0			259.5
营　口		310.2	301.2	9.0					65.7
阜　新		212929.7	211889.6	979.3		3420.0	650.3	650.3	76.0
辽　阳		24333.3	24333.3						75.7
盘　锦		6441.0	6441.0			7100.0			57.8
铁　岭		99041.5	99041.5				4757.4	3430.9	77.1
朝　阳	4.0	9171.0	2440.0	6648.0		73749.0	4250.0	4209.0	260.8
葫芦岛		249906.0	249524.0						218.1

13-18 主要农产品单位面积产量

(按播种面积计算) 单位：公斤/亩

年 份	粮食	水稻	小麦	玉米	高粱	谷子	薯类	大豆	其他杂粮
1978	224	367	93	279	238	95	161	69	86
1980	253	407	89	308	271	82	165	76	76
1985	225	365	158	249	241	95	146	93	69
1986	268	427	129	322	254	90	155	103	64
1987	272	421	136	334	236	91	141	83	63
1988	281	419	159	344	239	74	178	78	80
1989	220	348	185	252	170	61	110	44	59
1990	319	461	262	397	305	120	176	83	86
1991	331	491	226	412	329	105	208	77	85
1992	343	500	264	416	298	103	199	71	80
1993	371	536	242	466	364	135	231	107	99
1994	295	433	204	279	376	156	197	101	100
1995	313	360	246	353	339	144	233	98	100
1996	360	511	222	443	406	185	257	122	122
1997	288	528	224	286	259	118	249	94	88
1998	401	548	273	491	424	189	291	141	139
1999	360	553	258	393	254	98	261	111	97
2000	266	511	201	257	182	71	245	106	69
2001	337	506	122	407	305	131	241	127	106
2002	379	524	163	425	328	153	277	132	268
2003	390	528	206	443	313	146	318	149	122
2004	395	518	232	491	389	190	326	162	149
2005	381	514	278	430	438	237	343	157	187
2006	357	455	258	407	286	144	310	197	137
2007	392	510	285	390	303	188	352	164	132
2008	411	512	317	421	293	179	341	180	138
2009	342	514	341	327	160	115	303	122	92
2010	371	450	329	366	332	214	371	184	112
2011	429	507	357	425	411	232	455	189	202
2012	432	512	314	430	398	212	354	180	133
2013	460	521	324	464	417	213	352	165	139
2014	359	535	322	335	335	187	417	140	192
2015	404	572	310	387	375	207	387	149	195
2016	439	574	253	433	388	236	330	142	144
2017	448	571	234	443	451	245	358	173	160
2018	420	571	383	409	501	224	302	163	128
2019	464	572	385	470	425	257	227	169	173
2020	442	572	361	443	307	188	296	154	112

13-18 续表 (按播种面积计算) 单位：公斤/亩

年 份	棉花	油料			麻类	甜菜	烟叶		蔬菜
			#花生	#向日葵				#烤烟	
1978	16	33	69	37	28	428	147	160	1956
1980	37	62	94	52	25	767	164	171	1811
1985	41	81	107	61	59	1101	122	122	1808
1986	43	75	92	62	51	1131	122	96	2026
1987	48	85	100	72	44	1178	135	125	2152
1988	41	83	106	46	76	1240	130	119	2167
1989	32	36	37	36	88	917	96	87	2121
1990	48	93	114	60	97	1473	113	104	2267
1991	51	95	110	80	83	1554	113	106	2336
1992	25	82	95	78	113	1674	122	109	2498
1993	53	103	123	87	93	1547	138	120	2631
1994	43	113	130	88	80	908	128	116	2368
1995	51	100	115	68	91	1115	128	109	2557
1996	58	119	134	92	71	1437	137	135	2803
1997	52	109	129	65	77	1121	122	119	2809
1998	58	127	145	87	88	1618	137	134	2998
1999	44	108	125	66	60	1278	127	130	2975
2000	51	99	120	30	88	1157	114	114	2835
2001	69	131	152	48	74	1319	137	130	2949
2002	69	132	149	61	110	2015	147	147	2994
2003	59	131	144	67	75	2132	138	139	3088
2004	72	149	161	81	210	2078	155	155	3585
2005	78	149	156	115	158	2791	141	141	3691
2006	89	161	170	82	73	2500	216	215	4011
2007	100	173	180	93	409	2561	187	166	4089
2008	94	183	189	101	410	2469	183	182	3964
2009	65	139	142	53	418	2239	167	168	4390
2010	120	175	177	131	423	3054	165	161	4015
2011	131	186	188	147	423	2980	185	184	4142
2012	139	187	187	173	423	3471	189	188	4054
2013	173	187	186	178	423	3589	191	192	4329
2014	104	155	154	121	423	3306	184	187	4222
2015		154	149	144	423	1997	175	177	4064
2016	125	190	188	164	423	3409	214	216	3713
2017	109	195	196	154	189	3511	219	224	3883
2018	153	179	179	197	300	3947	185	183	3940
2019	147	222	222	213	107	4019	180	182	4027
2020	133	215	215	200		4093	200	196	4013

13-19 各地区主要农产品单位面积产量

（按播种面积计算，2020年） 单位：公斤/公顷

地　区	粮食	水稻	小麦	玉米	高粱	谷子	薯类	大豆
全　省	**6631**	**8580**	**5411**	**6646**	**4607**	**2814**	**4446**	**2317**
沈　阳	7576	8149	5942	7631	5162	3144	4992	2218
大　连	4798	6569	7308	5267	4994	2747	3503	2450
鞍　山	6387	8114	6257	6255	5051	4273	3580	2312
抚　顺	6887	5924		7261	5273	3896	4392	2034
本　溪	6633	7282		6845	4721	4557	2950	1972
丹　东	6368	7860	2430	6043	4026	1033	7661	2424
锦　州	6184	7450	5683	6158	3805	2672	4763	1983
营　口	8099	10613		6288	5155	3014	6437	2306
阜　新	5987	6807	4042	6347	5862	2873	3959	3011
辽　阳	8087	8754	6000	7844	5583	6010	5060	2696
盘　锦	9666	9846	5250	8745	4553		4214	2570
铁　岭	8004	8696	5087	8116	4721	2635	2927	2400
朝　阳	5284	5401	5226	5862	4408	2835	3373	790
葫芦岛	4459	7443		4532	3562	1931	5642	1539

13-19 续表 （按播种面积计算，2020年） 单位：公斤/公顷

地　区	棉花	油料	#花生	#向日葵	甜菜	烟叶	#烤烟	蔬菜
全　省	**2000**	**3219**	**3225**	**2999**	**61405**	**3003**	**2935**	**60200**
沈　阳		3683	3687	1938				61465
大　连		3907	3913					49220
鞍　山		2969	2969			1000		76106
抚　顺		3450	3450			2279		51510
本　溪		3355	3344	4000				43429
丹　东		4204	4516			2367	2336	46410
锦　州		3139	3140		55145			67792
营　口		2289	2285	2432				52794
阜　新		2612	2609	3578	60000	2533	2533	40162
辽　阳		5157	5157					50550
盘　锦		3222	3222		73958			58876
铁　岭		3860	3860			3580	3200	45198
朝　阳	2000	3149	3917	2965	61152	3946	3986	61365
葫芦岛		3267	3272					92424

13-20 水果、蚕茧、人参、芦苇生产情况

指 标	单位	2010年	2011年	2012年	2013年	2014年	2015年	2016年	2017年	2018年	2019年	2020年
一、水 果												
果园面积	千公顷	344.6	350.4	389.9	391.8	402.8	413.2	359.1	350.7	352.1	352.7	358.4
#苹果园	千公顷	117.9	123.7	125.7	142.0	146.4	153.2	141.4	140.0	137.1	136.5	139.3
梨 园	千公顷	95.9	97.1	99.6	112.9	113.3	112.6	99.5	93.3	91.2	91.2	87.9
葡萄园	千公顷	26.1	27.1	33.9	34.9	34.7	35.2	40.7	31.7	32.7	32.3	32.5
水果产量	万吨	469.0	514.7	554.2	582.8	526.5	543.5	543.9	558.5	576.5	605.1	632.7
#苹 果	万吨	187.0	213.5	224.2	236.9	213.2	218.4	240.0	240.9	237.0	248.8	267.3
梨	万吨	112.2	124.7	136.0	143.7	122.6	127.4	120.9	116.2	126.3	130.5	133.0
葡 萄	万吨	62.6	66.5	75.2	79.3	79.1	81.2	66.5	70.5	76.2	78.2	79.8
二、蚕 业												
柞蚕茧产量	吨	49847	54827	50856	51674	50774.5	52631.6	44160.6	46162.8	45058.2	41149.2	35683.1
桑蚕茧产量	吨	102.0	103.0	107.0	77.0	58.0	131.1	100.0			41	73.8
三、人 参												
人参产量	吨	409.0	1568.0	1164.0	1252.0	1494.0	1356.0	831.0	1208.0	3716.3	3645.0	4419.9
四、芦 苇												
芦苇产量	万吨	46.9	51.9	46.2	46.0	41.8	41.2	35.3	34.2	30.3	30.5	33.4

注：水果及人参数据为第三次全国农业普查核定数据。

13-21 水果、蚕茧、人参产量

单位：吨

年 份	水果总产量	#苹果	#梨	#葡萄	#山楂	蚕茧总产量	柞蚕茧	桑蚕茧	人参总产量
1978	**937915**	**656750**	**227700**	**7130**		**40587**	**40521**	**66**	
1980	782677	610133	109907	6244		56757	56634	123	775
1985	806799	547791	173077	20902	14342	26996	26945	51	985
1986	803832	546862	171840	23521	14717	24790	24760	30	1302
1987	933062	637092	177808	35017	21571	39137	39086	51	1813
1988	958557	621544	195066	53092	24643	34825	34768	57	2639
1989	**1003137**	**655737**	**174370**	**72170**	**33395**	**39415**	**39348**	**67**	**2437**
1990	1112886	759244	166806	73567	36562	40772	40641	131	2766
1991	1011230	570542	204839	89895	50659	23982	23812	170	2704
1992	1527272	979434	222916	121829	73918	26124	25926	198	2719
1993	1888380	1196127	300099	146162	97312	36486	36349	137	3720
1994	1845580	1069137	323985	158210	99411	27808	27720	178	2073
1995	2199889	1277295	402963	153317	98566	32988	32805	183	1431
1996	2480339	1505993	477330	185421	80719	29411	29158	253	1226
1997	2641058	1611487	471870	193380	79456	39685	39532	153	2141
1998	**2985505**	**1674628**	**610898**	**275557**	**85093**	**44563**	**44455**	**108**	**1304**
1999	2566685	1469839	424605	307453	71638	28760	28720	40	1297
2000	2499660	1231479	455404	430282	67148	39051	38959	92	1218
2001	2416697	1134657	509942	396991	61151	43870	43790	80	1492
2002	2344015	1005142	412724	522061	59314	41998	41652	34	2132
2003	2678104	1089937	515892	586124	54253	44402	44362	40	3001
2004	3076521	1222119	605679	613683	61482	39152	38867	285	2316
2005	3292674	1299595	690345	581711	64756	43359	43200	159	2462
2006	3437027	1301399	705232	587191	62783	44266	44075	191	2390
2007	3961160	1551508	874282	625421	66256	48285	48025	260	1892
2008	4048864	1557388	929453	625343	64934	53710	53516	194	326
2009	4394204	1772595	995836	626051	86032	50366	50142	224	368
2010	4689651	1869830	1122422	626453	84087	49949	49847	102	409
2011	5147264	2135040	1247338	664602	92281	54930	54827	103	1568
2012	5541880	2242259	1359918	751771	82659	50963	50856	107	1164
2013	5828258	2368618	1436851	793201	93482	51751	51674	77	1252
2014	5264833	2131783	1225859	791331	73052	50833	50775	58	1494
2015	5434806	2183614	1273636	811744	70193	52763	52632	131	1356
2016	5438788	2400071	1208673	664607	58023	44261	44161	100	831
2017	5584868	2409450	1161854	705477		46163	46163		1208
2018	5765040	2370382	1262571	762276	47378	45058	45058		3716
2019	6051286	2487640	1305134	782405	45725	41190	41149	41	3645
2020	6327000	2673179	1329510	797563	50647	35757	35683	74	4420

13-22 林业生产情况

指　标	单位	2012年	2013年	2014年	2015年	2016年	2017年	2018年	2019年	2020年
造林面积	千公顷	246.7	233.3	226.5	202.9	142.4	144.2	168.0	157.6	158.0
封山育林面积	千公顷	1101.4	1368.3	100.1	100.3	55.3	55.3	485.4	333.0	55.3
#本年新封面积	千公顷			100.1	100.3	55.3	55.3	55.3	55.3	55.3
零星植树	万株	7330.3	6645.7	5979.1	5149.3	6018.3	6527.5	3586.2	6000.0	6000.0
育苗面积	千公顷	21.3	21.1	39.4	36.8	30.4	30.7	28.1	22.0	24.5
#当年新育	千公顷	6.0	6.4	8.3					3.0	24.5
当年苗木产量	亿株	41.6	41.7	31.1	20.4	21.0	21.1	19.0	16.0	22.4
中、幼林抚育作业面积	千公顷		95.6	60.5	100.0	93.4	94.0	99.4	46.7	46.7
商品材采运量	万立方米	191.0	178.2	200.0	166.8	187.1	194.5	171.0	107.0	118.0

13-23 各地区造林面积

单位：千公顷

地　区	2012年	2013年	2014年	2015年	2016年	2017年	2018年	2019年	2020年
全　省	**246.7**	**233.3**	**226.5**	**202.9**	**142.4**	**144.3**	**168.0**	**157.6**	**158.0**
沈　阳	10.3	16.7	8.7	9.5	3.7	3.2	11	8.7	3.9
大　连	10.0	20.7	4.2	3.0	2.0	1.3	2.3	1.3	1.3
鞍　山	6.3	9.7	6.1	3.3	0.9	2.6	4	2.6	2.1
抚　顺	6.1	6.3	9.8	7.9	7.5	8.5	14.7	10.5	5.9
本　溪	2.0	2.4	3.5	2.9	3.2	1.8	1.1	0.4	0.2
丹　东	1.5	5.1	7.0	6.9	3.8	3.6	9.7	3.0	4.2
锦　州	31.4	33.5	27.1	27.4	19.1	12.5	8.5	5.5	10.2
营　口	11.1	7.7	4.4	0.3	0.4	0.3	0.3	0.2	0.2
阜　新	45.4	35.3	50.0	18.3	11.6	10.8	8.5	6.2	15.7
辽　阳	5.4	4.6	2.9	4.5	0.5	2.1	2.5	1.3	0.5
盘　锦	0.7								
铁　岭	37.0	20.8	19.6	20.2	12.7	13.8	14.4	11.1	7.5
朝　阳	39.2	41.7	55.5	66.4	48.9	56	63.8	87.4	84.1
葫芦岛	40.3	28.6	27.6	32.2	27.7	27.2	26.8	19.0	21.8
厅直单位		0.2	0.2	0.1	0.5	0.6	0.4	0.4	0.4

13-24 大牲畜头数

单位：万头

年 份	大牲畜年末头数	#役畜	牛	马	驴	骡
1978	287.3	193.7	136.0	61.4	52.7	37.2
1980	279.1	177.3	130.6	61.9	46.9	39.7
1985	303.3	216.4	134.9	56.9	70.3	41.2
1986	313.9	219.5	140.2	56.1	75.3	42.3
1987	315.2	254.6	140.7	53.7	77.9	42.9
1988	319.1	217.4	142.8	51.9	80.8	43.6
1989	323.8	217.3	147.7	49.4	83.1	43.6
1990	326.1	217.2	150.9	47.0	84.4	43.8
1991	326.0	220.1	149.4	46.1	86.6	43.9
1992	331.6	214.2	155.4	45.1	87.5	43.6
1993	368.3	219.3	192.0	44.7	89.0	42.6
1994	438.9	228.6	261.2	44.3	91.2	42.2
1995	476.4	232.3	301.6	42.2	92.6	40.0
1996	505.4	244.4	330.9	42.2	93.5	38.9
1997	366.7	182.2	193.5	39.5	96.2	37.5
1998	382.1	187.9	209.3	40.6	95.2	37.0
1999	399.8	198.9	228.1	39.9	95.8	35.9
2000	420.7	212.8	254.0	37.0	95.3	34.4
2001	411.7	208.0	251.1	35.7	93.5	31.5
2002	421.5	198.7	264.8	34.4	92.9	29.4
2003	455.0	196.6	301.9	33.3	91.9	28.0
2004	476.9	192.6	329.1	31.3	91.8	24.8
2005	495.9	193.8	344.7	28.2	98.9	24.1
2006	427.1	165.7	281.5	26.7	95.9	23.0
2007	455.0	10.7	310.3	26.9	96.2	21.6
2008	451.4	9.8	283.6	27.8	116.2	23.8
2009	450.1	9.2	288.5	26.5	113.9	21.2
2010	438.3	9.2	279.1	26.9	112.1	20.1
2011	423.6	8.6	263.9	24.8	116.3	18.5
2012	401.1	7.8	243.8	22.9	117.4	17.0
2013	376.8	7.0	226.7	22.2	111.9	16.1
2014	350.1	6.8	209.7	20.5	105.5	14.5
2015	323.3	6.8	208.2	17.0	86.3	11.8
2016	264.4	6.5	202.0	7.3	48.3	6.8
2017	290.8	6.4	227.8	6.9	49.9	6.2
2018	306.0		248.3	6.2	46.4	5.2
2019	314.6		264.4	5.5	40.1	4.5
2020	323.9		279.7	5.1	35.6	3.5

13-25 肉类产量和猪羊头数

年 份	猪牛羊肉产量(万吨)	肉猪出栏头数(万头)	猪年末存栏头数(万头)	羊年末只数(万只)		
					山羊	绵羊
1978		554.3	1184.6	138.2	28.1	110.1
1980	42.9	656.3	1057.5	194.7	36.6	158.1
1985	57.0	647.4	1035.6	193.6	35.5	158.1
1986	58.1	650.9	1031.7	215.5	39.5	176.0
1987	57.3	626.4	930.4	233.7	47.0	186.7
1988	68.9	691.4	1065.4	274.2	60.9	213.3
1989	71.9	733.4	1089.6	294.9	74.3	220.6
1990	78.8	797.2	1093.5	267.2	73.4	193.8
1991	88.8	865.0	1137.7	239.5	75.7	163.8
1992	99.7	945.4	1222.0	247.9	73.7	174.2
1993	115.4	1020.9	1228.6	264.4	88.8	175.6
1994	144.5	1254.4	1340.1	302.0	115.8	186.2
1995	173.9	1461.6	1468.4	373.2	146.5	226.7
1996	190.4	1640.6	1426.5	403.1	164.1	238.9
1997	126.9	1131.0	953.3	292.6	133.7	158.9
1998	138.8	1223.9	1039.9	318.1	146.3	171.7
1999	148.4	1320.3	1123.4	347.8	159.3	188.5
2000	156.5	1413.8	1270.7	386.1	187.3	198.8
2001	169.0	1525.2	1291.8	449.4	212.6	236.8
2002	182.8	1648.7	1304.3	548.4	251.9	296.5
2003	198.6	1754.3	1365.8	730.8	319.7	411.1
2004	216.8	1894.6	1498.0	819.2	387.4	431.8
2005	238.8	2063.2	1642.4	830.2	426.3	404.0
2006	231.0	2245.4	1416.1	673.9	410.9	263.0
2007	230.3	2222.2	1402.1	655.8	339.3	316.5
2008	242.6	2398.8	1524.2	639.0	365.6	273.4
2009	247.6	2451.2	1516.0	655.0	409.1	245.9
2010	251.7	2483.8	1451.4	650.2	367.1	283.1
2011	243.7	2408.6	1439.9	624.1	345.6	278.5
2012	242.5	2430.8	1418.8	602.4	327.4	275.0
2013	239.8	2434.5	1419.6	595.5	324.7	270.8
2014	240.3	2434.0	1336.2	623.5	335.8	287.7
2015	221.7	2249.9	1225.6	692.9	368.6	324.3
2016	210.9	2151.8	1160.1	658.1	349.0	309.1
2017	253.0	2627.2	1308.0	792.6	418.8	373.8
2018	244.2	2495.8	1262.2	772.8	407.9	364.9
2019	225.8	2240.2	1055.2	783.6	398.7	384.9
2020	221.4	2175.2	1284.2	809.5	404.2	405.3

注：2007-2017年为第三次全国农业普查核定数据。

13-26 畜牧业生产情况

指　　标	单位	2012年	2013年	2014年	2015年	2016年	2017年	2018年	2019年	2020年
一、畜产品产量										
1.猪牛羊出栏头数										
肉猪出栏头数	万头	2430.8	2434.5	2434.0	2249.9	2151.8	2627.2	2495.8	2240.2	2175.2
出售和自宰的牛	万头	204.8	193.8	180.7	160.6	155.2	159.9	175.1	188.1	195.8
出售和自宰的羊	万只	600.7	594.7	626.7	574.6	569.6	620.8	583.6	601.6	603.5
2.肉类总产量	万吨	369.7	363.4	364.1	358.3	352.4	385.4	377.1	367.8	378.3
#猪　　肉	万吨	205.1	204.1	206.0	191.0	180.8	220.9	210.1	189.4	183.5
牛　　肉	万吨	30.8	29.1	27.3	24.3	23.7	25.1	27.5	29.6	31
羊　　肉	万吨	6.6	6.6	7.0	6.5	6.4	7.0	6.6	6.81	6.86
禽　　肉	万吨	120.1	116.4	117.1	130.3	136.8	129.9	130.5	139.8	154.6
兔　　肉	万吨	0.3	0.2	0.3	0.3	0.05	0.1	0.1	0.1	0.05
3.其他畜产品产量										
奶　　类	万吨	112.0	108.1	115.4	122.1	123.4	120.7	132.6	134.7	137.1
#牛　　奶	万吨	106.6	103.3	112.1	119.8	122.2	119.7	131.8	133.9	136.7
蜂　　蜜	万吨	0.1	0.1	0.1	0.1	0.2	0.3	0.3	0.3	0.2
禽　　蛋	万吨	257.9	251.6	250.5	244.6	251.0	270.4	297.2	307.9	331.9
二、牲畜年末头数										
1.大　牲　畜	万头	401.1	376.8	350.1	323.3	264.4	290.8	306.0	314.6	323.9
牛	万头	243.8	226.7	209.7	208.2	202.0	227.8	248.3	264.4	279.7
马	万头	22.9	22.2	20.5	17.0	7.3	6.9	6.2	5.5	5.1
驴	万头	117.4	111.9	105.5	86.3	48.3	49.9	46.4	40.1	35.6
骡	万头	17.0	16.1	14.5	11.8	6.8	6.2	5.2	4.5	3.5
2.猪	万头	1418.8	1419.6	1336.2	1225.6	1160.1	1308.0	1262.2	1055.2	1284.2
3.羊	万只	602.4	595.5	623.5	692.9	658.1	792.6	772.8	783.6	809.5
山　　羊	万只	327.4	324.7	335.8	368.6	349.0	418.8	407.9	398.7	404.2
绵　　羊	万只	275.0	270.8	287.7	324.3	309.1	373.8	364.9	384.9	405.3

13-27 各地区牲畜饲养情况

(2020年)

地 区	牛 (万头)	马 (万头)	驴 (万头)	骡 (万头)	肉猪出栏头数 (万头)	猪年末头数 (万头)	羊年末只数 (万只)
沈 阳	81.6	0.4	1.1	0.1	363.3	228.9	78.0
大 连	15.3	0.2	0.5	0.3	237.7	156.7	32.2
鞍 山	12.8	0.2	0.5	0.1	132.6	86.2	32.5
抚 顺	6.6	0.1	0.1	0.3	37.6	33.0	25.8
本 溪	3.8	0.1	0.1	0.1	37.2	26.9	16.6
丹 东	6.5	0.3	0.5	0.2	51.3	50.4	23.9
锦 州	25.6	1.1	3.0	0.6	297.2	191.7	66.6
营 口	4.7	0.1	0.3		26.0	32.7	65.5
阜 新	48.5	1.4	9.8	0.5	181.5	129.6	211.2
辽 阳	7.6	0.1	0.2		75.7	52.2	17.0
盘 锦	2.4				28.5	31.5	3.1
铁 岭	47.1	0.3	0.6	0.2	367.8	232.4	29.1
朝 阳	63.0	0.7	15.9	0.6	374.4	221.9	215.4
葫 芦 岛	17.4	0.2	3.1	0.3	194.8	124.3	99.3

注：分市数据为全面调查取得。

13-28 各地区畜产品产量

(2020年)

地 区	肉类总产量 (万吨)				奶类 (万吨)		绵羊毛 (吨)	山羊毛 (吨)	羊绒 (吨)	禽蛋 (万吨)	蜂蜜 (吨)
		猪肉	牛肉	羊肉		#牛奶					
沈 阳	68.3	31.6	15.0	1.3	54.4	54.4	1295.2	44.2	27.0	22.6	3.0
大 连	84.4	20.0	1.5	0.4	5.6	5.6	4.4	239.5	110.0	26.6	13.1
鞍 山	48.7	11.6	0.8	0.3	1.2	1.2	9.7	288.0	130.4	37.1	16.2
抚 顺	11.4	3.5	0.6	0.3	0.1	0.1	14.9	201.6	188.0	4.3	370.6
本 溪	6.0	3.2	0.2	0.1	0.1	0.1	1.5	132.1	77.0	2.0	93.0
丹 东	32.3	4.4	0.4	0.1	3.8	3.8	1.7	287.2	131.9	15.0	73.3
锦 州	49.1	25.8	4.6	1.2	20.1	20.1	893.0	18.2	1.58	21.7	84.2
营 口	21.5	2.0	0.3	0.6	0.2	0.2	36.2	830.9	342.0	12.5	107.3
阜 新	37.4	15.4	8.5	5.0	22.9	22.7	967.4			14.6	11.3
辽 阳	13.6	6.2	0.9	0.2	0.8	0.8	19.5	116.3	52.3	12.6	19.0
盘 锦	11.6	2.5	0.1	0.04	1.0	1.0	6.4	0.2		3.2	
铁 岭	52.3	31.4	5.8	0.5	7.7	7.7	53.4	46.4	17.4	8.8	86.0
朝 阳	69.1	32.1	8.7	3.8	2.5	2.5	2075.8	325.8	14.8	25.5	1043.8
葫 芦 岛	34.1	17.3	2.5	1.8	1.5	1.5	476.5	357.5	114.7	7.1	326.2

注：分市数据为全面调查取得。

13-29 水产品生产情况

指　　标	2012年	2013年	2014年	2015年	2016年	2017年	2018年	2019年	2020年
水产品养殖面积(千公顷)	1015.6	1148.9	1145.4	1152.2	878.7	878.7	870.2	839.6	839.3
海水养殖面积	813.0	942.1	928.5	933.1	698.4	698.4	693.2	661.8	650.7
海上 养 殖	611.7	732.4	723.6	714.1	491.2	496.6	479.4	482.2	452.1
滩 涂 养 殖	130.1	132.7	125.9	132.0	122.0	116.8	123.1	112.2	109.5
其他 养 殖	71.3	77.0	79.0	87.0	85.0	85.0	90.7	86.0	89.0
内陆水域养殖面积	202.6	206.8	216.9	219.1	180.3	180.3	177.0	177.8	188.6
#池　　塘	47.2	47.9	48.9	48.3	37.2	36.4	37.2	38.0	38.0
水　　库	103.9	104.5	105.8	108.2	84.3	85.0	84.0	83.0	95.1
河　　沟	1.9	1.9	7.5	7.1	5.5	6.2	6.3	5.9	5.7
水产品产量(万吨)	480.8	504.9	515.7	523.7	479.9	479.4	450.1	455.0	462.3
海水产品产量	391.5	411.0	419.7	424.4	392.3	391.8	367.0	343.4	377.9
#海洋捕捞	128.0	128.2	111.9	110.8	83.8	83.7	80.6	75.2	71.4
人工养殖	263.6	282.8	289.1	294.2	308.5	308.1	286.3	294.7	306.5
#鱼　类	71.5	71.8	5.9	6.2	68.4	68.2	7.2	7.1	7.0
甲壳类	23.4	23.3	2.5	2.8	14.4	14.6	4.1	4.1	3.0
贝　类	219.1	237.3	232.7	236.5	253.0	253.0	229.4	223.9	233.3
藻　类	32.6	32.0	35.1	34.8	33.2	33.4	34.2	46.8	47.1
其　他	24.9	26.3	12.9	13.9	23.3	22.6	11.5	12.9	16.1
淡水产品产量	89.3	93.9	96.0	99.3	87.6	87.6	83.8	85.1	84.5
#天然生产	5.2	5.4	5.6	5.6	4.5	4.6	3.9	3.9	4.4
人工养殖	84.1	88.5	90.4	93.7	83.0	83.0	79.9	81.2	80.1
#鱼　类	79.8	83.3	80.3	83.4	77.5	79.7	73.2	72.8	71.7
甲壳类	8.4	9.2	8.8	9.2	9.0	7.0	6.0	7.7	8.0

注：指标口径调整，表中2014年鱼类、甲壳类产量与上年不可比。

13-30 水产品产量

单位：万吨

年份	水产品合计	海水产品	#人工养殖	淡水产品	#人工养殖	比重(%) 海水	比重(%) 淡水
1978	46.9	46.2	10.7	0.7	0.7	98.5	1.5
1980	42.1	41.2	11.3	0.9	0.7	97.9	2.1
1985	58.3	55.2	16.7	3.1	2.5	94.7	5.3
1986	67.0	63.2	24.5	3.8	3.4	94.3	5.7
1987	80.6	75.9	32.1	4.7	4.5	94.2	5.8
1988	94.7	88.8	43.2	5.9	5.7	93.8	6.2
1989	101.2	94.8	48.1	6.4	6.0	93.7	6.3
1990	107.3	100.7	51.4	6.6	6.0	93.8	6.2
1991	114.1	106.4	54.9	7.7	6.9	93.3	6.7
1992	132.2	122.6	65.5	9.6	8.8	92.7	7.3
1993	151.7	139.7	73.8	12.0	11.3	92.1	7.9
1994	167.8	151.3	76.5	16.5	15.8	90.2	9.8
1995	197.9	178.4	87.3	19.5	15.8	90.1	9.9
1996	258.0	235.3	111.2	22.7	21.6	91.2	8.8
1997	285.1	258.0	112.3	27.1	24.6	90.5	9.5
1998	312.7	281.4	120.8	31.3	28.5	90.0	10.0
1999	333.8	296.8	139.2	37.0	31.3	88.9	11.1
2000	338.5	302.3	152.1	36.1	29.1	89.3	10.7
2001	350.8	310.5	160.9	40.3	36.8	88.5	11.5
2002	374.8	327.0	178.2	47.8	44.6	87.2	12.8
2003	382.0	330.8	182.8	51.1	48.0	86.6	13.4
2004	402.5	346.1	197.0	56.4	52.2	86.0	14.0
2005	425.3	364.1	212.1	61.2	56.9	85.6	14.4
2006	351.3	296.0	177.6	55.3	52.5	84.3	15.7
2007	361.3	302.1	185.5	59.2	55.1	83.6	16.4
2008	494.9	411.6	263.8	83.3	78.4	83.2	16.8
2009	534.7	437.9	289.6	96.8	91.1	81.9	18.1
2010	429.1	348.4	231.5	80.6	75.0	81.2	18.8
2011	453.9	368.3	243.5	85.7	81.1	81.1	18.9
2012	480.8	391.5	263.6	89.3	84.1	81.4	18.6
2013	504.9	411.0	282.8	93.9	88.5	81.4	18.6
2014	515.7	419.7	289.1	96.0	90.4	81.4	18.6
2015	523.7	424.4	294.2	99.3	93.7	81.0	19.0
2016	479.9	392.3	308.5	87.6	83.0	81.7	18.3
2017	479.4	391.8	308.1	87.6	83.0	81.7	18.3
2018	450.8	367.0	286.4	83.8	79.9	81.4	18.5
2019	455.0	343.4	294.7	85.1	81.2	75.5	18.7
2020	462.3	377.9	306.5	84.5	80.1	81.7	18.3

13-31 国营农场基本情况

指　　标	单位	2012年	2013年	2014年	2015年	2016年	2017年	2018年	2019年	2020年
一、农　场　数	个	109	109	109	109	106	106	104	103	104
职　工　人　数	万人	30.5	30.5	29	28	29	29	21	21	20
二、耕　地　面　积	万公顷	15.5	15.5	15.5	16.1	15.8	15.3	15.8	16.1	16.1
三、农业机械总动力	万千瓦	113.6	115.5	118.1	120.1	124.9	127.4	102.2	102	103.2
四、农业机械拥有量										
大中型农用拖拉机	台	4097	4340	4489	5051	5516	5561	4984	5479	5789
小型及手扶拖拉机	台	11815	11997	11753	11585	10404	10528	9179	8999	8338
农用排灌动力机械	台	19514	20139	21434	18746	15142	14549	13868	13577	13755
联 合 收 割 机	台	738	926	1061	1973	1183	1579	1116	1115	1228
农 用 载 重 汽 车	辆	1362	1389	1456	1580	1601	1655	1282	1228	1246
五、农用化肥施用量(折纯)	吨	81233	99534	100980	115594	128614	127357	81774	79477	73939
六、农 业 总 产 值	亿元	159.4	178.5	192.6	177.3	174.0	180.0	171.0	177	179
七、盈 亏 总 额	亿元	3.6	3.8	4.1	3.4	2.6	1.6	0.01	1.1	2.6
八、农作物总播种面积	万公顷	16.9	17.2	17.0	17.1	17.2	16.8	16.1	16.1	16.1
#粮食作物	万公顷	14.9	15.3	15.2	15.3	15.1	14.4	14.2	14.4	14.3
棉　　花	公顷									
油　　料	公顷	4268	4197	2627	3724	4307	4974	4647	5133	6087
糖　　料	公顷	35	24	30	14	48	67	53	162	404
年末实有果园面积	公顷	13044	13115	12069	11586	11981	11988	11518	10417	8753
九、主要农产品产量										
#粮食作物	万吨	133.8	139.0	139.4	141.4	142.4	140.3	119.4	129.7	130
棉　　花	吨									
油　　料	吨	13995	13927	5969	11102	14363	16982	13005	16988	18537
糖　　料	万吨	0.2	0.1	0.1	0.04	0.2	0.3	0.3	1	2.0
水　　果	万吨	16.0	18.8	17.6	17.4	16.9	15.9	15.9	14.6	11.9
十、畜牧业、渔业生产										
1.大牲畜年末头数	万头	12.3	10.5	10.4	8.7	8.8	8.5	6.5	6.1	6.9
2.猪年末头数	万头	81.4	107.6	101.7	105.3	101.0	103.2	62.0	32.8	48.5
3.羊年末只数	万只	14.2	13.0	12.8	10.3	13.0	15.4	18.5	14.5	13
#绵　　羊	万只	7.4	7.3	6.8	4.4	6.4	7.5	8.7	9.2	8.6
4.畜产品产量										
猪牛羊肉产量	万吨	27.1	29.8	31.2	33.2	34.3	34.9	4.9	4.8	5.8
#猪肉产量	万吨	13.8	12.4	12.8	13.6	14.8	15.7	3.7	3.4	5.1
牛 奶 产 量	万吨	13.9	14.9	14.7	14.0	13.1	12.4	2.8	2.9	2.8
禽 蛋 产 量	万吨	8.3	8.8	9.3	9.8	10.0	10.1	3.6	2.4	3.2
羊 毛 产 量	吨	191	217	257	264	268	273	168	237	186
5.水产品总产量	万吨	44.4	48.8	49.8	46.3	39.6	40.3	28.8	35.2	35

主要统计指标解释

农业总产值 是以货币表现的农、林、牧、渔业全部产品的总量，它反映一定时期内农业生产的总规模和总成果。

农、林、牧、渔业的统计范围是:

(1) **农业** 包括农作物种植业和其他农业。

农作物种植业 包括谷物、豆类、薯类、棉、油料、糖料、麻类、烟叶、蔬菜、药材、瓜类和其他农作物的种植，以及茶园、桑园、果园的生产经营。

其他农业 包括采集野生植物的果实、纤维、树胶、树脂、油料以及柴草、野生药材、菌类等及农民家庭兼营的商品性工业。

(2) **林业** 包括林木的栽培(不包括茶园、桑园和果园的栽培、管理和收获等活动)、林产品的采集和村及村以下合作经济组织和农户的竹木采伐。

(3) **牧业** 包括除渔业养殖以外的一切动物饲养和放牧以及野生动物的捕猎和饲养。

(4) **渔业** 包括水生动物和海藻类植物的养殖和捕捞。

从所有制看，包括国有经济的各种专业农(农、林、牧、渔)场以及国家各级机关团体学校、科研机构、部队经营的农业；集体所有制的乡镇村各级办农场；农村各种经济组织经营的农、林、牧、渔业以及工矿企业家属集体经营的农业；农民家庭自营的农林牧渔业及兼营商品性工业等。

农业总产值的计算方法通常是按农林牧渔业产品及其副产品的产量分别乘以各自单位产品价格求得，少数生产周期较长，当年没有产品或产品产量不易统计的，则采用间接方法匡算其产值，然后将四业产品产值相加即为农业总产值。

1957 年以前的农业总产值中包括了厩肥和农民自给性手工业(如农民自制衣服、鞋、袜，自己从事粮食初步加工等)。1958 年及以后的农业总产值，林业中增加了村及村以下竹木采伐产值；牧业中取消费厩肥产值；副业中取消了农民自给性手工业产值，增加了村及村以下办的工业产值；渔业中增加了海洋捕捞水产品产值。1980 年及以后的农业总产值，在副业中增加了农民家庭兼营业商品部分的产值。从 1984 年起村及村以下办工业产值划归工业。从 1993 年起，取消副业。将野生动物的捕猎划入牧业，野生植物采集和农民家庭兼营商品性工业划归农业。

粮食产量 指全社会的产量。包括国有经济经营的、集体统一经营的和农民家庭经营的粮食产量，还包括工矿企业家属办的农场和其他生产单位的产量。粮食除包括稻谷、小麦、玉米、高粱、谷子及其他杂粮外，还包括薯类和大豆。其产量计算方法，豆类按去豆荚后的干豆计算；薯类(包括甘薯和马铃薯，不包括芋头和木薯)1963 年以前按每 4 公斤鲜薯折 1 公斤粮食计算，从 1964 年开始及以后改为按 5 公斤鲜薯折 1 公斤粮食计算。城市郊区作为蔬菜的薯类(如: 马铃薯等)按鲜品计算，并且不作为粮食统计。其他粮食一律按脱粒后的原粮计算。

油料产量 指全部油料作物的生产量。包括花生、油菜籽、芝麻、向日葵籽、胡麻籽(亚麻籽)和其他油料。不包括大豆，也不包括木本油料和野生油料。花生以带壳干花生计算。

水产品产量 指人工养殖的水产品和天然生长的水产品的捕捞量。包括海水的鱼类、虾蟹类、贝类和藻类以及内陆水域的鱼类、虾蟹类和贝类，不包括淡水生植物。

猪、牛、羊肉产量 指当年出栏并已屠宰后除去头蹄下水后带骨肉(即胴体重)的重量。

耕地面积 指年初可以用来种植农作物、经常进行耕锄的田地，除包括熟地、当年新开荒地、连续撂荒未满三年的耕地和当年的休闲地(轮歇地)外，还包括以种植农作物为主并附带种植桑树、茶树、果树和其他林木的土地，以及沿海、沿湖地区已围垦利用的“海涂”、“湖田”等面积。但不包括属于专业性的桑园、茶园、果园、果木苗圃、林地、芦苇地、天然或人工草地面积。

农作物播种面积 指实际播种或移植有农作物的面积。凡是实际种植有农作物的面积，不论种植在耕地上还是种植在非耕地上，均包括在农作物播种面积中，同时还包括因遭灾而重新改种和补种的农作物面积，种一公顷算一公顷。

有效灌溉面积 指具有一定水源，地块比较平整，灌溉工程或设备已经配套，在一般年景下当年能够进行正常灌溉的耕地面积。

农用化肥施用量 指本年内实际用于农业生产的化肥数量。包括氮肥、磷肥、钾肥和复合肥。化肥施用量要求按折纯量计算数量。折纯法化肥施用量是把氮肥、磷肥和钾肥分别按含氮、含五氧化二磷、含氧化钾含量的百分比折算。复合肥按其所含主要成分折算。

农业机械总动力 指主要用于农、林、牧、渔业的各种动力机械的动力总和。包括耕作机械、排灌机械、收获机械、农产品加工机械、运输机械、植物保护机械、牧业机械、林业机械、渔业机械和其他农业机械〔内燃机按引擎马力折成瓦(特)计算，电动机按功率折成瓦(特)计算〕。不包括专门用于乡、镇、村、组办工业、基本建设、非农业运输、科学试验和教学等非农业生产方面用的动力机械与作业机械。

农林牧渔业劳动力 指直接参加农林牧渔业生产劳动的劳动力。

谷物 指籽实主要供做粮食的作物。这类作物包括稻谷、小麦、玉米、谷子、高粱和其他谷物，不包括豆类和薯类作物。

十四、工　业

Chapter 14　Industry

14-1 规模以上工业企业单位数

单位：个

分 类	2010年	2011年	2012年	2013年	2014年	2015年	2016年	2017年	2018年	2019年	2020年
总 计	**23832**	**16914**	**17347**	**17305**	**15707**	**12304**	**8025**	**6626**	**6621**	**7610**	**7755**
在总计中											
国有企业	387	250	241	161	133	113	83	70	63	41	96
中央企业	75	67	65	42	33	28	22	21	14	14	31
地方企业	312	183	176	119	100	85	61	49	49	27	65
集体企业	1166	689	632	529	417	291	122	88	88	95	83
股份合作企业	261	160	134	85	72	53	38	23	23	19	17
联营企业	33	24	22	15	11	5	4	4	4	2	4
有限责任公司	2601	2022	2158	2657	2596	2289	1830	1799	1792	2034	1524
股份有限公司	432	332	337	391	374	333	298	281	279	306	230
私营企业	15898	11172	11653	11512	10319	7660	4366	3131	3139	3942	4647
其他企业	143	232	201	80	62	47	27	4	5	1	9
港、澳、台商投资企业	601	482	470	464	435	380	329	323	322	294	297
合资经营企业(港或澳、台资)	356	290	280	275	257	215	178	181	180	151	140
合作经营企业(港或澳、台资)	28	22	17	15	14	12	5	6	6	7	8
港、澳、台商独资经营企业	204	163	164	164	155	144	137	124	124	124	137
港、澳、台商投资股份有限公司	13	7	8	9	9	8	8	10	10	9	8
外商投资企业	2310	1551	1499	1411	1288	1133	928	903	906	876	848
中外合资经营企业	1142	779	734	682	620	536	406	383	385	334	304
中外合作经营企业	128	93	92	76	63	49	33	36	36	28	20
外资企业	1010	655	646	628	580	525	468	465	466	495	513
外商投资股份有限公司	30	19	20	21	19	17	13	10	10	13	9
在总计中											
国有控股企业	852	630	635	651	624	606	589	637	614	681	731
在总计中											
大型企业	147	247	296	300	278	221	201	204	193	198	202
中型企业	1358	1578	1914	1972	1796	1331	979	960	950	942	966
小型企业	22327	14250	14555	14358	13633	9492	6845	5462	5478	6470	6587

注：规模以上工业企业统计范围1998年至2006年为全部国有和年主营业务收入500万元及以上的非国有工业法人单位；2007年至2010年为年业务收入500万元及以上的工业法人单位；从2011年开始，为年主营业务收入2000万元及以上的工业法人单位。以下相关表均同。

14-2 规模以上工业企业从业人员平均人数

单位：万人

分 类	2010年	2011年	2012年	2013年	2014年	2015年	2016年	2017年	2018年	2019年	2020年
总 计	**401.7**	**368.9**	**405.8**	**400.6**	**369.4**	**305.2**	**212.3**	**199.1**	**183.2**	**192.0**	**190.5**
在总计中											
国有企业	49.6	38.9	47.2	28.0	25.1	28.3	18.5	15.1	12.8	2.4	3.5
中央企业	32.4	26.5	30.3	22.3	20.2	19.5	15.5	13.2	11.0	1.4	1.9
地方企业	17.2	12.4	17.0	5.8	4.9	8.8	2.9	1.9	1.8	1.0	1.6
集体企业	16.8	13.8	13.1	10.4	8.6	6.3	4.0	3.1	2.6	2.7	1.4
股份合作企业	2.1	2.0	2.0	1.0	0.8	0.7	0.4	0.3	0.2	0.2	0.2
联营企业	1.4	0.7	0.7	0.8	0.1	0.0	0.3	0.3	0.2	0.0	0.0
有限责任公司	81.9	77.6	78.9	101.4	92.6	79.7	74.9	74.1	64.3	77.7	70.3
股份有限公司	19.5	25.5	28.7	31.0	30.0	28.8	25.9	25.8	24.2	24.2	22.8
私营企业	153.9	142.3	165.8	164.9	153.1	108.9	44.7	38.6	37.2	46.4	55.5
其他企业	1.0	2.8	2.0	0.8	0.7	0.6	0.1	0.0	0.1	0.0	0.1
港、澳、台商投资企业	16.3	13.9	14.2	13.5	12.8	12.1	10.5	11.2	10.4	9.0	8.7
合资经营企业(港或澳、台资)	9.8	7.1	7.5	7.0	6.4	5.9	5.4	5.6	5.2	4.4	4.3
合作经营企业(港或澳、台资)	1.0	0.7	0.6	0.5	0.4	0.3	0.3	0.2	0.1	0.2	0.1
港、澳、台商独资经营企业	5.3	6.0	5.9	5.8	5.7	5.6	4.5	5.1	4.8	4.0	3.9
港、澳、台商投资股份有限公司	0.2	0.2	0.2	0.2	0.3	0.3	0.3	0.3	0.3	0.3	0.3
外商投资企业	59.4	51.4	53.2	48.9	45.5	39.7	33.1	30.7	31.0	29.4	28.1
中外合资经营企业	26.9	21.7	23.8	22.9	21.4	18.7	15.0	12.9	13.2	11.7	10.3
中外合作经营企业	2.6	2.6	2.8	2.3	1.9	1.3	0.9	1.1	0.9	0.7	0.5
外资企业	28.6	26.1	25.3	22.2	20.7	18.4	16.5	16.1	16.2	16.7	17.0
外商投资股份有限公司	1.3	0.9	1.2	1.3	1.3	1.2	0.4	0.4	0.4	0.3	0.36
在总计中											
国有控股企业	111.9	103.3	113.8	113.6	103.5	100.6	91.2	88.0	75.7	74.3	73.6
在总计中											
大型企业	119.7	120.2	141.8	140.0	127.4	114.5	97.3	92.8	81.5	83.2	79.8
中型企业	91.8	88.7	105.7	106.9	99.3	72.8	56.2	54.2	49.9	52.5	54.6
小型企业	190.2	150.9	157.5	152.0	142.7	107.1	58.8	52.1	51.8	56.4	56.1

14-3 规模以上工业企业主要指标

(2020年) 单位：亿元

经济类型	企业单位数(个)	资产总计	流动资产合计	固定资产原价	负债合计	流动负债合计
总计	**7755**	**42923.6**	**21561.1**	**25320.6**	**26527.9**	**20267.4**
按登记注册类型分						
内资企业	6610	34525.5	16664.7	20879.8	22014.2	16622.0
国有企业	96	775.2	312.4	722.2	511.8	342.8
中央企业	31	439.9	193.5	405.6	283.0	181.0
地方企业	65	335.3	118.8	316.5	228.8	161.8
集体企业	83	76.2	64.9	18.5	56.5	49.0
股份合作企业	17	29.1	16.1	11.2	10.1	8.6
联营企业	4	2.4	2.1	0.8	2.6	2.6
有限责任公司	1524	18809.2	8259.5	10966.4	11845.5	8771.4
国有独资公司	130	5743.6	1606.7	3738.5	3365.0	2305.7
其他有限责任公司	1394	13065.5	6652.8	7227.9	8480.5	6465.7
股份有限公司	230	5192.4	2148.2	5350.7	3051.9	2147.6
私营企业	4647	9633.2	5856.5	3807.1	6531.6	5295.8
私营独资企业	247	186.4	135.3	64.6	120.5	104.6
私营合伙企业	17	5.1	3.9	2.1	3.1	2.0
私营有限责任公司	4218	8846.2	5339.8	3550.7	6110.3	4933.2
私营股份有限公司	165	595.5	377.5	189.7	297.7	256.0
其他企业	9	7.9	5.2	2.9	4.3	4.2
港、澳、台商投资企业	297	2430.2	1425.5	854.9	1388.2	1119.1
合资经营企业(港或澳、台资)	140	1432.6	837.3	428.9	839.8	681.8
合作经营企业(港或澳、台资)	8	19.3	15.7	7.1	10.0	9.3
港、澳、台商独资经营企业	137	888.4	521.8	376.9	488.4	384.8
港、澳、台商投资股份有限公司	8	86.0	47.8	40.9	48.5	41.9
其他港、澳、台商投资企业	4	3.9	3.0	1.2	1.4	1.4
外商投资企业	848	5968.0	3470.8	3586.0	3125.6	2526.3
中外合资经营企业	304	3346.7	1996.9	1656.1	2023.6	1558.5
中外合作经营企业	20	26.2	12.4	20.9	18.9	18.3
外资企业	513	2530.5	1430.8	1887.1	1061.3	930.8
外商投资股份有限公司	9	63.4	29.9	21.6	21.3	18.2
其他外商投资企业	2	1.0	0.9	0.2	0.5	0.5
按企业规模分						
大型企业	202	22663.4	10007.3	15955.9	13574.1	10086.5
中型企业	966	8865.5	5028.4	4237.5	5685.7	4547.4
小型企业	6587	11394.7	6525.3	5127.2	7268.2	5633.5

注：1.按照国家统计报表制度规定，2019年之前的数据为主营业务收入、主营业务成本和主营业务税金及附加，2019年之后(含2019年)的数据为营业收入、营业成本和税金及附加。以下相关表均同。
2.企业规模划分按《统计上大中小微型企业划分办法(2017)》标准执行。以下相关表均同。

14-3 续表 (2020年) 单位：亿元

经济类型	所有者权益合计	实收资本	营业收入	营业成本	税金及附加	利税总额
总计	**16390.9**	**9491.5**	**30666.5**	**26095.0**	**764.0**	**1341.2**
按登记注册类型分						
内资企业	12506.5	7460.1	23556.6	20578.9	612.4	552.3
国有企业	263.5	146.6	450.1	351.0	48.6	2.2
中央企业	156.9	61.2	311.5	226.4	47.4	3.9
地方企业	106.6	85.4	138.7	124.7	1.2	-1.7
集体企业	19.7	7.3	49.6	41.6	0.5	4.3
股份合作企业	18.9	5.9	16.0	13.1	0.1	1.2
联营企业	-0.2	0.3	3.3	3.1	0.0	
有限责任公司	6961.6	4714.5	10660.0	9481.9	128.9	195.5
国有独资公司	2378.6	1458.0	2047.1	1874.7	19.9	-78.8
其他有限责任公司	4583.0	3256.4	8612.9	7607.2	109.0	274.3
股份有限公司	2137.7	887.8	4060.9	3444.5	363.5	-56.1
私营企业	3101.6	1693.2	8308.6	7236.1	70.7	405.8
私营独资企业	65.9	29.7	197.6	170.9	1.5	11.1
私营合伙企业	2.0	1.2	6.8	5.9	0.0	0.3
私营有限责任公司	2735.9	1553.3	7787.4	6820.9	65.6	365.3
私营股份有限公司	297.8	109.0	316.9	238.4	3.5	29.1
其他企业	3.6	4.4	8.1	7.6	0.1	-0.5
港、澳、台商投资企业	1042.0	633.4	1535.6	1316.0	7.9	82.2
合资经营企业(港或澳、台资)	592.8	339.3	939.7	849.5	4.1	26.0
合作经营企业(港或澳、台资)	9.2	6.0	16.4	14.2	0.1	0.9
港、澳、台商独资经营企业	399.9	257.6	529.3	412.6	3.3	52.0
港、澳、台商投资股份有限公司	37.5	29.6	47.6	37.6	0.4	3.2
其他港、澳、台商投资企业	2.5	0.9	2.7	2.1	0.0	0.2
外商投资企业	2842.4	1398.0	5574.3	4200.0	143.7	706.7
中外合资经营企业	1323.2	506.9	3139.1	2332.0	122.9	385.8
中外合作经营企业	7.3	9.7	19.1	16.3	0.2	0.3
外资企业	1469.2	871.8	2387.6	1831.6	20.0	317.5
外商投资股份有限公司	42.2	9.3	27.7	19.5	0.6	3.1
其他外商投资企业	0.6	0.3	0.8	0.6		0.0
按企业规模分						
大型企业	9089.4	4579.8	17519.3	14867.3	666.5	838.9
中型企业	3177.1	1767.2	5485.2	4635.3	44.6	213.5
小型企业	4124.4	3144.4	7662.0	6592.4	52.9	288.8

14-4 各地区规模以上工业企业主要指标

单位：亿元

年份、地区	企业单位数（个）	流动资产合计	固定资产原价合计	流动负债合计	所有者权益合计	实收资本
1998	6249	2668.7	4537.0	2912.9	2283.4	1484.1
1999	5816	2983.0	5141.1	3165.2	2947.6	1746.3
2000	6017	3155.9	5372.8	3220.9	3066.3	2056.6
2001	5847	3354.5	6112.0	3475.6	3461.0	2288.3
2002	6017	3540.9	6543.9	3695.9	3598.9	2419.7
2003	6842	3843.5	6814.1	4003.9	3776.3	2418.0
2004	10635	4770.4	7543.1	5036.8	4519.9	3316.5
2005	11510	5330.4	8202.5	5323.1	4852.4	3225.6
2006	14754	6476.9	9191.3	6237.1	5845.2	3546.9
2007	16556	7895.4	10923.0	7817.3	7001.7	3911.9
2008	17269	8851.4	12731.7	8957.7	8314.2	4791.0
2009	23364	11357.3	15419.8	10906.7	10478.3	5778.9
2010	23832	13283.4	18742.1	12600.8	12082.4	6072.1
2011	16914	14645.8	19977.7	13164.4	13298.8	6664.3
2012	17347	15899.6	21748.4	14388.7	14448.1	6982.2
2013	17305	17432.9	25688.1	16626.0	16076.5	7662.3
2014	15707	17387.9	26848.3	16935.3	16266.4	7977.0
2015	12304	17661.4	24422.9	17820.0	14743.9	7792.6
2016	8025	17310.9	20790.8	17665.9	12286.2	7211.6
2017	6626	18183.3	20901.9	18266.6	12738.4	7819.8
2018	6621	17859.1				
2019	7610	20750.9	24085.5	19951.6	15329.4	9234.0
2020	7755	21561.1	25320.6	20267.4	16390.9	9491.5
沈　阳	1604	4988.9	3589.6	4535.9	3011.9	1663.0
大　连	1898	5482.8	6264.6	4254.8	4257.8	2498.3
鞍　山	702	1659.8	1766.9	1559.5	2423.6	865.7
抚　顺	260	524.4	1162.5	548.9	475.2	194.6
本　溪	223	1166.7	1349.6	1291.7	600.0	299.9
丹　东	377	401.4	446.6	333.9	273.3	129.8
锦　州	338	496.2	567.2	480.6	328.7	233.7
营　口	655	1712.6	1535.0	1460.1	1385.3	1034.3
阜　新	210	315.1	463.3	352.3	235.0	184.1
辽　阳	248	1044.6	921.3	1011.6	922.2	609.5
盘　锦	304	2129.0	2973.3	2123.2	950.5	659.7
铁　岭	298	430.5	693.8	453.0	354.5	233.4
朝　阳	365	414.7	696.0	491.8	374.0	252.3
葫芦岛	272	760.4	739.2	834.8	362.9	218.8

14-4 续表　　　　单位：亿元

年份、地区	营业收入	营业成本	税金及附加	销售费用	利润总额
1998	3090.5	2608.8	54.8	78.9	-16.5
1999	3429.7	2875.1	55.1	92.3	58.2
2000	4311.9	3623.5	65.4	109.2	176.2
2001	4580.3	3892.9	62.9	114.4	144.5
2002	5013.9	4221.4	71.2	136.0	156.2
2003	6340.9	5321.4	84.7	163.2	236.0
2004	8540.7	7264.6	99.4	199.9	430.8
2005	10747.3	9409.1	120.6	236.7	356.0
2006	13998.0	12223.9	160.4	282.3	449.8
2007	17965.8	15213.2	235.0	380.9	852.7
2008	22355.5	19640.1	249.4	428.7	658.2
2009	27870.1	23760.5	578.1	539.4	1382.0
2010	36049.6	30578.9	702.1	703.6	2371.4
2011	42845.4	36381.1	734.5	835.4	2511.2
2012	48199.9	41147.0	872.3	973.4	2435.7
2013	51533.4	44185.0	882.6	1098.7	2976.2
2014	48801.6	42575.1	929.6	1039.0	2107.6
2015	33243.3	28635.1	878.1	819.9	1069.7
2016	22039.0	18553.1	742.2	689.2	575.4
2017	23476.4	19569.1	748.0	684.7	1063.3
2018	26489.9	22092.7	833.3	774.6	1460.3
2019	31506.0	26806.8	881.9	827.9	1354.0
2020	30666.5	26095.0	764.0	739.2	1341.2
沈　阳	5974.5	4671.3	189.7	285.7	408.2
大　连	7200.9	5892.8	167.5	172.5	564.5
鞍　山	2676.3	2402.3	25.2	58.6	34.7
抚　顺	1010.4	827.1	58.3	18.9	29.1
本　溪	1618.5	1467.5	10.2	32.8	41.0
丹　东	506.6	414.8	4.3	16.3	36.7
锦　州	788.4	671.3	52.3	20.4	-0.4
营　口	2026.5	1780.6	13.7	42.2	91.3
阜　新	334.5	277.6	2.6	9.0	14.8
辽　阳	1389.7	1158.2	105.2	16.2	25.2
盘　锦	3942.9	3646.0	74.6	21.8	54.8
铁　岭	613.1	538.3	6.0	11.4	18.2
朝　阳	759.4	644.1	8.8	21.2	42.4
葫芦岛	799.9	704.6	41.9	12.4	-14.2

14-5 各地区规模以上工业企业主要经济效益指标

单位：%

年份、地区	总资产贡献率	资产负债率	工业成本费用利润率
1998	4.9	65.6	-0.5
1999	5.2	60.4	1.7
2000	7.1	60.5	4.3
2001	6.1	58.7	3.3
2002	6.3	59.2	3.2
2003	7.3	58.8	3.9
2004	8.5	58.3	5.3
2005	7.8	58.2	3.5
2006	8.2	57.5	3.4
2007	10.7	58.6	5.1
2008	8.7	58.6	7.2
2009	11.7	58.4	5.4
2010	14.8	58.1	7.2
2011	14.8	57.2	6.3
2012	14.5	57.9	5.4
2013	15.0	57.9	6.1
2014	11.9	58.0	4.5
2015	8.2	61.7	3.3
2016	6.6	64.5	2.7
2017	8.0	64.9	4.6
2018	9.5	63.3	5.7
2019	7.6	62.8	4.6
2020	7.0	61.8	4.7
沈　阳	9.3	64.5	7.6
大　连	8.4	59.9	8.7
鞍　山	3.0	47.8	1.3
抚　顺	10.6	60.7	3.2
本　溪	4.8	73.0	2.6
丹　东	7.7	63.3	7.7
锦　州	7.8	66.0	-0.1
营　口	5.4	55.0	4.7
阜　新	4.5	65.7	4.7
辽　阳	8.5	58.2	2.0
盘　锦	6.1	74.5	1.4
铁　岭	5.1	62.6	3.1
朝　阳	8.1	62.9	6.0
葫芦岛	3.2	73.1	-1.9

14-6 按行业分规模以上工业企业主要指标

（2020年） 单位：亿元

行业	企业单位数（个）	资产总计	流动资产合计	负债合计	营业收入	营业成本	税金及附加	利润总额
总计	**7755**	**42923.6**	**21561.1**	**26527.9**	**30666.5**	**26095.0**	**764.0**	**1341.2**
煤炭开采和洗选业	12	620.5	277.8	364.2	146.2	108.4	5.3	11.0
石油和天然气开采业	1	389.7	-55.7	249.9	206.9	218.0	13.1	-56.6
黑色金属矿采选业	150	3002.5	854.8	1265.6	624.1	424.9	24.2	51.1
有色金属矿采选业	112	241.6	146.7	162.0	126.6	94.1	3.2	11.6
非金属矿采选业	94	184.8	83.2	97.8	72.9	48.3	1.8	3.7
开采辅助活动	12	267.5	114.2	178.2	192.7	190.1	5.5	-2.2
其他采矿业								
农副食品加工业	712	1237.1	789.7	840.4	2010.3	1867.6	3.7	56.9
食品制造业	149	350.3	220.8	212.2	241.4	191.9	1.9	14.1
酒、饮料和精制茶制造业	53	178.7	103.4	85.4	148.6	102.9	6.6	16.4
烟草制品业	2	52.5	32.9	10.6	81.8	24.6	46.0	1.3
纺织业	97	131.7	88.4	78.9	76.9	60.1	0.5	7.7
纺织服装、服饰业	200	120.9	87.8	64.9	131.0	109.7	0.9	4.8
皮革、毛皮、羽毛及其制品和制鞋业	18	39.8	27.5	23.9	36.3	29.7	0.3	2.8
木材加工和木、竹、藤、棕、草制品业	115	68.4	42.1	40.5	78.8	71.4	0.5	-0.5
家具制造业	40	102.0	66.7	60.7	67.9	59.8	0.4	2.0
造纸和纸制品业	91	186.1	85.0	107.7	137.9	120.3	0.9	7.4
印刷和记录媒介复制业	50	38.0	22.7	18.6	34.7	29.5	0.2	1.8
文教、工美、体育和娱乐用品制造业	38	39.8	27.2	25.8	23.6	20.6	0.1	-0.2
石油加工、炼焦和核燃料加工业	121	4303.3	2517.1	3324.3	5863.2	5103.7	420.2	103.3
化学原料和化学制品制造业	546	2754.3	1193.8	1793.1	1989.3	1726.8	8.7	92.2
医药制造业	147	803.5	420.4	362.5	492.8	255.9	3.8	53.9
化学纤维制造业	13	44.6	16.6	26.8	22.9	20.5	0.3	-0.5
橡胶和塑料制品业	287	527.4	258.9	294.9	365.2	298.0	2.9	10.0
非金属矿物制品业	914	1833.2	1111.2	1085.8	1057.8	872.7	9.2	60.4
黑色金属冶炼和压延加工业	196	4152.2	1866.8	2478.9	4112.8	3827.9	21.6	80.4
有色金属冶炼和压延加工业	210	1892.8	989.2	984.2	1149.7	1071.2	5.9	14.6
金属制品业	528	1258.5	932.4	899.9	1003.7	881.8	5.1	40.7
通用设备制造业	685	1974.9	1325.5	1092.1	1040.4	836.5	8.6	58.9
专用设备制造业	363	1256.0	836.6	806.0	557.7	438.7	4.8	38.7
汽车制造业	364	3588.3	2243.1	2386.5	3432.4	2569.3	125.1	389.4
铁路、船舶、航空航天和其他运输设备制造业	143	2820.5	1914.3	1774.9	1096.6	976.5	4.2	27.7
电气机械和器材制造业	382	1152.7	766.6	659.6	763.9	646.7	4.3	29.8
计算机、通信和其他电子设备制造业	159	948.7	446.4	335.9	671.2	477.3	6.5	144.8
仪器仪表制造业	121	200.7	139.4	85.7	120.2	84.0	0.9	14.3
其他制造业	19	32.3	21.2	16.4	21.4	16.2	0.2	1.5
废弃资源综合利用业	57	103.1	60.5	72.7	120.0	116.1	1.4	-6.9
金属制品、机械和设备修理业	22	78.8	59.8	67.0	52.8	45.3	0.4	0.5
电力、热力生产和供应业	395	4850.3	985.8	3422.8	2059.4	1867.3	12.4	36.7
燃气生产和供应业	65	292.5	90.5	161.9	142.7	118.4	0.9	12.7
水的生产和供应业	72	803.4	350.0	508.9	92.1	72.3	1.7	5.2

注：工业行业分类按《国民经济行业分类》(GB/T 4754-2017)标准划分。以下相关表均同。

14-7 按行业分规模以上工业企业主要经济效益指标

(2019年)

单位：%

行　业	总资产贡献率	资产负债率	工业成本费用利润率
总　计	**7.0**	**61.8**	**4.7**
煤炭开采和洗选业	5.4	58.7	8.0
石油和天然气开采业	-6.8	64.1	-21.9
黑色金属矿采选业	4.7	42.2	9.5
有色金属矿采选业	9.4	67.0	10.3
非金属矿采选业	5.5	52.9	5.5
开采辅助活动	2.2	66.6	-1.1
其他采矿业			
农副食品加工业	6.1	67.9	2.9
食品制造业	6.5	60.6	6.3
酒、饮料和精制茶制造业	16.5	47.8	13.0
烟草制品业	104.4	20.1	4.1
纺织业	7.7	59.9	11.1
纺织服装、服饰业	7.5	53.7	3.8
皮革、毛皮、羽毛及其制品和制鞋业	11.9	60.1	8.4
木材加工和木、竹、藤、棕、草制品业	2.1	59.2	-0.6
家具制造业	3.4	59.5	3.1
造纸和纸制品业	7.2	57.9	5.6
印刷和记录媒介复制业	8.0	48.8	5.3
文教、工美、体育和娱乐用品制造业	1.3	64.8	-0.7
石油加工、炼焦和核燃料加工业	14.9	77.3	1.9
化学原料和化学制品制造业	5.4	65.1	4.9
医药制造业	9.7	45.1	12.3
化学纤维制造业	0.9	60.1	-2.3
橡胶和塑料制品业	4.8	55.9	2.9
非金属矿物制品业	6.2	59.2	6.0
黑色金属冶炼和压延加工业	4.5	59.7	2.0
有色金属冶炼和压延加工业	2.6	52.0	1.3
金属制品业	5.6	71.5	4.3
通用设备制造业	5.1	55.3	6.0
专用设备制造业	5.1	64.2	7.3
汽车制造业	18.1	66.5	13.3
铁路、船舶、航空航天和其他运输设备制造业	1.1	62.9	2.6
电气机械和器材制造业	4.5	57.2	4.0
计算机、通信和其他电子设备制造业	16.8	35.4	26.8
仪器仪表制造业	9.6	42.7	13.3
其他制造业	7.4	50.7	7.3
废弃资源综合利用业	2.2	70.5	-5.7
金属制品、机械和设备修理业	4.8	85.0	1.0
电力、热力生产和供应业	3.1	70.6	1.8
燃气生产和供应业	5.8	55.4	9.4
水的生产和供应业	1.6	63.3	5.3

14-8 国有控股工业企业主要指标

单位：亿元

行业	资产总计	流动资产合计	负债合计
总　计	**20244.8**	**8234.8**	**12658.5**
煤炭开采和洗选业	593.2	266.4	345.7
石油和天然气开采业	389.7	-55.7	249.9
黑色金属矿采选业	2625.3	628.3	1081.2
有色金属矿采选业	21.2	4.9	17.8
非金属矿采选业	59.0	21.0	14.9
开采辅助活动	258.7	108.6	171.7
其他采矿业			
农副食品加工业	135.2	81.8	104.9
食品制造业	14.2	7.3	8.7
酒、饮料和精制茶制造业	11.4	5.3	11.9
烟草制品业	52.5	32.9	10.6
纺织业			
纺织服装、服饰业	7.7	5.2	3.7
皮革、毛皮、羽毛及其制品和制鞋业	0.3	0.2	0.0
木材加工和木、竹、藤、棕、草制品业	0.5	0.3	2.2
家具制造业	3.8	2.0	1.6
造纸和纸制品业	23.0	9.6	24.2
印刷和记录媒介复制业	6.0	4.3	1.6
文教、工美、体育和娱乐用品制造业	1.0	0.6	1.4
石油加工、炼焦和核燃料加工业	1231.8	431.1	809.4
化学原料和化学制品制造业	288.4	113.5	155.7
医药制造业	61.9	41.1	9.1
化学纤维制造业	22.1	5.7	14.9
橡胶和塑料制品业	37.6	23.2	22.8
非金属矿物制品业	192.8	60.7	96.4
黑色金属冶炼和压延加工业	3048.6	1294.7	1833.2
有色金属冶炼和压延加工业	136.8	59.0	83.4
金属制品业	170.0	119.0	104.0
通用设备制造业	638.4	428.4	424.5
专用设备制造业	463.8	311.9	326.7
汽车制造业	2235.5	1345.1	1716.0
铁路、船舶、航空航天和其他运输设备制造业	2576.2	1794.5	1588.2
电气机械和器材制造业	59.7	44.5	43.1
计算机、通信和其他电子设备制造业	50.9	40.0	23.7
仪器仪表制造业	23.5	12.0	12.4
其他制造业			
废弃资源综合利用业	46.6	28.6	44.3
金属制品、机械和设备修理业	62.0	45.3	55.6
电力、热力生产和供应业	3846.8	549.2	2717.5
燃气生产和供应业	158.8	43.8	80.1
水的生产和供应业	690.0	320.4	445.8
在总计中：			
中央企业	439.9	193.5	283.0
地方企业	335.3	118.8	228.8
在总计中：			
大型企业	14377.0	5437.7	8327.6
中型企业	3115.4	1469.5	2431.4
小型企业	2752.3	1327.6	1899.6

14-8 续表 (2020年) 单位：亿元

行 业	营业收入	营业成本	税金及附加	利润总额
总 计	**13109.5**	**11203.7**	**626.4**	**197.4**
煤炭开采和洗选业	134.1	100.0	4.9	9.8
石油和天然气开采业	206.9	218.0	13.1	-56.6
黑色金属矿采选业	387.2	277.7	13.3	-1.5
有色金属矿采选业	13.2	6.3	0.5	2.9
非金属矿采选业	4.6	3.8	0.1	-0.4
开采辅助活动	186.2	184.6	5.4	-2.4
其他采矿业				
农副食品加工业	251.8	235.0	0.4	7.4
食品制造业	20.6	17.9	0.1	0.8
酒、饮料和精制茶制造业	6.9	5.0	0.8	0.0
烟草制品业	81.8	24.6	46.0	1.3
纺织业				
纺织服装、服饰业	7.6	4.8	0.1	0.3
皮革、毛皮、羽毛及其制品和制鞋业	0.3	0.2		0.0
木材加工和木、竹、藤、棕、草制品业	0.4	0.5	0.0	-1.3
家具制造业	1.3	1.1	0.0	
造纸和纸制品业	12.5	13.2	0.1	-1.2
印刷和记录媒介复制业	4.4	3.6	0.0	0.3
文教、工美、体育和娱乐用品制造业	0.2	0.2	0.0	0.0
石油加工、炼焦和核燃料加工业	2380.1	1962.3	381.4	-91.0
化学原料和化学制品制造业	206.8	167.7	1.6	16.9
医药制造业	28.4	6.9	0.3	12.0
化学纤维制造业	7.8	8.1	0.2	-1.4
橡胶和塑料制品业	33.7	27.7	0.2	1.9
非金属矿物制品业	75.0	62.1	0.9	3.5
黑色金属冶炼和压延加工业	3094.2	2882.9	17.0	53.8
有色金属冶炼和压延加工业	121.2	107.4	1.2	1.5
金属制品业	145.5	121.7	0.8	6.7
通用设备制造业	248.7	216.0	2.4	-4.9
专用设备制造业	163.7	134.7	1.7	8.9
汽车制造业	2217.5	1622.9	117.2	205.6
铁路、船舶、航空航天和其他运输设备制造业	992.5	887.6	2.9	25.7
电气机械和器材制造业	31.8	24.7	0.2	1.2
计算机、通信和其他电子设备制造业	26.0	22.0	0.2	-0.9
仪器仪表制造业	9.9	6.6	0.1	0.7
其他制造业				
废弃资源综合利用业	28.4	28.1	0.4	-10.3
金属制品、机械和设备修理业	37.4	33.0	0.2	-1.1
电力、热力生产和供应业	1788.6	1657.5	10.5	
燃气生产和供应业	81.3	68.0	0.6	9.8
水的生产和供应业	71.0	59.7	1.3	-0.4
在总计中:				
中央企业	311.5	226.4	47.4	3.9
地方企业	138.7	124.7	1.2	-1.7
在总计中:				
大型企业	10750.9	9147.1	606.5	200.6
中型企业	1192.8	1040.0	11.6	-33.7
小型企业	1165.9	1016.6	8.3	30.5

14-9 各地区国有控股工业企业主要指标

(2020年) 单位：亿元

指　　标	沈阳	大连	鞍山	抚顺	本溪	丹东	锦州
企业单位数(个)	190	162	51	38	36	16	23
资产总计	4597.1	3901.2	3159.5	646.3	1819.5	180.0	269.8
流动资产合计	2717.3	1927.0	674.3	194.0	959.2	39.7	78.0
营业收入	3334.9	1880.4	1387.3	505.5	1342.0	66.9	274.0
营业成本	2552.7	1593.4	1251.2	404.8	1265.7	53.5	223.9
税金及附加	169.9	118.0	15.8	53.1	5.4	1.2	49.1
利润总额	237.3	6.6	-19.1	-5.3	4.1	4.2	-16.0

14-9 续表 (2019年) 单位：亿元

指　　标	营口	阜新	辽阳	盘锦	铁岭	朝阳	葫芦岛
企业单位数(个)	27	25	28	27	39	39	29
资产总计	895.6	271.0	501.8	1135.4	551.1	537.1	748.0
流动资产合计	354.7	78.5	123.6	278.7	216.0	174.7	385.0
营业收入	696.1	73.9	515.4	975.8	243.3	390.2	398.9
营业成本	617.1	58.3	381.3	902.6	210.9	338.4	351.4
税金及附加	6.0	1.0	98.4	57.6	3.9	4.0	39.3
利润总额	38.3	2.1	-6.2	-48.6	8.1	23.7	-26.7

14-10 各地区国有控股工业企业主要经济效益指标

单位：%

年份、地区	总资产贡献率	资产负债率	工业成本费用利润率
1998	4.6	66.0	-1.4
1999	4.6	60.0	0.8
2000	6.6	60.9	4.0
2001	5.6	59.6	2.6
2002	5.6	61.0	2.2
2003	6.8	59.5	3.1
2004	8.4	58.1	5.8
2005	7.5	59.3	2.8
2006	7.3	57.8	2.6
2007	8.9	60.9	4.1
2008	4.2	63.1	3.7
2009	7.6	65.4	2.0
2010	9.8	66.0	3.3
2011	9.0	66.3	2.0
2012	7.9	67.3	0.1
2013	8.1	67.7	1.9
2014	7.8	66.8	1.4
2015	6.4	69.2	-0.9
2016	6.6	64.5	2.7
2017	8.3	67.5	2.7
2018	11.0	65.5	4.5
2019	7.9	63.4	2.4
2020	6.3	62.5	1.6
沈　阳	11.6	71.5	8.1
大　连	4.5	64.7	0.4
鞍　山	1.4	43.1	-1.4
抚　顺	11.3	66.9	-1.2
本　溪	2.8	77.2	0.3
丹　东	6.1	72.0	6.7
锦　州	15.7	71.8	-6.6
营　口	6.6	39.7	5.9
阜　新	4.3	65.2	2.9
辽　阳	22.7	57.3	-1.5
盘　锦	3.9	61.4	-5.0
铁　岭	4.9	62.0	3.5
朝　阳	7.6	61.3	6.6
葫芦岛	2.5	72.4	-7.0

14-11　按行业分外商投资工业企业主要指标

(2020年)　　单位：亿元

行　业	资产总计	负债合计	营业收入
总　计	**8398.1**	**4513.7**	**7109.9**
煤炭开采和洗选业			
石油和天然气开采业			
黑色金属矿采选业	16.6	3.7	7.6
有色金属矿采选业	12.0	5.9	5.3
非金属矿采选业	22.8	8.5	15.7
开采专业及辅助性活动			
其他采矿业			
农副食品加工业	260.3	173.0	409.1
食品制造业	146.9	93.9	84.0
酒、饮料和精制茶制造业	142.1	63.9	128.7
烟草制品业			
纺织业	19.6	5.5	12.5
纺织服装、服饰业	41.5	14.2	37.7
皮革、毛皮、羽毛及其制品和制鞋业	32.2	19.8	28.6
木材加工和木、竹、藤、棕、草制品业	9.6	3.2	13.9
家具制造业	62.2	27.2	45.2
造纸和纸制品业	75.9	21.7	53.4
印刷和记录媒介复制业	5.2	2.7	4.2
文教、工美、体育和娱乐用品制造业	3.6	1.1	5.1
石油、煤炭及其他燃料加工业	32.8	16.8	35.9
化学原料和化学制品制造业	477.6	268.4	218.7
医药制造业	312.7	125.2	262.1
化学纤维制造业	4.2	1.9	3.8
橡胶和塑料制品业	256.9	140.4	144.2
非金属矿物制品业	185.6	85.7	131.4
黑色金属冶炼和压延加工业	198.1	145.5	218.6
有色金属冶炼和压延加工业	651.7	377.5	450.4
金属制品业	361.5	251.9	269.2
通用设备制造业	484.5	196.7	355.7
专用设备制造业	216.5	93.4	134.2
汽车制造业	2473.8	1388.0	2966.6
铁路、船舶、航空航天和其他运输设备制造业	309.5	273.9	89.6
电气机械和器材制造业	444.6	263.9	312.7
计算机、通信和其他电子设备制造业	544.9	138.8	476.0
仪器仪表制造业	56.2	20.4	38.9
其他制造业	18.7	8.5	11.8
废弃资源综合利用业	14.8	1.6	3.6
金属制品、机械和设备修理业			
电力、热力生产和供应业	319.7	188.6	69.5
燃气生产和供应业	131.8	54.6	55.8
水的生产和供应业	51.4	28.0	10.3
在总计中			
大型企业	4440.8	2309.7	4026.9
中型企业	1933.4	1089.8	1565.3
小型企业	2023.9	1114.3	1517.7

14-12 按行业分大中型工业企业主要指标

(2020年) 单位：亿元

行业	资产总计	流动资产合计	负债合计	营业收入	营业成本	税金及附加	利润总额
总计	**31528.9**	**15035.8**	**19259.7**	**23004.5**	**19502.6**	**711.1**	**1052.4**
煤炭开采和洗选业	604.8	274.6	352.4	143.3	105.4	5.3	11.4
石油和天然气开采业	389.7	-55.7	249.9	206.9	218.0	13.1	-56.6
黑色金属矿采选业	2711.5	709.7	1145.3	457.7	305.5	17.6	25.6
有色金属矿采选业	131.8	79.3	92.0	59.4	40.1	1.3	8.0
非金属矿采选业	99.8	31.8	44.0	14.4	9.8	0.3	0.5
开采专业及辅助性活动	263.0	111.3	175.0	189.0	187.0	5.4	-2.4
其他采矿业							
农副食品加工业	470.8	273.1	295.9	842.6	775.0	1.8	29.3
食品制造业	231.5	154.1	139.3	154.5	123.5	1.2	10.0
酒、饮料和精制茶制造业	95.1	62.8	39.7	91.1	56.3	4.4	13.8
烟草制品业	52.5	32.9	10.6	81.8	24.6	46.0	1.3
纺织业	46.0	31.0	31.2	13.8	11.8	0.1	-0.3
纺织服装、服饰业	69.4	53.8	32.0	67.2	53.9	0.5	4.1
皮革、毛皮、羽毛及其制品和制鞋业	27.6	21.5	11.9	30.9	24.0	0.2	3.9
木材加工和木、竹、藤、棕、草制品业	9.7	4.1	3.0	14.7	12.8	0.2	0.6
家具制造业	84.6	54.9	50.0	55.6	49.2	0.3	1.9
造纸和纸制品业	80.6	27.0	34.4	57.1	48.1	0.5	5.2
印刷和记录媒介复制业	3.4	2.5	0.8	2.8	2.1	0.0	0.3
文教、工美、体育和娱乐用品制造业	5.4	3.3	2.2	3.8	2.8	0.0	0.1
石油、煤炭及其他燃料加工业	3971.6	2278.2	3062.9	5506.5	4764.0	418.6	105.4
化学原料和化学制品制造业	2015.0	784.7	1318.0	1337.5	1157.7	5.0	79.0
医药制造业	576.3	316.0	244.1	383.9	204.7	2.5	44.8
化学纤维制造业	26.3	7.3	16.8	11.5	11.3	0.2	-1.2
橡胶和塑料制品业	330.3	140.4	182.4	196.2	151.6	1.9	5.9
非金属矿物制品业	744.8	410.3	350.8	341.0	273.3	3.3	27.6
黑色金属冶炼和压延加工业	3773.8	1674.6	2233.6	3810.3	3541.2	20.6	82.5
有色金属冶炼和压延加工业	1387.9	726.7	780.9	755.2	698.1	4.3	11.5
金属制品业	756.8	589.4	576.3	584.0	514.9	2.8	29.5
通用设备制造业	1307.5	875.4	707.5	591.8	474.3	5.2	32.9
专用设备制造业	841.7	559.1	536.6	326.1	257.2	3.1	25.3
汽车制造业	3069.2	1871.2	2022.4	3059.0	2253.8	122.7	370.4
铁路、船舶、航空航天和其他运输设备制造业	2024.5	1391.2	1188.1	789.1	701.6	2.9	20.9
电气机械和器材制造业	563.1	367.5	324.0	373.6	307.1	2.4	22.2
计算机、通信和其他电子设备制造业	757.7	300.4	239.4	558.8	387.2	5.9	140.2
仪器仪表制造业	85.1	56.2	33.1	53.0	37.6	0.4	6.5
其他制造业	11.9	6.9	1.9	8.5	6.2	0.1	0.4
废弃资源综合利用业	16.7	8.1	4.0	18.1	16.1	0.2	0.2
金属制品、机械和设备修理业	65.1	48.2	57.7	44.4	38.6	0.3	0.1
电力、热力生产和供应业	3079.5	421.1	2175.8	1652.4	1551.9	9.0	-6.5
燃气生产和供应业	151.3	47.2	98.6	61.2	55.4	0.4	0.5
水的生产和供应业	595.6	284.1	395.3	55.9	49.2	1.0	-2.5

14-13 按行业分大中型工业企业主要经济效益指标

(2020年) 单位：%

行业	总资产贡献率	资产负债率	工业成本费用利润率
总计	**7.8**	**61.1**	**4.9**
煤炭开采和洗选业	5.6	58.3	8.5
石油和天然气开采业	-6.8	64.1	-21.9
黑色金属矿采选业	3.6	42.2	6.4
有色金属矿采选业	11.0	69.8	15.8
非金属矿采选业	2.0	44.0	3.6
开采辅助活动	2.1	66.5	-1.2
其他采矿业			
农副食品加工业	8.8	62.9	3.6
食品制造业	6.6	60.2	7.0
酒、饮料和精制茶制造业	23.8	41.7	18.8
烟草制品业	104.4	20.1	4.1
纺织业	1.1	67.8	-2.3
纺织服装、服饰业	9.2	46.1	6.5
皮革、毛皮、羽毛及其制品和制鞋业	20.9	43.3	14.6
木材加工和木、竹、藤、棕、草制品业	8.1	30.7	4.4
家具制造业	3.4	59.1	3.6
造纸和纸制品业	10.7	42.7	9.7
印刷和记录媒介复制业	11.1	24.8	12.9
文教、工美、体育和娱乐用品制造业	4.1	39.5	1.4
石油加工、炼焦和核燃料加工业	16.0	77.1	2.1
化学原料和化学制品制造业	5.8	65.4	6.3
医药制造业	10.6	42.4	13.2
化学纤维制造业	-2.7	63.8	-9.7
橡胶和塑料制品业	4.9	55.2	3.3
非金属矿物制品业	6.5	47.1	8.6
黑色金属冶炼和压延加工业	4.8	59.2	2.2
有色金属冶炼和压延加工业	2.8	56.3	1.6
金属制品业	6.2	76.2	5.4
通用设备制造业	4.3	54.1	5.9
专用设备制造业	4.9	63.8	8.2
汽车制造业	20.1	65.9	14.4
铁路、船舶、航空航天和其他运输设备制造业	1.1	58.7	2.7
电气机械和器材制造业	5.8	57.5	6.3
计算机、通信和其他电子设备制造业	19.9	31.6	32.3
仪器仪表制造业	9.8	38.9	13.9
其他制造业	6.3	15.8	4.8
废弃资源综合利用业	6.2	24.1	1.0
金属制品、机械和设备修理业	4.4	88.5	0.1
电力、热力生产和供应业	2.5	70.7	-0.4
燃气生产和供应业	1.1	65.1	0.8
水的生产和供应业	0.4	66.4	-3.6

14-14 各地区大中型工业企业主要指标

单位：亿元

年份、地区	企业单位数（个）	资产总计	流动资产合计	负债合计	营业收入	营业成本	税金及附加	利润总额
1998	1331	5699.6	2189.1	3705.7	2378.7	2005.5	49.1	-25.3
1999	847	5933.9	2259.5	3409.1	2568.7	2146.1	47.7	50.1
2000	857	5908.6	2313.0	3515.2	3196.4	2681.9	56.3	142.5
2001	869	6398.3	2471.5	3645.9	3398.3	2874.1	55.3	118.9
2002	883	6718.0	2605.1	3879.9	3671.3	3072.4	61.5	121.1
2003	810	6879.7	2771.1	3870.7	4751.5	3937.5	76.4	195.0
2004	964	8343.7	3372.6	4668.2	6349.3	5352.9	88.5	367.2
2005	1013	9209.8	3981.2	5374.2	8000.3	6991.0	105.9	268.3
2006	1085	10721.6	4726.2	6162.7	9733.0	8502.6	134.5	307.4
2007	1164	12761.7	5744.3	7591.3	11597.6	9788.6	194.1	547.3
2008	1135	14960.8	6548.0	9206.4	13787.3	12304.2	173.4	217.7
2009	1383	17995.9	8089.6	11147.8	15120.8	12831.0	477.8	655.1
2010	1505	20118.9	9398.5	12554.8	18663.0	15734.4	588.1	1113.9
2011	1825	21237.7	10030.9	13100.4	21459.1	18213.6	602.5	1058.9
2012	2210	24664.7	11531.0	15391.4	24719.2	21022.8	724.3	974.8
2013	2272	27329.3	12510.9	17031.5	26269.4	22245.9	679.1	1329.0
2014	2074	26779.7	12244.7	16601.8	24419.2	20789.1	709.0	886.8
2015	1552	27483.2	12966.2	17999.5	18031.0	15065.5	772.1	404.5
2016	1180	26485.4	12851.0	17711.8	15256.2	12549.4	704.4	371.5
2017	1164	27549.9	13171.9	17896.0	17935.3	14798.0	710.5	861.5
2018	1143	26703.7	12590.5	16790.5	20266.6	16729.5	789.6	1227.3
2019	1140	30601.4	14615.3	19085.0	24341.0	20633.3	829.6	1113.2
2020	1168	31528.9	15035.8	19259.7	23004.5	19502.6	711.1	1052.4
沈阳	199	5883.8	3384.6	3844.1	4243.2	3202.0	179.9	330.9
大连	366	8564.0	4240.9	5174.7	5722.8	4676.6	159.0	487.6
鞍山	102	3750.2	1124.1	1680.8	1992.7	1789.4	19.8	17.7
抚顺	39	839.9	350.2	459.0	771.9	616.8	56.3	28.6
本溪	43	1861.9	973.1	1399.1	1381.7	1285.4	6.3	14.6
丹东	76	349.9	194.6	186.4	251.0	207.0	2.2	22.7
锦州	41	512.4	250.0	334.3	463.8	384.6	50.3	-10.1
营口	86	2052.0	1118.4	1007.2	1380.3	1204.7	9.6	85.9
阜新	33	288.3	140.4	163.9	184.1	157.7	1.3	5.7
辽阳	43	1621.6	776.1	1053.0	1166.1	970.0	102.1	12.2
盘锦	33	3008.5	1675.8	2220.5	3173.4	2920.1	71.7	52.2
铁岭	33	477.5	204.3	281.6	285.5	250.0	3.9	7.6
朝阳	39	578.5	220.6	358.0	470.8	405.9	4.6	27.9
葫芦岛	34	708.9	348.6	501.7	492.5	434.0	40.4	-26.0

14-15 主要工业产品产量

产品名称	单位	2010年	2011年	2012年	2013年	2014年	2015年
化学纤维	万吨	19.9	16.4	18.4	17.9	19.8	29.0
#合成纤维	万吨	11.5	9.4	11.5	11.1	15.2	23.9
纱	万吨	15.4	13.8	12.9	10.3	13.8	8.3
布	亿米	7.2	7.2	4.6	4.1	6.8	3.5
#棉布	亿米	4.7	4.7	2.5	2.3	3.7	2.4
混纺交织布	亿米	1.1	0.8	0.7	0.4	1.6	0.5
绒线(俗称毛线)	吨	2191.0	2402.7	1526.1	2796.0	4725.7	4801.1
蚕丝	吨	7182.0	4184.3	2462.5	2310.4	4504.2	2948.0
机制纸及纸板	万吨	88.5	76.2	73.3	48.8	41.2	36.0
自行车	万辆	1.2		5.0	10.0	4.7	7.0
日用玻璃制品	万吨	24.7	3.7	2.0	2.2	16.3	18.2
灯泡	万只	1.4	1.5	2.1	2.0	1.9	1.9
合成洗涤剂	吨	12.2	13.8	14.7	16.5	16.5	12.6
原盐	万吨	161.6	114.5	141.9	127.7	165.2	178.7
糖	万吨	6.1	2.3	5.4	4.1	4.5	8.3
卷烟	亿支	265.3	274.5	276.4	278.9	290.4	290.7
白酒	亿升	6.4	6.8	8.1	5.5	5.0	4.6
啤酒	亿升	24.8	26.2	26.4	27.2	27.2	24.2
精制食用植物油	万吨	193.7	171.8	236.4	244.9	263.6	240.8
化学药品原药	万吨	13.2	11.9	14.4	18.0	21.8	11.3
家用电冰箱	万台	87.8	102.2	101.5	84.8	157.0	147.1
彩色电视机	万台	576.9	557.5	500.4	440.6	338.2	287.9
农用氮、磷、钾化肥	万吨	75.1	67.5	83.2	77.2	71.9	64.7
#氮肥	万吨	67.1	65.8	82.1	77.2	71.9	64.7
磷肥	万吨	5.1	1.6	0.8			
化学农药原药	万吨	3.0	2.1	2.1	1.8	2.5	1.3
乙烯	万吨	91.8	106.8	103.1	128.5	155.2	160.5
合成橡胶	吨	3.7	4.0	2.5	2.4	1.3	0.5
橡胶轮胎外胎	万条	1507.9	1669.9	1767.2	1956.7	2155.8	2448.2
交流电动机	万千瓦	830.5	758.4	612.8	505.4	460.9	334.2
金属切削机床	台	14	17	12	10	11	10
数控机床	台	4	5	5	5	6	6
汽车	辆	71	76	87	108	122	117
#载货汽车	辆	10	12	12	17	15	9
摩托车	辆	33045	34900	27900	1575	278	
滚动轴承	万套	19798.0	16811.0	19938.0	17248.4	15330.1	14059.9
原煤	万吨	6641.6	7005.1	6431.3		4906.4	4635.4
原油	万吨	950.0	1000.0	1000.0	1001.0	1021.9	1037.1
汽油	万吨	1057.7	1017.5	1088.1	1069.0	1057.7	1128.5
柴油	万吨	2379.9	2284.8	2358.0	2396.5	2331.0	2270.9
天然气	亿立方米	8.0	7.2	7.2	7.2	7.0	5.8
发电量	亿千瓦小时	1295.1	1369.9	1453.1	1516.0	1607.0	1626.8
生铁	万吨	5508.1	5450.2	5338.2	5968.6	6307.5	6059.0
粗钢	万吨	5389.8	5424.8	5178.4	6356.5	6507.8	5894.1
钢材	万吨	5669.4	5761.1	5924.2	6863.0	6962.2	6337.6
#铁道用钢材	万吨	91.2	76.0	77.5	91.5	86.2	79.8
线材(盘条)	万吨	572.1	688.6	664.8	750.5	895.4	882.6
铁合金	万吨	83.2	89.7	92.9	95.3	129.5	113.0
焦炭	万吨	1875.8	2027.0	2127.8	2146.6	2141.5	2097.2
水泥	万吨	4790.9	5791.1	5809.0	6066.3	5875.6	4751.6
平板玻璃	万重量箱	1635.3	2258.0	2523.4	3015.7	2529.8	1186.8
硫酸(折100%)	万吨	84.4	78.9	74.6	75.5	180.7	147.3
纯碱(碳酸钠)	万吨	13.2	33.8	45.4	46.8	56.2	55.0
烧碱(折100%)	万吨	56.4	56.2	56.7	56.4	64.8	64.6
合成氨	万吨	79.1	82.9	103.4	106.0	99.8	92.6

注：1. 2007年及以前卷烟产量的计量单位为万箱、啤酒及白酒产量的计量单位为万吨；从2009年起自行车产量中不仅包括两轮自行车，还包括电动自行车。

2. 能源产品产量为规上工业企业产量。从2020年起，工业产品产量为规上工业企业产量。

14-15 续表

产品名称	单位	2016年	2017年	2018年	2019年	2020年
化学纤维	万吨	27.5	26.5	20.5	23.7	18.8
#合成纤维	万吨	22.4	22.1	20.5	23.7	18.8
纱	万吨	6.5	5.1	4.4	4.1	2.5
布	亿米	1.6	1.3	1.1	0.9	0.8
#棉布	亿米	0.8	0.5	0.4	0.4	0.4
混纺交织布	亿米	0.2	0.2	0.1	0.1	0.1
绒线(俗称毛线)	吨	2519.2	1565.1	1394.4	1920.3	407.1
蚕丝	吨	1508.6	1066.0	1183.0	1162.4	564.6
机制纸及纸板	万吨	54.1	106.9	118.7	134.2	186.3
自 行 车	万辆					
日用玻璃制品	万吨	1.1	0.4	0.4	0.5	0.4
灯　　泡	万只	1.8	2.0	2.1	2.0	1.4
合成洗涤剂	吨	9.9	13.0	7.4	7.1	7.4
原　　盐	万吨	146.1	152.5	75.5	95.8	93.0
糖	万吨	0.5	0.7	0.3		
卷　　烟	亿支	278.9	269.1	268.7	271.2	274.3
白　　酒	亿升	0.8	0.3	0.1	0.2	0.1
啤　　酒	亿升	23.3	22.0	21.3	20.7	17.1
精制食用植物油	万吨	193.0	158.2	128.8	173.8	201.9
化学药品原药	万吨	5.2	5.1	4.4	7.4	6.9
家用电冰箱	万台	145.7	146.0	132.7	178.2	156.9
彩色电视机	万台	146.8	146.4	154.8	37.1	11.7
农用氮、磷、钾化肥	万吨	58.8	46.0	33.1	38.2	35.6
#氮　　肥	万吨	58.8	46.0	33.1	36.8	34.0
磷　　肥	万吨					
化学农药原药	万吨	1.0	1.1	0.9	1.3	1.5
乙　　烯	万吨	162.7	157.2	176.2	187.0	355.7
合 成 橡 胶	吨	3.7	5.6	8.1	10.8	13.6
橡胶轮胎外胎	万条	2724.5	2829.5	2760.6	2896.8	2893.1
交流电动机	万千瓦	190.9	244.1	312.2	319.8	251.3
金属切削机床	台	9	6	4	2.5	2.8
数 控 机 床	台	7	4	3	1.7	1.9
汽　　车	辆	113	97	96	79.1	74.8
#载货汽车	辆	5	5	3	2.1	0.9
摩 托 车	辆					
滚动轴承	万套	11966.9	11670.4	6915.6	7747.1	8151.5
原　　煤	万吨	4082.1	3611.0	3375.9	3292.0	3091.5
原　　油	万吨	1017.3	1044.2	1036.9	1053.3	1049.4
汽　　油	万吨	1212.1	1316.5	1592.8	1789.1	1766.9
柴　　油	万吨	2044.3	2015.2	2177.4	2146.8	2223.1
天 然 气	亿立方米	5.4	5.1	5.7	6.2	7.3
发 电 量	亿千瓦小时	1731.5	1805.7	1898.0	1996.0	2051.1
生　　铁	万吨	6160.1	6121.9	6331.8	6909.6	7235.2
粗　　钢	万吨	6040.5	6424.6	6873.9	7357.6	7609.4
钢　　材	万吨	5874.8	6395.8	6899.1	7328.6	7566.5
#铁道用钢材	万吨	78.3	82.0	73.9	74.9	75.5
线材(盘条)	万吨	806.2	943.6	1076.4	1140.9	1248.1
铁 合 金	万吨	43.1	55.3	53.5	84.4	65.2
焦　　炭	万吨	2131.5	2215.6	2213.7	2281.4	2297.1
水　　泥	万吨	4134.9	3900.3	4021.2	4763.6	5387.9
平 板 玻 璃	万重量箱	1403.4	4299.3	4422.1	5055.5	4682.7
硫酸(折100%)	万吨	130.9	127.2	139.6	153.2	142.4
纯碱(碳酸钠)	万吨	50.4	44.6			
烧碱(折100%)	万吨	70.7	71.9	76.3	76.7	76.5
合 成 氨	万吨	82.1	67.1	47.0	50.1	41.3

14-16　各地区主要工业产品产量

年份、地区	化学纤维(万吨)	纱(万吨)	布(亿米)	绒线(俗称毛线)(吨)	毛机织物(呢绒)(万米)	蚕丝(吨)	机制纸及纸板(万吨)	自行车(万辆)	手表(万只)	白炽灯泡(亿只)
1990	15.6	109.8	6.5	5087.0	1840.0	2905.0	77.5	97.2	430.4	1.2
1991	15.8	110.1	6.4	4099.0	1781.1	2667.0	75.1	85.5	467.7	1.5
1992	17.1	112.0	6.0	4981.0	1672.7	1917.0	79.1	125.9	359.9	1.5
1993	15.7	99.3	5.6	3524.0	1431.4	2280.0	75.4	195.4	554.5	1.1
1994	17.9	18.2	5.4	2785.0	1548.6	3292.0	82.3	190.7	397.7	3.3
1995	19.8	18.0	5.8	2725.0	1185.0	3484.0	97.5	112.1	409.9	3.7
1996	20.7	16.9	4.7	4449.0	745.4	4550.0	95.7	87.9	316.4	4.3
1997	28.1	17.2	5.4	1902.0	648.5	3588.0	84.2	55.1	212.4	1.4
1998	30.5	14.3	4.7	1970.0	373.2	1996.0	72.0	53.1	98.0	1.3
1999	29.2	15.2	5.3	1655.0	606.1	1328.0	58.8	16.3	97.0	1.1
2000	34.2	18.3	5.0	1633.0	479.0	2414.0	55.2	46.2	69.0	0.5
2001	36.0	16.0	4.3	1179.0	230.3	1675.0	62.9	15.2	69.2	1.3
2002	33.5	16.4	5.0	1491.0	168.1	2110.0	52.0	2.2	86.0	1.5
2003	26.3	15.6	3.4	1447.0	109.2	1640.0	59.1			1.4
2004	30.7	17.2	4.3	1840.0	379.8	3297.0	72.6	1.4	152.8	1.8
2005	24.1	18.7	5.7	1541.0	106.0	2191.0	83.4	0.4	169.6	1.8
2006	22.5	18.2	5.4	1811.0	118.4	2592.0	67.5		145.1	5.1
2007	21.1	18.0	7.7	1015.0	60.3	2955.0	87.5		133.4	6.2
2008	17.0	16.8	4.7		54.1	3045.0	56.9		139.3	8.1
2009	21.4	16.0	5.0	1736.6	88.6	4812.0	77.2		9.1	1.1
2010	19.9	15.4	7.2	2191.0	74.0	7182.0	88.5	1.2	5.7	1.4
2011	16.4	13.8	7.2	2402.7		4184.3	76.2		6.2	1.5
2012	18.4	12.9	4.6	1526.1		2462.5	73.3	5.0		2.1
2013	17.9	10.3	4.1	2796.0		2310.4	48.8	10.0		2.0
2014	19.8	13.8	6.8	4725.7		4504.2	41.2	4.7		1.9
2015	29.0	8.3	3.5	4801.1		2948.0	36.0	7.0		1.9
2016	27.5	6.5	1.6	2519.2		1508.6	54.1			1.8
2017	26.5	5.1	1.3	1565.1		1066.0	106.9			2.0
2018	20.5	4.4	1.1	1394.4		1183.0	118.7			2.1
2019	23.7	4.1	0.9	1920.3	79.0	1162.4	134.2			2.0
2020	18.8	2.5	0.8	407.1	18.0	564.6	186.3			1.4
沈　阳		0.9					84.4			1.4
大　连		0.2		407.1			35.2			
鞍　山	1.8	0.1	0.4			59.9	0.8			
抚　顺	0.5	0.3								
本　溪										
丹　东							8.2			
锦　州	10.7						3.3			
营　口	1.1	0.3	0.1			504.7				
阜　新		0.2			18.0					
辽　阳	4.7	0.1					1.0			
盘　锦							6.5			
铁　岭							46.8			
朝　阳		0.4	0.2							
葫芦岛										

注：1.1993年以前纱产量的计量单位为万件。2007年及以前卷烟产量的计量单位为万箱、啤酒产量的计量单位为万吨。从2009年起自行车产量中不仅包括两轮自行车，还包括电动自行车。
2.能源产品产量为规上工业企业产量
3.从2020年起，工业产品产量为规上工业企业产量。

14-16 续表 1

年份、地区	合成洗涤剂(万吨)	原盐(万吨)	成品糖(万吨)	卷烟(亿支)	罐头(万吨)	啤酒(亿升)	家用电冰箱(万台)	彩色电视机(万台)	原煤(万吨)	原油(万吨)	天然气(亿立方米)
1990	5.3	129.9	3.2	50.6	5.8	55.0	16.4	115.1	5101.0	1368.7	20.4
1991	4.2	240.4	3.6	42.8	7.6	64.3	11.8	59.6	5234.7	1374.2	20.6
1992	4.3	293.2	5.4	45.3	8.8	78.5	10.3	73.2	5394.6	1387.8	21.1
1993	2.9	282.9	5.2	40.3	4.0	62.8	12.0	49.9	5566.8	1420.1	23.8
1994	3.5	275.9	3.8	40.3	7.6	108.0	12.2	54.3	5509.3	1502.5	21.2
1995	2.9	230.9	3.8	43.2	8.2	113.4	14.2	47.7	5626.4	1552.7	21.1
1996	6.9	232.5	4.0	40.3	8.1	118.8	9.4	56.7	6040.6	1504.3	19.6
1997	5.7	286.1	5.3	40.5	6.0	128.7	6.9	73.2	5883.8	1504.1	19.1
1998	6.8	190.9	5.1	41.8	4.1	129.1	8.5	173.2	5785.7	1452.1	15.6
1999	6.3	282.2	4.5	33.2	2.7	144.3	13.2	229.3	4779.3	1430.3	14.3
2000	7.0	275.9	2.1	23.0	2.9	149.7	23.1	374.7	4454.9	1401.1	14.7
2001	9.1	284.6	4.0	31.0	2.8	144.2	14.7	378.0	4468.2	1385.0	14.7
2002	10.4	280.6	4.2	38.0	3.4	137.1	51.6	404.9	5180.8	1351.2	13.3
2003	9.7	166.6	5.1	41.3	5.2	149.4	106.8	446.0	5871.0	1332.0	13.3
2004	9.8	200.6	3.8	45.9	10.7	155.4	116.3	346.2	6641.9	1283.2	10.3
2005	8.9	180.6	4.2	45.9	5.6	184.6	120.4	550.2	6395.0	1261.0	11.7
2006	14.0	191.3	1.3	47.8	7.3	200.4	133.5	333.9	7367.3	1226.5	11.9
2007	14.7	216.2	1.4	51.1	7.6	231.0	134.3	423.2	6349.1	1207.2	8.7
2008	12.4	184.2	2.0	260.4	7.5	23.5	139.3	500.2	6415.5	1199.3	8.7
2009	10.5	152.5	5.6	260.3	16.4	24.7	96.2	441.4	6624.2	1000.0	8.1
2010	12.2	161.6	6.1	265.3	20.0	24.8	87.8	576.9	6641.6	950.0	8.0
2011	13.8	114.5	2.3	274.5	25.2	26.2	102.2	557.5	7005.1	1000.0	7.2
2012	14.7	141.9	5.4	276.4	40.8	26.4	101.5	500.4	6431.3	1000.0	7.2
2013	16.5	127.7	4.1	278.9	41.0	27.2	84.8	440.6		1001.0	7.2
2014	16.5	165.2	4.5	290.4	59.0	27.2	157.0	338.2	4906.4	1021.9	7.0
2015	12.6	178.7	8.3	290.7	40.8	24.2	147.1	287.9	4635.4	1037.1	5.8
2016	9.9	146.1	0.5	278.9	28.0	23.3	145.7	146.8	4082.1	1017.3	5.4
2017	13.0	152.5	0.7	269.1	18.9	22.0	146.0	146.4	3611.0	1044.2	5.1
2018	7.4	75.5	0.3	268.7	14.0	21.3	132.7	154.8	3375.9	1036.9	5.7
2019	7.1	95.8		271.2	15.2	20.7	178.2	37.1	3292.0	1053.3	6.2
2020	7.4	93.0		274.3	14.9	17.1	156.9	11.7	3091.5	1049.4	7.3
沈阳	2.3			274.3	2.7	8.3	116.9	11.7	707.4		
大连	2.6	65.1			10.3	1.2	40.0				
鞍山					1.4	1.7					
抚顺	2.5					1.0			400.6	45.1	
本溪						1.3					
丹东					0.6	0.5					
锦州						1.0			95.6		
营口		27.9				0.9					
阜新						0.4			146.1		0.1
辽阳											
盘锦						0.4				1004.3	7.2
铁岭						0.5			1734.7		
朝阳											
葫芦岛									7.1		

14-16 续表 2

年份、地区	发电量(亿千瓦小时)		生铁(万吨)	粗钢(万吨)	钢材(万吨)	铁合金(万吨)	水泥(万吨)	平板玻璃(万重量箱)	硫酸(折100%)(万吨)	纯碱(碳酸钠)(万吨)	烧碱(折100%)(万吨)
		#水电									
1990	435.8	35.5	1145.5	1216.3	939.9	16.0	1092.0	995.3	74.1	76.2	28.3
1991	448.3	40.3	1227.8	1262.5	978.8	15.9	1312.2	1022.4	81.2	71.2	29.4
1992	489.1	32.4	1262.7	1349.9	1082.9	20.3	1644.4	1188.5	86.2	72.4	29.7
1993	505.3	27.4	1314.0	1413.3	1270.3	21.4	1947.9	1350.2	78.6	74.8	27.8
1994	504.0	18.5	1274.1	1340.6	1186.9	24.1	1891.2	1299.0	95.8	73.9	30.5
1995	540.1	41.7	1337.1	1335.9	1074.2	30.4	1911.0	1233.3	106.9	69.1	26.3
1996	583.9	45.2	1358.5	1369.3	1210.3	30.2	1743.1	1591.6	108.7	71.9	37.5
1997	615.2	28.8	1358.1	1354.9	1223.5	23.9	1829.0	1494.2	108.7	71.2	33.4
1998	608.1	21.6	1419.0	1406.5	1149.2	19.5	1663.7	1546.9	100.0	69.2	32.5
1999	610.5	25.5	1448.9	1492.2	1235.6	14.3	1711.1	1536.8	105.5	72.1	30.9
2000	645.6	14.9	1555.4	1553.8	1443.2	13.3	1954.9	1475.3	119.9	74.1	33.4
2001	662.1	22.7	1593.7	1660.7	1655.2	13.6	2090.5	1537.7	118.8	76.5	37.2
2002	725.3	14.5	1886.4	1942.5	2086.7	12.9	2145.8	1470.9	113.1	82.5	45.0
2003	837.0	22.9	2061.0	2169.0	2334.0	17.2	2332.0	1362.0	110.6	80.0	48.3
2004	874.9	38.6	2547.8	2612.8	2657.9	48.6	2495.7	1785.2	121.7	80.7	48.1
2005	904.2	56.7	3113.9	3059.0	3235.9	36.4	2680.7	1854.0	120.7	74.9	53.6
2006	1013.4	47.0	3759.5	3702.3	3848.9	52.3	3341.4	1650.9	107.6	47.4	62.6
2007	1115.0	43.8	4057.6	4140.3	4364.3	61.6	3893.2	1941.2	105.6	32.8	63.4
2008	1139.0	41.8	4101.5	4068.6	4285.3	60.2	4074.4	2275.2	90.5	24.7	55.1
2009	1162.5	28.8	5062.2	4783.2	4943.4	77.0	4704.8	1674.2	81.1		45.8
2010	1295.1	44.0	5508.1	5389.8	5669.4	83.2	4790.9	1635.3	84.4	13.2	56.4
2011	1369.9	31.7	5450.2	5424.8	5761.1	89.7	5791.1	2258.0	78.9	33.8	56.2
2012	1453.1	38.2	5338.2	5178.4	5924.2	92.9	5809.0	2523.4	74.6	45.4	56.7
2013	1516.0	37.6	5968.6	6356.5	6863.0	95.3	6066.3	3015.7	75.5	46.8	56.4
2014	1607.0	19.7	6307.5	6507.8	6962.2	129.5	5875.6	2529.8	180.7	56.2	64.8
2015	1626.8	8.8	6059.0	5894.1	6337.6	113.0	4751.6	1186.8	147.3	55.0	64.6
2016	1731.5	16.2	6160.1	6040.5	5874.8	43.1	4134.9	1403.4	130.9	50.4	70.7
2017	1805.7	25.7	6121.9	6424.6	6395.8	55.3	3900.3	4299.3	127.2	44.6	71.9
2018	1898.0	27.6	6331.8	6873.9	6899.1	53.5	4021.2	4422.1	139.6		76.3
2019	1996.0	27.7	6909.6	7357.6	7328.6	84.4	4763.6	5055.5	153.2		76.7
2020	2051.1	33.0	7235.2	7609.4	7566.5	65.2	5387.9	4682.7	142.4		76.5
沈　阳	188.0				45.2	0.7	272.0				20.8
大　连	581.1		128.4	157.6	128.0		1188.9	225.8	5.4		
鞍　山	79.3		2039.8	2255.8	2418.1	0.8	268.1				
抚　顺	95.5	0.1	420.3	454.3	443.8	2.2	110.7				
本　溪	79.5	11.7	1814.3	1734.9	1665.8	2.8	235.5	2417.8			
丹　东	82.2	21.2			0.6	0.6	242.8		7.2		
锦　州	60.4			20.8	17.8	28.0	193.2		10.1		
营　口	153.5		1728.4	1767.3	1696.0	18.2	228.3	1375.1	27.6		14.2
阜　新	101.1		1.5				122.2				
辽　阳	47.0		335.3	364.3	295.3	2.3	1314.8				
盘　锦	40.2						150.1				
铁　岭	220.1			2.6	1.2	0.4	438.6				
朝　阳	137.0		767.1	851.8	828.8	5.9	370.8	664.0	2.4		
葫芦岛	186.2				25.7	3.4	251.9		89.6		41.6

14-16 续表 3

年份、地区	农用氮、磷、钾化肥(万吨)	#氮肥	#磷肥	化学农药原药(万吨)	乙烯(电石，折300升/千克)(万吨)	碳化钙(电石，折300升/千克)(万吨)	初级形态塑料(万吨)	橡胶轮胎外胎(万条)	金属切削机床(万台)	汽车(万辆)	铁路机车(台)
1990	63.4	55.0	8.3	1.5	8.4	6.4	14.0	191.8	1.6	2.4	
1991	60.3	51.4	8.9	1.5	14.9	6.8	24.3	223.5	1.8	4.2	
1992	62.8	50.9	11.9	1.5	20.4	5.2	30.0	311.1	2.1	6.1	
1993	54.8	49.6	5.2	1.2	25.1	6.1	39.1	426.7	2.4	5.1	
1994	79.1	67.0	10.3	1.2	28.8	6.8	42.0	292.4	1.7	3.0	238
1995	78.2	70.1	7.8	2.3	32.1	8.9	51.3	303.7	1.4	2.5	257
1996	82.0	73.9	6.9	1.7	35.3		58.5	309.5	1.3	2.8	300
1997	84.7	74.3	8.9	2.1	35.7	3.2	65.7	361.2	1.1	3.9	274
1998	76.8	70.7	4.2	1.9	38.7	2.6	71.5	472.9	0.9	4.3	
1999	87.2	78.5	5.2	2.3	39.7	1.4	80.9	499.6	0.9	5.8	
2000	97.6	82.4	8.4	2.2	41.7	2.6	94.1	576.0	1.6	8.2	63
2001	97.9	86.6	8.7	2.2	40.2	2.2	99.7	621.2	2.1	7.9	58
2002	88.8	80.9	6.1	2.6	44.2	4.3	104.6	643.5	3.1	9.0	71
2003	91.7	82.6	6.9	2.1	47.9	5.3	117.4	787.1	5.6	13.0	
2004	88.1	85.4	2.8	1.8	48.2	11.6	129.5	935.7	9.4	14.3	242
2005	89.6	84.9	4.7	2.7	47.1	1.9	121.6	1095.6	11.3	15.0	202
2006	87.7	79.7	7.9	3.6	49.3	6.9	122.6	1141.8	13.1	29.0	256
2007	89.4	84.7	4.7	4.0	42.3	18.4	126.9	1263.3	15.0	37.7	310
2008	89.1	85.1	3.9	4.0	46.2	11.8	117.3	1275.8	14.6	34.1	406
2009	85.8	70.4	5.4	4.5	48.0	8.9	108.6	1281.9	14.1	50.9	435
2010	75.1	67.1	5.1	3.0	91.8	8.7	150.7	1507.9	13.6	70.8	589
2011	67.5	65.8	1.6	2.1	106.8	14.0	177.9	1669.9	16.9	75.5	701
2012	83.2	82.1	0.8	2.1	103.1	13.7	175.2	1767.2	12.0	87.3	486
2013	77.2	77.2		1.8	128.5	5.8	208.4	1956.7	10.4	108.0	437
2014	71.9	71.9		2.5	155.2	7.4	300.3	2155.8	11.4	121.8	485
2015	64.7	64.7		1.3	160.5	6.8	321.6	2448.2	9.9	116.6	402
2016	58.8	58.8		1.0	162.7	19.3	352.4	2724.5	9.3	113.2	161
2017	46.0	46.0		1.1	157.2	4.3	320.8	2829.5	6.4	97.1	271
2018	33.1	33.1		0.9	176.2	4.5	362.5	2760.6	4.0	95.5	298.0
2019	38.2	36.8		1.3	187.0	4.3	403.2	2896.8	2.5	79.1	389.0
2020	35.6	34.0		1.5	355.7	3.9	542.7	2893.1	2.8	74.8	267.0
沈　阳				1.3	7.2		33.9	1300.8	1.4	73.9	
大　连				0.1	136.8		135.7	921.1	1.2		267.0
鞍　山	1.9	1.9					4.0	27.5			
抚　顺					99.1		165.8				
本　溪	5.3	5.3				3.9					
丹　东				0.2					0.1	0.8	
锦　州	0.1						1.2	302.9			
营　口	0.9	0.9					55.9				
阜　新											
辽　阳					22.6		5.1				
盘　锦	1.6				90.0		128.8				
铁　岭									0.1		
朝　阳								340.8		0.1	
葫芦岛	25.9	25.9					12.1				

主要统计指标解释

工业 指从事自然资源的开采，对采掘品和农产品进行加工和再加工的物质生产部门。具体包括：(1)对自然资源的开采，如采矿、晒盐、森林采伐等(但不包括禽兽捕猎和水产捕捞)；(2)对农副产品的加工、再加工，如粮油加工、食品加工、轧花、缫丝、纺织、制革等；(3)对采掘品的加工、再加工，如炼铁、炼钢、化工生产、石油加工、机器制造、木材加工等，以及电力、自来水、煤气的生产和供应等；(4)对工业品的修理、翻新，如机器设备的修理、交通运输工具(包括小卧车)的修理等。

1984 年以前农村的村及村以下办工业归属农业，1984 年以后的划归工业。

工业统计调查单位 工业统计调查单位分为两类：独立核算法人工业企业和工业活动单位。

(1)独立核算法人工业企业是指从事工业生产经营活动的单位。独立核算法人工业企业应同时具备以下条件：①依法成立，有自己的名称、组织机构和场所，能够承担民事责任；②独立拥有和使用资产，承担负债，有权与其他单位签订合同；③独立核算盈亏，并能够编制资产负债表。

(2)工业活动单位是指在一个场所从事一种或主要从事一种工业生产活动的经济单位。它包括独立核算工业企业按主营业务活动(即工业生产活动)划分的主营业务活动单位和非工业企业所属的工业生产活动单位(即原非独立核算工业生产单位)。工业活动单位，一般应同时具备以下三个条件：①具有一个场所，从事一种或主要从事一种工业活动；②单独组织工业生产、经营或业务活动；③单独核算收入和支出。

国有经济工业(即过去的全民所有制工业或国营工业) 指生产资料归国家所有的一种经济类型。包括中央和地方各级国家机关、部队、科研机构、学校、人民团体和国有经济企事业单位等举办的国有经济工业。1957 年以前的公私合营和私营工业，后均改造为国营工业，1992 年改为国有工业，这部分工业的资料不单独分列时，均包括在国有工业内。

集体经济工业 指生产资料归公民集体所有的一种经济类型，是社会主义公有制经济的组成部分。包括城乡所有使用集体投资举办的企业，以及部分个人通过集资自愿放弃所有权并依法经工商行政管理机关认定为集体所有制的企业。

其他经济类型工业 指除国有经济工业、集体经济工业以外的其他经济类型工业企业(单位)。包括私营经济、个体经济、联营经济、股份制经济(股份有限公司，有限责任公司)；外商投资经济(中外合资经营、中外合作经营、外资企业)；港、澳、台投资经济(与大陆合资经营、与大陆合作经营、港、澳、台独资企业)及其他经济类型的工业。

轻工业 指主要提供生活消费品和制作手工工具的工业。按其所使用的原料不同，可分为两大类：(1)以农产品为原料的轻工业，是指直接或间接以农产品为基本原料的轻工业。主要包括食品制造、饮料制造、烟草加工、纺织、缝纫、皮革和毛皮制作、造纸以及印刷等工业；(2)以非农产品为原料的轻工业，是指以工业品为原料的轻工业。主要包括文教体育用品、化学药品制造、合成纤维制造、日用化学制品、日用玻璃制品、日用金属制品、手工工具制造、医疗器械制造、文化和办公用机械制造等工业。

重工业 是指为国民经济各部门提供物质技术基础的主要生产资料的工业。按其生产性质和产品用途，可以分为下列三类：(1)采掘(伐)工业，是指对自然资源的开采，包括石油开采、煤炭开采、金属矿开采、非金属矿开采和木材采伐等工业；(2)原材料工业，指向国民经济各部门提供基本材料、动力和燃料的工业。包括金属冶炼及加工、炼焦及焦炭化学、化工原料、水泥、人造板以及电力、石油和煤炭加工等工业；(3)加工工业，是指对工业原材料进行再加工制造的工业。包括装备国民经济各部门的机械设备制造工业、金属结构、水泥制品等工业，以及为农业提供的生产资料如化肥、农药等工业。根据上述划分原则，修理业中以重工业产品为修理作业对象的划为重工业，反之划为轻工业。

工业总产值 是以货币表现的工业企业在一定时期内生产的已出售或可供出售工业产品总量，它反映一定时间内工业生产的总规模和总水平。它包括：在本企业内不再进行加工，经检验、包装入库(规定了需包装的产品除外)的成品价值，工业性作业价值，自制半成品、在产品期末初差额价值(生产周期较长的企业计算)。工业总产值采用“工厂法”计算，即以工业企业作为一个整体，按企业工业生产活动的最终成果来计算，企业内部不允许重复计算，不能把企业内部各个车间(分厂)生产的成果相加。但在企业之间、行业之间、地区之间存在着重复计算。

轻重工业总产值的划分也是按“工厂法”计算的，即一个工业企业在正常情况下生产的主要产品的性质属于轻工业，则该企业的全部总产值作为轻工业总产值；一个工业企业生产的主要产品的性质属于重工业，则该企业的全部总产值作为重工业总产值。

工业销售产值 是以货币表现的工业企业在一定时期内销售的本企业生产的工业产品产量。包括已销售的成品、半成品价值，对外提供的工业性作业价值和对本单位基本建设部门、生活福利部门等提供的产品和工业性作业及自制设备的价值。已销售的成品、半成品不论是本期生产的、还是上期生产的，只要是本期销售出去的均包括在内。对外提供的工业性作业是指企业按合同对外提供的工业性劳务。企业为本单位基本建设部门、生活福利部门等提供的产品和工业性作业及自制设备也应视同销售，这部分也作为销售统计。

工业销售产值的计算范围、计算价格和计算方法与工业总产值一致，但两者计算的基础不同：工业销售产值计算的基础是产品销售总量，工业总产值计算的基础是工业产品生产总量。

工业增加值 是指工业企业在报告期内以货币表现的工业生产活动的最终成果。是企业生产产品或提供劳务过程中新增加的价值，是总产出与中间投入之间的差额。

固定资产原值 指企业在建造、购置、安装、改建、扩建、技术改造某项固定资产时所支出的全部货币总额。它一般包括买价、包装费、运杂费和安装费等。

固定资产净值 是指固定资产原价减去历年已提折旧额后的净额。

流动资产 流动资产是指可以在一年或者超过一年的一个营业周期内变现或者耗用的资产，包括现金及各种存款、短期投资、应收及预付货款、存货等。

总资产贡献率 反映企业全部资产的获利能力，是企业经营业绩和管理水平的集中体现，是评价和考核企业盈利能力的核心指标。计算公式为：

总资产贡献率(%)=（(利润总额+税金总额+利息支出)／平均资产总额）×100%

资产负债率 该指标既反映企业经营风险的大小，也反映企业利用债权人提供的资金从事经营活动的能力。计算公式为：

资产负债率(%)=（负债总额／资产总额）×100%

利税总额 指企业产品销售税金及附加加本年应交增值税加利润总额之和。

资金利税率 指在一定时期内已实现的利润、税金总额与同期的资产(固定资产净值和流动资产)之比。计算公式：

资金利税率(%)=（报告期累计实现利税总额／（固定资产净值平均余额+流动资产平均余额））×100%

资金利税率反映每单位(通常是每万元)资金所提供的利税金额。它是考察和评价部门或企业资金运用的经济效益，分析资金投入效果的主要分析指标。

工业成本利润率 指在一定时期的利润与成本费用之比，是反映工业生产成本及费用投入的经济效益指标，同时也是反映降低成本的经济效益的指标。计算公式：

工业成本费用利润率(%)=（利润总额／成本费用总额）×100%

工业增加值率 指在一定时期内工业增加值占同期工业总产值的比重，反映降低中间消耗的经济效益。

计算公式:

工业增加值率(%)=（工业增加值(现价)／（工业总产值(现价)+本年应交销项税额））× 100%

流动资产周转次数 指在一定时期内流动资产完成的周转次数，反映流动资产的周转速度。计算公式:

流动资金周转次数=（产品销售收入／全部流动资产平均余额）

产品销售率 指一定时期内销售产值与同期全部工业总产值之比，反映工业产品生产已实现销售的程度。计算公式:

工业产品销售率(%)=（报告期现价工业销售产值／报告期现价工业总产值）× 100%

产品销售收入 指企业销售产品的销售收入和提供劳务等主要经营业务取得的业务收入总额。

产品销售工厂成本 指企业销售产品和提供劳务等主要经营业务的实际成本。

产品销售税金及附加 指企业销售产品和提供工业性劳务等主要经营业务应负担的城市维护建设税、消费税、资源税和教育费附加。

产品销售利润 指企业销售产品和提供工业性劳务等主要经营业务收入扣除其成本、费用、税金后的利润。

利润总额 指企业实现的利润。

应交增值税 指企业在报告期内应交纳的增值税额。

全员劳动生产率 指根据产品的价值量指标计算的平均每一个职工在单位时间内的产品生产量。是考核企业经济活动的重要指标，是企业生产技术水平、经营管理水平、职工技术熟练程度和劳动积极性的综合表现。目前我国的全员劳动生产率是将工业企业的工业增加值除以同一时期全部职工的平均人数来计算的。计算公式:

全员劳动生产率=（工业增加值／全部职工平均人数）

为了使各年度的全员劳动生产率数字可以比较，各年的全员劳动生产率均按指数换算成 1990 年不变价格。

实物劳动生产率 指根据某种产品实物量计算的平均每个职工(或工人)在单位时间内生产的产品数量。这是通过产品实物来反映劳动者在生产中的劳动效率指标。我国目前有全员实物劳动生产率(通常简称全员效率)和工人实物劳动生产率两个指标。计算公式:

全员实物劳动生产率(全员效率)=（产品产量／全部职工平均人数）

工人实物劳动生产率=（产品产量／生产工人(包括学徒)平均人数）

计算实物劳动生产率的产品产量，是指报告期生产的，并经检验符合质量标准或合同规定的技术要求的合格产品产量。不包括不合格品和废品的数量。

资本金 指企业在工商行政管理部门登记的注册资金合计。企业资本金按投资主体可分为国家资本金、法人资本金、个人资本金和外商资本金等。资本金合计包括企业各种投资主体注册的全部资本金。

总资产 指企业拥有或控制的全部资产。包括流动资产、长期投资、固定资产、无形及递延资产、其他长期资产等，即为企业资产负债表的资产总计项。

(1)流动资产指企业可以在一年内或者超过一年的一个生产周期内变现或耗用的资产合计。包括现金及各种存款、短期投资、应收及预付款项、存货等。

(2)固定资产指企业固定资产净值、固定资产清理、在建工程、待处理固定资产损失所占用的资金合计。

(3)无形资产指企业长期使用而没有实物形态的资产。包括专利权、非专利技术、商标权、著作权、土地使用权、商誉等。

总负债 指企业承担并需要偿还的全部债务。包括流动负债和长期负债等，即为企业资产负债表的负债合计项。

(1)流动负债指企业在一年内或者超过一年的一个营业周期内需要偿还的债务合计，其中包括短期借款、应付及预收款项、应付工资、应交税金和应交利润等。

(2)长期负债指企业在一年以上或者超过一年的一个生活周期内需要偿还的债务合计，其中包括长期借款、应付债务、长期应付款项等。

所有者权益 指企业投资人对企业净资产的所有权。企业净资产等于企业全部资产减去全部负债后的余额，其中包括投资者对企业的最初投入，以及资本公积金、盈余公积金和未分配利润，对股份制企业即为股东权益。

十五、建筑业

Chapter 15 Construction

15-1 建筑业企业概况

年份	有施工的企业	内资企业	国有企业	集体企业	港澳台商投资企业	外商投资企业
企业单位数(个)						
1985	892	892	192	700		
1990	1537	1537	294	1243		
1991	1509	1509	302	1207		
1992	1652	1652	340	1312		
1993	2425	2396	464	1908	8	21
1994	2757	2715	554	2130	9	33
1995	2648	2607	568	1999	13	28
1996	2410	2368	562	1747	23	19
1997	2387	2329	554	1712	26	32
1998	2366	2299	557	1447	38	29
1999	2626	2547	580	1465	39	40
2000	2738	2667	556	1463	38	33
2001	2662	2585	555	1027	47	30
2002	2505	2426	448	657	42	37
2003	2716	2633	397	526	35	48
2004	3124	3044	373	409	30	50
2005	3299	3215	348	370	33	51
2006	3435	3357	319	350	28	50
2007	3493	3417	298	324	28	48
2008	4265	4189	293	318	24	52
2009	4785	4704	282	299	24	57
2010	5417	5345	277	335	21	51
2011	5534	5460	253	253	24	50
2012	6428	6359	274	323	24	44
2013	6724	6654	189	298	30	40
2014	6711	6649	178	283	27	35
2015	6477	6416	170	256	27	34
2016	6374	6324	153	236	20	29
2017	6619	6573	161	220	19	26
2018	6286	6249	109	175	15	22
2019	6667	6634	106	169	12	20
2020	6722	6690	130	141	11	21
年末从业人员(人)						
1985	69.26	69.26	36.63	32.63		
1990	97.07	97.07	44.81	52.26		
1991	97.34	97.34	45.27	52.07		
1992	108.55	108.55	47.86	60.69		
1993	159.70	159.70	46.80	63.90		
1994	135.20	135.20	40.08	45.07		
1995	89.66	89.66	37.48	49.49		
1996	102.69	102.69	48.63	52.43		
1997	107.35	107.35	50.39	54.87		
1998	98.51	97.66	43.88	44.89	0.44	0.41
1999	103.22	102.26	43.08	43.78	0.39	0.57
2000	95.99	95.06	35.96	40.55	0.42	0.51
2001	98.62	97.40	31.26	31.48	0.83	0.39
2002	95.14	94.07	25.97	23.72	0.58	0.49

注：1.施工企业总产值即是施工产值。
2.1996年建筑业统计范围为资质等级四级以上。
3.从1996年以后，农村建筑队改为建筑业企业资质等级四级以下即非等级企业。
4.2004年以后数据，建筑业部分的所有指标口径均为总承包与专业承包企业。
5.有施工的企业，而不是全部企业。

15-1 续表

年 份	有施工的企业	内资企业			港澳台商投资企业	外商投资企业
			国有企业	集体企业		
2003	96.68	95.04	22.41	19.80	0.34	1.30
2004	100.35	98.79	19.85	15.58	0.32	1.24
2005	91.72	89.92	19.27	13.07	0.36	1.44
2006	99.65	97.65	16.79	12.37	0.80	1.20
2007	99.35	97.08	15.67	10.90	0.42	1.85
2008	109.31	107.61	16.26	11.24	0.42	1.28
2009	132.61	130.66	16.21	12.82	0.46	1.49
2010	165.80	163.80	16.71	14.00	0.33	1.72
2011	171.70	168.24	18.10	11.67	1.63	1.83
2012	203.19	201.83	15.85	13.15	0.48	0.87
2013	197.88	196.44	10.69	11.14	0.40	1.03
2014	174.45	173.28	11.54	8.86	0.58	0.59
2015	135.18	134.24	9.89	7.02	0.44	0.50
2016	127.02	125.70	6.07	7.21	1.02	0.31
2017	104.89	103.98	4.75	6.21	0.62	0.29
2018	74.54	73.72	1.88	4.55	0.60	0.22
2019	67.20	66.65	1.57	3.53	0.45	0.10
2020	30.10	29.80	1.00	1.60	0.30	
建筑业总产值(亿元)						
1980	18.4	18.4	14.5	3.9		
1985	49.6	49.6	30.4	19.2		
1990	126.6	126.6	74.5	52.1		
1991	144.1	144.1	82.6	61.5		
1992	217.3	217.3	120.5	96.8		
1993	318.7	317.3	162.5	144.7	0.4	1.0
1994	385.2	383.0	209.0	168.5	0.4	1.8
1995	407.3	405.0	222.3	176.8	0.4	1.9
1996	400.5	396.9	174.3	130.9	1.7	1.9
1997	429.1	425.1	245.7	169.5	1.7	2.3
1998	419.0	412.7	216.9	143.8	4.1	2.2
1999	489.3	476.7	224.9	160.0	7.2	5.4
2000	598.1	584.9	252.1	176.3	7.7	5.5
2001	761.2	581.5	262.8	162.9	114.8	64.9
2002	839.3	819.9	265.3	140.7	10.1	9.3
2003	1017.1	981.7	285.5	131.6	6.6	28.8
2004	1245.1	1209.8	323.7	104.3	4.6	30.7
2005	1481.7	1447.0	386.6	114.0	6.2	28.5
2006	1775.0	1716.7	387.9	130.2	16.8	41.5
2007	2100.0	2038.7	413.7	133.2	10.7	50.6
2008	2505.2	2467.4	492.0	139.4	9.8	37.8
2009	3384.6	3333.2	565.0	172.0	8.8	42.6
2010	4690.3	4637.5	601.9	219.4	7.1	45.7
2011	6218.3	6086.1	682.4	308.7	71.2	61.0
2012	7543.3	7490.1	750.2	344.8	17.2	35.7
2013	8629.7	8574.7	500.9	346.1	23.3	31.7
2014	7851.1	7802.8	383.7	295.8	23.1	25.3
2015	5413.8	5378.6	268.7	172.6	18.3	16.9
2016	3927.0	3854.1	194.3	123.3	63.2	9.6
2017	3688.3	3646.9	204.1	96.7	33.5	7.9
2018	3528.4	3484.3	69.3	75.1	37.6	6.5
2019	3554.6	3508.5	68.8	69.4	41.4	4.6
2020	3796.1	3768.0	95.6	64.0	24.7	3.4

15-2 建筑施工企业个数(不含劳务分包)

(2020年) 单位：个

地区	企业个数	按登记注册类型分组						
		国有企业	集体企业	股份合作企业	联营企业	有限责任公司	股份有限公司	私营企业
全省	**6722**	**130**	**141**	**29**	**4**	**930**	**63**	**5385**
沈阳	1985	33	22	4	2	204	16	1692
大连	1616	14	14	15		166	5	1387
鞍山	388	18	29	2	1	75	9	250
抚顺	171	9	15	1		32	2	111
本溪	211	4	8			47	4	148
丹东	295	10	6	1		29	5	243
锦州	291	7	10	1		50	1	220
营口	347	4		2		34	4	301
阜新	219	6	5			43	2	162
辽阳	202	6	16	2		15	3	160
盘锦	282	2				105	8	167
铁岭	165	6	7	1		32		118
朝阳	282	4	2		1	58	2	215
葫芦岛	268	7	7			40	2	211

15-2 续表 (2020年) 单位：个

地区	按登记注册类型分组			按经济组织类型分组			
	其他企业	港澳台商投资企业	外商投资企业	独资企业	合作伙伴企业	股份有限公司	有限责任公司
全省	**8**	**11**	**21**	**332**	**52**	**125**	**6213**
沈阳		7	5	68	10	43	1864
大连	3	2	10	38	21	17	1540
鞍山	3	1		53	6	12	317
抚顺	1			26	2	3	140
本溪				13		5	193
丹东			1	19	1	9	266
锦州			2	25	2	3	261
营口	1	1		5	3	10	329
阜新			1	12	2	3	202
辽阳				25	2	3	172
盘锦				5	1	11	265
铁岭			1	17	1		147
朝阳				10	1	3	268
葫芦岛			1	16		3	249

15-3 建筑施工企业主要经济指标

(2020年)

指　　标	单位	合计	按登记注册类型分组						
			国有企业	集体企业	股份合作企　业	联营企业	有限责任公　　司	股份有限公　　司	私营企业
施工企业单位个数	个	6722.0	130	141	29	4	930	63	5385
全部从业人员年期末人数	万人	62.1	2.5	2.5	0.3		20.5	2.1	33.7
固定资产原价	亿元	721.2	26.6	14.9	2.5	0.3	331.2	17.4	312.3
年末自有施工机械设备台数	万台	11.9	0.9	0.3	0.1		5.9	0.4	4.3
年末自有施工机械设备净值	亿元	72.6	0.4	1.0	0.1		31.0	0.7	39.5
年末自有施工机械设备总功率	万千瓦	113.8	1.0	5.3			70.3	0.1	36.7
建筑业总产值	亿元	3816.2	95.3	64.0	5.2	5.2	1797.2	106.2	1714.3
资产合计	亿元	6850.0	197.6	97.7	21.4	2.7	3108.7	144.0	3157.0
流动资产合计	亿元	5700.5	144.8	81.7	19.2	2.2	2619.2	118.1	2607.9
#实收资本	亿元	1136.2	33.1	16.7	2.5	0.3	368.0	17.7	670.7
#固定资产本年折旧	亿元	36.8	0.8	0.8			18.2	1.1	15.4
#营业收入	亿元	3921.1	107.6	72.5	4.9	5.2	1785.8	104.5	1810.3
#营业成本	亿元	3626.6	94.9	67.6	4.8	5.0	1653.5	95.2	1682.5
#应付职工薪酬	亿元	354.2	18.5	9.1	0.6	0.1	155.4	19.2	148.0
#营业税金及附加	亿元	28.3	0.7	1.3	0.1		8.2	0.4	17.3
#管理费用	亿元	192.1	7.9	3.3	0.4	0.1	70.0	3.1	102.7
#财务费用	亿元	46.7	0.90	0.1	0.1		20.7	0.8	22.4
#营业利润	亿元	64.6	3.4	1.3	-0.1	0.1	19.4	3.4	37.6
房屋建筑施工面积	万平方米	16234.9	227.7	286.8	8.1		8353.3	461.2	6897.6
#本年新开工房屋建筑面积	万平方米	5426.3	117.3	190.4	6.5		2130.1	169.6	2812.4
房屋建筑竣工面积	万平方米	4021.3	25.3	114.7	2.4		1216.9	135.6	2526.3
利润总额	亿元	61.2	3.7	1.2	-0.1	0.1	16.0	3.5	36.5
应交增值税	亿元	85.5	3.3	2.2	0.1	0.3	32.0	2.4	44.9
利税总额	亿元	175.0	7.7	4.7	0.1	0.4	56.3	6.3	98.7
全员劳动生产率	–								
按总产值计算	元/人	46084	110415	6009	118996		43569	889146	58230
技术装备率	元/人	877	477	89	1229		751	5952	1341
动力装备率	千瓦/人	0.1	0.1	0.1	0.1		0.2	0.1	0.1
房屋建筑面积竣工率	%	0.2	0.1	0.4	0.3		0.1	0.3	0.4
产值利润率	%	1.6	3.9	1.9	-1.1	2.0	0.9	3.3	2.1
产值利税率	%	4.6	8.1	7.4	1.7	8.0	3.1	6.0	5.8
亏损企业个数	个	2169.0	39.0	48.0	13.0	2.0	281.0	22.0	1744.0

15-3 续表

(2020年)

指　　标	单位	按登记注册类型分组			按经济组织类型分组			
		其他企业	港澳台商投资企业	外商投资企业	独资企业	合作伙伴企业	股份有限公司	有限责任公司
施工企业单位个数	个	8	11	21	332	52	125	6213
全部从业人员年期末人数	万人		0.4	0.1	5.6	0.3	2.8	53.4
固定资产原价	亿元	0.2	10.7	5.0	55.5	3.1	24.4	638.1
年末自有施工机械设备台数	万台				1.3	0.1	0.4	10.2
年末自有施工机械设备净值	亿元				1.4	0.1	1.1	70.0
年末自有施工机械设备总功率	万千瓦		0.4		6.7		0.1	106.9
建筑业总产值	亿元	0.7	24.7	3.4	191.1	11.9	161.2	3452.0
资产合计	亿元	1.6	105.6	13.8	410.1	27.0	241.5	6171.3
流动资产合计	亿元	1.4	97.4	8.6	331.4	24.0	206.5	5138.6
#实收资本	亿元	0.6	23.2	3.5	75.0	4.2	34.1	1022.9
#固定资产本年折旧	亿元		0.2	0.1	1.9	0.1	1.4	33.4
#营业收入	亿元	3.5	23.4	3.3	210.7	14.3	165.4	3530.7
#营业成本	亿元	3.6	17.3	2.4	186.5	13.8	150.7	3275.5
#应付职工薪酬	亿元	0.1	2.6	0.6	31.0	0.9	22.2	300.1
#营业税金及附加	亿元		0.2		2.4	0.1	0.7	25.1
#管理费用	亿元	0.2	3.7	0.7	15.2	0.8	5.7	170.3
#财务费用	亿元		1.5	0.1	2.6	0.1	1.0	42.9
#营业利润	亿元	-0.2	-0.6	0.2	4.3	-0.1	4.7	55.7
房屋建筑施工面积	万平方米	0.2			579.6	11.3	581.1	15062.9
#本年新开工房屋建筑面积	万平方米				329.2	9.5	216.7	4870.9
房屋建筑竣工面积	万平方米			0.1	155.0	3.1	155.4	3707.8
利润总额	亿元	-0.2	0.1	0.2	5.2	-0.1	5.1	51.0
应交增值税	亿元		0.3	0.1	6.0	0.4	3.8	75.2
利税总额	亿元	-0.1	0.6	0.3	13.6	0.4	9.6	151.3
全员劳动生产率	–							
按总产值计算	元/人		54827	59481	15847	271738	394953	49107
技术装备率	元/人				120	1249	2675	996
动力装备率	千瓦/人		0.1		0.1	0.1		0.2
房屋建筑面积竣工率	%				0.3	0.3	0.3	0.2
产值利润率	%	-23.7	0.4	6.7	2.7	-0.8	3.2	1.5
产值利税率	%	-18.6	2.3	9.4	7.1	3.5	5.9	4.4
亏损企业个数	个	2.0	5.0	13.0	106.0	21.0	39.0	2003.0

15-4 建筑业总产值

(2020年) 单位：千元

地区	建筑业总产值	按登记注册类型分组						
		国有企业	集体企业	股份合作企业	联营企业	有限责任公司	股份有限公司	私营企业
全省	**381620304**	**9527286**	**6395968**	**521201**	**523920**	**179716660**	**10617295**	**171432161**
沈阳	156776457	3375757	828556	50696	53920	82851022	6130546	60950004
大连	82187819	460057	519486	115120		35028600	2478942	43453451
鞍山	28309594	735074	1930272	135552	470000	16194992	264664	8557581
抚顺	8224373	1101821	482473	3962		3171078	6000	3459039
本溪	6535501	70727	30946			2892532	136887	3404409
丹东	9138634	379477	207718	28100		1681191	79349	6758182
锦州	9423575	1201395	610133	103404		2727837	2170	4777979
营口	13805012	31920		27144		1046920	16802	12640169
阜新	7382116	507952	51679			2414827	100694	4283164
辽阳	20662738	722245	793166	21740		13881289	386332	4857966
盘锦	16531856	48306				11132583	964477	4386490
铁岭	6532463	167294	212504	35483		2373236		3722352
朝阳	8908573	291451	425678			2771104	2000	5418340
葫芦岛	7201593	433810	303357			1549449	48432	4763035

15-4 续表 (2020年) 单位：千元

地区	按登记注册类型分组			按经济组织类型分组			
	其他企业	港澳台商投资企业	外商投资企业	独资企业	合作伙伴企业	股份有限公司	有限责任公司
全省	**72781**	**2468041**	**344991**	**19114387**	**1190213**	**16116436**	**345199268**
沈阳		2445534	90422	6602763	144346	10064005	139965343
大连	10322	21450	100391	1025873	148152	3066453	77947341
鞍山	21459			2714857	627011	415547	24552179
抚顺				1775891	3962	15300	6429220
本溪				101673		143887	6289941
丹东			4617	597674	28100	160874	8351986
锦州			657	1954129	104800	107880	7256766
营口	41000	1057		35720	68144	113837	13587311
阜新			23800	640631	6336	109214	6625935
辽阳				1530299	21740	386332	18724367
盘锦				77775	2139	1447045	15004897
铁岭			21594	580965	35483		5916015
朝阳				732090		12410	8164073
葫芦岛			103510	744047		73652	6383894

15-5 建筑业企业资产

(2020年) 单位：千元

地区	资产合计	按登记注册类型分组						
		国有企业	集体企业	股份合作企业	联营企业	有限责任公司	股份有限公司	私营企业
全省	**684996862**	**19755056**	**9769787**	**2142338**	**266004**	**310872380**	**14398019**	**315703991**
沈阳	217916445	6893815	935952	142714	98569	109417284	6904136	82653057
大连	176618965	2120867	832576	234740		69651641	3517357	99830810
鞍山	43512145	1446931	2399072	1371534	133709	26685454	446871	10968308
抚顺	17571860	984638	528113	16223		5609753	151530	10281603
本溪	12853144	276111	70883			7373602	276362	4856186
丹东	38554856	1430929	182688	50946		2455486	641357	33781437
锦州	19829933	2742034	504903	204223		7853165	29860	8280928
营口	20798119	130487		26126		2166554	22453	18365998
阜新	11044170	874879	200703			3725443	197632	6002929
辽阳	28064408	716527	1278357	55602		15083757	491242	10438923
盘锦	54364347	192855				44420943	1244666	8505883
铁岭	15162859	897333	565804	40230		8627031		4968229
朝阳	14989014	428693	1710752		33726	5312181	268965	7234697
葫芦岛	13716597	618957	559984			2490086	205588	9535003

15-5 续表 (2020年) 单位：千元

地区	按登记注册类型分组			按经济组织类型分组			
	其他企业	港澳台商投资企业	外商投资企业	独资企业	合作伙伴企业	股份有限公司	有限责任公司
全省	**156049**	**10555640**	**1377598**	**41007511**	**2703979**	**24152596**	**617132776**
沈阳		10486165	384753	18230920	309040	14493690	184882795
大连	40291	38466	352217	3144175	336799	4114900	169023091
鞍山	58518	1748		3924499	1563761	714297	37309588
抚顺				1550433	16223	265876	15739328
本溪				346994		317620	12188530
丹东			12013	1625667	50946	740192	36138051
锦州			214820	3495903	209267	212549	15912214
营口	57240	29261		224619	83366	161075	20329059
阜新			42584	1075582	5019	227620	9735949
辽阳				2016964	55602	491242	25500600
盘锦				267212		1922600	52174535
铁岭			64232	1759148	40230		13363481
朝阳				2162719	33726	285347	12507222
葫芦岛			306979	1182676		205588	12328333

15-6 各地区建筑业企业负债

（2020年） 单位：千元

地区	负债合计	按登记注册类型分组						
		国有企业	集体企业	股份合作企业	联营企业	有限责任公司	股份有限公司	私营企业
全省	**500120795**	**15054498**	**7324734**	**1804304**	**224269**	**243401453**	**9435460**	**216469680**
沈阳	159958005	6271914	426555	106443	59002	88280104	4401375	54731060
大连	127326689	925881	462550	96237		53696000	2558357	69321747
鞍山	31974693	954727	1808546	1306705	133433	20546963	197297	6996494
抚顺	14377947	712693	453076	8126		4536554	64050	8603448
本溪	8866299	125679	60425			5756669	72407	2851119
丹东	30966188	985052	102961	25946		2205897	393046	27247336
锦州	14619076	2277518	372601	184326		7052438	27122	4568258
营口	13393897	70361		-8030		1666773	4828	11611384
阜新	7128946	678029	158947			2467716	169569	3629501
辽阳	23099750	534322	1001968	42182		14222548	271588	7027142
盘锦	37729269	155834				30668138	808499	6096798
铁岭	11412482	515589	419897	42369		7448527		2957909
朝阳	9165337	195516	1623971		31834	3226560	207895	3879561
葫芦岛	10102217	651383	433237			1626566	259427	6947923

15-6 续表 （2020年） 单位：千元

地区	按登记注册类型分组			按经济组织类型分组			
	其他企业	港澳台商投资企业	外商投资企业	独资企业	合作伙伴企业	股份有限公司	有限责任公司
全省	**70312**	**5504259**	**831826**	**28427953**	**2153683**	**16306837**	**453232322**
沈阳		5467824	213728	12119134	207776	9904802	137726293
大连	12686	14952	238279	1511847	118477	2860827	122835538
鞍山	30386	142		2832412	1470524	415902	27255855
抚顺				1194738	8126	121517	13053566
本溪				186104		83404	8596791
丹东			5950	1094104	25946	434289	29411849
锦州			136813	2764293	184327	121617	11548839
营口	27240	21341		100361	19210	88357	13185969
阜新			25184	836976	2912	182409	6106649
辽阳				1545476	42182	271588	21240504
盘锦				196324		1352086	36180859
铁岭			28191	1132274	42369		10237839
朝阳				1827887	31834	210612	7095004
葫芦岛			183681	1086023		259427	8756767

15-7 各地区建筑业企业实收资本

(2020年) 单位：千元

地　区	实收资本合计	按登记注册类型分组						
		国有企业	集体企业	股份合作企业	联营企业	有限责任公司	股份有限公司	私营企业
全　省	**113623315**	**3307553**	**1666821**	**254378**	**33690**	**36798397**	**1765851**	**67070633**
沈　阳	32340424	344410	236746	80680	31800	12646196	859045	15692254
大　连	37753313	310048	135536	83569		8485171	363200	28247426
鞍　山	7662630	286475	467032	5000		4141665	124727	2614797
抚　顺	3571869	1212439	86993	8097		759962	77800	1426578
本　溪	2701561	33300	10231			1393746	41030	1223254
丹　东	3038657	90897	61300	25000		150702	64500	2646258
锦　州	3696646	407871	117384	6000		1075782	11000	2010539
营　口	4297855	91124		31100		367493	9651	3768487
阜　新	1628829	42296	15182			417075	6000	1130876
辽　阳	3980523	109305	309246	12170		1611955	66703	1871144
盘　锦	5097817	26435				3108940	77175	1885267
铁　岭	2716962	203311	152980	2762		1225087		1132822
朝　阳	2573791	123222	50949		1890	618596	20000	1759134
葫芦岛	2562438	26420	23242			796027	45020	1661797

15-7 续表 (2020年) 单位：千元

地　区	按登记注册类型分组			按经济组织类型分组			
	其他企业	港澳台商投资企业	外商投资企业	独资企业	合作伙伴企业	股份有限公司	有限责任公司
全　省	**59304**	**2318535**	**348153**	**7496783**	**417806**	**3413963**	**102294763**
沈　阳		2289225	160068	2841201	135345	2062660	27301218
大　连	8000	27680	92683	489983	132091	522465	36608774
鞍　山	21304	1630		758849	26304	157727	6719750
抚　顺				1308145	8097	83800	2171827
本　溪				43531		71030	2587000
丹　东				154457	25000	88100	2771100
锦　州			68070	634315	11000	81019	2970312
营　口	30000			123124	61100	32264	4081367
阜　新			17400	57478	2047	6000	1563304
辽　阳				424141	12170	66703	3477509
盘　锦				48035		177175	4872607
铁　岭				376391	2762		2337809
朝　阳				186271	1890	20000	2365630
葫芦岛			9932	50862		45020	2466556

15-8 各地区建筑业企业主营业务税金

(2020年) 单位：千元

地区	税金合计	按登记注册类型分组					
		国有企业	集体企业	股份合作企业	有限责任公司	股份有限公司	私营企业
全省	**11064703**	**393118**	**324728**	**12022**	**3908875**	**278440**	**6058142**
沈阳	3593050	143289	50819	1820	1419161	215033	1714537
大连	1976298	7113	25731	4271	566520	7107	1360723
鞍山	1214474	23357	114757	357	489744	6870	548176
抚顺	465472	87894	52185	255	116800	34	208304
本溪	246703	1989	2626		138025	7948	96115
丹东	510390	12489	958	1229	97691	11054	386969
锦州	302850	42499	16668	2104	83740	995	155405
营口	401362	2002		783	26665	492	370665
阜新	291261	26267	968		131570	4512	127944
辽阳	460029	10262	36216	1203	216916	5443	189989
盘锦	636810	2486			310920	17491	305913
铁岭	376689	7265	12958		158088		198378
朝阳	284829	8076	62		84527	272	191892
葫芦岛	304486	18130	10780		68508	1189	203132

15-8 续表 (2020年) 单位：千元

地区	按登记注册类型分组			按经济组织类型分组			
	其他企业	港澳台商投资企业	外商投资企业	独资企业	合作伙伴企业	股份有限公司	有限责任公司
全省	**3376**	**45573**	**8806**	**808004**	**48910**	**443561**	**9764228**
沈阳		44740	612	235166	5315	332478	3020091
大连	268	557	4008	34688	5660	33927	1902023
鞍山	2629			139884	31570	8328	1034692
抚顺				165235	255	242	299740
本溪				4615		8383	233705
丹东				13765	1229	14250	481146
锦州			1439	67046	2117	1391	232296
营口	479	276		2010	1262	2126	395964
阜新				27244	159	4652	259206
辽阳				47851	1203	5443	405532
盘锦				3490	140	30501	602679
铁岭				29660			347029
朝阳				8428		651	275750
葫芦岛			2747	28922		1189	274375

15-9 各地区建筑业企业利润总额

(2020年) 单位：千元

地 区	利润总额	按登记注册类型分组						
		国有企业	集体企业	股份合作企业	联营企业	有限责任公司	股份有限公司	私营企业
全 省	**6117307**	**370557**	**118678**	**-5634**	**10223**	**1603561**	**351420**	**3652818**
沈 阳	2275041	306112	13393	-2052	344	545872	200026	1208668
大 连	1224900	1066	38552	3818		604486	10221	568398
鞍 山	498825	15231	21300	423	9937	202857	-39764	294466
抚 顺	85422	14431	-21372	96		150218	-803	-57148
本 溪	154914	-2163	2912			21328	11827	121010
丹 东	580910	17898	18892	1555		33872	94482	414225
锦 州	-224471	7119	-16957	-1106		-222853	179	8459
营 口	442924	-2424		-2448		9148	729	450083
阜 新	180884	-734	3748			5828	2946	169484
辽 阳	308552	2451	56611	-982		38822	41985	169665
盘 锦	130595	-17703				70807	36183	41308
铁 岭	146180	-5758	2495	-4938		38931		122492
朝 阳	194256	28574	794		-58	77316	-1150	88780
葫芦岛	118375	6457	-1690			26929	-5441	52928

15-9 续表 (2020年) 单位：千元

地 区	按登记注册类型分组			按经济组织类型分组			
	其他企业	港澳台商投资企业	外商投资企业	独资企业	合作伙伴企业	股份有限公司	有限责任公司
全 省	**-17246**	**9899**	**23031**	**519301**	**-9564**	**510707**	**5096863**
沈 阳		11354	-8676	348063	293	287400	1639285
大 连	407	-1319	-729	41883	4910	41214	1136893
鞍 山	-5605	-20		37510	4755	-39115	495675
抚 顺				-8803	96	-817	94946
本 溪				749		11591	142574
丹 东			-14	38260	1555	97767	443328
锦 州			688	-17147	-1063	7119	-213380
营 口	-12048	-116		-3213	-14496	3117	457516
阜 新			-388	7976	393	4960	167555
辽 阳				60151	-982	41985	207398
盘 锦				-17592	-29	61798	86418
铁 岭			-7042	-3126	-4938		154244
朝 阳				29806	-58	-871	165379
葫芦岛			39192	4784		-5441	119032

15-10 各地区建筑业企业利税总额

（2020年） 单位：千元

地区	利税总额	按登记注册类型分组						
		国有企业	集体企业	股份合作企业	联营企业	有限责任公司	股份有限公司	私营企业
全省	**17182010**	**763675**	**443406**	**6388**	**41846**	**5512436**	**629860**	**9710960**
沈阳	5868091	449401	64212	-232	3383	1965033	415059	2923205
大连	3201198	8179	64283	8089		1171006	17328	1929121
鞍山	1713299	38588	136057	780	38521	692601	-32894	842642
抚顺	550894	102325	30813	351		267018	-769	151156
本溪	401617	-174	5538			159353	19775	217125
丹东	1091300	30387	19850	2784		131563	105536	801194
锦州	78379	49618	-289	998		-139113	1174	163864
营口	844286	-422		-1665		35813	1221	820748
阜新	472145	25533	4716			137398	7458	297428
辽阳	768581	12713	92827	221		255738	47428	359654
盘锦	767405	-15217				381727	53674	347221
铁岭	522869	1507	15453	-4938		197019		320870
朝阳	479085	36650	856		-58	161843	-878	280672
葫芦岛	422861	24587	9090			95437	-4252	256060

15-10 续表 （2020年） 单位：千元

地区	按登记注册类型分组			按经济组织类型分组			
	其他企业	港澳台商投资企业	外商投资企业	独资企业	合作伙伴企业	股份有限公司	有限责任公司
全省	**-13870**	**55472**	**31837**	**1327305**	**39346**	**954268**	**14861091**
沈阳		56094	-8064	583229	5608	619878	4659376
大连	675	-762	3279	76571	10570	75141	3038916
鞍山	-2976	-20		177394	36325	-30787	1530367
抚顺				156432	351	-575	394686
本溪				5364		19974	376279
丹东			-14	52025	2784	112017	924474
锦州			2127	49899	1054	8510	18916
营口	-11569	160		-1203	-13234	5243	853480
阜新			-388	35220	552	9612	426761
辽阳				108002	221	47428	612930
盘锦				-14102	111	92299	689097
铁岭			-7042	26534	-4938		501273
朝阳				38234	-58	-220	441129
葫芦岛			41939	33706		-4252	393407

15-11 各地区总承包与专业承包建筑企业个数、设备及人数

(2020年)

地 区	建筑业企业个数(个)	年末自有机械设备总功率(万千瓦)	年末自有机械设备净值(万元)	劳动生产率(元/人)
全 省	**6716**	**493.5**	**1168612.6**	**475090**
沈 阳	1983	161.8	727359.4	583765
大 连	1615	48.5	101652.5	471793
鞍 山	387	52.0	64313.0	536146
抚 顺	171	22.9	20272.7	358470
本 溪	210	8.1	20810.9	301479
丹 东	295	9.1	16285.5	399923
锦 州	292	7.3	16243.4	268333
营 口	347	62.1	34499.5	406508
阜 新	219	12.8	13487.9	424674
辽 阳	201	42.9	66117.6	392224
盘 锦	282	38.8	42688.6	584123
铁 岭	164	9.2	8413.6	340778
朝 阳	282	8.7	21581.4	349246
葫芦岛	268	9.2	14886.6	255584

15-12 各地区国有总承包与专业承包建筑企业个数、设备及人数

(2020年)

地 区	建筑业企业个数(个)	年末自有机械设备总功率(万千瓦)	年末自有机械设备净值(万元)	劳动生产率(元/人)
全 省	**206**	**110.0**	**617066.0**	**496002**
沈 阳	59	63.6	567430.7	872748
大 连	21	13.3	16377.4	201276
鞍 山	25	1.1	2187.1	372513
抚 顺	13	9.7	6063.1	352124
本 溪	10	1.4	2050.2	270714
丹 东	11	1.6	184.9	374627
锦 州	7	0.1	281.4	337945
营 口	7	0.3	846.6	279572
阜 新	8	1.3	1323.3	488455
辽 阳	7	3.2	6185.7	456341
盘 锦	6	2.4	213.5	934691
铁 岭	11	5.9	2573.4	256912
朝 阳	10	2.1	5263.8	472291
葫芦岛	11	3.9	6084.9	500929

15-13 各地区集体总承包与专业承包建筑企业个数、设备及人数

(2020年)

地　区	建筑业企业个数（个）	年末自有机械设备总功率（万千瓦）	年末自有机械设备净值（万元）	劳动生产率（元/人）
全　省	**143**	**5.5**	**16579.8**	**224502**
沈　阳	23	1.4	9257.8	179909
大　连	14		2.8	190707
鞍　山	29	0.7	1480.7	260636
抚　顺	15	0.8	754	269689
本　溪	8			75848
丹　东	6		51.9	647097
锦　州	10		13	191324
营　口				
阜　新	5	0.1	786	131834
辽　阳	16	1.1	1937.5	316128
盘　锦				
铁　岭	7	0.2	908.5	161232
朝　阳	3	0.8	1306	182773
葫芦岛	7	0.4	81.6	208350

15-14 各地区总承包与专业承包建筑企业施工及竣工产值

(2020年)

单位：千元

地　区	建筑业总产值	建筑工程产值	安装工程产值	其他产值	竣工产值
全　省	**381620304**	**314508371**	**52253440**	**14858493**	**189091020**
沈　阳	156776457	132407234	18524754	5844469	51178586
大　连	82187819	68051382	11527160	2609277	31461852
鞍　山	28309594	22250906	4348994	1709694	12003536
抚　顺	8224373	6748926	1155085	320362	4885729
本　溪	6535501	4869547	1306920	359034	2382005
丹　东	9138634	8537643	450658	150333	4835483
锦　州	9423575	7461917	1775191	186467	4938123
营　口	13805012	11896190	1576344	332478	8320165
阜　新	7382116	6331797	564436	485883	3779783
辽　阳	20662738	19206083	941278	515377	13378256
盘　锦	16531856	7700873	8215594	615389	38164706
铁　岭	6532463	4953447	822511	756505	3407249
朝　阳	8908573	8193046	518188	197339	4769951
葫芦岛	7201593	5899380	526327	775886	5585596

15-15 各地区国有总承包与专业承包建筑企业施工及竣工产值

(2020年)

单位：千元

地 区	建筑业总产值			
		建筑工程产值	安装工程产值	其他产值
全 省	**40381495**	**33213030**	**5676199**	**1492266**
沈 阳	23464692	20863750	2185634	415308
大 连	4950988	4185253	592726	173009
鞍 山	2181065	1543301	578226	59538
抚 顺	1947248	1376790	505510	64948
本 溪	603693	319205	280794	3694
丹 东	385491	367316	13594	4581
锦 州	1201395	1162053	39342	
营 口	113786	90892	22894	
阜 新	678952	593087		85865
辽 阳	745205	430742	314463	
盘 锦	1560934	519228	1041706	
铁 岭	755577	378608	23951	353018
朝 阳	922856	902752	11267	8837
葫芦岛	869613	480053	66092	323468

15-16 各地区集体总承包与专业承包建筑企业施工及竣工产值

(2020年)

单位：千元

地 区	建筑业总产值			
		建筑工程产值	安装工程产值	其他产值
全 省	**6435113**	**4900080**	**836371**	**698662**
沈 阳	867701	787365	80336	
大 连	519486	216937	1715	300834
鞍 山	1930272	1205215	365192	359865
抚 顺	482473	416499	45909	20065
本 溪	30946	30096	800	50
丹 东	207718	202221	5497	
锦 州	610133	471983	120703	17447
营 口				
阜 新	51679	44816	6863	
辽 阳	793166	645760	147406	
盘 锦				
铁 岭	212504	202603	9500	401
朝 阳	425678	425678		
葫芦岛	303357	250907	52450	

15-17 各地区总承包与专业承包建筑企业施工及竣工房屋面积

(2020年) 单位：万平方米、万元

地区	房屋建筑施工面积	#本年新开工面积	房屋建筑竣工面积	房屋建筑竣工价值
全省	**16234.9**	**5426.3**	**4021.3**	**6538372.1**
沈阳	8978.4	2384.8	1431.2	2559531.7
大连	3625.7	1198.3	806.0	1344229.7
鞍山	666.1	236.7	344.2	528434.8
抚顺	144.7	80.5	101.2	150665.9
本溪	131.2	80.0	60.0	94260.2
丹东	290.2	169.1	186.1	285872.4
锦州	275.5	185.0	119.4	176050.1
营口	519.2	211.1	253.9	449710.8
阜新	176.5	81.6	110.1	103620.6
辽阳	295.8	205.1	91.9	148760.1
盘锦	82.1	40.4	62.8	112925.2
铁岭	146.7	73.2	79.8	109977.2
朝阳	464.3	253.1	147.9	164090.7
葫芦岛	438.5	227.3	226.7	310242.7

15-18 各地区国有总承包与专业承包建筑企业施工及竣工房屋面积

(2020年) 单位：万平方米、万元

地区	房屋建筑施工面积	#本年新开工面积	房屋建筑竣工面积	房屋建筑竣工价值
全省	**1589.5**	**589.0**	**143.9**	**295139.1**
沈阳	1231.8	369.1	90.5	207410.3
大连	158.4	43.8	28.6	47024.0
鞍山	3.9	2.7	2.6	4195.5
抚顺				
本溪	34.3	22.1		
丹东	0.6	0.6	0.6	610.0
锦州	1.2	1.2	1.2	2655.0
营口				
阜新				
辽阳	95.6	88.4	7.5	13942.0
盘锦				
铁岭				
朝阳	15.7	15.6	0.6	720.0
葫芦岛	48.1	45.7	12.4	18582.3

15-19 各地区集体总承包与专业承包建筑企业施工及竣工房屋面积

(2020年)　　单位：万平方米、万元

地　区	房屋建筑施工面积	#本年新开工面积	房屋建筑竣工面积	房屋建筑竣工价值
全　省	**286.8**	**190.4**	**114.7**	**145184.8**
沈　阳	60.6	52.5	33.2	22153.3
大　连	20.2	0.7		
鞍　山	19.6	18.1	16.4	24828.7
抚　顺	14.0	14.0	13.8	25000.0
本　溪				
丹　东	19.7	4.4	5.8	16525.7
锦　州	26.5	26.5	6.8	11194.4
营　口				
阜　新	1.9	1.9	1.9	2638.1
辽　阳	39.7	32.0	12.9	22057.0
盘　锦				
铁　岭	9.2	5.1	4.7	8106.8
朝　阳	74.6	34.5	19.2	12680.8
葫芦岛	0.8	0.8		

15-20 各地区总承包与专业承包建筑企业年末资产负债

(2020年)　　单位：千元

地　区	流动资产合计	固定资产原价	固定资产累计折旧	资产总计	流动负债合计	长期负债合计	负债合计	所有者权益合计
全　省	**570052585**	**72118391**	**38524080**	**684996862**	**455068723**	**30605468**	**500120795**	**184850182**
沈　阳	184733439	19084925	10473556	217916445	149220448	6630194	159958005	57958440
大　连	143792506	18163186	11207824	176618965	121730996	2970374	127326689	49260119
鞍　山	36375630	5811262	3052789	43512145	29736863	1482668	31974693	11543723
抚　顺	14490198	2244704	1049832	17571860	12683313	1550649	14377947	3193913
本　溪	10580139	1972905	1083533	12853144	7156109	1375920	8866299	3986845
丹　东	29529847	3365472	1405298	38554856	17999244	12232203	30966188	7588668
锦　州	16197676	2387593	1130711	19829933	12451935	625507	14619076	5210857
营　口	17949378	2469456	1210118	20798119	12896523	85022	13393897	7404222
阜　新	8741471	1425652	718223	11044170	6834915	55489	7128946	3915224
辽　阳	24415264	4515489	2797306	28064408	22394114	203627	23099750	4964658
盘　锦	45210842	5657760	2219605	54364347	33828842	2673215	37729269	16635079
铁　岭	13808471	1337408	773547	15162859	10874662	60114	11412482	3750377
朝　阳	12476248	1836386	626320	14989014	8429717	240488	9165337	5823677
葫芦岛	11751476	1846193	775418	13716597	8831042	419998	10102217	3614380

15-21 各地区国有总承包与专业承包建筑企业年末资产负债

(2020年)

单位：千元

地区	流动资产合计	固定资产原价	固定资产累计折旧	资产总计	流动负债合计	长期负债合计	负债合计	所有者权益合计
全省	**68946017**	**11517872**	**5330002**	**87675410**	**57362064**	**5418768**	**66542339**	**21133071**
沈阳	29095116	4044153	2337370	36745370	25492439	2406667	30015571	6729799
大连	14485190	1455265	869763	18325908	14984298	447657	15442340	2883568
鞍山	2900891	886964	386641	3619336	2236963	78401	2390682	1228654
抚顺	3058548	433819	317837	3458106	2244904	363881	2634917	823189
本溪	1493554	285142	192139	1746204	539493	577600	1244307	501897
丹东	806385	457233	139359	1460425	986505	23230	1014737	445688
锦州	2543456	217743	158703	2742034	2253775	23742	2277518	464516
营口	123409	66322	32017	195197	98482	200	98682	96515
阜新	940001	162319	70908	1112612	880909	2	880911	231701
辽阳	618312	201268	112350	727884	510403	30927	541330	186554
盘锦	9288239	2478921	301269	13337459	4317905	1394615	6830867	6506592
铁岭	1815066	284185	161781	1975694	1444879	7	1486312	489382
朝阳	812911	213649	91015	975044	642272	63167	705441	269603
葫芦岛	964939	330889	158850	1254137	728837	8672	978724	275413

15-22 各地区集体总承包与专业承包建筑企业年末资产负债

(2020年)

单位：千元

地区	流动资产合计	固定资产原价	固定资产累计折旧	资产总计	流动负债合计	长期负债合计	负债合计	所有者权益合计
全省	**8246825**	**1509097**	**760355**	**9883414**	**6726915**	**93656**	**7407869**	**2481816**
沈阳	786936	227908	92654	1015853	475607	2234	477856	537997
大连	673837	343255	233871	832576	462274		462550	370026
鞍山	2057937	223798	139293	2399072	1688565	1343	1808546	596797
抚顺	416102	71398	48252	528113	437942	4134	453076	75037
本溪	28410	20794	14439	70883	45662		60425	10458
丹东	108079	60982	2056	182688	101779	1181	102961	79727
锦州	371514	93626	29034	504903	183321	80486	372601	132302
营口								
阜新	193286	21583	15055	200703	158627	320	158947	41756
辽阳	1044702	249091	91424	1278357	954118	45	1001968	276389
盘锦								
铁岭	435549	50997	31009	565804	328913	3703	419897	145907
朝阳	1682585	48776	27077	1744478	1655804		1655805	88673
葫芦岛	447888	96889	36191	559984	234303	210	433237	126747

15-23 各地区总承包与专业承包建筑企业损益及分配

(2020年)

单位：千元

地 区	主营业务收入	主营业务成本	主营业务税金及附加	其他业务利润	管理费用	营业利润	利润总额	应收工程款	亏损企业个数(个)
全 省	**375068863**	**343750409**	**2514597**	**375328**	**19205898**	**6463424**	**6117307**	**181928100**	**2169**
沈 阳	149548288	136467344	825815	69289	7984828	2706700	2275041	59314287	539
大 连	80851340	74377387	385239	127129	4479673	1212671	1224900	52459759	659
鞍 山	34061074	31525543	288507	58521	1197139	420796	498825	12283875	112
抚 顺	7752967	7096533	153569	100580	452325	72014	85422	6566625	63
本 溪	6321351	5869316	62231	3358	395587	124996	154914	3692988	76
丹 东	10373318	9227852	102428	20875	544062	567420	580910	7198984	83
锦 州	9992449	9358428	54873	-3802	697177	-178333	-224471	5607619	85
营 口	11961829	10686958	111299	-35405	576473	458228	442924	5747579	107
阜 新	6134112	5366372	57632	-973	356926	177027	180884	3520767	63
辽 阳	18086661	16794638	85331	13411	523053	325453	308552	6556380	85
盘 锦	16498852	15452172	213522	14780	772987	109354	130595	9316030	100
铁 岭	6921614	6183077	63484	6423	437805	150337	146180	2991456	49
朝 阳	8365183	7793310	48311	998	383272	198200	194256	3183483	70
葫芦岛	8199825	7551479	62356	144	404591	118561	118375	3488268	78

15-24 各地区国有总承包与专业承包建筑企业损益及分配

(2020年)

单位：千元

地 区	主营业务收入	主营业务成本	主营业务税金及附加	其他业务利润	管理费用	营业利润	利润总额	应收工程款	亏损企业个数(个)
全 省	**45439356**	**41384763**	**208540**	**132548**	**2413000**	**939965**	**981519**	**20057097**	**51**
沈 阳	27913510	25422592	113953	19150	1087283	733324	740239	7411469	17
大 连	5311295	5133383	19186	3309	249753	36892	39500	6134288	4
鞍 山	2443946	2199210	13483	-118	179132	44225	47881	1120611	5
抚 顺	1855895	1669826	16388	97831	88037	167243	155011	1578208	4
本 溪	668010	618280	5594	1090	55772	-9847	9159	92417	3
丹 东	311906	277486	1669	9819	45205	12918	15582	153824	4
锦 州	1354150	1195463	5256	-462	137565	-11169	7119	769301	1
营 口	99619	91755	926	463	9681	-1699	-1542	49258	3
阜 新	665804	458913	5565	34	70151	-2539	-1564	616547	2
辽 阳	642245	601178	2853	-93	32999	7758	7576	327980	1
盘 锦	1675198	1579158	2684	1010	187140	-114280	-113451	862661	3
铁 岭	935555	760127	7574	485	175409	9857	8858	430926	2
朝 阳	750475	658908	3828	30	35570	43173	42888	244840	1
葫芦岛	811748	718484	9581		59303	24109	24263	264767	1

15-25 各地区集体总承包与专业承包建筑企业损益及分配

(2020年)

单位：千元

地　区	主营业务收　入	主营业务成　本	主营业务税金及附加	其他业务利　润	管理费用	营业利润	利润总额	应　收工程款	亏损企业个　数(个)
全　省	**5999971**	**5498192**	**104694**	**9997**	**333212**	**134537**	**119540**	**1899432**	**49**
沈　阳	762283	708772	21893		27265	21056	14313	187664	6
大　连	524108	438949	4383	592	41752	39805	38552	306066	5
鞍　山	2098005	1996284	21463	2051	77734	23394	21300	369947	10
抚　顺	382687	293359	41860	406	59710	-15770	-21372	79948	8
本　溪	37966	28023	206	18	6375	2860	2912	27325	
丹　东	59809	53186	103		8644	12241	18892	26549	2
锦　州	535891	532463	3152	8	14117	-12963	-16957	183017	2
营　口									
阜　新	120191	108375	625		5312	3585	3748	35007	2
辽　阳	933571	830168	6316	3313	52559	56372	56611	503920	7
盘　锦									
铁　岭	202159	186568	1725	3609	20713	3332	2495	109716	2
朝　阳	11378	11037	32		1696	1676	736	2089	1
葫芦岛	331923	311008	2936		17335	-1051	-1690	68184	4

主要统计指标解释

建筑业统计单位 指从事房屋、构筑物建造和设备安装活动的生产单位，根据不同的组织方式，建筑业统计的调查单位分为法人建筑业企业和附营建筑施工单位。法人建筑业企业是指专门组织的独立核算的法人建筑业企业，它应同时具备的条件是：①依法成立，有自己的名称、组织机构和场所，能够承担民事责任；②独立拥有和使用资产，承担负债，有权与其他单位签订合同；③独立核算盈亏，能够编制资产负债表。另一种调查单位是其他行业的企业、事业单位为完成本单位固定资产建造任务而自行组织的附营建筑施工单位，它应同时具备的条件是：①具有一个场所，从事或主要从事建筑安装活动；②单独组织生产经营活动；③在企业内部单独核算收支。

建筑业总产值(即自行完成施工产值) 指建筑业企业或附属施工单位自行完成的按工程进度计算的建筑安装生产总值。施工产值包括:

①建筑工程产值：指列入建筑工程预算内的各种工程价值。

②设备安装工程产值：指设备安装工程价值。

③房屋、构筑物修理产值：指房屋、构筑物修理所完成的价值，但不包括被修理房屋、构筑物本身的价值和生产设备的修理价值。

④非标准设备制造产值：指加工制造没有定型的、非标准的生产设备的加工费和原材料价值，不论是现场还是附属加工厂为本单位承建工程制造的非标准设备的价值，都应计算产值。

竣工产值 指在报告期内，按照设计所规定的工程内容全部完成，达到了设计规定的交工条件，经有关部门检查验收鉴定合格的单位工程价值之和。

房屋建筑施工面积 指在报告期内施工的全部房屋建筑面积。包括本期内新开工的、上期施工跨入本期继续施工、上期停建本期复工的房屋建筑面积；不包括上期开工后又停工，本期未施工的房屋建筑面积。

房屋建筑竣工面积 指在报告期内，按照设计所规定的工程内容全部完成，达到了设计规定的交工条件，经有关部门检查验收鉴定合格的房屋建筑面积。

住宅竣工面积 指房屋建筑竣工面积中供居住用的房屋建筑竣工面积。

自有机械设备年末总台数 指归本企业(或单位)所有，属于本企业固定资产的生产性机械设备年末总台数。包括施工机械、生产设备、运输设备以及其他设备。

自有机械设备年末总功率 指本企业(或单位)自有施工机械、生产设备、运输设备以及其他设备等列为在册固定资产的生产性机械设备年末总功率，按设定能力或查定能力计算。包括机械本身的动力和为该机械服务的单独动力设备，如电动机等。计量单位用千瓦，动力换算可按 1 马力=0.735 千瓦折合成千瓦数。电焊机、变压器、锅炉不计算动力。

工程结算收入 指企业(或单位)按工程的分部分项自行完成的建筑产品价值并已与甲方在报告期内办理结算手续的工程价款收入，以及向甲方收取的除工程价款以外的按规定列作营业收入的各种款项，如临时设施费、劳动保险费、施工机械调迁费等以及向甲方收取的各种索赔款。

工程结算利润 指已结算工程实现的利润。如为亏损以“-”号表示。其计算公式为:

工程结算利润=工程结算收入-工程结算成本-工程结算税金及附加

企业总收入 指与企业生产经营直接有关的各项收入，包括工程结算收入和其他业务收入，即:

企业总收入=工程结算收入+其他业务收入

十六、运输和邮电

Chapter 16 Transport, Post and Telecommunication Services

16-1 交通运输业基本情况

指　标	2010年	2011年	2012年	2013年	2014年	2015年	2016年	2017年	2018年	2019年	2020年
运输线路长度(公里)											
铁路营业里程	3988	4035	4757	4875	4899	5328	5340	5543	6153	6141	6195
公路通车里程	101545	104026	104679	110072	114504	119362	119688	121722	122044	123830	129928
内河航道里程	813	813	813	813	813	813	813	813	813	813	813
民航定期航班航线里程	242959	255196	244980	294175	25484833	31505963	33101550	31431252	442702	526390	56581957
#国际航线	45094	51294	34188	39564	32166	32259	34896	25985	50813	41205	2232314
客运量总计(万人)	102241	99328	104113	92629	95364	75039	75077	74042	73083	71977	5807014
铁路	13298	12016	12018	13012	12820	12912	14040	14266	14422	15137	7063
公路	87699	86013	90650	78168	80789	60269	59054	57665	56355	54599	26211
水运	490	549	588	534	542	504	538	552	567	530	228
民用航空	754	750	857	915	1213	1354	1445	1559	1739	1711	939
货运量总计(万吨)	163303	190329	212957	215375	231743	208562	215989	220916	229696	184954	179200
铁路	18622	18716	17388	20484	19103	14541	16222	17734	19686	21184	23957
公路	127361	151773	174355	172923	189174	172140	177371	184273	189737	144556	138569
水运	10434	11632	12631	13379	13810	13439	13464	14122	13918	12498	4797
民用航空	10	9	10	10	12	14	14	14	15	15	10
管道	6876	8199	8573	8579	9644	8429	8918	4773	6340	6701	11867
民用汽车拥有量(万辆)	347.9	402.2	449.6	482.8	538.6	596.8	666.7	731.3	800.1	864.3	934.3
载客汽车辆数(万辆)	225.7	276.2	328.6	379.9	436.5	496.1	568.5	633.1	698.4	757.8	818.9
载货汽车辆数(万辆)	67.4	76.9	82.2	73.5	80.0	82.7	87.1	90.2	94.1	99.2	111.1
私人汽车拥有量(万辆)	242.3	288.9	334	377.8	434.1	491.9	559.8	624.7	690.6	753.4	821.6
民用运输船舶拥有量(艘)											
#机 动 船	553	546	557	524	528	493	462	468	461	447	315
驳船	11	10	17	10	7	7	9	10	10	9	4
沿海主要港口货物吞吐量(万吨)	67952	78374	88502	98353.89	103675	104859	109076	112558	100530	86124	82004

注：1.2014年民航加入深航沈阳分公司数据。下同。
2.2013年、2014年管道加入中国石油管道锦州输油气分公司数据。下同。
3.2013年、2014年铁路货运量和货物周转量加入地方铁路数据。下同。
4.2018年民航定期航班航线里程数据因深圳航空系统升级不能再提供数据，因此数据不可比。16-02表同本表。
5.按照交通运输部下发的“道路货物运输量专项调查数据推算方法”，根据交通运输部反馈的2019年辽宁省道路货物运输量专项调查数据结果，对2019年我省公路货运量和货物周转量进行调整。

16-2 运输线路长度

单位：公里

年 份	铁路营业里程	#辽宁省	公路通车里程	#有铺装路面简易铺装路面	#高速公路	内河航道里程	民航通航里程	#国内航线
1990	8798	3702	40109	10172	375	508	99545	89199
1991	8993	3758	40195	11471	375	508	136027	129195
1992	8993	3758	41548	13644	391	508	204870	200822
1993	8993	3758	41638	15382	406	508	271841	258947
1994	8807	3758	42763	17155	420	508	305884	242445
1995	8811	3568	43434	18590	509	508	277945	259264
1996	8811	3568	43753	19365	509	508	321207	246776
1997	8813	3569	44041	20171	509	508	179369	166238
1998	8796	3558	44483	21419	707	508	124089	110587
1999	8798	3558	45020	23023	877	813	192148	170339
2000	8800	3556	45547	24264	1068	813	219198	201702
2001	8792	3548	46603	25664	1068	813	192148	170339
2002	8809	3565	48051	27557	1637	813	239243	211331
2003	8887	3939	50095	30600	1637	813	238429	191061
2004	9299	3939	52415	34838	1637	813	335729	276409
2005	9282	3922	53521	37930	1773	813	329166	255545
2006	9309	3927	97191	43333	1849	813	376435	312239
2007	9321	3934	98101	46738	1975	813	248179	204584
2008	9431	3928	101144	52762	2747	813	200359	167458
2009	9437	3962	101117	62497	2833	813	243991	200273
2010	9460	3988	101545	63324	3056	813	242959	197865
2011	9843	4035	104026	65636	3300	813	255196	199802
2012	10948	4757	104679	68762	3912	813	244980	210792
2013	11580	4875	110072	71425	4023	813	294175	254611
2014	11727	4899	114504	72382	4172	813	25484833	25447867
2015	12894	5328	119362	78155	4195	813	31505963	31472704
2016	12906	5340	119688	81253	4195	813	33101550	33066654
2017	13100	5543	121722	85759	4212	813	31431252	31405267
2018	13839	6153	122044	94376	4331	813	442702	380695
2019	14212	6141	123830	98778	4331	813	526390	485185
2020	14368	6195	129928	103951	4331	813	56581957	54333996

16-3 旅客运输量

单位：万人

年 份	总计	铁路	公路	水运	民航
1990	44547	15823	28367	302	55
1991	46643	14733	31480	355	75
1992	50908	15083	35263	465	97
1993	49756	15072	34050	521	113
1994	50223	15366	34223	502	132
1995	52228	13928	37591	533	176
1996	55828	11884	43193	553	198
1997	53430	10403	42276	540	211
1998	51140	9960	40468	474	238
1999	49239	9937	38382	595	325
2000	51555	10174	40385	616	380
2001	52259	10038	41207	602	412
2002	54339	9701	43554	626	458
2003	50813	8706	41076	542	489
2004	58099	9591	47370	637	501
2005	60599	9503	49917	650	529
2006	64543	9883	53317	714	629
2007	71322	10417	59562	651	692
2008	90729	11958	77510	597	664
2009	96172	13336	81585	543	708
2010	102241	13298	87699	490	754
2011	99328	12016	86013	549	750
2012	104113	12018	90650	588	857
2013	92629	13012	78168	534	915
2014	95364	12820	80789	542	1213
2015	75039	12912	60269	504	1354
2016	75077	14040	59054	538	1445
2017	74042	14266	57665	552	1559
2018	73083	14422	56355	567	1739
2019	71977	15137	54599	530	1711
2020	34440	7063	26211	228	939

16-4 旅客周转量

单位：亿人公里

年 份	总计	铁路	公路	水运	民航
1990	369.3	254.9	97.4	5.9	11.1
1991	392.8	259.1	111.5	6.9	15.3
1992	503.7	285.2	125.9	8.7	19.6
1993	465.9	306.0	121.3	8.7	29.9
1994	471.4	312.8	120.4	7.7	30.5
1995	451.5	292.5	109.9	8.6	40.5
1996	457.0	261.2	149.5	9.4	36.9
1997	460.9	271.5	145.5	9.2	34.7
1998	476.3	276.7	159.1	7.3	33.2
1999	496.4	291.9	149.6	11.9	43.0
2000	534.4	314.1	159.9	10.7	49.7
2001	562.4	326.5	167.1	8.4	60.4
2002	585.5	340.1	173.8	8.6	63.0
2003	545.3	306.9	164.1	7.2	67.0
2004	662.2	370.4	194.9	8.4	88.5
2005	673.1	381.4	210.1	8.4	73.2
2006	747.2	412.6	236.6	9.2	88.8
2007	806.1	436.6	263.5	8.4	97.6
2008	892.6	465.9	323.0	7.8	95.9
2009	940.0	483.5	350.1	7.0	99.4
2010	1014.0	510.1	388.8	6.4	108.7
2011	1065.4	549.0	399.7	7.0	109.7
2012	1099.4	542.2	427.2	7.5	122.5
2013	1074.7	572.7	362.4	6.5	133.1
2014	1181.5	609.0	375.6	6.5	190.4
2015	1119.4	604.7	313.1	6.0	195.7
2016	1145.1	623.4	306.7	6.0	209.0
2017	1166.5	634.9	298.9	6.1	226.7
2018	1204.4	641.3	291.5	6.0	265.6
2019	1180.7	655.3	282.4	6.0	237.0
2020	580.7	288.5	141.7	1.6	148.9

注：1.铁路1978以前为沈阳、锦州两路局合计数，1979年以后扣除长春分局数，1983年以后为辽宁境内数，1988年以后还包括地方铁路。
2.公路、水运口径同客运量。

16-5 货物运输量

单位：万吨

年 份	总计	铁路	公路	水运	民航	管道
1990	76326.3	14306	56105	1521	1.3	4393
1991	79057.3	14624	58197	1861	2.3	4373
1992	81084.0	14852	59739	2145	2.0	4346
1993	91578.0	14953	69964	2325	2.0	4334
1994	89876.0	14096	68953	2396	3.0	4428
1995	88464.9	13073	68524	2649	3.2	4216
1996	84823.0	13053	65174	2472	4.0	4120
1997	99588.0	12972	80471	2145	5.0	3995
1998	83478.0	12100	65481	1977	5.4	3915
1999	84625.0	12162	66253	2542	7.4	3660
2000	83603.9	12523	64515	3091	8.9	3466
2001	82295.0	12990	63281	2726	6.8	3292
2002	83573.1	13126	64101	3071	8.1	3264
2003	85825.6	13135	65981	3649	9.0	3052
2004	91401.6	13844	70164	4447	8.6	2938
2005	97748.4	14271	74799	5730	9.4	2939
2006	109140.0	15750	82142	7518	11.0	3719
2007	120615.2	16552	90387	8778	11.2	4887
2008	126938.7	17400	92938	9267	10.4	7323
2009	139541.3	18262	105088	9651	9.5	6531
2010	163303.2	18622	127361	10434	10.2	6876
2011	190329.0	18716	151773	11632	8.9	8199
2012	212956.6	17388	174355	12631	9.6	8573
2013	215375.0	20484	172923	13379	9.6	8579
2014	231743.0	19103	189174	13810	12.0	9644
2015	208562.7	14541	172140	13439	13.5	8429
2016	215989.0	16222	177371	13464	14.0	8918
2017	220916.4	17734	184273	14122	14.4	4773
2018	229695.7	19686	189737	13918	14.7	6340
2019	184954.0	21184	144556	12498	15.0	6701
2020	179199.6	23957	138569	4797	9.6	11867

16-6 货物周转量

单位：亿吨公里

年 份	总计	铁路	公路	水运	民航	管道
1990	1062.5	943.3	150.8	289.3	0.2	218.9
1991	1791.1	980.1	174.2	419.6	0.3	216.9
1992	1947.6	1023.2	207.6	501.3	0.4	215.1
1993	2078.8	1044.1	227.8	593.7	0.6	212.7
1994	2085.8	1038.2	221.3	605.8	0.6	219.9
1995	2090.2	1011.4	198.5	671.1	0.7	208.5
1996	1929.0	1003.6	245.1	479.4	0.9	200.0
1997	1846.7	1047.8	297.6	316.1	0.7	191.5
1998	1568.3	900.7	206.5	314.7	0.9	145.5
1999	1794.3	926.2	207.7	531.2	1.2	127.9
2000	1809.2	962.4	209.4	572.4	1.1	63.9
2001	1861.8	976.7	215.8	607.9	1.1	60.3
2002	1914.3	970.6	221.8	661.0	1.4	59.6
2003	2426.5	1012.8	226.5	1130.6	1.6	55.0
2004	2995.6	1154.2	327.0	1461.1	1.7	51.6
2005	3400.6	1194.8	415.6	1738.2	1.6	50.5
2006	4090.9	1206.0	474.7	2361.6	1.8	46.7
2007	5865.1	1293.3	568.1	3956.6	1.8	45.2
2008	7076.8	1342.5	1354.2	4333.0	1.8	45.3
2009	7793.8	1302.1	1550.5	4896.8	1.6	42.8
2010	9071.2	1398.3	1930.3	5695.7	1.7	45.2
2011	10464.3	1540.7	2328.5	6529.4	1.5	64.2
2012	11616.2	1399.6	2675.4	7483.3	1.6	56.3
2013	12087.6	1344.0	2792.0	7837.2	1.6	112.8
2014	12353.5	1180.4	3074.9	7979.5	2.1	116.6
2015	11790.1	893.6	2850.7	7963.2	2.3	80.3
2016	12221.2	899.5	2936.8	8275.8	2.4	106.7
2017	12913.7	1088.1	3058.6	8608.9	2.5	155.6
2018	10898.0	1183.1	3152.3	6317.6	2.6	242.4
2019	9183.3	1230.3	2662.5	5027.3	2.7	260.5
2020	5556.5	1296.0	2548.3	1575.8	1.8	134.6

16-7 铁路机车车辆年末实有数

指 标	单位	2010年	2011年	2012年	2013年	2014年	2015年	2016年	2017年	2018年	2019年	2020年
中央铁路												
机车台数总计	台	1705	2111	2041	2011	2048	1946	2099	2029	1968	1905	1861
内燃机车	台	1282	1444	1453	1415	1379	1272	1282	1163	1062	990	911
客车辆数总计	辆	4608	4751	5094	5100	4933	6606	6671	6657	6567	6431	6304
软座车	辆	333	407	646	707	—	1426	**1426**	1489	1528	1692	1636
硬座车	辆	1887	1854	1849	1650	1766	1853	1725	1703	1654	1536	1498
软卧车	辆	348	354	374	379	418	457	484	471	447	425	400
硬卧车	辆	1714	1793	1872	1831	2071	2216	2353	2311	2268	2161	2156
餐车	辆	212	221	220	210	230	250	269	268	257	226	226
辽宁省境内各分局												
机车台数总计	台	990	1205	1146	1111	1175	1190	1212	1205	1227	1167	1090
内燃机车	台	567	538	558	515	506	518	515	503	541	481	414
客车辆数总计	辆	3006	3013	3226	3475	3067	4467	4473	4437	4335	4158	4115
软座车	辆	303	65	615	690	—	1402	**1402**	1430	1478	1576	1524
硬座车	辆	1208	1180	1158	1105	1172	1179	1069	1039	993	874	836
软卧车	辆	209	531	238	248	255	272	299	292	270	248	237
硬卧车	辆	1090	1036	1016	1093	1211	1211	1279	1258	1194	1106	1155
餐车	辆	128	125	119	126	138	140	153	153	141	114	118

16-8 辽宁省辖区铁路主要站旅客发送量

单位：万人

车站名称	2010年	2011年	2012年	2013年	2014年	2015年	2016年	2017年	2018年	2019年	2020年
总　计	**13298.0**	**12016.4**	**12017.5**	**13011.6**	**12819.7**	**12911.8**	**14040.2**	**14265.6**	**14421.8**	**15137.1**	**7062.8**
开原	157.3	143.3	140.1	127.7	138.5	144.9	146.9	142.9	138.0	139.9	55.2
铁岭	297.3	233.2	200.0	187.7	210.6	217.5	220.2	221.8	204.5	199.9	76.7
沈阳	1433.3	1500.5	1618.8	1808.2	2025.6	2182.6	2445.6	2587.9	2675.1	2936.5	1313.6
苏家屯	142.5	92.2	94.8	98.6	92.8	84.9	79.8	81.1	78.8	76.0	25.8
辽阳	284.0	199.4	218.7	311.1	313.7	332.7	346.4	364.0	370.3	376.9	172.8
黑山	0.3	0.2									
鞍山	484.5	462.0	441.1	392.6	362.7	335.4	323.7	329.7	353.5	335.2	121.6
海城	236.9	229.1	216.4	203.0	181.2	160.7	152.5	144.3	165.7	164.3	67.7
大石桥	168.9	179.1	175.0	152.1	138.8	127.7	124.6	124.1	126.5	120.0	49.2
瓦房店	233.5	279.6	272.6	240.5	215.2	199.0	199.9	204.5	216.4	207.1	81.6
金州	247.9	209.0	224.5	199.5	173.4	133.7	176.4	190.7	198.2	200.4	83.2
南关岭	1.9	1.7	1.7	1.3	1.6	0.4					
周水子	58.8	64.6	127.7	108.7	74.9	15.5	0.1				
大连	1247.9	1350.9	1219.7	1103.9	1073.4	1006.8	953.4	928.7	927.7	896.4	309.4
皇姑屯	103.0	68.7	2.8								
大成	12.2	4.8	0.8	0.7	1.0	0.9	0.2				
抚顺北	84.0	87.1	107.7	112.9	99.6	154.0	151.3	132.5	98.0	99.8	26.6
大官屯	0.9	1.5	2.0	1.7	2.6	3.3	2.8	2.2	2.0	1.4	0.2
沈阳东	0.9	1.4	1.0	0.7	0.2	0.2	0.2	0.03		0.3	0.1
沈阳北	1894.3	1709.8	1541.1	1820.0	1950.2	2071.6	2079.0	2031.0	2077.0	2066.5	986.0
营口	65.5	64.8	66.6	38.4	35.7	27.3	25.0	24.6	27.0	27.2	7.6
旅顺	3.8	3.2	3.3	1.8	0.4					0.1	
丹东	262.0	254.3	239.2	227.6	203.7	275.6	481.6	471.0	473.0	481.3	198.1
凤凰城	104.2	111.9	116.1	112.6	106.6	86.4	44.8	40.1	33.0	30.3	6.1
本溪	1179.4	850.4	920.3	901.4	707.0	654.8	756.3	748.1	711.0	724.0	520.9
本溪湖	6.8										
安平	157.0	17.0	17.2	15.4	0.9	0.8	0.7	6.6	6.0	5.8	2.7
裕国(沈阳西)	1.0	0.6	0.2	0.2	0.3	0.6	0.2	1.3			
锦州	464.6	475.6	466.4	499.3	458.5	433.8	442.2	438.5	422.0	441.5	180.8
葫芦岛	176.8	173.1	175.1	183.5	167.9	162.4	164.8	164.3	173.0	170.3	68.3
大虎山	85.8	90.9	87.8	94.8	97.5	93.9	93.6	89.6	88.0	85.0	34.9
渤海	0.5	0.4	0.3	0.1							
盘锦	84.4	84.8	90.9	112.4	165.1	173.4	197.9	217.3	224.0	236.5	101.3
朝阳	86.9	84.3	83.7	82.7	76.9	74.9	65.9	59.5	56.7	113.9	79.8
阜新南(阜新)	140.6	139.2	145.3	161.4	146.3	135.8	136.6	149.2	199.0	149.3	99.1

16-9 辽宁省辖区铁路主要站货物发送量

单位：万吨

车站名称	2010年	2011年	2012年	2013年	2014年	2015年	2016年	2017年	2018年	2019年	2020年
总　计	**18622.0**	**18716.2**	**17387.5**	**20484.4**	**19102.8**	**14540.7**	**14657.2**	**15758.7**	**17799.6**	**19359.9**	**21952.6**
开原	33.1	73.0	23.4	34.3	25.7	33.5	33.7	41.7	58.2	74	73.2
铁岭	132.2	16.9	11.5	14.1	22.8	50.2	150.3	32.4	27	27.1	32.5
沈阳	0.1				0.1						
苏家屯	135.2	52.6	36.3	26.2	37.9	46.4	19.1	33.6	31.8	42.4	58.8
辽阳	28.5	68.6	37.2	24.5	7.1	6.9	27.6	14.9	5.1	16.3	50.7
黑山	4.0	0.2		1.8	1.2	1.2	0.4	0.5	0.1		
鞍山					2.3	6.1	6.2	1.8			
海城	62.2	62.9	61.6	43.4	23.6	16.2	17.1	11.0	14.3	38.3	69.4
大石桥	409.4	112.8	106.5	83.4	73.5	42.7	28.7	34.9	34.3	38.9	45.6
瓦房店	1.2	2.5	0.8	0.9	6.4	29.2	24.3	3.1	5.6	2.3	0.8
金州	47.6	34.3	22.0	25.6	41.6	58	24.6	15.9	37.5	56.7	177.7
南关岭	14.4	21.8	16.2	9.2	6.9	7.3	34.6	18	6.2	4	7.1
周水子	2.1	2.1	1.3	0.4	0.4	1.8	2.4	3.6	1.3	0.2	0.1
大成	101.4	68.5	44.2	32.3	17.1	4.1	4.4		3.4	1.8	0.6
抚顺北	10.3	6.7	3.1	2.9	2.3	4	1.4	1.6	4.9	24.9	16.9
大官屯	571.4	512.8	470.1	581.6	563.8	558.6	484.9	363.2	389.7	439	448.7
沈阳东	81.6	82.2	67.9	68.9	75.0	89.5	122.4	120.5	63.2	43.5	44.8
营口	101.3	90.1	67.1	67.7	38.0	15.4	10.4	7.9	1.4	2.3	1.1
甘井子	403.9	380.5	292.7	215.4	221.5	101.2	63.2	65.2	75.6	75.9	63.4
旅顺	2.3	2.1	2.0	1.6	1.7	1.7	51.5	2.0	10.9	3.3	4.8
丹东	303.9	275.4	317.8	446.3	575.5	956.1	61.8	35.6	39.9	41	57.5
凤凰城	5.2	7.2	5.8	5.2	1.5	2.0	2.4	2.2	2.2	4.6	0.5
本溪	1075.7	1078.0	1030.3	1083.9	1062.0	760.2	794.2	878.3	940	933.5	982.9
本溪湖	143.6	114.0	138.1	130.7	104.9	158.3	125.6	106.9	113	131.3	128.2
安平	342.4	394.1	463.5	431.8	431.3	445.8	450.3	419.9	430.7	419.7	357.5
裕国(沈阳西)									0.1	0.2	0.2
锦州	303.3	334.8	338.4	342.6	249.9	161.4	164	183.7	230.2	132.3	132.9
葫芦岛	252.5	273.8	242.9	157.1	185.2	194.2	155.6	172.9	230.6	164.8	77.7
大虎山	1.8	0.0	0.2	0.6	0.1	0.4	0.6	0.4	0.1		
渤海	110.3	118.9	152.4	186.1	198.2	237	202.9	188.6	168.3	174.6	127.1
盘锦	150.5	177.7	175.7	227.6	173.3	140.8	124.1	121.8	78.9	114.1	69
朝阳	32.3	36.9	30.7	23.6	7.4	27	30.5	6.6	0.9		
阜新南(阜新)	818.7	782.2	638.7	683.6	599.6	431.7	294.9	167.7	123.7	105.2	101.4

16-10 民用车辆拥有量

(2020年末) 单位：辆

指　标	总计	总计中:			总计中:			报废
		营运	非营运	校车	进口	个人	新注册	
合　计	**10595851**	**1023982**	**9553327**	**8914**	**527657**	**9262608**	**697740**	**37272**
一、汽车	**9343120**	**797482**	**8528103**	**8914**	**523458**	**8216443**	**614839**	**31082**
1.载客汽车	8188983	158747	8012701	8914	518368	7576553	510271	23433
#大型	73822	45696	20763	7363	629	6433	1981	1773
中型	37289	2905	32833	1551	567	15518	489	975
小型	8030426	110146	7911659		514269	7508849	507760	20224
微型	47446		47446		2903	45753	41	461
#轿车	5467363	109189	5350337		166100	5165309	282425	16048
2.载货汽车	1111114	631924	479190		4836	625031	101782	7125
#重 型	367146	331033	36113		643	94510	43440	3784
中 型	43180	33293	9887		86	24250	1420	495
轻 型	673047	256471	416576		4105	482088	55116	2795
微 型	239	92	147		2	141	1	17
3.其它汽车	43023	6811	36212		254	14859	2786	524
二、电车	**36**	**35**	**1**					
无轨	36	35	1					
有轨								
三、摩 托 车	**1051581**	**33544**	**1017030**		**3752**	**1025871**	**47445**	**4274**
普通	1043366	33479	1008883		3752	1018273	46117	4271
轻便	8215	65	8147			7598	1328	3
四、拖拉机								
五、挂车	**196550**	**192249**	**4301**		**381**	**18601**	**34829**	**1875**
六、其它类型车	**4564**	**672**	**3892**		**66**	**1693**	**627**	**41**

16-11 公路线路年底到达数

(2020年)

单位：公里

指 标	公路里程总 计	等级公路					
		合计	专用公路		一般公路		
			高速	一级	二级	三级	四级
本年年底到达数	**129928**	**123577**	**4331**	**3568**	**18349**	**30875**	**66453**
其中：1.干 线 公 路	20207	20187	4331	2588	12241	980	46
国 道	9957	9957	3561	1437	4832	127	
省 道	10251	10230	770	1152	7409	853	46
2.县 道	8667	8667		809	4992	2844	21
3.乡 道	29986	29982		50	746	22621	6566
4.专 用 公 路	814	798		11	69	351	367

16-12 船舶拥有量

指 标	单位	2010年	2011年	2012年	2013年	2014年	2015年	2016年	2017年	2018年	2019年	2020年
民用船舶拥有量												
水 运 船 舶	艘	553	564	574	534	535	500	471	478	461	456	319
净 载 重 吨	吨	7202719	7655909	8113429	8095948	8070791	8089683	8491190	8669011	10102917	10568619	1175603
#拖 轮	艘	4	5	11	8	13	11	11	11	7	6	5
驳 船	艘	11	10	17	10	7	7	9	10	10	9	4
净 载 重 吨	吨	40011	32719	31006	31108	21721	21721	30668	34197	34197	29197	5488

16-13 全社会水运客货运输量

年 份	货运量 (万吨)	货运周转量 (万吨公里)	客运量 (万人)	旅客周转量 (万人公里)
1990	1521	2892885	302	59396
1991	1861	4196000	355	59296
1992	2145	5013673	465	86880
1993	2325	5936798	521	86605
1994	2426	6152164	501	78201
1995	2649	6711204	533	86146
1996	2472	4794110	553	94208
1997	2145	3161179	540	91795
1998	1977	3147000	474	73000
1999	2542	4528000	595	119000
2000	3091	5724000	616	107000
2001	2726	6079116	602	84299
2002	3071	6609993	626	86095
2003	3649	11305708	542	71790
2004	4447	14611161	637	84187
2005	5730	17381637	650	83902
2006	7518	23616152	714	91583
2007	8778	39565875	651	84116
2008	9267	43330070	597	77776
2009	9651	48968411	543	70385
2010	10434	56957104	490	63899
2011	11632	65293536	549	70435
2012	12631	74833231	588	75042
2013	13379	78371594	534	65178
2014	13810	79795252	542	65215
2015	13439	79631726	504	59666
2016	13464	82758208	538	60053
2017	14122	86089164	552	60609
2018	13918	63175894	567	60473
2019	12498	50272669	530	60059
2020	4797	15758197	228	15991

16-14 沿海港口码头长度和泊位数

港 名	2010年	2011年	2012年	2013年	2014年	2015年	2016年	2017年	2018年	2019年	2020年
港口码头长度(米)	**63654**	**67353**	**73168**	**70622**	**74807**	**82113**	**80664**	**81551**	**81551**	**81883**	**84582**
#大连港	37563	37855	40749	38149	39449	43956	40765	41101	41101	41101	43218
营口港	13533	15465	16898	16363	17432	18966	18975	18975	18975	18975	18975
丹东港	4814	5326	6407	6407	7723	7626	7971	7626	7626	7626	7626
锦州港	5530	5530	5530	6119	6119	6274	6119	6119	6119	6119	6119
港口码头泊位(个)	**371**	**384**	**399**	**388**	**397**	**443**	**411**	**415**	**415**	**416**	**426**
#大连港	225	223	231	217	217	247	222	223	223	223	231
营口港	68	76	82	76	80	90	86	86	86	86	86
丹东港	33	40	38	45	47	42	42	42	42	42	42
锦州港	21	21	21	23	23	24	23	23	23	23	23

注：1.码头泊位包括浮筒泊位。
2.2005年均为生产用码头长度和泊位。

16-15 沿海港口吞吐量

指 标	2010年	2011年	2012年	2013年	2014年	2015年	2016年	2017年	2018年	2019年	2020年
货物吞吐量(万吨)	**67952**	**78374**	**88502**	**98354**	**103675**	**104859**	**109081**	**112558**	**100530**	**86124**	**82004**
#大连港	31399	33691	37426	40746	42337	41482	43660	45517	46784	36641	33401
营口港	22579	26085	30107	32013	33073	33849	35217	36267	37001	23818	23821
进 港	32998	37140	44631	50339	51995	53311	54201	55369	53941	38174	38065
#外 贸	16845	17369	12168	14046	15465	17117	17642	18978	22350	21667	24738
内 贸	16153	19771	32463	36294	36530	36194	36560	36391	31591	16507	13328
出 港	34954	41235	43871	48014	51680	51548	54880	57189	58235	47950	43939
#外 贸	4748	5324	5433	5736	6692	6817	6791	7569	7535	7248	6125
内 贸	30205	35911	38438	42279	44988	44731	48089	49620	50700	40702	37814
旅客进出港量(万人)	**630.7**	**703.5**	**662.2**	**631.3**	**608.2**	**571.4**	**542.1**	**587.2**	**604.5**	**619.5**	**241.2**
进 港	320.4	354.0	332.5	311.6	310.7	283.7	259.9	286.8	300.4	307.8	123.6
出 港	310.3	349.5	329.7	319.7	297.5	287.7	282.2	300.3	304.1	311.7	117.7

16-16 民用航空运输量

指　标	单位	2010年	2011年	2012年	2013年	2014年
(一)客运量	万人	**753.7**	**750.5**	**857.3**	**915.1**	**1212.6**
国际航线	万人	98.5	90.6	96.1	97.8	105.3
国内航线	万人	655.3	658.4	761.2	818.5	1098.9
其中：地区航线	万人	7.3	8.7	9.6	9.5	15.1
(二)旅客周转量	万人公里	**1086836.0**	**1096744.2**	**1222682.4**	**1322338.5**	**1903916.7**
国际航线	万人公里	132347.0	125136.7	126835.0	124194.3	135100.7
国内航线	万人公里	954490.0	968947.7	1095847.4	1198144.2	1749004.5
其中：地区航线	万人公里	17751.0	19819.7	21176.2	21126.3	31161.6
(三)货(邮)运量	吨	**102411.0**	**88692.6**	**95692.6**	**96032.6**	**120527.0**
国际航线	吨	8976.0	8914.6	8935.5	8731.9	8635.6
国内航线	吨	93436.0	79745.7	86757.1	87300.7	111573.2
其中：地区航线	吨	438.0	485.3	337.6	409.7	446.8
(四)货邮周转量	万吨公里	**17059.0**	**15223.6**	**15998.3**	**16034.7**	**20691.0**
国际航线	万吨公里	1355.0	1114.8	1138.0	1083.9	1107.9
国内航线	万吨公里	15704.0	14103.3	14860.3	14950.8	19496.6
其中：地区航线	万吨公里	118.0	128.5	87.7	102.9	108.6
(五)总周转量	万吨公里	**108442.0**	**112727.9**	**124473.0**	**124688.5**	**170728.5**
国际航线	万吨公里	12723.0	12221.9	12918.8	11602.1	13011.1
国内航线	万吨公里	95719.0	100264.3	111554.2	244318.3	155899.6
其中：地区航线	万吨公里	1249.0	1885.7	1955.0	1866.0	2912.8

16-16 续表

指　标	单位	2015年	2016年	2017年	2018年	2019年	2020年
(一)客运量	万人	**1353.5**	**1444.6**	**1559.2**	**1738.7**	**1710.8**	**938.9**
国际航线	万人	128.9	137.2	96.9	112.5	120.3	15.3
国内航线	万人	1224.6	1307.4	1462.3	1626.2	1590.6	923.6
其中：地区航线	万人	16.1	13.2	14.1	15.2	11.7	0.2
(二)旅客周转量	万人公里	**1956278.6**	**2089908.0**	**2266632.6**	**2655731.0**	**2368017.4**	**1488855.7**
国际航线	万人公里	202384.1	220709.4	147572.0	189220.8	183713.4	25666.8
国内航线	万人公里	1753894.5	1869198.6	2119060.5	2466510.2	2184304.0	1463049.6
其中：地区航线	万人公里	33443.2	27656.8	29230.6	31331.7	24255.0	418.5
(三)货(邮)运量	吨	**135263.6**	**141830.1**	**143757.9**	**147153.8**	**149501.3**	**96539.6**
国际航线	吨	9609.6	9389.0	7069.3	6516.1	4795.6	1539.9
国内航线	吨	125654.0	132441.1	136688.6	140637.7	144705.7	94994.0
其中：地区航线	吨	589.7	476.6	702.2	774.9	586.7	19.4
(四)货邮周转量	万吨公里	**23279.2**	**24341.2**	**24681.6**	**25984.0**	**26881.7**	**18172.9**
国际航线	万吨公里	1351.0	1415.9	991.4	952.1	580.6	158.7
国内航线	万吨公里	21928.2	22925.3	23690.2	25031.9	26301.1	18012.6
其中：地区航线	万吨公里	136.3	114.6	149.1	166.4	122.3	3.9
(五)总周转量	万吨公里	**200990.8**	**201908.5**	**215522.7**	**242496.6**	**242103.0**	**140494.0**
国际航线	万吨公里	19136.2	20728.4	13020.7	15850.4	15690.9	2365.0
国内航线	万吨公里	181854.7	181180.1	202501.9	226646.2	226412.1	138115.4
其中：地区航线	万吨公里	2997.0	2543.2	2626.3	2590.4	2163.8	40.3

16-17 邮电业务基本情况

指标	单位	2010年	2011年	2012年	2013年	2014年
邮电业务总量	亿元	1159.9	472.2	514.1	579.6	649.6
邮政业务总量	亿元	37.2	38.2	42.9	50.2	59.5
电信业务总量	亿元	1122.7	434.0	471.2	529.5	590.1
函　件	亿件	0.8	0.9	0.7	0.7	1.0
包　件	万件	223.6	219.1	243.3	243.9	203.9
快　递	万件	1400.1	6211.5	7757.4	11411.1	16656.4
报刊期发数	万份	383.7	554.6	404.0	365.9	327.0
固定电话年末用户	万户	1428.0	1353.3	1285.1	1222.4	1151.2
城市电话用户	万户	985.8	922.7	861.3	800.1	
农村电话用户	万户	442.2	430.6	423.8	422.3	
年末移动电话用户	万户	3341.8	3844.5	4291.3	4583.6	4535.5
年末国际互联网用户	万户	595.6	665.1	707.9	726.9	772.1
营业网点	处	1564.0	1554.0	1552.0	1548.0	3846.0
邮路总长度	万公里	19.8	13.6	5.0	5.0	5.1
汽车邮路	公里	48162.0	57748.0	41729.0	42056.0	47992.0
铁路邮路	公里	7016.0	7774.0	7774.0	7374.0	2842.0

注：1.邮电业务总量2010年前数据按2000年不变价计算，2011年后按2010年不变价计算。下同。
2.特快专递数据2010年前取至省邮政公司，2011年后取至省邮政管理局。2010年前的汽车邮路和铁路邮路为单程。下同。

16-17 续表

指标	单位	2015年	2016年	2017年	2018年	2019年	2020年
邮电业务总量	亿元	782.2	1162.5	1000.2	1935.1	2925.9	3667.1
邮政业务总量	亿元	75.1	101.4	127.2	160.6	202.7	278.3
电信业务总量	亿元	707.1	1061.1	873.0	1774.5	2723.2	3388.8
函　件	亿件	0.7	0.4	0.6	0.6	0.3	0.2
包　件	万件	160.1	107.3	80.0	67.7	50.0	49.8
快　递	万件	24674.1	39825.9	51434.5	65363.7	79515.7	111978.0
报刊期发数	万份	422.2	361.5	383.8	453.8	341.1	372.4
固定电话年末用户	万户	1036.2	890.6	777.2	673.0	628.7	540.5
城市电话用户	万户	616.3	771.9	667.2			
农村电话用户	万户	419.9	118.7	110.0			
年末移动电话用户	万户	4429.6	4427.1	4755.7	4880.7	4883.6	4873.8
年末国际互联网用户	万户	839.3	997.2	1058.6	1180.0		
营业网点	处	5301.0	5937.0	7125.0	7117.0	8124.0	10385.0
邮路总长度	万公里	5.4	27.8	29.9	25.5	29.1	24.8
汽车邮路	公里	34298.8	68978.0	59620.1	76208.5	89596.0	99370.0
铁路邮路	公里	2842.0	5871.0	5866.0	5866.0	2837.0	3758.0

16-18 邮电业务量

年 份	邮电业务总量（万元）	邮政业务总量	电信业务总量	函件（万件）	报刊期发数（万份）	快递（万件）	集邮业务（万枚）	移动电话用户（万户）	互联网用户（万户）	固定电话年末用户（万户）	城市电话用户	农村电话用户
1980	10576			14908	953					15.4	10.3	5.1
1985	17303			21002	1791					22.4	16.5	5.9
1986	18962			22048	1610	3				24.6	18.5	6.1
1987	21733			24175	1752	5				27.7	21.2	6.5
1988	26878			24464	1325	9	786			32.8	25.8	7
1989	34519			23146	705	20	1337			38	30.5	7.5
1990	83986			21964	1176	20	3586			43.1	35.2	7.9
1991	108122			19454	1123	28	5651	0.2		50.3	41.6	8.7
1992	154881			21281	903	46	7817	0.5		66.6	56.5	10.1
1993	242108			23791	1163	92	9812	1.8		98.8	85.3	13.5
1994	322406			25001	816	166	10940	7.9		155.6	135.9	19.7
1995	500819			24288	698	215	13977	19.8		229.1	194.8	34.3
1996	625297			22317	630	259	17290	36.2	0.1	319	261.7	57.3
1997	883518			21642	701	254.2	22681	67.2	0.5	394.3	309.7	84.6
1998	1322580			23450	745	261.9	24367	128.8	2.3	476.8	366.4	110.4
1999	1578635			18140	594	315.8	24179	207.7	12.2	579.2	439.3	139.9
2000	2426099	87084	2339015	17309	415	389.7	19834	429.3	61.8	699.5	519.7	179.8
2001	2130799	160002	1970796	14867	440	466.6	12014	703.8	163.4	860.7	621.5	239.2
2002	2492992	172483	2320509	13094	379	509.1	7822	846.6	335.9	1016.5	712.4	304.1
2003	2909994	190453	2719542	15985	352	619.8	4413	962.9	382.6	1278.6	907.3	371.2
2004	3651650	204598	3447052	13858	352	744.3	3714	1180.9	448.9	1492.7	1074.4	411.8
2005	4507393	235650	4271743	12466	339	804.4	4371	1394.9	331.8	1661.2	1203.4	449.9
2006	5649857	277553	5372304	9938	380	911.6	3800	1677.8	327.1	1701.8	1229.7	472.1
2007	7061352	293973	6767379	8270	330	1019.8	4465	2097.2	395.5	1728.8	1257.1	471.6
2008	8197008	331618	7865390	8330	375	1146.6	4639	2421.5	458.9	1604.3	1142.1	462.2
2009	9485359	396315	9089044	7486	356	1319.6	4160	2882.1	535.4	1529.1	1075.7	453.4
2010	11599440	372194	11227246	8463	384	1400.1	4399	3341.8	595.6	1428.0	985.8	442.2
2011	4721766	382248	4339518	8776	555	6211.5	6202	3844.5	665.1	1353.3	922.7	430.6
2012	5141147	428941	4712206	7433	404	7757.4		4291.3	707.9	1285.1	861.3	423.8
2013	5796430	501524	5294906	6899	366	11411.1		4583.6	726.9	1222.4	800.1	422.3
2014	6495529	594900	5900629	10400	327	16656.4		4535.5	772.1	1151.2		
2015	7821440	750685	7070755	6865	422	24674.1		4429.6	839.3	1036.2	616.3	419.9
2016	11625256	1014450	10610806	4421	361	39826.0		4427.1	997.2	890.6	771.9	118.7
2017	10002819	1272366	8730453	5700	384	51434.5		4755.7	1058.6	777.2	667.2	110.0
2018	19350928	1606371	17744556	6190	454	65363.7		4880.7	1180.0	673.0		
2019	29258965	2027009	27231956	3407	341	79515.7		4883.6	1274.6	628.6		
2020	36670883	2783353	33887530	2055	372	111978.0		4873.8	1377.0	540.5		

16-19 各地区邮电业务量

(2020年)

地区	邮电业务总量(万元)			函件(万件)	报刊期发数(万份)	移动电话用户(万户)	互联网用户(万户)	固定电话年末用户(万户)
		邮政业务总量	电信业务总量					
全省	**36670882.9**	**2783353.0**	**33887529.8**	**2054.5**	**372.4**	**4873.8**	**1377.0**	**540.5**
沈阳	10156768.3	1076995.7	9079772.6	886.5	70.4	1263.4	284.4	112.0
大连	7391901.4	522728.0	6869173.4	495.4	74.8	885.4	224.7	126.8
鞍山	2716335.4	293078.5	2423256.9	59.1	22.9	372.1	112.4	35.0
抚顺	1226750.9	67559.5	1159191.4	55.3	23.4	210.7	71.1	22.1
本溪	954476.3	47728.4	906747.9	75.5	15.0	158.3	50.7	13.4
丹东	1500099.9	96465.7	1403634.2	104.7	14.7	226.2	75.4	39.5
锦州	1879818.4	92011.1	1787807.3	44.5	20.9	285.7	90.4	34.7
营口	1859064.2	89528.5	1769535.7	43.4	16.9	230.2	76.7	24.8
阜新	1085295.9	41876.1	1043419.8	23.4	12.0	175.7	60.9	16.8
辽阳	1278935.6	85674.5	1193261.2	35.8	18.4	185.1	56.9	14.4
盘锦	1296396.6	93771.1	1202625.5	29.5	20.0	158.1	48.2	20.0
铁岭	1517625.6	87003.4	1430622.2	70.9	21.2	235.6	67.2	17.4
朝阳	1942774.8	81593.3	1861181.5	50.8	21.5	246.9	80.5	37.2
葫芦岛	1836915.0	107339.3	1729575.8	79.9	20.1	240.3	77.6	26.3

注：邮电业务总量按各个时期的不变价格计算。

16-20 邮电通信水平

指标	单位	2010年	2011年	2012年	2013年	2014年	2015年	2016年	2017年	2018年	2019年	2020年
平均每一邮电局所服务面积	平方公里	95.0	95.2	96.9	96.9	38.5	27.9	24.9	20.8	20.8	13.8	12.3
平均每一邮电局所服务人口	万人	2.7	2.7	2.8	2.8	1.0	0.8	0.7	0.6	0.6	0.4	0.4
设有邮政局所的乡(镇)比重	%	87.0	85.0	86.0	88.8	100.0	100.0	100.0	100.0	100.0	100.0	100.0
已通邮的行政村比重	%	100.0	100.0	100.0	100.0	100.0	100.0	100.0	100.0	100.0	100.0	100.0
平均每人每年发函件数	件	2.0	2.1	1.8	1.6	2.0	1.6	1.0	1.3	1.4	0.8	0.5
平均每百人每年订报刊数	份	9.0	13.0	9.5	8.6	9.0	9.0	8.0	9.0	10.4	9.1	8.6
固定电话普及率	部/百人	33.6	30.9	30.2	29	26	24.5	20.3	17.8	15.4	14.4	12.4
移动电话普及率	部/百人	78.5	87.8	100.9	108	103	104.7	101.0	108.6	112.0	112.2	112.0
进入长话自动网的县(市)比重	%	100.0	100.0	100.0	100.0	100.0	100.0	100.0	100.0	100.0	100.0	100.0
已通固定电话的乡(镇)比重	%	100.0	100.0	100.0	100.0	100.0	100.0	100.0	100.0	100.0	100.0	100.0
已通固定电话的行政村比重	%	100.0	100.0	100.0	100.0	100.0	100.0	100.0	100.0	100.0	100.0	100.0

主要统计指标解释

铁路营业里程 又称营业长度，指办理客货运输业务的铁路正线总长度。凡是全线或部分建成双线及以上的线路，以第一线的实际长度计算；复线、站线、段管线、岔线和特殊用途线以及不计算运费的联络线都不计算营业里程。铁路营业里程是反映铁路运输业基础设施发展水平的重要指标，也是计算客货周转量、运输密度和机车车辆运用效率等指标的基础资料。

铁路正线延展里程 是正线第一线、第二线、第三线和其他正线建筑里程之和，不包括站线、段管线、岔线及特殊用途线的延展里程。它是作为计算铁路线上钢轨、枕木及路基砂石需要量的主要依据。

铁路电气化里程 指在全部铁路营业里程中已安装了供电线路及设备，可以供电力机车牵引列车运行的区段的总里程。电气化里程占铁路营业里程的比重。

公路里程 指在一定时期内实际达到《公路工程技术标准 JTJ01-88》规定的等级公路，并经公路主管部门正式验收交付使用的公路里程数。其计算单位为：Km。它包括大中城市的郊区公路以及通过小城镇街道部分的公路里程，也包括桥梁、渡口的长度，但不包括大中城市的街道、厂矿、林区生产用道和农业生产用道的里程。两条或多条公路共同经由同一路段，只计算一次，不得重复计算里程长度。公路里程是反映公路建设发展规模的重要指标，也是计算运输网密度等指标的基础资料。

内河航道里程 也称“内河通航里程”，是反映内河水运网规模、水平和发展情况的主要指标；是指在一定时期内，能通航运输船舶及排筏的天然河流、湖泊水库、运河及通航渠道的长度。包括全年季节性通航累计三个月以上的航道，但不包括仅供零散流放竹、木排的河道。

民用航空航线里程 指民航运输定期班机飞行的航线长度的总和。航线长度按机场之间的距离计算，通常有两种计算方法：将每条航线长度相加称为重复计算航线里程；如将两线或两条以上航线经过同一区段里程，只计算一次航线长度称为不重复计算航线里程。一般常用的是后者，它能确切反映民航运输网的规模，表明民航事业为国民经济服务和方便人民生活程度的主要指标。

输油(气)管道长度 也称“输油(气)里程”，是反映管道运输发展规模和水平的主要指标；是指油品(或天然气)的实际输送距离，一般按输油(气)管道的单线长度计算。若包括复线和备用线长度则称为输油(气)管道延展长度，是指管道辅设的实际长度。我们通常使用的是不包括复线的“输油(气)管道里程”。

货(客)运量 指在一定时期内，各运输部门实际运送的货物(旅客)数量。是反映运输业为国民经济和人民生活服务的数量指标，也是制定和检查运输生产计划，研究运输发展规模和速度的重要指标。货运按吨计算，客运按人计算。货物不论运输距离长短，货物类别，均按实际重要统计；旅客不论行程远近或票价多少，均按一人一次作为客运量统计。半价票、小孩票也按一人统计。

货(客)运密度 指在一定时期内某种运输方式运输线路的某一区段平均每公司线路通过的货物(旅客)运输周转量。计算单位是吨(人)公里/公里。计算公式为：

货(客)运密度=（货物(旅客)周转量／营业线路长度）

货(客)运密度是反映交通运输线路上货物(旅客)运输量运输繁忙程度的主要指标。是平衡运输线路运输能力和通过能力，规划线路建设及改造、配备技术设备，研究运输网布局的重要依据。

货物(旅客)周转量 指在一定时期内，由各种运输工具运送的货物(旅客)数量与其相应运输距离的乘积之总和，是反映运输生产总成果的重要指标，也是编制和检查运输生产计划，计算运输效率、劳动生产率以及核算运输单位成本的主要基础资料。通常以吨公里和人公里为计算单位。计算货物周转量通常按发出站与到达站之间的最短距离，也就是计费距离计算。

铁路货车平均静载重 指铁路货车在始发站静止状态下平均每车装载的货物重量，用以分析货车完成

装车时车辆载重力的利用情况。计算单位为“吨”，计算公式为:

货车平均静载重(吨)=（货物发送吨数／装车数）

静载重的多少取决于运送货物的性质、种类、车辆的类型和装载技术的高低。根据货车的平均标记载重与静载重进行对比，可以反映货车载重能力的利用程度。计算公式为:

货车载重力利用率(%)=（货车平均静载重／货车平均标记载重）×100%

铁路货运机车日产量 指平均每台货运机车在一昼夜内所完成的总重吨公里数。它既包括载运货物的重量，也包括车辆本身的自重，它从时间和牵引能力两方面反映了机车运用效率。计算单位为“吨公里”，计算公式为:

货运机车平均日产量(吨公里)=（货运总重吨公里数／货运机车台日数)

沿海主要港口货物吞吐量 指由水运进出沿海主要港区范围，并经过装卸的货物数量，包括邮件及办理托运手续的行李、包裹以及补给运输船舶的燃、物料和淡水。其计量单位为吨。货物吞吐量的货种分类及其主要流向流量，反映了港口在国内外物资交流和对外贸易运输中的地位和作用。吞吐量可以分为进口、出口，又可以分为国内贸易和对外贸易。

邮电业务总量 指以货币表现的邮电部门用于传递信息和提供其他邮电服务的总数量。它综合反映了一定时期邮电工作的总成果，是研究邮电业务量构成和发展趋势的重要指标。根据邮电管理体制不同，分为中央国营业务总量和地方国营业务总量。它用各种邮电分类业务量，如函件件数、电报份数、长话张数、市内电话和农村电话的年均户数、订销报刊累计份数等，分别乘以相应的平均单价(不变价)，加总后再加上出租电路和设备的收入、代用户维护电话交换机和线路等设备的收入、其他业务收入求得。

市内电话 指接入县城(包括个别城镇)及县以上城市的市内电话网上，并按市内电话进行经营管理的电话。按计费办法分为包月制和计次制两种。

(1)住宅电话指话机装在居民住宅里的电话。它包括私人付费、公费和免费三个部分。

(2)私人付费电话指住宅居民自费安装并自己缴纳通话费的电话。

十七、国内贸易

Chapter 17 Domestic Trade

17-1 限额以上批发和零售业基本情况

登记注册类型	2016年		2017年		2018年		2019年		2020年	
	法人企业（个）	从业人数（人）	法人企业（个）	从业人数（人）	法人企业（个）	从业人数（人）	法人企业（个）	从业人数（人）	法人企业（个）	从业人数（人）
总　计	**4954**	**299878**	**4748**	**268139**	**4776**	**251187**	**5324**	**250744**	**5669**	**248040**
一、批发业	**2479**	**92388**	**2443**	**82941**	**2632**	**84574**	**3098**	**89012**	**3466**	**88244**
1.按登记注册类型分组										
内资	2397	87031	2361	78345	2551	78654	3001	84802	3366	81567
国有	67	11191	58	11783	37	9917	39	9970	61	10737
集体	13	598	8	424	5	378	6	309	7	281
股份合作	6	87	5	96	3	66	3	64	4	189
联营企业			1	12					1	6
国有联营										
集体联营			1	12						
国有与集体联营										
其他联营									1	6
有限责任公司	743	26343	763	27619	686	27345	855	30653	563	21127
国有独资公司	24	1596	27	1897	42	2908	44	2983	36	2267
其他有限责任公司	719	24747	736	25722	644	24437	811	27670	527	18860
股份有限公司	78	9181	71	8455	63	7944	68	7650	48	5665
私营企业	1480	39462	1445	29751	1747	32813	2019	35982	2667	43376
私营独资	26	384	24	258	22	173	27	199	66	762
私营合伙	2	5	2	5	2	5	2	5	3	28
私营有限责任公司	1405	29671	1375	28194	1696	32003	1957	34091	2567	41458
私营股份有限公司	47	9402	44	1294	27	632	33	1687	31	1128
其他	10	169	10	205	10	191	11	174	15	286
港澳台商投资企业	19	2262	20	1957	21	2269	27	1032	30	1747
与港澳台商合资经营	3	93	5	164	6	267	7	270	6	194
港澳台商合作经营	1	261							1	13
港澳台商独资	15	1908	14	1788	12	1961	16	631	18	361
港澳台商独资股份有限公司					2	36	3	126	3	123
外商投资企业	63	3095	62	2639	60	3651	70	3178	70	4830
中外合资经营	11	732	11	814	11	822	16	862	18	1526
中外合作经营										
外资企业	48	2263	47	1800	46	2808	52	2298	51	3302
外商投资股份有限公司	4	100	4	25	3	21	2	18		
2.按国民经济行业分组										
农、林、牧、渔产品批发	189	3967	182	3789	199	3518	258	3865	296	4354

注：1.由于行业代码调整，原汽车批发业、汽车零配件批发业被整合为汽车及零配件批发业，因此，与之对应的2014年、2015年、2016年和2017年数据均为汽车及零配件批发业数据。下同。

2.由于行业代码调整，2018年开始原家用电器批发分为家用视听设备批发和日用家电批发。汽车零售调整为汽车新车零售。机动车燃料零售业调整为机动车燃油零售。无店铺及其他零售业调整为货摊、无店铺及其他零售业。下同。

17-1 续表 1

登记注册类型	2016年		2017年		2018年		2019年		2020年	
	法人企业（个）	从业人数（人）	法人企业（个）	从业人数（人）	法人企业（个）	从业人数（人）	法人企业（个）	从业人数（人）	法人企业（个）	从业人数（人）
食品、饮料及烟草制品批发	253	18168	235	17191	222	16186	319	18723	376	18573
米、面制品及食用油批发	63	2363	57	1795	48	1769	73	2274	88	2346
烟草制品批发	14	7169	14	6667	14	6488	15	7172	15	6795
纺织、服装及家庭用品批发	165	16814	159	8391	157	8351	201	8195	207	7883
服装批发	62	3155	61	3248	61	3231	81	3297	84	3407
家用视听设备批发	40	1282	34	1374	5	75	7	115	9	142
日用家电批发					26	1270	36	1306	37	1166
文化、体育用品及器材批发	45	3087	51	2439	46	2568	52	2876	56	2664
医药及医疗器材批发	213	11099	234	12475	249	14352	300	16778	323	16082
矿产品、建材及化工产品批发	1109	25884	1081	25921	1263	27006	1343	26684	1576	26154
煤炭及制品批发	89	1428	81	1235	74	1096	107	1158	120	1217
石油及制品批发	334	12966	316	14205	476	16152	329	15000	490	14323
金属及金属矿批发	349	6182	338	5580	356	5233	445	5482	460	5178
建材批发	100	1539	92	1224	99	1109	150	1363	170	1649
化肥批发	30	929	27	873	23	572	24	564	19	410
机械设备、五金交电及电子产品批发	445	10515	425	10119	421	9706	497	10126	512	10295
汽车及零配件批发	105	2901	115	2969	104	2931	131	2837	129	2614
摩托车及零配件批发	8	131	4	87	8	88	4	51	6	104
计算机、软件及辅助设备批发	42	1116	39	959	37	806	35	602	39	570
贸易经纪与代理	12	1828	17	1704	16	1931	25	505	35	736
其他批发业	48	1026	59	912	59	956	103	1260	85	1503
二、零售业	**2475**	**207490**	**2305**	**185198**	**2144**	**166613**	**2226**	**161732**	**2203**	**159796**
1.按登记注册类型分组										
内资	2388	181594	2223	162642	2064	145095	2138	139649	2111	139937
国有	66	5033	61	2708	32	1233	25	1016	38	1389
集体	41	1868	27	1212	24	1070	25	783	15	601
股份合作	6	88	6	89	7	106	7	108	7	139
联营企业	4	75	2	70	2	70	3	61	2	50
国有联营	2	25	1	13						
集体联营	1	6					1	2		
国有与集体联营										
其他联营	1	44	1	57	2	70	2	59	2	50
有限责任公司	791	82813	788	77304	646	64435	657	62066	445	51740
国有独资公司	14	2724	15	1277	14	1302	11	1046	10	1087
其他有限责任公司	777	80089	773	76027	632	63133	646	61020	435	50653
股份有限公司	61	24425	65	22838	59	20582	64	19190	34	15138
私营企业	1403	66564	1256	58112	1283	57416	1349	56268	1558	70615
私营独资	171	6187	141	5641	134	1790	154	1957	166	2520
私营合伙	1	7	1	7	2	15	2	15	5	55

17-1 续表 2

登记注册类型	2016年		2017年		2018年		2019年		2020年	
	法人企业(个)	从业人数(人)	法人企业(个)	从业人数(人)	法人企业(个)	从业人数(人)	法人企业(个)	从业人数(人)	法人企业(个)	从业人数(人)
私营有限责任公司	1184	58620	1070	50816	1115	53887	1164	52797	1370	67382
私营股份有限公司	47	1750	44	1648	32	1724	29	1499	17	658
其他	16	728	18	309	11	183	8	157	12	265
港澳台商投资企业	50	12793	50	11775	50	11716	54	12360	55	11864
与港澳台商合资经营	14	4090	14	4221	10	2857	12	2915	11	2542
与港澳台商合作经营					1	83	1	83		
港澳台商独资	33	8149	33	7222	36	8392	39	9090	43	9188
港澳台商独资股份有限公司	3	554	3	332	1	74			1	134
外商投资企业	37	13103	32	10781	30	9802	34	9723	37	7995
中外合资经营	14	7602	11	3393	6	1535	10	1784	8	1494
中外合作经营										
外资企业	20	4730	19	6819	22	8132	22	7766	28	6337
外商投资股份有限公司	2	701	1	494						
2.按国民经济行业分组										
综合零售	328	99876	286	86307	255	66132	255	60369	250	52886
百货零售	194	63963	161	56799	132	39016	132	35102	130	29712
超级市场零售	112	33782	107	27701	102	24570	102	21695	99	20258
食品、饮料及烟草制品专门零售	121	3757	116	3683	98	4513	122	5952	116	5743
纺织、服装及日用品专门零售	165	9286	147	7907	133	7057	132	7255	119	8498
服装零售	92	6528	80	5648	75	4856	73	4350	69	5562
文化、体育用品及器材专门零售	143	6594	123	6197	87	4795	85	4346	94	4536
体育用品及器材零售	7	568	7	505	7	491	8	517	7	214
图书、报刊零售	54	3930	51	3793	32	2903	27	1837	32	1968
医药及医疗器材专门零售	159	22962	165	24868	151	29493	175	32439	178	37526
汽车、摩托车、零配件和燃料及其他动力销售	1051	44125	1046	41807	1041	42483	1074	40335	1079	41459
汽车新车零售	718	29321	723	29787	715	29387	708	26764	721	27352
机动车燃油零售	289	13968	283	11404	280	12512	298	12497	286	12940
家用电器及电子产品专门零售	314	13357	269	8729	232	7798	246	6886	241	5687
家用视听设备零售	44	1635	32	1200	25	989	20	627	21	520
日用家电设备零售	75	4353	71	4269	69	4073	77	3555	70	2610
计算机、软件及辅助设备零售	124	5241	100	1366	86	1156	86	1219	87	1279
通信设备零售	49	1914	43	1511	37	1431	39	1195	37	979
五金、家具及室内装修材料专门零售	109	4368	70	2029	64	1777	61	1496	53	1275
货摊、无店铺及其他零售业	85	3165	83	3671	83	2565	76	2654	73	2186
互联网零售	3	1488	8	2360	12	1479	9	1361	17	1163
邮购及电视、电话零售	1	18	1	18						

17-2 限额以上住宿和餐饮业基本情况

登记注册类型	2016年		2017年		2018年		2019年		2020年	
	法人企业（个）	从业人数（人）	法人企业（个）	从业人数（人）	法人企业（个）	从业人数（人）	法人企业（个）	从业人数（人）	法人企业（个）	从业人数（人）
总　计	**859**	**71790**	**797**	**68062**	**729**	**65234**	**821**	**69277**	**833**	**66418**
一、住宿业	**472**	**42983**	**452**	**38837**	**425**	**37078**	**481**	**35408**	**486**	**29972**
1.按登记注册类型分组										
内资	425	36343	412	32799	384	31265	442	30704	448	26000
国有	59	7737	53	7106	38	4646	35	3999	34	4001
集体	20	917	14	522	12	517	10	359	7	276
股份合作	1	35	1	35						
联营企业	2	89	1	50	1	61				
国有联营	1	24								
集体联营	1	65	1	50	1	61				
国有与集体联营										
其他联营										
有限责任公司	142	14834	145	13362	135	13284	159	13714	118	9391
国有独资公司	10	2890	9	2285	11	1870	12	1769	10	1535
其他有限责任公司	132	11944	136	11077	124	11414	147	11945	108	7856
股份有限公司	15	1051	13	917	11	1567	10	802	5	319
私营企业	182	11465	180	10634	186	11175	228	11830	283	11996
私营独资	33	1339	31	1009	20	734	21	658	25	829
私营合伙	3	107			1	16	1	28	1	22
私营有限责任公司	136	9449	139	8586	158	9844	201	10921	252	10713
私营股份有限公司	10	570	10	1039	7	581	5	223	5	432
其他	4	215	5	173	1	15			1	17
港澳台商投资企业	19	4404	16	4118	20	4317	20	3333	19	2931
与港澳台商合资经营	13	3210	10	2868	14	3107	13	2760	13	1972
与港澳台商合作经营										
港澳台商独资	6	1194	6	1250	6	1210	7	573	6	959
港澳台商独资股份有限公司										
外商投资企业	28	2236	24	1920	21	1496	19	1371	19	1041
中外合资经营	16	1516	14	1178	11	845	9	736	9	532
中外合作经营	1	60	1	81	1	60	1	18		
外资企业	9	502	7	553	7	492	8	546	7	466
外商投资股份有限公司	1	147	1	97	1	88	1	71		
2.按国民经济行业分组										
旅游饭店	331	36933	289	31676	274	30166	270	26566	265	22411
一般旅馆	127	5362	147	6111	135	5163	190	6119	201	5959
民宿服务							1	13		
露营地服务										
其他住宿业	14	688	16	1050			20	2710	20	1602

注：自2018年起住宿业新增民宿服务、露营地服务两项行业中类，餐饮业新增餐饮配送及外卖送餐服务行业中类。

17-2 续表

登记注册类型	2016年		2017年		2018年		2019年		2020年	
	法人企业(个)	从业人数(人)	法人企业(个)	从业人数(人)	法人企业(个)	从业人数(人)	法人企业(个)	从业人数(人)	法人企业(个)	从业人数(人)
二、餐饮业	**387**	**28807**	**345**	**29225**	**304**	**28156**	**340**	**33869**	**347**	**36446**
1.按登记注册类型分组										
内资	354	19146	320	19519	283	18368	318	16602	322	16265
国有	12	848	9	3000	6	497	4	302	5	279
集体	3	76	3	69	1	25	2	63	2	57
股份合作										
联营企业							1	52		
国有联营										
集体联营							1	52		
国有与集体联营										
其他联营										
有限责任公司	83	5160	85	5364	64	3668	80	4569	58	3408
国有独资公司	1	42	1	37	2	142	2	483	4	598
其他有限责任公司	82	5118	84	5327	62	3526	78	4086	54	2810
股份有限公司	6	526	5	379	10	3064	5	1334	3	1076
私营企业	242	11981	213	10369	201	10995	226	10282	254	11445
私营独资	90	3457	62	2263	51	1789	53	1656	46	1339
私营合伙	3	96	4	119	3	114	9	202	13	213
私营有限责任公司	143	8304	143	7910	143	8928	161	8288	193	9762
私营股份有限公司	6	124	4	77	4	164	3	136	2	131
其他	8	555	5	338	1	119				
港澳台商投资企业	10	1896	10	3771	12	4564	14	11285	17	11141
与港澳台商合资经营	2	316	2	321	2	310	4	388	4	310
与港澳台商合作经营	1	9								
港澳台商独资	7	1571	8	3450	10	4254	10	10897	13	10831
港澳台商独资股份有限公司										
外商投资企业	23	7765	15	5935	9	5224	8	5982	8	9040
中外合资经营	7	650	4	516	1	14	1	23	2	44
中外合作经营	1	9	1	6						
外资企业	14	6995	9	5305	8	5210	7	5959	6	8996
外商投资股份有限公司	1	111	1	108						
2.按国民经济行业分组										
正餐服务	350	18765	303	16151	259	14849	287	14070	280	12916
快餐服务	22	8183	27	11044	27	11082	28	15655	34	18893
饮料及冷饮服务	7	622	5	753	4	877	6	1275	9	1284
餐饮配送及外卖送餐服务							15	2625	20	3114
其他餐饮业	8	1237	10	1277	14	1348	4	244	4	239

17-3 社会消费品零售总额

单位：亿元

年份、地区	社会消费品零售总额	年份、地区	社会消费品零售总额
1978	71.2	2011	5710.5
1988	368.0	2012	6439.9
1989	411.7	2013	7186.7
1990	421.1	2014	7899.5
1991	467.3	2015	8364.8
1992	589.4	2016	8597.1
1993	669.6	2017	8696.4
1994	838.9	2018	9112.8
1995	1061.5	2019	9670.6
1996	1197.5	2020	8960.9
1997	1322.6	沈　阳	3637.6
1998	1404.1	大　连	1828.0
1999	1490.3	鞍　山	695.3
2000	1593.7	抚　顺	178.6
2001	1723.2	本　溪	142.9
2002	1877.4	丹　东	261.0
2003	1902.1	锦　州	316.4
2004	2126.1	营　口	397.8
2005	2381.3	阜　新	183.0
2006	2692.6	辽　阳	251.3
2007	3120.3	盘　锦	350.5
2008	3762.6	铁　岭	168.9
2009	4264.5	朝　阳	268.7
2010	4956.0	葫芦岛	281.0

注：按国家统计局要求，根据第四次经济普查结果，对历史数据进行了修改。

17-4 限额以上批发零售贸易业商品销售总额

(2020年) 单位：万元

登记注册类型、行业	销售总额	#批发	#零售
总 计	**198453703.7**	**165303072.8**	**31982231.1**
一、批发业	**167217901.1**	**162641869.0**	**3409472.1**
1.按登记注册类型分组			
内资企业	164266569.6	159863220.9	3237229.4
国有企业	7777265.2	7681621.8	95643.4
集体企业	339414.0	339382.2	31.8
股份合作企业	110476.4	108918.3	1558.1
联营企业	15642.7	15642.7	
国有联营企业			
集体联营企业			
国有与集体联营企业			
其他联营企业	15642.7	15642.7	
有限责任公司	48356245.7	46382069.4	1129604.9
国有独资企业	6544980.6	6518844.9	26135.7
其他有限责任公司	41811265.1	39863224.5	1103469.2
股份有限公司	38224931.4	37135596.0	1089335.4
私营企业	69338214.8	68108254.9	908412.0
私营独资企业	1357354.3	1349338.8	8005.8
私营合伙企业	18683.1	18683.1	
私营有限责任公司	67131737.8	65945387.0	872719.3
私营股份有限公司	830439.6	794846.0	27686.9
其他企业	104379.4	91735.6	12643.8
港、澳、台商投资企业	1028081.5	955979.1	72102.4
合资经营企业	140764.3	140577.5	186.8
合作经营企业	13707.2	13707.2	
独资经营企业	583772.6	557725.7	26046.9
投资股份有限公司	154080.3	154080.3	
外商投资企业	1706736.4	1633310.9	72984.8
中外合资经营企业	410994.7	352767.0	58227.7
中外合作经营企业			
外资企业	1281198.0	1266000.2	14757.1
外商投资股份有限公司	9578.5	9578.5	
2.按国民经济行业分组			
农、林、牧、渔产品批发	12548800.5	12390884.0	157916.5
食品、饮料及烟草制品批发	10272263.3	10042414.0	209285.5
米、面制品及食用油批发	2400370.3	2368150.6	32219.7
烟草制品批发	4631583.7	4631451.6	132.1
纺织、服装及家庭用品批发	2899146.8	2756335.2	142580.3
服装批发	787924.6	770291.8	17632.8
家用视听设备批发	648992.6	642186.2	6806.4
日用家电批发	600556.9	580122.1	20434.8
文化、体育用品及器材批发	807104.8	713739.0	91449.6
医药及医疗器材批发	7912479.4	7774214.8	136940.0
矿产品、建材及化工产品批发	123469428.1	120130410.3	2209818.8
煤炭及制品批发	4062849.7	3969561.6	93288.1
石油及制品批发	71393542.9	69293901.6	1219872.6
金属及金属矿批发	35216888.6	34410346.5	560383.8
建材批发	2831885.9	2806067.2	22756.1
化肥批发	587734.9	587734.9	
机械设备、五金产品及电子产品批发	6642738.4	6198965.0	437830.1
汽车及零配件批发	2305087.5	2075955.3	226790.2
摩托车及零配件批发	98582.3	98483.8	98.5
计算机、软件及辅助设备批发	231960.2	192540.9	39419.3
贸易经纪与代理	796893.5	787091.6	9291.9
其他批发业	1869046.3	1847815.1	14359.4

17-4 续表 (2020年) 单位：万元

登记注册类型、行业	销售总额	#批发	#零售
二、零售业	**31235802.6**	**2661203.8**	**28572759.0**
1.按登记注册类型分组			
内资企业	27374059.5	2624490.7	24747729.0
国有企业	372189.1	164102.5	208086.6
集体企业	44417.9	16439.0	27978.9
股份合作企业	21900.3	4756.4	17143.9
联营企业	6939.1	283.2	6655.9
国有联营企业			
集体联营企业			
国有与集体联营企业			
其他联营企业	6939.1	283.2	6655.9
有限责任公司	8139651.9	620833.3	7518818.5
国有独资企业	172041.1	59450.3	112590.8
其他有限责任公司	7967610.8	561383.0	7406227.7
股份有限公司	3834824.6	765444.1	3069380.5
私营企业	14907565.3	1048956.3	13856769.3
私营独资企业	252354.2	14878.0	237476.2
私营合伙企业	19520.7	13391.2	6129.5
私营有限责任公司	14562039.0	1017616.4	13542582.9
私营股份有限公司	73651.4	3070.7	70580.7
其他企业	46571.3	3675.9	42895.4
港、澳、台商投资企业	1864469.0	5977.5	1858491.5
合资经营企业	557793.8	3485.0	554308.8
合作经营企业			
独资经营企业	1232008.8	2492.5	1229516.3
投资股份有限公司	74666.4		74666.4
外商投资企业	1409286.7	4487.7	1404799.0
中外合资经营企业	289223.7	3955.8	285267.9
中外合作经营企业	96197.0		96197.0
外资企业	964500.3	531.9	963968.4
外商投资股份有限公司			
2.按国民经济行业分组			
综合零售	5589279.1	68620.5	5520658.5
百货零售	3646456.0	41032.5	3605423.4
超级市场零售	1763273.5	23824.7	1739448.8
食品、饮料及烟草制品专门零售	903010.0	84100.1	818909.9
纺织、服装及日用品专门零售	1197630.6	63899.3	1133731.3
服装零售	795028.6	31750.7	763277.9
文化、体育用品及器材专门零售	594925.0	41210.9	553433.5
体育用品及器材零售	26102.9		26102.9
图书、报刊零售	120301.2	12011.3	108289.9
医药及医疗器材专门零售	1973580.0	153957.2	1819622.8
汽车、摩托车、零配件和燃料及其他动力销售	14664451.7	1525097.0	13138112.1
汽车零售	9932501.0	326420.4	9604838.0
机动车燃料零售	4336724.7	1168721.8	3168002.9
家用电器及电子产品专门零售	1643239.2	232040.6	1411068.6
家用视听设备零售	165000.4	730.0	164270.4
日用家电设备零售	973049.9	130440.8	842479.1
计算机、软件及辅助设备零售	192863.8	59360.0	133503.8
通信设备零售	249262.0	17869.8	231392.2
五金、家具及室内装修材料专门零售	267218.9	25744.0	241474.9
货摊、无店铺及其他零售业	4402468.1	466534.2	3935747.4
互联网零售	4216651.8	427229.9	3789235.4
邮购及电子销售			

17-5 各地区限额以上批发零售贸易业商品销售总额

(2020年)　　单位：万元

登记注册类型、行业	沈阳	大连	鞍山	抚顺	本溪	丹东	锦州
总　计	**84623631.4**	**52106773.7**	**8392254.3**	**2286842.2**	**1680586.4**	**1288586.5**	**4722186.9**
一、批发业	**69046691.6**	**45507887.7**	**6894738.5**	**1904495.1**	**1359293.8**	**602422.3**	**3409051.2**
1.按登记注册类型分组							
内资企业	68095194.9	43675680.6	6871282.9	1898025.2	1358183.0	597755.2	3369326.0
国有企业	1348786.9	2918268.6	468839.5	250844.9	186904.5	249333.6	455069.5
集体企业	315440.7	8761.8		9471.2			
股份合作企业	17852.3		86833.0				
联营企业	15642.7						
国有联营企业							
集体联营企业							
国有与集体联营企业							
其他联营企业	15642.7						
有限责任公司	18136471.9	10840058.9	3716342.0	333405.6	744338.0	113645.4	536267.3
国有独资企业	1093762.0	456862.9	11918.1				84919.2
其他有限责任公司	17042709.9	10383196.0	3704423.9	333405.6	744338.0	113645.4	451348.1
股份有限公司	35120882.2	1001395.6	319068.1	151144.4	100674.5	2346.1	
私营企业	13127007.5	28878148.9	2270637.0	1153159.1	326266.0	201682.3	2377989.2
私营独资企业	158595.5	893528.2	206054.4	19317.7		12884.6	3504.7
私营合伙企业	12076.8						
私营有限责任公司	12688100.2	27483548.1	2039411.8	1133841.4	326266.0	186451.9	2374484.5
私营股份有限公司	268235.0	501072.6	25170.8			2345.8	
其他企业	13110.7	29046.8	9563.3			30747.8	
港、澳、台商投资企业	515229.3	463329.8		2192.3	1110.8		13500.6
合资经营企业		120642.0			1110.8		
合作经营企业							
独资经营企业	257396.6	324183.7		2192.3			
投资股份有限公司	135576.2	18504.1					
外商投资企业	277979.7	1368877.3					11536.6
中外合资经营企业	22533.9	334321.7					11536.6
中外合作经营企业							
外资企业	245867.3	1029590.4					
外商投资股份有限公司	9578.5						
2.按国民经济行业分组							
农、林、牧、渔产品批发	1311416.0	4864323.5	151620.1	113005.6		21494.7	1724752.3
食品、饮料及烟草制品批发	2770874.1	3804983.3	514760.5	242436.8	190703.7	292491.7	330447.5
米、面制品及食用油批发	530238.0	1470550.6	80656.8		30827.4		5239.7
烟草制品批发	1081743.1	839685.5	356670.9	203435.6	152472.6	249333.6	272295.5
纺织、服装及家庭用品批发	1128139.0	1375170.2	23455.6		6191.8	17303.6	61141.7
服装批发	106794.7	655947.3	2300.0			5714.7	
家用视听设备批发	138359.4	268009.1					
日用家电批发	455267.4	79569.7				958.7	55115.6
文化、体育用品及器材批发	697723.5	109133.3		248.0			
医药及医疗器材批发	4909250.4	1574117.3	260692.7	66903.4	297685.3	57604.7	224047.3
矿产品、建材及化工产品批发	55464332.4	29308570.1	5505755.8	1422755.4	330572.4	145968.9	773836.5
煤炭及制品批发	874365.5	1436580.2	157663.0	206501.9	149150.6	98646.9	489394.9
石油及制品批发	39385489.0	16746022.2	452690.6	413043.2	102110.3	27599.2	108808.6
金属及金属矿批发	12783968.2	7274952.8	4331169.9	492854.7	61706.7	17965.0	27803.5
建材批发	1121602.6	912605.9	239060.6	75891.4	7764.6	1757.8	
化肥批发	377260.0	26438.2					104507.5
机械设备、五金产品及电子产品批发	2686852.6	2670428.9	374236.4	57304.7	7222.1	65664.5	199469.4
汽车及零配件批发	848508.9	880674.5	126737.0	9417.6		65664.5	63029.0
摩托车及零配件批发	59932.2	38650.1					
计算机、软件及辅助设备批发	210367.8	14707.5					1647.1
贸易经纪与代理	7674.3	208019.8	0.1		515114.3		33776.8
其他批发业	70429.3	1593141.3	64217.3	1841.2	11804.2	1894.2	61579.7

17-5 续表 1 (2020年) 单位：万元

登记注册类型、行业	沈阳	大连	鞍山	抚顺	本溪	丹东	锦州
二、零售业	**15576939.8**	**6598886.0**	**1497515.8**	**382347.1**	**321292.6**	**686164.2**	**1313135.7**
1.按登记注册类型分组							
内资企业	13869326.7	5294654.1	1275021.6	376589.5	315603.3	583522.6	1243903.2
国有企业	63207.2	282303.9	4086.0	1166.1	11919.4	1038.0	1054.9
集体企业	29229.7	3002.8	4681.0				4896.2
股份合作企业	9625.8	6849.4				5425.1	
联营企业		3124.9					
国有联营企业							
集体联营企业							
国有与集体联营企业							
其他联营企业		3124.9					
有限责任公司	3579853.2	1942704.7	442638.9	159368.6	104774.2	145208.7	645031.2
国有独资企业	9750.8	27365.6	1906.0	564.7			
其他有限责任公司	3570102.4	1915339.1	440732.9	158803.9	104774.2	145208.7	645031.2
股份有限公司	1404198.0	1414064.9	2172.0	2824.1	528.7	195926.0	239817.3
私营企业	8783212.8	1610531.2	819179.0	213230.7	197934.9	229679.9	353103.6
私营独资企业	87827.9	15378.3	37799.7	1098.4	5492.9	18758.0	8446.9
私营合伙企业	175.3	13361.6	1121.8				
私营有限责任公司	8680795.6	1577755.9	752906.7	207186.8	190524.2	210921.9	344656.7
私营股份有限公司	14414.0	4035.4	27350.8	4945.5	1917.8		
其他企业		32072.3	2264.7		446.1	6244.9	
港、澳、台商投资企业	704386.7	817566.3	43848.7		2861.2	7948.9	45190.7
合资经营企业	918.3	498014.8	3506.8		1592.8	7948.9	
合作经营企业							
独资经营企业	682390.0	265963.5	40341.9		1268.4		45190.7
投资股份有限公司	21078.4	53588.0					
外商投资企业	835266.2	486665.6	59365.7			24033.4	
中外合资经营企业	198063.1	63171.4				24033.4	
中外合作经营企业	96197.0						
外资企业	541006.1	423494.2					
外商投资股份有限公司							
2.按国民经济行业分组							
综合零售	2099404.2	1414003.6	241562.6	91496.6	125382.2	77358.4	507065.3
百货零售	1163487.9	948961.0	176975.8	78280.5	109042.2	65369.0	480191.5
超级市场零售	855103.1	403026.9	64335.8	12592.0	8618.9	6963.3	7558.3
食品、饮料及烟草制品专门零售	545655.6	104987.3	45025.9	28201.3	23574.3	35522.1	13474.9
纺织、服装及日用品专门零售	645613.2	299892.9	85872.3	278.4	5121.8	22695.2	14489.8
服装零售	517211.9	155116.7	24068.2	269.9	1141.4	19025.9	281.5
文化、体育用品及器材专门零售	446246.0	49579.9	44308.5	1166.1	516.1	4776.1	5787.3
体育用品及器材零售	10260.5	12904.9	2395.8				541.7
图书、报刊零售	77509.4	28819.8	4935.9	1166.1	516.1		571.5
医药及医疗器材专门零售	843731.4	347079.6	132767.0	54633.1	31996.4	32490.5	75953.0
汽车、摩托车、零配件和燃料及其他动力销售	5960979.8	3803902.1	794706.9	173048.9	120732.5	458807.9	637072.1
汽车零售	4430926.1	2346506.3	633341.5	142442.5	103918.4	215900.9	320726.4
机动车燃料零售	1385585.8	1344438.4	129659.3	30606.4	11523.5	242907.0	296581.3
家用电器及电子产品专门零售	663023.6	459369.5	124700.8	32683.7	4975.0	43231.5	51393.9
家用视听设备零售	7497.8	3166.4	38942.5		2835.5	6108.7	14007.3
日用家电设备零售	360213.2	425461.8	59501.5	21993.8	1087.3	19851.4	31268.3
计算机、软件及辅助设备零售	135264.3	20098.6	5327.6	2973.6	606.1	5378.0	1339.3
通信设备零售	120362.8	2336.9	20012.0	7716.3	446.1	932.0	4779.0
五金、家具及室内装修材料专门零售	149812.5	76351.4	2753.3	839.0	1754.7	5162.1	4824.6
货摊、无店铺及其他零售业	4222473.5	43719.7	25818.5		7239.6	6120.4	3074.8
互联网零售	4169209.3		3561.4			1525.4	751.0
邮购及电子销售							

17-5 续表 2 (2020年) 单位：万元

登记注册类型、行业	营口	阜新	辽阳	盘锦	铁岭	朝阳	葫芦岛
总　计	**13298702.7**	**2020381.0**	**5210694.2**	**13163697.5**	**1712403.3**	**4242652.4**	**3704311.2**
一、批发业	**12194554.2**	**1671438.5**	**4594366.0**	**12392806.5**	**1344234.7**	**3506193.3**	**2789727.7**
1.按登记注册类型分组							
内资企业	12147186.0	1665622.4	4594366.0	12373817.5	1344234.7	3494179.2	2781716.0
国有企业	259509.8	256406.9	447396.3	241215.6	246475.2	220416.9	227797.0
集体企业					5084.7		655.6
股份合作企业					5791.1		
联营企业							
国有联营企业							
集体联营企业							
国有与集体联营企业							
其他联营企业							
有限责任公司	6016346.1	741980.5	111605.3	3344393.0	495431.6	2673941.6	552018.5
国有独资企业	69135.5	298652.8		1764571.2	193386.6	2571772.3	
其他有限责任公司	5947210.6	443327.7	111605.3	1579821.8	302045.0	102169.3	552018.5
股份有限公司	303267.5	115570.6	693945.9	6034.1	163241.4	164943.1	82417.9
私营企业	5546151.8	551664.4	3341418.5	8782174.8	428210.7	434877.6	1918827.0
私营独资企业	5886.7	19569.5		2759.5	12429.5	13342.0	9482.0
私营合伙企业					4530.2		2076.1
私营有限责任公司	5540265.1	531694.9	3317144.8	8779415.3	411251.0	412593.9	1907268.9
私营股份有限公司		400.0	24273.7			8941.7	
其他企业	21910.8						
港、澳、台商投资企业	19011.5			13707.2			
合资经营企业	19011.5						
合作经营企业				13707.2			
独资经营企业							
投资股份有限公司							
外商投资企业	28356.7			5281.8		8772.1	5932.2
中外合资经营企业	28107.6					8772.1	5722.8
中外合作经营企业							
外资企业	249.1			5281.8			209.4
外商投资股份有限公司							
2.按国民经济行业分组							
农、林、牧、渔产品批发	1900071.3	218962.9	31626.4	348772.1	497624.9	68930.1	1296200.6
食品、饮料及烟草制品批发	706895.9	205101.4	244623.7	180487.7	314201.1	240093.3	234162.6
米、面制品及食用油批发	184170.6	34535.2	20966.1		23429.8	14017.0	5739.1
烟草制品批发	255757.8	166805.4	199738.4	164242.8	246475.2	220416.9	222510.4
纺织、服装及家庭用品批发	15026.1	9403.0	246493.0	5281.8			11541.0
服装批发	11812.1	5355.8					
家用视听设备批发			242624.1				
日用家电批发			3868.9				5776.6
文化、体育用品及器材批发							
医药及医疗器材批发	79947.4	26612.2	35895.4	80394.0	92531.0	95733.9	111064.4
矿产品、建材及化工产品批发	9429878.0	1207040.2	3820292.7	11660266.0	385334.7	3045049.8	969775.2
煤炭及制品批发	22920.4	438077.8	23667.2		100652.7	26503.7	38724.9
石油及制品批发	1347432.4	211645.9	63028.6	11064445.5	261685.6	548016.5	661525.3
金属及金属矿批发	4246121.2		2929432.7	408884.4	4851.8	2443867.2	193310.5
建材批发	332669.0		32643.3	89397.1		14761.3	3732.3
化肥批发	33290.1			31800.0	7294.3		7144.8
机械设备、五金产品及电子产品批发	62735.5	4318.8	215434.8	100472.5	47844.3	10814.0	139939.9
汽车及零配件批发	51074.7		36465.2	74982.6	20609.0		127924.5
摩托车及零配件批发							
计算机、软件及辅助设备批发			5237.8				
货摊、无店铺及其他零售业				17132.4		11491.1	3684.7
其他批发业					6698.7	34081.1	23359.3

17-5 续表 3 (2020年) 单位：万元

登记注册类型、行业	营口	阜新	辽阳	盘锦	铁岭	朝阳	葫芦岛
二、零售业	**1104148.5**	**348942.5**	**616328.2**	**770891.0**	**368168.6**	**736459.1**	**914583.5**
1.按登记注册类型分组							
内资企业	1035267.2	270522.0	499106.3	710245.3	344613.7	685456.1	870227.9
国有企业	1350.0				692.4	1218.9	4152.3
集体企业		1029.9			923.8	654.5	
股份合作企业							
联营企业							3814.2
国有联营企业							
集体联营企业							
国有与集体联营企业							
其他联营企业							3814.2
有限责任公司	293307.8	135816.3	53503.2	207055.4	34703.8	167012.7	228673.2
国有独资企业	131661.0			281.0		512.0	
其他有限责任公司	161646.8	135816.3	53503.2	206774.4	34703.8	166500.7	228673.2
股份有限公司	20846.0		141695.4	245191.1			167561.1
私营企业	719763.4	133675.8	303907.7	257998.8	303845.4	516570.0	464932.1
私营独资企业	18485.9	7044.8	18088.3	4040.0	9371.9	12028.6	8492.6
私营合伙企业					4186.9		675.1
私营有限责任公司	699697.7	126631.0	269446.3	253958.8	287454.8	504541.4	455561.2
私营股份有限公司	1579.8		16373.1		2831.8		203.2
其他企业					4448.3		1095.0
港、澳、台商投资企业	53835.6	56790.3	28310.8	52729.2	13639.3	14167.1	23194.2
合资经营企业	45812.2						
合作经营企业							
独资经营企业	8023.4	56790.3	28310.8	52729.2	13639.3	14167.1	23194.2
投资股份有限公司							
外商投资企业		3955.8					
中外合资经营企业		3955.8					
中外合作经营企业							
外资企业							
外商投资股份有限公司							
2.按国民经济行业分组							
综合零售	169659.3	187291.4	83254.0	143998.8	79618.1	174624.5	194560.1
百货零售	62631.0	176743.8	34012.3	61135.8	46020.6	85044.1	158560.5
超级市场零售	105712.4	10547.6	49241.7	82863.0	32640.5	88070.4	35999.6
食品、饮料及烟草制品专门零售	9150.6	1243.7	17392.3	15136.6	24213.0	15779.9	23652.5
纺织、服装及日用品专门零售	35183.5	2104.0	64420.4	2511.3		9460.4	9987.4
服装零售	1033.4	1047.0	63087.9	1748.5		4450.3	6546.0
文化、体育用品及器材专门零售	3744.5	24088.0	1056.6	5271.9	3922.3	2770.8	1690.9
体育用品及器材零售							
图书、报刊零售	2767.8			623.1	2195.7	1195.8	
医药及医疗器材专门零售	78307.4	14764.8	44387.9	59414.1	34036.9	193774.6	30243.3
汽车、摩托车、零配件和燃料及其他动力销售	632560.1	92825.7	384108.4	509229.3	206520.8	297933.8	592023.4
汽车零售	427860.0	78813.4	220661.1	312515.2	187062.9	267022.9	244803.4
机动车燃料零售	154714.9	7638.7	160232.6	196550.5	11760.6	30910.9	333614.8
家用电器及电子产品专门零售	111998.3	18890.0	17187.7	22783.6	14436.3	32984.8	45580.5
家用视听设备零售	81186.4			2676.7		8579.1	
日用家电设备零售	5113.2		13603.5	2962.0	2711.4	20341.9	8940.6
计算机、软件及辅助设备零售	1848.5		3584.2	9659.4		3547.8	3236.4
通信设备零售	20657.0	18890.0		7485.5	11724.9	516.0	33403.5
五金、家具及室内装修材料专门零售	10614.8	1933.6		4816.8		3517.6	4838.5
货摊、无店铺及其他零售业	52930.0	5801.3	4520.9	7728.6	5421.2	5612.7	12006.9
互联网零售	38615.5				702.9	743.3	1543.0
邮购及电子销售							

17-6 限额以上批发、零售贸易业商品零售类值

(2020年) 单位：万元

指　标	零售
总　计	**29990234.4**
1.粮油、食品类	2806908.6
(1)粮油类	861982.3
(2)肉禽蛋类	413348.4
(3)水产品类	174616.3
(4)蔬菜类	214074.1
(5)干鲜果品类	280870.2
2.饮料类	356288.6
3.烟酒类	471776.7
4.服装、鞋帽、针纺织品类	2807654.5
(1)服装类	2233081.3
(2)鞋帽类	447494.7
(3)针、纺织品类	127078.5
5.化妆品类	579350.6
6.金银珠宝类	689711.6
7.日用品类	1030484.3
8.五金、电料类	48057.8
9.体育、娱乐用品类	143664.6
10.书报杂志类	96591.9
11.电子出版物及音像制品类	2626.6
12.家用电器和音像器材类	2144776.2
13.中西药品类	1885425.3
其中：西药类	1436346.3
中草药及中成药类	254519.0
14.文化办公用品类	818184.6
15.家俱类	102916.8
16.通讯器材类	1189276.1
17.煤炭及制品类	25817.5
18.木材及制品类	
19.石油及制品类	4303316.6
20.化工材料及制品类	
#化肥类	
21.金属材料类	
22.建筑及装潢材料类	161665.2
23.机电产品及设备类	91282.7
#农机类	
24.汽车类	9504094.3
25.种子饲料类	
26.棉麻类	323.8
27.其他类	729859.4

注：此表为快报数，统计范围为限上法人、产业活动单位和个体经营户。

17-7 限额以上批发零售贸易业主要财务指标

(2020年) 单位：万元

登记注册类型、行业	流动资产合计	固定资产原价	累计折旧	本年折旧	资产总计	负债合计	所有者权益合计
总计	**76240176.6**	**8366427.4**	**3789377.2**	**501036**	**91952068**	**76939421.6**	**14704973**
一、批发业	**63497108.8**	**4135394.7**	**1943772.0**	**218543.5**	**72755658.8**	**62064485.1**	**10379043**
1.按登记注册类型分							
内资企业	59751139.8	4057563.5	1904026.8	212831.8	67088782.4	58686263.7	8091581
国有企业	2976382.8	586786.7	265095.6	21142.8	3751660.0	1363200	2388459.8
集体企业	107488.6	2318.7	1418.4	116.0	126675.6	139558.5	-12882.9
股份合作企业	14696	3358.9	1148.9	223.9	17214.1	12476.2	4737.9
联营企业	4876.2	19.2	1.1	1.1	4894.3	4247.7	646.6
国有联营企业							
集体联营企业							
国有与集体联营企业							
其他联营企业	4876.2	19.2	1.1	1.1	4894.3	4247.7	646.6
有限责任公司	18507452.2	1346203.3	581825.2	92547.9	21482082.8	16905565.8	4569263.0
国有独资公司	2029161.5	132865.5	55568.5	5453.4	2540929.7	1851033.9	689895.8
其他有限责任公司	16478291	1213337.8	526256.7	87094.5	18941153.1	15054531.9	3879367.2
股份有限公司	2058204.9	862275.2	504435.5	25375.8	3011016.4	5258748.5	-2447844.3
私营企业	36060004.2	1253061	548954.0	73346.4	38670541.8	34982629.4	3584340.7
私营独资企业	496505.7	12333.6	5533.9	958.8	514000.7	442083.6	71606.5
私营合伙企业	7173.4	317.1	253.2	23.2	7246.4	6290.7	955.7
私营有限责任公司	35063852	1194258	529101	69444	37507962	34149478	3255635
私营股份有限公司	492473.4	46151.8	14066.4	2920	641332	384777.2	256143.3
其他企业	22035.3	3540.6	1148.1	77.9	24697.4	19837	4860.0
港、澳、台商投资企业	2202033	27035.8	12791.0	1658.4	3812156.9	2295143.3	1517013.6
与港澳台商合资经营企业	77726.9	3884.8	2911.5	214.2	79244.1	80614	-1370.0
与港澳台商合作经营企业	13333.7	4286.0	485.9	176.9	22783.2	18343.7	4439.5
港澳台商独资经营企业	1674949	15436	6635	1035	3265614	1973446	1292169
港澳台商投资股份有限公司	103446	1318.1	941.6	46.3	110705.5	91119.3	19586.2
其他港澳台投资企业	332578.1	2111.1	1816.7	186	333810	131620.3	202189.4
外商投资企业	1543935.8	50795.4	26954.2	4053.3	1854719.5	1083078.1	770448.1
中外合资经营企业	263472.0	27511	13891.5	2031.3	287055.4	259003.5	28051.9
中外合作经营企业							
外资企业	1278592.0	23281.7	13060.6	2022.0	1565792.1	822561.2	742037.6
外商投资股份有限公司							
其他外商投资企业	1871.8	2.3	2.1		1872.0	1513.4	358.6
2.按批发行业小类分							
农、林、牧、渔产品批发	4449273	295045.6	102313.6	11947.5	4899113.1	4244489.2	652690.0
食品、饮料及烟草制品批发	6073862	660682.8	263905.5	25982.4	6985727.9	4109900.6	2884327.6
米、面制品及食用油批发	1599698	122442.4	52696.0	3137.9	1826069.0	1684225.9	140753.1
肉、禽、蛋、奶及水产品批发	1914881	121437.9	25033.5	5769.0	2135725.4	1511643.4	624082.0
酒、饮料及茶叶批发	285828	16131.6	8264.5	1872.6	311659.3	213550.8	98004.5
烟草制品批发	1881307	248509.0	152759.6	10305.2	2059818.5	195250.3	1864568.2
纺织、服装及家庭用品批发	1253028	98664.5	40913.7	5759.4	1384527.7	1091910.1	292159.8
纺织品、针织品及原料批发	117134.5	8252.4	4449.9	486.9	125247.2	110168.7	15028.0
服装批发	297894	56473.5	21364.8	2980.6	387226.5	246362.1	140531.5
鞋帽批发	65023	12132.0	5609.8	960.4	73096.3	44729.1	28367.2
化妆品及卫生用品批发	37519.6	6703.7	3235	406.8	41564.1	32401.1	9163

17-7 续表 1 (2020年) 单位：万元

登记注册类型、行业	流动资产合计	固定资产原价	累计折旧	本年折旧	资产总计	负债合计	所有者权益合计
厨具卫具及日用杂品批发	43407.3	2231.0	1167.6	253.2	44421.7	40420.3	4002.0
灯具、装饰物品批发	5143.4	21.5	20.4	0.3	5144.5	3907.1	1237.4
家用视听设备批发	367523	544.4	262.0	25.3	368807.3	360167.9	8639.4
日用家电批发	183073.0	9552.1	3379.8	427.0	195188.3	165147.7	29965.6
其他家庭用品批发	136310.4	2753.9	1424.7	218.9	143831.8	88606.1	55225.7
文化、体育用品及器材批发	299354.1	15432.8	9531.0	1435.0	311176.0	226228.9	85501.6
文具用品批发	149739.9	5883.1	4081.8	279.4	155053.6	117842.9	37201.3
体育用品及器材批发	27925.2	339.3	245.3	54.7	28019.2	27988	31.7
图书批发	65360.9	4537.0	1675.5	646.4	68859.4	43269.3	25590.1
首饰、工艺品及收藏品批发	47078	4087.2	3120.9	377.3	49812.6	31253	19123.8
医药及医疗器材批发	4966157.2	242368.1	81841	13900	5506377	4235955.6	1270197.3
西药批发	3472060.9	179678.8	53911.6	7809.3	3847455.3	3020955.4	826499.9
中药批发	756069.1	40218.0	14692.0	3227.7	831386.7	715829.9	115557
医疗用品及器材批发	731412.1	22252.0	13047.8	2700.4	820759.8	489793.7	330742.1
矿产品、建材及化工产品批发	38336605.3	2554243.0	1325616.1	140673.6	43120005.2	40879872.9	2013655.3
煤炭及制品批发	1662553.9	43760.0	19705.0	3907.5	1761690.8	1578317.8	188160.1
石油及制品批发	13371481.2	2070367.9	1108014.3	111051.7	16455101.0	16944408.6	-698386.1
金属及金属矿批发	19014135.0	213982.0	105231.9	12595.9	20065083.2	18479450.7	1565128.3
建材批发	1011938.2	61697.2	28513.1	4534.7	1076061.4	902530	173519.9
化肥批发	481072.5	59558	5058.3	1155.3	563334.0	528890.6	34582.9
农药批发	31110	1478	314	101	33635	26819	6816
机械设备、五金产品及电子产品批发	4887607.2	216414	99991.6	15057.9	7130327.2	4842651.5	2282602.4
汽车及零配件批发	2497052.9	71844.1	29319.7	4696.7	4271626.2	2818088	1451868.1
计算机、软件及辅助设备批发	94678	3785	2323	423	100880	56081	44671
通讯设备批发	145437	3609.5	2578.3	252.6	151383.7	84905.7	66478.0
贸易经纪与代理	2566056.0	27015.9	5370.1	1908.7	2631908.5	1852748.0	779160.4
其他批发业	665165.9	25527.6	14290	1879	786496.3	580728	118748.1
二、零售业	**12743067.8**	**4231032.7**	**1845605.2**	**282492.3**	**19196409.0**	**14874937**	**4325930.7**
1.按登记注册类型分							
内资企业	11679332.5	3138054.2	1442430.1	234095.7	16894783.8	13437309.4	3473708.4
国有企业	82012.0	31673.3	14241.9	1079.8	120434.7	82942.9	37382.6
集体企业	19680.2	4496.3	2270.6	218.4	22014.6	19231.8	2782.8
股份合作企业	21403.0	3289.1	1977.3	290.3	23185.7	17361.5	5824
联营企业	1912.3	1741	904.9	772.4	2761.4	776.3	1985.1
国有联营企业							
集体联营企业							
国有与集体联营企业							
其他联营企业	1912.3	1741	905	772	2761.4	776	1985.1
有限责任公司	4239459.5	1009767	465141	86527	6499405.9	5568725	946297.5
国有独资公司	12124.0	12492	6303	904	21353.8	27184	-5830.3
其他有限责任公司	4227335.5	997275	458838	85623	6478052.1	5541541	952127.8
股份有限公司	1353793.6	863861	420350	49710	2794953.9	1542316	1255026.6
私营企业	5954831.4	1218200.7	536010.0	95226.0	7422832.0	6198288.1	1222851.4
私营独资企业	133601.4	37838.3	16174	2857	168015.4	145120	22847.9
私营合伙企业	4895.1	140.5	90.5	9.4	7074.9	4265.0	2809.9
私营有限责任公司	5775257.2	1150448.1	507603	90844	7182479	5992548.5	1188285.8
私营股份有限公司	41077.7	29773.8	12142.7	1515.3	65262.9	56355.1	8907.8
其他企业	6240.5	5025.9	1534.6	271.8	9195.6	7667.8	1558.2

17-7 续表 2 (2020年) 单位：万元

登记注册类型、行业	流动资产合计	固定资产原价	累计折旧	本年折旧	资产总计	负债合计	所有者权益合计
港、澳、台商投资企业	560560.9	893252.8	263823	34920	1428486.9	759562.8	688892.4
与港澳台商合资经营企业	300216.4	140102.9	92144.1	4292.2	383385.6	195485.0	187900.6
与港澳台商合作经营企业							
港澳台商独资经营企业	224203.0	747225.3	168319.3	30065.6	1003879.4	532867.3	490980.4
港澳台商投资股份有限公司	36141.5	5924.6	3359.7	562.2	41221.9	31211	10011.4
其他港澳台投资企业							
外商投资企业	503174	199726	139352	13477	873138	678064	163330
中外合资经营企业	46784.1	22892.9	11522.4	1954.9	60948	42786.7	18161.6
中外合作经营企业							
外资企业	392684.3	172694.6	124314.2	11296.3	747861.2	620812.5	95304.6
外商投资股份有限公司							
其他外商投资企业	63706.0	4138.2	3515.4	225.4	64328.8	14465.1	49863.7
2.按零售行业小类分							
综合零售	4991345.3	2225687.7	915935.2	131655.9	8758024	6464334	2359046.0
百货零售	4276787.9	1810355.2	691198.1	85754.2	7576608.5	5438820	2197157.1
超级市场零售	617653.4	375215.5	206113	40240	1017294.6	848981.4	169117.8
便利店零售	43252.1	15752.7	8317	3093	63326.4	83565.4	-14732.4
食品、饮料及烟草制品专门零售	248288	74521.4	28934.3	5807.2	342887.5	272432.5	70074.1
粮油零售	20283.8	12830.9	2320.4	179.9	34136	17706.1	16173.4
糕点、面包零售	31232.6	9637	2950.7	979.0	37823.6	34279	3544.4
果品、蔬菜零售	24417.0	17001.5	8670.3	2137.3	53472.8	41676.2	11796.6
肉、禽、蛋、奶及水产品零售	38368.7	26127.4	11271.1	1339.0	69100.9	49488.6	19612.3
酒、饮料及茶叶零售	49506.5	2330.2	964.8	443.0	51689.5	42532.6	9032.5
烟草制品零售	17525.5	1185	510.3	38.0	18470	9835.9	8633.9
纺织、服装及日用品专门零售	579630.8	103376.9	56596.5	7373.4	678645.0	692611.2	-11272
服装零售	389512.1	74696.9	41656.7	6125.3	458209.1	503965.0	-43006
化妆品及卫生用品零售	14512.8	5150	2957.7	472.9	20222.5	18547.9	1619
钟表、眼镜零售	117533	21302.1	10525.4	504.1	134489.7	111709.5	22780.2
文化、体育用品及器材专门零售	339397.1	82912.4	36815.1	3696.5	477393.7	342427.5	133151.2
文具用品零售	26781.8	985.8	613.8	145.7	27124.8	17135.5	8160.8
体育用品及器材零售	7465.1	10491.1	5315.3	206.5	21194.2	27928.2	-6720.5
图书、报刊零售	124356.4	38999.4	16968.7	1445.9	160789.8	116749.0	44040.8
音像制品、电子和数字出版物零售	35884.3	7265.2	4456.2	747.8	94658.8	55414.5	39244.3
珠宝首饰零售	97680.3	15949.3	8079.8	895.2	109253.5	86212.8	23040.7
医药及医疗器材专门零售	802766.9	80315.6	42288.2	8761.8	1003493	815616.3	186704.6
西药零售	727786.9	72411.2	37328.6	8307.4	922509.2	739409	182601.3
中药零售	59801.9	7801.3	4886.4	442.5	64422.1	64863	-1114.8
医疗用品及器材零售	14416.0	93.6	64.4	10.3	14787.5	11333	3455.0
汽车、摩托车、零配件和燃料及其他动力销售	4263150.7	1353151.7	628803.4	108460.3	6072969.6	4795848	1252438.0
汽车新车零售	3648851.8	830499.4	373923.0	72976.5	4732305.6	3898931	844855.1
机动车燃油零售	402840.4	481139.5	234634.4	31670.7	1068438.2	705087	327234.5
家用电器及电子产品专门零售	1065214.1	62549.8	52304.1	4269.3	1188576.9	937549	215221.9
日用家电零售	786824.6	47179.2	43648.8	2935.7	896914.1	734857.9	127114.8
计算机、软件及辅助设备零售	123273	9212.6	4926.3	588.6	130889.5	78195	52416.5
通信设备零售	101390	3031.9	1600.7	388.6	103051.5	84918.1	18164
五金、家具及室内装饰材料专门零售	73028.5	104039.2	49279.2	5669.6	144850.7	155438.5	-10639.1
货摊、无店铺及其他零售业	380246.4	144478.0	34649.2	6798.3	529567.9	398680.4	131205.8
互联网零售	268664.6	13621	6015.3	1446.0	299615.6	276740.9	23193.0

17-7 续表 3 (2020年) 单位：万元

登记注册类型、行业	营业收入	主营业务收入	营业成本	营业税金及附加	其他业务利润	销售费用	管理费用
总　计	**176833478**	**174804521.9**	**169163158.6**	**869658**	**250006**	**3965010.0**	**1996335.0**
一、批发业	**150904878.4**	**149800561.5**	**146201671.9**	**775785.3**	**103282.9**	**2222825.6**	**1056473.4**
1.按登记注册类型分							
内资企业	148455070.6	147407480.6	144153659	767576.3	62621.3	2031071.1	986296.0
国有企业	8022588.8	7951195.1	6666612.0	566223.1	968.3	171656.4	179990.1
集体企业	301404.3	301404.3	297638.6	246	-6	329	2154.3
股份合作企业	94832.9	94832.9	92616.9	73.7	38.5	2112	189.9
联营企业	13843.1	13843.1	13310.1	5.9			385.8
国有联营企业							
集体联营企业							
国有与集体联营企业							
其他联营企业	13843.1	13843.1	13310.1	5.9			385.8
有限责任公司	43986050.9	43774595.6	42762618.2	133015.9	26525.8	459064	226091.9
国有独资公司	5753404.0	5731883.5	5616270	7280.9	2408.6	40094	25763.7
其他有限责任公司	38232646.9	38042712.1	37146348.2	125735.0	24117.2	418970.5	200328.2
股份有限公司	33805215.6	33705509.2	34238455.5	10865.6	2523.5	379821.8	69848.4
私营企业	62128345.5	61463310.9	59982631.2	57137.6	33002.5	1016777.7	506634.9
私营独资企业	1100895.1	1100224.1	1063307.7	1530.7	427.7	20591.5	6212.9
私营合伙企业	16966.3	16966.3	16386.1	4.3		299.8	194.5
私营有限责任公司	60263597.6	59607686.9	58200012.6	54715.3	32127.6	973580.4	482402.5
私营股份有限公司	746886.5	738433.6	702924.8	887.3	447.2	22306.0	17825.0
其他企业	102789.5	102789.5	99776.2	8.7	-431.3	1310.4	1000.7
港、澳、台商投资企业	917752.0	911845.8	794313.0	4473.3	1407.7	30816	22518.6
与港澳台商合资经营企业	126286	125488	118359	193	10	1507	3548
与港澳台商合作经营企业	13501.4	13501.4	12250.5	137		196.5	349.0
港澳台商独资经营企业	518449.6	515951.9	440274.9	1369.3	1397.7	11184	11385.0
港澳台商投资股份有限公司	136539.0	136539.0	129118.7	237.8		1412	2317.4
其他港澳台投资企业	122976	120366.0	94309.9	2536.6		16516.9	4919.4
外商投资企业	1532055.8	1481235.1	1253700.2	3735.7	39253.9	160938	47659
中外合资经营企业	369605	363071	318526	485	269	36415	10392
中外合作经营企业							
外资企业	1158010.9	1113724.7	930927.8	3249.7	38984.8	124420	37236.5
外商投资股份有限公司							
其他外商投资企业	4439.5	4439.5	4246.8	1.5		104	30.3
2.按批发行业小类分							
农、林、牧、渔产品批发	11615337.6	11554232.2	11275518.0	6344.3	5405.8	153288	57384.8
食品、饮料及烟草制品批发	9228457.7	9110160.7	7677205.4	566766.7	4672.9	237713.3	238277.8
米、面制品及食用油批发	2248403.4	2224534.7	2101712.0	3167.1	1942.2	32062	20974
肉、禽、蛋、奶及水产品批发	1516676.7	1466920.3	1437214	1277.0	245.4	66832	21920.2
酒、饮料及茶叶批发	295784.1	286895.0	259046.6	577.4	6.9	13853	11431.2
烟草制品批发	4108964.8	4091867.2	2933101	560676.3	946.2	78223	148975
纺织、服装及家庭用品批发	2518570.0	2488501.7	2283143.2	3043.2	2092.5	128300	64425.7
纺织品、针织品及原料批发	146723.4	145959.0	134959.1	47.8		4738	6058.5
服装批发	739351.9	725270.2	651714.2	809.9	246.3	45748.2	30820.6
鞋帽批发	108778.1	108774.5	94178.5	192.4		7466.0	8430.0
化妆品及卫生用品批发	57167.6	48731.1	48137.3	148.4	72.5	6533.8	2713.5

17-7 续表 4 (2020年) 单位：万元

登记注册类型、行业	营业收入	主营业务收入	营业成本	营业税金及附加	其他业务利润	销售费用	管理费用
厨具卫具及日用杂品批发	75531.7	75412.6	66476.8	137.9		5368.8	2665.9
灯具、装饰物品批发	8555.9	8555.9	7744.0	8.0		232.8	321.3
家用视听设备批发	565652	560563.4	555031.0	315.6		7125.3	1298.2
日用家电批发	471382.6	469991.1	434990.6	648.6	1770.3	21873.0	9372.1
其他家庭用品批发	345427.2	345243.9	289911.7	734.6	3.4	29213.7	2745.6
文化、体育用品及器材批发	731655.9	723204.5	666550.4	3273.4	2764.1	38674.0	17448.4
文具用品批发	343778.8	343237.4	327953.0	400.9	468.5	8368.4	4597.3
体育用品及器材批发	30987.4	30817.0	28327.9	20.2		2096	855.0
图书批发	91338.4	87947.8	85425.0	124.1	2295.6	5952.2	3136.7
首饰、工艺品及收藏品批发	228751	224402.0	190059.4	2715.2		21558	7626.6
医药及医疗器材批发	7131614.6	7055964.1	6371158	16201	51660	339097.5	147271.3
西药批发	4980446.1	4952658.9	4610541.1	9520.7	12665.0	114022.2	77028.7
中药批发	1092233.0	1047494.4	906605.5	3010.7	38796.6	132097.4	32896
医疗用品及器材批发	1052601.5	1049502.3	848837.8	3637.4	197.9	92874.7	36645.9
矿产品、建材及化工产品批发	111203313.8	110518727.2	109993860.5	168577.8	25404.6	1147447.7	366803.2
煤炭及制品批发	3705466.3	3700967.2	3565614.8	3977.4	3274.9	85788.7	21763.2
石油及制品批发	63999094.9	63741313.6	63807734.7	132621.9	10076.9	782003.6	186161.5
金属及金属矿批发	31779600.3	31525448.9	31335543.0	21170.6	5457.4	143532.7	74611.5
建材批发	2585857.0	2486766.7	2503584.0	2208.0	1327.2	31616	25824.5
化肥批发	561298.8	547946	546262.2	230.2	142.9	5801.7	4841.5
农药批发	36806	36766	33684	37	79	752	1600
机械设备、五金产品及电子产品批发	6021388.6	5930489	5586922.7	8575.1	11109.8	141425.8	132357.0
汽车及零配件批发	2067124.3	2057338.7	1969878.4	2924.7	1764.4	30583	31050.0
计算机、软件及辅助设备批发	197200	195997	186399	169	116	2227	4211
通讯设备批发	657425	655597.9	628506.3	926.0	33.0	16061.5	8103.9
贸易经纪与代理	789685.5	766847.9	764835.5	752.6	2.8	10879.9	10426.9
其他批发业	1664854.7	1652434.0	1582479	2251	170.9	26000	22078.3
二、零售业	**25928599.5**	**25003960.4**	**22961486.7**	**93872.3**	**146722.8**	**1742184**	**939861.6**
1.按登记注册类型分							
内资企业	23090253.4	22360336.4	20609497.2	77729.7	108566.5	1445300.0	816496.1
国有企业	105349.0	99287.1	85164.2	480.2	4149.5	11642.1	10428.4
集体企业	41439.8	37727.1	36228.6	178.5	47.7	3225.3	1028.1
股份合作企业	19983.0	19979.2	15618.5	71.8	363.8	1149.0	1376
联营企业	6495.2	6477	5490.3	19.5	3.5	480.1	345.3
国有联营企业							
集体联营企业							
国有与集体联营企业							
其他联营企业	6495.2	6477	5490	20	3.5	480	345.3
有限责任公司	6588007.0	6301369	5754949	26607	50595.6	500351	277903.5
国有独资公司	40639.8	36876	31275	254	776.1	9850	2805.8
其他有限责任公司	6547367.2	6264493	5723675	26353	49819.5	490501	275097.7
股份有限公司	2749072.3	2593730	2430149	12679	10481.6	180250	96366.1
私营企业	13538590.7	13261468.6	12242950.3	37557.7	42924.8	746992.4	427969.7
私营独资企业	229411.3	224543.9	201683	637	326.6	12180	13256.0
私营合伙企业	19049.5	18940.4	18382.6	43.5	227.1	307.2	126.9
私营有限责任公司	13220092.6	12949579.4	11962799	36562	42212	731038.7	409862.5
私营股份有限公司	70037.3	68404.9	60086.1	315.8	159.2	3466.3	4724.3
其他企业	41316.4	40298.2	38946.7	136.9		1210.1	1078.6

17-7 续表 5 (2020年) 单位：万元

登记注册类型、行业	营业收入	主营业务收入	营业成本	营业税金及附加	其他业务利润	销售费用	管理费用
港、澳、台商投资企业	1576159.5	1505264.7	1350761	9171	22343.3	153970.1	71241.5
与港澳台商合资经营企业	420001.7	395626.6	363027.7	2511.7	13858.0	17400.8	27878.2
与港澳台商合作经营企业							
港澳台商独资经营企业	1105918.6	1060054.4	941152.5	6546.0	8485.3	134942.3	42012.2
港澳台商投资股份有限公司	50239.2	49583.7	46580.7	113.0		1627	1351.1
其他港澳台投资企业							
外商投资企业	1262187	1138359	1001229	6972	15813	142914	52124
中外合资经营企业	230861.1	222657.6	202501.7	411.7	2972	20513.1	4918.2
中外合作经营企业							
外资企业	977377.0	863108.9	752748.0	6366.8	11599.5	119316.6	45730.9
外商投资股份有限公司							
其他外商投资企业	53948.5	52592.8	45978.9	193.4	1241.8	3084.6	1474.9
2.按零售行业小类分							
综合零售	4001625.4	3516481.7	3050820.3	36160.7	75545	437557	353081.4
百货零售	2286472.1	1928887.0	1648532.0	29949.1	44879.5	174789	293629.0
超级市场零售	1555188.5	1440664.7	1278218	5567	28560.6	227114.8	48981.2
便利店零售	120192.7	108790.2	93327	287	2068.7	27682.4	8735.7
食品、饮料及烟草制品专门零售	643011	634647.4	539267.2	1395.1	2967.1	70407.0	35087.2
粮油零售	60643.2	57889.0	57488.0	39.6	110	1474.9	1440.5
糕点、面包零售	63918.1	63673	39326.1	267.3	83.1	12188	10825.0
果品、蔬菜零售	115247.7	114536.4	98346.0	415.5	226.5	12480.2	3195.2
肉、禽、蛋、奶及水产品零售	93626.0	92478.1	81880.3	235.1		9296.9	3566.1
酒、饮料及茶叶零售	67536.4	67484.8	58372.6	100.4	66.8	1899.9	4156.1
烟草制品零售	23553.8	23543	20515.8	91.2		2363.9	1376.8
纺织、服装及日用品专门零售	875079.8	854224.6	697621.0	2590.0	5001.0	122242.2	47604
服装零售	555759.5	537515.8	435526.3	1825.5	2618.6	87334.7	33063
化妆品及卫生用品零售	49640.2	48906	36549.5	158.4	1354.6	11593.0	3205
钟表、眼镜零售	176787	175143.9	147901.9	456.9	1009.8	16654.8	7486.8
文化、体育用品及器材专门零售	482679.1	470362.3	409545.6	2784.2	7310.1	32684.4	42593.0
文具用品零售	60638.7	60297.7	55391.5	85.8	-1.4	701.9	3501.3
体育用品及器材零售	20728.4	20578.6	15019.0	221.5		4997.0	1652.6
图书、报刊零售	115030.1	109944.6	87924.9	451.8	5774.9	12772.8	13419.8
音像制品、电子和数字出版物零售	26214.8	23805.6	18454.6	103.7	1468.8	5371.9	11930.3
珠宝首饰零售	150985.8	150601.4	136385.2	1805.2	10.9	5515.2	4207.6
医药及医疗器材专门零售	1781517.3	1707882.2	1438187.6	5692.4	11751	278459.4	89955.0
西药零售	1720578.2	1646960.3	1387571.1	5506.6	11533.9	274349	85293.7
中药零售	41139.8	41122.6	33023.6	110.4	216.9	3679	3535.2
医疗用品及器材零售	18962.2	18962.2	16817.3	69.8		356	1102.3
汽车、摩托车、零配件和燃料及其他动力销售	12613971.6	12315164.9	11799516.2	36181.0	42287.2	411756	263436.4
汽车新车零售	9268397.5	9075002.9	8720271.1	28430.3	40169.1	246112	206871.5
机动车燃油零售	2972207.6	2874682.1	2733997.5	6548.3	1905.3	158432	44667.7
家用电器及电子产品专门零售	1401600.5	1382952.2	1288507.6	2260.4	1035.7	82739	40054.5
日用家电零售	853156.0	838032.4	789642.1	1214.2	139.3	61204.2	20463.8
计算机、软件及辅助设备零售	173605	173602.0	155195.6	357.1	152.5	4464	10403.0
通信设备零售	242735	239435.8	224219.2	156.8	713.4	7103.1	4309
五金、家具及室内装饰材料专门零售	168823.0	167701.2	132918.4	1451.8	113.3	15699.5	21221.2
货摊、无店铺及其他零售业	3960292.3	3954543.9	3605102.8	5356.7	712.7	290640.2	46829.0
互联网零售	3795109.5	3792044	3466825.3	4739.3		281491.8	35468.7

17-7 续表 6　　(2020年)　　单位：万元

登记注册类型、行业	财务费用	营业利润	利润总额	应交所得税	应付职工薪酬(本年贷方累计发生额)	应交增值税
总计	**843900.6**	**649385.1**	**787597**	**395611.2**	**1709593.6**	**721500.2**
一、批发业	**677207.5**	**654640**	**774793.3**	**328114.8**	**826817.9**	**498518.3**
1.按登记注册类型分						
内资企业	637424.5	-72018.5	-24892.5	298643.3	737262.1	453410.3
国有企业	-40971.0	476333	480982.2	128546.7	150819	177124.5
集体企业	3050.3	-894.3	-843.0	15.6	605.0	299.8
股份合作企业	-113.4	-45.2	-44.4	6.4	609.9	320.5
联营企业	28.1	113.0	113.0	9.2	16.8	38.5
国有联营企业						
集体联营企业						
国有与集体联营企业						
其他联营企业	28.1	113.0	113.0	9.2	16.8	38.5
有限责任公司	179487.1	344874.5	374304.6	96759.8	222619.1	104211.1
国有独资公司	8655.0	67374.0	77898.5	15011	33099.2	12069.3
其他有限责任公司	170832.1	277500.5	296406.1	81749.3	189519.9	92141.8
股份有限公司	155438.8	-1044254.3	-1047475.3	5218.7	117563.9	20448.4
私营企业	339509	152368	168821	68086	243826	150978
私营独资企业	1353.8	2493.4	2621.2	275.6	3200.9	-784.6
私营合伙企业	1.1	79.9	252.5	10.4	95.9	41.8
私营有限责任公司	334615	142599.9	158501.3	66953.9	233854.7	142743.0
私营股份有限公司	3539.1	7194	7446.3	846.3	6674.2	8977.6
其他企业	995.3	-512.4	-750.9	0.7	1202.3	-10
港、澳、台商投资企业	39246.1	650069.3	677069.8	9504.1	24677	14302.0
与港澳台商合资经营企业	2795.2	304.2	388.1	192.1	3048.3	724
与港澳台商合作经营企业	261.5	572.4	572.5	144.6	65.2	
港澳台商独资经营企业	33633.5	643282.4	644193.1	6766	4749.0	12593.6
港澳台商投资股份有限公司	2554.5	1482.5	1496.1	404.1	1482.7	894.7
其他港澳台投资企业	1.4	4427.8	30420	1997.7	15331.3	89.3
外商投资企业	536.9	76589.6	122616.0	19967	64879.3	30806.0
中外合资经营企业	1297.6	3486.7	3162.3	1119.8	10342.0	6850
中外合作经营企业						
外资企业	-776.1	73061	119412.1	18845.5	54517.8	23956.0
外商投资股份有限公司						
其他外商投资企业	15	42	42	2	20	
2.按批发行业小类分						
农、林、牧、渔产品批发	80760	5092	17952	7754	32129	-14730
食品、饮料及烟草制品批发	-10749	458919	523934	126474	190306	165349
米、面制品及食用油批发	28514	-16413	-8695	750	12631	-1007
肉、禽、蛋、奶及水产品批发	5763	-14614	41406	2824	27911	2979
酒、饮料及茶叶批发	892.1	11113.5	10762.9	1194.8	9672.4	3155.4
烟草制品批发	-51501	471371	470832	119314	122945	155975
纺织、服装及家庭用品批发	9435.5	35162.5	37487.5	10260.5	61188.6	18282.2
纺织品、针织品及原料批发	1387	-1629	-1326	134	2757	143
服装批发	5657.9	4680.2	4660.1	1804.5	30142.4	8384.9
鞋帽批发	79	-306	16	544	7726	1302
化妆品及卫生用品批发	40.2	-441.0	-521.6	19	2891.2	1003.5

17-7 续表 7 (2020年) 单位：万元

登记注册类型、行业	财务费用	营业利润	利润总额	应交所得税	应付职工薪酬(本年贷方累计发生额)	应交增值税
厨具卫具及日用杂品批发	307.1	388.6	480.4	-65.5	1782.8	583.9
灯具、装饰物品批发	82.6	167.2	170.4	12.2	284.8	66.8
家用视听设备批发	649	1280.0	1305.8	415.9	1021.3	683.6
日用家电批发	1567.9	3319.7	4062.5	1517.6	8832.3	2455.6
其他家庭用品批发	-335.4	27703.4	28640.3	5879.0	5751.2	3659.7
文化、体育用品及器材批发	809.8	11332.4	11456.7	2396.9	26429.0	2302.6
文具用品批发	294.7	2033.7	2125.1	239.0	5812.5	1401.3
体育用品及器材批发	296.8	-154.5	-139.5	1.7	404.8	96.0
图书批发	-100.0	3253.7	3185.3	14.8	1723.9	113.4
首饰、工艺品及收藏品批发	340	6108.3	6186.9	2134.0	17726.3	689.6
医药及医疗器材批发	61786.9	219948.6	219610	47814	124191	101445.8
西药批发	50590.4	129041.3	128437.4	27996.1	60945.8	57011.5
中药批发	7018.0	10910.1	11162.3	3269.0	40934.4	19029
医疗用品及器材批发	4177.7	79454.0	79261.8	16523.3	22022.0	25343.4
矿产品、建材及化工产品批发	447870.2	-810262.2	-777318.9	108804.0	282076.1	176103.2
煤炭及制品批发	32637.9	-20085.6	-16972.8	4204.6	9664.6	14238.4
石油及制品批发	254663.7	-1034233.1	-1028393.4	43034.5	175420.6	79265.1
金属及金属矿批发	103805.9	91163.3	92492.2	26968.2	57833.9	36436.0
建材批发	11573.3	17156.9	19760.3	5088.6	9752.2	10897.4
化肥批发	14013.1	-9720	2369.6	623.5	2294.8	-732.4
农药批发	196	616	668	117	689	19
机械设备、五金产品及电子产品批发	65635.1	726010	729491.3	20038.1	89507.0	37889.2
汽车及零配件批发	37413.5	614150.3	615213.8	2890.5	19601.8	9612.4
计算机、软件及辅助设备批发	588	2305	2477	187	2926	598
通讯设备批发	1263	3290.3	3450.9	733.6	8394.3	3004.1
贸易经纪与代理	3664.7	-406.6	-38.6	406.0	7721.2	1127.0
其他批发业	17993.8	8844.4	12219	4168	13269.5	10749.6
二、零售业	**166693.1**	**-5255.3**	**12803.6**	**67496.4**	**882775.7**	**222981.9**
1.按登记注册类型分						
内资企业	152062.1	-53847.9	-38089.5	48437.1	761131.6	193311.9
国有企业	745.4	-2306.7	-94.1	823.4	7287.0	903.8
集体企业	20.4	547.2	470.9	35.2	2509.1	430.1
股份合作企业	931.4	842.4	781.1	221.3	624.4	436
联营企业	-1.2	161	126.2	28.9	364.0	21.5
国有联营企业						
集体联营企业						
国有与集体联营企业						
其他联营企业	-1.2	161	126	29	364.0	21.5
有限责任公司	60067.6	46317	39785	25374	277877.9	73085.1
国有独资公司	183.6	-3690	-4077	82	4889.9	602.7
其他有限责任公司	59884.0	50007	43862	25292	272988.0	72482.4
股份有限公司	3094.9	-91692	-84084	1834	173711.6	17604.9
私营企业	87113.4	-8561.2	4064.2	20120.2	296577.0	100604.1
私营独资企业	1068.7	-200.3	286	701	9011.7	2307.5
私营合伙企业	-4.3	193.4	223.7	12.3	190.2	34.5
私营有限责任公司	85275.0	-7912.7	4051	19280	285037	97994.5
私营股份有限公司	774.0	-641.6	-496.3	126.3	2338.6	267.6
其他企业	90.2	843.6	861.3	0.3	2180.6	226.4

17-7 续表 8 (2020年) 单位：万元

登记注册类型、行业	财务费用	营业利润	利润总额	应交所得税	应付职工薪酬(本年贷方累计发生额)	应交增值税
港、澳、台商投资企业	2784.8	1468.3	2366	6588	65068.6	12560.4
与港澳台商合资经营企业	576.0	16305.6	17014.7	3940.6	20206.8	5235.6
与港澳台商合作经营企业						
港澳台商独资经营企业	1798.5	-14994.4	-14838.2	2646.9	43113.7	7273.6
港澳台商投资股份有限公司	410.3	157.1	189.2		1748.1	51.2
其他港澳台投资企业						
外商投资企业	11846	47124	48527	12472	56576	17110
中外合资经营企业	406.2	2703.3	2928.3	733.5	8122	2158.0
中外合作经营企业						
外资企业	11685.5	40958.8	42129.3	10870.8	47098.8	14114.5
外商投资股份有限公司						
其他外商投资企业	-245.5	3462.2	3469.8	867.5	1354.8	837.1
2.按零售行业小类分						
综合零售	53517.2	-37310.0	-47259.0	32775.3	277803	43374.5
百货零售	43777.7	-16055.3	-26239.8	28618.4	171801.1	31084.1
超级市场零售	7041.9	-8358.6	-8056	4061	92571.9	11138.2
便利店零售	689.5	-9895.7	-10569	59	11877.1	1654.2
食品、饮料及烟草制品专门零售	2418	3731.0	-1888.6	1692.5	32142.5	3716.0
粮油零售	465.6	-331.4	168.0	31.5	1043	57.0
糕点、面包零售	73.2	1390	2650.4	497.3	11802.4	1820.5
果品、蔬菜零售	953.9	-1897.5	119.5	58.3	7596.1	244.1
肉、禽、蛋、奶及水产品零售	410.1	7549.4	-1136.3	196.1	4424.9	233.0
酒、饮料及茶叶零售	269.8	2802.8	2813.5	601.1	1445.1	763.0
烟草制品零售	110.8	704	704.3	294.5	2076	223.9
纺织、服装及日用品专门零售	3150.6	-10129.0	-11500.0	3193.0	34979.4	11003
服装零售	1736.5	-12596.6	-14322.4	1977.1	19861.8	7574
化妆品及卫生用品零售	125.8	-648	-605.4	81.6	5107.8	1007
钟表、眼镜零售	761	3577.4	3758.4	1123.9	7065.6	2019.8
文化、体育用品及器材专门零售	6017.3	-7243.3	-6047.9	1861.1	26062.8	3406.9
文具用品零售	41.0	969.9	994.1	66.5	1309.9	445.7
体育用品及器材零售	1075.2	-2616.2	-2794.1	-78.4	1484.7	533.4
图书、报刊零售	-276.7	2117.1	3116.5	894.6	11132.0	124.6
音像制品、电子和数字出版物零售	27.0	-7463.5	-7514.5	0.8	5890.9	1176.8
珠宝首饰零售	4376.9	-769.4	-357.6	834.3	4658.1	719.1
医药及医疗器材专门零售	4794.4	28328.2	29283.9	11068.8	159953	37788.1
西药零售	4347.2	27143.7	28013.5	11000.5	156974.7	36646.4
中药零售	717.7	358.7	430.5	27.8	2754.3	561.0
医疗用品及器材零售	-269.5	873.4	886.2	39.1	182.0	535.5
汽车、摩托车、零配件和燃料及其他动力销售	81861.9	48199.4	71354.6	19198.5	299080.2	79757.6
汽车新车零售	70624.4	17874.8	30666.7	12865.9	177375.5	57746.6
机动车燃油零售	9077.7	22007.5	31881.0	4524.8	114899.6	20027.9
家用电器及电子产品专门零售	6690.1	-30868.9	-30614.5	-307.8	28163.8	10528.9
日用家电零售	4689.4	-26546.1	-25905.6	-779.3	14969.1	6920.3
计算机、软件及辅助设备零售	747	2191.6	2428.7	258.3	6009.9	1377.8
通信设备零售	890	-3432.8	-4256.4	111.8	3568.1	852
五金、家具及室内装饰材料专门零售	4613.9	-7125.5	-5475.1	-4495.4	8636.7	2707.7
货摊、无店铺及其他零售业	3630.2	7162.8	14950.2	2510.4	15953.5	30699.7
互联网零售	1626.0	5008	12800.4	1571.1	10557.6	30462.8

17-8 限额以上住宿和餐饮业法人企业经营情况

(2020年)

单位：万元

登记注册类型、行业	法人单位(个)	年末从业人数(人)	营业额				
				客房收入	餐费收入	商品销售收入	其他收入
总　计	**812**	**66418**	**1359584.0**	**254830.3**	**976584.3**	**28252.0**	**99917.4**
一、住宿业	**474**	**29972**	**459417.2**	**232253.6**	**134175**	**7144.6**	**85843.9**
1.按登记注册类型分组							
内资	436	26000	385349.1	199537.0	111261.5	5485.2	69065.4
国有	32	4001	50599.6	15455.1	20242.7	755.7	14146.1
集体	7	276	3149.4	1448.3	1100.1	3.0	598.0
股份合作							
联营企业							
国有联营							
集体联营							
国有与集体联营							
其他联营							
有限责任公司	114	9391	130066.4	63990.7	41455.0	1964.2	22656.5
国有独资公司	10	1535	16455.2	7133.9	5930	63.3	3327.8
其他有限责任公司	104	7856	113611.2	56856.8	35524.8	1901	19328.7
股份有限公司	5	319	3946	2279	1503.4		163.5
私营企业	277	11996	197131.5	115907.6	46960.3	2762.3	31501.3
私营独资	25	829	10391.3	7091.9	2225.8	18.4	1055
私营合伙	1	22	360.0	298.1	42.8	5.2	13.9
私营有限责任公司	246	10713	182685.4	107175.7	43565.2	2723.1	29221.4
私营股份有限公司	5	432	3694.8	1341.9	1126.5	16	1210.8
港澳台商投资企业	19	2931	54144	20367.4	18524.9	1596	13655.3
与港澳台商合资经营	13	1972	31073.4	12849.9	11652.6	1596.2	4975
与港澳台商合作经营							
港澳台商独资	6	959	23070.4	7517.5	6872.3		8680.6
港澳台商独资股份有限公司							
外商投资企业	19	1041	19924.3	12349	4388.7	63.2	3123.2
中外合资经营	9	532	9095.4	3677.0	2553.4	31.5	2833.5
中外合作经营							
外资企业	7	466	10138	8064.7	1783.5	14.3	275.2
外商投资股份有限公司							
2.按国民经济行业分组							
旅游饭店	256	22411	328151.0	144519.3	107630.3	5790.7	70210.7
经济型连锁酒店	56	1468	26933.5	22785.6	1275.8	254.2	2617.9
其他一般旅馆	142	4491	75923.0	51779.0	15097.4	870.1	8176.5
民宿服务							
露营地服务							
其他住宿业	20	1602	28410	13169.7	10171.6	229.6	4838.8

17-8 续表 (2020年) 单位：万元

登记注册类型、行业	法人单位(个)	年末从业人数(人)	营业额				
				客房收入	餐费收入	商品销售收入	其他收入
二、餐饮业	**338**	**36446**	**900166.8**	**22576.7**	**842409.2**	**21107.4**	**14073.5**
1.按登记注册类型分组							
内资	313	16265	314745.5	22285.7	270851.5	11524.0	10084.3
国有	5	279	2314.3	934.1	732.1	311	337
集体	2	57	708.9	92.1	607.2		9.6
股份合作							
联营企业							
国有联营							
集体联营							
国有与集体联营							
其他联营							
有限责任公司	57	3408	68223.5	5795.9	56252.6	4664.3	1510.7
国有独资公司	4	598	5719.5	623.6	4753.6	220.5	121.8
其他有限责任公司	53	2810	62504.0	5172.3	51499.0	4443.8	1388.9
股份有限公司	3	1076	19720.2		19720.2		
私营企业	246	11445	223779	15463.6	193539.4	6548.7	8226.9
私营独资	45	1339	19793.3	1073.0	16983.9	261.9	1474.5
私营合伙	12	213	5443.6		5363.4		80
私营有限责任公司	187	9762	195007.4	13819.3	168239.0	6286.7	6662.4
私营股份有限公司	2	131	3534.3	571.3	2953.1	0	10
其他							
港澳台商投资企业	17	11141	188344.9	291.0	180673	6905	475.9
与港澳台商合资经营	4	310	5237.5	291	4946.5		
与港澳台商合作经营							
港澳台商独资	13	10831	183107.4		175726.5	6905	475.9
港澳台商独资股份有限公司							
外商投资企业	8	9040	397076		390884.7	2678	3513.3
中外合资经营	2	44	350.6		350.6		
中外合作经营							
外资企业	6	8996	396725.8		390534	2678	3513.3
外商投资股份有限公司							
2.按国民经济行业分组							
正餐服务	271	12916	234046.6	20621.4	203322.7	2098.6	8003.9
快餐服务	34	18893	557719.8		545899.4	6846.4	4974.0
饮料及冷饮服务	9	1284	38372.4		33099	4973.3	299.9
餐饮配送及外卖送餐服务	20	3114	63846.4		56591.8	7079.6	175.0
其他餐饮业	4	239	6181.6	1955.3	3496.1	109.5	620.7

17-9 限额以上住宿和餐饮业主要财务指标

(2020年)

单位：万元

登记注册类型、行业	流动资产合计	固定资产原价	累计折旧	本年折旧	资产总计	负债合计	所有者权益合计
总计	**1640400.6**	**3065962.1**	**1532505.6**	**173219.8**	**4423134.6**	**3943095.0**	**486457.1**
一、住宿业	**1120581.7**	**2457364.2**	**1250307.4**	**143448.5**	**3117210.8**	**2741683.3**	**380177.4**
1.按登记注册类型分组							
内资企业	867954.4	1629369.6	747588.2	100910.6	2483030.5	2170963.0	310778.2
国有企业	55902.4	197852.1	91972.6	6592.8	258006.1	108371.7	150923.3
集体企业	2913.3	10725.4	8197.1	493.6	5663.1	11194.3	-5531.2
股份合作企业							
联营企业							
有限责任公司	344384.1	836356.0	385255.7	60405.0	971409.9	917646.6	45829.7
国有独资公司	21888.3	116205.8	45980.4	2213.5	115916.6	40072.7	75843.9
其他有限责任公司	322495.8	720150.2	339275.3	58191.5	855493.3	877573.9	-30014.2
股份有限公司	5257.7	7095.4	5243.8	3322.4	10790.9	11796.6	-1005.7
私营企业	459272.9	577338.9	256917.9	30096.5	1236935.8	1121226.5	121064.7
私营独资企业	7130.0	13771.4	5161.1	1787.8	23477.0	22282.8	1171.2
私营合伙企业	34.1	698.8	22.6	11.1	687.7	95.7	592.0
私营有限责任公司	446044.8	526533.6	245832.4	27259.9	1170472.6	1054320.2	115704.0
私营股份有限公司	6064.0	36335.1	5901.8	1037.7	42298.5	44527.8	3597.5
其他企业	224.0	1.8	1.1	0.3	224.7	727.3	-502.6
港、澳、台商投资企业	186313.3	666011.6	379860.3	39475.3	507530.7	395853.3	117616.6
与港澳台商合资经营企业	51270.3	375135.9	195527.1	8917.1	257480.8	240180.2	23239.8
与港澳台商合作经营企业							
港澳台商独资经营企业	135043.0	290875.7	184333.2	30558.2	250049.9	155673.1	94376.8
港澳台商投资股份有限公司							
其他港澳台投资企业							
外商投资企业	66314.0	161983.0	122858.9	3062.6	126649.6	174867.0	-48217.4
中外合资经营企业	46429.6	104397.4	92077.7	334.3	65074.6	112298.5	-47223.9
中外合作经营企业							
外资企业	17558.7	56737.2	30085.8	2715.1	58808.3	59225.9	-417.6
外商投资股份有限公司							
其他外商投资企业	2325.7	848.4	695.4	13.2	2766.7	3342.6	-575.9
2.按住宿业行业小类分							
旅游饭店	774762.1	1964537.6	1032765.0	113310.6	2349429.8	2082114.4	265137.4
一般旅馆	302989.9	297369.8	141562.1	14047.4	595913.6	522597.7	80148.7
民宿服务							
露营地服务							
其他住宿业	42829.7	195456.8	75980.3	16090.5	171867.4	136971.2	34891.3

17-9 续表 1 (2020年) 单位：万元

登记注册类型、行业	流动资产合计	固定资产原价	累计折旧	本年折旧	资产总计	负债合计	所有者权益合计
二、餐饮业	**519818.9**	**608597.9**	**282198.2**	**29771.3**	**1305923.8**	**1201411.7**	**106279.7**
1.按登记注册类型分组							
内资企业	354507.6	459299.9	191894.8	21985.2	882244.7	822956.4	61055.9
国有企业	1407.6	10829.8	588.5	446.9	12151.0	21781.5	-9630.5
集体企业	91.5	171.3	162.8	6.5	106.3	288.0	-181.7
股份合作企业							
联营企业							
有限责任公司	61761.6	47607.1	17624.5	4029.8	114887.3	94502.1	23934.5
国有独资公司	10053.7	4247.1	1605.3	281.3	13182.8	5148.8	8034.0
其他有限责任公司	51707.9	43360.0	16019.2	3748.5	101704.5	89353.3	15900.5
股份有限公司	10997.3	33424.0	12294.4	1405.8	38085.9	31744.4	6341.5
私营企业	280249.6	367267.7	161224.6	16096.2	717014.2	674640.4	40592.1
私营独资企业	8483.6	35739.9	22160.1	1322.8	42586.8	22233.5	20691.8
私营合伙企业	1119.4	103.3	66.0	41.5	1225.0	1041.8	190.0
私营有限责任公司	270082.7	331229.8	138838.9	14722.4	672556.0	651241.1	19187.9
私营股份有限公司	563.9	194.7	159.6	9.5	646.4	124.0	522.4
其他企业							
港、澳、台商投资企业	131750.6	62898.2	37218.7	5068.1	283079.7	281682.5	1397.2
与港澳台商合资经营企业	4802.7	2014.9	1447.4	120.8	5982.9	3245.9	2737.0
与港澳台商合作经营企业							
港澳台商独资经营企业	126947.9	60883.3	35771.3	4947.3	277096.8	278436.6	-1339.8
港澳台商投资股份有限公司							
其他港澳台投资企业							
外商投资企业	33560.7	86399.8	53084.7	2718.0	140599.4	96772.8	43826.6
中外合资经营企业	358.0	60.0	58.2	58.2	434.4	312.4	122.0
中外合作经营企业							
外资企业	33202.7	86339.8	53026.5	2659.8	140165.0	96460.4	43704.6
外商投资股份有限公司							
其他外商投资企业							
2.按餐饮业行业小类分							
正餐服务	360006.3	412294.1	177531.5	20719.3	879080.6	847179.0	33669.2
快餐服务	98693.6	134600.9	81173.7	5126.2	310089.6	293127.2	16962.4
饮料及冷饮服务	26282.0	5716.7	3534.4	1430.4	36515.1	11111.5	25403.6
餐饮配送及外卖送餐服务	28124.2	43119.6	14808.2	2193.0	64994.2	49011.0	15983.2
其他餐饮业	6712.8	12866.6	5150.4	302.4	15244.3	983.0	14261.3

17-9 续表 2 (2020年) 单位：万元

登记注册类型、行业	营业收入	主营业务收入	营业成本	营业税金及附加	其他业务利润	销售费用	管理费用
总计	**1327047.2**	**1303541.3**	**681443.3**	**18356.4**	**22836.4**	**439293.3**	**330993.5**
一、住宿业	**458097.1**	**442314.0**	**199243.1**	**15135.1**	**4388.2**	**158749.6**	**208029.2**
1.按登记注册类型分组							
内资企业	384393.6	371691.1	161848.0	10210.4	4029.2	133311.6	173939.3
国有企业	50803.6	48548.9	24250.6	1394.8	175.2	18712.9	22988.5
集体企业	3108.7	3104.2	1440.1	17.7		1330.5	1024.4
股份合作企业							
联营企业							
有限责任公司	130089.6	124328.9	54524.8	5179.8	1216.3	46799.1	70164.4
国有独资公司	16470.4	16054.6	9000.7	957.1	23.8	5767.9	6368.9
其他有限责任公司	113619.2	108274.3	45524.1	4222.7	1192.5	41031.2	63795.5
股份有限公司	7059.1	7059.1	5240.2	114.8		440.1	1691.1
私营企业	192876.7	188194.1	76220.7	3502.8	2637.7	65830.7	77994.1
私营独资企业	10146.6	10079.6	4217.4	279.7	46.3	2406.1	4036.4
私营合伙企业	360.0	360.0	110.0	0.3		129.0	118.0
私营有限责任公司	178747.1	174356.0	69828.0	2987.2	2591.4	62875.5	71377.6
私营股份有限公司	3623.0	3398.5	2065.3	235.6		420.1	2462.1
其他企业	455.9	455.9	171.6	0.5		198.3	76.8
港、澳、台商投资企业	54078.9	52212.5	29314.0	4801.4	254.0	18449.6	27046.0
与港澳台商合资经营企业	30011.6	28257.6	12856.6	1935.3	185.5	14257.1	14527.2
与港澳台商合作经营企业							
港澳台商独资经营企业	24067.3	23954.9	16457.4	2866.1	68.5	4192.5	12518.8
港澳台商投资股份有限公司							
其他港澳台投资企业							
外商投资企业	19624.6	18410.4	8081.1	123.3	105.0	6988.4	7043.9
中外合资经营企业	8755.1	8352.3	1969.5	105.0	83.4	3357.0	3858.1
中外合作经营企业							
外资企业	9878.6	9376.2	5566.1	14.2	21.6	3045.3	2994.9
外商投资股份有限公司							
其他外商投资企业	990.9	681.9	545.5	4.1		586.1	190.9
2.按住宿业行业小类分							
旅游饭店	330277.7	318199.1	142875.8	12469.7	3973.6	114467.5	160016.1
一般旅馆	100965.4	98152.2	47423.5	1208.0	198.3	31453.5	36258.4
民宿服务							
露营地服务							
其他住宿业	26854.0	25962.7	8943.8	1457.4	216.3	12828.6	11754.7

17-9 续表 3 (2020年) 单位：万元

登记注册类型、行业	营业收入	主营业务收入	营业成本	营业税金及附加	其他业务利润	销售费用	管理费用
二、餐饮业	**868950.1**	**861227.3**	**482200.2**	**3221.3**	**18448.2**	**280543.7**	**122964.3**
1.按登记注册类型分组							
内资企业	314162.0	306460.9	207481.9	2947.2	6343.1	74257.8	68517.8
国有企业	2173.5	1813.9	1600.4	5.3		7.7	1114.2
集体企业	706.2	706.2	402.5	1.1		130.1	250.4
股份合作企业							
联营企业							
有限责任公司	67422.9	66676.6	41398.8	340.4	28.8	16909.1	12122.2
国有独资公司	5953.1	5893.7	4555.7	66.8		909.0	1854.0
其他有限责任公司	61469.8	60782.9	36843.1	273.6	28.8	16000.1	10268.2
股份有限公司	19719.7	19719.2	36901.1	541.9		295.4	3726.7
私营企业	224139.7	217545.0	127179.1	2058.5	6314.3	56915.5	51304.3
私营独资企业	18815.9	18451.3	10742.6	300.0	4.6	5057.9	4144.5
私营合伙企业	5395.5	5213.2	3514.5	5.7		1318.1	1079.0
私营有限责任公司	196394.0	190356.0	110894.2	1749.8	6309.7	50132.4	45103.1
私营股份有限公司	3534.3	3524.5	2027.8	3.0		407.1	977.7
其他企业							
港、澳、台商投资企业	180577.3	180555.6	68601.5	62.4	12105.1	101478.9	15587.4
与港澳台商合资经营企业	4928.2	4928.2	3869.3	25.7		341.3	2142.9
与港澳台商合作经营企业							
港澳台商独资经营企业	175649.1	175627.4	64732.2	36.7	12105.1	101137.6	13444.5
港澳台商投资股份有限公司							
其他港澳台投资企业							
外商投资企业	374210.8	374210.8	206116.8	211.7		104807.0	38859.1
中外合资经营企业	350.6	350.6	173.4	0.2		197.3	126.5
中外合作经营企业							
外资企业	373860.2	373860.2	205943.4	211.5		104609.7	38732.6
外商投资股份有限公司							
其他外商投资企业							
2.按餐饮业行业小类分							
正餐服务	237815.6	230133.1	126347.0	2354.3	6209.2	74110.5	53389.6
快餐服务	525021.1	525010.9	266310.0	226.4	-27.4	186888.8	52051.9
饮料及冷饮服务	37373.4	37373.4	15822.0	3.2	12128.0	17633.9	2414.9
餐饮配送及外卖送餐服务	63290.9	63260.8	69688.5	622.8	12.8	1575.4	14109.7
其他餐饮业	5449.1	5449.1	4032.7	14.6	125.6	335.1	998.2

17-9 续表 4 (2020年) 单位：万元

登记注册类型、行业	财务费用	营业利润	利润总额	应交所得税	应付职工薪酬（本年贷方累计发生额）	应交增值税
总计	**57863.3**	**-195506.9**	**-184708.2**	**7979.5**	**340827.9**	**4848.3**
一、住宿业	**30836.6**	**-147419.8**	**-136791.3**	**255.3**	**127678.9**	**3700.8**
1.按登记注册类型分组						
内资企业	26346.8	-116744.3	-107696.8	441.1	104872.5	2624.0
国有企业	308.9	-15848.3	-16359.9	22.7	21718.3	507.9
集体企业	76.5	-780.6	-679.9	1.0	1167.9	29.4
股份合作企业						
联营企业						
有限责任公司	6387.5	-50836.1	-47316.5	-43.3	41643.9	995.1
国有独资公司	-173.9	-5099.7	-4579.0	14.2	6602.5	673.8
其他有限责任公司	6561.4	-45736.4	-42737.5	-57.5	35041.4	321.3
股份有限公司	99.8	-535.6	-489.5	0.4	1269.9	185.7
私营企业	19474.0	-48752.3	-42862.0	457.4	39011.7	899.9
私营独资企业	807.2	-1510.8	-1384.0	93.6	2519.4	14.3
私营合伙企业	0.8	2.5	2.5		96.0	
私营有限责任公司	18641.6	-45660.7	-40258.1	362.8	35467.2	1638.6
私营股份有限公司	24.4	-1583.3	-1222.4	1.0	929.1	-753.0
其他企业	0.1	8.6	11.0	2.9	60.8	6.0
港、澳、台商投资企业	4118.4	-28353.3	-27012.5	2.6	18165.3	849.8
与港澳台商合资经营企业	4975.8	-17249.3	-16343.9	2.6	10252.8	612.4
与港澳台商合作经营企业						
港澳台商独资经营企业	-857.4	-11104.0	-10668.6		7912.5	237.4
港澳台商投资股份有限公司						
其他港澳台投资企业						
外商投资企业	371.4	-2322.2	-2082.0	-188.4	4641.1	227.0
中外合资经营企业	733.7	-1209.8	-1098.2	6.0	2319.0	204.6
中外合作经营企业						
外资企业	-364.4	-1258.9	-1138.0	-194.7	2240.4	20.2
外商投资股份有限公司						
其他外商投资企业	2.1	146.5	154.2	0.3	81.7	2.2
2.按住宿业行业小类分						
旅游饭店	24636.3	-118598.6	-111974.7	14.5	99472.0	2924.2
一般旅馆	4302.7	-19061.8	-15991.0	222.9	21587.4	706.0
民宿服务						
露营地服务						
其他住宿业	1897.6	-9759.4	-8825.6	17.9	6619.5	70.6

17-9 续表 5

(2020年)

单位：万元

登记注册类型、行业	财务费用	营业利润	利润总额	应交所得税	应付职工薪酬(本年贷方累计发生额)	应交增值税
二、餐饮业	**27026.7**	**-48087.1**	**-47916.9**	**7724.2**	**213149.0**	**1147.5**
1.按登记注册类型分组						
内资企业	22928.3	-61500.0	-59367.3	263.9	60163.0	907.1
国有企业	925.6	-1474.3	-1448.1	3.0	696.6	37.0
集体企业	0.3	-78.2	-64.6		220.8	8.3
股份合作企业						
联营企业						
有限责任公司	1849.2	-6631.3	-4735.1	160.0	12311.8	281.5
国有独资公司	81.8	-1472.6	-247.0	2.2	782.8	206.6
其他有限责任公司	1767.4	-5158.7	-4488.1	157.8	11529.0	74.9
股份有限公司	-34.2	-21399.6	-24146.3	-263.3	11131.9	134.1
私营企业	20187.4	-31916.6	-28973.2	364.2	35801.9	446.2
私营独资企业	120.6	-989.8	-1177.0	55.0	4529.3	57.2
私营合伙企业	23.8	-500.5	-443.4	1.0	626.7	
私营有限责任公司	20030.1	-30528.9	-27459.4	303.6	30210.3	380.0
私营股份有限公司	12.9	102.6	106.6	4.6	435.6	9.0
其他企业						
港、澳、台商投资企业	4044.1	-9191.5	-10829.7	1634.8	78793.4	-183.8
与港澳台商合资经营企业	-1.7	-1448.8	-1342.4	2.0	2735.1	-11.5
与港澳台商合作经营企业						
港澳台商独资经营企业	4045.8	-7742.7	-9487.3	1632.8	76058.3	-172.3
港澳台商投资股份有限公司						
其他港澳台投资企业						
外商投资企业	54.3	22604.4	22280.1	5825.5	74192.6	424.2
中外合资经营企业	0.8	-147.4	-156.8		182.3	
中外合作经营企业						
外资企业	53.5	22751.8	22436.9	5825.5	74010.3	424.2
外商投资股份有限公司						
其他外商投资企业						
2.按餐饮业行业小类分						
正餐服务	22726.4	-40066.9	-35483.7	442.5	42641.7	342.2
快餐服务	4213.2	12826.7	10958.3	6415.2	133183.1	425.4
饮料及冷饮服务	-118.6	1581.2	1592.1	1076.8	17617.4	-46.8
餐饮配送及外卖送餐服务	207.6	-22544.7	-25115.4	-215.9	18205.0	303.2
其他餐饮业	-1.9	116.6	131.8	5.6	1501.8	123.5

17-10 各地区限额以上批发零售贸易业企业资产、负债及所有者权益

(2020年) 单位：万元

地区	资产总计	负债合计	所有者权益合计
全省	**91952068**	**76939422**	**14704973**
沈阳	29098325	26692063	2384083
大连	31634984	24986324	6640749
鞍山	3614100	2511738	1102207
抚顺	939331	664098	265590
本溪	3219040	2320880	876853
丹东	591406	420228	171163
锦州	1910877	1398066	495984
营口	7153242	6617369	467929
阜新	633013	475525	118246
辽阳	2276413	1879647	358899
盘锦	7423305	6428531	966792
铁岭	933946	708379	171929
朝阳	1195403	868902	325865
葫芦岛	1328682	967672	358683

17-11 各地区限额以上批发零售贸易业企业主要财务指标

(2020年) 单位：万元

地区	营业收入	营业成本	营业税金及附加	销售费用	管理费用	财务费用
全省	**176833478**	**169163159**	**869658**	**3965010**	**1996335**	**843901**
沈阳	76021116	73545825	225267	1849180	820591	359949
大连	46692544	44301266	240903	1011440	586929	256509
鞍山	7765054	7307658	55683	144951	88627	22001
抚顺	1996104	1828558	29164	59716	44217	10622
本溪	1609788	1425243	22786	97559	44674	8701
丹东	1069903	934115	29148	50283	32375	9009
锦州	3871450	3630502	38008	93222	54889	25745
营口	11884791	11501146	42757	99750	69574	79663
阜新	1605081	1495337	22200	46726	29976	19
辽阳	4559380	4406382	29483	45478	37549	18201
盘锦	11358874	10956754	40911	241388	61750	26112
铁岭	1476227	1315850	32335	59908	33645	6457
朝阳	3696673	3501076	30311	72584	48330	3462
葫芦岛	3226493	3013446	30700	92825	43210	17451

主要统计指标解释

社会消费品零售额 指各种经济类型的批发零售贸易业、餐饮业、和其他行业对城乡居民和社会集团的消费品零售额的总和。这个指标反映通过各种商品流通渠道向居民和社会集团供应的生活消费品来满足他们生活需要，是研究人民生活、社会消费品购买力、货币流通等问题的重要指标。社会消费品零售额包括：(1)售给城乡居民作为生活用的商品及修建房屋用的建筑材料；(2)售给机关、团体、学校、部队、企业、事业单位的职工食堂和旅店(招待所)附设专门供本店旅客食用，不对外营业的食堂的各种食品、燃料；企业、单位和国营农场直接售给本单位职工和职工食堂的自己生产的产品；(3)售给部队干部、战士生活用的粮食、副食品、衣着品、日用品、燃料；(4)售给来华的外国人、华侨、港澳台同胞的消费品(包括友谊商店、在海关前后设立的免税商店、外轮供应公司等)；(5)居民自费购买的中、西药品、中药材及医疗用品；(6)报社、出版社直接售给居民和社会集团的报纸、图书、杂志，集邮公司(包括邮局集邮专柜)出售的新旧纪念邮票、特种邮票、首日封、集邮册、集邮工具等；(7)旧货寄售商店自购、自销部分的商品零售额；(8)煤气公司、液化石油气站售给居民和社会集团的煤气灶具和罐装液化石油气；

批发零售贸易业商品购、销、存总额 指以各种经济类型的批发、零售贸易业为总体的商品购、销、存。

商品购进总额 指从本企业(单位)以外的单位和个人购进(包括从国外直接进口)作为转卖或加工后转卖的商品。这个指标反映批发零售贸易业从国内、国外市场上购进商品的总量。商品购进总额包括：(1)从工农业生产者购进的商品；(2)从出版社、报社的出版发行部门购进的图书、杂志和报纸；(3)从各种经济类型的批发零售贸易企业(单位)购进的商品；(4)从其他单位购进的商品，如从机关、团体、企业、单位购进的剩余物资，从餐饮业、服务业购进的商品，从海关、市场管理部门购进的缉私和没收的商品，从居民收购的废旧商品等；(5)从国(境)外直接进口的商品。

商品销售总额 指对本企业(单位)以外的单位和个人出售(包括对国(境)外直接出口)的商品。这个指标反映批发零售贸易业在国内市场上销售商品以及出口商品的总量。商品销售总额包括：(1)售给城乡居民和社会集团消费用的商品；(2)售给工业、农业、建筑业、运输邮电业、批发零售贸易业、餐饮业、服务业、公用事业等作为生产、经营使用的商品；(3)售给批发零售贸易业作为转卖或加工后转卖的商品；(4)对国(境)外直接出口的商品。

批发零售贸易业年末库存 指年末各种经济类型的批发零售贸易企业(单位)已取得所有权的商品。它反映各地区、各批发零售贸易企业(单位)的商品库存情况和对市场商品供应的保证程度。期末库存包括：(1)存放在批发零售贸易业经营单位(如门市部、批发站、经营处)仓库、货场、货柜和货架中的商品；(2)挑选、整理、包装中的商品；(3)已记入购进而尚未运到本单位的商品，即发货单或银行承兑凭证已到而货未到部分；(4)寄放他处的商品，如因购货方拒绝承付而暂时存放在购货方的商品和已办完加工成品收回手续而未提回的商品；(5)委托其他单位代销(未作销售或调出)尚未售出的商品；(6)代其他单位购进尚未交付的商品。

城乡集市贸易成交额 指在农村集市和城市集市上买卖双方(包括农民、非农业居民、机关、团体、工商企业、个体商贩)成交的全部商品金额，是反映集市贸易规模的综合性指标。

十八、对外经济贸易

Chapter 18 Foreign Trade and Economy Cooperation

18-1 对外经济贸易基本情况

单位：户、个、亿美元

指　　标	2010年	2011年	2012年	2013年	2014年	2015年	2016年	2017年	2018年	2019年	2020年
进出口总额	**806.7**	**959.6**	**1039.9**	**1142.8**	**1139.6**	**960.8**	**865.2**	**994.2**	**1144.3**	**1052.6**	**944.6**
出口总额	431.2	510.4	579.5	645.4	587.6	508.4	430.7	448.8	488.0	454.4	383.3
进口总额	375.5	449.2	460.4	497.4	552.0	452.4	434.6	545.5	656.3	598.2	561.3
进出口差额	55.7	61.2	119.1	148.0	35.6	56.0	-3.9	-96.7	-168.3	-143.8	-178.0
外商直接投资合同项目	**1480**	**1050**	**745**	**565**	**478**	**475**	**424**	**512**	**548**	**576**	**529**
外商直接投资合同金额	**256.4**	**196.4**	**247.7**	**216.3**	**188.0**	**68.4**	**92.2**	**265.4**	**155.8**	**128.8**	**65.4**
实际外商直接投资额	**207.5**	**242.7**	**267.9**	**290.4**	**274.2**	**51.9**	**30.0**	**53.4**	**49.0**	**33.2**	**25.2**
外商投资企业基本情况											
年底登记户数	18377.0	11787.0	17960.0	17250.0	17091.0	17745.0	16949.0	16883.0	17028.0	16191	16252
投资总额	1476.2	1659.7	1855.6	1832.1	1986.4	2066.4	2132.8	3158.5	3774.9	4024.9	4156.89
注册资本	975.4	1057.7	1171.3	1135.9	1203.5	1263.5	1318.5	1754.1	2169.4	2271.3	2382.51
#外方	801.5	864.9	962.6	927.6	986.1	1029.0	1057.4	1390.8	1763.3	1830.9	1828.9
对外经济合作											
合同金额	19.7	20.0	22.9	27.7	28.1	29.9	16.6	20.0	23.1	24.8	27.2
#对外承包工程	17.2	17.5	19.3	23.7	19.6	27.6	14.4	17.2	20.6	21.6	25.2
对外劳务合作	2.4	2.4	3.6	3.9	8.5	2.2	2.2	2.8	2.5	3.2	1.9
完成营业额	15.1	16.1	19.5	23.8	26.4	26.6	17.6	17.2	15.8	17.3	15.1
#对外承包工程	13.2	14.0	16.3	20.6	23.7	24.4	15.6	14.6	13.7	14.3	11.4
对外劳务合作	2.2	2.0	3.2	3.1	2.7	2.2	2.0	2.6	2.1	3.0	3.7

18-2 外贸进出口总额

单位：亿美元

年 份	进出口总额				指数(上年=100)		出口额指数(1953年=100)
		出口额	进口额	差额(+、-)	出口额	进口额	
1978	15.9	15.2	0.7	14.5	130.1	190.6	1614.9
1980	40.5	39.8	0.7	39.1	152.9	104.2	4234.0
1985	53.9	50.4	3.5	46.9	101.0	280.6	5363.8
1986	34.3	30.8	3.5	27.0	61.1	100.3	3276.6
1987	42.2	37.9	4.3	33.6	123.0	132.1	4029.8
1988	44.5	38.7	5.8	32.9	102.3	124.9	4121.3
1989	53.4	44.5	8.9	35.6	114.8	154.2	4729.8
1990	63.2	56.1	7.1	49.0	126.0	78.3	5957.4
1991	67.3	57.7	9.6	48.1	103.0	138.3	6138.3
1992	76.6	61.8	14.8	37.0	106.9	153.2	6569.3
1993	84.6	62.1	22.5	39.6	100.7	151.7	6901.1
1994	97.0	68.7	28.3	40.4	110.5	125.5	7627.8
1995	109.9	82.6	27.3	55.2	120.3	96.7	9175.6
1996	112.5	83.4	29.1	54.3	100.9	106.4	9264.4
1997	129.6	88.9	40.7	48.2	106.6	139.9	9877.8
1998	127.4	80.5	46.9	37.1	87.8	75.4	8942.3
1999	137.3	82.0	55.3	26.7	101.9	117.9	9111.1
2000	190.2	108.5	81.7	26.8	132.3	147.7	12055.5
2001	199.1	111.1	88.0	23.1	102.4	107.7	12344.4
2002	217.4	123.7	93.7	30.0	111.3	106.5	13744.4
2003	265.6	146.3	119.3	27.0	118.3	127.3	16255.5
2004	344.4	189.2	155.2	34.0	129.3	130.1	21022.2
2005	410.1	234.4	175.7	58.7	123.9	113.2	26044.4
2006	483.9	283.2	200.7	82.5	120.8	114.2	31466.7
2007	594.7	353.3	241.5	111.8	124.7	120.3	39239.0
2008	724.4	420.5	303.8	116.7	119.0	125.8	46722.2
2009	629.2	334.4	294.8	39.6	79.5	97.0	37155.6
2010	806.7	431.2	375.5	55.7	128.9	127.4	47911.2
2011	959.6	510.4	449.2	61.2	118.4	119.6	56711.1
2012	1039.9	579.5	460.4	119.1	113.5	102.5	64388.9
2013	1142.8	645.4	497.4	148.0	111.4	107.8	69556.7
2014	1139.6	587.6	552.0	35.6	91.0	111.0	69361.9
2015	960.9	508.4	452.5	55.9	86.5	82.0	59997.3
2016	865.2	430.7	434.6	-3.9	84.7	96.0	50817.7
2017	994.2	448.8	545.5	-96.7	104.2	125.5	58394.5
2018	1144.3	488.0	656.3	-168.3	108.7	120.3	63474.8
2019	1052.6	454.4	598.2	-143.8	93.1	91.1	59104.4
2020	944.6	383.3	561.3	-178.0	84.4	93.8	49856.3

注:1998年以后为海关统计数。

18-3 按贸易性质分进出口总额

单位：万美元

分　类	2014年	2015年	2016年	2017年	2018年	2019年	2020年
进出口总额	**11395990.2**	**9608604.1**	**8652126.1**	**9942236.6**	**11442864.0**	**10526138.0**	**9445708.0**
出口总额	**5875923.7**	**5084034.3**	**4306523.4**	**4487657.6**	**4879744.0**	**4543875.0**	**3833100.0**
一般贸易	3229525.4	2684446.9	2219637.5	2418619.4	2749437.0	2507631.0	2134848.0
国家间、国际组织无偿援助和赠送的物资	1176.8	1379.8	182.3	316.8	142.0		
来料加工装配贸易	594478.6	497715.8	447882.2	398191.2	229484.0	241783.0	185331.0
进料加工贸易	1556444.0	1306298.5	1305250.2	1335623.9	1607153.0	1529835.0	1343839.0
边境小额贸易	79353.8	62105.4	60154.4	51459.7	18838.0	22197.0	2940.0
对外承包工程货物	30133.7	35088.9	18436.9	16022.4	27101.0	26565.0	10747.0
租赁贸易	407.9		622.5	456.2	909.0		
出料加工贸易	53.3	1370.9	3283.8	2420.5	40.0		
易货贸易	1.9	2.0	40.8	1504.9			
海关特殊监管区域	381329.0	493125.6	247726.5	258953.4	241458.0	202989.0	145752.0
保税监管场所进出境货物	244100.5	381335.8	156428.4	178495.0	142522.0	95315.0	70821.0
海关特殊监管区域物流货物	137228.5	111789.8	91298.1	80458.3	98936.0	107674.0	74931.0
其他贸易	3019.2	2500.5	3306.3	4089.2	5176.0	12563.0	8922.0
进口总额	**5520066.6**	**4524569.8**	**4345602.8**	**5454579.0**	**6563120.0**	**5982263.0**	**5612608.0**
一般贸易	3125033.5	2484594.7	2390265.2	2996351.6	3797187.0	3796183.0	3881202.0
华侨、港澳同胞、外籍华人捐赠物资							
来料加工装配贸易	550135.1	468487.5	409602.3	407503.0	328488.0	329463.0	186040.0
进料加工贸易	970368.0	606802.0	504957.1	515346.3	540635.0	513678.0	439034.0
边境小额贸易	21110.6	19794.3	14769.8	10843.6	2841.0	2408.0	1271.0
来料加工装配进口的设备							
租赁贸易	10.1	40.7	12.7	0.2	12899.0		
外商投资企业作为投资进口的设备、物品	34090.8	21305.2	9571.8	15168.1	12899.0	20509.0	6388.0
出料加工贸易	68.9	1699.8	4388.6	3408.0	72.0		
易货贸易			781.3	9692.1	8.0		
海关特殊监管区域	808565.0	911944.2	990523.1	1482782.2	1730948.0	1253138.0	779724.0
保税监管场所进出境货物	610790.1	645421.8	521883.8	937624.9	1268804.0	999928.0	248869.0
海关特殊监管区域物流货物	193922.8	259539.8	394007.7	447774.3	462144.0	253210.0	41446.0
其他贸易	10000.0	9274.3	20417.1	12777.6	12918.0	25370.0	27666.0

18-3 续表

单位：万美元

分 类	2020年比上年增长%	比重(%)						
		2014年	2015年	2016年	2017年	2018年	2019年	2020年
进出口总额	**-10.3**							
出口总额	**-15.6**	**100.0**	**100.0**	**100.0**	**100.0**	**100.0**	**100.0**	**100.0**
一般贸易	-14.9	55.0	52.8	51.5	53.9	56.3	53.9	55.7
国家间、国际组织无偿援助和赠送的物资								
来料加工装配贸易	-23.3	10.1	9.8	10.4	8.9	4.7	8.9	4.8
进料加工贸易	-12.2	26.5	25.7	30.3	29.8	32.9	29.8	35.1
边境小额贸易	-86.8	1.4	1.2	1.4	1.1	0.4	1.1	0.1
对外承包工程货物	-59.5	0.5	0.7	0.4	0.4	0.6	0.4	0.3
租赁贸易								
出料加工贸易					0.1			
易货贸易								
海关特殊监管区域	-28.2	6.5	9.7	5.8	5.8	4.9	5.8	3.8
保税监管场所进出境货物	-25.7	4.2	7.5	3.6	4.0	2.9	4.0	1.8
海关特殊监管区域物流货物	-30.4	2.3	2.2	2.1	1.8	2.0	1.8	2.0
其他贸易	-29.0	0.1		0.1	0.1	0.1	0.1	0.2
进口总额	**-6.2**	**100.0**	**100.0**	**100.0**	**100.0**	**100.0**	**100.0**	**100.0**
一般贸易	2.2	56.6	54.9	55.0	54.9	57.9	54.9	69.2
华侨、港澳同胞、外籍华人捐赠物资								
来料加工装配贸易	-43.5	10.0	10.4	9.4	7.5	5.0	7.5	3.3
进料加工贸易	-14.5	17.6	13.4	11.6	9.4	8.2	9.4	7.8
边境小额贸易	-47.2	0.4	0.4	0.3	0.2		0.2	0.0
来料加工装配进口的设备								
租赁贸易								
外商投资企业作为投资进口的设备、物品	-68.9	0.6	0.5	0.2	0.3	0.2	0.3	0.1
出料加工贸易				0.1	0.1			
易货贸易								
海关特殊监管区域	-37.8	14.6	20.2	22.8	27.2	26.4	27.2	13.9
保税监管场所进出境货物	-75.1	11.1	14.3	12.0	17.2	19.3	17.2	4.4
海关特殊监管区域物流货物	-83.6	3.5	5.7	9.1	8.2	7.0	8.2	0.7
其他贸易	9.1	0.2	0.2	0.5	0.2	0.2	0.2	0.5

18-4 各地区进出口总额

单位：万美元

地区	2010年	2011年	2012年	2013年	2014年	2015年	2016年	2017年	2018年	2019年	2020年
进口总额											
总计	**3755151**	**4491674**	**4604087**	**4974412**	**5519624**	**4524151**	**4345603**	**5454579**	**6563120**	**5982263**	**5612608**
沈阳	377887	579513	678313	733289	865613	729441	708457	815409	975392	1097051	1089768
大连	2472262	2881629	2943100	3138534	3505503	2929176	2750637	3563022	4315337	3511575	3143440
鞍山	246151	273417	173491	218296	188157	69048	97630	204999	196341	202720	251940
抚顺	50144	38189	26909	21773	23495	23893	23454	16614	11529	6410	8189
本溪	189236	218424	168557	176685	139176	82277	69474	114742	120508	117871	150775
丹东	105408	151813	172230	171002	157317	146701	148389	103187	32581	31750	26421
锦州	113938	111589	127653	143277	181538	107200	97093	144334	266624	274603	150390
营口	71567	107763	161021	232164	234141	196722	165864	232771	270623	364575	410991
阜新	2510	4662	9539	6762	4968	6357	2738	5239	3629	1302	4036
辽阳	28788	25587	31363	23541	34929	42814	37274	35289	20693	10826	10693
盘锦	11322	26219	40568	48882	25980	51673	182218	128968	224633	278636	276241
铁岭	8408	1875	8504	21814	33533	26249	24496	11486	40363	20640	26369
朝阳	8349	22538	22667	15821	18275	19725	14971	6450	15684	16856	22402
葫芦岛	69181	48456	40172	22573	57885	53795	22907	72069	69183	47447	40953
出口总额											
总计	**4311970**	**5104050**	**5795032**	**6454063**	**5875924**	**5084034**	**4306523**	**4487658**	**4879744**	**4543875**	**3833100**
沈阳	407717	482512	596514	699581	710285	675132	424684	469172	519623	459157	395908
大连	2725909	3169350	3468242	3743743	2945693	2576825	2485825	2615965	2906510	2816759	2416638
鞍山	144221	200499	237445	269713	272819	215132	175234	201428	237678	220939	160299
抚顺	52355	61464	70706	85628	68314	65068	54545	42007	56096	48668	44796
本溪	158375	193931	240515	269614	310164	253213	188510	262763	256887	152531	108460
丹东	187443	235980	287511	340612	301553	265738	249400	237435	192723	191847	143386
锦州	117852	149552	175144	207205	241108	135650	103508	99456	86012	66892	55370
营口	220593	325860	388176	436890	452392	461471	374850	317768	381640	322076	269092
阜新	12036	15323	18861	26580	31216	27060	20295	23126	31533	28369	20532
辽阳	96151	51192	59855	68395	66276	69328	67680	44171	52535	43158	42184
盘锦	36662	53823	70551	81780	65700	37349	32981	31644	31066	30747	19198
铁岭	46129	53190	46429	63614	69261	47673	13497	17473	21300	26536	20685
朝阳	41277	31274	39809	50423	75651	80215	64875	47948	50300	40280	35495
葫芦岛	65250	80100	95273	110287	127733	106206	50640	77301	55838	95917	101058

18-5 海关同主要国家(地区)进出口总额

单位：万美元

国家、地区	进出口总额						进口总额		
	2015年	2016年	2017年	2018年	2019年	2020年	2015年	2016年	2017年
中国香港	219743	155212	176821	233173	133752	153165	7698	5549	5353
中国澳门	1666	1404	1114	2120	4959	805	194	206	83
日　本	1265312	1273230	1453960	1634610	1427482	1217546	420222	490778	567954
菲律宾	114881	86995	92500	97041	67097	58280	41900	24328	24553
韩　国	872153	801895	999998	969184	853422	586313	418586	398002	494580
泰　国	120174	117211	120833	140825	134070	108638	41470	37845	45207
马来西亚	162698	103004	104361	130706	323000	102644	34502	20814	40538
新加坡	397823	341003	274059	166724	150337	213045	39821	58761	55004
印度尼西亚	118928	102659	108738	122378	111632	72089	37715	44536	45311
土耳其	28702	23978	29695	33296	26383	28271	10761	9874	11850
孟加拉国	18003	15321	14808	21754	18278	10540	173	152	133
巴基斯坦	32631	32500	35930	42413	30315	31967	2871	2054	1813
匈牙利	33775	31849	32855	43897	47728	65707	18485	21746	24804
德　国	700179	562039	553551	635002	673132	656103	545328	416399	406266
法　国	79981	87866	111306	137890	126191	109931	50010	61153	79023
意大利	113902	89762	103150	122018	117876	85229	43655	36324	43975
比利时	56108	35471	45406	56882	38438	37081	8988	5819	9970
英　国	108568	151639	175877	231650	220842	117867	31532	88340	116297
丹　麦	25018	25669	32257	56191	20166	19193	15461	16752	11422
瑞　典	23650	19929	31457	39459	24399	22101	12463	10746	21763
瑞　士	15464	13550	17778	21846	22589	20739	11959	10179	14429
奥地利	18069	30970	38322	54663	67954	58696	14460	27822	34128
西班牙	75851	66079	72932	88904	88212	81526	24017	29341	38801
荷　兰	122886	163825	152621	193115	125966	101054	13337	37873	35608
俄罗斯	301818	325400	412114	410890	345804	317056	208632	245818	319718
波　兰	43633	43838	52727	61980	69642	64704	21477	22798	29396
捷　克	23156	26916	43348	57874	54322	57371	19108	22243	38499
罗马尼亚	12937	14926	21377	31767	42485	47134	9635	12673	19079
保加利亚	3309	2931	3757	4697	5590	7753	2072	1492	2013
埃　及	18115	9862	17316	15053	16517	13977	94	200	6422
利比亚	6159	14587	61412	53380	95952	9745	5193	13865	60915
加拿大	135766	123674	165421	142054	124103	115353	67575	61314	94515
美　国	892816	788118	905482	1122759	766685	800731	316840	318007	381264
巴　西	299850	324724	357126	495179	356277	451892	253242	273995	303639
澳大利亚	325661	346786	524722	591479	567163	556879	231659	299018	469600
新西兰	53558	52549	68654	44293	48113	41177	41718	43461	58930

18-5 续表 单位：万美元

国家、地区				出口总额					
	2018年	2019年	2020年	2015年	2016年	2017年	2018年	2019年	2020年
中国香港	5243	5596	7350	212045	149663	171468	227930	128155	145815
中国澳门	159	126	162	1472	1198	1031	1961	4833	643
日　本	653381	514752	409849	845091	782452	886007	981229	912731	807697
菲律宾	26262	24968	17856	72981	62667	67947	70779	42129	40423
韩　国	491044	353356	243967	453568	403893	505418	478140	500066	342346
泰　国	48218	57973	36395	78704	79366	75626	92606	76097	72243
马来西亚	44945	125425	29976	128196	82190	63823	85761	197575	72668
新加坡	71093	39512	41741	358002	282241	219055	95631	110825	171304
印度尼西亚	59790	55767	38054	81213	58123	63427	62589	55866	34034
土耳其	10595	8256	9013	17941	14104	17845	22702	18127	19258
孟加拉国	418	213	687	17829	15169	14675	95631	18065	9854
巴基斯坦	4268	2628	2438	29760	30446	34117	38145	27687	29529
匈牙利	35382	40639	50361	15290	10103	8052	8514	7088	15346
德　国	476590	526227	520954	154851	145640	147285	158412	146905	135149
法　国	103068	90459	73902	29972	26713	32283	34822	35733	36029
意大利	50590	55474	35560	70246	53439	59175	71428	62402	49670
比利时	14643	7706	8994	47119	29651	35435	42239	30732	28086
英　国	167641	156451	62820	77035	63299	59580	64009	64391	55047
丹　麦	8000	8592	7599	9557	8917	20835	48191	11575	11595
瑞　典	26860	11066	10388	11187	9182	9695	12599	13333	11712
瑞　士	17418	17761	14620	3505	3371	3349	4428	4827	6119
奥地利	48389	62380	54488	3609	3149	4194	6274	5573	4207
西班牙	49458	54135	51542	51833	36738	34131	39446	34077	29983
荷　兰	72025	26109	17420	109548	125952	117012	121090	99857	83634
俄罗斯	300990	230903	227226	93186	79582	92396	109900	114901	89830
波　兰	36058	44157	39685	22156	21040	23331	25923	25485	25019
捷　克	51349	48778	53739	4047	4673	4849	6525	5545	3632
罗马尼亚	28119	38788	43528	3302	2253	2298	3648	3697	3606
保加利亚	2896	4019	6407	1238	1439	1744	1801	1570	1346
埃　及	2780	3280	771	18021	9662	10895	12273	13237	13206
利比亚	52436	94678	9066	966	722	497	944	1274	679
加拿大	72925	51693	56932	68191	62361	70906	69129	72410	58421
美　国	538020	320644	418083	575976	470111	524218	584739	446041	382648
巴　西	387350	323332	404390	46608	50729	53486	107829	32945	47502
澳大利亚	519085	502379	501819	94003	47768	55123	72394	64784	55060
新西兰	34644	39654	33191	11840	9088	9724	9649	8459	7986

18-6 海关主要商品出口数量

品　名	单位	2010年	2011年	2012年	2013年	2014年	2015年	2016年	2017年	2018年	2019年	2020年
冻鸡	吨	32393.8	30840.9	19416.0	31172.0	37250.5	42510.5	42741.3	52139.4	42377.5	36132.6	34557.7
水海产品	吨	441945.7	572674.5	627047.0	680007.0	734760.1	690619.7	688057.4	802523.6	818516.3	803261.1	1690.0
玉米	万吨	2.3	2.3	14.0	1.3	0.8	0.6	0.1	2.2	0.8	2.3	0.1
鲜苹果	吨	61846.9	60582.1	56032.0	62798.0	53704.5	48151.9	51466.5	55089.4	50737.7	58488.0	54.0
大豆	吨	82412.2	85979.0	171388.0	121952.0	116834.9	81972.7	78995.5	70471.8	201637.1	59639.5	47647.7
食用植物油	吨	25521.0	23742.6	34615.0	74529.0	57377.7	34753.4	24147.0	21493.6	35732.3	45636.8	22863.9
天然蜂蜜	吨	5831.5	3571.8	4326.0	9304.0	10453.5	11799.0	10603.8	10550.3	10340.9	9713.0	10774.8
蘑菇罐头	吨	17171.6	16376.3	15467.0	16239.0	16647.0	10528.7	12518.5	11058.3	12556.9	11487.8	12127.7
烤烟	吨	1818.1	2986.8	1678.0	2657.0	3079.6	1811.6	3993.9	6185.5	1691.7	2431.2	2710.7
滑石	吨	208655.3	246540.2	260084.0	268570.0	281720.8	291103.7	315810.1	455679.7	410737.5	405914.6	344245.1
原油	万吨	7.6	8.9	11.0		24.0	222.2	47.0	240.8	149.2	53.9	1533.1
成品油	万吨	487.1	426.3	315.0	475.6	534.9	599.2	722.0	532.2	809.2	51.4	15.3
石蜡	吨	284712.2	279939.0	293996.0	299684.0	323606.7	409261.9	396579.5	278835.0	269205.8	331867.3	416021.0
合成有机染料	吨	8853.2	6367.9	6408.0	4672.0	5290.0	4370.5	6005.0	3264.8	3109.0	4371.3	4970.4
纸及纸板	吨	5916.0	6963.8	15481.0	35670.0	20913.8	13676.4	11810.4	7075.2	9159.7	10084.4	120.2
合成短纤与棉混纺机织物	万米	4131.5	4359.5	3962.0	3605.0	4008.8	3513.9	3784.9	3388.2	2357.0	1455.7	12082.7
水泥	万吨	11.8	14.5	14.0	10.0	20.6	30.0	5.8	17.0	0.2	1.0	1.7
钢材	万吨	567.1	593.0	739.0	818.0	1275.1	1320.1	1219.1	1015.2	860.8	731.4	517.6
金属加工机床	台	29339.0	28206.0	28332.0	22827.0	25427.0	12720.0	9475.0	8530.0	9279.0	8349.0	8886.0
轴承	万套	4284.9	5092.4	5224.0	4634.0	5241.8	5834.8	5790.2	6820.1	7475.9	7405.0	6946.2
电动机及发电机	万个	32271.6	29258.2	26232.0	20515.0	19242.0	17265.6	16914.2	18488.9	18737.7	17084.0	13615.1
变压器	万个	11468.0	8802.8	5788.0	4844.0	6098.3	4903.7	9740.3	11866.0	9323.8	11534.0	6017.6
电视机	万个	561.9	470.0	421.0	396.0	370.7	256.0	180.3	175.4	126.9	38.1	25.7
汽车和汽车底盘	个	16523.0	19026.0	24924.0	24653.0	38512.0	23351.0	43321.0	57837.0	41888.0	9361.0	8885.0
船舶	个	10194.0	11433.0	18846.0	20163.0	8969.0	85.0	99.0	83.0	56.0	57.0	72.0
皮革服装	万个	61.6	60.5	85.0	53.0	43.1	44.1	21.3	26.2	25.4	17.6	4.3
鞋	万双	3503.9	3695.4	6559.0	11265.0	5835.2	2967.0	1863.8	1577.6	2066.2	2122.4	1109.0

18-7 海关主要商品进口数量

品　名	单位	2010年	2011年	2012年	2013年	2014年	2015年	2016年	2017年	2018年	2019年	2020年
大豆	万吨	214.5	195.0	225.0	236.0	231.2	287.9	284.6	163.4	189.5	165.3	365.1
食用植物油	吨	3487.5	1514.7	2858.0	3929.0	14052.5	14036.8	77293.5	28773.7	27445.1	33388.7	45210.0
食糖	吨	28143.1	35910.7	115558.0	603324.0	593851.8	1006821.0	571518.2	493815.6	463026.5	569013.7	589463.8
天然橡胶	吨	40253.3	41909.0	34158.0	53731.0	61282.8	66582.1	58181.0	71088.0	69534.5	67582.6	86237.2
纸浆	吨	19226.7	35945.4	66929.0	101957.0	105933.5	88020.5	73497.5	87061.6	55456.6	57730.1	76497.3
棉花	吨	24078.9	23700.6	29169.0	19624.0	14104.4	3711.7	699.3	604.5	1031.2	539.7	1951.9
铁矿砂及其精矿	万吨	2920.7	3105.6	2592.0	2800.0	3136.8	2527.5	3688.2	4352.1	5258.3	4288.9	5001.5
煤	万吨	643.7	794.0	952.0	1762.0	1393.4	1424.4	1688.8	1193.1	820.8	632.9	950.8
原油	万吨	1552.1	1166.6	1348.0	1573.0	1855.2	2524.3	3157.8	3520.4	3289.4	3307.6	4935.0
成品油	万吨	87.1	121.6	159.0	154.0	175.1	161.0	73.8	0.01	0.01	120.60	98.9
纸及纸板	吨	34344.5	36916.5	30932.0	32019.0	27935.0	28971.4	29270.9	47675.5	54241.5	50031.7	69627.9
棉机织物	万米	1180.4	1147.7			1189.2	1129.2	1098.3	974.7		772.2	450.9
合成纤维长丝机织物	万米	6929.5	7895.4	5912.0	6246.0	4938.5	4334.9	4295.8	4069.0	3320.5	2730.8	1769.5
钢坯及粗锻件	吨	37134.1	16981.5	6401.0	9327.0	18399.3	1984.7	394.5	1757.0	9080.5	1606.0	131668.6
钢材	吨	756953.4	932075.6	728949.0	667980.0	822510.4	803242.2	810750.6	854548.0	871119.2	844152.5	846967.9
金属加工机床	个	16677.0	3825.0	2579.0	1796.0	2541.0	2220.0	1321.0	1423.0	1477.0	1271.0	2148.0
电动机及发电机	万个	4778.9	4514.8	4733.0	3460.0	2675.3	2844.4	2022.3	1831.5	1827.3	1567.2	1268.5
印刷电路	万个	60204.5	90389.5	65988.0	51329.0	43193.1	32456.3	35501.2	35525.4	34155.7	22941.0	16351.7
汽车和汽车底盘	个	10788.0	6847.0	19071.0	12059.0	14905.0	7243.0	11539.0	11100.0	11077.0	7517.0	3366.0

18-8 利用外资概况

单位：个、万美元

年份	总计		对外借款		外商直接投资		外商其他投资	
	项目	金额	项目	金额	项目	金额	项目	金额
签订利用外资合同								
1990	550	85298	70	34403	365	46703	115	4192
1991	720	92238	40	33733	575	54006	105	4499
1992	2264	269694	39	68353	2148	197922	77	3419
1993	4147	431588	27	49074	4054	379615	66	2899
1994	2810	499888	63	50495	2677	448846	70	547
1995	2484	466820	54	60702	2406	397449	24	8669
1996	1901	502673	27	24728	1853	445601	21	32344
1997	1734	550991	17	57080	1698	438835	19	55076
1998	1740	506974	26	46747	1708	438957	6	21270
1999	1785	505987	44	51200	1736	444517	5	10270
2000	1908	555807	17	26983	1883	517775	8	11049
2001	1893	592312	14	31611	1876	546649	3	14052
2002	2132	742914	5	11194	2125	718520	2	13200
2003	2328	982243	1	12000	2327	970243		
2004	2491	866200			2491	866200		
2005	2686	1101596			2686	1101596		
2006	2336	1524039			2336	1524039		
2007	1844	2078104			1844	2078104		
2008	1319	2029661			1319	2029661		
2009	1629	2818381			1629	2818381		
2010	1480	2563510			1480	2563510		
2011	1050	1963942			1050	1963942		
2012	745	2476813			745	2476813		
2013	565	2163235			565	2163235		
2014	478	1879752			478	1879752		
2015	475	684414			475	684414		
2016	424	922046			424	922046		
2017	512	2653571			512	2653571		
2018	548	1558317			548	1558317		
2019	576	1287790			576	1287790		
2020	529	654011			529	654011		
实际利用外资额								
1990		78725		51749		24831		2145
1991		97157		61429		31360		4368
1992		85931		39512		43916		2503
1993		169055		43402		122731		2922
1994		198135		55230		142388		517
1995		190691		49377		140405		909
1996		237915		44637		167142		26136
1997		305876		29775		221446		54655
1998		314104		71742		220471		21891
1999		303820		85470		206366		11984
2000		301620		35472		255219		10929
2001		358627		33282		311293		14052
2002		425538		20777		391561		13200
2003		571074		12812		558262		
2004		540679				540679		
2005		359042				359042		
2006		598554				598554		
2007		909673				909673		
2008		1201925				1201925		
2009		1544390				1544390		
2010		2075010				2075010		
2011		2426739				2426739		
2012		2679315				2679315		
2013		2903996				2903996		
2014		2742335				2742335		
2015		518516				518516		
2016		299902				299902		
2017		533508				533508		
2018		489571				489571		
2019		332292				332292		
2020		251511				251511		

18-9 各地区实际利用外商投资额

单位：万美元

地　区	2010年	2011年	2012年	2013年	2014年	2015年	2016年	2017年	2018年	2019年	2020年
总　计	**2075010**	**2426739**	**2679315**	**2903996**	**2742335**	**518516**	**299902**	**533508**	**489571**	**332292**	**251511**
沈　阳	505361	550247	580435	581093	452062	106116	81604	101263	143095	165053	71376
大　连	1003025	1101208	1235033	1359985	1400453	270302	169877	324870	267846	86988	64790
鞍　山	90496	110256	127520	138391	159010	9575	2634	4052	3959	5572	4861
抚　顺	44182	20826	12635	52108	35731	2606	16	2831	1032	3120	511
本　溪	30100	35214	46140	51449	60084	9887	6076	1337	3057	4341	3914
丹　东	70454	101688	120100	110012	72670	25077	575	15363	1369	3527	789
锦　州	50045	53780	100409	114009	125457	8781	2142	13034	5815	6411	1934
营　口	86036	110283	121330	133041	140134	5096	2414	12038	14646	13974	3608
阜　新	11013	14958	18295	20506	25106	1669	677	23908	4489	2081	99
辽　阳	33352	39118	45093	52009	60003	36477	8390	3494	5460	6484	6360
盘　锦	91335	200108	161004	150334	74895	23246	18501	19744	25922	2057	51252
铁　岭	26288	30345	40217	55539	55894	16617	5337	1147	3624	9713	1210
朝　阳	11039	14269	18103	21020	25032	1387	1337	6542	5886	19494	5983
葫芦岛	22284	44439	53001	64500	55804	1680	322	3885	3371	2895	1229

注：2020年沈阳、抚顺不含沈抚新区数据，沈抚新区为33595万美元。

18-10 按国别、地区分实际利用外商投资额

单位：万美元

国家、地区	2010年	2011年	2012年	2013年	2014年	2015年	2016年	2017年	2018年	2019年	2020年
中国香港	1147685	1610711	1465255	1518436	1207781	412732	132389	225046	229106	160619	152623
中国澳门	30242	12464	13720	26713	8315			468	91	260	14
中国台湾	90200	69762	43008	60379	28205	1714	214	6864	18094	8777	3618
印度尼西亚			50	80							
日　本	126158	144210	214451	430131	301666	23971	24643	28762	23587	23624	13456
马来西亚	8064	1422	1663	8045	10761	119	72	1335	458	185	
菲律宾	660	8918	2589	2849	1612	1180		370	585	370	
新加坡	50185	13050	37755	112578	109643	24557	12272	16520	9530	7013	4653
韩　国	135474	139784	146673	201222	91633	7992	6528	6222	3681	7820	3251
泰　国	40	2825	4540	587	102						
比利时		1	1299	815	7371	3520	2045	16	91		
丹　麦	2	6	239	165	34		92	73			
英　国	18597	14813	7016	18839	17751	407	55	472	500	4	95
德　国	7198	23975	52073	39122	44467	1029	1762	13222	5617	8414	4097
法　国	1463	1906	2320	3377	1000	17	33	106	11406	7178	7157
意大利	219	1780	6663	13012	1461	113	6	443	584	413	2831
荷　兰	5799	1222	2415	30654	45875	319	17	5262	228	33245	46555
西班牙	5324	443	6038	11231	6604	560	163	640	68		142
芬　兰	42	28	17	408	83		3	2	4		
瑞　士	234	35898	11496	19824	19076	616	14968	280	5208	198	3877
加拿大	19657	10580	13413	17122	23386	113	996	230	41		2
美　国	67450	55484	120614	78931	137945	3483	3796	4857	8029	2900	2428
澳大利亚	7177	2225	15287	11221	25468	37	15	147	530	1452	100
新西兰	9057	2070	8590	366	303	75	114	18		16	626

18-11 项目、合同外资额

(按国别、地区分) 单位：个、万美元

国家、地区	2010年		2011年		2012年		2013年		2014年	
	项目	合同外资额	项目	合同外资额	项目	合同外资额	项目	合同外资额	项目	合同外资额
中国香港	521	1444286	392	1254359	244	1267282	210	1173266	128	929530
中国澳门	22	38708	23	13745	12	4645	2	10845	4	13151
中国台湾	145	260442	48	67519	21	63380	18	32130	15	23703
印度尼西亚				-77				57		
日本	221	112441	196	85834	176	232852	91	261811	70	215911
马来西亚	8	10005	3	-1814	13	-494	3	4180	4	806
菲律宾	1	315	3	10115	1	12726		1320		-6
新加坡	25	34943	27	25182	16	99631	23	106784	23	78767
韩国	256	172781	126	82325	99	77653	86	142270	96	30870
泰国		-876	1	-152	1	5560		-2215	1	680
比利时	1	117	2	-197	1	1589		3229		
丹麦		-5		-358	2	196	1	66		
英国	5	18198	14	6946	1	8287	5	6546	4	-295
德国	18	7611	15	11022	12	35913	12	24781	19	38226
法国	4	1168	8	4181	3	4522	4	1074	3	1389
意大利	2	632	7	4031	4	4958	3	5966	1	631
荷兰	1	1596	4	2087	5	7348	4	-1401	1	3106
西班牙	5	4421	2	5069	5	4524	3	7646	4	1623
芬兰							1	218		83
瑞士	2	2686	4	41510	1	3288	5	20153	3	23591
加拿大	28	37098	20	11552	9	16162	11	19383	10	-1287
美国	62	44853	37	13561	28	99654	23	39902	23	75558
澳大利亚	18	8931	11	17009	5	7175	8	14777	5	27145
新西兰	4	9924	2	18471	2	415		-4		-10385

18-11 续表 (按国别、地区分) 单位：个、万美元

国家、地区	2015年		2016年		2017年		2018年		2019年		2020年	
	项目	合同外资额	项目	合同外资额	项目	合同外资额	项目	合同外资额	项目	合同外资额	项目	合同外资额
中国香港	134	519163	93	502072	151	1474099	125	601879	101	1037970	123	403415
中国澳门	3	265	1	32	1	-72	1	75	2	1111	2	1498
中国台湾	19	5777	20	8434	26	20564	35	43964	21	4197	29	34238
印度尼西亚							1	8			1	115
日　　本	62	40701	62	-12302	65	62141	74	30168	80	44774	56	44796
马来西亚		-112	2	-285	3	4287	4	27395	7	5087	2	848
菲 律 宾	1	1602	2	8	1	370		585		255	4	805
新 加 坡	21	34444	14	1794	11	14666	15	117884	19	9701	12	4057
韩　　国	118	6648	112	15999	89	23885	112	136619	117	47173	125	35433
泰　　国				-288	1	77	1	-1047			3	65
比 利 时	1	3594	3	3077	1		2	40		10		255
丹　　麦	1	90		-48	1	521	1	40				
英　　国	4	5451	5	-3678	5	1899	6	6817	3	67	14	3920
德　　国	12	1363	16	10808	10	-951	11	2216	14	8897	12	7386
法　　国	5	306	2	-716	2	37874	2	12806	2	7375	1	6962
意 大 利	2	133	2	7	2	394	2	415	2	13	5	365
荷　　兰	2	817	3	1381	1	5492	1	15	1	-5857	3	59884
西 班 牙	1	1805	4	1351	3	448	1	702	1	738		
芬　　兰			1	136			1	-539			1	5
瑞　　士		300	1	13833	2	429		10926		-1050	3	2176
加 拿 大	13	3821	9	632	15	1885	13	4367	14	609	18	3417
美　　国	17	-14736	20	23231	22	32689	23	2201	22	10358	22	2497
澳大利亚	4	628	4	60982	6	1070	12	41424	10	5605	9	834
新 西 兰			1	8	1	45	4	-507	2	706	5	4234

18-12　按行业分实际利用外商投资项目及合同额情况

行　业	2010年	2011年	2012年	2013年	2014年	2015年
一、合同项目(个)						
总　计	**1480**	**1050**	**745**	**565**	**478**	**475**
农、林、牧、渔业	26	32	13	12	17	11
采矿业	4	6	9	7	2	2
制造业	463	372	257	124	91	82
电力、热力、燃气及水生产和供应业	26	29	18	9	7	7
建筑业	28	29	28	3	7	4
批发和零售业	185	177	158	165	127	150
交通运输、仓储和邮政业	17	18	11	18	11	11
住宿和餐饮业	40	28	26	15	27	27
信息传输、软件和信息技术服务业	86	57	34	23	26	18
金融业	3	3		5	13	26
房地产业	182	75	64	58	38	18
租赁和商务服务业	148	112	81	81	73	84
科学研究和技术服务业	211	84	33	25	23	24
水利、环境和公共设施管理业	14	11	5	7	2	3
居民服务、修理和其他服务业	36	11	6	7	7	5
教育	1				1	
卫生和社会工作				2		2
文化、体育和娱乐业	10	6	2	4	6	1
公共管理、社会保障和社会组织						
国际组织						
二、合同外资额(万美元)						
总　计	**2563510**	**1963942**	**2476813**	**2163235**	**1879752**	**684414**
农、林、牧、渔业	24257	58736	54900	34462	32402	29410
采矿业	5373	1897	13639	16001	16275	32926
制造业	690925	590282	1206273	1089177	841844	217191
电力、热力、燃气及水生产和供应业	34899	96486	67258	92742	58748	3790
建筑业	68918	82021	140841	15097	-7775	231
批发和零售业	50439	79976	82493	142071	88233	76209
交通运输、仓储和邮政业	51753	18496	77602	160889	153403	19725
住宿和餐饮业	1694	13349	34719	19554	27931	3153
信息传输、软件和信息技术服务业	109805	24811	83029	56605	54026	12375
金融业	9500	16368	4366	17546	91870	37033
房地产业	701894	586127	400008	365711	229748	115134
租赁和商务服务业	116944	115743	120101	66195	171997	87383
科学研究和技术服务业	441232	114210	116458	63882	65050	16058
水利、环境和公共设施管理业	61070	24796	11695	3010	19606	21795
居民服务、修理和其他服务业	172766	113634	42448	-7152	1763	11339
教育	4				258	
卫生和社会工作		79		3983	40	521
文化、体育和娱乐业	22037	26931	20983	23462	34333	141
公共管理、社会保障和社会组织						
国际组织						

18-12 续表

行　业	2016年	2017年	2018年	2019年	2020年
一、合同项目(个)					
总　计	**424**	**512**	**548**	**576**	**529**
农、林、牧、渔业	12	18	9	10	4
采矿业		2	4		4
制造业	87	94	103	97	53
电力、热力、燃气及水生产和供应业	6	17	4	5	10
建筑业	4	9	7	10	5
批发和零售业	144	146	169	230	180
交通运输、仓储和邮政业	12	5	11	7	5
住宿和餐饮业	18	18	7	9	10
信息传输、软件和信息技术服务业	22	40	38	54	24
金融业	14	51	31	11	2
房地产业	7	14	20	20	26
租赁和商务服务业	51	61	93	61	100
科学研究和技术服务业	32	20	32	36	81
水利、环境和公共设施管理业	2	2	1	2	1
居民服务、修理和其他服务业	6	5	5	9	4
教育		1		3	1
卫生和社会工作	1	6	5	3	5
文化、体育和娱乐业	6	3	8	9	14
公共管理、社会保障和社会组织			1		
国际组织					
二、合同外资额(万美元)					
总　计	**922046**	**2653571**	**1558317**	**1287790**	**654011**
农、林、牧、渔业	44727	359783	108339	56184	1638
采矿业	100	207	13332	-2500	7332
制造业	258787	401385	592709	685936	220308
电力、热力、燃气及水生产和供应业	-670	50656	3310	12310	50472
建筑业	65	4876	998	23256	70
批发和零售业	85066	77499	88592	85080	51534
交通运输、仓储和邮政业	86614	56406	24566	9570	4638
住宿和餐饮业	1888	243	1058	17857	2352
信息传输、软件和信息技术服务业	3388	-1234	7305	10024	13557
金融业	44567	117202	26083	15769	53662
房地产业	-70274	632965	265120	68568	143020
租赁和商务服务业	360006	864538	322465	66588	21058
科学研究和技术服务业	110182	50995	49300	18646	75432
水利、环境和公共设施管理业	-3201	744	2000	4080	1346
居民服务、修理和其他服务业	281	8793	50	183814	2413
教育		37	8	53	706
卫生和社会工作	13	17342	46541	30187	3256
文化、体育和娱乐业	507	11134	6359	2368	1217
公共管理、社会保障和社会组织			182		
国际组织					

18-13 按行业分实际利用外商投资额情况

单位：万美元

行　　业	2010年	2011年	2012年	2013年	2014年	2015年	2016年	2017年	2018年	2019年	2020年
总　　计	**2075010**	**2426739**	**2679315**	**2903996**	**2742335**	**518516**	**299902**	**533508**	**489571**	**332292**	**251511**
农、林、牧、渔业	18622	33769	42030	40877	39794	7316	166	2159	1557	1483	2685
采矿业	4137	235	8363	24290	18345	13801	9490.5	6779	6806	14947	1253
制造业	761130	1132689	1245637	1468341	1301938	120913	88618	289373	321359	159604	89386
电力、热力、燃气及水生产和供应业	38321	55448	281335	159734	92254	7733	4914	12479	17406	11696	5338
建筑业	33075	41593	73382	63142	6316	2126		260	189	59	10
批发和零售业	35741	103071	75823	120873	97672	9056	49146	87412	29588	5721	5851
交通运输、仓储和邮政业	31424	8658	67133	143036	211107	30018	61208	62515	9086	2427	5399
住宿和餐饮业	8011	9683	51047	18027	45268	465	2778	338	16	19	2322
信息传输、软件和信息技术服务业	48026	27845	88680	99319	133314	4415	9837	1829	428	2313	1092
金融业	40344	26916	25070	25205	91912	16810	1723	2743	3000		12595
房地产业	702800	697546	458258	577257	499154	270029	53475	31159	69854	94082	49172
租赁和商务服务业	46954	67868	50286	66124	103788	16666	9568	25902	23918	16608	44284
科学研究和技术服务业	115323	54851	106336	40211	55681	5619	1656	531	267	8907	27749
水利、环境和公共设施管理业	39741	43274	5509	6661	4345	10169	3703	475	880	2355	1243
居民服务、修理和其他服务业	131414	100536	74633	29510	25988	2582	269	8641	1800	11012	2827
教育	1	1	2		65			13			4
卫生和社会工作	1010	7	35	113	26	31		161	200	15	
文化、体育和娱乐业	18936	22119	22756	21276	15368	767	3350	739	3217	1044	301
公共管理、社会保障和社会组织		630									
国际组织											

18-14 年末登记外商投资企业行业分布情况

行业	企业数(个)					投资总额(百万美元)				
	2016年	2017年	2018年	2019年	2020年	2016年	2017年	2018年	2019年	2020年
总　计	**16949**	**16883**	**17028**	**16191**	**16252**	**213278**	**315850**	**377494**	**402491**	**415689**
农、林、牧、渔业	197	192	185	170	168	2356	11796	20906	20828	17832
采矿业	37	37	37	34	33	1287	1288	1878	1874	1890
制造业	4992	4694	4433	4131	3951	87300	114309	126135	155598	151976
电力、热力、燃气及水生产和供应业	190	203	202	194	200	10756	11608	11884	11230	12271
建筑业	312	277	254	243	230	4559	3839	5532	5308	9228
批发和零售业	1232	1212	3310	1197	1219	1529	1322	21743	1567	1515
交通运输、仓储和邮政业	3072	3144	416	3472	3704	9438	11298	9140	22617	22795
住宿和餐饮业	2167	2162	1199	2207	2204	3214	18081	1358	18378	29237
信息传输、软件和信息技术服务业	420	417	2188	392	390	7995	9736	18087	9214	8426
金融业	470	569	639	579	555	5948	9417	19665	19667	20119
房地产业	925	882	847	841	834	52558	53385	52703	53606	55215
租赁和商务服务业	2112	2216	2357	1669	1668	14816	41810	56523	56731	58159
科学研究和技术服务业	494	552	622	708	747	6831	22972	23966	16452	17593
水利、环境和公共设施管理业	48	45	47	47	48	2614	2925	2917	2822	2869
居民服务、修理和其他服务业	171	163	160	156	142	515	653	1156	995	878
教育	4	4	3	3	4	1	1	1	13	21
卫生和社会工作	6	9	15	21	22	31	193	2650	3527	3535
文化、体育和娱乐业	99	105	114	125	131	1530	1218	1251	2053	2118
公共管理、社会保障和社会组织				2	2				10	10
国际组织										

18-14 续表

行业	注册资本(百万美元)									
	2016年	2017年	2018年	2019年	2020年	#外方				
						2016年	2017年	2018年	2019年	2020年
总　计	**131848**	**175407**	**216937**	**227131**	**238251**	**105739**	**139076**	**176330**	**183092**	**182885**
农、林、牧、渔业	1557	4911	19660	20072	17085	1326	4647	19338	19753	16764
采矿业	814	816	811	807	809	697	699	694	691	724
制造业	45044	56359	63087	74122	70968	34223	44010	51229	56988	53859
电力、热力、燃气及水生产和供应业	3919	4296	4322	4064	4680	3057	3292	3430	3219	3760
建筑业	3393	2774	4444	4283	8303	3066	2505	4173	4035	5645
批发和零售业	878	730	12171	965	944	708	573	8957	808	790
交通运输、仓储和邮政业	5313	7143	5256	12667	13068	3875	5304	3208	9691	9732
住宿和餐饮业	1908	6869	770	7053	18098	1350	6330	616	6529	9845
信息传输、软件和信息技术服务业	4359	5424	6880	5455	4733	2785	3168	6347	3255	2574
金融业	5377	8547	11693	11754	12206	4373	6406	8987	8931	9443
房地产业	40026	40814	40010	40177	39243	33609	33726	32577	32752	32573
租赁和商务服务业	12511	23512	32845	33071	34458	10858	19331	26435	26310	26546
科学研究和技术服务业	3901	10282	10864	8144	9119	3246	6479	6799	6269	6772
水利、环境和公共设施管理业	1643	1707	1680	1582	1596	1482	1526	1494	1433	1447
居民服务、修理和其他服务业	311	352	863	702	646	264	295	752	591	558
教育		1	1	13	21				13	21
卫生和社会工作	17	189	882	1402	1409	10	170	661	1125	1131
文化、体育和娱乐业	877	682	697	788	853	809	617	632	689	692
公共管理、社会保障和社会组织				10	10				10	10
国际组织										

主要统计指标解释

利用外资 指我国各级政府、部门、企业和其他经济组织通过对外借款、吸收外商直接投资以及用其他方式筹措的境外现汇、设备、技术等。

外商直接投资 是指外国企业和经济组织或个人(包括华侨、港澳台胞以及我国在境外注册的企业)按我国有关政策、法规，用现汇、实物、技术等在我国境内开办外商独资企业、与我国境内的企业或经济组织共同举办中外合资经营企业、合作经营企业或合作开发资源的投资(包括外商投资收益的再投资)以及经政府有关部门批准的项目投资总额内，企业从境外借入的资金。

对外承包工程 包括各对外承包公司以招标议标承包方式承揽的下列业务(1)承包国外工程建设项目；(2)承包我国对外经援项目；(3)承包我国驻外机构的工程建设项目；(4)承包我国境内利用外资进行建设的工程项目；(5)与外国承包公司合营或联合承包工程项目时我国公司分包部分；(6)以服务成果向业主收费的技术服务项目(包括承担地形地貌测绘；地质资源勘探与普查；建设区域规划；提供设计文件、图纸、生产工艺技术资料和工程技术经济咨询；工程项目的可行性考察、研究和评估；进行技术指导和培训人员等)；(7)对外承包兼营的房屋开发业务。对外承包工程的营业额是以货币表现的本期内完成的对外承包工程的工作量，包括以前年度签订的合同和本年度新签订的合同在报告期完成的工作量。

对外劳务合作 指以收取工资的形式向业主或承包商提供技术和劳动服务的活动。我国对外承包公司在境外开办的合营企业，中国公司同时又提供劳务的，其劳务部分也纳入劳务合作统计。劳务合作营业额按报告期内向雇主提交的结算数(包括工资、加班费和奖金等)统计。

十九、旅　游

Chapter 19　Tourism

19-1 旅游事业发展情况

指　标	单位	2010年	2011年	2012年	2013年	2014年	2015年	2016年	2017年	2018年	2019年	2020年
入境旅游人数	人次	3617999	4103329	4731340	5031286	2607019	2640052	2736658	2788464	2876953	2941388	198496
外　国　人	人次	3070097	3444122	3885864	4017005	2006223	2046388	2122140	2170523	2298427	2369261	167525
港澳台同胞	人次	547902	659207	845476	1014281	600796	593664	614518	617941	578526	572127	30971
平均逗留天数	天	3.1	3.2	3.2	2.9	2.9	2.6	2.8	2.9	2.7	3.0	4.8
国内旅游人数	万人次	28278	32564	36282	40427	45925	39711	44873	50318	56211	63876	30150
旅游收入												
国际旅游收入	万美元	225933	271314	318345	347714	161800	168272	174141	177806	173958	173903	11974
国内旅游收入	亿元	2533.4	3159.3	3742.0	4432.6	5190.2	3620.1	4122.2	4620.7	5254.8	6102.7	2712.2
星级饭店总数	个	543	551	512	512	533	536	534	671	671	417	321
旅行社数	个	1170	1162	1165	1243	1296	1360	1386	1443	1489	1521	1539

注：2014年入境旅游人数指标改为入境过夜旅游人数。

19-2 按国别分外国入境旅游人数

单位：人次

国　别	2012年	2013年	2014年	2015年	2016年	2017年	2018年	2019年	2020年
总　计	**4731340**	**5031286**	**2607019**	**2640052**	**2736658**	**2788464**	**2298427**	**2369261**	**167525**
日　本	1035389	742632	362419	531530	550926	572741	624069	656054	61550
菲律宾	28556	20541	20109	12430	12408	12822	15857	15744	2005
新加坡	95820	106024	69701	37418	46053	47308	42410	41865	4772
泰　国	15390	13966	12546	12193	8992	11742	13946	16392	1066
印度尼西亚	18005	18069	14926	16859					
美　国	117337	122329	55857	64289	67910	63375	73356	70452	10730
加拿大	33629	34437	30889	29050	21666	22223	26030	24760	2882
英　国	47153	49747	35742	31956	25109	24941	27893	26975	1984
法　国	32384	34115	20986	19810	18791	17273	18024	16210	2995
德　国	49736	57598	49022	49045	52871	53632	60039	59825	14029
意大利	20378	20158	10655	11521					
俄罗斯	276869	323372	170418	202173	224550	239821	272354	280016	8370
澳大利亚	35315	35408	28668	27969	20715	34569	33323	35184	2746
新西兰	14669	16223	16181	17337					

注：2014年入境旅游人数指标改为入境过夜旅游人数。

19-3 按地区分接待入境旅游人数

单位：人次

地　区	2010年	2011年	2012年	2013年	2014年	2015年	2016年	2017年	2018年	2019年	2020年
接待旅游人数	**3617999**	**4103329**	**4731340**	**5031286**	**2607019**	**2640052**	**2736658**	**2788464**	**2876953**	**2941388**	**198496**
沈　阳	550313	634895	750011	813067	619724	645734	680884	693821	819121	856800	34142
大　连	1166020	1170035	1284176	1190035	965615	984647	1044100	1063938	1103100	1144020	121679
鞍　山	264607	291745	383265	438511	191082	202246	202264	206106	218000	227500	7500
抚　顺	111529	138539	169685	200307	147030	149152	153321	156235	159173	162356	200
本　溪	562000	594217	578611	619822	123973	72941	74825	76120	77282	78444	3500
丹　东	326796	400540	491701	530891	116195	120853	134016	137200	139400	142184	4360
锦　州	200134	253092	308580	344131	113675	121006	94576	96000	97000	97500	9015
营　口	85708	155538	198032	241280	69461	75000	77976	79018	80018	80018	6500
阜　新	23000	25531	27225	28633	20353	21138	21420	22346	22445	22805	300
辽　阳	27864	33470	38506	44332	38763	39156	39693	40474	34603	13357	
盘　锦	180936	243895	314184	365184	105758	110018	112310	114315	20511	21104	6600
铁　岭	48061	57203	66057	70210	34495	35100	35805	36000	37000	23400	2600
朝　阳	13847	16626	19073	21268	18555	20005	20500	20891	22100	22800	1500
葫芦岛	57184	88003	102234	123615	42340	43056	44968	46000	47200	49100	600

注：2014年入境旅游人数指标改为入境过夜旅游人数。

19-4 按地区分旅游外汇收入

单位：万美元

地　区	2010年	2011年	2012年	2013年	2014年	2015年	2016年	2017年	2018年	2019年	2020年
旅游外汇收入	**225933**	**271314**	**318345**	**347714**	**161800**	**168272**	**174141**	**177806**	**173958**	**173903**	**11974**
沈　阳	40024	49980	63195	66451	32837	33081	34404	35127	37477	39800	2755
大　连	80386	80519	87349	81341	46012	51625	53948	55081	57141	59374	6314
鞍　山	22435	21614	27400	50086	14924	15035	15516	15842	16623	16065	203
抚　顺	5882	10828	12982	15123	12128	12218	12536	12799	12830	13209	57
本　溪	27095	43209	48878	48636	11485	11570	11836	12085	12294	8379	174
丹　东	16151	21310	26642	24473	8192	8252	8500	8684	8938	8618	263
锦　州	11820	14754	18506	21213	10972	11054	11319	11557	11696	11871	971
营　口	3728	6186	7187	10657	6221	6267	6442	6578	6680	6522	623
阜　新	1005	1133	1153	1243	874	881	899	918	907	913	20
辽　阳	1699	2080	1896	2869	2436	2454	2510	2563	912	473	
盘　锦	8916	11095	13327	13201	9454	9525	9773	9978	1133	1159	116
铁　岭	2698	3321	4014	4689	2718	2738	2806	2865	2960	3043	333
朝　阳	853	1026	1181	1403	1244	1253	1277	1304	1798	1870	73
葫芦岛	3241	4259	4634	6329	2302	2319	2375	2426	2569	2609	73

19-5 按地区分国内旅游人数及收入

单位：万人次、亿元

地 区	国内旅游接待人数							
	2013年	2014年	2015年	2016年	2017年	2018年	2019年	2020年
全 省	**40427.2**	**45925.3**	**39710.7**	**44872.9**	**50318.4**	**56211.4**	**63875.6**	**30150.2**
沈 阳	7574.1	8087.7	5654.5	6333.0	7164.1	8175.6	9424.4	5407.1
大 连	5230.9	5619.8	6828.1	7633.8	8410.0	9288.1	10268.3	3985.2
鞍 山	3281.8	3949.5	3514.4	3967.7	4523.2	5111.2	5884.8	3842.5
抚 顺	2987.6	3702.5	2682.2	3033.6	3458.3	3972.0	4569.0	997.4
本 溪	3216.1	3545.3	3081.3	3491.1	3822.4	4273.4	4941.4	2502.7
丹 东	2990.1	3468.5	3527.8	4014.7	4533.5	4986.9	5593.9	1745.9
锦 州	3211.0	3544.9	2070.0	2347.4	2620.7	2935.0	3375.3	1310.0
营 口	1620.0	1835.3	2104.9	2399.6	2676.0	2756.0	3086.7	2034.2
阜 新	923.6	1042.9	996.0	1140.4	1309.6	1481.2	1629.5	723.7
辽 阳	2454.2	2794.2	1945.6	2216.0	2489.7	2671.4	2992.2	1270.2
盘 锦	1911.7	2299.3	1993.1	2262.1	2624.6	3045.1	3594.9	2342.4
铁 岭	1660.7	1949.5	1591.3	1799.8	2003.1	2229.0	2433.1	689.4
朝 阳	1431.1	1631.1	1897.6	2168.9	2438.2	2836.6	3231.2	1849.3
葫 芦 岛	1934.3	2454.7	1824.0	2064.7	2245.0	2450.0	2851.0	1450.4

19-5 续表

单位：万人次、亿元

地 区	国内旅游收入							
	2013年	2014年	2015年	2016年	2017年	2018年	2019年	2020年
全 省	**4432.6**	**5190.2**	**3620.1**	**4122.2**	**4620.7**	**5254.8**	**6102.7**	**2712.2**
沈 阳	792.2	900.7	497.3	562.8	636.2	734.2	847.5	500.7
大 连	850.4	965.3	977.2	1105.2	1242.9	1402.2	1616.0	605.9
鞍 山	323.9	399.1	289.9	329.7	370.3	419.5	489.9	275.1
抚 顺	327.0	389.4	216.0	246.7	276.3	319.5	368.6	26.8
本 溪	289.8	360.9	228.3	260.2	284.8	320.1	383.5	205.7
丹 东	348.6	419.2	307.7	356.3	402.1	451.2	521.1	110.6
锦 州	222.5	265.5	146.4	167.8	187.2	211.2	244.8	100.1
营 口	206.4	243.0	181.3	206.7	230.6	259.0	301.0	210.4
阜 新	67.2	76.7	68.7	77.8	89.4	100.4	117.1	64.1
辽 阳	220.9	254.6	156.8	178.0	198.2	224.7	261.6	120.4
盘 锦	245.8	291.6	162.2	188.1	213.2	252.4	291.8	191.2
铁 岭	146.1	171.7	115.6	131.2	146.1	164.0	189.4	55.1
朝 阳	185.5	210.5	129.0	145.9	164.1	193.1	225.8	130.2
葫 芦 岛	206.1	241.9	143.6	165.9	179.3	203.3	244.6	116.0

主要统计指标解释

旅游者人数 (1)入境国际旅游者人数：指来中国参观、访问、旅行、探亲、访友、休养、考察、参加会议和从事经济、科技、文化、教育、宗教等活动的外国人、港澳同胞和台湾同胞的人数。包括入境旅游者和入境一日游游客。不包括外国在我国的常驻机构，如使领馆、通讯社、企业办事处的工作人员；来我国常住的外国专家、留学生以及在岸逗留不过夜人员。

(2)出境居民人数：指大陆居民因公务活动或私人事务短期出境的人数。公务活动出境居民人数包括在国际交通工具上的中国服务员工，因私出境居民人数不包括在国际交通工具上的中国服务员工。

(3)国内旅游者人数：指我国大陆居民和在我国常住 1 年以上的外国人、港澳台同胞离开常住地在境内其他地方的旅游设施内至少停留一夜，最长不超过 12 个月的人数；和国内居民离开惯常住地 10 公里以上，出游时间超过 6 小时不足 24 小时，并未在境内其他地方的旅游住宿设施过夜的国内一日游游客。

国际旅游(外汇)收入 指入境旅游的外国人、港澳同胞和台湾同胞在中国大陆旅游过程中发生的一切旅游支出，对于国家来说就是国际旅游(外汇)收入。

国际旅行社 指经营对外招徕并接待外国人、港澳同胞和台湾同胞来中国、回内地旅游业务的旅行社。

国内旅行社 指负责经营招徕、组团、接待国内游客的旅游业务，以及不对外招徕，负责经营接待国际旅行社或其它涉外部门组织的外国人、港澳同胞和台湾同胞来中国、回内地的旅游业务的旅行社。

星级饭店 指设备、设施、服务符合《旅游饭店星级的划分与评定》(中华人民共和国国家标准)，通过相关旅游管理部门评定，并取得星级饭店称号的饭店(含预备星级饭店)。

二十、金融业

Chapter 20 Financial Intermediation

20-1 金融机构(含外资)本外币存款、贷款余额

单位：亿元

指 标	2010年	2011年	2012年	2013年	2014年	2015年	2016年	2017年	2018年	2019年	2020年
年末存款余额	**27372.5**	**30832.4**	**35303.5**	**39418.0**	**42053.1**	**47758.2**	**51692.5**	**54249.0**	**59016.0**	**62697.4**	**67988.2**
其中：财政存款	593.2	655.6	776.6	880.6	864.1	790.9	858.2	956.2	822.4	843.6	848.7
储蓄存款	13690.3	15529.6	17967.4	19857.9	21396.8	23995.8	25882.1	27768.1	31311.9	36133.6	42962.9
委托存款	313.9	137.6	143.2	217.6	242.8						
年末贷款余额	**18689.8**	**22831.7**	**26306.5**	**29722.0**	**33023.5**	**36282.8**	**38685.6**	**41278.7**	**44985.0**	**49582.6**	**52209.4**

注：1. 2010年为金融机构(含外资)人民币存款、贷款余额；2011年及以后年度为金融机构(含外资)本外币存款、贷款余额。下同。
2. 2015年起人民银行《金融机构(含外资)本外币信贷收支合并表》表式调整，相应指标及数据进行调整。2015年财政存款项下数据变更为财政性存款，储蓄存款项下数据变更为住户存款，与往年均不可比。

20-2 金融机构(含外资)本外币贷款余额

单位：亿元

指 标	2015年	2016年	2017年	2018年	2019年	2020年
年末贷款余额	**36282.8**	**38685.6**	**41278.7**	**44985.0**	**49582.6**	**52209.4**
一、境内贷款	**36003.1**	**38363.6**	**40959.6**	**44629.4**	**49241.9**	**51905.9**
(一)住户贷款	7295.6	8027.0	9089.4	9960.1	11435.9	12607.2
1.短期贷款	1970.0	1851.1	1891.7	1799.2	2012.0	1875.9
其中：消费贷款	439.7	417.7	556.8	543.8	889.2	750.9
经营贷款	1530.3	1433.5	1334.9	1255.4	1122.8	1125.0
2.中长期贷款	5325.6	6175.8	7197.7	8160.9	9423.9	10731.2
其中：消费贷款	4329.4	5109.1	6089.0	6982.0	8192.2	9421.2
经营贷款	996.2	1066.8	1108.7	1178.9	1231.7	1310.0
(二)企(事)业单位贷款	28702.4	30336.6	31870.2	34669.3	37790.0	39298.7
1.短期贷款	11694.2	12424.9	13924.6	13623.1	14385.9	14436.0
2.中长期贷款	14993.7	15399.5	16090.4	17923.0	19575.7	20791.0
3.票据融资	1889.2	2309.6	1601.5	2784.0	3407.4	3532.5
4.融资租赁	1.2	0.5	72.5	79.9	72.1	44.5
5.各项垫款	124.1	202.1	181.2	259.2	348.8	494.7
(三)非银行业金融机构贷款	5.1	0.1	0.1	0.1	16.1	0.1
二、境外贷款	**279.7**	**322.0**	**319.1**	**355.6**	**340.7**	**303.5**

注：2020年人民银行指标变更，“非金融企业及机关团体贷款”对应项变更为“企(事)业单位贷款”。本表为本外币口径。

20-3 各地区金融机构(含外资)本外币存款余额

单位：亿元

地　区	2015年		2016年		2017年		2018年		2019年		2020年	
	金融机构存款余　额	#住户存款余额	金融机构存款余　额	#住户存款余额	金融机构存款余　额	#住户存款余额	金融机构存款余　额	#住户存款余额	金融机构存款余　额	#住户存款余额	金融机构存款余　额	#住户存款余额
全　省	**47758.2**	**23995.8**	**51692.5**	**25882.1**	**54249.0**	**27768.1**	**59016.0**	**31311.9**	**62697.4**	**36133.6**	**67988.2**	**42962.9**
沈　阳	14035.4	5854.9	14446.3	6260.0	15752.9	6601.3	17746.2	7394.6	18869.5	8438.9	19442.5	10430.9
大　连	13864.5	5237.0	14701.7	5448.4	14142.9	5580.8	13999.1	6206.3	14633.6	7006.0	16003.8	8003.4
鞍　山	3109.4	1968.8	3235.1	2141.2	3470.8	2320.2	3617.3	2622.1	4006.1	2970.3	4515.6	3398.8
抚　顺	1506.3	1077.8	1615.1	1180.0	1732.2	1266.0	1868.3	1409.0	2027.7	1585.3	2349.0	1856.7
本　溪	1194.3	761.9	1284.4	797.4	1399.2	834.9	1543.5	928.7	1582.2	1042.9	1739.0	1179.2
丹　东	1672.1	1239.7	1868.2	1380.5	2028.9	1572.2	2152.5	1747.0	2344.9	1966.5	2640.8	2234.7
锦　州	2084.0	1328.0	2655.3	1500.0	3195.0	1806.9	3961.2	2183.2	3634.3	2441.0	3969.0	2621.1
营　口	2336.6	1176.1	2598.3	1296.2	2472.7	1431.0	2889.4	1666.1	3391.6	2489.5	3916.8	3242.4
阜　新	912.4	620.8	1009.7	662.1	1099.1	725.1	1156.0	805.6	1247.1	944.4	1491.4	1203.6
辽　阳	1663.7	886.1	2229.7	963.1	2565.2	1043.3	3077.3	1156.7	2881.6	1309.7	2991.5	1855.6
盘　锦	1466.6	953.4	1670.7	1046.8	1675.8	1089.9	1786.1	1210.2	2223.2	1361.2	2461.0	1548.6
铁　岭	1122.4	881.4	1232.2	976.2	1315.9	1066.0	1400.6	1156.4	1558.7	1327.9	1841.3	1581.1
朝　阳	1377.5	1035.1	1573.8	1173.7	1703.8	1293.3	1847.5	1447.0	1998.9	1622.2	2268.1	1911.8
葫芦岛	1413.1	974.8	1572.0	1056.5	1694.4	1137.3	1970.3	1378.5	2296.3	1626.9	2357.4	1894.4

20-4 各地区金融机构(含外资)本外币贷款余额

(2020年)

单位：万元

地　区	金融机构贷款余额	境内贷款	住户贷款	企(事)业单位贷款	非银行业金融机构贷款	境外贷款
全　省	**522093856**	**519059300**	**126071829**	**392986725**	**745**	**3034556**
沈　阳	181289753	179854914	52875485	126979329	100	1434839
大　连	129523823	128628347	37151254	91477093		895476
鞍　山	26176418	25477886	3889927	21587959		698532
抚　顺	11126592	11126462	2655007	8471456		130
本　溪	15109807	15109772	1621308	13488464		36
丹　东	13355540	13355349	4041244	9314105		191
锦　州	32828849	32828849	3336247	29492602		
营　口	26432385	26432302	4270836	22160966	500	83
阜　新	10156736	10156736	1755057	8401678		
辽　阳	28065330	28065300	1744235	26321065		30
盘　锦	12803565	12803565	1910707	10892712	145	
铁　岭	9070280	9070260	2885446	6184814		20
朝　阳	11484160	11483660	3221998	8261661		500
葫芦岛	14670619	14665898	4713077	9952821		4721

注：1. 2020年人民银行指标变更，“非金融企业及机关团体贷款”对应项变更为“企(事)业单位贷款”。
2. 本表为本外币口径。

主要统计指标解释

信贷资金 国家银行用于发放贷款的资金叫信贷资金。中国人民银行信贷资金的来源有各项存款、对国际金融机构负债、流通中货币、银行自有资金及当年结益等。信贷资金的运用有各项贷款、黄金占款、外汇占款、财政借款及在国际金融机构中的资产等。

存款 企业、机关、团体或居民根据可以收回的原则，把货币资金存入银行或其他信用机构保管并取得一定利息的一种信用活动形式。根据存款对象的不同可划分为企业存款、财政存款、机关团体存款、基本建设存款、城镇储蓄存款、农村存款等科目。它是银行信贷资金的主要来源。

贷款 银行或其他信用机构根据必须归还的原则，按一定利率，为企业、个人等提供资金的一种信用活动形式。我国银行贷款，分流动资金贷款、固定资产贷款、城乡个体工商户贷款以及农户贷款等科目。

二十一、服务业

Chapter 21 Service

21-1 各地区规模以上服务业企业主要财务指标

(2020年) 单位：万元

地　区	企业单位数(个)	营业收入	营业成本	税金及附加	销售费用、管理费用、研发费用、财务费用合计
全　省	**4331**	**46849088**	**40775662**	**292669**	**7675372**
沈　阳	1248	16917504	15738076	99320	2876284
大　连	1527	16190247	13361293	83565	2596696
鞍　山	312	2820837	2420470	20121	555761
抚　顺	121	616997	491584	5303	125055
本　溪	60	539852	475227	21219	147988
丹　东	99	583298	478172	4748	99036
锦　州	168	1650451	1418893	8956	232238
营　口	257	3388985	2888001	21719	401676
阜　新	44	351176	310777	1433	82486
辽　阳	96	643687	541166	6653	105772
盘　锦	134	1264756	1060747	12883	194793
铁　岭	76	653777	576845	2427	73166
朝　阳	98	724791	614052	2314	84549
葫芦岛	91	502730	400360	2009	99874

21-1 续表 (2020年) 单位：万元

地　区	营业利润	利润总额	应付职工薪酬	应交增值税	从业人员平均人数(人)
全　省	**-652331**	**-323813**	**10327235**	**778669**	**976657**
沈　阳	-1659709	-1552172	5083222	324935	405499
大　连	628753	673717	3231849	210895	290129
鞍　山	118517	236286	331156	45583	39413
抚　顺	3042	13381	145543	10751	19950
本　溪	-89798	-83467	145936	13005	19643
丹　东	5957	13497	122003	8544	24795
锦　州	-51537	-42746	179132	13057	23519
营　口	203871	210641	326281	58124	40641
阜　新	-36225	-37086	53534	4014	9065
辽　阳	-406	1841	128582	40168	16414
盘　锦	166450	171456	224720	15056	30616
铁　岭	17650	21175	105405	10656	14294
朝　阳	35344	40390	134028	15581	24089
葫芦岛	5761	9275	115843	8301	18590

21-2 按企业性质分规模以上服务业企业主要财务指标

(2020年)

单位：万元

登记注册类型	企业单位数(个)	营业收入	营业成本	税金及附加	销售费用、管理费用、研发费用、财务费用合计
总　计	**4331**	**46849088**	**40775662**	**292669**	**7675372**
内资企业	4061	42156552	37781793	252451	6655767
国有企业	270	4120376	3423248	18282	707963
集体企业	41	114452	97055	1054	24491
股份合作企业	12	52013	45109	407	5783
联营企业	4	26293	19772	156	1790
有限责任公司	1328	22341592	21693854	162458	3438332
国有独资公司	227	3307108	3028433	45065	606421
其他有限责任公司	1101	19034484	18665421	117393	2831911
股份有限公司	112	3732669	2945941	17897	527259
私营企业	2238	11504681	9357228	51946	1890743
私营独资企业	65	322124	287868	736	39535
私营合伙企业	29	100572	33838	534	55999
私营有限责任公司	2078	10657231	8733942	47010	1691424
私营股份有限公司	66	424755	301580	3665	103785
其他企业	56	264477	199586	251	59407
港、澳、台商投资企业	102	1766007	1234194	21529	297482
其中：与港澳台商合资经营企业	34	366930	295969	4467	62579
港澳台商独资经营企业	60	1360175	905760	15072	224926
外商投资企业	168	2926529	1759676	18690	722123
其中：中外合资经营企业	50	403313	238755	5642	106741
外资企业	110	2330630	1344567	12188	593718

21-2 续表 (2020年) 单位：万元

登记注册类型	营业利润	利润总额	应付职工薪酬	应交增值税	从业人员平均人数(人)
总　计	**-652331**	**-323813**	**10327235**	**778669**	**976657**
内资企业	-1283733	-958724	9133748	684123	888311
国有企业	336865	354948	811385	63696	71725
集体企业	-7676	-7163	46283	4011	7186
股份合作企业	1109	729	11957	625	1167
联营企业	4784	4788	14770	1808	1360
有限责任公司	-2123813	-1880683	5998897	374135	487146
国有独资公司	-92849	64662	765920	32847	81856
其他有限责任公司	-2030965	-1945345	5232977	341288	405290
股份有限公司	294548	324954	602353	57724	51184
私营企业	204546	243010	1563233	180696	258601
私营独资企业	-37928	-37615	32039	2568	5782
私营合伙企业	10326	10545	21653	4074	2242
私营有限责任公司	213373	252233	1415620	163501	238381
私营股份有限公司	18775	17847	93921	10553	12196
其他企业	5904	693	84871	1429	9942
港、澳、台商投资企业	189283	196135	357061	26276	26994
其中：与港澳台商合资经营企业	2525	4949	71444	4555	7442
港澳台商独资经营企业	191777	194758	271026	20494	17820
外商投资企业	442119	438776	836427	68270	61352
其中：中外合资经营企业	72330	75447	86379	8754	7315
外资企业	365851	359301	701883	54151	50745

21-3 分行业规模以上服务业企业主要财务指标

(2020年) 单位:万元

行业	企业单位数(个)	营业收入	营业成本	税金及附加	销售费用、管理费用、研发费用、财务费用合计
总计	**4331**	**46849088**	**40775662**	**292669**	**7675372**
铁路运输业	13	6419762	7946460	5332	418857
道路运输业	686	5224413	4796768	24551	1086783
水上运输业	54	2412432	1919000	27898	454319
航空运输业	14	369814	407445	5691	50656
管道运输业	1	15268	9217	251	3576
多式联运和运输代理业	312	4072765	3882219	5398	213588
装卸搬运和仓储业	202	4627443	4177739	25966	348029
邮政业	29	840091	716914	3740	74025
电信、广播电视和卫星传输服务	108	4838489	3486582	15531	578690
互联网和相关服务	35	295709	211212	822	79518
软件和信息技术服务业	268	3118619	2028649	12044	821664
房地产业	450	2012294	1372247	47336	605443
其中:物业管理	298	1100780	808998	9159	235617
房地产中介服务	33	340810	271759	1498	51319
房地产租赁经营	117	567050	289309	36592	316664
其他房地产业	2	3654	2181	88	1843
租赁业	37	216655	182162	1808	37034
商务服务业	908	4966686	3954260	69954	1312216
研究和试验发展	39	165385	86201	1629	69723
专业技术服务业	414	3320934	2548276	17291	551300
科技推广和应用服务业	38	181406	133676	792	36660
水利管理业	10	168524	102455	8646	35704
生态保护和环境治理业	17	93318	76753	1174	22675
公共设施管理业	101	489696	354360	2623	156021
土地管理业	3	7419	5884	1515	5594
居民服务业	105	344376	236822	2081	98474
机动车、电子产品和日用产品修理业	44	109148	93627	390	14379
其他服务业	18	41406	28480	258	9486
教育	53	195413	122383	559	72031
卫生	168	1689158	1385088	1385	253796
社会工作	6	4292	3669	3	2371
新闻和出版业	45	228442	148962	2155	84144
广播、电视、电影和录音制作业	70	160908	105765	1336	81019
文化艺术业	23	29800	18482	347	18870
体育	13	87021	143348	676	13650
娱乐业	47	102004	90558	3490	65079

注:自2017年起,铁路运输业包括中国铁路沈阳局集团有限公司(原沈阳铁路局)数据。

21-3 续表 (2020年) 单位:万元

行　业	营业利润	利润总额	应付职工薪酬	应交增值税	从业人员平均人数(人)
总　计	**-652331**	**-323813**	**10327235**	**778669**	**976657**
铁路运输业	-1900353	-1926244	3175967	128498	183377
道路运输业	-395006	-273679	817610	43139	112247
水上运输业	262305	260653	291001	30560	18299
航空运输业	-72507	-66285	157260	7326	10197
管道运输业	-1569	-1557	1965	1206	144
多式联运和运输代理业	-77007	-75873	161965	14401	14470
装卸搬运和仓储业	290292	317145	284568	43888	27254
邮政业	49188	48346	197131	2692	20844
电信、广播电视和卫星传输服务	693729	687632	602932	92778	45908
互联网和相关服务	6232	8481	32447	10483	3070
软件和信息技术服务业	308215	307960	1182242	62391	82182
房地产业	17847	55518	499520	73141	93366
其中：物业管理	53913	59173	338500	43844	73948
房地产中介服务	17019	17367	95339	8742	12449
房地产租赁经营	-52626	-20541	63504	20481	6631
其他房地产业	-459	-481	2178	73	338
租赁业	-1588	2466	27599	35976	2889
商务服务业	16267	115963	1051877	106527	169710
研究和试验发展	32326	39908	40746	3634	2405
专业技术服务业	188123	202114	674874	85894	48955
科技推广和应用服务业	10873	11636	24267	3961	3130
水利管理业	22050	29363	23979	369	1575
生态保护和环境治理业	-329	1670	20966	1920	1929
公共设施管理业	-12595	-3207	169243	10559	39389
土地管理业	-5655	-5656	615	102	148
居民服务业	7906	9821	104035	4514	15230
机动车、电子产品和日用产品修理业	473	516	7255	1775	1425
其他服务业	4446	4762	6882	990	982
教育	1515	3650	68995	1083	9055
卫生	48042	38110	487712	1482	51963
社会工作	-1754	-1520	1691	1	405
新闻和出版业	28	16837	54532	4482	3913
广播、电视、电影和录音制作业	-24036	-22479	44550	2890	5205
文化艺术业	-4339	-1580	9344	603	1102
体育	-69818	-69259	78601	567	1309
娱乐业	-45630	-39026	24866	839	4580

主要统计指标解释

规模以上服务业限额标准自2018年起由原营业收入200万元及以上，调整为交通运输、仓储和邮政业，信息传输、软件和信息技术服务业，租赁和商务服务业，科学研究和技术服务业，水利、环境和公共设施管理业，教育，卫生和社会工作，以及物业管理、房地产中介服务、房地产租赁经营和其他房地产业等行业为年营业收入1000万元及以上或年末从业人员50人及以上；居民服务、修理和其他服务业，文化、体育和娱乐业等行业为年营业收入500万元及以上或年末从业人员50人及以上。

二十二、教育和科技

Chapter 22 Education, Science and Technology

22-1 教育事业基本情况

指　标	2011年	2012年	2013年	2014年	2015年	2016年	2017年	2018年	2019年	2020年
学 校 数(所)	**16399**	**16009**	**16414**	**16474**	**16201**	**16526**	**16274**	**15807**	**15310**	**14733**
一、高等教育	148	148	149	144	144	144	142	142	141	140
研究生培养机构	47(14)	50(14)	51(14)	45(8)	45(8)	45(8)	45(8)	45(8)	45(8)	45(8)
普通高校	112	112	115	116	116	116	115	115	115	114
成人高校	22	22	20	20	20	20	19	19	18	18
二、高中阶段教育	761	734	727	855	702	699	706	694	689	692
普通高中	422	417	416	415	412	412	418	414	420	425
职业高中	217	192	190	183	181	180	182	175	166	165
普通中专	121	124	120	112	108	106	105	105	103	102
成人中专	1	1	1	1	1	1	1			
技工学校				144						
三、义务教育	6829	6460	6277	6036	5824	5550	5231	4881	4577	4431
普通初中	1637	1607	1572	1533	1517	1521	1522	1522	1518	1518
小学	5118	4779	4631	4429	4234	3954	3634	3280	2976	2827
特殊教育学校	74	74	74	74	73	75	75	79	83	86
四、学前教育	8661	8667	9261	9439	9531	10133	10195	10090	9903	9470
幼儿园	8661	8667	9261	9439	9531	10133	10195	10090	9903	9470
专 任 教 师(人)	**418452**	**425081**	**427101**	**441753**	**439674**	**445538**	**447756**	**446029**	**450723**	**451336**
一、高等教育	61334	62972	65127	66604	67478	66711	64515	63882	64346	65209
普通高校	58742	60502	62706	64246	65179	64946	63157	62535	63149	64045
成人高校	2592	2470	2421	2358	2299	1765	1358	1347	1197	1164
二、高中阶段教育	67766	68933	69070	78204	70465	71196	71928	71622	71531	71323
普通高中	45965	47276	48320	48924	50054	50630	51346	51811	52378	52434
职业高中	11021	10387	9954	9910	9473	9671	9707	9377	9030	8933
普通中专	10390	10864	10397	10280	10541	10480	10480	10434	10123	9956
成人中专	390	406	399	400	397	415	395			
技工学校				8690						
三、义务教育	248905	247683	244038	241986	240882	241469	241736	238016	239198	238885
普通初中	101483	101083	99362	98888	98838	98960	99482	98947	99648	98857
小学	145457	144633	142656	141049	140002	140400	140206	136984	137349	137743
特殊教育	1965	1967	2020	2049	2042	2109	2048	2085	2201	2285
四、学前教育	40447	45493	48866	54959	60849	66162	69577	72509	75648	75919
幼儿园	40447	45493	48866	54959	60849	66162	69577	72509	75648	75919
招 生 数(人)	**1856324**	**1791557**	**1797707**	**1748137**	**1665053**	**1640326**	**1649815**	**1623717**	**1757568**	**1778623**
一、高等教育	382750	395836	405010	388058	368659	363597	364651	385522	483704	526526
研究生	30615	31917	32824	31240	32970	33704	39439	41424	44359	53727
博士	2863	2930	2959	2656	2699	2762	2929	3185	3491	3772
硕士	27752	28987	29865	28584	30271	30942	36510	38239	40868	49955
普通高等教育	263843	275676	282103	284838	274148	266074	261115	268034	344051	362687
本科	165587	174209	180758	185716	171243	171363	171995	174056	175395	187834
专科	98256	101467	101345	99122	102905	94711	89120	93978	168656	174853
成人高等教育	88292	88243	90083	71980	61541	63819	64097	76064	95294	110112
本科	33395	32839	31338	33175	29777	31246	29923	38802	46182	59723
专科	54897	55404	58745	38805	31764	32573	34174	37262	49112	50389
二、高中阶段教育	370734	349713	340925	339647	320971	324081	317065	271634	289195	299517
普通高中	236157	228358	222938	208916	209790	212049	213683	191108	203043	205370
职业高中	62942	48218	47008	39381	41723	45023	44101	33734	37950	43004
普通中专	61592	62561	60734	58438	59560	57107	53810	46312	48202	51143
成人中专	10043	10576	10245	10451	9898	9902	5471	480		
技工学校				22461						
三、义务教育	748139	723319	709662	689434	631206	634073	643476	672845	686778	677365
普通初中	376932	369357	358177	356709	304681	319219	341100	329132	345116	327531

注：研究生培养机构分为高校和科研机构两部分，括号内表示的是科研机构数，可培养研究生的高校在普通高校里已经统计过，因此加总时不再计算。

22-1 续表

指　　标	2011年	2012年	2013年	2014年	2015年	2016年	2017年	2018年	2019年	2020年
小学	370138	353057	350633	331754	325478	313496	300722	342134	339683	347196
特殊教育	1069	905	852	971	1047	1358	1654	1579	1979	2638
四、学前教育	354701	322689	342110	330998	344217	318575	324623	293716	297891	275215
幼儿园	**354701**	**322689**	**342110**	**330998**	**344217**	**318575**	**324623**	**293716**	**297891**	**275215**
在 校 学 生(人)	**6541458**	**6440842**	**6271306**	**6260553**	**6154904**	**6079558**	**6055099**	**6002118**	**6120517**	**6208809**
一、高等教育	1186282	1231943	1274264	1287377	1262975	1246612	1236493	1242077	1360446	1512937
研究生	87078	90061	93189	92575	94387	99083	107524	116520	126864	141959
博士	12917	13253	13848	13305	13748	14545	15366	15853	16831	17296
硕士	74161	76808	79341	79270	80639	84538	92158	100667	110033	124663
普通高等教育	902231	934078	968034	998281	1005650	998719	980995	963208	1041144	1140799
本科	624546	645816	675819	705124	710863	710581	702417	692619	696797	712090
专科	277685	288262	292215	293157	294787	288138	278578	270589	344347	428709
成人高等教育	196973	207804	213041	196521	162938	148810	147974	162349	192438	230179
本科	77196	80737	81634	82035	78577	77151	75384	84902	99953	124994
专科	119777	127067	131407	114486	84361	71659	72590	77447	92485	105185
二、高中阶段教育	1120209	1076534	1031372	1050631	960098	943951	944008	894649	866632	850754
普通高中	712632	695933	681460	652613	634787	625066	629623	608554	601543	594265
职业高中	184869	157402	138493	130478	126234	124360	128586	118664	112344	111486
普通中专	193828	194753	183128	173253	169151	163959	160249	151843	146811	144528
成人中专	28880	28446	28291	29489	29926	30566	25550	15588	5934	475
三、义务教育	3373006	3272873	3109523	3048614	3021001	2976275	2920651	2951977	2978374	2985032
普通初中	1195997	1134585	1057488	1055661	1012944	978298	963450	985317	1014597	1002283
小学	2168074	2129695	2044058	1984633	1999564	1988681	1945975	1954825	1950513	1967439
特殊教育	8935	8593	7977	8320	8493	9296	11226	11835	13264	15310
四、学前教育	861961	859492	856147	873931	910830	912720	953947	913415	915065	860086
幼儿园	861961	859492	856147	873931	910830	912720	953947	913415	915065	860086
毕 业 生 数(人)	**1794656**	**1776321**	**1751284**	**1710419**	**1641408**	**1644858**	**1643567**	**1609513**	**1627738**	**1663786**
一、高等教育	337244	334979	348911	359205	377262	365037	360322	366297	353103	361628
研究生	24178	27110	28780	28815	30011	27760	29767	31039	33111	36925
博士	1990	2075	2243	1853	1729	1845	1787	2022	2240	2396
硕士	22188	25035	26537	26962	28282	25915	27980	29017	30871	34529
普通高等教育	236341	235984	241049	247510	258296	263530	268767	275875	257106	255997
本科	140017	147471	146687	152303	160236	165815	174113	177461	165262	168423
专科	96324	88513	94362	95207	98060	97679	94654	98414	91844	87574
成人高等教育	76725	71885	79082	82880	88955	73747	61788	59383	62886	68706
本科	30912	26711	28631	31039	31132	31080	30451	28281	30377	33152
专科	45813	45174	50451	51841	57823	42667	31337	31102	32509	35554
二、高中阶段教育	376031	369270	359393	370325	331017	322747	298550	305100	306673	306673
普通高中	233805	237962	231626	231520	223546	216098	202502	206402	206749	208722
职业高中	69010	57464	52033	44915	43681	44441	37440	40942	41753	42415
普通中专	66918	65725	68035	63361	57036	55356	51468	50889	50443	51077
成人中专	6298	8119	7699	6993	6754	6852	7140	6867	7728	4459
技工学校				23536						
三、义务教育	814048	782898	752689	693601	643376	667996	694288	633769	663013	669554
普通初中	435895	410708	386556	335469	337313	347100	351861	302287	315612	339121
小学	377227	371386	365054	357346	305116	319861	341438	329880	345630	328314
特殊教育	926	804	1079	786	947	1035	989	1602	1771	2119
四、学前教育	267333	289174	290291	287288	289753	289078	290407	304347	304949	325931
幼儿园	267333	289174	290291	287288	289753	289078	290407	304347	304949	325931
每一教师负担学生数(人)										
普通高等学校	17.7	17.2	17.7	17.7	17.8	17.5	17.7	17.5	18.8	19.9
小 学	14.9	14.7	14.3	14.1	14.3	14.2	13.9	14.3	14.2	14.3

22-2 各级各类学校情况

年 份	普通高等学校	中等专业学校	#中等师范学校	普通中学	农业中学职业中学	小 学	幼儿园	盲、聋哑学校
一、学校数(所)								
1986	64	160	31	2507	750	15762	7177	35
1987	64	163	31	2517	734	15729	6672	38
1988	63	169	32	2509	681	15732	11416	46
1989	63	167	31	2499	653	15679	8633	48
1990	63	166	31	2489	618	15630	9714	51
1991	62	167	31	2478	613	15540	9300	53
1992	61	165	30	2457	598	15230	9372	52
1993	61	166	30	2433	608	14805	12536	53
1994	61	165	30	2448	606	14655	10923	52
1995	61	171	30	2459	594	14594	11220	50
1996	61	173	29	2447	561	14464	9945	51
1997	62	174	30	2434	537	14386	10176	53
1998	61	170	26	2444	523	14084	9899	52
1999	64	151	12	2429	450	13748	9935	52
2000	58	133	9	2401	383	13356	9990	50
2001	61	119	5	2376	333	12739	6913	73
2002	66	137	5	2362	340	12161	6639	75
2003	69	130	5	2341	298	11339	7033	75
2004	70	127	4	2317	309	10281	6891	75
2005	75	125	4	2274	285	9311	7069	74
2006	77	127	4	2237	274	8434	7071	74
2007	78	133	4	2181	252	7670	7229	75
2008	83	128	4	2142	237	6987	7492	75
2009	107	125	4	2112	224	6037	7374	75
2010	112	125	4	2076	214	5523	8613	74
2011	112	121	4	2059	217	5118	8661	74
2012	112	124	4	2024	192	4779	8667	74
2013	115	120	2	1988	190	4631	9261	74
2014	116	112	2	1948	183	4429	9439	74
2015	116	108	2	1929	181	4234	9531	73
2016	116	106	2	1933	180	3954	10133	75
2017	115	105	3	1940	182	3634	10195	75
2018	115	105	3	1936	175	3280	10090	79
2019	115	103	3	1938	166	2976	9903	83
2020	114	102	3	1943	165	2827	9470	86
二、教职工数(人)								
1986	52404	22437	4052	170815	18218	233434	64637	1169
1987	54572	23448	4577	176662	20075	235433	69138	1208
1988	56047	24981	4656	181151	20998	241978	88908	1364
1989	58438	24885	4926	182481	20918	246153	81554	1431
1990	57825	25143	5049	184851	20920	249322	77645	1551
1991	58277	24832	4869	187373	21253	248415	78709	1686
1992	59008	25295	4904	189663	20774	248454	82566	1775
1993	59138	25492	4973	186545	21518	239700	83082	1876
1994	58687	25429	5029	184758	21266	237673	71633	2056
1995	58455	25757	5044	189553	22979	237981	69346	1847
1996	57727	25935	4785	189329	21597	235189	64877	1907
1997	57359	25368	4424	188057	22068	233770	62089	1882
1998	58078	24387	3681	175632	20291	224535	56463	2012
1999	59590	22602	1984	175820	19443	222460	54582	1891
2000	61707	18651	1457	175455	17858	216677	52422	1911
2001	65237	16211	719	178162	16974	211684	39271	2375

22-2 续表 1

年 份	普通高等学校	中等专业学校	#中等师范学校	普通中学	农业中学职业中学	小 学	幼儿园	盲、聋哑学校
2002	69667	16560	622	177547	17104	205229	39592	2457
2003	75632	15615	627	179521	20123	199829	42852	2474
2004	79093	15062	423	180225	20480	194973	45983	2563
2005	82816	15052	422	180016	20833	190548	48558	2565
2006	84535	15658	639	177916	20683	180474	50258	2589
2007	87215	16789	536	177652	18464	176929	52539	2598
2008	89848	16437	541	178899	17746	173159	56110	2646
2009	91974	16935	535	180483	16740	170584	59595	2658
2010	93183	16096	560	180343	16080	167199	78647	2682
2011	94834	15664	525	182269	15896	164991	64742	2642
2012	96584	15840	501	182553	14903	163205	71829	2648
2013	97536	14847	304	180436	14119	162234	77888	2657
2014	97927	14299	294	179522	13911	160104	88145	2764
2015	97924	14551	283	179642	13111	158311	98455	2741
2016	98546	14285	268	178577	13105	157058	108441	2797
2017	97806	14046	398	177856	12919	155761	114466	2717
2018	97176	14085	364	177813	12429	152656	120634	2775
2019	98099	13402	350	179195	12202	152714	127938	2903
2020	97912	13098	337	178378	12059	152990	129559	3022
三、教师数(人)								
1986	21196	9586	2060	117852	11417	195086	33925	742
1987	21963	10114	2264	123376	12645	197593	34294	790
1988	22640	11466	2495	129309	13195	206399	37070	884
1989	23933	11587	2545	130884	13091	209873	44427	964
1990	23292	11633	2665	132769	13067	212196	42776	1061
1991	23384	11703	2642	135487	13464	211353	43835	1152
1992	23503	11856	2686	137044	13045	210141	49473	1257
1993	23575	12003	2661	135397	13336	201664	48909	1254
1994	23530	12129	2735	135499	13429	202349	43828	1378
1995	23400	12378	2730	137185	13765	198815	44598	1326
1996	23079	12502	2592	139660	13561	198408	43103	1369
1997	23109	12435	2367	140643	13915	197347	42274	1334
1998	23394	12282	2059	138546	13983	192539	38981	1398
1999	25179	11286	1103	139497	13691	191011	37881	1357
2000	27508	9285	795	139731	12517	185884	36383	1399
2001	30364	8441	391	142503	11875	181444	22801	1743
2002	33819	8742	337	142232	11798	175549	23521	1829
2003	38086	8521	349	144016	13453	170947	24946	1854
2004	40697	8472	257	144608	13718	167203	26937	1927
2005	43960	8728	259	144647	14031	163589	28594	1903
2006	46816	9230	401	143219	13932	155848	29818	1948
2007	50344	10492	354	143532	12432	153693	31217	2012
2008	53495	10407	360	143922	12057	151039	33604	2064
2009	55835	10916	359	145118	11279	149711	35901	2095
2010	57404	10546	381	145358	10983	146922	45437	2147
2011	58742	10390	362	147448	11021	145457	40447	1965
2012	60502	10864	391	148359	10387	144633	45493	1967
2013	62706	10397	236	147682	9954	142656	48866	2020
2014	64246	10280	232	147812	9910	141049	54959	2049
2015	65179	10541	207	148892	9473	140002	60849	2042
2016	64946	10480	202	149590	9671	140400	66162	2109
2017	63157	10480	300	150828	9707	140206	69577	2048
2018	62535	10434	291	150758	9377	136984	72509	2085
2019	63149	10123	266	152026	9030	137349	75648	2201
2020	64045	9956	261	151291	8933	137743	75919	2285

22-2 续表 2

年 份	普通高等学 校	中等专业学 校	#中等师范学校	普通中学	农业中学职业中学	小 学	幼儿园	盲、聋哑学校
四、在校学生数(人)								
1986	107434	81860	26526	2014999	149910	4189324	928257	3446
1987	112652	89384	30526	2048761	137783	4107393	937057	3617
1988	120510	97540	31018	1962214	146140	4082650	1270266	3958
1989	122543	102879	28894	1830394	147422	4126831	976651	4065
1990	123314	103902	28442	1810876	149780	4073374	936852	4468
1991	124777	104269	28888	1887654	151572	3915360	1037576	4769
1992	134671	110011	29447	1969532	155112	3736363	1134184	5089
1993	155554	124707	32019	1911632	155231	3686796	1257278	5100
1994	171284	133067	33162	1922132	167876	3750611	1090474	5186
1995	179412	140870	32182	2008338	182984	3751941	1021123	5050
1996	182684	143911	27537	2029776	185244	3790718	936111	4815
1997	188159	149730	24426	1950241	195742	3886760	879987	4870
1998	199223	155459	23723	1884915	207315	3829655	853886	4882
1999	235819	156847	18872	1961673	194860	3666131	838133	4837
2000	297710	148905	16845	2167017	170517	3444172	835542	4933
2001	372336	143044	7949	2323395	154398	3230517	726634	8590
2002	450536	151810	2857	2398928	164241	3061398	667930	8926
2003	514191	173347	4006	2410745	186817	2891925	675118	8429
2004	583465	208597	4233	2360549	197555	2794330	673088	8539
2005	659351	220233	4438	2314498	201774	2666155	685587	8296
2006	720548	209940	4596	2268575	218446	2546811	715301	8300
2007	777758	202506	3921	2220860	227583	2452598	725300	8742
2008	820374	206802	3464	2161725	230088	2367350	740804	8972
2009	852354	204307	3178	2077827	216180	2255977	779370	8776
2010	880247	203438	3105	1987738	197993	2182522	834469	8921
2011	902231	193828	2727	1908629	184869	2168074	861961	8935
2012	934078	194753	2415	1830518	157402	2129695	859492	8593
2013	968034	183128	1706	1738948	138493	2044058	856147	7977
2014	998281	173253	1396	1708274	130478	1984633	873931	8320
2015	1005650	169151	1256	1647731	126234	1999564	910830	8493
2016	998719	163959	1208	1603364	124360	1988681	912720	9296
2017	980995	160249	2963	1593073	128586	1945975	953947	11226
2018	963208	151843	3089	1593871	118664	1954825	913415	11835
2019	1041144	146811	3289	1616140	112344	1950513	915065	13264
2020	1140799	144528	3309	1596548	111486	1967439	860086	15310
五、招生数(人)								
1986	32827	33191	11544	715455	69237	748948		690
1987	34756	34311	10929	683593	57539	669707		757
1988	38398	36156	10388	657379	59625	674101		1012
1989	35149	31655	8539	610627	59407	710199		635
1990	35102	30047	8911	629468	55550	596030		975
1991	36094	33803	9101	696406	58782	523096	498215	836
1992	45129	39517	10232	721178	60251	559753	596844	768
1993	55071	44226	10398	653170	60781	652210	689042	705
1994	52183	43849	9637	690513	68753	750424		750
1995	53310	43821	7957	756666	67881	703538	607336	715
1996	55048	41930	6385	660620	61469	643884	564749	766
1997	56373	47282	7732	600728	74485	611404	527969	721
1998	60302	45681	7290	668295	75897	512002	502367	693
1999	87851	42839	3523	755550	56341	503795	481840	609
2000	110211	30399	3743	830026	50470	508907	483092	576
2001	127577	37222	2303	817663	52691	484661	440299	913
2002	151116	56814	1376	812406	63208	463091	394029	1082

22-2 续表 3

年 份	普通高等学校	中等专业学校	#中等师范学校	普通中学	农业中学职业中学	小 学	幼儿园	盲、聋哑学校
2003	163802	73948	1708	820180	72508	432650	376388	803
2004	184473	78223	1582	766071	66032	416143	358325	738
2005	210495	83121	1446	761646	73151	379941	344990	698
2006	220608	70802	1341	763321	94223	388660	344455	753
2007	234466	67808	1152	711588	88520	395108	339963	986
2008	252385	74434	1049	702791	78835	393197	333416	746
2009	245312	72651	1073	676153	72557	337183	340807	846
2010	252234	68279	1069	637545	64558	348465	352199	688
2011	263843	61592	848	613089	62942	370138	354701	1069
2012	275676	62561	726	597895	48218	353057	322689	905
2013	282103	60734	459	581115	47008	350633	342110	852
2014	284838	58438	451	565625	39381	331754	330998	971
2015	274148	59560	383	514471	41723	325478	344217	1047
2016	266074	57107	404	531268	45023	313496	318575	1358
2017	261115	53810	1183	554783	44101	300722	324623	1654
2018	268034	46312	1102	520240	33734	342134	293716	1579
2019	344051	48202	1128	548159	37950	339683	297891	1979
2020	362687	51143	1169	532901	43004	347196	275215	2638
六、毕业生数(人)								
1986	20583	22752	6138	494658	43709	704016		459
1987	29394	26932	7019	522777	54614	680861		405
1988	31552	28004	9724	587835	42195	637753		471
1989	32708	26326	10882	572508	47204	593257		429
1990	33768	29716	9400	550359	45627	591654		377
1991	33530	33223	8484	538346	49550	660343	415665	419
1992	35208	33377	9564	540132	50882	685996	516460	439
1993	33615	30449	7821	542163	50122	630759	650232	330
1994	35923	30362	8588	575786	49965	636786		478
1995	44072	33966	9304	601421	51246	672482		522
1996	51068	37503	11093	573876	57709	576164		543
1997	49591	40340	10497	626046	63502	500252		513
1998	47557	37850	7721	686541	66788	555892		527
1999	49964	40100	7158	618065	60060	644042		551
2000	49834	35843	5921	551157	70175	722325		467
2001	60271	42499	4825	581476	66852	679852	379010	883
2002	72791	42856	559	666377	53324	622536	366891	871
2003	98908	47479	1964	740994	48605	595278	350428	790
2004	115889	39344	715	752884	50831	511757	324423	878
2005	144984	58457	1045	757448	61219	499069	299493	971
2006	154970	60828	1451	766410	62835	506789	307386	853
2007	169576	67809	1739	717773	60167	480567	308819	799
2008	202312	61674	1175	720992	63311	459368	306091	770
2009	206211	68063	995	724286	72545	428542	270357	889
2010	219564	61075	971	681478	76029	397516	250929	906
2011	236341	66918	918	669700	69010	377227	267333	926
2012	235984	65725	909	648670	57464	371386	289174	804
2013	241049	68035	620	618182	52033	365054	290291	1079
2014	247510	63361	742	566989	44915	357346	287288	786
2015	258296	57036	500	560859	43681	305116	289753	947
2016	263530	55356	419	563198	44441	319861	289078	1035
2017	268767	51468	445	554363	37440	341438	290407	989
2018	275875	50889	921	508689	40942	329880	304347	1602
2019	257106	50443	834	522361	41753	345630	304949	1771
2020	255997	51077	1091	547843	42415	328314	325931	2119

22-3 研究生数

单位：人

年 份	招生数	在校学生数			毕业生数		
		小计	攻读硕士学位	攻读博士学位	小计	攻读硕士学位	攻读博士学位
1985	2091	3687	3170	155	584	578	6
1986	1989	5009	4146	208	670	639	13
1987	1771	5570	4857	317	1193	838	17
1988	1575	5160	4668	379	1929	1604	24
1989	1322	4637	4180	417	1763	1599	86
1990	1404	4343	3858	462	1677	1558	84
1991	1320	4144	3581	563	1500	1401	75
1992	1415	4290	3671	619	1245	1159	85
1993	2016	4955	4185	770	1307	1222	85
1994	2602	6274	5298	976	1273	1138	135
1995	2367	7236	5972	1264	1425	1272	153
1996	2647	7787	6313	1474	1962	1753	209
1997	2978	8304	6621	1683	2316	2106	210
1998	3197	9164	7292	1872	2126	1852	274
1999	4005	10574	8203	2371	2426	2101	325
2000	5804	13655	10726	2929	2910	2532	378
2001	7898	18446	14637	3809	2971	2589	382
2002	9569	23949	19131	4818	3674	3135	539
2003	13242	31796	25694	6102	5027	4395	632
2004	16254	40678	33392	7286	6726	5914	812
2005	18901	49772	41340	8432	9342	8315	1027
2006	20998	58424	49283	9141	11516	10249	1267
2007	22407	65025	55403	9622	15177	13530	1647
2008	24490	67806	57622	10184	21010	19446	1564
2009	27104	73997	63345	10652	20160	18432	1728
2010	29031	82019	69613	12406	21676	19700	1976
2011	30615	87078	74161	12917	24178	22188	1990
2012	31917	90061	76808	13253	27110	25035	2075
2013	32824	93189	79341	13848	28780	26537	2243
2014	31240	92575	79270	13305	28815	26962	1853
2015	32970	94387	80639	13748	30011	28282	1729
2016	33704	99083	84538	14545	27760	25915	1845
2017	39439	107524	92158	15366	29767	27980	1787
2018	41424	116520	100667	15853	31039	29017	2022
2019	44359	126864	110033	16831	33111	30871	2240
2020	53727	141959	124663	17296	36925	34529	2396

22-4 分学科研究生情况

(2020年)

单位：人

项　目	招生数	博士	硕士	在校学生数	博士	硕士	毕业生数	博士	硕士
总　计	**53727**	**3772**	**49955**	**141959**	**17296**	**124663**	**36925**	**2396**	**34529**
哲　学	156	32	124	560	173	387	173	27	146
经济学	2052	164	1888	5421	952	4469	1846	130	1716
法　学	2841	117	2724	7370	597	6773	2076	57	2019
教育学	3061	57	3004	7158	165	6993	2155	20	2135
文　学	2053	23	2030	4882	127	4755	1753	13	1740
历史学	197	10	187	534	33	501	151	5	146
理　学	2835	314	2521	8175	1345	6830	2212	200	2012
工　学	22156	2017	20139	59046	9618	49428	13504	1102	12402
农　学	2195	121	2074	5388	526	4862	823	83	740
医　学	7786	655	7131	20104	2201	17903	5595	562	5033
军事学									
管理学	6787	250	6537	18938	1540	17398	5348	197	5151
艺术学	1608	12	1596	4383	19	4364	1289		1289
普通高校	**53661**	**3766**	**49895**	**141784**	**17271**	**124513**	**36881**	**2395**	**34486**
哲　学	156	32	124	560	173	387	173	27	146
经济学	2052	164	1888	5421	952	4469	1846	130	1716
法　学	2821	117	2704	7332	597	6735	2065	57	2008
教育学	3061	57	3004	7158	165	6993	2155	20	2135
文　学	2053	23	2030	4882	127	4755	1753	13	1740
历史学	197	10	187	534	33	501	151	5	146
理　学	2835	314	2521	8175	1345	6830	2212	200	2012
工　学	22110	2011	20099	58909	9593	49316	13471	1101	12370
农　学	2195	121	2074	5388	526	4862	823	83	740
医　学	7786	655	7131	20104	2201	17903	5595	562	5033
军事学									
管理学	6787	250	6537	18938	1540	17398	5348	197	5151
艺术学	1608	12	1596	4383	19	4364	1289		1289
科研院所	**66**	**6**	**60**	**175**	**25**	**150**	**44**	**1**	**43**
哲　学									
经济学									
法　学	20		20	38		38	11		11
教育学									
文　学									
历史学									
理　学									
工　学	46	6	40	137	25	112	33	1	32
农　学									
医　学									
军事学									
管理学									
艺术学									

22-5 普通高等学校基本情况

单位：人

项　目	2017年					
	学校数(所)	招生数	在校学生数	毕业生数	教职工数	#专任教师
总　计	**115**	**261115**	**980995**	**268767**	**97806**	**63157**
综合大学	13	37855	135346	38352	14114	9181
理工院校	51	122148	465986	126630	44032	29037
农林院校	5	13347	47651	13650	4353	2962
医药院校	13	22538	91407	22211	10064	6183
师范院校	10	22207	78463	22340	8347	5573
语文院校	3	5594	20264	4941	1580	1054
财经院校	10	19250	72985	21246	6853	4300
政法院校	3	4008	13211	4328	1669	913
体育院校	2	1834	7567	1969	884	513
艺术院校	4	8058	31186	9040	4629	2543
民族院校	1	4276	16929	4060	1281	898

22-5　续表 1

单位：人

项　目	2018年					
	学校数(所)	招生数	在校学生数	毕业生数	教职工数	#专任教师
总　计	**115**	**268034**	**963208**	**275875**	**97176**	**62535**
综合大学	13	40540	139602	41901	14687	9433
理工院校	51	126552	455390	131180	43951	28830
农林院校	5	13709	46282	14409	4485	3059
医药院校	13	21767	90998	21903	10121	6196
师范院校	10	22717	77080	23604	8204	5490
语文院校	3	5591	20846	4818	1607	1024
财经院校	10	17918	63779	19588	5654	3632
政法院校	3	4218	13876	3528	1633	888
体育院校	2	1838	7314	2021	875	520
艺术院校	4	8900	30965	8857	4703	2548
民族院校	1	4284	17076	4066	1256	915

22-5 续表 2

单位：人

项 目	2019年					
	学校数(所)	招生数	在校学生数	毕业生数	教职工数	#专任教师
总 计	**115**	**344051**	**1041144**	**257106**	**98099**	**63149**
综合大学	13	51100	150274	39293	14849	9437
理工院校	50	155691	483019	120136	44420	29476
农林院校	5	24041	59843	13183	4744	3339
医药院校	13	26745	95250	21939	10080	6009
师范院校	11	30962	85761	21771	8419	5556
语文院校	3	6244	21865	4980	1598	1015
财经院校	10	29238	73578	18721	5529	3468
政法院校	3	3051	13262	3621	1600	863
体育院校	2	1733	7187	1772	866	523
艺术院校	4	10936	33826	7633	4721	2535
民族院校	1	4310	17279	4057	1273	928

22-5 续表 3

单位：人

项 目	2020年					
	学校数(所)	招生数	在校学生数	毕业生数	教职工数	#专任教师
总 计	**114**	**362687**	**1140799**	**255997**	**97912**	**64045**
综合大学	14	55662	165463	39014	14674	9398
理工院校	49	180546	542553	117479	44519	29983
农林院校	5	22125	66822	14770	4828	3477
医药院校	12	27776	100119	22639	10146	6083
师范院校	11	27645	90911	22187	8255	5595
语文院校	3	6061	22453	5285	1607	1019
财经院校	10	23517	79248	17311	5511	3553
政法院校	3	3001	12432	3822	1599	839
体育院校	2	1488	6855	1661	728	521
艺术院校	4	10392	36543	7530	4744	2591
民族院校	1	4474	17400	4299	1301	986

22-6 高等教育学校(机构)学生数

单位：人

项目	2017年				2018年			
	招生数	在校学生数	毕(结)业生数	授予学位数	招生数	在校学生数	毕(结)业生数	授予学位数
研究生数	39439	107524	29767	29403	41424	116520	31039	30622
博士	2929	15366	1787	1661	3185	15853	2022	1887
硕士	36510	92158	27980	27742	38239	100667	29017	28735
普通本科、专科生	261115	980995	268767	172505	268034	963208	275875	176259
本科	171995	702417	174113	172505	174056	692619	177461	176259
专科	89120	278578	94654		93978	270589	98414	
成人本科、专科生	64097	147974	61788	4204	76064	162349	59383	3921
本科	29923	75384	30451	4204	38802	84902	28281	3921
专科	34174	72590	31337		37262	77447	31102	
网络本科、专科生	139163	320961	84413	5917	172594	387655	88794	6198
本科	71230	174110	46051	5917	83018	202246	46615	6198
专科	67933	146851	38362		89576	185409	42179	
在职人员攻读博士、硕士学位		15100		4649		10118		4189
自考助学班		471	189			394	544	
研究生课程进修班								
普通预科生		1624				1659		
进修及培训		256077	284890				430299	
留学生	7269	17730	5610	2171	7982	18821	7109	2327

22-6 续表

单位：人

项目	2019年				2020年			
	招生数	在校学生数	毕(结)业生数	授予学位数	招生数	在校学生数	毕(结)业生数	授予学位数
研究生数	44359	126864	33111	32735	53727	141959	36925	36166
博士	3491	16831	2240	2355	3772	17296	2396	2298
硕士	40868	110033	30871	30380	49955	124663	34529	33868
普通本科、专科生	344051	1041144	257106	164001	362687	1140799	255997	167767
本科	175395	696797	165262	164001	187834	712090	168423	167767
专科	168656	344347	91844		174853	428709	87574	
成人本科、专科生	95294	192438	62886	4546	110112	230179	68706	4921
本科	46182	99953	30377	4546	59723	124994	33152	4921
专科	49112	92485	32509		50389	105185	35554	
网络本科、专科生	149081	426181	101202	4951	120006	396616	137175	6096
本科	78809	224046	52577	4951	91144	247616	61079	6096
专科	70272	202135	48625		28862	149000	76096	
在职人员攻读博士、硕士学位		6629		3670		4406		1424
自考助学班		684	1006			1478	155	
研究生课程进修班								
普通预科生		1424				1443		
进修及培训			600074				598554	
留学生	8032	19304	6918	2713	5031	16133	4964	2559

22-7 普通本科分学科学生数

单位：人

项　目	2017年			2018年		
	招生数	在校学生数	毕业生数	招生数	在校学生数	毕业生数
总　计	**171995**	**702417**	**174113**	**174056**	**692619**	**177461**
# 师范	6727	27002	7529	7601	27176	7666
哲　学	108	307	69	52	253	66
经济学	8544	35133	8870	7718	33871	9068
法　学	3859	15810	4268	3894	15738	4093
教育学	5033	19095	4744	5138	19190	4838
文　学	12412	49871	12843	12309	49311	12954
历史学	296	1292	356	365	1302	343
理　学	7457	30884	7590	7677	29878	8165
工　学	71997	286136	69299	77218	287438	71959
农　学	2108	8277	2106	2259	8242	2146
医　学	14357	65594	14711	13842	65557	13701
军事学						
管理学	28557	116512	30319	26280	111012	30727
艺术学	17267	73506	18938	17304	70827	19401

22-7 续表

单位：人

项　目	2019年			2020年		
	招生数	在校学生数	毕业生数	招生数	在校学生数	毕业生数
总　计	**175395**	**696797**	**165262**	**187834**	**712090**	**168423**
# 师范	8677	29581	6466	9793	33119	6589
哲　学	51	262	60	27	237	68
经济学	7690	32998	8539	8214	32255	9030
法　学	4018	15969	3940	4329	16487	3885
教育学	5432	20003	4392	5923	21039	4580
文　学	12340	49687	11726	13125	50551	12278
历史学	455	1426	304	8259	33255	8468
理　学	8010	30756	6937	558	1660	324
工　学	77653	295078	67130	8215	31613	7154
农　学	2210	8398	1894	82756	306797	68779
医　学	14303	65880	13797	2371	8668	2007
军事学				16260	67679	14368
管理学	26125	106777	28808	27296	104671	28694
艺术学	17108	69563	17735	16810	68483	17256
职业本科				1950	1950	

22-8 普通专科(高职)分学科学生数

单位：人

项目	2017年			2018年		
	招生数	在校学生数	毕业生数	招生数	在校学生数	毕业生数
总 计	**89120**	**278578**	**94654**	**93978**	**270589**	**98414**
总计中：师范生	8123	21531	6876	9141	23757	7854
农林牧渔大类	2895	8411	2629	2956	8438	2821
资源环境与安全大类	1321	4812	2292	1393	4142	1962
能源动力与材料大类	838	2846	1209	803	2511	1103
土木建筑大类	5484	20092	8349	5874	17630	7578
水利大类	285	1064	300	317	972	380
装备制造大类	14956	48370	17177	16132	45860	18641
生物与化工大类	1678	5780	2143	1664	5049	2302
轻工纺织大类	353	1029	244	355	1068	365
食品药品与粮食大类	1417	4377	1223	1316	4221	1385
交通运输大类	7571	22276	6806	7869	22409	7114
电子信息大类	9406	27523	7592	10646	28953	8966
医药卫生大类	6855	18860	5486	6932	19637	6114
财经商贸大类	15475	51526	17428	15785	48293	18138
旅游大类	3570	11197	3523	3972	11275	3628
文化艺术大类	2764	10615	4526	3146	9202	4443
新闻传播大类	344	1011	543	408	1074	336
教育与体育大类	12303	34285	11239	12945	35333	11663
公安与司法大类	674	1630	912	599	1682	559
公共管理与服务大类	931	2874	1033	866	2840	916

注：2016年，教育部教育事业统计修订发布了《普通高等学校高等职业教育专科(专业)目录(2015年)，修订后大类维持原来19个不变，但排序和划分有所调整，因此无法与2015年之前对接。

22-8 续表

单位：人

项目	2019年			2020年		
	招生数	在校学生数	毕业生数	招生数	在校学生数	毕业生数
总 计	**168656**	**344347**	**91844**	**174853**	**428709**	**87574**
总计中：师范生	12312	27153	6909	14411	35699	8939
农林牧渔大类	5492	11127	2660	4574	12823	2814
资源环境与安全大类	2077	4681	1435	3068	6401	1215
能源动力与材料大类	1288	2947	814	1094	3177	834
土木建筑大类	11597	22843	6248	12654	29909	5309
水利大类	246	842	373	288	851	274
装备制造大类	31892	61732	15410	33548	79967	14804
生物与化工大类	1816	4951	1830	2811	6224	1547
轻工纺织大类	553	1277	383	541	1440	352
食品药品与粮食大类	2236	4918	1555	1820	5261	1385
交通运输大类	10664	25387	7255	13290	31098	7631
电子信息大类	20569	40125	9025	22931	53376	9269
医药卫生大类	11478	23948	7007	13834	30751	7071
财经商贸大类	38907	69541	17307	34060	88025	14998
旅游大类	6640	14001	3739	5297	15569	3407
文化艺术大类	3863	9389	3259	4179	10891	2550
新闻传播大类	289	1036	339	488	1152	339
教育与体育大类	17354	40774	11618	18083	46423	12221
公安与司法大类		1104	563		515	608
公共管理与服务大类	1695	3724	1024	2293	4856	946

22-9 成人本科分学科学生数

单位：人

项　目	2017年			2018年		
	招生数	在校学生数	毕业生数	招生数	在校学生数	毕业生数
总　计	**29923**	**75384**	**30451**	**38802**	**84902**	**28281**
#师范生	723	1247	442	196	953	555
哲　学		73	26		48	25
经济学	303	674	358	751	1120	294
法　学	1571	3211	1411	1821	3705	1322
教育学	2429	4902	1801	3137	6108	1816
文　学	1308	3038	1299	1859	3498	1359
历史学	22	91	17	21	85	27
理　学	267	789	265	457	963	278
工　学	6518	17219	10108	8644	17549	7905
农　学	810	1532	531	651	1475	675
医　学	10831	30484	8634	12992	34299	8815
管理学	5280	12229	5516	7816	14714	5387
艺术学	584	1142	485	653	1338	378

22-9 续表

单位：人

项　目	2019年			2020年		
	招生数	在校学生数	毕业生数	招生数	在校学生数	毕业生数
总　计	**46182**	**99953**	**30377**	**59723**	**124994**	**33152**
#师范生	45	77	239	146	297	142
哲　学		34	13		22	9
经济学	1006	1818	294	1332	2699	454
法　学	1989	4182	1449	2685	5059	1779
教育学	3879	7685	2215	4899	9175	3256
文　学	1970	4045	1392	2408	4737	1636
历史学	43	82	45	67	126	22
理　学	667	1229	398	739	1496	447
工　学	12172	22704	6779	18684	33323	7787
农　学	721	1386	790	852	1632	615
医　学	12260	35413	10856	13073	37471	10424
管理学	10757	19927	5597	14288	27681	6293
艺术学	718	1448	549	696	1573	430

22-10 成人专科分学科学生数

单位：人

项 目	2017年			2018年		
	招生数	在校学生数	毕业生数	招生数	在校学生数	毕业生数
总 计	**34174**	**72590**	**31337**	**37262**	**77447**	**31102**
总计中：师范生	983	1731	684	1254	2314	780
农林牧渔大类	573	1072	622	530	1153	429
资源环境与安全大类	117	470	710	206	347	308
能源动力与材料大类	89	226	262	128	218	120
土木建筑大类	1248	2797	2334	1515	2923	1367
水利大类	68	128	61	59	127	60
装备制造大类	4116	9309	5152	4993	9723	4421
生物与化工大类	111	235	202	183	293	124
轻工纺织大类	2	9			2	5
食品药品与粮食大类	178	336	102	46	274	111
交通运输大类	1564	3493	1269	1547	3487	1532
电子信息大类	3682	6924	2596	4099	7980	2965
医药卫生大类	5918	13316	5204	3919	11906	4780
财经商贸大类	8044	16833	6958	12147	21396	7535
旅游大类	1102	2567	632	916	2189	1289
文化艺术大类	1003	2164	740	693	1809	943
新闻传播大类	101	179	67	82	177	70
教育与体育大类	4631	9079	2851	4761	10178	3463
公安与司法大类	364	789	345	469	890	356
公共管理与服务大类	1263	2664	1230	969	2375	1224

注：2016年，教育部教育事业统计修订发布了《普通高等学校高等职业教育专科(专业)目录(2015年)，修订后大类维持原来19个不变，但排序和划分有所调整，因此无法与2015年之前对接。

22-10 续表

单位：人

项 目	2019年			2020年		
	招生数	在校学生数	毕业生数	招生数	在校学生数	毕业生数
总 计	**49112**	**92485**	**32509**	**50389**	**105185**	**35554**
总计中：师范生	1358	2444	964	1947	3697	1253
农林牧渔大类	659	1189	567	534	1196	522
资源环境与安全大类	400	623	113	488	898	188
能源动力与材料大类	212	340	89	110	342	125
土木建筑大类	2394	4046	1186	3956	6509	1426
水利大类	84	143	62	38	125	58
装备制造大类	6806	12342	3984	6967	14058	4948
生物与化工大类	268	470	88	377	643	180
轻工纺织大类		1	3	2	2	1
食品药品与粮食大类	36	149	160	39	75	111
交通运输大类	1788	3918	1358	1652	3585	1771
电子信息大类	5185	9680	3371	5644	11088	3952
医药卫生大类	4815	10854	5683	4702	11993	3126
财经商贸大类	13861	26847	7868	12847	28564	10663
旅游大类	1687	2835	1013	2150	3987	929
文化艺术大类	979	1875	892	834	1822	857
新闻传播大类	71	125	75	4	74	54
教育与体育大类	7462	13039	4429	7211	14813	5269
公安与司法大类	1008	1557	334	596	1756	379
公共管理与服务大类	1397	2452	1234	2238	3655	995

22-11 网络本科分学科学生数

单位：人

项 目	2017年			2018年		
	招生数	在校学生数	毕业生数	招生数	在校学生数	毕业生数
总 计	**71230**	**174110**	**46051**	**83018**	**202246**	**46615**
#师范生						
哲 学						
经济学	2220	5782	1729	2284	5895	1999
法 学	1888	4393	1177	3328	6128	1488
教育学						
文 学						
历史学						
理 学		6			3	
工 学	25030	59758	16173	28175	71302	14735
农 学						
医 学	15842	43558	9398	18912	47465	10505
管理学	26250	60613	17574	30319	71453	17888
艺术学						

22-11 续表

单位：人

项 目	2019年			2020年		
	招生数	在校学生数	毕业生数	招生数	在校学生数	毕业生数
总 计	**78809**	**224046**	**52577**	**91144**	**247616**	**61079**
#师范生						
哲 学						
经济学	1951	5655	2033	1580	4788	2076
法 学	3139	7428	1691	3599	8446	2237
教育学						
文 学						
历史学						
理 学		2			2	
工 学	27767	79831	17360	33571	91678	19612
农 学						
医 学	19723	55120	11775	23841	64899	13657
管理学	26229	76010	19718	28553	77803	23497
艺术学						

22-12 网络专科分学科学生数

单位：人

项　目	2017年			2018年		
	招生数	在校学生数	毕业生数	招生数	在校学生数	毕业生数
总　计	**67933**	**146851**	**38362**	**89576**	**185409**	**42179**
#师范生						
农林牧渔大类						
资源环境与安全大类	1102	3929	1738	2430	4892	818
能源动力与材料大类	2619	8059	2103	2278	6936	3060
土木建筑大类	11906	27497	8649	15717	33875	8172
水利大类	1067	2512	662	1005	2682	735
装备制造大类	6219	13984	3412	8244	17949	3810
生物与化工大类						
轻工纺织大类						
食品药品与粮食大类						
交通运输大类	1139	2701	708	1037	2826	843
电子信息大类	3383	6496	896	2823	7672	1425
医药卫生大类	10069	23097	5693	12245	25767	6088
财经商贸大类	20319	38913	9744	22977	47086	11077
旅游大类	209	489	135	171	444	182
文化艺术大类						
新闻传播大类						
教育与体育大类						
公安与司法大类	847	1740	441	1387	2439	613
公共管理与服务大类	9054	17434	4181	19262	32841	5356

注：2016年，教育部教育事业统计修订发布了《普通高等学校高等职业教育专科(专业)目录(2015年)，修订后大类维持原来19个不变，但排序和划分有所调整，因此无法与往年之前对接。

22-12　续表

单位：人

项　目	2019年			2020年		
	招生数	在校学生数	毕业生数	招生数	在校学生数	毕业生数
总　计	**70272**	**202135**	**48625**	**28862**	**149000**	**76096**
#师范生						
农林牧渔大类						
资源环境与安全大类	2309	5831	884		3932	1607
能源动力与材料大类	2223	6654	2211	1101	5359	2151
土木建筑大类	12216	36793	8687	5364	27112	13880
水利大类	993	2884	727		1772	1036
装备制造大类	6185	19323	4384	460	12221	6938
生物与化工大类						
轻工纺织大类						
食品药品与粮食大类						
交通运输大类	612	2518	846		1446	1012
电子信息大类	1815	7378	1872		4542	2612
医药卫生大类	14669	33397	6583	9050	32213	10037
财经商贸大类	15081	46973	13767	9086	33891	20432
旅游大类		237	191		33	168
文化艺术大类						
新闻传播大类						
教育与体育大类						
公安与司法大类	1152	2722	772	430	1785	1241
公共管理与服务大类	13017	37425	7701	3371	24694	14982

22-13 各类中等职业学校(机构)基本情况

(2020年)

单位：人

项 目	学校数(所)	毕业生数	招生数	在校学生数	教职工数	#专任教师
总 计	**267**	**97951**	**94147**	**256489**	**25157**	**18889**
1、调整后中职	22	12514	11575	32604	3079	2246
2、普通中等专业学校	80	38563	39568	111924	10019	7710
#中等师范学校	3	1091	1169	3309	337	261
3、成人中专		4459		475	337	
4、职业高中	165	42415	43004	111486	12059	8933

22-14 中等职业学校(机构)学生分科类情况

(2020年)

单位：人

项 目	招生数	#应届毕业生	#初中毕业生	在校学生数	毕业生数	#获得职业资格证书
总 计	**94147**	**88254**	**87056**	**256489**	**97951**	**43924**
其中：女	40985	38255	37699	114415	42454	16690
农林牧渔类	4626	4543	4520	16257	9562	3594
资源环境类	241	—	—	421	46	22
能源与新能源类	223	223	218	488	252	173
土木水利类	1292	1201	1177	2955	1933	739
加工制造类	14599	13999	13827	39096	14439	9375
石油化工类	1347	1229	1219	2533	551	320
轻纺食品类	66	66	63	235	171	72
交通运输类	9943	9357	9262	27544	12470	6361
信息技术类	15122	14667	14510	37269	12363	5372
医药卫生类	11072	10090	9897	31124	9119	2962
休闲保健类	1625	1474	1451	4736	1538	978
财经商贸类	6524	6109	6047	17251	8952	3369
旅游服务类	6489	6025	5973	16894	6422	2737
文化艺术类	8330	6973	6672	22881	6154	1139
体育与健身	1974	1939	1939	4874	1382	531
教育类	10455	10190	10113	31125	11990	6053
司法服务类	18	18	18	55	51	35
公共管理与服务类	193	144	143	701	422	80
其他	8	7	7	50	134	12

22-15 普通高中学校和学生情况

(2020年)

单位：人

项目	学校数(所)				招生数	在校学生数	毕业生数
		高级中学	完全中学	十二年一贯制学校			
总　计	**425**	**340**	**53**	**32**	**205370**	**594265**	**208722**
教育部门	313	280	27	6	170646	499106	175337
其他部门办							
地方企业							
社会力量办	110	59	25	26	34165	93352	32565
中外合作办	2	1	1		559	1807	820
城区	**322**	**249**	**45**	**28**	**144840**	**418088**	**147343**
教育部门	230	202	23	5	117461	342538	120518
其他部门办							
地方企业							
社会力量办	91	47	21	23	27091	74838	26659
中外合作办	1		1		288	712	166
镇区	**91**	**82**	**6**	**3**	**55121**	**160659**	**56062**
教育部门	79	74	4	1	50648	148908	52060
其他部门办							
地方企业							
社会力量办	11	7	2	2	4202	10656	3348
中外合作办	1	1			271	1095	654
乡村	**12**	**9**	**2**	**1**	**5409**	**15518**	**5317**
教育部门	4	4			2537	7660	2759
其他部门办							
地方企业							
社会力量办	8	5	2	1	2872	7858	2558
中外合作办							

22-16 普通初中学校和学生情况

(2020年)

单位：人

项目	学校数(所)			招生数	在校学生数	毕业生数
		初级中学	九年一贯制			
总　计	**1518**	**974**	**544**	**327531**	**1002283**	**339121**
教育部门	1468	956	512	303978	927644	315488
其他部门办	5	3	2	221	947	377
地方企业						
社会力量办	45	15	30	23057	72943	23021
中外合作办				275	749	235
城区	**648**	**482**	**166**	**196044**	**588030**	**187525**
教育部门	611	466	145	177202	528786	168339
其他部门办	5	3	2	221	947	377
地方企业						
社会力量办	32	13	19	18346	57548	18574
中外合作办				275	749	235
镇区	**580**	**338**	**242**	**101819**	**320654**	**117509**
教育部门	570	336	234	97748	307544	113713
其他部门办						
地方企业						
社会力量办	10	2	8	4071	13110	3796
中外合作办						
乡村	**290**	**154**	**136**	**29668**	**93599**	**34087**
教育部门	287	154	133	29028	91314	33436
其他部门办						
地方企业						
社会力量办	3		3	640	2285	651
中外合作办						

22-17 普通小学学校和学生情况

(2020年)

单位：人

项　　目	学校数(所)	招生数	在校学生数	毕业生数
总　计	**2827**	**347196**	**1967439**	**328314**
教育部门	2797	336863	1907036	317112
其他部门办		96	649	198
地方企业				
社会力量办	30	10237	59754	11004
城区	**1078**	**247628**	**1289724**	**192557**
教育部门	1057	240319	1246061	184675
其他部门办		96	649	198
地方企业				
社会力量办	21	7213	43014	7684
镇区	**577**	**70060**	**458553**	**87971**
教育部门	569	67383	443584	85142
其他部门办				
地方企业				
社会力量办	8	2677	14969	2829
乡村	**1172**	**29508**	**219162**	**47786**
教育部门	1171	29161	217391	47295
其他部门办				
地方企业				
社会力量办	1	347	1771	491
中外合作办				

22-18 各级普通学校毕业生升学率和学龄儿童入学率

单位：%

年　份	学龄儿童入学率	小学升初中	初中升高级中学
1991	99.0	92.5	37.1
1992	99.0	92.6	38.7
1993	99.0	90.3	39.1
1994	99.1	93.4	40.9
1995	99.4	93.0	41.7
1996	99.3	96.0	41.9
1997	99.4	96.1	44.7
1998	99.4	95.7	48.2
1999	99.3	95.2	50.0
2000	99.3	93.9	57.4
2001	99.7	95.6	57.4
2002	99.4	98.1	66.3
2003	99.7	98.7	68.1
2004	99.7	99.2	74.7
2005	99.7	99.3	82.7
2006	99.8	99.6	85.4
2007	99.9	99.4	94.4
2008	99.9	99.8	97.7
2009	99.9	99.8	97.7
2010	99.9	99.9	97.3
2011	99.9	99.9	93.4
2012	99.9	99.5	92.9
2013	99.9	98.1	94.9
2014	99.9	99.8	96.2
2015	99.9	99.9	94.8
2016	99.9	99.8	94.8
2017	99.9	99.9	94.8
2018	99.9	99.8	95.1
2019	99.9	99.9	95.2
2020		99.8	93.4

注：初中升高级中学包含升入技工学校(2019年数据)。

22-19 教育发展水平

年 份	各类学校在校生占全省人口(%)	平均每万人口中有(人)			大中小学生各占学生总数(%)		
		大学生	中学生	小学生	大学生	中学生	小学生
1985	17.4	25.9	549.1	1150.6	1.5	31.5	65.9
1986	17.6	29.0	584.1	1130.4	1.6	33.1	64.0
1987	17.2	30.0	582.8	1094.8	1.7	33.7	63.2
1988	16.8	31.7	554.6	1074.0	1.9	32.9	63.7
1989	16.3	31.8	513.6	1071.7	1.9	31.2	65.2
1990	15.6	31.6	464.7	1045.3	2.0	29.6	66.7
1991	15.7	31.8	519.2	996.8	2.0	33.0	63.3
1992	15.1	34.1	598.8	946.3	2.3	33.1	62.8
1993	17.9	38.7	470.6	918.0	2.2	26.6	51.2
1994	18.2	44.7	524.7	941.7	2.5	28.8	51.7
1995	18.0	46.0	538.8	922.5	2.6	30.0	51.4
1996	15.8	46.8	604.6	927.7	3.0	38.3	58.7
1997	15.9	48.4	584.6	953.3	3.0	36.9	60.1
1998	15.1	50.3	540.7	921.3	3.3	35.8	60.9
1999	17.2	60.2	563.8	893.5	3.9	38.2	58.9
2000	21.5	71.4	596.2	825.7	4.8	39.9	55.3
2001	22.3	87.9	618.4	762.3	6.0	42.1	51.9
2002	22.5	107.4	647.3	730.0	7.2	43.6	49.2
2003	19.3	123.7	666.8	695.9	8.3	44.9	46.8
2004	18.0	140.2	664.8	671.5	9.5	45.0	45.5
2005	17.5	158.0	655.8	638.9	10.9	45.1	44.0
2006	18.7	172.0	643.8	607.9	12.1	45.2	42.7
2007	16.5	184.7	629.6	582.5	13.2	45.1	41.7
2008	16.4	193.9	614.1	559.4	14.2	44.9	40.9
2009	15.8	200.8	588.4	531.3	15.2	44.6	40.2
2010	15.5	206.8	561.4	512.8	16.1	43.8	40.0
2011	15.6	279.0	569.2	509.9	20.5	41.9	37.5
2012	15.1	289.5	544.0	500.5	21.7	40.8	37.5
2013	15.0	300.2	512.2	481.5	23.2	39.6	37.2
2014	14.8	303.8	501.3	468.3	23.9	39.4	36.8
2015	14.7	297.6	480.1	471.1	23.8	38.4	37.7
2016	14.5	294.7	469.3	470.2	23.9	38.0	38.1
2017	14.0	282.4	449.9	444.5	24.0	38.2	37.8
2018	14.5	296.0	463.3	465.8	24.2	37.8	38.0
2019	14.8	324.7	464.2	465.5	25.9	37.0	37.1
2020	15.0	361.1	457.2	469.5	28.0	35.5	36.5

注：2011-2020年大学生包含研究生、普通本专科及成人本专科在校生。

22-20 各地区普通高等学校基本情况

(2020年)

单位：人

地　区	学校数(所)	招生数	在校学生数	毕业生数	教职工数	
						#专任教师
总　计	**114**	**362687**	**1140799**	**255997**	**97912**	**64045**
沈　阳	45	126600	440146	100741	41992	26576
大　连	31	102930	325738	73189	28302	19025
鞍　山	3	12406	35501	8012	2950	2025
抚　顺	4	13430	43785	10179	3118	1962
本　溪	2	5240	15642	3346	1381	740
丹　东	3	14791	33528	7412	2356	1453
锦　州	9	32476	89308	19942	7123	4831
营　口	3	12321	29613	6306	1744	1205
阜　新	2	8722	31156	6610	2544	1889
辽　阳	3	9495	24785	5057	1393	1172
盘　锦	2	3028	8571	2511	1075	538
铁　岭	4	11542	31893	5678	1962	1255
朝　阳	1	3122	10231	1881	655	450
葫芦岛	2	6584	20902	5133	1317	924

22-21 各地区中等职业学校基本情况

(2020年)

单位：人

地　区	学校数(所)	招生数	在校学生数	毕业生数	教职工数	
						#专任教师
总　计	**267**	**94147**	**256489**	**97951**	**25157**	**18889**
沈　阳	78	27,923	78,286	26,160	7,355	5,149
大　连	49	12,739	35,157	13,276	3,940	2,839
鞍　山	16	4,126	10,726	4,521	1,265	986
抚　顺	13	2,567	8,289	3,295	1,318	1,023
本　溪	9	1,598	4,639	1,777	1,120	873
丹　东	16	6,541	17,570	5,815	1,248	954
锦　州	9	5,469	15,587	6,832	1,350	1,079
营　口	11	5,097	13,246	6,376	1,204	987
阜　新	13	3,096	8,298	3,104	1,220	910
辽　阳	7	4,519	11,785	4,568	699	619
盘　锦	7	4,293	9,545	4,444	608	513
铁　岭	16	3,838	10,846	5,095	993	724
朝　阳	13	7,019	18,825	7,521	1,898	1,479
葫芦岛	10	5,322	13,690	5,167	939	754

22-22 各地区普通高中基本情况

(2020年) 单位：人

地区	学校数(所)	招生数	在校学生数	毕业生数	教职工数	#专任教师
总计	**425**	**205370**	**594265**	**208722**	**62051**	**52434**
沈阳	87	37759	106229	35723	11793	10056
大连	77	31102	87752	30386	9269	7730
鞍山	33	14550	42516	16491	4371	3734
抚顺	23	8177	23817	8713	2867	2314
本溪	15	5990	18630	6728	2124	1793
丹东	23	11940	35559	12982	3293	2851
锦州	29	14476	42297	14754	4100	3269
营口	15	9505	27602	9005	3214	2883
阜新	23	9558	27572	9509	2488	2104
辽阳	14	7194	20613	7578	2326	1946
盘锦	12	7551	22154	8458	2760	2318
铁岭	24	14000	40082	13678	3418	3036
朝阳	30	19717	58539	20708	6320	5144
葫芦岛	20	13851	40903	14009	3708	3256

22-23 各地区普通初中基本情况

(2020年) 单位：人

地区	学校数(所)	招生数	在校学生数	毕业生数	教职工数	#专任教师
总计	**1518**	**327531**	**1002283**	**339121**	**116327**	**98857**
沈阳	218	63055	189588	59717	19885	16051
大连	224	52946	151303	47284	16083	14256
鞍山	126	26613	80492	26640	9933	8251
抚顺	82	12228	37369	12944	5422	4537
本溪	44	8693	26413	9170	3856	3102
丹东	102	13776	45194	18208	6569	5607
锦州	100	18674	60781	23054	6952	5902
营口	86	18568	56208	17964	5968	5485
阜新	68	13102	41358	15179	5797	4584
辽阳	63	11602	36703	12891	4826	4093
盘锦	56	12655	41027	13808	4815	4032
铁岭	103	19517	61980	22675	7837	7093
朝阳	135	31653	96719	32592	10529	8729
葫芦岛	111	24449	77148	26995	7855	7135

22-24 各地区普通小学基本情况

(2020年)

单位：人

地　　区	学校数(所)	招生数	在校学生数	毕业生数	教职工数	
						#专任教师
总　　计	**2827**	**347196**	**1967439**	**328314**	**152990**	**137743**
沈　　阳	279	82745	423472	63242	27481	24555
大　　连	400	72306	366708	53183	22065	20146
鞍　　山	275	24442	150015	27344	11956	10214
抚　　顺	103	12062	71521	12225	6521	5947
本　　溪	61	8398	49967	8675	5068	4224
丹　　东	311	15172	85930	13710	8512	7739
锦　　州	258	16542	106836	19174	10181	9202
营　　口	97	20450	116114	18724	7213	6866
阜　　新	66	11052	69431	12985	7228	6055
辽　　阳	94	9798	63987	11686	5847	5174
盘　　锦	34	11793	66165	11590	5215	4921
铁　　岭	165	14753	96320	19628	10007	9164
朝　　阳	399	27207	169293	31616	14687	13243
葫 芦 岛	285	20476	131680	24532	11009	10293

22-25 各地区特殊教育基本情况

(2020年)

单位：人

地　　区	学校数(所)	招生数	在校学生数	毕业生数	教职工数	
						#专任教师
总　　计	**86**	**2638**	**15310**	**2119**	**3022**	**2285**
沈　　阳	18	325	2654	474	726	489
大　　连	11	349	2489	367	467	370
鞍　　山	8	230	717	75	295	209
抚　　顺	3	104	594	121	105	91
本　　溪	3	61	426	59	88	63
丹　　东	6	116	919	93	226	194
锦　　州	7	151	705	62	180	142
营　　口	5	145	699	111	185	160
阜　　新	5	143	838	116	138	97
辽　　阳	4	84	553	90	117	94
盘　　锦	1	127	541	50	32	29
铁　　岭	4	125	944	130	133	108
朝　　阳	6	444	1911	320	193	142
葫 芦 岛	5	234	1320	51	137	97

22-26 科技活动基本情况

指　　标	单位	2010年	2011年	2012年	2013年	2014年	2015年	2016年	2017年	2018年	2019年	2020年
科技活动人员	万人	21.9	23.8	25.5	27.6	28.2	25.6	25.1				
研究与试验发展折合全时	万人年	8.5	8.1	8.7	9.5	10.0	8.5	8.8	8.9	9.5	10	11.2
研究与试验发展经费支出全时人员	亿元	287.5	363.8	390.9	445.9	435.2	363.4	372.7	429.9	460.1	508.5	594.0
#基础研究	亿元	7.3	11.6	14.8	15.7	20.1	26.7	23.8	30.6	27.7	32.1	35.3
应用研究	亿元	36.2	52.7	60.9	55.6	62.3	61.1	64.8	66.5	85.4	97.5	105.1
试验发展	亿元	244.0	299.5	315.2	374.6	352.9	275.6	284.2	332.9	347	378.9	408.6
研究与试验发展经费支出占生产总值比重	%	1.6	1.6	1.6	1.64674	1.5	1.3	1.7	1.8	1.82	2.04	2.19
技术市场成交额	亿元	130.7	159.7	230.7	180.0	250.9	292.0	340.8	409.0	499.9	571.2	645.1
专利申请受理数	件	34218	37123	39490	45996	37860	42153	52603	49871	65686	69732	91038
专利申请授权数	件	17093	19176	21216	21656	19525	25182	25104	26495	35149	40037	60185

主要统计指标解释

普通高等学校　指按照国家规定的设置标准和审批程序批准举办的，通过全国普通高等学校统一招生考试，招收高中毕业生为主要培养对象，实施高等教育的全日制大学、独立设置的学院和高等专科学校、高等职业学校和其他机构。

大学、独立设置的学院主要实施本科层次以上教育，高等专科学校、高等职业学校实施专科层次教育，其他机构是承担国家普通招生计划任务不计校数的机构。包括普通高等学校分校和批准筹建的普通高等学校等。

成人高等学校　指按照国家规定的设置标准和审批程序批准举办的，通过全国成人高等学校统一招生考试，招收具有高中毕业或同等学历的在职从业人员为主要培养对象，利用函授、业余、脱产等多种形式对其实施高等学历教育的学校。包括职工高等学校、农民高等学校、管理干部学院、教育学院、独立函授学院、广播电视大学、其他机构等。其他机构是承担国家成人招生计划任务不计校数的机构。

小学学龄儿童净入学率　指调查范围内已入小学学习的学龄儿童占校内外学龄儿童总数(包括弱智儿童，不包括盲聋哑儿童)的比重。计算公式为:

小学学龄儿童净入学率=已入学的小学学龄儿童数/校内外小学学龄儿童总数 × 100%

国家财政性教育经费　包括国家财政预算内教育经费，各级政府征收用于教育的税费，企业办学校教育经费，校办产业、勤工俭学和社会服务收入用于教育的经费。

财政预算内教育经费　指中央、地方各级财政或上级主管部门在年度内安排，并计划拨到教育部门和其他部门主办的各级各类学校、教育事业单位，列入国家预算支出科目的教育经费，包括教育事业拨款、科研经费拨款、基建拨款和其他经费拨款。

科技活动　指在自然科学、农业科学、医药科学、工程与技术科学、人文与社会科学领域(简称科学技术领域)中，与科技知识的产生、发展、传播和应用密切相关的有组织的活动。可分为研究与试验发展(R&D)、研究与试验发展成果应用及相关的科技服务三类活动。该定义是联合国教科文组织考虑成员国特别是发展中国家开展科技统计工作的需要，而对科技活动所作的统计界定。

科技活动人员　指直接从事科技活动、以及专门从事科技活动管理和为科技活动提供直接服务，累计的实际工作时间占全年制度工作时间 10%及以上的人员。(1)直接从事科技活动的人员包括: 在独立核算的科学研究与技术开发机构、高等学校、各类企业及其他事业单位内设的研究室、实验室、技术开发中心及中试车间(基地)等机构中从事科技活动的研究人员、工程技术人员、技术工人及其它人员；虽不在上述机构工作，但编入科技活动项目(课题)组的人员；科技信息与文献机构中的专业技术人员；从事论文设计的研究生等。(2)专门从事科技活动管理和为科技活动提供直接服务的人员，包括: 独立核算的科学研究与技术开发机构、科技信息与文献机构、高等学校、各类企业及其他事业单位主管科技工作的负责人，专门从事科技活动的计划、行政、人事、财务、物资供应、设备维护、图书资料管理等工作的各类人员，但不包括保卫、医疗保健人员、司机、食堂人员、茶炉工、水暖工、清洁工等为科技活动提供间接服务的人员。该指标用来反映投入科技活动人力的规模。

科学家与工程师　指科技活动人员中具有高、中级技术职称(职务)的人员和不具有高、中级技术职称(职务)的大学本科及以上学历人员。该指标用来反映投入科技活动人力的素质。

研究与试验发展（R&D）　指在科学技术领域，为增加知识总量，以及运用这些知识去创造新的应用进行的系统的创造性的活动，包括基础研究、应用研究、试验发展三类活动。国际上通常采用 R&D 活动的规模和强度指标反映一国的科技实力和核心竞争力。

基础研究 指为了获得关于现象和可观察事实的基本原理的新知识(揭示客观事物的本质、运动规律，获得新发现、新学说)而进行的实验性或理论性研究，它不以任何专门或特定的应用或使用为目的。其成果以科学论文和科学著作为主要形式。用来反映知识的原始创新能力。

应用研究 指为获得新知识而进行的创造性研究，主要针对某一特定的目的或目标。应用研究是为了确定基础研究成果可能的用途，或是为达到预定的目标探索应采取的新方法(原理性)或新途径。其成果形式以科学论文、专著、原理性模型或发明专利为主。用来反映对基础研究成果应用途径的探索。

试验发展 指利用从基础研究、应用研究和实际经验所获得的现有知识，为产生新的产品、材料和装置，建立新的工艺、系统和服务，以及对已产生和建立的上述各项作实质性的改进而进行的系统性工作。其成果形式主要是专利、专有技术、具有新产品基本特征的产品原型或具有新装置基本特征的原始样机等。在社会科学领域，试验发展是指把通过基础研究、应用研究获得的知识转变成可以实施的计划(包括为进行检验和评估实施示范项目)的过程。人文科学领域没有对应的试验发展活动。主要反映将科研成果转化为技术和产品的能力，是科技推动经济社会发展的物化成果。

研究与试验发展人员 指参与研究与试验发展项目研究、管理和辅助工作的人员， 包括项目(课题)组人员，企业科技行政管理人员和直接为项目(课题)活动提供服务的辅助人员。反映投入从事拥有自主知识产权的研究开发活动的人力规模。

研究与试验发展人员全时当量 指全时人员数加非全时人员按工作量折算为全时人员数的总和。例如:有两个全时人员和三个非全时人员(工作时间分别为 20%、30%和 70%)，则全时当量为 2+0.2+0.3+0.7=3.2人年。为国际上比较科技人力投入而制定的可比指标。

专业技术人员 指从事专业技术工作和专业技术管理工作的人员，即企事业单位中已经聘任专业技术职务从事专业技术工作和专业技术管理工作的人员，以及未聘任专业技术职务，现在专业技术岗位上工作的人员。包括工程技术人员，农业技术人员，科学研究人员，卫生技术人员，教学人员，经济人员，会计人员，统计人员，翻译人员，图书资料、档案、文博人员，新闻出版人员，律师、公证人员，广播电视播音人员，工艺美术人员，体育人员，艺术人员及企业政治思想工作人员，共十七个专业技术职务类别。用来反映科技人力资源情况。

科技活动经费筹集 指从各种渠道筹集到的计划用于科技活动的经费，包括政府资金、企业资金、事业单位资金、金融机构贷款、国外资金和其他资金等。反映各社会经济主体对促进科技进步所做的努力。

政府资金 指从各级政府部门获得的计划用于科技活动的经费，包括科学事业费、科技三项费、科研基建费、科学基金、教育等部门事业费中计划用于科技活动的经费以及政府部门预算外资金中计划用于科技活动的经费等。

企业资金 指从自有资金中提取或接受其他企业委托的，科研院所和高校等事业单位接受企业委托获得的，计划用于科研和技术开发的经费。不包括来自政府、金融机构及国外的计划用于科技活动的资金。

金融机构贷款 指从各类金融机构获得的用于科技活动的贷款。

科技活动经费内部支出 指报告年内用于科技活动的实际支出，包括劳务费、科研业务费、科研管理费，非基建投资购建的固定资产、科研基建支出以及其他用于科技活动的支出。不包括生产性活动支出、归还贷款支出及转拨外单位支出。反映科技投入实际完成情况。

劳务费 指以货币或实物形式直接或间接支付给从事科技活动人员的劳动报酬及各种费用。包括各种形式的工资、津贴、奖金、福利、离退休人员费用、人民助学金等。反映改善科技人员待遇情况。

固定资产购建费 指报告年内使用非基建投资购建的固定资产和用于科研基建投资的实际支出额，即固定资产实际支出和科研基建投资实际完成额之和。固定资产是指长期使用而不改变原有实物形态的主要物资设备、图书资料、实验材料和标本以及其他设备和家具、房屋、建筑物。反映用于改善科研条件和科研手段方面的投入情况。

新产品 指采用新技术原理、新设计构思研制、生产的全新产品，或在结构、材质、工艺等某一方面比原有产品有明显改进，从而显著提高了产品性能或扩大了使用功能的产品。既包括政府有关部门认定并在有效期内的新产品，也包括企业自行研制开发，未经政府有关部门认定，从投产之日起一年之内的新产品。用来反映科技产出及对经济增长的直接贡献。

二十三、文化、体育和卫生

Chapter 23 Culture, Sports and Public Health

23-1 文化事业基本情况

项目	2010年	2011年	2012年	2013年	2014年	2015年	2016年	2017年	2018年	2019年	2020年
一、文化事业机构数(个)	**14690**	**13563**	**13054**	**12910**	**12915**	**11741**	**11798**	**10599**	**9084**	**8797**	**8057**
文化部门	2130	2106	2093	2074	2075	2062	2043	2096	2057	2033	1948
其他部门	12560	11457	10961	10836	10840	9679	9755	8503	7027	6764	6109
二、文化事业人员数(人)	**75215**	**70313**	**67659**	**71622**	**71620**	**66014**	**62190**	**56532**	**50954**	**77813**	**71022**
文化部门	19044	19307	19731	20009	20008	19197	16914	18017	17252	16964	16597
其他部门	56171	51006	47928	51613	51612	46817	45276	38515	33702	60909	54425
三、各类文化艺术事业单位数(个)											
文化馆、艺术馆	122	122	123	123	122	124	125	125	125	124	123
公共图书馆	128	128	129	129	128	129	130	130	130	130	129
博物馆	61	61	62	63	63	64	65	65	65	65	65
电影院											
艺术表演场所	38	38	30	26	28	26	26	23	22	21	30
艺术表演团体	52	38	23	23	24	23	21	18	18	14	14
电影放映单位											

23-2 广播电视事业

项目	单位	2011年	2012年	2013年	2014年	2015年	2016年	2017年	2018年	2019年	2020年
一、职工人数	**人**	**27332**	**28531**	**28436**	**28700**	**28165**	**27725**	**32524**	**27411**	**25109**	**24935**
二、广播事业情况											
广播电台	座	4	4	4			79	77	81	81	82
发射台及转播台	座	35	34	34	35	37	37	36	36	36	35
发射机功率	千瓦	1200	1225	1225	1171	1141	1141	1151	1172	1168.4	1188
平均每天播音时间	小时	83	80	80	1842	1861	1885	1939	1887	1884	1860
广播人口综合覆盖率	%	98.51	98.59	98.63	98.81	99.00	99.05	99.07	99.09	99.24	99.44
年广播节目制作时间	小时	442709	432646	393806	389989	384687	387654	402316	392474	404023	394168
新闻	小时	59338	60348		51608	53296	54337	53925	53838	54961	57077
综艺	小时	136956	133584		125417	119364	112757	119126	111847	114012	106099
专题	小时	148479	135010		125651	123633	128695	136356	130498	135215	131903
广播剧	小时	2176	7652		6049	6231	8707	9731	9366	10920	11451
广告	小时	58229	56210		44174	43600	44709	44319	40105	41974	35745
其他	小时	37529	39839		37089	38562	38447	38859	46818	46941	51893
三、电视事业情况											
电视台	座	5	5	5			79	77	81	81	82
电视发射及转播台	座	368	368	369	359	209	208	183	183	177	172
发射机功率	千瓦	583	581	579	497	572	577	614	618	608	395
平均每周播出时间	小时	14017	14065	14120	14183	14283	14304	15013	14912	15209	15522
电视人口综合覆盖率	%	98.64	98.68	98.72	98.96	99.07	99.13	99.15	99.17	99.27	99.41
电视节目制作时间	小时	184320	176710	184836	178639	173285	180179	169720	164430	153944	142183
新闻	小时	30247	28514		28712	29943	32319	33086	34873	31525	32226
综艺	小时	53809	50333		50705	49112	46972	35795	30258	28117	20426
专题	小时	30122	37961		36516	39549	46268	39979	39932	33956	27108
影视剧	小时	1080	1335		1414	1504	429	31	83	185	1490
广告	小时	42997	35758		33521	30170	31449	31531	31575	30615	32501
其他	小时	26064	22806		27771	23003	22741	29298	27708	29546	28432

注：1.2016年起广播电台、电视台数为广播电视台数。
2.2017年职工人数包含影院机构人员。

23-3 图书、杂志和报纸出版情况

年 份	图书				杂志			报纸		
	种数(种)	#新出版	总印数(万册)	总印张数(万印张)	种数(种)	总印数(万册)	总印张数(万印张)	种数(种)	总印数(万份)	总印张数(万印张)
1991	3603	2799	22000	94000	242	15000	33000	67	99000	71000
1992	3203	2336	21000	90000	255	16000	30000	70	94000	70000
1993	3602		23000	120000	289	16000	38000	84	87000	88000
1994	4419	2986	24000	108000						
1995	3585	1975	18000	79000	295	15000	34000	88	90000	88000
1996	4419	2228	23000	107000	288	14000	31000	97	88000	117000
1997	4979	2678	22000	104000	286	14000	31000	89	99000	124000
1998	5251	2838	24000	114000	274	13000	31000	85	105000	175000
1999	5256	2711	23000	106000	277	13000	32000	85	110000	206000
2000	5008	2752	17082	108047	289	8634	22369	87	125845	319018
2001	5117	2719	18176	123953	306	14043	33907	97	124584	1097498
2002	6632	3026	16374	106225	321	12896	31246	17	52989	110635
2003	6519	2826	15428	92405	322	10881	30241	17	50631	150874
2004	5511	2899	11666	83959	234	6891	25647	81	145408	510101
2005	6598		12394	88222	325	10890	30251	81	145800	510235
2006	7370		12355	91425	324	8025	30537	123	159117	720835
2007	5533	3043	6686	51332	326	10793	39720	122	268855	743621
2008	7216	3592	13588	85791	322	10033	39777	81	179132	830147
2009					317	8424	37759	113	144362	702087
2010	9060	4925	14705	115552	317	4507	40073	75	156800	820203
2011	9883	5208	15148	120937	316	10003	41657	73	161277	998342
2012	9994	5596	11680	95977	312	9840	41715	69	165968	989664
2013	10737	6772	11788	96271	315	9185	39698	70	163232	814552
2014	11942	7405	12713	103992	315	8965	38377	70	151009.9	848948
2015	10964	5806	12557	98363	312	8847	37294	70	132935	617000
2016	10385	4993	14758	117616	313	8767	36434	68	103862	380836
2017	10863	4776	17063	145301	313	7834	32551	66	85938	260183
2018	11519	5421	18891	161876	313	7158	31298	66	73111	187346
2019	12017	5412	18675	145050	309	7156	35045	98	66753	135472
2020	10557	4829	15226	136560	312	6372	28254	88	58092	109108

注：2002年报纸为省级报纸统计数。

23-4 运动员近年获得世界冠军情况

年 份	项数(项)	#女子	人数(人)	#女子	次数(次)	#女子
1986	6	4	8	4	8	4
1987	4	3	6	4	8	6
1988	2	1	4	3	10	8
1989	11	10	5	4	11	10
1990	11	7	7	4	12	8
1991	15	13	7	5	16	14
1992	6	5	8	7	13	12
1993	24	24	18	18	24	24
1994	4	4	7	5	12	8
1995	7	3	9	5	8	4
1996	6	6	5	5	8	8
1997	7	7	4	4	7	7
1998	14	8	11	9	15	8
1999	14	12	9	8	15	13
2000	9	7	6	5	9	7
2001	9	9	4	4	9	9
2002	12	10	10	8	12	10
2003	18		12		19	
2004	11	10	11	10	12	11
2005	6	6	6	6	6	6
2006	11	10	11	10	11	10
2007	14	14	12	12	20	20
2008	13	13	10	10	15	15
2009	7	7	4	4	7	7
2010	6	6	12	12	13	13
2011	7	9	11	23	26	23
2012	7	5	9	7	8	6
2013	13	11	12	10	15	13
2014	7	7	5	5	7	7
2015	8	6	6	5	10	8
2016	4	4	7	6	10	9
2017	9	6	12	9	10	7
2018	4	3	4	3	8	6
2019	16	12	11	8	16	12
2020						

23-5 卫生机构、床数、人员数

(2020年)

机构分类	机构个数(个)	实有床位数(张)	在岗职工(人)				
			合计	卫生技术人员			
				小计	执业(助理)医师	执业医师	注册护士
总　计	**34131**	**314501**	**401507**	**316141**	**126469**	**114213**	**142916**
一、医院	**1359**	**269097**	**278955**	**229286**	**82195**	**78863**	**114271**
综合医院	726	177472	194253	162953	58897	56888	82403
中医医院	191	30800	31072	24688	9336	8751	10771
中西医结合医院	17	3016	3407	2868	1104	1046	1286
民族医院	2	320	543	422	182	161	139
专科医院	407	56196	49154	37997	12583	11930	19452
口腔医院	32	513	2735	2375	1159	1090	1014
眼科医院	63	2832	4664	2795	857	818	1370
耳鼻喉科医院	1	80	62	43	17	15	17
肿瘤医院	4	4269	4603	3935	1256	1254	2063
心血管病医院	7	335	226	172	74	52	80
胸科医院							
妇产(科)医院	39	4686	8627	6518	2367	2308	3244
儿童医院	7	1427	2247	1907	594	585	921
精神病医院	71	23742	9330	6951	1693	1550	4277
传染病医院	15	4765	4709	3739	1234	1190	1846
皮肤病医院	9	400	628	453	147	143	228
结核病医院	5	1573	1073	838	224	212	470
骨科医院	28	2652	2861	2436	917	819	1015
康复医院	25	3109	1594	1186	431	390	456
整形外科医院	3	65	158	118	42	40	70
美容医院	16	275	880	648	268	253	339
其他专科医院	82	5473	4757	3883	1303	1211	2042
护理院	16	1293	526	358	93	87	220
二.基层医疗卫生机构	**32174**	**38329**	**103172**	**73364**	**38407**	**30114**	**25649**
社区卫生服务中心(站)	1309	6883	19212	16113	6890	6193	6996
社区卫生服务中心	394	6039	13744	11262	4632	4139	4771
社区卫生服务站	915	844	5468	4851	2258	2054	2225
卫生院	1047	31369	24442	18414	8835	5862	5574
街道卫生院	23	359	418	314	150	112	111
乡镇卫生院	1024	31010	24024	18100	8685	5750	5463
中心卫生院	258	10814	8861	6854	3276	2300	2078
乡卫生院	766	20196	15163	11246	5409	3450	3385
村卫生室	17567		22250	4352	3777	1235	575
门诊部	959	77	11094	9679	4820	4189	4068
综合门诊部	260	25	4510	3844	1926	1762	1462
中医门诊部	100	20	977	813	438	399	255
中西医结合门诊部	10		97	91	47	41	29
专科门诊部	589	32	5510	4931	2409	1987	2322
诊所.卫生所.医务室	11292		26174	24806	14085	12635	8436
诊所	10565		24326	23084	13238	11910	7936
卫生所、医务室	722		1835	1709	845	723	489
护理站	5		13	13	2	2	11

23-5 续表 1

(2020年)

机构分类	机构个数(个)	实有床位数(张)	在岗职工(人) 合计	卫生技术人员 小计	执业(助理)医师	执业医师	注册护士
三.专业公共卫生机构	**466**	**3305**	**15018**	**10859**	**4819**	**4289**	**2388**
疾病预防控制中心	108		5648	3966	2039	1791	363
省属	1		318	244	122	120	3
省辖市(地区)属	11		1456	1039	563	549	72
地辖市属	65		2505	1800	870	739	192
县属	21		1080	675	381	297	40
其他	10		289	208	103	86	56
专科疾病防治院(所、站)	54	1350	1630	1219	554	475	396
专科疾病防治院	5	727	487	377	134	123	147
职业病防治院	4	726	481	374	131	121	147
其他	1	1	6	3	3	2	
专科疾病防治所(站、中心)	49	623	1143	842	420	352	249
口腔病防治所(站、中心)	9		281	232	136	129	85
精神病防治所(站、中心)	1	96	33	22	7	7	13
结核病防治所(站、中心)	32	427	729	523	247	191	141
职业病防治所(站、中心)	3	100	49	31	8	6	5
地方病防治所(站、中心)	3		41	28	18	15	3
药物戒毒所(中心)	1		10	6	4	4	2
其他							
健康教育所(站、中心)							
妇幼保健院(所、站)	89	1827	4234	3275	1653	1505	1031
省属	1	142	172	142	75	75	45
省辖市(地区)属	8	220	468	381	185	179	147
地辖市属	54	720	2141	1702	866	792	535
县属	21	625	1265	895	433	366	277
其他	5	120	188	155	94	93	27
妇幼保健院	35	1760	2938	2344	1117	1015	814
妇幼保健所	33	19	723	518	301	278	121
妇幼保健站	21	48	573	413	235	212	96
急救中心(站)	9	128	916	627	318	310	286
采供血机构	15		815	577	127	116	267
卫生监督所(中心)	49		1254	964			
省属							
省辖市(地区)属	6		238	207			
地辖市属							
县属	43		1016	757			
计划生育技术服务机构	142		521	231	128	92	45
四.其他卫生机构	**132**	**3770**	**4362**	**2632**	**1048**	**947**	**608**
疗养院	8	3770	1084	754	297	265	322
卫生监督检验(监测、检测)所(站)							
医学科学研究机构	2		12	12	8	8	3
医学在职培训机构	2		45	9	3	1	1
临床检验中心(所、站)	18		373	232	36	34	10
统计信息中心							
其他	102		2848	1625	704	639	272

23-5 续表 2

(2020年)

机构分类	药师(士)	技师(士)	检验师	其他	其他技术人员	管理人员	工勤技能人员
总　　计	**13659**	**16534**	**11261**	**16563**	**17457**	**19533**	**30457**
一、医院	**10261**	**12299**	**8055**	**10260**	**13017**	**13297**	**23355**
综合医院	6489	8700	5561	6464	7794	7919	15587
中医医院	1909	1273	841	1399	2022	1700	2662
中西医结合医院	183	198	130	97	197	126	216
民族医院	31	18	14	52	67	27	27
专科医院	1630	2094	1501	2238	2923	3494	4740
口腔医院	26	49	17	127	94	157	109
眼科医院	105	132	95	331	546	731	592
耳鼻喉科医院	2			7		4	15
肿瘤医院	156	202	120	258	184	200	284
心血管病医院	7	8	5	3	9	17	28
胸科医院							
妇产(科)医院	240	426	364	241	664	427	1018
儿童医院	98	130	98	164	129	115	96
精神病医院	265	239	180	477	538	638	1203
传染病医院	236	305	241	118	245	331	394
皮肤病医院	42	26	22	10	40	32	103
结核病医院	42	63	47	39	39	55	141
骨科医院	130	190	89	184	126	109	190
康复医院	55	62	35	182	67	200	141
整形外科医院	4	2	2			17	23
美容医院	20	12	12	9	115	81	36
其他专科医院	202	248	174	88	127	380	367
护理院	19	16	8	10	14	31	123
二.基层医疗卫生机构	**3110**	**2403**	**1536**	**3795**	**2755**	**3670**	**5464**
社区卫生服务中心(站)	938	770	567	519	896	1039	1164
社区卫生服务中心	781	631	462	447	744	764	974
社区卫生服务站	157	139	105	72	152	275	190
卫生院	1184	1097	641	1724	1452	1482	3094
街道卫生院	18	11	6	24	18	48	38
乡镇卫生院	1166	1086	635	1700	1434	1434	3056
中心卫生院	423	409	236	668	499	427	1081
乡卫生院	743	677	399	1032	935	1007	1975
村卫生室							
门诊部	287	413	266	91	198	468	747
综合门诊部	133	298	191	25	52	174	440
中医门诊部	80	33	24	7	28	65	71
中西医结合门诊部	5	9	5	1	1	2	3
专科门诊部	69	73	46	58	117	227	233
诊所.卫生所.医务室	701	123	62	1461	209	681	459
诊所	659	90	38	1161	184	643	409
卫生所、医务室	42	33	24	300	25	38	50
护理站							

23-5 续表 3 (2020年)

机构分类	药师(士)	技师(士)	检验师	其他	其他技术人员	管理人员	工勤技能人员
三.专业公共卫生机构	**233**	**1457**	**1333**	**1962**	**1134**	**1794**	**1231**
疾病预防控制中心	53	909	877	602	490	755	437
省属		118	118	1	37	8	29
省辖市(地区)属	5	331	323	68	130	204	83
地辖市属	31	328	314	379	163	373	169
县属	14	101	96	139	124	146	135
其他	3	31	26	15	36	24	21
专科疾病防治院(所、站)	68	114	76	87	116	158	137
专科疾病防治院	25	46	33	25	52	19	39
职业病防治院	25	46	33	25	51	19	37
其他					1		2
专科疾病防治所(站、中心)	43	68	43	62	64	139	98
口腔病防治所(站、中心)				11	20	23	6
精神病防治所(站、中心)	2					2	9
结核病防治所(站、中心)	35	61	39	39	44	93	69
职业病防治所(站、中心)	3	4	2	11		10	8
地方病防治所(站、中心)	3	3	2	1		7	6
药物戒毒所(中心)						4	
其他							
健康教育所(站、中心)							
妇幼保健院(所、站)	92	298	251	201	251	458	250
省属	7	15	13		3	14	13
省辖市(地区)属	6	38	32	5	21	53	13
地辖市属	46	156	134	99	131	195	113
县属	32	67	51	86	90	178	102
其他	1	22	21	11	6	18	9
妇幼保健院	76	207	170	130	173	235	186
妇幼保健所	8	54	50	34	44	127	34
妇幼保健站	8	37	31	37	34	96	30
急救中心(站)	11	4	4	8	33	38	218
采供血机构	3	118	116	62	77	79	82
卫生监督所(中心)				964	33	195	62
省属							
省辖市(地区)属				207	6	6	19
地辖市属							
县属				757	27	189	43
计划生育技术服务机构	6	14	9	38	134	111	45
四.其他卫生机构	**55**	**375**	**337**	**546**	**551**	**772**	**407**
疗养院	27	26	19	82	75	78	177
卫生监督检验(监测、检测)所(站)							
医学科学研究机构				1			
医学在职培训机构	4			1	9	20	7
临床检验中心(所、站)		161	146	25	8	74	59
统计信息中心							
其他	24	188	172	437	459	600	164

23-6 各地区卫生机构、床位数

(2020年)

地 区	卫生机构数(个)	#医院	#乡镇卫生院	#门诊部	#疾病预防控制中心(防疫站)	#妇幼保健院(所站)	医疗机构实有床位数(张)	每千人口医疗机构床位数(张)
总 计	**34131**	**1359**	**1024**	**959**	**108**	**89**	**314501**	**7.38**
沈 阳	5177	283	115	403	14	7	72925	8.04
大 连	4211	210	85	201	14	10	49068	6.59
鞍 山	2618	101	71	93	8	8	24654	7.41
抚 顺	1362	51	48	58	9	8	13168	7.07
本 溪	800	41	34	26	8	5	11040	8.33
丹 东	1687	53	79	35	7	4	18471	8.44
锦 州	1942	76	72	32	8	7	18606	6.88
营 口	2456	122	42	16	5	4	16220	6.97
阜 新	1270	51	63	11	6	6	12293	7.46
辽 阳	1590	56	35	18	8	8	14510	9.04
盘 锦	1098	55	33	39	2	2	10104	7.27
铁 岭	2827	64	105	11	7	6	15928	6.67
朝 阳	4313	102	147	10	8	8	20316	7.07
葫芦岛	2780	94	95	6	4	6	17198	7.07

23-7 各地区卫生机构人员数

(2020年) 单位：人

地 区	卫生机构人员合计	#卫生技术人员	#执业(助理)医师	#注册护士	每千人口执业(助理)医师数	每千人口注册护士数
总 计	**401507**	**316141**	**126469**	**142916**	**2.97**	**3.36**
沈 阳	102300	85576	33644	39500	3.71	4.35
大 连	73784	60018	24052	28408	3.23	3.81
鞍 山	27522	21152	8020	9599	2.41	2.89
抚 顺	15669	12742	5228	5827	2.81	3.13
本 溪	13727	11207	3825	5692	2.88	4.29
丹 东	19786	15190	6250	6640	2.86	3.03
锦 州	18606	14258	6112	5907	2.26	2.18
营 口	20121	15063	6284	6738	2.70	2.89
阜 新	15860	11951	4582	5398	2.78	3.28
辽 阳	16522	12807	5368	5698	3.35	3.55
盘 锦	13148	10198	4238	4422	3.05	3.18
铁 岭	18985	13067	5410	5368	2.27	2.25
朝 阳	26891	19651	8100	7877	2.82	2.74
葫芦岛	18586	13261	5356	5842	2.20	2.40

主要统计指标解释

文化事业机构 指从事专业文化工作和为专业文化工作服务的独立建制的单位。不包括这些单位另外举办独立核算的其他机构和各部门的业余文化组织。该指标主要反映文化事业机构发展规模水平。

艺术表演团体 指从事戏曲、音乐、舞蹈、杂技等专业艺术表演，有独立账户的单位，不包括半工半艺、半农半艺和民间职业剧团。该指标主要反映全国专业艺术表演团体发展规模水平。

艺术表演观众人数(人次) 指售票、包场演出或民族地区免费演出的艺术表演观众人次数，不包括彩排审查和内部观摩演出的观看人次数。该指标主要反映全国观看专业艺术表演团体演出的效益规模。

卫生机构 包括医疗机构、疾病预防控制中心(防疫站)、采供血机构、卫生监督及监测(检验)机构、医学科研和在职培训机构、健康教育所等。

医疗机构 包括医院、社区卫生服务中心(站)、疗养院、卫生院、门诊部、诊所(卫生所、医务室)、妇幼保健院(所、站)、专科疾病防治院(所、站)、急救中心(站)和临床检验中心。医疗机构分为非赢利性医疗机构和赢利性医疗机构。

医院 包括综合医院、中医医院、中西医结合医院、民族医院、各类专科医院和护理院。

卫生技术人员 指卫生机构中医生、护理人员、药剂人员、检验人员等卫生技术人员。

医生 指在医疗、预防保健机构工作且取得《执业医师证书》的执业医师和执业助理医师。

卫生服务总费用 反映全国当年用于医疗卫生保健服务所消耗的资金总额，用筹资来源法测算。政府预算卫生支出指各级政府用于卫生事业的财政预算拨款。社会卫生支出指政府预算外的卫生资金投入，主要表现为社会医疗保险。其中包括如企事业单位和乡村集体经济单位举办的医疗卫生机构的设施建设费，企业职工医疗卫生费，行政事业单位负担的职工公费医疗超支部分等。居民个人卫生支出指城乡居民用自己可支配的经济收入支付的各项医疗卫生费用和医疗保险费用。

二十四、其他社会活动

Chapter 24 Others Social Activities

24-1 历届省人民代表大会的代表人数

届别	年份	代表总数			占代表总数比重(%)	
			#女代表	#少数民族代表	#女代表	#少数民族代表
一届	1954	588		100		17.0
二届	1959	566	107	39	18.9	6.9
三届	1964	795				
四届	1975					
五届	1978	1200	292	160	24.3	13.3
六届	1983	900	219	146	24.3	16.2
七届	1988	725	142	118	19.6	16.3
八届	1993	745	159	115	21.3	15.4
九届	1998	622	123	97	19.8	15.6
十届	2003	619	108	102	17.5	16.5
十一届	2008	616	115	87	18.7	14.1
十二届	2013	619	140		22.6	
十三届	2018	610			15.1	13.6

24-2 历届省政治协商会议的委员人数

届别	年份	委员总数			占委员总数比重(%)	
			#中国共产党委员	#少数民族委员	#中国共产党委员	#少数民族委员
一届	1954	122	28	16	23.0	13.1
二届	1959	376	123	32	32.7	8.5
三届	1963	403	125	31	31.0	7.7
四届	1977	586	245	57	41.8	9.7
五届	1983	595	220	65	37.0	10.9
六届	1988	696	245	83	35.2	11.9
七届	1993	695	242	81	34.8	11.7
八届	1998	723	283	97	39.1	13.4
九届	2003	750	284	98	37.9	13.1
十届	2008	796	285	119	35.8	15.0
十一届	2013	845	321	129	38.0	15.3
十二届	2018	604	220	125	36.4	20.7

24-3 律师、公证、调解工作基本情况

项　　目	单位	2010年	2011年	2012年	2013年	2014年	2015年	2016年	2017年	2018年	2019年	2020年
一、律师工作												
律师事务所	个	644	685	719	741	820	883	930	996	1062	1142	1216
律师	人	6648	7430	7925	8540	9130	9667	10765	11965	12797	15033	16269
专职律师	人	5985	6771	7204	7762	8210	8820	9515	10349	11175	11934	12966
兼职律师	人	339	349	337	339	379	387	397	421	425	457	487
聘请担任常年法律顾问的单位	处	8243	7963	8745	9221	10800	9958	10022	11336	12297	11829	13678
民事诉讼代理	件	43807	41708	48999	52395	56301	56982	68136	79054	87866	103710	124070
经济诉讼代理	件											
行政诉讼代理	件	1535	1486	1769	1868	1848	2012	3401	4729	4013	4178	4984
刑事 辨 护	件	19336	21584	20660	22402	25473	24990	19137	23699	14163	16805	46529
非诉讼法律事务	件	14339	17649	13095	12999	17986	12252	12228	14756	20016	24813	37841
二、公证工作												
公证处	个	106	106	108	108	105	103	103	94	93	93	93
公证人员	人	1118	1219	1260	1356	1390	1399	1408	1483	1371	1317	1350
#公证员	人	510	523	516	521	519	509	487	422	424	397	400
公证员助理	人	252	342	342	451	528	525	542	623	646	631	622
办理公证文书	万件	74.8	74.7	71.6	77.0	64.7	28.8	66.1	59.9	49.1	47.7	32.9
三、人民调解工作												
司法所工作人员	人	3449	3824	4744	3603	4842	5024	4777	4688	4184	4526	4885
人民调解委员会	个	20267	20008	20118	20289	19523	19516	19470	19399	18926	18590	18420
调 解 人 员	万人	17.2	15.2	15.1	15.4	13.6	13.4	13.2	11.6	9.7	9.03	8.1
调解案件数	万件	15.3	17.7	16.1	18.5	23.1	21.9	14.1	10.3	9.0	11.6	16.1

24-4 公证文书分类

(2020年)

分 类	办证件数(件)	比重(%)
合 计	**329784**	
合同(协议)	18827	5.70
继承	108755	3.20
委托	36030	10.90
声明	21851	6.60
赠与	3009	0.90
遗嘱	3702	1.10
现场监督	433	0.10
婚姻状况、亲属关系、收养关系	11065	3.40
出生、生存、死亡	10605	3.20
身份、经历、学历、学位、职务、职称	7602	2.30
有无违法犯罪记录	11711	3.60
公司章程	10	0.10
保全证据	5403	1.60
证书、执照	28575	8.70
签名、印鉴	4946	1.50
文本相符	20052	6.10
赋予强制执行效力	19620	5.90
执行证书	684	0.20
抵押登记	1440	0.40
提存	256	0.07
保管	3	0.10
司法辅助事务	1723	0.50
其他	13482	4.10

24-5 结婚登记和离婚情况

年 份	准予登记结婚(对)	初婚(人)	再婚(人)	准予登记离婚(对)	离婚率(‰)
1984	387829	748957	26701	8810	0.24
1985	419729	811197	28261	8963	0.24
1986	440722	845008	36436	14416	0.39
1987	472011	900299	43723	19006	0.51
1988	415219	785176	45262	22379	0.59
1989	395049	739189	43448	22530	0.59
1990	383976	710383	57569	24459	0.63
1991	340245	628962	51528	23541	0.60
1992	411425	772983	49867	24565	0.62
1993	330506	612579	48433	26825	0.68
1994	294877	539149	50605	29890	0.75
1995	304103	553927	54279	29554	0.74
1996	308500	560821	56179	30279	0.75
1997	275310	496601	54019	32828	0.81
1998	264684	473115	56253	34772	0.85
1999	257598	462363	52833	34657	0.85
2000	272644	482897	62391	35300	0.86
2001	253586	448154	59018	40376	0.97
2002	235007	402638	67376	40731	0.98
2003	250933	427360	74506	49299	1.18
2004	290391	496718	84064	74093	1.78
2005	257021	426672	92552	79680	1.90
2006	308815	516992	106182	77273	1.84
2007	288947	481636	101872	86000	2.03
2008	321107	519911	128017	92354	2.18
2009	381661	624029	139293	101452	2.37
2010	321965	504961	138969	99762	2.39
2011	372640	610054	135226	111152	2.45
2012	372862	669605	76119	113198	2.46
2013	369619	671778	67460	123743	2.47
2014	345097	627524	62670	126197	2.90
2015	316977	575281	58673	126826	2.88
2016	312562	554958	70166	136114	3.40
2017	291851	519388	64314	144081	3.20
2018	280773	456354	105192	152080	3.48
2019	255586	322348	188824	157509	3.62
2020	224299	327052	121546	134491	3.16

24-6 各地区结婚登记和离婚情况

(2020年)

地 区	准予登记结婚(对)	初婚(人)	再婚(人)	准予登记离婚(对)
全 省	**224299**	**327052**	**121546**	**134491**
沈 阳	51311	80630	21992	37793
大 连	32193	45249	19137	18832
鞍 山	17846	26350	9342	9893
抚 顺	8993	11592	6394	5962
本 溪	6156	7839	4473	4213
丹 东	11337	15713	6961	6112
锦 州	12378	16882	7874	6729
营 口	13349	19245	7453	7240
阜 新	8698	12058	5338	5185
辽 阳	8405	13676	3134	4385
盘 锦	7936	10956	4916	4738
铁 岭	14505	20734	8276	9680
朝 阳	15746	23402	8090	6611
葫 芦 岛	14793	21746	7840	6603
沈抚示范区	653	980	326	515

24-7 基本养老保险参保人员情况

年份、地区	城镇职工基本养老保险(万人)				城乡居民社会养老保险(万人)	城镇企业职工基本养老保险(亿元)		城乡居民基本养老保险(亿元)	
	合计	在职职工	#企业(含其他)	离退休人数		基金收入	基金支出	基金收入	基金支出
2000	1029.9	748.9	679.7	281.0		181.4	166.3		
2001	1022.8	733.9	666.7	288.9		192.1	179.5		
2002	1039.2	737.0	669.6	302.2		250.1	201.1		
2003	1070.4	754.9	688.6	315.5		262.7	217.7		
2004	1101.0	767.2	695.1	333.8		301.5	246.4		
2005	1193.6	832.8	760.5	360.8		354.9	288.2		
2006	1248.8	865.8	790.2	383.0		425.9	352.7		
2007	1299.7	891.6	825.8	408.1		511.9	428.6		
2008	1406.3	976.4	910.6	429.9		664.8	529.9		
2009	1457.4	1008.0	943.8	449.4		739.1	647.0		
2010	1496.9	1024.2	961.5	472.7		837.6	759.3		
2011	1556.6	1070.1	1008.2	486.5		1039.4	883.6	29.4	16.6
2012	1609.2	1098.8	1036.9	510.4		1212.3	1052.6	41.0	26.6
2013	1729.5	1171.7	1109.5	557.8		1327.0	1150.8	42.8	31.1
2014	1769.2	1167.3	1107.3	601.9	1032.0	1431.9	1372.3	45.8	37.4
2015	1780.2	1139.7	1079.3	640.5	1034.7	1498.7	1604.1	63.1	56.3
2016	1800.2	1120.5	1056.7	679.7	1039.6	1526.8	1781.2	59.0	53.5
2017	1949.8	1195.5	1063.9	754.4	1036.2	1614.7	1967.7	61.2	54.2
2018	1994.8	1205.2	1080.4	789.6	1040.8	1927.1	2182.9	71.7	67.6
2019	2026.2	1210.3	1085.0	816.0	1057.7	2534.0	2377.0	77.7	71.4
2020	2049.0	1209.3	1085.6	839.7	1058.4	2470.7	2548.1	84.8	76.5
沈 阳	441.7	292.5	275.4	149.3	121.2			12.7	11.9
大 连	339.3	219.3	205.0	119.9	128.2			18.9	17.5
鞍 山	124.0	72.9	64.0	51.0	82.5			5.0	4.8
抚 顺	104.7	53.5	48.5	51.2	44.1			3.0	2.5
本 溪	80.6	45.0	40.7	35.6	31.0			2.0	1.7
丹 东	112.7	57.3	51.1	55.4	42.4			3.4	3.1
锦 州	96.7	53.3	45.4	43.5	102.8			6.0	5.9
营 口	97.2	56.2	50.6	41.0	55.0			3.8	3.8
阜 新	65.4	37.0	32.1	28.4	47.7			3.6	3.1
辽 阳	77.7	42.5	37.9	35.2	32.8			2.9	2.7
盘 锦	67.2	38.6	34.1	28.6	24.0			0.9	0.8
铁 岭	75.4	42.2	34.9	33.2	94.0			6.7	5.8
朝 阳	77.8	50.2	41.9	27.6	145.2			9.0	7.2
葫芦岛	74.6	46.7	40.4	28.0	107.5			6.7	5.7
省本级	214.0	102.2	83.5	111.8					

24-8 各地区失业保险情况

单位：万人

年份、地区	参保人数	企业	国有企业	集体企业	其他企业	事业单位	领取失业保险金人数
2000	694.0	638.4	415.6	164.2	24.8	54.5	18.2
2001	648.0	590.0	364.6	158.4	34.2	66.5	20.3
2002	591.1	517.2	315.7	128.4	37.7	73.9	82.0
2003	622.2	486.3	248.4	124.6	77.4	102.5	67.0
2004	616.2	467.3	214.0	120.7	94.2	108.8	81.7
2005	607.7	454.6	204.4	119.2	93.9	108.9	46.5
2006	614.1	456.3	209.2	116.1	92.8	109.0	25.9
2007	622.1	458.9	209.3	115.9	93.9	106.2	19.6
2008	622.7	472.1	199.9	117.1	111.0	99.4	15.7
2009	625.3	473.8	207.3	112.5	125.5	97.0	13.4
2010	626.9	489.8	202.3	85.9	134.6	95.9	11.4
2011	632.3	495.7	194.6	94.8	143.5	97.4	9.7
2012	660.7	517.6	209.7	83.9	158.0	97.0	7.4
2013	663.2	520.1	202.0	85.9	232.1	92.6	7.5
2014	664.3	522.4	203.9	83.7	234.8	88.7	8.5
2015	665.3	521.9	197.1	76.2	171.5	89.1	9.7
2016	665.4	527.5	197.5	76.6	173.2	88.2	10.7
2017	679.9	540.8	206.7	74.3	177.3	88.4	10.7
2018	679.6	537.0	205.0	72.3	173.4	85.5	11.2
2019	668.2	533.8	184.1	68.5	196.9	80.0	12.6
2020	677.0	554.8	167.6	167.6	62.3	258.1	18.4
沈　阳	150.1	133.5	35.6	43.8	24.3	55.2	4.9
大　连	166.5	117.5	43.7	44.2	12.2	16.6	7.6
鞍　山	53.0	48.2	19.0	8.0	2.4	35.7	0.5
抚　顺	42.1	39.4	9.1	8.1	2.2	28.2	0.6
本　溪	36.4	32.0	17.8	18.1	8.1	4.9	0.6
丹　东	21.6	20.2	4.4	3.9	3.3	12.6	0.3
锦　州	31.0	23.9	10.6	10.4	5.3	7.1	0.3
营　口	23.9	20.8	3.0	3.0	0.4	14.1	0.8
阜　新	16.7	9.8	4.3	4.1	0.2	5.2	0.6
辽　阳	22.4	18.7	4.7	4.7	1.5	10.7	0.5
盘　锦	35.2	29.3	12.0	1.6	0.1	27.4	0.5
铁　岭	24.9	23.0	4.6	4.4	0.6	17.4	0.3
朝　阳	21.3	14.6	2.6	2.4	0.4	11.6	0.2
葫芦岛	22.6	17.1	6.1	4.4	1.2	11.4	0.6

注：表中数据来自人社厅(2012年铁岭不含昌图、葫芦岛不含绥中)。铁岭含昌图，葫芦岛含绥中。各市之和与全省总数之间的差值为省本级数据。

24-9 城镇基本医疗保险情况

单位：万人、亿元

年份、地区	参保人数				基金收支情况	
	合计	在职职工	退休人员	城镇居民	基金收入	基金支出
2000	108.1	71.5	36.6		7.5	5.2
2001	304.3	216.9	87.4		11.6	7.0
2002	619.0	430.3	188.7		27.1	15.5
2003	697.6	480.4	217.2		38.0	26.3
2004	783.7	536.4	247.3		53.7	39.8
2005	864.2	584.2	280.0		68.6	55.2
2006	959.3	651.9	307.4		91.5	66.6
2007	1200.2	741.3	346.5	112.4	116.2	84.3
2008	1507.4	822.8	386.5	298.1	153.7	109.9
2009	1895.7	902.6	444.5	548.6	202.5	146.9
2010	2056.2	944.6	464.1	647.5	215.7	181.8
2011	2120.1	1005.3	494.1	620.7	257.4	227.9
2012	2251.9	1062.1	524.8	664.9	301.8	272.1
2013	2333.3	1077.9	546.9	708.5	348.3	312.2
2014	2387.2	1072.5	576.7	738.0	377.7	349.4
2015	2396.2	1053.7	597.7	744.8	414.9	394.2
2016	2376.0	1022.7	612.9	740.4	440.5	410.8
2017	2277.5	967.5	608.4	701.6	496.9	464.0
2018	2258.3	945.1	622.8	690.4	538.9	497.8
2019	3894.6	911.1	641.0	2342.5	735.4	676.9
2020	3867.5	937.2	651.1	2279.1	757.7	626.9
沈阳	741.5	211.3	143.8	386.4	190.6	160.4
大连	620.1	233.4	120.1	266.7	167.6	146.6
鞍山	301.6	45.6	54.1	201.9	43.6	36.4
抚顺	177.0	33.7	51.8	91.4	33	24.9
本溪	132.6	37.2	34.9	60.5	23.5	16.9
丹东	213.1	41.5	34.7	136.9	34.7	27.7
锦州	248.3	48.1	37.0	163.3	35.3	28.2
营口	205.6	63.7	29.8	112.1	35.9	32.2
阜新	155.3	28.1	27.5	99.7	23.1	18
辽阳	162.6	38.7	27.2	96.7	30.1	25.6
盘锦	130.5	42.4	18.2	69.9	29.6	24.8
铁岭	255.7	35.5	24.2	196.0	34.5	26.2
朝阳	283.6	33.6	23.2	226.9	35.7	26.7
葫芦岛	229.1	37.8	20.7	170.6	31.6	26.2
省本级	10.7	6.6	4.1		9.0	6.0

注：1.2019年起原城镇居民医疗与农村合作医疗合并，称为城乡居民医疗保险。
2.基金收支情况含生育。

主要统计指标解释

离婚率 指当年离婚人数占年平均人口的比重，计算公式为：

离婚率=当年离婚对数×2/年平均人口数×1000‰

律师 指依法取得律师执业证书，担任法律顾问，民事(刑事、行政)案件代理人、刑事案件辩护人、办理非诉讼业务，解答法律询问，代写法律事务文书等，为社会提供法律服务的人员。

公证人员 指在公证处工作的人员总称，包括公证处主任、副主任、公证员、公证员助理(助理公证员)和其他从事辅助性工作的人员。

公证文书 指公证处根据当事人申请，依照事实和法律，按照法定程序制作的，具有法律效力的司法证明文书。根据公证书用途和使用地，公证书分为国内公证书、国内经济公证书、涉外民事公证书、涉外经济公证书四类。

基本养老保险

1.（参保）职工人数：指报告期末按照国家法律、法规和有关政策规定参加基本养老保险并在社保经办机构已建立缴费记录档案的职工人数，包括中断缴费但未终止养老保险关系的职工人数，不包括只登记未建立缴费记录档案的人数。

2.（参保）离退休人员人数：指报告期末参加基本养老保险的离休、退休和退职人员的人数。

3.基本养老保险基金收入：指根据国家有关规定，由纳入基本养老保险范围的缴费单位和个人按国家规定的缴费基数和缴费比例缴纳的养老保险基金，以及通过其他方式取得的形成基金来源的收入。包括单位和职工个人缴纳的基本养老保险费、基本养老保险基金利息收入、上级补助收入、下级上解收入、转移收入、财政补贴和其他收入。

4.基本养老保险基金支出：指按照国家政策规定的开支范围和开支标准从养老保险基金中支付给参加基本养老保险的离休、通休、退职人员个人的养老金、丧葬抚恤补助，以及由于保险关系转移、上下级之间调剂资金等原因而发生的支出。包括离休金、退休金、退职金、各种补贴、医疗费、死亡丧葬补助费、抚恤救济费、社会保险经办机构管理费、补助下级支出、上解上级支出、转移支出、其他支出等。

5.基本养老保险基金累计结余：指截止报告期末基本养老保险基金收支相抵后的累计余额。

离休、退休、退职人员 指正式办理了离休、退休、退职手续，并享受相应的离休、退休、退职待遇的人员。

基本医疗保险

1.参保人数：指报告期末按国家有关规定参加基本医疗保险的人数。包括参加保险的职工人数和退休人员人数。

2.基金收入：指根据国家有关规定，由纳入基本医疗保险范围的缴费单位和个人，按国家规定的缴费基数和缴费比例缴纳的基金，以及通过其他方式取得的形成基金来源的款项，包括：单位缴纳的社会统筹基金收入、个人缴纳的个人账户基金收入、财政补贴收入、利息收入、其他收入。

3.基金支出：指按照国家政策规定的开支范围和开支标准从社会统筹基金中支付给参加基本医疗保险的职工和退休人员的医疗保险待遇支出，和从个人账户基金中支付给参加基本医疗保险的职工和退休人员的医疗费用支出，以及其他支出。包括：住院医疗费用支出、门急诊医疗费用支出、个人账户基金支出、其他支出。

4.基金累计结余：指截止报告期末基本医疗保险的社会统筹和个人账户基金累计结余金额。包括银行存款、财政专户、债券投资和其他。

失业保险

1.参保人数：指报告期末按照国家法律、法规和有关政策规定参加了失业保险的城镇企业事业单位的职工及地方政府规定参加失业保险的其他人员的人数。

2.失业保险基金收入：指按照规定从企业、事业及其他单位筹集的失业保险费及其他并入失业保险基金收入的总额。包括单位和个人缴纳的失业保险费、失业保险基金利息收入、上级补助收入、下级上解收入、转移收入、财政补贴和其他收入。

3.失业保险基金支出：指报告期内为保障失业人员和下岗职工基本生活、促进其再就业等支出的基金总额。包括失业救济金、医疗费、死亡丧葬补助费、抚恤救济费、转业训练费支出、失业保险经办机构管理费、补助下级支出、上解上级支出、转移支出和其他支出。

4.基金累计结余：指截止报告期末失业保险基金收支相抵后的累计余额。

工伤保险

1.参加保险人数：指报告期末依据国家有关规定参加工伤保险的职工人数。

2.享受保险待遇人数：指劳动者因工负伤致残、死亡或因患职业病致残，根据有关规定享受工伤保险待遇职工或供养直系亲属人数。包括伤残人数、职业病人数、因工死亡人数、供养直系亲属人数。

3.基金收入：指根据国家有关规定，由参加工伤保险的单位按国家规定的缴费基数和缴费比例缴纳的工伤保险基金，以及通过其他形式取得的形成基金来源的款项。包括：单位缴纳的社会统筹基金收入、财政补贴收入、利息收入、其他收入。

4.基金支出：指按照国家政策规定的开支范围和开支标准从工伤保险基金中支付给参加工伤保险的人员及供养直系亲属工伤保险待遇支出及其他支出。包括工伤医疗费、伤残补助金、工亡补助金、护理费、丧葬补助费、工伤预防费用、职业康复费用和其他支出。

5.基金累计结余：指截止报告期末工伤保险基金累计结余金额。包括银行存款、财政专户、债券投资和其他。

生育保险

1.参保人数：指报告期末依据有关规定参加生育保险的职工人数。

2.基金收入：指根据国家有关规定，由参加生育保险的单位按照国家规定的缴费基数和缴费比例缴纳的生育保险基金，以及通过其他方式取得的形成基金来源的款项，包括：单位缴纳的基金收入、利息收入和其他收入。

3.基金支出：指按照国家政策规定的开支范围和开支标准，从生育保险基金中支付给参加生育保险的职工，因妊娠、分娩和计划生育手术而享受的待遇及其他支出。包括：生育津贴、医疗费用支出及其他支出。

4.基金累计结余：指截止报告期末生育保险基金累计结余金额。包括银行存款、财政专户、债券投资和其他。

离休、退休、退职人员保险福利费用　指离休、退休、退职人员实际得到的生活费用总额，包括从社会保险经办机构和单位得到的费用。

1.离休金：指按规定支付给离休人员的生活费用。

2.退休金：指按规定支付给退休人员的生活费用。

3.退职生活费：指按规定支付给退职人员的生活费用。

4.医疗卫生费：指单位直接支付给离休、退休、退职人员的医疗费、住院费以及住院伙食补助等费用。

5.其他：指离休金、退休金、退职生活费和医疗卫生费以外的其他保险福利费用，如丧葬抚恤救济费、生活补贴、物价补贴、冬季取暖补贴等。

附　录

Appendix

附录1 2019年各省(市、区)

地区	地区生产总值				第一产业增加值		第二产业增加值	
	绝对值(亿元)	位次	比上年增长(%)	位次	绝对值(亿元)	位次	绝对值(亿元)	位次
全 国	**1015986.2**		**2.3**		**77754.1**		**384255.3**	
北 京	36102.6	13	1.2	27	107.6	30	5716.4	22
天 津	14083.7	23	1.5	24	210.2	28	4804.1	23
河 北	36206.9	12	3.9	4	3880.1	8	13597.2	11
山 西	17651.9	21	3.6	14	946.7	25	7675.4	18
内蒙古	17359.8	22	0.2	30	2025.1	19	6868.0	20
辽 宁	**25115.0**	**16**	**0.6**	**29**	**2284.6**	**15**	**9400.9**	**16**
吉 林	12311.3	26	2.4	20	1553.0	22	4326.2	25
黑龙江	13698.5	25	1.0	28	3438.3	11	3483.5	26
上 海	38700.6	10	1.7	23	103.6	31	10289.5	14
江 苏	102719.0	2	3.7	12	4536.7	5	44226.4	1
浙 江	64613.3	4	3.6	14	2169.2	18	26413.0	4
安 徽	38680.6	11	3.9	4	3184.7	12	15671.7	10
福 建	43903.9	7	3.3	19	2732.3	13	20328.8	6
江 西	25691.5	15	3.8	9	2241.6	17	11084.8	13
山 东	73129.0	3	3.6	14	5363.8	2	28612.2	3
河 南	54997.1	5	1.3	26	5353.7	3	22875.3	5
湖 北	43443.5	8	-5.0	31	4131.9	7	17023.9	8
湖 南	41781.5	9	3.8	9	4240.4	6	15937.7	9
广 东	110760.9	1	2.3	21	4770.0	4	43450.2	2
广 西	22156.7	19	3.7	12	3555.8	10	7108.5	19
海 南	5532.4	28	3.5	17	1136.0	24	1055.3	30
重 庆	25002.8	17	3.9	4	1803.3	21	9992.2	15
四 川	48598.8	6	3.8	9	5556.6	1	17571.1	7
贵 州	17826.6	20	4.5	2	2539.9	14	6211.6	21
云 南	24521.9	18	4.0	3	3598.9	9	8287.5	17
西 藏	1902.7	31	7.8	1	150.6	29	798.3	31
陕 西	26181.9	14	2.2	22	2267.5	16	11362.6	12
甘 肃	9016.7	27	3.9	4	1198.1	23	2852.0	27
青 海	3005.9	30	1.5	24	334.3	27	1143.5	29
宁 夏	3920.5	29	3.9	4	338.0	26	1609.0	28
新 疆	13797.6	24	3.4	18	1981.3	20	4744.5	24

注:1.地区生产总值绝对值按现价计算，速度按不变价计算。
2.工业增加值统计范围是全部国有及规模以上非国有工业企业。
3.本部分数据为各地(含辽宁省)快报数，与年报略有出入。
4.不包括港澳台数据，以下各表同。

主要经济指标

第三产业增加值		人均地区生产总值				全社会固定资产投资		商品房销售面积		商品房销售额	
绝对值（亿元）	位次	绝对值（元）	位次	比上年增长（%）	位次	比上年增长（%）	位次	绝对值（万平方米）	位次	绝对值（亿元）	位次
553976.8		**72000.0**		**1.7**		**2.9**		**176086.2**		**173612.7**	
30278.6	5	164889.0	1	1.2	25	2.2	26	970.9	28	3656.9	18
9069.5	21	101614.0	5	1.3	24	3.0	23	1307.0	26	2113.6	21
18729.5	13	48564.0	27	3.6	10	3.2	21	6028.4	14	4950.4	14
9029.8	22	50528.0	26	3.7	7	10.6	2	2685.3	19	1885.9	22
8466.7	23	72062.0	11	0.5	30	-1.5	29	2045.9	20	1365.5	24
13429.4	**14**	**58872.0**	**15**	**1.1**	**27**	**2.6**	**25**	**3743.2**	**18**	**3366.3**	**19**
6432.1	26	50800.0	25	4.1	3	8.3	4	1831.2	23	1381.6	23
6776.7	25	42635.0	30	3.4	13	3.6	19	1494.4	25	1064.2	28
28307.5	6	155768.0	2	1.4	23	10.3	3	1789.2	24	6047.0	10
53955.8	2	121231.0	3	3.5	11	0.3	27	15427.0	1	19408.9	2
36031.2	4	100620.0	6	2.0	19	5.4	11	10250.3	6	17145.0	3
19824.3	12	63426.0	13	3.6	9	5.1	13	9534.1	7	7346.2	8
20842.8	11	105818.0	4	2.5	18	-0.4	28	6607.2	11	7497.7	7
12365.1	18	56871.0	17	3.8	5	8.2	5	6732.7	9	5222.8	12
39153.0	3	72151.0	10	3.1	14	3.6	19	13271.7	4	11065.6	4
26768.0	7	55435.0	18	0.9	29	4.3	14	14100.7	3	9364.4	6
22287.6	9	74440.0	9	-3.6	31	-18.8	31	6587.8	12	6087.9	9
21603.4	10	62900.0	14	3.7	8	7.6	9	9437.4	8	5947.1	11
62540.8	1	88210.0	7	1.1	26	7.2	10	14908.3	2	22572.5	1
11492.4	19	44309.0	29	2.9	17	4.2	15	6729.0	10	4251.5	16
3341.2	28	55131.0	19	2.0	21	8.0	6	751.5	29	1232.1	26
13207.3	15	78170.0	8	3.1	15	3.9	18	6143.5	13	5071.3	13
25471.1	8	58126.0	16	3.4	12	2.8	24	13257.8	5	10394.3	5
9075.1	20	46267.0	28	4.0	4	3.2	21	5552.5	15	3224.2	20
12635.5	16	51975.0	23	3.7	6	7.7	8	4857.3	16	3969.9	17
953.8	31	52345.0	22	6.1	1	5.4	11	93.3	31	83.9	31
12551.7	17	66292.0	12	1.9	22	4.1	16	4452.1	17	4375.3	15
4966.5	27	35995.0	31	4.2	2	7.8	7	1967.9	21	1293.4	25
1528.1	30	50819.0	24	1.0	28	-12.2	30	469.7	30	383.3	30
1973.6	29	54528.0	20	3.1	16	4.0	17	1095.5	27	698.4	29
7071.8	24	53593.0	21	2.0	20	16.2	1	1963.7	22	1145.8	27

附录1 续表 1

地 区	居民消费价格指数(上年＝100)				农林牧渔业总产值			
	绝对值	位次	比上年增长(%)	位次	绝对值(亿元)	位次	比上年增长(%)	位次
全 国	**102.5**		**2.5**		**137782.2**		**3.4**	
北 京	101.7	1	1.7	1	263.4	30	-6.7	30
天 津	102.0	4	2.0	4	476.4	28	1.4	28
河 北	102.1	6	2.1	6	6742.5	8	3.5	15
山 西	102.9	28	2.9	28	1935.8	24	5.8	3
内蒙古	101.9	3	1.9	3	3472.4	20	1.8	26
辽 宁	**102.4**	**15**	**2.4**	**15**	**4582.6**	**14**	**3.0**	**17**
吉 林	102.3	9	2.3	9	2976.0	21	1.8	25
黑龙江	102.3	9	2.3	9	6438.1	9	2.6	22
上 海	101.7	1	1.7	1	279.8	29	-7.0	31
江 苏	102.5	16	2.5	16	7952.6	4	2.0	24
浙 江	102.3	9	2.3	9	3496.9	19	1.7	27
安 徽	102.7	23	2.7	23	5680.9	12	2.7	19
福 建	102.2	7	2.2	7	4901.1	13	3.3	16
江 西	102.6	19	2.6	19	3820.7	18	2.7	20
山 东	102.8	25	2.8	25	10190.6	1	3.0	18
河 南	102.8	25	2.8	25	9956.4	2	2.7	21
湖 北	102.7	23	2.7	23	7303.6	7	0.7	29
湖 南	102.3	9	2.3	9	7512.0	6	4.1	11
广 东	102.6	19	2.6	19	7901.9	5	4.0	12
广 西	102.8	25	2.8	25	5913.3	11	5.0	7
海 南	102.3	9	2.3	9	1821.0	25	2.4	23
重 庆	102.3	9	2.3	9	2749.1	22	5.0	8
四 川	103.2	29	3.2	29	9216.4	3	5.6	5
贵 州	102.6	19	2.6	19	4358.6	15	6.5	2
云 南	103.6	30	3.6	30	5920.5	10	5.8	4
西 藏	102.2	7	2.2	7	233.5	31	8.2	1
陕 西	102.5	16	2.5	16	4056.6	17	3.5	14
甘 肃	102.0	4	2.0	4	2103.6	23	5.2	6
青 海	102.6	19	2.6	19	507.1	27	4.7	10
宁 夏	101.5		1.5		703.1	26	3.6	13
新 疆	101.5		1.5		4315.6	16	4.7	9

粮食		肉类		猪肉		牛肉		羊肉		原油		天然气	
绝对量（万吨）	位次	绝对量（万吨）	位次	绝对量（万吨）	位次	绝对量（万吨）	位次	绝对量（万吨）	位次	绝对量（万吨）	位次	绝对量（亿立方米）	位次
66949.2		**7748.4**		**4113.3**		**672.5**		**492.3**		**19476.9**		**1925.0**	
30.5	31	3.5	31	1.4	30	0.5	30	0.2	31		20	20.0	11
228.2	26	29.6	28	15.4	26	2.7	25	0.9	29	3242.2	1	36.3	9
3795.9	6	419.2	5	226.9	6	55.6	3	31.3	4	543.5	9	5.6	16
1424.3	16	102.7	23	62.8	20	7.4	22	8.6	16		20	85.9	5
3664.1	8	268.0	14	61.4	21	66.3	1	113.0	1	13.6	18	25.6	10
2338.8	**12**	**378.2**	**10**	**183.5**	**9**	**31.0**	**10**	**6.9**	**17**	**1049.4**	**7**	**7.4**	**14**
3803.2	5	237.4	17	105.0	17	38.7	7	5.2	21	404.4	10	19.8	12
7540.8	1	253.2	16	143.9	14	48.3	4	13.4	11	3001.0	2	46.8	8
91.4	30	9.3	30	7.2	28	0.3	31	0.2	30	52.0	15	15.1	13
3729.1	7	268.2	13	140.7	15	2.6	26	6.3	19	152.1	13	4.2	18
605.7	23	90.1	24	54.2	22	1.4	29	2.2	26		20		26
4019.2	4	396.0	8	183.4	10	9.9	20	20.7	9		20	2.2	21
502.3	24	259.4	15	103.8	18	2.5	27	2.3	25		20		26
2163.9	13	285.2	12	180.7	11	15.2	17	2.6	24		20		26
5446.8	3	728.0	1	271.0	5	59.7	2	34.0	3	2219.2	5	5.8	15
6825.8	2	544.1	3	324.8	3	36.7	9	28.6	5	239.9	11	2.9	20
2727.4	11	307.4	11	203.8	7	15.4	16	8.9	15	53.5	14	1.0	23
3015.1	10	455.0	4	337.7	2	20.5	14	16.1	10		20	0.0	25
1267.6	19	401.0	7	192.4	8	4.2	24	1.9	27	1613.2	6	131.6	4
1370.0	17	380.4	9	174.1	12	13.6	18	3.6	23	48.8	16	0.2	24
145.5	27	58.4	25	20.9	25	2.3	28	1.2	28	30.6	17	1.0	22
1081.4	21	161.2	20	108.8	16	7.4	23	6.8	18		20	80.0	6
3527.4	9	597.8	2	394.8	1	37.0	8	27.3	7	7.9	19	463.3	2
1057.6	22	207.9	18	146.3	13	23.1	12	5.0	22		20	5.0	17
1895.9	14	417.4	6	291.6	4	40.9	6	20.8	8		20		26
102.9	29	28.3	29	0.9	31	21.2	13	5.7	20		20		26
1274.8	18	107.1	22	77.7	19	8.7	21	9.7	14	2693.7	4	527.4	1
1202.2	20	110.2	21	49.2	23	24.9	11	27.6	6	968.7	8	3.9	19
107.4	28	37.0	26	3.7	29	19.2	15	13.3	12	228.5	12	64.0	7
380.5	25	33.8	27	8.0	27	11.4	19	11.1	13		20		26
1583.4	15	173.7	19	37.5	24	44.0	5	57.0	2	2914.8	3	369.8	3

附录1 续表 2

地区	生铁		粗钢		钢材		水泥		农用化肥	
	绝对量(万吨)	位次	绝对量(万吨)	位次	绝对量(万吨)	位次	绝对量(万吨)	位次	绝对量(万吨)	位次
全国	**88752.4**		**106476.7**		**132489.2**		**239483.7**		**5496.0**	
北京					184.4	29	286.9	31		
天津	2198.9	11	2171.8	17	5724.1	6	551.5	29	14.8	27
河北	22903.8	1	24977.0	1	31320.1	1	11860.0	9	212.8	12
山西	6089.1	5	6637.8	5	6181.5	5	5616.7	18	400.2	5
内蒙古	2380.8	9	3119.9	11	2883.9	16	3610.9	22	424.2	4
辽宁	**7235.2**	**4**	**7609.4**	**4**	**7578.4**	**4**	**5447.0**	**19**	**35.6**	**23**
吉林	1407.7	18	1525.6	19	1661.6	21	2232.8	24	21.9	26
黑龙江	863.1	22	986.6	24	879.0	25	2409.9	23	55.3	21
上海	1411.3	17	1575.6	18	1879.6	20	398.9	30	1.0	29
江苏	10022.9	2	12108.2	2	15004.9	2	15275.1	3	200.8	13
浙江	852.8	23	1457.0	21	3806.7	11	13272.9	6	64.0	20
安徽	2537.3	8	3696.7	6	3607.5	13	14189.3	5	268.0	10
福建	1106.2	21	2466.5	15	3861.7	10	9718.4	15	86.2	16
江西	2332.1	10	2682.1	13	3093.9	15	10030.7	13	23.4	25
山东	7523.2	3	7993.5	3	11269.3	3	15970.4	2	352.6	7
河南	2769.5	6	3530.2	8	4233.4	9	11767.9	10	489.2	3
湖北	2727.4	7	3557.2	7	3649.1	12	9826.6	14	490.0	2
湖南	2105.4	14	2612.9	14	2729.7	17	11043.2	11	65.1	19
广东	2158.7	12	3382.3	10	4866.2	7	17165.5	1	11.3	28
广西	1457.1	16	3452.2	9	4731.2	8	12129.1	8	47.7	22
海南							1838.9	26	65.3	18
重庆	637.8	25	900.0	25	1310.0	23	6524.4	17	167.2	14
四川	2136.8	13	2792.6	12	3437.2	14	14517.5	4	359.1	6
贵州	368.6	26	461.9	27	741.1	26	10820.9	12	338.9	8
云南	1873.3	15	2233.0	16	2640.7	18	13130.3	7	224.3	11
西藏							1085.0	28		
陕西	1232.2	19	1521.5	20	2020.0	19	6809.9	16	145.8	15
甘肃	782.3	24	1059.2	23	1102.7	24	4716.7	20	24.5	24
青海	160.3	28	193.2	28	189.1	28	1225.8	27	523.1	1
宁夏	320.0	27	466.6	26	482.0	27	1979.9	25	68.2	17
新疆	1158.3	20	1306.1	22	1420.5	22	4030.9	21	315.4	9

汽车		营业收入		营业成本		利润总额		资产总计		负债合计	
绝对量（万辆）	位次	绝对值（亿元）	位次	绝对值（亿元）	位次	绝对值（亿元）	位次	绝对值（亿元）	位次	绝对值（亿元）	位次
2532.5		**1061433.6**		**890435.0**		**64516.1**		**1267550.2**		**710582.5**	
166.0	6	23283.5	16	19273.9	15	1785.0	15	55276.9	5	23838.7	10
94.6	11	18627.4	19	15981.6	19	961.3	22	21375.9	22	11623.7	23
97.5	10	42110.1	8	36729.4	8	2038.1	12	49838.6	8	30024.8	6
4.9	23	20673.3	18	16946.8	18	963.8	21	45287.9	10	32458.5	5
2.9	24	16640.4	21	13337.7	21	1315.1	17	32420.1	16	19231.2	16
74.8	**14**	**29215.3**	**14**	**24782.7**	**14**	**1286.7**	**18**	**40050.9**	**14**	**24944.8**	**9**
265.6	2	13147.0	23	10791.4	23	567.1	25	17202.5	24	9049.9	26
7.2	22	9825.8	25	8392.4	25	279.1	27	17074.9	25	10213.4	24
264.7	3	38595.2	10	31094.8	13	2810.2	7	47965.7	9	22934.3	12
75.2	13	122206.8	2	102659.6	2	7365.3	2	130201.4	2	68845.0	2
90.4	12	77695.4	4	64378.1	4	5544.6	3	95438.3	4	52090.3	4
116.1	8	37925.9	12	32268.4	11	2294.2	11	41720.7	12	23803.2	11
18.0	20	55475.4	5	47990.5	5	3470.1	5	41501.5	13	20908.1	14
45.2	18	37909.2	13	32764.9	10	2438.1	10	28392.1	18	15241.5	18
115.8	9	84270.4	3	72890.4	3	4282.9	4	99591.1	3	62190.8	3
54.5	17	47292.7	6	41076.3	6	2544.7	8	51497.5	6	29360.3	7
209.3	4	40743.5	9	34080.0	9	2519.0	9	43851.7	11	22859.0	13
39.1	19	38339.9	11	31193.4	12	2032.7	13	31437.0	17	16168.4	17
313.3	1	146856.9	1	121581.9	1	9286.9	1	149406.7	1	82985.5	1
174.5	5	17639.6	20	15309.0	20	876.0	23	20114.3	23	12965.1	20
0.1	27	2089.6	30	1607.4	30	132.2	29	3438.0	30	1813.0	30
158.0	7	22529.6	17	19172.5	16	1318.8	16	22307.8	21	12707.7	21
71.3	15	45250.1	7	37557.2	7	3197.7	6	50336.2	7	27646.1	8
7.5	21	8832.3	26	6417.2	26	1029.4	19	16315.1	26	9876.2	25
2.0	25	14550.3	22	11400.8	22	1005.4	20	22613.9	20	12689.2	22
		322.0	31	250.5	31	18.9	31	1998.6	31	992.6	31
62.8	16	23435.3	15	19000.3	17	1942.3	14	37394.3	15	20307.6	15
0.0	28	7290.3	27	6136.6	27	284.3	26	11529.6	27	6805.2	27
		2421.0	29	2005.5	29	93.1	30	6892.4	29	4679.8	29
0.0	29	4713.0	28	3958.3	28	203.9	28	10553.2	28	6565.3	28
0.9	26	11526.3	24	9405.2	24	629.1	24	24525.4	19	14763.5	19

附录1 续表 3

地区	客运量		货运量		社会消费品零售总额		进出口总额			
	绝对量(万人)	位次	绝对量(万吨)	位次	绝对值(亿元)	位次	绝对值(亿元)	位次	比上年增长(%)	位次
全国	**966539.7**		**4735565.8**		**391980.6**		**321556.9**		**1.9**	
北京	30936.0	14	22202.9	28	13716.4	12	23215.9	5	-19.1	28
天津	10602.0	24	52519.2	24	3582.9	26	7340.7	9	-0.1	20
河北	17677.0	20	247322.6	6	12705.0	13	4410.4	16	10.2	9
山西	12457.0	22	190232.0	9	6746.3	21	1505.8	22	4.0	15
内蒙古	6522.0	28	170546.8	12	4760.5	23	1043.3	25	-4.9	24
辽宁	**33539.0**	**12**	**167340.8**	**13**	**8960.9**	**18**	**6544.0**	**11**	**-9.9**	**26**
吉林	15308.0	21	44848.0	26	3824.0	24	1280.1	24	-1.7	22
黑龙江	12297.0	23	48662.4	25	5092.3	22	1537.0	21	-17.7	27
上海	9234.0	25	138839.2	18	15932.5	11	34828.5	3	2.3	19
江苏	85310.0	1	275208.5	5	37086.1	2	44500.5	2	2.6	18
浙江	58075.0	3	300276.2	4	26629.8	4	33808.0	4	9.6	10
安徽	32366.0	13	374503.1	1	18334.0	8	5406.4	13	14.1	6
福建	23163.0	19	140698.0	17	18626.5	7	14035.7	7	5.5	14
江西	41913.0	7	157148.5	16	10371.8	15	4010.1	18	14.3	5
山东	30757.0	15	316830.7	3	29248.0	3	22009.4	6	7.5	12
河南	57909.0	4	219938.8	7	22502.8	5	6654.8	10	16.4	3
湖北	30112.0	16	160421.7	15	17984.9	9	4294.1	17	8.8	11
湖南	56376.0	6	200877.5	8	16258.1	10	4874.5	14	12.3	8
广东	79351.0	2	344439.4	2	40207.9	1	70844.8	1	-0.9	21
广西	34947.0	11	187443.6	10	7831.0	20	4861.3	15	3.5	16
海南	7926.0	26	20670.2	29	1974.6	28	933.0	26	3.0	17
重庆	37205.0	9	121692.3	19	11787.2	14	6513.4	12	12.5	7
四川	57508.0	5	171896.1	11	20824.9	6	8081.9	8	19.0	2
贵州	40137.0	8	86444.4	21	7833.4	19	546.5	27	20.6	1
云南	24177.0	18	121057.6	20	9792.9	16	2680.4	20	15.4	4
西藏	825.0	31	4091.0	31	745.8	31	21.3	31	-56.3	31
陕西	36798.0	10	165260.4	14	9605.9	17	3772.1	19	7.3	13
甘肃	26686.0	17	67239.1	22	3632.4	25	372.8	28	-2.0	23
青海	4135.0	29	14290.6	30	877.3	30	22.8	30	-39.2	29
宁夏	3560.0	30	42849.6	27	1301.4	29	123.2	29	-48.8	30
新疆	6960.0	27	57813.9	23	3062.5	27	1484.3	23	-9.5	25

出口总额				城镇常住居民人均可支配收入				农村常住居民人均可支配收入			
绝对值(亿元)	位次	比上年增长(%)	位次	绝对值(元)	位次	比上年增长(%)	位次	绝对值(元)	位次	比上年增长(%)	位次
179326.4		**4.0**		**43834**		**3.5**		**17131**		**6.9**	
4654.9	7	-10.0	22	75602	2	2.4	25	30126	3	4.1	29
3075.1	13	1.9	18	47659	6	3.3	21	25691	4	3.6	30
2521.9	18	6.4	13	37286	19	4.3	13	16467	14	7.1	21
877.0	22	8.7	9	34793	27	4.6	11	13878	26	7.6	16
349.1	25	-7.4	21	41353	10	1.4	28	16567	13	8.4	3
2652.2	**17**	**-15.3**	**25**	**40376**	**12**	**1.5**	**27**	**17450**	**9**	**8.3**	**4**
290.8	26	-10.3	23	33396	30	3.4	19	16067	20	7.6	15
360.9	24	3.2	15	31115	31	0.5	29	16168	18	7.9	10
13725.4	4	0.0		76437	1	3.8	17	34911	1	5.2	28
27444.3	2	0.9	19	53102	4	4.0	16	24198	5	6.7	24
25180.1	3	9.1	8	62699	3	4.2	14	31930	2	6.9	23
3161.3	12	13.5	6	39442	14	5.1	5	16620	11	7.8	12
8474.4	6	2.3	17	47160	7	3.4	20	20880	6	6.7	25
2920.4	14	17.0	5	38556	15	5.5	3	16981	10	7.5	17
13054.8	5	17.3	4	43726	8	3.3	22	18753	8	5.5	27
4075.0	10	8.5	11	34750	28	1.6	26	16108	19	6.2	26
2701.9	16	8.7	9	36706	21	-2.4	31	16306	16	-0.5	31
3306.4	11	7.5	12	41698	9	4.7	9	16585	12	7.7	13
43498.0	1	0.2	20	50257	5	4.4	12	20143	7	7.0	22
2708.2	15	4.3	14	35859	23	3.2	23	14815	22	8.3	5
276.4	27	-19.6	26	37097	20	3.0	24	16279	17	7.7	14
4187.5	9	12.8	7	40006	13	5.4	4	16361	15	8.1	7
4654.3	8	19.2	3	38253	16	5.8	2	15929	21	8.6	2
431.7	23	31.9	2	36096	22	4.9	7	11642	30	8.2	6
1518.8	20	46.4	1	37500	18	3.5	18	12842	28	7.9	11
12.9	30	-65.5	30	41156	11	10.0	1	14598	23	12.7	1
1929.6	19	3.0	16	37868	17	4.9	8	13316	27	8.0	8
85.7	29	-34.8	27	33822	29	4.6	10	10344	31	7.4	18
12.3	31	-39.2	28	35506	25	5.0	6	12342	29	7.3	19
86.7	28	-41.8	29	35720	24	4.1	15	13889	25	8.0	9
1098.5	21	-12.1	24	34838	26	0.5	30	14056	24	7.1	20

附录2　2020年省辖市

指标名称	单位	沈阳		大连		鞍山	
		全市	市辖区	全市	市辖区	全市	市辖区
一、行政区划							
所辖行政区数	个	10		7		4	
所辖行政县(旗)数	个	2		1		3	
所辖行政县级市数	个	1		2		1	
二、人口规模							
(一)常住人口							
常住人口	万人	907.30	788.51	745.40	573.64	332.10	154.37
#城镇常住人口	万人	766.56	722.93	613.84	528.67	247.95	148.00
常住人口城镇化率	%	84.50		82.35		74.57	
(二)户籍人口							
年末户籍人口	万人	762.17	620.17	601.60	410.23	336.41	144.99
#城镇户籍人口	万人	549.46	514.18	419.79	347.83	179.91	127.79
户籍人口城镇化率	%	72.09		69.78		53.48	
年平均人口	万人	759.28	616.39	600.14	407.45	338.09	145.73
年出生人口	人	50714	43585	40834	29466	18181	6425
年死亡人口	人	76043	57529	58570	36036	38171	16486
年末总户数	万户	290.82	241.04	222.65	158.40	121.40	57.81
三、资源环境							
(一)水资源							
水资源总量	万立方米	270000.00		579600.00		311205.00	
降水量	毫米	658		928		850	
用水总量	万立方米	71592.46		160600.00	99839.00	91977.00	23127.00
(二)环境							
工业废水排放量	万吨	4629.70		6828.85		1344.79	
工业化学需氧量排放量	吨	1675.0		3503.0		1831.0	
工业氨氮排放量	吨	96		86		91	
工业化学需氧量去除率	%	95.99		97.11		91.77	
工业氨氮去除率	%	92.42		93.48		94.29	
工业废气排放量	万立方米	24612179		49306304		69404649	
工业二氧化硫排放量	吨	9671		10246		23488	
工业氮氧化物排放量	吨	15885		25416		43488	
工业二氧化硫去除率	%	95.31		94.31		90.26	
工业氮氧化物去除率	%	72.63		69.26		37.11	
工业烟(粉)尘排放量	吨	4178		10891		11039	
一般工业固体废物综合利用率	%	79.46		96.46		43.64	
污水处理率	%	98.94		97.90		96.48	
污水处理厂集中处理率	%	98.94		98.50		96.48	
生活垃圾无害化处理率	%	100.00		100.00		100.00	

基本情况(地区数)

抚顺		本溪		丹东		锦州	
全市	市辖区	全市	市辖区	全市	市辖区	全市	市辖区
4		4		3		5	
3		2		1		2	
				2		2	
185.70	132.21	132.10	86.52	218.40		269.70	111.18
145.38	122.89	105.34	80.82	150.48		160.93	102.15
78.29		79.44		68.90		59.67	
202.40	132.30	142.37	86.46	230.70	76.79	289.34	94.98
140.10	118.80	100.71	79.18	105.93	60.97	123.11	83.36
69.20		70.74		45.92		42.55	
204.60	133.70	143.45	87.18	231.81	77.02	291.36	95.20
8552	5152	6060	3077	12065	4054	13544	4814
35806	23648	17257	10845	26406	7878	40499	8184
83.50	57.60	55.75	36.07	83.71	30.74	102.49	36.97
43.00		405900.00		1115000.00		100560.00	
935		976		1232		507	
5.92	3.05	27924.59	16441.36	87405.00	11963.00	82483.00	14522.00
2322.37		1772.59		585.56		1492.11	
571.0		480.0		402.0		926.0	
26		23		23		33	
94.45		96.45		91.71		93.23	
91.49		99.43		88.90		94.14	
24323269.44		57421473.22		6075658.97		9141977.20	
6959		11922		4971		8536	
13173		26630		3874		8213	
92.00		86.36		88.90		91.16	
48.53		44.98		66.48		62.38	
		14278		3836		7684	
28.07		43.47		5.06		98.18	
98.24		99.96		92.30		97.18	
89.77		96.81		86.87		97.18	
100.00		100.00		84.81		100.00	

附录2 续表 1

指标名称	单位	沈阳		大连		鞍山	
		全市	市辖区	全市	市辖区	全市	市辖区
空气质量优良天数比例	%	78.4		90.7		87.6	
可吸入细颗粒物($PM_{2.5}$)年平均浓度	$\mu g/m^3$	42.0		30.0		44.0	
四、经济发展							
(一)地区生产总值							
地区生产总值(当年价格)	亿元	6572	6016	7030	5638	1739	898
#第一产业增加值	亿元	304	141	459	181	111	7
第二产业增加值	亿元	2160	2033	2815	2253	706	433
#工业增加值	亿元	1682	1587	2327	1904	581	331
第三产业增加值	亿元	4108	3842	3756	3204	922	458
人均地区生产总值	元	75570	81195	94685		52020	61628
地区生产总值(2015年价格)	万元	60176442	54950479	67842153	54012246	16486369	8286290
地区生产总值增长率	%	0.75	0.57	0.90	0.40	0.35	0.90
(二)财政							
地方一般公共预算收入	万元	7360802.0	6268443.0	7026822.0	5484988.0	1572696.0	1056022.0
#税收收入	万元	6011289	5726463	4715077	4234903	1134597	788590
地方一般公共预算支出	万元	10740503	5036848	10019838	8320346	3480341	2203872
#一般公共服务支出	万元	851432	531577	705528	540787	321869	206189
科学技术支出	万元	225712	89005	230244	227312	11788	10023
教育支出	万元	1204395	804534	1193103	912919	444295	230845
文化体育与传媒支出	万元	190189	65912	111914	99607	34912	23818
医疗卫生与计划生育支出	万元	821562	310112	729232	627534	259681	195398
节能环保支出	万元	176093	40176	143242	123210	73133	48931
城乡社区支出	万元	1233113	793609	1760755	1540422	302294	180135
交通运输支出	万元	228551.0	66182.0	263631.0	237850.0	87985.0	37923.0
社会保障和就业支出	万元	2662316	999891	2314449	2069843	894581	680697
住房保障支出	万元	394338	142386	339597	283008	180734	89317
(三)金融							
年末金融机构人民币各项存款余额	万元	192726296	186354177	155125012	139201951	44945098	28615634
#住户存款余额	万元	103298551	97455132	78437553	64702468	33854773	19562844
年末金融机构人民币各项贷款余额	万元	179297806	176323147	126284685	116578942	25371725	18263683
(四)固定资产投资							
房地产开发投资	万元	12358866	12187916	7530643	7122032	1370782	928987
#住宅	万元	9898263	9759924	5634373	5339133	1070753	742659
全年新增固定资产	万元	5931324	5322556	3010638	2641845	826574	357569
(五)房地产							
商品房销售面积	万平方米	1381.32	1328.43	714.84	651.75	246.34	158.78
#住宅	万平方米	1285.50	1240.48	629.08	568.67	224.90	145.67
商品房销售额	万元	15714198	15517187	9509129	9129278	1292003	892660
#住宅	万元	14933923	14773363	8492958	8137282	1173040	817947
待售面积	万平方米	396.00	355.09	544.72	431.51	267.78	113.53
(六)对外贸易							
货物进口额(海关数)	万元	7537403		21816302		1748517	
货物出口额(海关数)	万元	2743685		16725631		1111887	
外商直接投资合同项目	个	192	186	247	240	10	7

抚顺		本溪		丹东		锦州	
全市	市辖区	全市	市辖区	全市	市辖区	全市	市辖区
76.8		89.6		95.9		79.2	
43.0		35.0		29.0		47.0	
828	687	810	583	779	300	1072	594
59	13	54	13	154	17	208	14
389	355	383	319	189	71	269	200
354	331	351	295	159	60	221	168
380	319	373	251	436	212	595	380
44137		60210	67398	35389	36630	39332	53412
7876429	6555529	7788235	5638110	7233326	2727543	10122533	5645627
3.00	3.80	2.50	2.70	0.35	1.12	0.05	0.89
766870.0	490944.0	696616.0	567474.0	776069.0	282328.0	1041364.0	734062.0
533731	425542	514492	426504	479575	262341	666126	423055
2050813	510557	1715273	1242930	2453184	374243	3010316	1570467
180065	70840	152550	106401	221501	52884	216831	115129
4774	555	1447	1132	3478	393	9482	8884
219680	75725	183333	112031	355490	49190	364449	142306
22923	2428	26856	17308	30985	989	42701	24798
154475	38412	107329	75992	194935	28296	216750	142470
47202	7528	46126	21496	43303	5273	50110	18185
96319	27131	148993	86438	199693	35979	393024	292059
45479.0	4219.0	33383.0	25799.0	79487.0	8830.0	96766.0	30371.0
750107	153877	523638	444979	532419	78936	722701	378666
105845	55565	112700	89658	101297	37729	66651	34672
23312409	19281754	15636025	12522128	26234606	13464374	39602640	28596305
18425122	14964256	10372144	772123	22250410	10726604	26140830	15792968
11110483	9457609	14445379	12901425	13354621	7688059	32782292	28639898
606566	556325	467904	320426	1224928	811021	684337	584505
493731	453917	328947	233612	859645	545593	453587	165572
334193	244879	976889	573091	815663	288473	441615	128578
138.60	123.10	51.93	25.80	184.26	87.64	88.42	55.54
131.40	118.10	48.73	25.67	173.87	82.77	87.09	54.61
731864	658040	285023	153805	1086295	608532	513577	400544
684745	627201	263276	151883	1014813	568827	504075	392949
137.20	114.70	80.06	59.80	246.94	97.44	151.22	84.03
311000		750192		18		1039072	
57000		1047231		100		383070	
2		1		14		7	6

附录2 续表 2

指标名称	单位	沈阳		大连		鞍山	
		全市	市辖区	全市	市辖区	全市	市辖区
当年实际使用外资额	万元	495240		443049	426049	33950	
(七)规模以上工业							
工业企业数	个	1592	1356	1898	1551	707	281
#内资企业	个	1314	1090	1340	1033	661	258
#国有企业	个	10	8	15	9	12	9
私营企业	个	850	663	939	713	352	123
港、澳、台商投资企业	个	62	57	101	91	18	10
外商投资企业	个	216	209	457	427	28	13
资产总计	万元	78414048	74774307	106078638	72824024	40328046	29994999
流动资产合计	万元	45240052	43773737	54827821	43741792	16558638	10530853
营业收入	万元	53982828	51692199	72008498	51714127	23801932	15986062
营业成本	万元	41575928	39571200	58927844	41946536	20768980	13655232
税金及附加	万元	1905141	1887897	1675350	1398881	282264	235458
利润总额	万元	3813148	3740268	5645144	3995663	434911	216185
应交增值税	万元	1382246	1350105	965138	839532	402483	324310
(八)贸易							
社会消费品零售总额	万元	36376277	34517107	18279958	16127742	6952831	3059889
限额以上批发零售业法人企业数	个	1813	1720	1629	1349	464	276
#零售业	个	716	676	366	325	203	123
限额以上住宿餐饮业法人企业数	个	263	259	242	228	43	35
(九)旅游							
入境游客	人次	34000		121000		7500	
入境旅游收入	万美元	2800		6291		203	
国内游客	人次	54071000		39852000		38424700	
国内旅游收入	万元	5007000		6059000		2750700	
五、科技创新							
(一)科创投入							
R&D人员	人	59758		71099	65006	4745	3741
R&D人员全时当量	人年	40478		45041	40764	3142	2428
R&D经费支出	万元	1929279		2071456		172572	
(二)科创成果							
专利申请数	件			26043		1966	
专利授权数	件	21153		17643		3728	
#发明	件	3596		2975		481	
六、人民生活							
(一)就业							
从业人员期末人数(城镇单位)	人	1184237		1047641		352784	
第一产业(农、林、牧、渔业)	人	890		4347		215	
第二产业	人	370329		373421		184458	
#采矿业	人	12302		1446		11339	
制造业	人	209377		305866		133026	
电力、热力、燃气及水生产和供应业	人	63787		16207		6429	
建筑业	人	84863		49902		33664	
第三产业	人	813018		669873		168111	

抚顺		本溪		丹东		锦州	
全市	市辖区	全市	市辖区	全市	市辖区	全市	市辖区
3610		26996	26900	5350		13440	
260	207	223	165	377	145	338	158
240	189	203	151	353	127	301	128
11	8	4	3	4	3		
163	122	119	86	282	94	216	80
11	11	11	9	9	6	16	12
9	7	9	5	15	12	21	18
12085559	10977491	22286165	20850291	7442916	3882509	9653002	6428252
5244329	4631781	11667310	10989964	4013970	1976518	4962300	3205748
10104045	9351632	16185102	15134273	5066026	2055802	7884024	5449425
8271115	7740970	14674730	13904935	4148447	1609355	6712631	4529550
582498	565267	101505	86150	43227	19336	522632	511610
290908	191266	410287	262290	366875	203193	3461	85183
294274	261282	212397	168904	85504	36868	111832	81821
1785763	1521347	1428582	1112170	2609631	1480902	3163912	2254107
129	114	100	74	140	75	222	165
58	53	65	49	93	49	115	78
16	15	37	29	48	34	32	24
200		3500		4400		9000	
57		174		263		971	
997		25026621		17459000		13100200	
27		2057413		1105700		1001200	
3100		2031		2695		1410	1249
2053		1471		1808		1031	906
121312		120729		47397		54171	
2761		1442		2814		2583	
1888		991		2085		1781	
111		65		401		139	
201419		185262		170240		227042	
1618		401		680		1194	
87281		88896		48259		56378	
20613		10044		1423		901	
42287		59229		31546		32353	
11141		7535		6172		7549	
13240		12088		9118		15575	
112520		95965		121301		169470	

附录2 续表 3

指标名称	单位	沈阳		大连		鞍山	
		全市	市辖区	全市	市辖区	全市	市辖区
#批发和零售业	人	65601		46879		12625	
交通运输、仓储及邮政业	人	154452		58601		11834	
住宿和餐饮业	人	20749		18401		1241	
信息传输、软件和信息技术服务业	人	25875		80511		3383	
金融业	人	67393		84787		12435	
房地产业	人	36591		45943		4993	
租赁和商业服务业	人	35276		38273		10252	
科学研究和技术服务业	人	41197		23921		4976	
水利、环境和公共设施管理业	人	24768		14160		3980	
居民服务、修理和其他服务业	人	3459		5082		1046	
教育	人	117614		100304		33835	
卫生和社会工作	人	86400		60072		22532	
文化、体育和娱乐业	人	15969		8630		3907	
公共管理、社会保障和社会组织	人	117674		84309		41072	
城镇登记失业人数	人	102095	94073	82737	66507	44438	31506
城镇登记失业率	%	3.12		3.39		4.35	
(二)收入							
在岗职工平均人数	万人	113		96		34	
在岗职工工资总额	万元	10828918		9512342		2423506	
在岗职工平均工资	元	95908		98812		70993	
城镇居民人均可支配收入	元	47413		47380		37980	
#工资性收入	元	25445		27074		22318	
经营净收入	元	7601		2981		2883	
财产净收入	元	3112.0		3596.0		2163.0	
转移净收入	元	11255		13729		10616	
(三)消费							
城镇居民人均消费支出	元	31562		30158		21160	
#品烟酒	元	9977		9134		6433	
衣着	元	2757		1998		1745	
居住	元	5044		7409		4362	
生活用品及服务	元	2200		1864		1214	
交通和通信	元	4958		3367		2792	
教育文化娱乐	元	2984		2771		1926	
医疗保健	元	2108		2691		2042	
其他用品及服务	元	1534		924		646	
七、公共服务							
(一)教育							
普通高等学校数	所	45		31		3	
成人高等学校数	所	5		7	7	1	1
中等职业教育学校数	所	110		49	41	24	10
普通中学数	所	305	246	301	217	159	65
普通小学数	所	279	241	400	297	275	63
幼儿园数	所	1548	1333	1307	1004	910	336
普通高等学校专任教师数	人	26576		19025		2025	

抚顺		本溪		丹东		锦州	
全市	市辖区	全市	市辖区	全市	市辖区	全市	市辖区
4917		5657		4988		5337	
8381		5947		9426		8965	
471		902		1613		519	
2016		2412		4226		2795	
9539		9575		8017		26093	
5176		1373		4258		3939	
3776		7308		7203		5494	
3288		2892		2820		4990	
4268		1036		2884		4655	
454		263		552		1836	
23544		15715		27212		34519	
14170		10754		19919		18275	
1867		1436		2759		2472	
30653		30695		25424		49581	
27131		21172	17354	24516		30406	23026
4.47		4.01	3.94	4.9		4.8	6.03
18		17		16		21	
1359594		1112425		1004294		1522099	
74909		64857		61537		71400	
35058		36048		32346		35216	
18127		19776		17035		19025	
2662		3380		2817		3217	
1459.0		1839.0		1351.0		2060.0	
12810		11053		1143		10914	
22929		23841		20108		20019	
7664		8603		6491		5542	
1649		2134		1592		1698	
3869		3834		3849		4786	
1164		1165		1164		1021	
2483		2280		2202		2403	
2317		2227		1864		1834	
3026		2681		2279		2133	
757		916		667		602	
4		7		3		9	
2	2	1	1	1	1	1	1
13	10	10	8	7	4	9	5
105	61	59	38	125	39	129	42
103	53	61	32	311	74	258	46
441	310	272	184	427	183	614	278
1962		2066		1453		4831	

附录2 续表 4

指标名称	单位	沈阳		大连		鞍山	
		全市	市辖区	全市	市辖区	全市	市辖区
成人高等学校专任教师数	人	235		424	424	51	51
中等职业教育专任教师数	人	6445		2839	2369	1415	1040
普通中学专任教师数	人	26107	21381	21986	16120	11985	5715
普通小学专任教师数	人	24555	18588	20146	15272	10214	3506
幼儿园专任教师数	人	17148	14961	13836	11120	6223	2961
普通本专科在校学生数	人	440146		325738		35501	
成人本专科在校学生数	人	6023		58806	58806	15482	15482
中等职业教育在校学生数	人	93637		36513	30518	11907	8509
普通中学在校学生数	万人	29.58	24.90	23.91	18.26	12.30	4.99
普通小学在校学生数	万人	42.35	35.98	36.67	29.18	15.00	6.19
幼儿园在园幼儿数	人	179122	152049	150278	121116	72296	31843
(二)文体							
剧场、影剧院数	个	94	86	5	5	15	15
公共图书馆数	个	21	18	13	10	8	5
公共图书馆图书藏量	万册	1648.43	1608.05	1163.54	1056.32	335.56	277.46
博物馆数	个	14	14	28	25	7	3
体育场馆数	个	11	9	46	41	8	7
(三)医疗							
医疗卫生机构数	个	5177	2606	3516	2777	328	175
#医院数	个	283	261	210	162	101	56
医疗卫生机构床位数	张	72877	65494	49068	35826	24654	15111
#医院床位数	张	68011	63862	45415	34068	18720	11830
卫生技术人员数	人	85576	79082	59080	48409	19238	11774
#执业(助理)医师数	人	33644.0	30687.0	23298.0	19177.0	7066.0	4389.0
注册护士	人	39500	37115	28227	23116	8901	5934
(四)社会保障							
城镇职工基本养老保险参保人数	人	4417422		2198977	1971523	1239711	736013
城乡居民基本养老保险参保人数	人	1214589	390827	1282453	523954	830124	75082
城镇职工基本医疗保险参保人数	人	3551082	3389821	3534053	3003630	996929	765859
城乡居民基本医疗保险参保人数	人	3864298	3763667	2667440	1584947	2019323	595099
失业保险参保人数	人	1501036	1435190	1665121		530308	264717
工伤保险参保人数	人	1812218		2486137	2309247	515973	332882
生育保险参保人数	人	3299188	3272950	1770977	1609905	442696	299519
提供住宿的社会工作机构数	个	267	216	358	301	229	211
#养老机构数	个	202	175	350	297	227	209
提供住宿的社会工作机构床位数	张	44182	39416	53300	37300	21328	20657
#养老机构床位数	张	33327	30530	53000	37000	21178	20507
不提供住宿的社会工作机构和设施总数	个	2464	1662	846	712	771	759
#社区服务机构和设施数	个	2463	1662	707	577	517	505
城市居民最低生活保障人数	人	33719	30194	21485	14748	24666	21170
(五)公共安全							
交通事故死亡人数	人	441	319	204	143	149	70
交通事故直接财产损失	万元	491	423	520	222	157	76
火灾事故死亡人数	人	28	28	14	14	8	7

抚顺		本溪		丹东		锦州	
全市	市辖区	全市	市辖区	全市	市辖区	全市	市辖区
120	120	66	66	85	85	73	73
1023	870	1067	862	954	313	1079	743
6851	4585	5962	4163	8458	1014	9171	3397
5947	3705	4224	2617	7739	1940	9202	3038
2936	2250	2194	1533	3542	1657	3637	2219
45702		37007		37466		89308	
3981	3981	3908	3908	4255	4255	1358	1358
8289	6220	6395	5556	10618	6546	15587	10675
6.12	4.03	4.50	2.76	8.08	2.49	10.31	4.00
7.15	4.87	5.00	3.03	8.59	3.18	10.68	4.50
31750	21855	24325	14484	43888	17388	44473	22996
17	15	5	4	21	8	25	15
7	3	7	5	7	2	9	5
110.70	98.00	172.92	145.92	103.81	12.30	178.89	124.71
6	4	6	2	4	2	8	3
16		2	2	12	8	10	4
1362	738	800	409	1687	443	1942	551
51	39	41	28	53	33	76	43
13168	10655	11040	8292	18490	7804	18644	10591
10218	8530	10363	7998	13513	6915	15950	9906
12742	10200	11207	8241	15190	7126	14258	11582
5228.0	4143.0	3825.0	2876.0	6250.0	2809.0	6112.0	3950.0
5827	4859	5692	4231	6640	3376	5907	4338
948860		805952	637087	572908	282932	828896	454066
441471		317913	62486	427491	53993	1031223	73336
855433		721192	549660	761988	499267	850512	583844
914413		604840	250387	1369355	270840	1632595	306766
420832		363932	319685	218000	135000	310245	245379
321322		319278	248643	230000		393046	301947
		247013	197250			210123	169509
176	123	151	132	161	78	182	78
173	123	146	129	154	76	175	77
13289	9656	12314	10546	12518	9395	10853	3543
13089	9656	12092	10424	12000	9219	10468	3343
964	384	788	507	335	222	698	303
883	384	788	507	330	220	669	303
45713	40958	21860	15940	20507	8955	15103	7533
139		76	38	126	42	97	28
273		21	7	76	25	15	5
8	8	1	1				

附录2 续表 5

指标名称	单位	沈阳		大连		鞍山	
		全市	市辖区	全市	市辖区	全市	市辖区
火灾事故直接财产损失	万元	2316	2181	3331	2013	1834	746
刑事案件立案数	起	8149	7287	4951	3993	3402	1754
刑事罪犯总数	人	8573	7590	5976	4758	4164	3120
#青少年人数(年龄1425周岁)	人	168	162	404	338	495	168
八、基础设施							
(一)交通运输							
年末实有城市道路面积	万平方米		8861.0		5036.0		3149.0
境内公路总里程	公里	13417		13687		7801	
#高速公路里程	公里	653		531		229	
民用汽车拥有量	辆	2634813		1791153		682147	
#私人汽车拥有量	辆	2333866		1574868		593409	
年末实有公共汽(电)车营运车辆数	辆		6012		5713		1934
公共汽(电)车客运总量	万人次		66998		57888		16881
年末实有出租汽车运营车数	辆		19276		11630		5375
年末轨道交通线路长度(建成)	公里	214	214	181	181		
轨道交通客运总量	万人次	31628	31628	13578	13578		
公路客运量(全社会)	万人	4893.00		4321.00		2976.00	
公路货运量(全社会)	万吨	18435.00		17317.00		16994.00	
水运客运量(全社会)	万人			168.66			
水运货运量(全社会)	万吨			4084.32			
民用航空客运量	万人	465.88		473.03		15.50	
民用航空货邮运量	吨	50900		45561			
沿海港口货物吞吐量(规模以上)	万吨			33401			
(二)邮电通讯							
年末邮政局(所)数	处	230	165	241	162	109	39
邮政业务收入	万元	668500		441357		106211	
电信业务收入	万元	1071391		836252		283788	
固定电话年末用户数	万户	112.00		126.77		35.04	
移动电话年末用户数	万户	1263.40		885.44		372.11	
互联网宽带接入用户数	万户	284.40		224.66		112.36	
(三)能源电力							
全社会用电量	万千瓦时	3761319		4175713		3033304	
#工业用电	万千瓦时	1729231		2729635		2514816	
城乡居民生活用电	万千瓦时	753870		614090		247364	
#城镇居民生活用电	万千瓦时	594296		421289		172985	
(四)生活设施							
年末排水管道长度	公里		6930		3247		1096
年末公共供水管道长度	公里		4561		6738		3247
公共供水综合生产能力	万立方米/日		257.30		217.50		53.00
公共供水总量	万立方米	68363.43	64982.40	52330.53	46200.00	18654.30	14432.00
供气总量(人工煤气、天然气)	万立方米		148834.00		68666.21		17644.00
#居民家庭用量	万立方米		24435.00		22371.79		9253.00
液化石油气供气总量	吨		58205		342847		11733
#居民家庭用量	吨		23309		14865		4650

抚顺		本溪		丹东		锦州	
全市	市辖区	全市	市辖区	全市	市辖区	全市	市辖区
998	487	516	440	1518	215	1027	465
4112	2866	1164	828	4744	2347	5191	2199
2334	1638	1708	1306	3429	1808	2493	1016
184		145	128	417	235	355	181
	1476.0		1089.0		897.0		1029.0
6711		4721		9857		10207	
326		233		367		234	
280068		223028		517000		519000	
246152		152001		492000		497000	
	867		698		656		754
	13985		11540		6166		7228
	4092		2784		1932		4018
1032.00		1514.00		631.00		2632.00	
5162.00		3128.00		4794.00		14401.00	
				44.00			
				332.00		49.39	
				14.00		17.10	
				387		381	
				4418		10641	
87	31	69	39	95	27	121	40
42243		38297		96500		63752	
151321		118074		190918		196902	
22.13		13.42		39.52		34.70	
210.74		158.34		226.24		285.70	
71.07		50.74		75.37		90.40	
1125615		1437553		999489		913550	
866849		1244203		673618		490617	
140450		100502		156188		193062	
112071		86323		102902		79682	
	997		518		511		685
	2411		1087		980		1796
	85.00		42.00		32.32		58.00
14143.21	14143.21	8563.15	6719.15	9914.32	5900.00	12154.04	9650.00
	49838.32		10460.00		9737.50		14930.59
	6569.73		2510.00		5028.96		6094.16
	27998		4490		7331		47
	18216		1976		6096		38

附录2 续表 6

指标名称	单位	营口		阜新		辽阳	
		全市	市辖区	全市	市辖区	全市	市辖区
一、行政区划							
所辖行政区数	个	4		5		5	
所辖行政县(旗)数	个			2		1	
所辖行政县级市数	个	2				1	
二、人口规模							
(一)常住人口							
常住人口	万人	232.86	116.22	164.50	76.80	160.10	87.80
#城镇常住人口	万人	156.42	102.71	101.60	74.20	106.93	64.04
常住人口城镇化率	%	67.18		61.65		66.79	
(二)户籍人口							
年末户籍人口	万人	229.17	93.87	181.76	72.83	172.48	83.79
#城镇户籍人口	万人	121.36	77.57	76.98	67.00	76.56	61.17
户籍人口城镇化率	%	52.96		42.35		44.39	
年平均人口	万人	230.00	93.94	182.73	73.26	173.41	84.27
年出生人口	人	13933	6062	8752	3247	8933	4292
年死亡人口	人	23919	8972	18821	7823	18624	10007
年末总户数	万户	88.70	38.55	67.70	30.78	67.80	34.05
三、资源环境							
(一)水资源							
水资源总量	万立方米	138300.00		81185.00		99311.00	
降水量	毫米	767		510		669	
用水总量	万立方米	79210.00	25670.00	29582.00	8260.00	92288.50	22211.00
(二)环境							
工业废水排放量	万吨	1504.00		475.08		1878.69	
工业化学需氧量排放量	吨	595.0		114.0		593.0	
工业氨氮排放量	吨	23		3577		19	
工业化学需氧量去除率	%			97.96		93.93	
工业氨氮去除率	%			98.56		95.85	
工业废气排放量	万立方米			9001464.00		13209560.21	
工业二氧化硫排放量	吨	15239		6881		3815	
工业氮氧化物排放量	吨	30911		5827		11815	
工业二氧化硫去除率	%			94.40		94.01	
工业氮氧化物去除率	%			61.94		58.44	
工业烟(粉)尘排放量	吨			2901		16271	
一般工业固体废物综合利用率	%			71.76			
污水处理率	%	96.54		100.00		98.26	
污水处理厂集中处理率	%	96.54		100.00		98.26	
生活垃圾无害化处理率	%	100.00		100.00		100.00	

盘锦		铁岭		朝阳		葫芦岛	
全市	市辖区	全市	市辖区	全市	市辖区	全市	市辖区
3		2		2		3	
1		3		3		2	
		2		2		1	
131.23	116.65	238.30	46.00	287.10	68.56	243.10	94.40
107.57	98.04	131.80	42.42	143.53	58.10	133.00	76.40
77.40		55.19		49.96		54.76	
129.33	102.07	285.30	41.62	330.92	61.11	272.39	95.48
84.27	76.76	123.30	37.47	80.24	36.88	95.80	58.04
65.16		43.22		24.25		35.17	
131.24	102.33	287.28	41.89	332.89	61.28	274.00	96.00
9319	7008	12194	1742	21446	4171	17261	5186
10279	10579	32308	4379	42881	7481	37359	17124
47.48	38.36	103.80	16.26	111.07	20.51	98.89	37.31
37350.00		319200.00		101603.00		85061.00	
476		769		450		527	
132200.00	80185.00	87000.00		52593.20	11231.30	4.41	
2664.35		1307.31		239.62		1894.18	
1074.0		395.0		355.0		615.0	
27		22		30		28	
92.78		98.51		81.73		96.44	
93.40		99.17		66.03		99.88	
11307157.00		13078467.78		37987073.72		13834768.44	
3125		6482		8864		3675	
8996		9858		17298		7257	
94.60		94.59		95.16		96.76	
57.53		75.46		59.00		72.00	
2217		4156		25879		2394	
96.85		65.91		60.34		46.98	
98.73		99.45		99.35		100.00	
98.55		99.45		99.35		96.00	
100.00		100.00		100.00		100.00	

附录2 续表 7

指标名称	单位	营口		阜新		辽阳	
		全市	市辖区	全市	市辖区	全市	市辖区
空气质量优良天数比例	%	79.8		80.9		81.7	
可吸入细颗粒物($PM_{2.5}$)年平均浓度	$\mu g/m^3$			36.0		41.0	
四、经济发展							
(一)地区生产总值							
地区生产总值(当年价格)	亿元	1325	867	505	241	838	544
#第一产业增加值	亿元	107	24	115	3	89	18
第二产业增加值	亿元	584	416	130	81	376	284
#工业增加值	亿元	523	373	106	62	338	254
第三产业增加值	亿元	634	427	260	157	373	242
人均地区生产总值	元	56777	74639	30541	31340	51792	50741
地区生产总值(2015年价格)	万元	13008811	8480662	4728454	2263650	7939419	5087760
地区生产总值增长率	%	1.60	2.48	2.30	1.50	0.70	-1.10
(二)财政							
地方一般公共预算收入	万元	1357770.0	1068454.0	444117.0	307529.0	981946.0	422572.0
#税收收入	万元	1061360	844734	259634	179781	662271	320988
地方一般公共预算支出	万元	2687386	1773351	1889007	1086639	2011815	583312
#一般公共服务支出	万元	235174	173918	184038	108247	219250	86458
科学技术支出	万元	7691	7406	4435	4316	9102	4536
教育支出	万元	286109	157518	251463	103701	229910	52992
文化体育与传媒支出	万元	33087	27338	17750	11422	19287	4298
医疗卫生与计划生育支出	万元	173655	119366	127248	91073	163140	28940
节能环保支出	万元	69397	49304	39749	29915	50113	19888
城乡社区支出	万元	268288	183934	93211	64611	148645	65553
交通运输支出	万元	87067.0	66257.0	58905.0	21989.0	64492.0	13244.0
社会保障和就业支出	万元	645764	370389	481143	373872	522129	94175
住房保障支出	万元	96817	64304	80481	62411	93829	55761
(三)金融							
年末金融机构人民币各项存款余额	万元	39018781	29243050	14879737	10971536	29800991	23778962
#住户存款余额	万元	32357234	23923357	12008522	8542745	18492861	13427062
年末金融机构人民币各项贷款余额	万元	26247834	20272295	10152292	8303530	28062915	24558124
(四)固定资产投资							
房地产开发投资	万元	1349916	1118404	332805	236687	492238	334414
#住宅	万元	1044205	894192	232303	162218	392506	263877
全年新增固定资产	万元	2202538	1810251	734083	351531	200662	65989
(五)房地产							
商品房销售面积	万平方米	208.43	166.88	84.30	62.20	69.32	43.20
#住宅	万平方米	183.87	148.93	76.90	57.00	66.41	41.47
商品房销售额	万元	1021789	838615	311020	242044	352580	244202
#住宅	万元	875793	731322	275859	215969	331171	229235
待售面积	万平方米	229.53	154.14	273.10	177.70	61.39	20.72
(六)对外贸易							
货物进口额(海关数)	万元	4719765		169490		73556	
货物出口额(海关数)	万元	1860092		141637		289229	
外商直接投资合同项目	个	28	26	7	5		

盘锦		铁岭		朝阳		葫芦岛	
全市	市辖区	全市	市辖区	全市	市辖区	全市	市辖区
84.2		82.0		84.7		82.5	
35.0		39.0		35.0		42.0	
1304	1064	663	148	876	224	770	352
104	59	167	5	212	18	141	21
716	563	177	35	244	67	260	162
642	488	145	28	209	55	227	146
484	442	319	108	420	139	369	169
93802	91187	27577	32737	30371	32899	31514	37282
12762040	10535344	6237007	1329539	8215846	2082849	732	339
3.10	2.00	2.30	0.90	2.80	2.00	-4.80	-11.70
1583723.0	1313608.0	504085.0	129324.0	777734.0	336923.0	695178.0	277382.0
1174083	929170	339265	115142	529981	210062	452686	230560
2441591	2053595	2368979	219095	3239159	1004241	2537409	529720
175835	135723	217167	35173	262582	97779	233361	68311
19797	19749	9230		4073	1625	1442	350
213372	168770	328739	26424	494893	126471	366593	106822
31281	23339	23709	2157	46927	17592	22682	5189
141608	118153	211274	16359	275896	158935	221873	31897
50598	43754	35140	6905	68257	29734	48116	3361
397975	359511	130957	20165	218420	78391	144285	55424
95757.0	88519.0	71937.0	4000.0	126308.0	34404.0	70526.0	7761.0
455794	404126	576401	46178	692386	227285	628807	118689
70103	63567	67583	9271	162363	21979	121743	19409
24470930	22671648	18348468	8330605	22647479	10779650	23512228	13495193
15428588	13925394	15759444	6745665	19091800	8485600	18907983	9805171
12791972	11983640	9031457	4681856	11473754	6787033	14659792	8546888
740513	728749	375469	135882	713333	231358	1540329	682399
565006	557640	326983	126861	592908	191078	1139121	509104
1610188	1239845	408258	49598	240821	60045	545647	90963
110.22	107.12	66.85	16.88	140.20	53.70	258.10	118.00
100.47	97.54	64.11	16.70	133.70	49.85	241.20	113.10
533221	522277	292869	69509	638318	303378	1380925	651493
455485	445294	278484	68643	597580	278346	1259902	603514
131.26	128.98	161.75	20.88	107.10	41.70	114.00	61.90
2040000		183921		154000		284400	
133000		143424		246000		688100	
5	5	9	4	5	2	5	

附录2 续表 8

指标名称	单位	营口		阜新		辽阳	
		全市	市辖区	全市	市辖区	全市	市辖区
当年实际使用外资额	万元	25250		99		43020	
(七)规模以上工业							
工业企业数	个	680	339	210	100	248	135
#内资企业	个	587	278	196	92	232	123
#国有企业	个			3	2	1	1
私营企业	个	433	194	139	68	143	59
港、澳、台商投资企业	个	31	24	8	3	8	5
外商投资企业	个	62	37	6	5	8	7
资产总计	万元	31583426	23979430	6844897	3955007	22041172	13707671
流动资产合计	万元	17818623	12906892	3151447	1691210	10445761	6028883
营业收入	万元	21585388	13761524	3344731	1859339	13897357	9452222
营业成本	万元	19135501	12027200	2775487	1572121	11582279	7748300
税金及附加	万元	135491	100611	26308	16887	1051812	1006400
利润总额	万元	964536	766639	147971	23364	251892	3440
应交增值税	万元	341304	264772	58506	25727	368596	241692
(八)贸易							
社会消费品零售总额	万元	3977964	2646273	1830240	1374650	2512720	1451141
限额以上批发零售业法人企业数	个	281	178	90	64	137	105
#零售业	个	115	83	44	35	71	63
限额以上住宿餐饮业法人企业数	个	35	26	14	10	18	17
(九)旅游							
入境游客	人次	6500		300			
入境旅游收入	万美元			64			
国内游客	人次	20341500		7236800		12702159	
国内旅游收入	万元	2103800		64		1204327	
五、科技创新							
(一)科创投入							
R&D人员	人	5033		1277	507	3826	2023
R&D人员全时当量	人年	3939		902	312	2087	841
R&D经费支出	万元	244658		30346		89461	
(二)科创成果							
专利申请数	件	2868		1968		1936	
专利授权数	件	2280		1025		1239	
#发明	件	74		154		47	
六、人民生活							
(一)就业							
从业人员期末人数(城镇单位)	人	194341		137047		175305	
第一产业(农、林、牧、渔业)	人	76		1015		7122	
第二产业	人	58973		26293		65597	
#采矿业	人	516		3804		5599	
制造业	人	47405		10539		47511	
电力、热力、燃气及水生产和供应业	人	5507		5361		2035	
建筑业	人	5545		6589		10452	
第三产业	人	135292		109739		102586	

盘锦		铁岭		朝阳		葫芦岛	
全市	市辖区	全市	市辖区	全市	市辖区	全市	市辖区
358170		8490		41821		8630	
304	227	298	81	323	82	269	108
286	211	277	72	301	78	260	105
2	2	7	1	2	1	7	3
181	112	194	50	214	46	195	74
7	6	10	3	11	4	2	1
11	10	11	6	11		7	2
37306630	28938159	9473687	1822529	9839553	3070644	9787440	4381787
21289635	14626167	4304522	678496	4016968	1329356	4916259	1865290
39429207	26700420	6131158	1208838	7265388	2336943	7220390	4256998
36459844	24479581	5383432	1073549	6199435	2001358	6350324	3753126
745751	690080	60043	10784	81735	19194	416864	394127
548168	169360	181573	7343	402987	128759	184517	247698
632509	473518	135292	21462	155937	45849	93578	44405
3505158	3213826	1688769	831440	2687375	1163145	2809652	1405216
162	136	119	43	131	54	193	89
79	73	59	26	88	39	118	55
29	25	26	8	16	10	39	18
7000		2600		1500		600	
116		333		72		72	
23433600		6893500		18492800		14504000	
1911600		550600		130		1159900	
304		1179		2190	829	2150	
2670		813		1295	583	1646	
340481		24190		55699		55700	
2251		2047		2530		404	
1514		1326		1571		10	
137		24		19		3	
315996		182375		229291		164847	
57675		523		665		535	
137359		64420		38664		46367	
80798		34062		728		2466	
32981		14132		26068		31892	
4980		6543		4425		5487	
18600		9683		7443		6522	
120962		117432		189962		117945	

附录2 续表 9

指标名称	单位	营口		阜新		辽阳	
		全市	市辖区	全市	市辖区	全市	市辖区
#批发和零售业	人	4452		3041		2620	
交通运输、仓储及邮政业	人	21847		2796		2977	
住宿和餐饮业	人	1404		449		229	
信息传输、软件和信息技术服务业	人	4089		2128		2173	
金融业	人	20753		13709		14488	
房地产业	人	2409		1621		1115	
租赁和商业服务业	人	2557		1787		3866	
科学研究和技术服务业	人	1639		4163		2102	
水利、环境和公共设施管理业	人	887		2439		3139	
居民服务、修理和其他服务业	人	389		220		232	
教育	人	22470		20418		17144	
卫生和社会工作	人	14330		12528		13548	
文化、体育和娱乐业	人	1563		852		733	
公共管理、社会保障和社会组织	人	36503		43588		38220	
城镇登记失业人数	人	27830		23314		19044	14569
城镇登记失业率	%	3.84		5.73		3.67	3.62
(二)收入							
在岗职工平均人数	万人	18		12		17	
在岗职工工资总额	万元	1319854		757000		1221594	
在岗职工平均工资	元	72505		63670		73390	
城镇居民人均可支配收入	元	39793	39793	30438		34814	34814
#工资性收入	元	22926	22926	15362		19399	19399
经营净收入	元	5765	5765	2107		3597	3597
财产净收入	元	1857.0	1857.0	975.0		1916.0	1916.0
转移净收入	元	9245	9245	11994		9002	9002
(三)消费							
城镇居民人均消费支出	元	21488	21488	18991		20967	20967
#品烟酒	元	6519	6519	6478		6442	6442
衣着	元	2136	2136	1325		1763	1763
居住	元	4123	4123	3230		4439	4439
生活用品及服务	元	1578	1578	1284		1278	1278
交通和通信	元	2728	2728	2131		2612	2612
教育文化娱乐	元	1952	1952	1791		1905	1905
医疗保健	元	1646	1646	2381		1864	1864
其他用品及服务	元	806	806	371		664	664
七、公共服务							
(一)教育							
普通高等学校数	所	3		2		2	
成人高等学校数	所			2	2	1	1
中等职业教育学校数	所	12	10	13	11	8	6
普通中学数	所	101	46	90	39	77	38
普通小学数	所	97	49	66	34	94	34
幼儿园数	所	629	281	422	244	494	271
普通高等学校专任教师数	人	1205		1889		1085	

盘锦		铁岭		朝阳		葫芦岛	
全市	市辖区	全市	市辖区	全市	市辖区	全市	市辖区
5981		3229		7539		3638	
7673		3811		4950		4835	
905		448		861		718	
1737		2168		3199		2604	
12331		15635		17046		9794	
5995		3061		1568		1875	
14531		2954		3787		7768	
3808		2143		3604		2981	
10567		1448		5179		3795	
454		886		324		623	
17831		26026		42438		27962	
13698		13468		18513		14793	
954		1268		1255		314	
24497		40887		79699		36246	
16519		29992	5942	23110	6645	32211	12125
2.61		5.24	3.63	4.21	3.84	4.89	4.48
30		18		23		15	
2046170		1255110		1496137		1040077	
68858		71582		67895		68269	
42788	42788	27634	28431	27997		32756	
30228	30228	15503	15080	15840		18507	
3189	3189	2515	2490	2986		3391	
2097.0	2097.0	1105.0	822.0	1430.0		1735.0	
7274	7274	8511	10039	7741		9123	
24534	24534	17122	17488	17349		18245	
7055	7055	5609	5602	5095		5450	
2578	2578	1404	1441	1393		1637	
4739	4739	3031	3621	3715		3553	
1550	1550	822	1012	1121		1286	
3563	3563	1991	2070	2267		2005	
2382	2382	1883	1744	1763		1710	
1662	1662	1937	1570	1495		2155	
1005	1005	445	428	500		450	
2		4		1		1	
		1	1	2	1	1	
7	5	16	10	13	13	10	5
68	52	127	24	165	31	131	42
34	31	165	26	399	81	285	59
321	272	656	155	872	231	557	201
538		1255		450		609	

附录2 续表 10

指标名称	单位	营口		阜新		辽阳	
		全市	市辖区	全市	市辖区	全市	市辖区
成人高等学校专任教师数	人			144	144		
中等职业教育专任教师数	人	1138	899	910	690	927	746
普通中学专任教师数	人	8368	3966	6688	2822	6039	3027
普通小学专任教师数	人	6866	3048	6055	2001	5174	2436
幼儿园专任教师数	人	4384	2300	2877	1816	3103	2005
普通本专科在校学生数	人	29613		47285		24785	
成人本专科在校学生数	人	246		2180	2180	541	541
中等职业教育在校学生数	人	15754	13968	8298	6927	13544	11799
普通中学在校学生数	万人	8.38	4.04	6.89	2.76	5.73	2.84
普通小学在校学生数	万人	11.61	6.19	6.94	2.41	6.40	3.50
幼儿园在园幼儿数	人	44682	22323	34939	17479	31915	17718
(二)文体							
剧场、影剧院数	个	23	15	2	1	15	10
公共图书馆数	个	8	5	8	6	9	7
公共图书馆图书藏量	万册	170.90	146.70	54.50	39.60	119.09	107.82
博物馆数	个	5	2	5	3	4	4
体育场馆数	个	10	6	310		9	7
(三)医疗							
医疗卫生机构数	个	2456	922	1270	520	1590	776
#医院数	个	122	73	50	40	56	43
医疗卫生机构床位数	张	16220	8922	12293	8393	14510	11124
#医院床位数	张	14582	8469	10412	8009	12598	10187
卫生技术人员数	人	15063	9148	11951	7662	12807	9605
#执业(助理)医师数	人	6284.0	3918.0	4582.0	2679.0	5368.0	3844.0
注册护士	人	6738	4213	5398	3939	5698	4500
(四)社会保障							
城镇职工基本养老保险参保人数	人	872700	550237	566324	418831	776374	266933
城乡居民基本养老保险参保人数	人	549662	54116	477749	45952	328237	78362
城镇职工基本医疗保险参保人数	人	935380	597616	556133	462309	658651	531671
城乡居民基本医疗保险参保人数	人	1120710	351419	997175	211628	967178	322596
失业保险参保人数	人	239171	172931	167021	123070	224088	76829
工伤保险参保人数	人	337738	229444	180392	133305	245338	66275
生育保险参保人数	人	398190	269047	170894	123274	260088	176384
提供住宿的社会工作机构数	个	150	76	114	74	110	68
#养老机构数	个	146	75	114	74	104	65
提供住宿的社会工作机构床位数	张	12970	7704	7993	5740	9810	6150
#养老机构床位数	张	12552	7495	7993	5740	9460	5990
不提供住宿的社会工作机构和设施总数	个	1182	386	342	98	709	284
#社区服务机构和设施数	个	1182	386	342	98	709	284
城市居民最低生活保障人数	人	19801	11605	102415	53076	18447	14854
(五)公共安全							
交通事故死亡人数	人	104	52	78	30	91	45
交通事故直接财产损失	万元	99	37	53	42	79	17
火灾事故死亡人数	人	2				7	3

盘锦		铁岭		朝阳		葫芦岛	
全市	市辖区	全市	市辖区	全市	市辖区	全市	市辖区
		31	31	56	56	108	
513	335	724	304	1479	1479	947	403
6350	5299	10129	2337	13874	3033	10391	3675
4921	3937	9164	1348	13247	2643	10293	3476
3264	2862	3878	1166	4550	1622	4347	1993
8571		31893		10231		10819	
		3495	3495	630	630	609	
9545	3967	10846	7054	18825	18825	13690	4012
6.32	5.43	10.21	2.47	15.56	3.88	11.81	4.04
6.62	5.81	9.63	2.22	16.93	4.21	13.17	4.63
31692	27361	45975	11412	71613	19679	53138	19015
12	10	21	6	11	4	14	
6	5	10	5	8	3	7	3
110.20	22.40	64.70	1.94	100.56	46.56	106.40	26.36
1	1	2	1	15	6	3	
18	18	10	2	12	3	5	
1098	856	2827	349	4313	532	2770	1052
55	50	64	36	102	37	94	58
10104	8775	15928	4500	20316	6742	17198	8932
8794	7868	11577	4235	15908	6187	12996	7512
10198	9435	13067	3884	19651	6226	12886	7288
4238.0	3809.0	5410.0	1534.0	8103.0	2439.0	5261.0	2826.0
4422	4214	5368	1740	7873	2881	5817	3606
598573	469273	629949	242757	419114	155205	647025	168024
240199	127899	945001	39847	1453404	152659	1078800	
605521	525504	596961	316788	503951	215776	587558	106342
699499	514172	1960233	167931	2264313	324810	1626051	
352148	118306	248979	143012	213086	94929	226000	31956
292800	260500	263242	91728	228933	103577	337000	49962
		280340	154569	286014	130966	212035	42586
58	45	91	30	136	25	83	28
55	43	84	28	119	21	83	24
4884	3453	12233	3537	12491	1774	7991	2565
4884	3453	11808	3437	10603	1334	7872	2553
533	376	1708	192	3277	419	251	172
533	376	1441	149	3277	419	251	172
10459	5789	16761	5636	29413	10440	23938	7416
131	42	102	25	71	20	125	54
77	28	50	13	16	9	756	550
		2					

附录2 续表 11

指标名称	单位	营口		阜新		辽阳	
		全市	市辖区	全市	市辖区	全市	市辖区
火灾事故直接财产损失	万元	193		176	55	843	408
刑事案件立案数	起	4658	2020	4692	2677	1421	788
刑事罪犯总数	人	2624	1167	2244	1206	2274	1466
#青少年人数(年龄1425周岁)	人	189	52	411	237	20	10
八、基础设施							
(一)交通运输							
年末实有城市道路面积	万平方米		2281.0		946.0		1431.0
境内公路总里程	公里	4677		9294		3938	
#高速公路里程	公里	189		311		159	
民用汽车拥有量	辆	514088		311304		297020	
#私人汽车拥有量	辆	432849		286543		252186	
年末实有公共汽(电)车营运车辆数	辆		878		304		561
公共汽(电)车客运总量	万人次		6077		2546		7190
年末实有出租汽车运营车数	辆		3093		2797		2611
年末轨道交通线路长度(建成)	公里						
轨道交通客运总量	万人次						
公路客运量(全社会)	万人	873.00		546.00		1565.00	
公路货运量(全社会)	万吨	19586.00		4138.00		5574.00	
水运客运量(全社会)	万人						
水运货运量(全社会)	万吨	235.92					
民用航空客运量	万人	10.97					
民用航空货邮运量	吨	798					
沿海港口货物吞吐量(规模以上)	万吨	23821					
(二)邮电通讯							
年末邮政局(所)数	处	78		79	18	67	27
邮政业务收入	万元	67079		30059		53890	
电信业务收入	万元	207676		120917		135415	
固定电话年末用户数	万户	24.75		16.76		14.43	
移动电话年末用户数	万户	230.24		175.68		185.10	
互联网宽带接入用户数	万户	76.71		60.86		56.91	
(三)能源电力							
全社会用电量	万千瓦时	2599661		574574		1257605	
#工业用电	万千瓦时	2193389		350545		1009420	
城乡居民生活用电	万千瓦时	166156		120322		118027	
#城镇居民生活用电	万千瓦时	96367		70773		70682	
(四)生活设施							
年末排水管道长度	公里		1864		631		1024
年末公共供水管道长度	公里		3073		1922		1063
公共供水综合生产能力	万立方米/日		51.90		35.00		17.96
公共供水总量	万立方米	15130.57	11929.00	7997.90	7080.90	10047.83	8102.83
供气总量(人工煤气、天然气)	万立方米		21924.47		6057.00		14351.37
#居民家庭用量	万立方米		2849.08		646.00		1785.78
液化石油气供气总量	吨		5488		3891		7884
#居民家庭用量	吨		3950		3691		5771

盘锦		铁岭		朝阳		葫芦岛	
全市	市辖区	全市	市辖区	全市	市辖区	全市	市辖区
2963	1428	590	150				
3063	1917	2134	326	8343	3010	6283	
1643	211	1731	327	2558	875		
992	170	180	36	341	148		
	1899.0		670.0		480.0		521.0
3972		12348		18253		10029	
141		346		386		229	
410319		488775		588691		482000	
343065		359410		553520		428000	
	603		279		316		1194
	3822		2200		2139		8619
	3281		2249		1968		5247
1272.26		1414.00		884.00		1658.00	
7454.22		5796.00		5277.00		10513.00	
						15.20	
44.25						53.00	
5750						3974	
77	59	126	22	182	26	146	50
85885		66308		42098		63849	
134051		155046		123760		167126	
20.05		17.42		37.19		26.35	
182.70		235.58		246.95		240.29	
48.21		67.16		80.50		77.61	
1135393		849458		1152866		1027989	
900063		530795		831854		672854	
87438		142709		148082		139603	
53288		72669		74011		67168	
	1252		457		531		467
	1420		957		571		753
	54.00		22.00		17.90		24.90
9330.32	8801.00	7732.93	3953.79	7394.60	3301.60		4641.00
	10777.29		12040.62		2809.68		17685.00
	4166.99		1618.05		935.48		3914.00
	13080		1485		2075		17200
	1329		1152		1497		4833